BURCKHARDT

GESAMMELTE WERKE

X

JACOB BURCKHARDT

GESAMMELTE WERKE

BAND X

1965

WISSENSCHAFTLICHE BUCHGESELLSCHAFT

DARMSTADT

JACOB BURCKHARDT

DER CICERONE

EINE ANLEITUNG ZUM GENUSS DER

KUNSTWERKE ITALIENS

ZWEITER BAND

1965

WISSENSCHAFTLICHE BUCHGESELLSCHAFT

DARMSTADT

Unveränderter fotomechanischer Nachdruck der Ausgabe von 1959
Druck und Einband: Wissenschaftliche Buchgesellschaft, Darmstadt
Printed in Germany

INHALTSVERZEICHNIS

ÜBERSICHT DES INHALTES

SKULPTUR

MALEREI

Zweiter Teil

SKULPTUR

Mit dem 15. Jahrhundert erwacht in der Skulptur derselbe Trieb wie in der Malerei (bei welcher umständlicher davon gehandelt werden wird), die äußere Erscheinung der Dinge allseitig darzustellen, der *Realismus*. Auch die Skulptur glaubt in dem Einzelnen, Vielen, Wirklichen eine neue Welt von Aufgaben und Anregungen gefunden zu haben. Es zeigt sich, daß das Bewußtsein der höhern plastischen Gesetze, wie es sich in den Werken des 14. Jahrhunderts offenbart, doch nur eine glückliche Ahnung gewesen war; jetzt taucht es fast für hundert Jahre wieder unter, oder verdunkelt sich doch beträchtlich. Die Einfachheit alles Äußerlichen (besonders der Gewandung), welche hier für die ungestörte Wirkung der Linien so wesentlich ist, weicht einer bunten und oft verwirrenden Ausdrucksweise und einem mühsam reichen Faltenwurf; Stellung und Anordnung werden dem Ausdruck des Charakters und des Momentes in einer bisher unerhörten Weise untertan, oft weit über die Grenzen aller Plastik hinaus. Aber Ernst und Ehrlichkeit und ein nur teilweise verirrter, aber stets von neuem andringender Schönheitssinn hüten die Skulptur vor dem wüst Naturalistischen; ihre Charakterdarstellung versöhnt sich gegen den Schluß des Jahrhunderts hin wieder mehr und mehr mit dem Schönen; es ebnen sich die Wege für Sansovino und Michelangelo.

Das *Relief* aber mußte dem Realismus bleibend zum Opfer fallen. Sollte es in Darstellung der Breite des Lebens mit der Malerei konkurrieren, so war kein anderer Ausweg: es wurde zum Gemälde in Stein oder Erz. Bei mehrern Künstlern, zumal bei den Robbia, schimmert das richtige Bewußtsein von dem, was das Relief soll, deutlich durch; ja es fehlt durchgängig nicht an plastisch untadelhaften Einzelmotiven; im ganzen aber ist das Relief dieser Zeit eine Nebengattung der Malerei. Die Überfüllung spätrömischer Sarkophage mochte wohl zur Entschuldigung dienen. Im ganzen aber wird man erstaunen, in dieser Skulptur, deren dekorative Einfassung lauter antikisierende Renaissance ist, fast gar keinen *plastischen* Einfluß des Altertums zu entdecken. Mit Ausnahme etwa einzelner Puttenmotive ist nur hier und da eine Figur von dort entlehnt; die Behandlung aber, Zeichnung und Modellierung, ist kaum irgendwie vom Altertum berührt.

Die neuen und die in neuer Gestalt fortdauernden frühern Gattungen der Denkmäler wurden schon bei Anlaß der Dekoration (I, S. 18 ff.) aufgezählt.

Die zeitliche Priorität in betreff des neuen Stiles könnte zwischen dem Sienesen *Jacopo della Quercia* (1344 bis um 1424) und dem Florentiner *Lorenzo Ghiberti* (1378–1455) streitig sein[1]. Allein der letztere hat jedenfalls den ganzen Stilwechsel ebenso selbständig durchgemacht als jener, und zwar als Führer der mächtigsten Schule; er ist zugleich einer der größten Bildhauer aller Zeiten.

Merkwürdig durchdringt sich in ihm der Geist des 14. und der des 15. Jahrhunderts mit einem schon darüber hinausgehenden Zug freiester Schönheit, wie er im 16. Jahrhundert zur Blüte kam. Die beiden Idealismen, Giotto und Raffael, reichen sich über den Realismus hinweg die Hand, und dabei erscheint Ghiberti durchgängig voll des höchsten Lebensgefühles, wie es selbst in Donatello nicht reichlicher vorhanden ist. – Die Belege zu seinem Entwicklungsgang liegen hauptsächlich in den gegossenen Bronzereliefs, aus welchen seine meisten Werke bestehen. Die Technik des Gusses gilt hier, beiläufig gesagt, als eine vollendete.

Die frühern Arbeiten zeigen noch den Künstler des germanischen Stiles, und zwar den geistvollen Erweiterer desjenigen Prinzipes, welchem Andrea Pisano nachlebte. Außer dem Relief mit Isaaks Opfer, welches mit derselben Darstellung von Brunellesco konkurrierte und a dieser an Geschick der Anordnung und an Schönheit des Einzelnen beträchtlich überlegen ist (beide in den Uffizien, erstes Zimmer der Bronzen), sind die Pforten der nördlichen Tür des Baptisteriums (1403 bis 1427) aus dieser frühern Zeit. Sie stellen in vielen Feldern die Geschichte Christi, unten die vier Evangelisten und die vier großen Kirchenlehrer (sitzend) dar. Als Reliefs, welche die höchsten Bedingungen dieser Gattung nahezu erfüllen, stehen sie unstreitig höher als die viel berühmtern Pforten der Osttür; sie geben das Außerordentliche mit viel Wenigerem; nirgends ist mit der bloßen prägnanten Andeutung, wie sie schon der kleine Maßstab vorschrieb, Größeres geleistet; zugleich wird Andrea Pisano hier an Lebendigkeit der Form und des Ausdruckes überholt. Die Räumlichkeit ist schon etwas umständlicher als bei ihm, doch noch immer stenographisch. Der Blick muß sich mit Liebe in diese meisterlichen kleinen Gruppen vertiefen, um ihnen ihren ganzen Wert abzugewinnen; dann wird man vielleicht zugeben, daß

---

[1] Jedenfalls ist sie auch hier auf seiten der Skulptur, nicht auf seiten der Malerei, wenn es sich auch nur um etwa ein Jahrzehnt handelt.

Szenen wie hier die Erweckung des Lazarus, die Taufe Christi, die Geburt, die Tempelreinigung, die Anbetung der Könige, Christus als Knabe lehrend nicht mehr ihresgleichen haben und von den untern Figuren wenigstens der tiefsinnende Johannes nicht.

a Auch von den beiden von Ghiberti herrührenden Reliefs am Taufbrunnen zu S. Giovanni in Siena (1417) ist Johannes vor Herodes, wie er aus dem Verklagten zum Ankläger wird, eine dramatische Erzählung ersten Wertes; die Taufe Christi entspricht im ganzen der eben genannten. –

b An dem marmornen Sakramentschrank im Chor von S. Maria la nuova in Florenz ist das Bronzetürchen mit dem herrlich gedachten Reliefbild des thronenden Christus ohne Zweifel ein frühes Werk von Ghiberti.

c Die östlichen Türen des Baptisteriums, die sogenannten »Pforten des Paradieses« (1428–1442) enthalten in größern Feldern die Geschichten des Alten Testamentes. Hier spricht das neue Jahrhundert; Ghiberti glaubt, ihm sei dasselbe erlaubt wie (etwas später) Masaccio; er befreit das Relief wie dieser die Malerei von der bloß andeutenden, durch Weniges das Ganze repräsentierenden Darstellungsweise und übersieht dabei, daß diese Schranke in der Malerei eine freiwillige, im Relief eine notwendige gewesen war. Eine figurenreiche Assistenz umgibt und reflektiert jedes Ereignis und hilft es vollziehen; reich abgestufte landschaftliche und bauliche Hintergründe suchen den Blick in die Ferne zu leiten. Aber neben diesem Verkennen des Zieles der Gattung taucht die neugeborene Schönheit der Einzelform mit einem ganz überwältigenden Reiz empor. Die befangene germanische Bildung macht hier nicht einem ebenfalls (in seinen eigenen Netzen) befangenen Realismus Platz, sondern einem neuen Idealismus. Einige antike Anklänge, zumal in der Gewandung, lassen sich nicht verkennen, aber es sind wenige; das Lebendig-Schönste ist Ghiberti völlig eigen. Es wäre überflüssig, Einzelnes besonders hervorzuheben; der Reiz der Reliefs sowohl als der Statuetten in den Nischen spricht mächtig genug zu jedem Auge.

d Der eherne Reliquenschrein des heiligen Zenobius (1439) unter dem hintersten Altar des Domes enthält auf der Rückseite einen von schwebenden Engeln umgebenen Kranz, auf den drei übrigen Seiten die Wunder des Heiligen, in einer ähnlichen Darstellungsweise wie die der letztgenannten Pforten. (Man übersehe die beiden Schmalseiten nicht, welche vielleicht das Vorzüglichste sind.) – Die einfache und kleinere Cassa di S. Giacinto in den Uffizien (erstes Zimmer der Bronzen) zeigt bloß an der Vorderseite schön bewegte Engel. – Auch die Grabplatte

e des Lionardo Dati mit dessen großer Flachrelieffigur im Mittelschiff von S. Maria novella ist hier schließlich als trefflichste Arbeit in dieser Gattung zu erwähnen.

Nur zwei ganze Statuen sind von Ghiberti vorhanden, die aber genügen, um ihn in seiner Größe zu zeigen; beide an Orsanmicchele. Die a frühere, welche dem Stil der ersten Tür entspricht, ist Johannes der Täufer (1414), ein Werk voll ungesuchter innerer Gewalt und ergreifendem Charakter der Züge, in herben Formen. (Sehr bezeichnend für Ghibertis ideale Sinnesart ist die Bedeckung des bloß angedeuteten Tierfelles mit einem Gewande.) Die jüngere ist S. Stephanus, eine der zugleich reinsten und freiesten Hervorbringungen der ganzen christlichen Skulptur, streng in Behandlung und Linien und doch von einer ganz unbefangenen Schönheit. Es gibt spätere Werke von viel bedeutenderem Inhalt und geistigem Aufwand, aber wohl keines mehr von diesem reinen Gleichgewicht. (Der Matthäus, früher ebenfalls dem Ghi- b berti zugeschrieben, gilt jetzt als Werk des Baumeisters *Michelozzo;* eine schöne, einfach resolute Arbeit, mit würdigen Zügen, aber von rechts gesehen ungenügend und in der Draperie zu allgemein. – Die drei c christlichen Tugenden, unten an dem Denkmal Johanns XXIII. im Baptisterium, sind wohl sämtlich von Michelozzo; vorzüglich edel belebt die »Hoffnung«. In der innern Sakristei daselbst befindet sich die silberne Johannesstatue desselben Künstlers. Über der Tür der gegen- d über vom Baptisterium liegenden Kanonika ist der naive kleine Johannes von ihm. Als Bildhauer war er Gehilfe Donatellos.)   e

Ghibertis Richtung behielt den unmittelbaren Sieg nicht; wir werden sehen, wie der entschiedene Naturalismus Donatellos die meisten mit sich fortriß. Was aber später von Schönheit und echtem Schwung der Form und des Gedankens zum Vorschein gekommen ist, das deutet auf Ghiberti zurück und hat seinen Anhalt an den *Robbia.*

Denn neben ihm, dem Erzgießer, war ein Bildner in Ton aufgetreten, wie die Welt keinen größern gekannt hat, *Luca della Robbia* (1399 bis nach 1480), welcher nebst seinem Neffen *Andrea* (1435–1528), dessen Söhnen *Giovanni* und *Girolamo* und mehrern Verwandten und Mitgenossen eine Schule von mehr als einem Jahrhundert und doch von einem durchaus gemeinsamen Charakter bildet. Bis in die 1530er Jahre hinein wechselt der Stil derselben nur in leisen Übergängen; sie macht wenige Konzessionen an den inzwischen so oft und stark geänderten Geschmack; von selbst ist sie dem Schönsten jedes Jahrzehnts seelenverwandt; sie erlischt auf der gleichmäßigen Höhe ihres Könnens durch Mangel an Bestellungen, indem sie mit dem emporgekommenen sogenannten großartigen Stil weder Verhältnis noch Bündnis schließen kann. Hier liegt eine erbliche *Gesinnung* zugrunde, die wie ein Schutzgeist unsichtbar über der Werkstatt gewaltet haben muß.

Das erste große Werk *Lucas* gehört nicht dem Ton, sondern der *Mar-*
a *morskulptur* an; es ist der berühmte Fries, welcher ehemals die eine
Orgelbalustrade im Dom schmückt und jetzt in zehn Stücken in den
Uffizien (Gang der toskanischen Skulptur) aufgestellt ist: singende,
musizierende und tanzende Knaben und Mädchen verschiedenen Alters. Nirgends tritt uns das 15. Jahrhundert anmutreicher und naiver
entgegen als hier; es ist keine schöne naive Stellung und Gebärde im
Kinder- und Jugendleben, die nicht hier verewigt wäre. Manche Motive sind auch plastisch von vollendeter Schönheit und Strenge, der
Ausdruck durchgängig überaus liebenswürdig[1].

Im *Erzguß* lieferte Luca die Türen der Sakristei im Dom. Bei großer
Schönheit des einzelnen sind sie doch kein ganz harmonisches Werk;
die Anordnung im Raum, die Wiederholung ähnlicher Motive (je ein
sitzender Heiliger mit zwei Engeln usw.), der kleine Maßstab, wodurch
der Ausdruck mehr in die Gebärde als in die Züge zu liegen kam – dies
alles stimmte nicht ganz zu Lucas Weise, und auch in dem Grad der
Reliefbehandlung fehlt Ghibertis untrügliche Sicherheit. (Ein Teil der
Felder von Maso di Bartolommeo.)

Bei weitem die zahlreichsten Werke der Schule sind die Skulpturen
von *gebranntem und glasiertem Ton,* deren Florenz und die Umgegend
(nach starker Ausfuhr) noch immer unzählige besitzt; meist Reliefs,
doch auch ganze Statuen. Die Glasur, vorherrschend weiß, bei den
Reliefs mit hellschmalteblauem Grunde, ist von einer merkwürdigen,
wie man sagt, sehr schwer zu erreichenden Zartheit, die auch der leise-
sten Modellierung beinahe vollkommen folgt. Anfangs wohl aus tech-
nischem Unvermögen, in der Folge gewiß aus stilistischen Grundsätzen,
hielten sich die Robbia durchschnittlich außer dem Weiß an vier Farben:
Gelb, Grün, Blau, Violett[2]; erst in der spätern Zeit der Schule gaben sie
dem allgemeinen Drang der Zeit nach und führten die Kolorierung
bisweilen nach dem Leben durch. Allein auch hier noch hielten sie eine
sehr bestimmte Grenze fest; alle bloß dekorativen Figuren und Zutaten
blieben auf das bisherige Farbensystem beschränkt, und auch in den
Hauptfiguren will die Färbung, selbst des Nackten, noch keine Illusion
hervorbringen, wie z. B. Wachsbilder; die lebhaften Farben und reichen
Details, welche den plastischen Eindruck aufhöben, werden sorgfältig

---

[1] Noch eine Marmorarbeit Lucas wären drei von den Statuen an der Dom-
* seite des Campanile (zwei Propheten und zwei Sibyllen); die vierte soll von
** Nanni di Bartolo sein. Ihre Aufstellung macht jede genauere Prüfung unmöglich. – Die beiden halbfertigen Reliefs mit der Geschichte des Petrus
befinden sich bei dem Orgelfries in den Uffizien.

[2] Das schon früh vorkommende Braun scheint wie nur aufgemalt.

vermieden, so daß der Skulptur und ihren hohen Gesetzen das vollste
Vorrecht bleibt[1].

Es sind allerdings keine höchsten Aufgaben und Ziele, welche diese
Schule verfolgt hat; sie konnte auch nicht die Hauptstätte des Fort-
schrittes im Großen sein. Allein was sie gab, so bedingt es sein mochte –
es war in seiner Art vollendet. Sie lehrt uns die Seele des 15. Jahrhunderts von der schönsten Seite kennen; der Naturalismus liegt wohl auch
hier zugrunde, aber er drückt sich mit einer Einfachheit, Liebenswürdigkeit und Innigkeit aus, die ihn dem hohen Stil nahebringt und deren
lange und gleichmäßige Fortdauer geradezu ein psychologisches Rätsel
ist. Was als religiöser Ausdruck berührt, ist nur der Ausdruck eines tief
ruhigen einfachen Daseins, ohne Sentimentalität oder Absicht auf Rührung. – Und, was man ja nicht übersehen möge, jedes Werk ist ein neu
geschaffenes Originalwerk, keines ein bloßer Abguß. Hundertmal wurden die gleichen Seelenkräfte in gleicher Weise angestrengt, ohne dabei
zu erlahmen. – Bei der folgenden Aufzählung ist es uns unmöglich zu
scheiden, was Luca und was den Nachfolgern angehört; schon die vorhandenen Angaben reichen dazu bei weitem nicht aus. Wir geben nur
das Wichtigste.

Fürs erste hat diese Schule das *Verhältnis* ihrer Gattung zur *Bauweise*
der Rennaissance mit Freuden anerkannt und im Einklang mit den größten Baumeistern ganz große Gebäude verziert. – Von Andrea d. R. sind
jene unvergleichlichen Medaillons mit Wickelkindern an den Innocenti
bei der Annunziata. Man muß sie alle, wo nötig mit dem Glas, geprüft
haben, um von diesem unerschöpflichen Schatz der heitersten Anmut a
einen Begriff zu erlangen. – Ebenso sind von Andrea die Medaillons mit
Heiligenfiguren an der Halle auf Piazza S. Maria novella; die Türlünette
am Ende der Halle selbst (Zusammenkunft von S. Dominicus und S.
Franz) ist vom Herrlichsten der ganzen Schule. – Aus mehrern Kloster-
gängen, unter anderm aus der Certosa sind ganze große Reihenfolgen
von Heiligenköpfen in Medaillons nach der Akademie gebracht und in
deren Hof eingemauert worden; sie sind von sehr verschiedener Güte, b
die bessern darunter aber sehr würdig und zum Teil von himmlischer
wie weltlicher Jugendschönheit. – (Zwei einzelne Köpfe, ein lachendes c
Weib und ein Bacchus, im Hof von Pal. Magnani.) An Orsanmicchele d
hat Luca zwei von den Medaillons mit holdseligen Reliefs ausgefüllt e
(sitzende Madonna und zwei Wappenengel). – In andern, hauptsächlich

---

[1] Wie roh die Technik noch bei den nächsten Vorgängern in dieser Gattung gewesen war, zeigt z. B. die Krönung Mariä in der Portallünette von
S. Maria nuova, ein Werk des *Dello* um 1400; statt der Glasur kalte Ver- *
goldung.

kleinern Bauten übernahm die Schule wenigstens die Kassettierung
a einzelner Wölbungen, kleiner Kuppeln (Cap. Pazzi bei S. Croce, wo
b auch Figürliches; Vorhalle des Domes von Pistoja usw.); auch die Ver-
c zierung des Frieses und der Pendentifs (Madonna delle Carceri in Prato
usw.); kleine Gewölbe wurden wohl ganz ihren Skulpturen gewidmet
d (die vier Tugenden und der heilige Geist, Kapelle des Kardinals von
Portugal in der Kirche S. Miniato usw.) – Ein höchst eigentümliches
Denkmal der ganzen Schule gewährt endlich der große Fries des Ho-
e spitals del Ceppo zu Pistoja (seit 1525); die Werke der Barmherzigkeit,
hier von Ordensleuten ausgeübt, in zum Teil vortrefflicher dramatischer
Erzählung durch figurenreiche Szenen. Hier vorzüglich kann man die
Mäßigung in der Vielfarbigkeit, und zwar auf verschiedenen Stufen erkennen; Konsequenz der Färbung war ferner das Verzichten auf
allen landschaftlichen und sonstigen perspektivischen Hintergrund, der
ohne große Buntheit nicht wäre anzubringen gewesen[1]. Überhaupt ist
diese in ihrer Art einzige Arbeit fast ebenso wichtig durch das, was die
Künstler mit weisem Bedacht wegließen als durch das, was sie gaben.
Das italienische Relief ist *rein von sich aus* hier dem griechischen
nähergekommen als irgendwo mit Hilfe römischer Vorbilder[2]. (Das
äußerste Relief rechts im Stil beträchtlich moderner.)

Sehr zahlreich sind sodann die *Lünetten* über Kirchen- und Kloster-
portalen, welche bisweilen den besten Schmuck des Gebäudes ausmachen. Von ganz kleinem Maßstab bis zur Lebensgröße fortschreitend,
geben sie wohl das Bedeutendste von Einzelbildung, dessen die Schule
fähig war. Es sind die halben oder ganzen Figuren der Madonna mit
zwei oder mehrern Seitenheiligen, oder mit zwei anbetenden Engeln,
auch einzelne Ortsheilige mit Engeln u. a. m. – eine sich immer wieder-
holende und in diesen Formen nie ermüdende Gattung. Die Madonna
ist bisweilen von einer Hoheit, die Heiligen von einem tiefsinnigen
Ernst, die Engel von einer reizenden Holdseligkeit, welche die meisten
übrigen Skulpturen der Zeit in Vergessenheit bringen können. Im Detail ist die Gewandung durchgängig das Geringere; die Bildung des

---

[1] Vielleicht hat einst auch im altgriechischen Relief die Farbigkeit einen
großen und zwingenden Einfluß auf die Vereinfachung des Stiles geübt. –
Das Verhältnis der Robbia zur Dekoration ihrer Zeit s. I, S. 197.

[2] Man vergleiche z. B. die antikisierenden Tonreliefs eines oder mehrerer
* unbekannter Meister (etwa 1530) im Hof des Pal. Gheradesca (Borgo a Pinti)
in Florenz. Sie sind schon an Liebe und Fleiß der Behandlung nicht mit
den Robbia zu vergleichen, vielmehr als gleichgültig dekorierter Fries rings
um den Hof gelegt, der übrigens samt Umgang immer ein sehenswertes
Prachtstück bleibt.

Nackten dagegen, zumal der Hände, oft sehr vorzüglich, freilich durch
eine Haltung und Bewegung beseelt, welche viel nachlässigere Arbei-
ten unvergänglich machen würde. – Außerstande, sie dem Stil nach zu
ordnen, nennen wir nur die wichtigern Lünetten:
Ognissanti in Florenz: Krönung Mariä.   a
S. Lucia de' Magnoli: die Heilige mit zwei Engeln.   b
Badia, Kapelle in der Kirche links vom Eingang: eine ehemalige c
Türlünette, Madonna mit zwei Heiligen, aus den allerletzten Zeiten
der Schule (von einem gewissen Baglioni?) und so schön als das Frühere.
Certosa, dritter Hof: S. Lorenz mit zwei Engeln.   d
Innocenti, Eingang vom Hof in die Kirche: Verkündigung, mit einem e
Halbkreis von Cherubim, eines der edelsten Hauptwerke.   f
Kirche Montalvo a Ripoli, Via della Scala: Madonna mit zwei Heili-
gen, ebenfalls von höchstem Wert. (Im stets verschlossenen Innern
sollen noch zwei gute farbige Robbia sein.)
Dom: die Lünetten beider Sakristeitüren von Luca selbst, die Him- g
melfahrt (1446) und die (viel bessere) Auferstehung; beide zeigen ihn
von der schwächern, nämlich von der dramatischen Seite.
S. Pierino (beim Mercato vecchio): Madonna mit zwei Engeln, sehr h
früh und von reiner Schönheit.
Vorhalle der Akademie: eine Auferstehung, trefflicher als diejenige
im Dom; Mariä Himmelfahrt (Luca).   i
Dom von Prato: Madonna mit zwei Heiligen, einfach und von schönstem Ausdruck.   k
Dom von Pistoja: Madonna mit Engeln.   l
(S. Frediano zu Lucca: Lünette beim Taufbrunnen, mit einer Ver- m
kündigung, Cherubsköpfen und Putten; ein rätselhaftes Werk, mit der
vollen Technik der Robbia, aber ohne Seele und Schönheit, als hätten
sie die Arbeit eines andern ausführen müssen.)
Auch ganze *Altäre* lieferte die Schule; entweder große Altarreliefs
mit irgendeinem heiligen Vorgang oder reichgeschmückte Umgebun-
gen der Nische für das Sakramament; der Kürze wegen rechnen wir die
figurierten Nischen hinzu, welche als sogenannter Tabernakel an Straßen,
auch wohl in Klosterhöfen angebracht sind.
Das Wichtigste möchten die drei Altäre in der Madonnenkapelle des n
Domes von Arezzo, und zwar unter diesen der Altar der Dreieinigkeit
geben; die Engel um den Gekreuzigten sind von überirdischer Anmut.
(Von Andrea.)
In Florenz: S. Croce, Cap. de' Medici am Ende des Ganges vor der
Sakristei: außer mehrern kleinern Arbeiten der Altar, Madonna zwischen mehrern Heiligen, die Stellungen befangen, der Ausdruck schön
und treuherzig.

a   In der Kirche, vorletzte Kapelle des Querschiffes links: Madonna mit Magdalena, Johannes und Engeln, als späte Arbeit wie die meisten folgenden farbenreich; noch sehr schön.

b   An einem Hause Borgo S. Jacopo N. 1785: ein ehemaliges Altarrelief der Verkündigung, ebenfalls spät.

c   In der Kirche S. Girolamo, Via delle poverine, soll sich ein vorzüglicher Altar befinden.

d   Misericordia (Domplatz): ein mittelguter Altar.

e   S. Onofrio: links ein Altar mit Christus als Gärtner.

f   Hinter dem Kloster rechts, auf der Straße: ein großer, durch schmutzige Glasfenster kaum noch zu erkennender Prachttabernakel vom Jahre 1522, beides farbenreiche Werke.

In Florenz selbst wird der Vorzug vor diesen allen dem Tabernakel g im linken Seitenschiff von SS. Apostoli gebühren, welcher eine ganze Hierarchie von verschiedenartig beschäftigten Engeln und Putten, über die Maßen liebliche Gestalten enthält. (Luca.) – Und ebenso trefflich h in seiner Art: der Sakristeibrunnen von S. Maria novella, mit den girlandentragenden Putten und einer in die Lünette gemalten Landschaft; ein Prachtwerk, haarscharf innerhalb der Bedingungen des Stoffes gehalten.

Neben diesen größern Arbeiten existieren noch eine Menge von kleinern Reliefs für die Andacht; man benutzte den unzerstörbaren Stoff statt der Malerei besonders gerne, wenn an Häusern, an Straßenecken oder sonst im Freien eine Madonna mit Kind, oder das Kind anbetend, oder eine heilige Familie angebracht werden sollten. Dieses Ursprungs i sind wohl die meisten der jetzt im Hof der Akademie eingemauerten Reliefs. Man glaubt, das Mögliche an vielartiger und dabei stets frischer Auffassung dieses so engbegrenzten Gegenstandes hier erschöpft zu sehen und besinnt sich, wie andere auf einen solchen Reichtum hin noch neu sein konnten.

Die ganzen *Statuen* waren für die spätern Robbia zwar technisch keine Sache der Unmöglichkeit, allein doch nichts Leichtes und von seiten des Stiles keine starke Seite, da der Entwicklung der Körperformen im Großen die Entschiedenheit fehlte. Die Robbia beschränkten sich auch gerne auf Halbfiguren, deren man in Florenz noch eine ziemliche Anzahl k vorfindet. (Ganze fast lebensgroße Statuen unter anderm in der Sakral mentskapelle von S. Croce; eine sitzende Madonna in einem Nebenraum von S. Domenico, Via della Pergola.) Ihren schönen ganzen Sinn offenbaren solche Statuen nur, wenn sie noch in ihrer echten alten Nische mit m farbigen, von Putten getragenen Fruchtkränzen stehen; so der S. Petrus martyr im Gang vor der Sakristei von S. Croce; der heilige Romun lus (1521) über dem Portal im Dom zu Fiesole usw. Hier erst hat man

das Heilige im Gewande der Lebensfreude, welches ja der durchgehende Gedanke der ganzen Schule ist.

Wir knüpfen wieder da an, von wo die Robbia ausgegangen. Zwischen Ghiberti und Donatello steht der Baumeister *Filippo Brunellesco*,
der Erwecker der Renaissance (1374–1444). In dem Abrahamsrelief a
(Uffizien, erstes Zimmer d. Br.), welches er in Konkurrenz mit dem
erstern schuf, ist die nackte Figur des Isaak durch ihren strengen Naturalismus ein bedeutendes und frühes Denkmal dieser Richtung. Viel
gemäßigter und edler spricht sich dieselbe in Brunellescos berühmtem
Kruzifix aus (S. Maria novella, nächste Kapelle links vom Chore); es ist b
eine zwar scharfe aber schöne Bildung, auch in dem geistvollen Haupte.
– Doch schon hatte der gewaltige Genosse Brunellescos die Skulptur
zu beherrschen angefangen.

Es kommt in der Kunstgeschichte häufig vor, daß eine neue Richtung ihre schärfsten Seiten, durch welche sie das Frühere am unerbitt-
lichsten verneint, in einem Künstler konzentriert. So ganz nur das Neue,
nur das dem Bisherigen Widersprechende, ist aber selten bei einem Stil-
umschwung mit derjenigen Einseitigkeit vertreten worden, wie der
Formengeist des 15. Jahrhunderts vertreten ist in *Donatello* (1382 oder
1387–1466).

Seine frühste größere Arbeit, das große Relief der Verkündigung in
S. Croce (nach dem fünften Altar rechts) zeigt noch eine flüchtige An- c
näherung gegen die Antike hin; aber schon in den Engelkindern auf
dem Gesimse meldet sich die spätere Sinnesweise: sie halten sich an-
einander, um nicht schwindlig zu werden – ein Zug, wie er bei keinem
Frühern vorgekommen. Auch später noch klingt das Studium antiker
Sarkophage und anderer Skulpturen aus seinen Arbeiten heraus; solche
Stellen stechen aber befremdlich ab neben dem übrigen.

Donatello war ein hochbegabter Naturalist und kannte in seiner Kunst
keine Schranken. Was da ist, schien ihm plastisch darstellbar und vieles
schien ihm darstellungswürdig bloß weil es eben ist, weil es *Charakter*
hat. Diesem in seiner herbsten Schärfe, bisweilen aber auch, wo es der
Gegenstand zuließ, in seiner großartigen Kraft rücksichtslos zum Leben zu verhelfen, war für ihn die höchste Aufgabe. Der Schönheitssinn fehlte ihm nicht, aber er mußte sich beständig zurückdrängen lassen, sobald es sich um den Charakter handelte. Man mußte damals die
Stilgesetze neu erraten, und dies geschah überhaupt nur partiell und
zaghaft; wer sich aber einer solchen Einseitigkeit überließ, dem mußte
manches verborgen bleiben, was andere vielleicht ungleich weniger
begabte Zeitgenossen glücklich zutage förderten. Als Gegengewicht

legt Donatello beständig seine Charakteristik in die Wagschale. Selbst die einfach normale Körperbildung muß daneben unaufhörlich zurücktreten, während er die Einzelheiten der menschlichen Gestalt begierig aufgreift, um sie zur Bezeichnung des gewollten Ganzen zu verwenden.

a Nur er war imstande, die *heilige Magdalena* so darzustellen, wie sie im Baptisterium von Florenz dasteht; an der zum länglichen Viereck abgemagerten Figur hängen die Haare wie ein zottiges Fell herunter. Das
b Gegenstück dazu bilden die Statuen *Johannes des Täufers;* so die bronzene im Dom von Siena (Cap. S. Giovanni); was das sehr umständlich behandelte Tierfell vom Körper übrig läßt, besteht aus lauter Adern
c und Knochen; ungleich geringer die marmorne in den Uffizien (Ende des zweiten Ganges), welche vor lauter Charakter weder so stehen noch auch nur leben könnte. Ein dritter, mehr dem sienesischen entsprechen-
d der Johannes findet sich in den Frari zu Venedig (zweite Kapelle links vom Chor); wenigstens ungesuchter in der Stellung. Zum Beweis, wie wenig ihm die Schönheit – allerdings unter den Bedingungen des 15. Jahrhunderts – fehlte, wenn er nur wollte, dient der jugendliche bron-
e zene David in den Uffizien (erstes Zimmer der Bronzen).
f Eine etwas edlere Bildung zeigt der *Crucifixus* in S. Croce zu Florenz (Cap. Bardi, Ende d. 1. Querschiffes), ein kunstgeschichtlich (als Muster Späterer) wichtiges Werk, geschaffen in Konkurrenz mit Brunellesco (II, S. 12, a). – (Das bronzene Kruzifix samt den dazugehörigen Sta-
g tuen hinten im Chor des Santo zu Padua fand der Verfasser wegen der Fasten verhüllt.)

In der *Gewandung* arbeitete Donatello ganz offenbar nach Modelldraperien in einem meist schweren Stoff und ohne die Motive des Mannequins sowohl als der Falten lange zu wählen. Wo er nicht durch sonstige sehr bedeutende Züge entschädigt, erscheint er daher in durchschnittlichem Nachteil gegenüber den stilvollen Gewandfiguren des 14. Jahrhunderts und vollends Ghibertis. So z. B. in dem bronzenen
h S. Ludwig von Toulouse über dem mittlern Portal von S. Croce, dessen Kopf er absichtlich borniert gebildet haben soll. Sonst sind seine Heiligen in der Regel Porträtköpfe guter Freunde. Die Stellungen, oft von auffallender Steifbeinigkeit, mögen wohl auch bisweilen einer persönlichen Bildung oder dem Modeschritt jener Zeit angehören (über welchen sich höher gesinnte Künstler zu erheben wußten), bisweilen offenbar
i dem Mannequin. Zu den bessern und lebensvollern Gewandstatuen gehören vor allen die beiden an Orsanmicchele: Marcus und Petrus; – viel manierierter, doch für die hohe Aufstellung wirksam drapiert: die
k vier Evangelisten, worunter der sogenannte Zuccone, am Campanile (Westseite); ebendort Abraham und ein anderer Erzvater (Ostseite). –
l Im Dom werden ihm Apostel- und Prophetenstatuen sehr verschiede-

ner Art mit mehr oder weniger Sicherheit zugeschrieben. In der ersten Nische rechts eine manierierte lebendig gewendete mit Porträtzügen; in derjenigen links eine andere mit den Zügen Poggios; in der zweiten rechts die des Ezechias, noch altertümlich befangen (schwerlich von ihm); in den Kapellen des Chores die sitzenden Statuen des Ev. Johannes und des Ev. Matthäus, beide wieder ausgezeichnet. Sie stammen zum Teil von der durch Giotto angefangenen, 1588 weggebrochenen Domfassade.

Ein Unikum ist die bronzene Judith mit Holofernes in der Loggia a de' Lanzi. Das Lächerliche überwiegt hier dergestalt, daß man schwer die nötige Pietät findet, um die bedeutenden Schwierigkeiten einer der frühsten profanheroischen Freigruppen nach Verdienst zu würdigen.

Die bronzene Grabstatue Papst Johanns XXIII. im Baptisterium ist b ein vortreffliches, ungeschmeicheltes Charakterbild; die marmorne Madonna in der Lünette darüber kalt und unlieblich; die Putten am Sarkophag naiver.

Die vier Stukkofiguren an beiden Enden des Querschiffes von S. Lo- c renzo (oben) erscheinen wie flüchtige Improvisationen für einen Zweck des Augenblickes und dürften unbeschadet dem Ruhm Donatellos verschwinden.

Seiner Sinnesweise nach mußten ihm energische, heroische Gestalten d am besten gelingen. In der Tat hat auch sein *S. Georg* in einer der Nischen von Orsanmicchele durch leichte Entschiedenheit des Kopfes und der Stellung, durch treffliche Gesamtumrisse und einfache Behandlung den Vorzug vor seinen meisten übrigen Werken. Der marmorne David in e den Uffizien (Ende des zweiten Ganges) sieht nur wie eine befangenere Replik davon aus.

Die eherne Reiterstatue des venezianischen Feldherrn *Gattamelata* f vor dem Santo zu Padua, schon technisch ein großes und neues Wagestück für jene Zeit, war auch in der Darstellung eine Aufgabe, auf welche Donatello gleichsam ein Vorrecht besaß, weil ihr kein Zeitgenosse wäre gewachsen gewesen. In jenen Gegenden war man von den Gräbern der Scaliger her (I, S. 140, d und 140, e) an Reiterdenkmale gewöhnt; aber erst Donatello belebt Roß und Mann vollständig und zwar diesmal – wie man gestehen muß – ohne kapriziöse Herbheit, in einem beinahe großartigen Sinne. (Für das Pferd dienten wohl eher die Rosse von S. Marco als die Marc-Aurels-Statue zum Muster? – Im Pal. della Ra- g gione steht ein großes hölzernes Modell, welches zwar diesem Pferde nicht ganz entspricht, doch aber eine Vorarbeit dazu gewesen sein möchte.)

Was Donatello im *Relief* für bedeutend und für möglich und erlaubt hielt, zeigen am vollständigsten die beiden Kanzeln in S. Lorenzo, h

welche von ihm und seinem Schüler Bertoldo verfertigt sind. In ihren
einzelnen Teilen sehr ungleich, selbst was den Maßstab der Figuren betrifft, durchaus unplastisch, gedrängt, im einzelnen oft energisch-häß-
lich, sind diese Darstellungen doch dramatisch sehr bedeutend. Das Gedränge und die Sehnsucht um den in der Vorhölle erscheinenden Christus, die Begeisterung des Pfingstfestes, der Jammer und die Hingebung
um das Kreuz u. a. m. ist auf ungemein lebendige und geistreiche Weise
zur Anschauung gebracht, freilich zum Teil auf Kosten der Grundgesetze aller Plastik; edel und gemäßigt ist nur etwa die Grablegung.
(Am Obergesimse hat Donatello außer Putten und dergleichen sogar die
a quirinalischen Pferdebändiger in klassischem Eifer angebracht.) – In der
Sakristei ist mit Ausnahme von Verrocchios Sarkophag alles Plastische
von ihm, und zwar so glücklich zur Architektur geordnet, daß man ein
genaues persönliches Einverständnis mit Brunellesco annehmen kann.
In die Zwickel unter der Kuppel kamen Rundbilder mit legendarischen
Darstellungen, welche freilich mit ihrer malerisch gedachten Räumlichkeit und ihrer zerstreuten Komposition ärmlich aussehen; hochbedeutend aber, ja auch plastisch vom Besten sind die vier Rundbilder der
Evangelisten in den Lünetten; sie sitzen in tiefem Sinnen oder in Begeisterung vor Altären, auf welchen ihre bücherhaltenden Tiere stehen.
Über den beiden Pforten zu den hintern Nebenräumen der Sakristei
sind auf farbigem Grunde je zwei fast lebensgroße Heilige dargestellt.
Dies alles ist von Stukko und so auch der ebenfalls Donatello zugeschriebene Kopf des heiligen Laurentius über der Tür zur Kirche; dazu kommen die beiden genannten Pforten von Erz, welche in einzelnen Feldern
je zwei Apostel oder Heilige enthalten; flüchtige, aber sehr energische
und bedeutend gebildete Figürchen, die schon weit in das 16. Jahrhundert hineinweisen. Der Marmorsarkophag unter dem Tisch der Sakristei
mit den Putten ist wieder nur von mittlerm Wert. – In nackten Kinderfiguren kommt überhaupt Donatellos ganze Einseitigkeit zum Vorschein; gerade das, was ihn groß macht, fand hier keine Stelle. Seine
b Kinder in der Sakristei des Domes (an der Attika) sind in ihrer Häßlichkeit wenigstens naiv; dagegen hat der Kindertanz in den Uffizien (Gang
c der toskanischen Skulptur) etwas gespreizt Übertriebenes, was sich
auch in den musizierenden und tanzenden Kindern an der Außenkanzel
d des Domes von Prato, obwohl bei weitem weniger, bemerklich macht.
Neben Robbia wird Donatello hier immer nicht bloß befangen, sondern
e unförmlich erscheinen, trotz einzelner vortrefflicher Intentionen. (An
dem Grabmal des Bischofs Brancacci in S. Angelo a Nilo zu Neapel scheinen, beiläufig gesagt, wenigstens die oben stehenden Putten von ihm.)
f   Die Reliefmedaillons im Hof des Pal. Riccardi (Fries über dem Erdgeschoß) erscheinen wie Übersetzungen antiker Kameen und Münz-

reverse in den herben Stil des Meisters. – Zu den spätern Werken, wie
die Kanzeln in S. Lorenzo, gehören die ehernen Reliefs am Vorsatz des a
Hochaltars und des dritten Altars rechts im Santo zu Padua, beidemal
eine Pietà mit Wundern des heiligen Antonius zu beiden Seiten; reiche
Improvisationen mit einzelnen wunderbaren Zügen des Lebens; wie
z. B. die Gruppe der Reuigen, welche den Heiligen umgeben; die der
Fliehenden bei der Szene, wo er die Brust des verstorbenen Geizhalses
aufschneidet. Im Chorumgang, und zwar über der hintern Tür in der
Chorwand, ist dann noch das Relief einer Grablegung, eine späte und
sehr ausdrucksvolle Arbeit des Meisters. (Geringer: die vier Symbole
der Evangelisten, in Bronzereliefs, am Eingang des Chores.)

Donatello übte eine ungeheure und zum Teil gefährliche Wirkung
auf die ganze italienische Skulptur aus; er wurde in viel weitern Kreisen
bekannt als Ghiberti, schon durch seinen wechselnden Aufenthalt. Ohne
den starken innern Zug nach dem Schönen, welcher die Kunst immer
von neuem über den bloßen Realismus und auch über das oberfläch-
liche Antikisieren emporhob, d. h. ohne den starken Geist des 15. Jahrhunderts wäre Donatellos Prinzip eine tödliche Mode geworden.

Aber schon in seiner unmittelbarsten Nähe gab es Künstler, die durch
ihn nicht gänzlich unfrei wurden. Von seinem Bruder *Simone* (dem Verfertiger des Gitters im Dom von Prato, I, S. 194, h) und von *Antonio Fila-* b
rete wurden 1439–47 die ehernen Hauptpforten von S. Peter in Rom gegossen; die Hauptfiguren der großen Vierecke sind flau, wie von einem
etwas verkommenen Meister der ältern Schule, und wir dürfen darin
speziell das Werk Filaretes erkennen, – wenngleich die viel bessere
eherne Grabplatte Martins V. vor der Konfession des Laterans auch von c
diesem ist. Die Reliefs und Ornamente der Einrahmungen dagegen
zeigen wohl Simones Geist, und erstere sind bei aller Flüchtigkeit trefflich naiv und von den Härten seines Bruders ziemlich frei.

Noch auffallender ist diese (immer nur relative) Unabhängigkeit bei
Nanni di Banco[1], von dem im florent. Dom (erste Chorkapelle rechts) d
die sitzende Statue des Lukas, sowie an Orsanmicchele die Statuen der e
HH. Eligius, Jakobus, Philippus und die Gruppe der vier Heiligen herrühren. (Die letztern sind keineswegs zum Behuf ihrer Zusammenstellung in der Schulterbreite verkürzt[2], stehen auch gar nicht glücklich
beieinander.) Bei ungleicher und meist donatellischer, auch wohl etwas

[1] So daß Rumohr bezweifelt hat, daß derselbe wirklich Donatellos Schüler
gewesen.
[2] Laut Vasari hätte sich Donatello um ein Abendessen zu dieser Korrek-
tur verstanden.

kraftloser Bildung machen sich hier einzelne sehr schöne und freie Motive geltend, welche der Künstler wahrscheinlich der Anregung Ghibertis verdankt. – Sonst aber überwiegt der Einfluß Donatellos.

a   Zu seinen eifrigsten Nachfolgern gehört *Andrea Verrocchio* (1432–88); die Wirklichkeit des Lebens ohne höhere Auffassung geht ihm bisweilen über den Kopf. In dem Grabrelief der Dame Tornabuoni (Uffizien, Gang der toskanischen Skulptur) gibt er das ganz reelle Elend eines Todes im Kindbett nebst dem Jammer der Umgebung. Sein David
b (ebenda, erstes Zimmer d. Br.) ist gar nichts als das Modell eines gewöhnlichen Knaben und steht sogar hinter dem als Gegenstück aufgestellten bronzenen David des Donatello an Komposition und Form weit zurück. (Merkwürdig ist im Kopf die Vorahnung des bekannten leonardesken Ideals.) Ungleich besser und naiver, zumal trefflich be-
c wegt ist der kleine bronzene Genius auf dem Brunnen im Hof des Pal. vecchio. Stellenweise bricht sich immer der ideale Zug Bahn, welchen Ghiberti aus der germanischen Zeit herübergerettet und nach Maßgabe seines Jahrhunderts geläutert hatte. Sobald man sich durch den bei Verrocchio ganz besonders umständlichen, knittrigen Faltenwurf nicht stören läßt, treten bisweilen Motive von schönstem Gefühl hervor. So
d teilweise in der Bronzegruppe des Christus mit S. Thomas am Orsanmicchele; die Bewegung des Christus ist mächtig überzeugend, die bei-
e den Köpfe fast großartig frei und schön. – Die Madonna am Grab des Lionardo Aretino in S. Croce zu Florenz ist beträchtlich lebloser; die übrigen Skulpturen (Engel, Putten usw.), welche mehr dem Stil Ghibertis als dem des Donatello folgen, sollen von dem Erbauer des Grabes, Bernardo Rosellino, selbst herrühren, dessen als Bildhauer berühmtern Bruder Antonio wir bald werden zu nennen haben[1].
f   Verrocchio fertigte auch das Grabmal des Bischofs Forteguerra (1474), wovon im Dom von Pistoja links vom Eingang noch die wichtigern Teile – große Relieffiguren von Engeln, die den Erlöser umschweben – erhalten sind. Dieselbe herbe Schönheit, derselbe vielknittrige Faltenwurf wie in der Gruppe zu Florenz. (Vollendet von dem damals noch jungen Lorenzetto, welchem die Figur der Caritas angehört.)
g   Außerhalb Toskanas ist von Verrocchio nur ein namhaftes Werk vorhanden: die eherne *Reiterstatue* des Feldherrn *Colleoni* vor S. Giovanni

---

[1] In dieser Gegend wird wohl der *Niccolò Baroncelli* aus Florenz einzuschalten sein, welcher mit seinem Sohn Giovanni und seinem Eidam Domenico di Paris aus Padua die fünf lebensgroßen Bronzefiguren fertigte, die im rech-
* ten Querschiff des Domes von Ferrara stehen. (Der Gekreuzigte, Maria, Johannes, S. Georg und S. Maurelius.) Fleißige, aber harte und doch zugleich flaue Arbeiten, mit einem Anklang an Verrocchio, zumal im S. Georg.

e Paolo zu Venedig. Sie wurde von Verrocchio bloß modelliert und von Aless. Leopardo gegossen, der auch das schöne Piedestal entwarf (I, S. 210 e). In der Gestalt und Haltung des Reiters ist Verrocchio hier so herb individualistisch als irgendein damaliger florent. Porträtbildner; wir dürfen glauben, daß Colleoni sich zu Pferde vollkommen so stämmig gespreizt ausnahm; aber auch das Bedeutende des Kopfes und der Gebärde – mag sie auch keine glücklichen Linien bilden – ist mit großer Sicherheit wiedergegeben. Das Pferd ist merkwürdig gemischt; der Kopf nach antikem Vorbild, die Bewegung wahrscheinlich nach dem Pferde Marc Aurels, das übrige Detail nach emsigstem Naturstudium.

(Von diesem Colleoni und von Donatellos Gattamelata sind dann die hölzernen und vergoldeten Reiterstatuen in S. M. de Frari und S. Gio- a vanni e Paolo zu Venedig abgeleitet. Es wurde mit der Zeit Sitte, daß die Republik ihre Generale auf diese Weise ehrte. Im Stil ist keine davon besonders ausgezeichnet. Eine aus dem 17. Jahrhundert – die späteste – offenbart schon das damals allverbreitete Streben nach Affekt durch heftigen Galopp über Kanonen und verwundete Feinde.)

Viel manierierter, aber in der Technik des Erzgusses ebenso bedeutend erscheint *Antonio Pollajuolo* (1431 bis 1498), dessen Hauptarbeit das *Grab Sixtus IV.* in der Sakramentskapelle von S. Peter ist. Die b liegende Statue ist als hart realistisches Bildnis von großem historischen Werte, die sehr unglücklich an den schiefen Flächen des Paradebettes angebrachten Tugenden und Wissenschaften lassen mit ihrem Schwanken zwischen Relief und Statuette und mit ihren gesuchten Formen schon ahnen, auf welchen Pfaden die Skulptur 100 Jahre später wandeln c würde. Das eherne Wanddenkmal Innozenz VIII. (an einem Pfeiler des linken Seitenschiffes von S. Peter) ist in Anordnung und Ausführung viel befangener als so manches Bessere aus derselben Zeit (1492). Die ehernen Schranktüren (zu den Ketten Petri) in der Sakristei S. Pietro d in Vincoli zu Rom plastisch unbedeutend, dekorativ artig. Ein Relief der Kreuzigung in den Uffizien (erstes Zimmer der Bronzen) erinnert e in den schwungvoll manierierten Formen an die paduanische Schule. – Eines der Reliefs am Taufbrunnen von S. Giovanni in Siena (Gast- f mahl des Herodes) von *Pietro Pollajuolo* möchte an Reinheit des Stiles alle Arbeiten seines Bruders übertreffen.

Mehr von Robbia als von Donatello inspiriert erscheint *Antonio Rosellino* (geb. 1427), der außerdem in der Delikatesse der Marmorbehandlung dem Mino da Fiesole (s. unten) verwandt erscheint. Das Wenige, was von ihm vorhanden ist, verrät einen gemütlichen Florentiner, etwa von derjenigen Sinnesweise, welche unter den Malern dem Lorenzo

di Credi eigen ist; die Madonna bildet er schön mütterlich, florentinisch
häuslich. Sein Hauptwerk, die von ihm erbaute Grabkapelle des Kardi-
a nals von Portugal († 1459) in S. Miniato (links) enthält dessen prächtiges Monument. Hier tritt das Dekorative merkwürdig neben dem Plastischen zurück; über dem Sarkophag mit der sehr edeln Statue des
Toten und zwei das Bahrtuch um sich ziehenden Putten knien auf einem
Sims zwei schöne hütende Engel; darüber von zwei in Relief gebildeten
schwebenden Engeln getragen das Rundrelief der Madonna; der Vorhang ist bloß als Einfassung der ganzen Nische behandelt. – Ganz ähn-
b lich ist das Grabmal der Maria d' Aragona in der Kirche Monte Oliveto
zu Neapel angeordnet. (Cap. Piccolomini, links vom Hauptportal; ebendaselbst das durchaus malerisch behandelte Altarrelief mit Christi Geburt und einem Engelreigen, welches zwischen Antonio und Donatello
c streitig ist.) – Von ähnlichen Grabmälern stammen ohne Zweifel zwei
herrliche Madonnenreliefs in den Uffizien (Gang der toskanischen Skulptur, in dessen weiterer Fortsetzung man wenigstens eine trefflich naturalistische Büste Antonios findet, die des Matteo Palmieri 1468). Ebenda
ein kleiner laufender Johannes, in Donatellos Art bis auf das holde
Köpfchen[1].

Der als Dekorator gerühmte *Desiderio da Settignano* (I, S. 195) ist auch
als Bildhauer in einzelnen Teilen seiner Werke so trefflich, daß ihm das
auffallend Geringere daran unmöglich zugeschrieben werden kann.
d An dem *Grabmal Marzuppini* im linken Seitenschiff von S. Croce sind
außer der höchst edel gelegten und behandelten Statue wohl nur die
beiden kräftigen Engelknaben als Girlandenträger von ihm; an dem
Tabernakel von S. Lorenzo (rechtes Querschiff) gehören ihm nur die
e drei obersten Engelkinder sicher an[2].

Ob der große *Matteo Civitali* von Lucca (1435–1501) ein Schüler Desiderios war, weiß ich nicht anzugeben, ganz gewiß aber geht er parallel
mit dessen zunächst zu erwähnendem Schüler Mino da Fiesole, mit welchem er manche Äußerlichkeiten gemein hat. Nur war in Matteo viel
weniger Manier, ein viel größerer Schönheitssinn, eine Gabe des Be-

---

[1] Am ehesten bei Rossellino zu nennen, nur viel manirierter: die beiden
Reliefs der Flucht nach Ägypten und der Anbetung der Könige, in der
Galerie zu Parma.

[2] Bei diesem oder irgendeinem andern Anlaß müßte auf den köstlichen
Marmoraltar in dem Karmeliterkirchlein S. Maria, eine Viertelstunde vor
Arezzo aufmerksam gemacht werden. Ich kann aus der Erinnerung nur so
viel sagen, daß er mir dem Stil nach zwischen den Robbia und Mino da
Fiesole zu stehen scheint.

deutenden, wie wir sie unter den Malern etwa bei D. Ghirlandajo antreffen. Die Härten und Ecken Donatellos sind bei ihm gänzlich überwunden; wie in der Dekoration, so ist er in der Skulptur einer der Einfachsten seiner Zeit.

In den Uffizien zu Florenz (Gang der toskanischen Skulptur) ist von a
ihm das Relief einer Fides, deren schöner und inniger Ausdruck wohl
auffordern mag zum Besuch der klassischen Stätte von Matteos Wirksamkeit: *des Domes von Lucca*. Hier findet man in den beiden anbetenden b
Engeln auf dem Altar der Sakramentskapelle (rechtes Querschiff) alles
erfüllt, was jene Gestalt verhieß. Mit dem edelsten Stil, den das 15. Jahrhundert seit Ghiberti aufweist, verbindet sich hier der Ausdruck einer
inbrünstigen Andacht und hohe jugendliche Schönheit. Das Grabmal
des Petrus a Noceto (1472, ebenda), eine frühere Arbeit, verrät in der
Reliefmadonna und den Putten den Mitstrebenden Minos, aber schon
auf einer ungleich höhern Stufe der Ausbildung und des Ausdruckes;
auch die liegende Statue ist der ähnlichen Arbeit Desiderios kaum nach-
zusetzen. An dem Grabmal Bertini (1479, ebenda) zeigt die Büste einen c
geistvollern Naturalismus als der der meisten Florentiner. Zunächst
rechts vom Chor endlich steht der prächtige S. Regulus-Altar (1484),
ein Hauptwerk des Jahrhunderts (die Predella ausgenommen, welche
wohl von Mino sein könnte). Die drei untern Statuen entsprechen dem
Imposantesten der damaligen Historienmalerei; die Engel mit Kandelabern und die thronende Madonna oben haben schon etwas von der
freien Lieblichkeit eines Andrea Sansovino. – Dagegen genügt der
S. Sebastian am Tempietto (linkes Seitenschiff) nicht ganz; es ist keine
so vollkommene Bildung, wie sie der Meister in dem bevorzugten
Lucca hätte schaffen können.

Als Werk seines Alters dürfen wir die sechs Seitenstatuen der
Johanneskapelle im *Dom von Genua* betrachten: Jesaias, Elisabeth, Eva, d
Habakuk, Zacharias, Adam. – Adam und Eva, leider mit Gipsdraperien
der berninischen Zeit verunziert, sind oder waren bedeutende naturalistische Gestalten, Adam mit einem grandiosen Ausdrucke flehenden
Schmerzes: Eva absichtlich als »Mutter des Menschengeschlechtes«
reich und stark gebildet. Die übrigen sind teils etwas müde, teils gesuchte Motive; im Zacharias sollte das Anhören einer Offenbarung ausgedrückt werden, was aber bei der ungenügenden Körperlichkeit und
wunderlichen Tracht vollkommen mißglückte; im Jesaias und in der
Elisabeth sind zwar einzelne sehr schöne Gewandmotive, allein die Seele
des S. Regulus fehlt; Habakuk ist eine mißgeschaffene Genrefigur.
Möglicherweise sind die vier Reliefhalbfiguren der Evangelisten an den
Pendentifs der Kuppel, die wieder deutlich an Ghirlandajo erinnern,
ebenfalls Werke Civitalis.

Welches nun auch der absolute Wert dieser Skulpturen sei, in dem von Antiken entblößten, vom florentinischen Kunstleben abgeschnittenen Genua galten sie als das Höchste. Wenn auszumitteln wäre, daß Matteo selber für längere Zeit hier wohnte, so möchte der halbrunde
a untere Teil des Reliefs auf dem fünften Altar rechts im Dom (eine ehemalige Lünette) von einem genuesischen Schüler herrühren. Es stellt die Madonna mit zwei Engeln vor, deren einer den kleinen knieenden Johannes präsentiert; eine sehr gute Arbeit. – Später hat Taddeo Darlone und seine ganze Schule an Matteos Statuen beständig gelernt und sie sogar schlechtweg wiederholt (Statuen in S. Pietro in Banchi, in S. Siro, S. Annunziata usw.).

Einer der weniger begabten, aber zugleich wohl der fleißigste aller dieser florentinischen Skulptoren nächst Donatello war Desiderios Schüler, der eben erwähnte *Mino da Fiesole* (geboren nach 1400, hauptsächlich tätig im dritten Viertel des 15. Jahrhunderts). Der einseitige Naturalismus und die bekannten äußerlichen Manieren dieser Kunstepoche werden bei ihm, wie teilweise schon bei Donatello selbst, etwas Unvermeidliches; dabei ist seine Ausführung äußerst sauber und genau und bisweilen durch die schönsten Ornamente (I, S. 196) verherrlicht. In einzelnen Fällen erhebt er (oder einer seiner Mitarbeiter) sich zu einer großen Anmut; meist aber ist seinen Gestalten, abgesehen von der nicht eben geschickten Anordnung im Raum, eine gespreizte Stellung und eine geringe körperliche Bildung eigen; seine Reliefs gehören zu den überladensten, mit flachen und dabei unterhöhlten Figuren.

Seine Tätigkeit verteilte sich auf Florenz und Rom. In Rom scheint er eine bedeutende Werkstatt gehabt zu haben, wenigstens ist in den zahllosen Grabmälern, Marmoraltären und Sakramentschränken, womit sich damals die römischen Kirchen füllten, sein Stil nicht selten zu erkennen; einiges ist auch bezeichnet oder durch Nachrichten gesichert.
b Weit das Wichtigste sind die Skulpturen vom *Grabmal Pauls II.* († 1471), jetzt an verschiedenen Stellen der Krypta von S. Peter eingemauert; die allegorischen Frauen in Hochrelief sind seine anmutigsten Figuren, wenn auch von etwas gesuchtem Reichtum; die große Lünette mit dem Weltgericht merkwürdig als Zeugnis des flandrischen Einflusses auch auf die Skulptur der Italiener; die Grabstatue nur durch das reiche Kostüm
c interessant. – An dem Grabmal des Bischofs Jacopo Piccolomini († 1479) im Klosterhof von Agostino ein ähnlich aufgefaßtes kleineres
d Weltgericht. – Sicher von ihm: das Grabmal des Jünglings Cecco Tornabuoni in der Minerva (links vom Eingang); und der Wandtabernakel
e für das heilige Öl in der Sakristei von S. Maria in Trastevere. Die Werke seiner römischen Nachfolger sind unten zu erwähnen.

In Toskana sind von ihm: im Dom von Fiesole (Querschiff rechts) ein a
zierlicher Altar und das prachtvoll dekorierte und darin klassische
Grabmal des Bischofs Salutati († 1466) mit guter Büste; – im Dom von b
Prato die Kanzel; – im Dom von Volterra der Hauptaltar; – in S. Am- c
brogio zu Florenz: der prächtige, aber im einzelnen barocke Altar der
Cap. del Miracolo; – in der *Badia zu Florenz*, dem klassischen Ort für d
Minos heimische Wirksamkeit: ein Rundrelief der Madonna außen
über der Tür; im rechten Kreuzarm das Grab des Bernardo Giugni
(† 1466), und im linken das noch prachtvollere des Hugo von Ande-
burg vom Jahr 1481, endlich unweit von der Tür ein Altarrelief mit
drei Figuren; fast sämtlich Arbeiten von bedeutendem Rang in Beziehung auf Luxus und Zierlichkeit.

Von Freiskulpturen sind einige Büsten das Beste: mehrere in den
Uffizien (verschlossener Raum hinter den Skulpturen der toskanischen e
Schule); diejenige der Isotta von Rimini im Camposanto zu Pisa, N. f
XIX. – Von den kleinen Statuen Johannes d. T. und S. Sebastians in
S. Maria sopra Minerva zu Rom (dritte Kapelle links), welche ihm ohne g
Sicherheit zugeschrieben worden, ist die letztere beinahe zu gut für ihn.
– Wenn die Kolossalstatuen des Petrus und Paulus, ehemals an der h
Treppe von S. Peter, jetzt im Gange nach der Sakristei, wirklich von
ihm (und nicht von einem gewissen Mino del Reame) sein sollten, so
würden sie eine ungemeine Befangenheit in der Freiskulptur beweisen.

Von andern fiesolanischen Skulptoren, welche mit Mino in Verbindung stehen mochten, ohne doch seine Schule zu bilden, ist *Andrea
Ferrucci* († 1522) der wichtigste. Die von ihm skulpierte Nische über
dem Taufstein des Domes von Pistoja zeigt in mehrern Gestalten An- i
klänge an Minos Stil, aber in das Schöne und Veredelte; der Seelenausdruck in der gesundern Art der umbrischen Malerschule, zumal in dem
großen Hochrelief mit der Taufe Christi; die vier kleinern Reliefs mit
der Geschichte des Täufers wenigstens trefflich komponiert und schön
ausgeführt. – In Florenz ist von Andrea das Bildnisdenkmal des Marsi- k
lius Ficinus im rechten Seitenschiff des Domes; sodann das schöne
Kruzifix in S. Felicita (vierte Kapelle rechts), mit dem edeln reichge- l
lockten Haupt; – der große S. Andreas im Dom (Eingang zum linken m
Querschiff, rechts) hat schon etwas akademisch Gefangenes. – Von Andreas Schülern *Silvio* und *Maso Boscoli* von Fiesole ist unter anderm das
Grabmal des Antonio Strozzi, im linken Seitenschiff von S. Maria no- n
vella.

Ein freierer florentinischer Nachfolger Minos ist der Baumeister
Benedetto da Majano (1444–1498). Die wenigen erhaltenen Arbeiten verraten einen der größten Bildhauer der Zeit. An Schönheitssinn und Ge-

schick ist er dem Mino weit überlegen und erscheint eher als der Fort-
a setzer Ghibertis. Die Reliefs der *Kanzel in S. Croce* zeigen höchst lebendig entwickelte Szenen mit den herrlichsten Motiven (zum Teil auf der
Dreiviertelansicht beruhend); die Statuetten in den Nischen unten sind
bei winzigem Maßstab vom Köstlichsten dieser Zeit. – In der Kapelle
b Strozzi in S. Maria novella (rechtes Querschiff) ist das Grabmal hinter
dem Altar von ihm; über dem Sarkophag das Rundrelief der Madonna,
von Engeln umschwebt, träumerisch süß und holdselig, wie etwa ein
frühes Werk des Andrea Sansovino könnte ausgesehen haben. In seinen
Freiskulpturen ist Benedetto allerdings noch etwas befangen. Sein Jo-
c hannes der Täufer in den Uffizien (Ende des zweiten Ganges) ist aber in
dieser Befangenheit sehr liebenswürdig durch den naiven Ausdruck;
ebenso die Statue des S. Sebastian in einem Nebenraum des Kirchleins
d der Misericordi (auf dem Domplatz). Die in demselben Raum (auf dem
Altar) befindliche Madonna deutet schon entschieden auf die Weise des
16. Jahrhunderts, auf Lorenzetto und Jac. Sansovino hin. Seine anmut-
reiche Phantasie errät das, wozu seine formelle Bildung wohl nicht hin-
e gereicht hätte. – Das Denkmal Giottos (1490) im rechten Seitenschiff
des Domes, ein bloßes Reliefmedaillon, ist wie andere Ehrendenkmäler
dieser Kirche ein Beweis dafür, wie wenig Prunk damals von Staats
wegen (»cives posuere«) mit dem Andenken verstorbener großer Männer getrieben wurde; es lebten ihrer noch welche[1]. Fast gegenüber ist,
f ebenfalls von Benedettos Hand, die Büste des Musikers Squarcialupi,
eines Zeitgenossen, welchem der Künstler so wenig als dem Pietro
g Mellini (Uffizien, Gang der toskanischen Skulptur) die natürliche Häßlichkeit erließ. Es wurden damals in Florenz fast so viele Büsten aus
Marmor, Ton und Kittmasse (und dann farbig) gebildet als Porträts
gemalt; in allen werden die unregelmäßigen Züge nicht bloß frei zugestanden, sondern als das Wesentliche, und zwar bisweilen grandios be-
h handelt. Der genannte Gang in den Uffizien und seine meist verschlos-
sene Fortsetzung enthalten eine Anzahl davon, sämtlich marmorn.

Mit Unrecht wurde früher zum Hause der Robbia derjenige bedeutende Künstler gerechnet, welcher 1461 die Fassade der Brüderschaft
i von S. Bernardino in Perugia (neben S. Francesco) baute und mit Skulpturen bedeckte, *Agostino di Guccio* aus Florenz[2]. Diese reiche und präch-

---

[1] Dagegen haben die im Auftrag des Staates (der »Gemeine«) bloß Grau
in Grau *gemalten* Denkmäler im Dom von Florenz und anderswo allerdings
* das Ansehen, als ob man gern gemocht und nicht gekonnt hätte. Es sind
gleichsam Anweisungen auf künftige Marmordenkmäler. Vgl. Vasari im
Leben des Lor. di Bicci.

[2] Wahrscheinlich ist der Augustinus de Florentia, welcher 1442 die Platte

tige Arbeit, aus Terrakotta, Kalkstein, weißem, rötlichem und schwarzem Marmor ist der Geschichte und der Glorie des genannten Heiligen geweiht. Das Plastische ist ungleich; die vorzüglichere Hand verrät sich hauptsächlich in den anmutig schwebenden Engeln mit ihren feinfaltigen, rundgeschwungenen Gewändern, sowie in einigen der kleinen erzählenden Reliefs. Offenbar stand der Künstler zur Antike in einem viel nähern Verhältnis als die übrigen Robbia, ja als die meisten Skulptoren seiner Zeit; man wird z. B. eine Figur finden, die das bekannte Motiv einer bacchischen Tänzerin geradezu wiederholt; auch ist seine Reliefbehandlung plastischer als die der florentinischen Zeitgenossen insgemein, welche alle mehr von Donatello berührt erscheinen. An innerlichem Schönheitssinn und tieferm Seelenausdruck ist Luca della Robbia auch ihm überlegen.

Um das Ende des 15. Jahrhunderts arbeitete *Baccio da Montelupo* die Statue des Ev. Johannes an Orsanmicchele; ein gemäßigter und ge- a schickter Nachfolger Verrocchios, doch nicht ohne gezwungene Manier. An einem der Dogenmonumente in den Frari zu Venedig (des Pesaro, b 1503) wird ihm die Statue des Mars zugeschrieben.

In *Benedetto da Rovezzano* klingt noch einmal Ghiberti nach. Seine Reliefs mit den Taten des heiligen Johann Gualbert in den Uffizien c (Gang der toskanischen Skulptur), vom Jahr 1515, deuten noch wesentlich in das vergangene Jahrhundert zurück; viel delikates Einzelnes, mehrere treffliche dramatische Momente (der Transport der Besessenen, die Bannung des Teufels von dem kranken Mönch), aber auch vieles matt und gedankenlos. – Die Statue des Ev. Johannes im Dom (Eingang zum Chor, rechts) ist eine fleißige, aber äußerst geringe Arbeit. d

Beide letztgenannten überragt bei weitem *Giov. Franc. Rustici*, von welchem die Bronzegruppe der Predigt des Täufers über der Nordtür e des Baptisteriums gearbeitet ist. Er war Schüler Verrocchios, und die Neider sagten dem Werke nach, daß ein anderer berühmterer Schüler jenes, Lionardo da Vinci, daran geholfen habe. Wie dem nun sei, es waltet in der Gruppe jener Geist des Hochbedeutenden, welchen wir unter den Malern vorzüglich bei Luca Signorelli wiederfinden. Die innere Aufregung ist in dem Täufer und ganz besonders in den beiden zuhörenden Pharisäern mit ergreifender Kraft, in letztern wie verhehlt, doch unwillkürlich hervorbrechend ausgedrückt. Die Gewandung ge-

mit vier Reliefs aus der Geschichte des heil. Geminian am Dom von Modena *
(außen auf der Südseite nahe beim Chor) fertigte, dieselbe Person. Das von
Donatello unabhängige Leben, die leichte, geschickte und deutliche Bewegung, die feingefalteten, schwungreichen Draperien geben eine Vorahnung
des Werkes von Perugia.

hört noch mehr dem 15. Jahrhundert an, während das Nackte schon der grandiosen und freien Behandlung der höchsten Blütezeit würdig erscheint. – *Lionardos* eigene Skulpturwerke sind auf klägliche Weise zugrunde gegangen.

In Pisa spielt die Skulptur seit Anfang des 15. Jahrhunderts keine Rolle mehr; ja man wird selten in der ganzen Kunstgeschichte ein so völliges Aufhören einer blühenden und tätigen Schule so genau mit dem politischen Sturz der betreffenden Stadt (1405) zusammengehen sehen.
a Von einem guten Bildhauer, dessen Formen etwa an die des Sandro Botticelli erinnern, sind die sieben Tugenden in Relief neben dem Hauptaltar in S. Maria della Spina; möglicherweise gehören die noch
b bessern drei Tugenden an dem Sarkophag des Erzbischofs Ricci († 1418, aber das Grab aus späterer Zeit) im Campo santo, bei N. 49, derselben Hand an, ebenso die Reliefstatuetten der Caritas, Misericordia usw. ebenda, N. 90, 94 usw.

Den Ausgang ins 16. Jahrhundert belegen die ziemlich guten und
c freien Skulpturen des Altars in S. Ranieri.

Die Skulptur von *Siena* seit dem Anfang des 15. Jahrhunderts ist der gleichzeitigen sienesischen Malerei im ganzen überlegen, ja sie kann in betreff der neuen Auffassungsweise sogar gegenüber der florentinischen Skulptur eine zeitliche Priorität in Anspruch nehmen. Ihr wichtigster Meister, *Jacopo della Quercia*, ist wohl überhaupt der frühste unter jenen, welche den ausgelebten Stil, der einst von Giovanni Pisano ausgegangen, gegen eine derbere, mehr naturalistische Auffassung vertauschten.
d Von ihm sind zu Siena: zwei von den sechs Bronzereliefs am Taufbrunnen in S. Giovanni (Geburt und Predigt des Täufers), noch im Stil
e des 14. Jahrhunderts, und die Skulpturen der Fonte gaja auf dem großen Platz (1419), sein vollständigstes und anmutigstes Werk im neuen
f Stil. An dem Grabmal der Ilaria del Carretto († 1405) im linken Querschiff des Domes von Lucca ist die liegende Statue noch mehr germanisch, der Sarkophag dagegen – nackte Kinder (Putten), welche eine Fruchtschnur tragen – von einer weichen und schönen Lebendigkeit,
g die den Vorgängern noch fremd ist. (Die eine Seite von diesem Sarkophag befindet sich in den Uffizien zu Florenz, Gang der toskanischen Skulptur.) – Der Altar in der Sakramentskapelle zu S. Frediano in Lucca,
h datiert 1422, kann kaum von Quercia sein, wenn dieser schon 1419 die Fonte gaja gearbeitet hatte; freilich ist es schwer, neben ihm einen zweiten »Jacopo Sohn Pietros« aus bloßer Vermutung anzunehmen, da auch sein Vater Pietro hieß; vielleicht könnte das Werk früher von ihm gearbeitet und erst 1422 aus der Werkstatt gegeben worden sein. (Vgl.

I, S. 478, b.) An der zweiten Tür der Nordseite des Domes von Florenz a ist von ihm (eher als von Nanni di Banco) das Giebelrelief der Madonna della cintola, eine große feierlich bewegte Kompositon, im Detail etwas flauer als die Fonte gaja.

Während in Toskana die großen Florentiner ihn allmählich in den Schatten stellten, gewann er durch seinen Aufenthalt in *Bologna* einen wie es scheint weitgreifenden Einfluß auf die oberitalische Skulptur. Hier sind die Skulpturen am Hauptportal von *S. Petronio*, begonnen b 1429, vielleicht seine bedeutendste Arbeit überhaupt; weniger die Statuen der Madonna und zweier Bischöfe in der Lünette, als die Reliefhalbfiguren der Propheten und Sibyllen in der Schrägung der Pforte und des Bogens. Die neue Kunstzeit spricht hier vernehmlich aus den scharf individuellen Köpfen und aus dem Momentanen der Bewegung. Die fünf Geschichten aus der Kindheit Christi am Architrav passen nicht wohl zu Quercias sonstigen Reliefs; die zehn Reliefs mit den Geschichten der Genesis an den Pilastern der Tür erregen ebenfalls einige Zweifel. Wenn sie aber von Quercia sind, so würden sie eine so früh im 15. Jahrhundert unerhörte Freiheit des Stiles bezeugen, während sie für das 16. Jahrhundert doch nur die Geltung von manierierten und wenig durchgebildeten Arbeiten haben könnten.

Ein bolognesischer Schüler Quercias, *Niccolo dell' Arca* († 1494), fertigte die große tönerne, ehemals vergoldete Reliefmadonna an der c Fassade des Pal. Apostolico, die für die Zeit um 1460 kein bedeutendes Werk ist. – Wichtiger war Niccolòs Teilnahme an der Arca in S. Do- d menico, von welcher er seinen Beinamen erhielt. Hier werden ihm mehrere der obern Statuetten und der kniende Engel rechts vom Beschauer[1] zugeschrieben; für die übrigen Statuetten (niemand sagt genau, welche) nennt man einen wohl fünfzig Jahre jüngern Künstler, *Girol. Cortellini*. Genug daß es angenehme und lebensvolle Figürchen sind, die vielleicht im Abguß eine weite Verbreitung finden würden. (Der heilige Petronius und der Engel unten links vom Beschauer sind anerkanntermaßen von Michelangelo.) – Eine sehr tüchtige Arbeit des Niccolò ist auch das bemalte Reiterrelief des Annibale Bentivoglio e (1458) in der gleichnamigen Kapelle zu S. Giacomo maggiore (Chorumgang).

Den Einfluß von Quercias Stil wird man vielleicht außerdem erkennen an den Skulpturen der Fassade von Madonna di Galliera. Dagegen zeigt er sich da nicht deutlich, wo man ihn erwarten sollte, nämlich in f den Propheten und Sibyllen (unten) an den Seitenfenstern von S. Petro-

---

[1] Welchen ich glaube für ein Werk des 16. Jahrhunderts halten zu müssen.

a nio, welche zum Teil gute Arbeiten verschiedener lombardischer Meister des 15. Jahrhunderts sind[1].

Von Quercias sienesischen Schülern führte *Urban von Cortona*, wie
b man glaubt nach des Meisters Entwürfen, die Statuen der HH. Ansanus
und Victorius an den mittlern Pfeilern des Casino de' Nobili in Siena aus,
lebendige und resolute Gestalten, die an das Beste von Verrocchio erin-
c nern; Ähnliches gilt von dem etwas spätern *Neroccio* (Statuen in den beiden
Seitennischen der runden Cap. S. Giovanni im Dom). *Vecchietta*
dagegen hat die naturalistische Härte Donatellos ohne dessen innere
d Gewalt; seine Bronzestatue des Erlösers, auf dem Hauptaltar der Hospitalkirche
della Scala, ist wie ein Andrea del Castagno in Erz; die
e Grabstatue des Soccino († 1467) in den Uffizien (erstes Zimmer d. Br.)
sieht einem von der Leiche genommenen Abguß ähnlich, wenn auch die
Falten nicht ohne Geschick geordnet sind. Auch die übrigen Sienesen
f sind nach den in den Gängen der Akademie aufgestellten Fragmenten
zu schließen von keiner Bedeutung (die *Cozzarelli* u. a.), wenn nicht die
mir unbekannten Skulpturen in der Osservanza ihnen doch einen bessern
Platz anweisen. – Später folgt dann, ganz vereinzelt, der oben bei
g Anlaß der Dekoration (S. 227, b) erwähnte herrliche Altar in Fontegiusta.

Die *römische* Skulptur dieser Zeit ist eine fast ganz anonyme. Doch
steht wenigstens am Anfang des Jahrhunderts der Name des *Paolo
Romano* fest. In ihm regt sich, gleichzeitig mit Quercia, der beginnende
Realismus wenigstens insoweit, daß seine liegenden Grabstatuen mit
Geist und Freiheit individualisiert heißen können. (Grabmäler des
h Kard. Stefaneschi, † 1417, im linken Querschiff von S. Maria in Trastevere
– und des Komturs Carafa im Priorato di Malta; – vielleicht
i schon dasjenige des Kard. Adam, † 1398, S. Cecilia.) – Von zwei Schülern
Paolos, *Niccolò della Guardia* und *Pierpaolo da Todi*, das aus einer An-
k zahl erzählender und anderer Reliefs bestehende Denkmal Pius II. (†
1464), im Hauptschiff von S. Andrea della Valle; später als Gegenstück
hinzugearbeitet das Denkmal Pius III.; beide ungünstig aufgestellt. –
Von den sichern Arbeiten des *Filarete*, A. *Pollajuolo*[2] und *Mino da Fiesole* (s. oben) war schon die Rede; sodann ist hier der Abschnitt über
das Dekorative (I, S. 201) zu vergleichen.

* [1] Die ältern nach dem Campo santo versetzten Grabmäler verschiedener
Kirchen hat der Verfasser nur flüchtig gesehen. Es befindet sich darunter
das Grabmal Papst Alexanders V.

[2] Ob die bronzene Grabstatue eines Bischofs in S. M. del popolo (dritte*
Kapelle rechts) von ihm sein mag?

Außer dem, was dort über den römischen Gräberluxus seit 1460 im allgemeinen gesagt ist (vgl. auch I, S. 191), muß hier zugestanden werden, daß der schönste Eindruck dieser römischen Skulpturen ein kollektiver ist. Sie geben *zusammen*, in ihrer edeln Marmorpracht, das Gefühl eines endlosen Reichtums an Stoff und Kunst; die Gleichartigkeit ihres Inhaltes, der doch hundertfach variiert wird, erregt das tröstliche Bewußtsein einer dauernden Kunstsitte, bei welcher das Gute und Schöne so viel sicherer gedeiht als bei der Verpflichtung, stets »originell« im neuern Sinne sein zu müssen. An den Grabmälern ist der Tote in einfache Beziehung gesetzt mit den höchsten Tröstungen; ihn umstehen, in den Seitennischen, seine Schutzpatrone und die symbolischen Gestalten der Tugenden; oben erscheint, zwischen Engeln, die Gnadenmutter mit dem Kinde oder ein segnender Gottvater – Elemente genug für die wahre Originalität, welche hergebrachte Typen gerne mit stets neuem Leben füllt, und dabei stets neue *künstlerische* Gedanken zutage fördert, anstatt bei der Poesie und andern außerhalb der Kunst liegenden Großmächten um neue »Erfindungen« anzuklopfen.

Ein ganzes Museum von Skulpturen findet sich in S. *Maria del popolo;* a hundert andere Denkmäler sind durch alle ältern Kirchen zerstreut. Wir nennen bloß das Bedeutendere.

Der Art Minos stehen am nächsten: das Grabmal des Bartol. Rove- b rella († 1476) in S. Clemente (rechts), mit wertvollen Reliefs von verschiedenen Händen, die trauernden Putten vorzüglich schön, die Madonna vielleicht von Mino selbst; – das Grab des jungen Albertoni († c 1485) in S. M. del popolo (vierte Kapelle rechts), nahe verwandt mit dem II, S. 21, d erwähnten; – der Tabernakel der Nebenkapelle links in d S. Gregorio; – die Gräber Capranica und de Coca in S. M. sopra Minerva e (hinten rechts), mit ausgemalten Nischen; – die Gräber de Mella († f 1467) und Rod. Sanctius († 1468) in der Halle hinter S. M. di Monserrato. Geringerer Grabmäler, Tabernakel usw. zu geschweigen.

Parallel mit diesen Werken gehen diejenigen eines andern Meisters oder einer andern Werkstatt, welcher wir das Beste verdanken. Ohne den herrschenden Typus des dekorativen Grabes und Altares zu überschreiten, zeigen diese Arbeiten einen höhern Adel des Stiles, eine lebendigere Durchführung alles Äußerlichen und einen schönern, oft ganz innigen Ausdruck, der doch nichts mit dem der umbrischen Maler g gemein hat. Die frühsten: das Grabmal Lebretto († 1465) nächst dem h Hauptportal von Araceli; – das des Alanus von Sabina in S. Prassede (eine der Kapellen rechts); – dann folgt das prachtvolle Monument des Pietro Riario († 1474) im Chor von SS. Apostoli, – mit welchem das i ungleich spätere des Gio. Batt. Savelli († 1498) im Chor von Araceli eine k bestimmte Stilähnlichkeit hat; – auch die Figuren der beiden Johannes

a in einem Vorgemach der Sakristei des Laterans gehören hierher. – Den
b Höhepunkt dieses Stiles bezeichnet dann der *Altar Alexanders VI.*
(1492, als er noch Kardinal Borgia war) in der Sakristei von S. M. del
popolo, mit den wunderschönen Engeln in den Bogenfüllungen; –
c und der kleine Altar des Guilermus de Pereriis (1490) im Chorumgang
d von S. Lorenzo fuori le mura; – endlich eine einzelne Figur des heiligen
Jakobus d. Ä. im Lateran (an einem Wandpfeiler des rechten Seitenschiffes). – Es ist auffallend, daß beim Dasein solcher Kräfte das Grab-
e mal Sixtus IV. in so (verhältnismäßig) geringe Hände fallen konnte,
wie die erhaltenen Reliefs zeigen. (Krypta von S. Peter.)
Später findet sich auch der umbrische Gefühlsausdruck in einigen
f ausgezeichneten Werken; so sind an der Hoftreppe des Nebenbaues
links an S. Maria maggiore Fragmente eines Altares eingemauert, welche
köstliche Nischenfiguren und die besten, naivsten römischen Putten
des 15. Jahrhunderts enthalten; – etwas später (1510) entstand das Grab
g eines Erzbischofs von Ragusa links vom Portal in S. Pietro in Montorio,
von dem sonst wenig bekannten Bildhauer *Gio. Ant. Dosio*, mit einer
sehr schönen, frei peruginesk empfundenen Madonna.
h   Unter den liegenden Bildnisstatuen der Gräber ist diejenige des
Pietro Mellini († 1483) in der gleichnamigen Kapelle in S. M. del popolo besonders bemerkenswert durch die naturalistische Strenge, wo-
i mit Kopf und Hände individualisiert sind; – ähnlich die des Cordova
(† 1486) in der Halle hinter S. M. di Monserrato. Wen die Grabstatue
k Alexanders VI. († 1503) interessiert, findet dieses mittelmäßige, doch in
den Zügen wahrscheinlich sehr getreue Werk in der Krypta von S. Pe-
l ter. (Die Gebeine liegen im Chor von S. M. di Monserrato.) Die lieb-
lichsten Mädchenköpfe an dem einen Grabe der Familie Ponzetti (1505
und 1509) in S. M. della Pace (Hauptschiff links); zwei gute Greisen-
m büsten an dem Grabmal Bonsi, Vorhalle von S. Gregorio. – Über der
n Treppe der Villa Albani die liebenswürdig-naturalistische Büste einer
angehenden Matrone (der Teodorina Cybò).
Noch zu den bessern Arbeiten gehörend, doch ohne tiefere Eigen-
o tümlichkeit: in S. M. del popolo: das prächtige Grabmal Lonati (Querschiff links); – das Grab des Cristoforo Rovere (nach 1479, erste Kapelle
rechts); – des Giorgio Costa (1508, vierte Kapelle rechts); – des Pallavicini (1507, erste Kapelle links); – des Rocca (1482, in der Sakristei); –
die letztern vier vielleicht von demselben Künstler, welcher in der Minerva die Grabmäler Sopranzi (1495, letzte Kapelle des rechten Seiten-
p schiffes) und Ferrix (1478, im ersten Klosterhof), außerdem vielleicht
q auch das Grab des Diego de Valdes (1506, in der Halle hinter S. M. di
Monserrato) schuf. Alles Arbeiten von einer gewissen stereotypen Eleganz, mit einzelnen trefflichen Bestandteilen.

Die Masse der übrigen marmornen Grabmäler und Altäre lassen sich meist einer der eben angegebenen Rubriken unterordnen; sie alle zu nennen, fehlt uns der Raum. Es gibt darunter sehr kostbare, welche nur wenig eigentümliches Leben, und sehr einfache, welche doch irgendeinen ganz schönen Zug enthalten.

In *Genua* drang der realistische Skulpturstil nur sehr langsam durch. Man sieht im Dom auf dem ersten Altar rechts das Relief einer Kreuzi- a gung, von guter und fleißiger Arbeit, etwa aus der Mitte des Jahrhunderts, und doch kaum von einem fernen Echo der florentinischen Umwälzung berührt. Ebenso ist (in der ersten Kapelle links) das Grabmal b des 1461 verstorbenen Kardinals Giorgio Fiesco in der Anordnung sowohl als in der recht schönen und ausdrucksvollen Behandlung fast noch ein Werk des vorhergehenden Jahrhunderts. – Das Türrelief mit der Anbetung der Könige, an dem Hause N. 111 Strada degli orefici c ist vielleicht kaum früher und doch noch fast germanisch; hier nennenswert als das beste unter sehr vielen.

Am frühesten meldet sich der Realismus des 15. Jahrhunderts – vielleicht selbständig vielleicht auf eine Anregung hin, die von Quercia herstammen könnte – in den *Ehrenstatuen verdienter Bürger*. Wohl ein Dutzend derselben aus dieser Zeit stehen teils (nebst neuern) in den Gängen und im Hauptsaal des Pal. S. Giorgio am Hafen, teils in den d fünf Außennischen eines Palastes an Piazza Fontana amorose (N. 17, e er heißt Pal. Spinola), auch anderswo. Bei ungeschickter Gestalt und Haltung, bei einer bisweilen rohen Draperie ist doch in den Köpfen, auch wohl in den Händen der Ausdruck des individuellsten Lebens hier und da vollkommen erreicht. (Auch für die Trachten von Wert.)

Ein kenntlicher florentinischer Einfluß ist vielleicht zuerst an den er- f zählenden Reliefs der Außenseite und der großen innern Lünetten der Johanneskapelle im Dom sichtbar; ungeschickte, selbst rohe Arbeiten, die man nicht einmal Mino da Fiesole, geschweige denn Matteo Civitali zutrauen möchte, als dessen Arbeit wenigstens die Lünette links gilt. Mit den notorischen Arbeiten Matteos (II, S. 20, d) schließt dann das Jahrhundert.

Woher für *Venedig* die Anregung zu dem neuen Stil kam, ist schwer zu sagen. Derjenige bedeutende Künstler, welcher in den ersten vier Jahrzehnten des 15. Jahrhunderts die Reihe der Renaissancebildhauer eröffnet, *Mastro Bartolommeo*, wächst so allmählich in den neuen Stil hinein, daß man annehmen darf, er sei selbständig durch den Zug der Zeit darauf gekommen, noch ehe die Antikensammlung des (1394 geborenen) Malers Squarcione in Padua vorhanden war[1].

a Sein frühestes Hauptwerk, in der entlegenen Kirche der *Abbazia* (links vom Portal), ist eine große ehemalige Türlünette; die »Mater misericordiae«, von jener reichen deutschen Lieblichkeit des Antlitzes, die aus so manchem venezianischen Marmorkopf des 14. Jahrhunderts herausschaut, steht zwischen kleinern knienden Mönchen, deren Gebärden und Bildniszüge die tiefste Andacht ausdrücken; Engel halten das Gewand der Jungfrau über ihnen ausgespannt; der übrige Raum ist ausgefüllt durch Laubwerk mit den Halbfiguren von Propheten; das Kind ist als Relief in die kolossale Agraffe versetzt, welche den Mantel der Maria zusammenhält – eine in diesem architektonischen Stil und in dieser Zeit vollkommen glückliche Kühnheit[2]. – Zu den Seiten zwei Engelstatuen, dekorativ und fast roh wie die Lünette auch, aber von demselben tiefen Ausdruck. (An der Wand gegenüber drei Statuen weiblicher Heiligen, schon dem spätern Stil Bartolommeos näher.)

Wenn nun hier noch der germanische Stil, obwohl bereits gemildert,
b vorherrscht, so zeigt die Portallünette an der Scuola di S. Marco einen ganz ähnlichen Gegenstand entschieden in der neuen Art gebildet. Wir sehen S. Marcus, eine würdige Gestalt, thronend zwischen der knienden Bruderschaft, deren Vorsteher ihm die linke Hand küßt, während er mit der Rechten segnet. Der Stil der neuen Zeit drückt sich ganz sprechend aus in einem jener neu gewonnenen Reizmittel, die dem 14. Jahrhundert noch ganz fremd waren: S. Marcus sitzt nach links und wendet sich nach rechts (vom Beschauer). – Die Statuen neben und über der Lünette scheinen neuer und restauriert.

Das wichtigste spätere Werk Bartolommeos sind dann die Skulpturen
c an der *Porta della carta* des Dogenpalastes (1439). Sowohl in den vier Tugenden als in den Engeln und Putten oben trifft er hier – wahrscheinlich zufällig – ziemlich nahe mit Quercia zusammen. Mit dem mutwilligen Herumklettern, ja schon mit der Darstellung dieser nackten Kinder ist die Renaissance offen ausgesprochen; von den Tugenden gibt die Fortitudo ein herrliches Motiv, welches so ganz verschieden von Ghibertis Art und doch parallel mit derselben die Freiheit des neuen Stiles mit der Würde des germanischen verbindet[3]. – (An dem

[1] Vasari, im Leben des Scarpaccia, nennt wohl einen florent. Bildhauer Simone Bianco, der sein Leben in Venedig zugebracht habe, gibt aber keine Werke desselben an.
[2] Für welche überdies byzantinische Vorbilder vorhanden waren.
[3] Fast gleichzeitig mit der Porta della carta entstand das Heiligengrab des
* Beato Pacifico († 1437) im rechten Querschiff der Frari. Schlecht erhalten

Hauptfenster gegen die Riva hin, welches der Verfasser reparaturhal- a ber verdeckt fand, will man in den Statuen ebenfalls Bartolommeos Stil erkennen. Außerdem werden ihm die Apostel und der heilige Christoph an der Fassade von S. Maria dell' Orto zugeschrieben; letzterer wohl am ehesten mit Recht; die Apostel scheinen von verschiedenen Hän- b den zu sein[1].)

Dem wachsenden Kunstbedürfnis der Republik scheinen diese und andere einheimische Kräfte bald nicht mehr genügt zu haben. Donatello erschien in Padua (II, S. 12 ff.); Verrocchio wurde für ein großes Denkmal in Anspruch genommen (II, S. 17, g). Auch andere Toskaner arbeiteten früher und später in Venedig, wie z. B. die sonst nicht bekannten Piero di Niccolò aus Florenz und Giovanni di Martino aus Fiesole, welche c das Dogengrab Mocenigo († 1423) im linken Seitenschiff von S. Giovanni e Paolo fertigten, offenbar unter Donatellos Einfluß (und kaum vor 1450); ein Werk, das sich durch die Schönheit der Köpfe an den zahlreichen Statuetten auszeichnet.

Die paduanische Malerschule mit ihrem scharfen, fleißigen Modellieren, ihren plastischen und antiquarischen Studien mußte ihrerseits ebenfalls auf die Skulptur wirken; keine Malereien des damaligen Italiens haben einen so ausgesprochenen plastischen Gehalt wie die übrigen, Verrocchio etwa ausgenommen. – Wahrscheinlich empfing von ihr aus der veronesische Bildhauer *Antonio Rizzo* seine Anregung. Von ihm sind (um 1471) die Statuen Adam und Eva im Dogenpalast (unten ge- d genüber der Riesentreppe) gearbeitet; ersterer eine vorzüglich tüchtige Bildung, deren Naturalismus gemildert erscheint durch die ergreifende Gebärde und Miene des Schuldbewußtseins; bei Eva ist derselbe schon störender.

Seit der Mitte des 15. Jahrhunderts erscheinen dann mehrere Bildhauerwerkstätten nebeneinander und in wechselseitiger Einwirkung aufeinander. Die wichtigsten derselben sind die der *Bregni*, der *Lombardi* und des *Leopardo*.

Die Gesamtheit ihrer Produktionen ist schon der Masse nach sehr bedeutend; an innerm Gehalt bilden dieselben das wichtigste Gegenstück zu den Werken der gleichzeitigen Toskaner. Es ist der Realismus

und ungünstig in dunkler Höhe befestigt, *scheint* es der Art des Bartolommeo ähnlich.

[1] Von zwei verschiedenen guten Zeit- und Stilgenossen sind in Madonna dell' orto vorhanden: auf dem dritten Altar rechts eine lebensgroße stehende * Madonna, von etwas deutschem Charakter; über der Sakristeitür die Halbfigur einer Madonna, milder und anmutiger.

des 15. Jahrhunderts ohne Donatello, ohne die extremen Härten, aber auch ohne die entschiedene Kraft der Motive. Es mangelt nicht an Bestimmtheit der Formen, zumal der Gewandung, wohl aber an der unablässigen Beobachtung des bewegten Körpers; daher sind auch der Attitüden wenige, die sich um so häufiger wiederholen; die Behandlung des Nackten ist beträchtlich konventioneller als gleichzeitig bei den Vivarini und bei Mantegna. Den Ersatz bildet ein sehr entwickelter Sinn für schöne und anmutige Formen und für höhern Gefühlsausdruck; noch verhüllt und befangen bei Pietro Lombardo, der in den Köpfen mannigfach die Härten eines Bart. Vivarini teilt; gesteigert bis zum tiefsten und süßesten Reiz bei Leopardo.

Die Antike wirkt nur stellenweise direkt ein, dann aber so stark wie vielleicht bei den damaligen Florentinern nirgends. Im ganzen ist allerdings eher die Malerei der paduanischen Schule als Führerin dieser Skulptur zu betrachten. Mit ihr ist der Ausdruck vieler Köpfe, die Behandlung der Falten und Brüche des Gewandes, auch die Stellung vieler Figuren am nächsten verwandt. Auch an Cima, Carpaccio und Giovanni Bellini wird man vielfach erinnert.

Angewiesen auf die zum Teil zweifelhaften und unbestimmten Namengebungen, welche bis jetzt im Gange sind, können wir unmöglich die einzelnen Künstlercharaktere scharf voneinander abgrenzen. Unsere Aufzählung macht deshalb keinerlei systematische Ansprüche.

Die ältern *Bregni*, *Antonio* und *Paolo*, erscheinen noch wie Schüler des Mastro Bartolommeo an dem Dogengrab Franc. Foscari († 1457)
a im Chor der Frari (rechts). Nicht nur ist die Dekoration noch gotisch wie bei jenem, sondern sie gleichen ihm auch in der tüchtigen, an Quercia erinnernden Lebensauffassung. – Gegenüber steht das derselben Künstlerfamilie zugeschriebene Dogengrab Tron († 1472), in der Dekoration schon vollkommene Renaissance, im Figürlichen sehr ungleich und jedenfalls von verschiedenen Händen; die Dogenstatue insbesondere wird als Werk des Antonio namhaft gemacht. An den beiden Tugenden zu seinen Seiten haben wir die ersten vollständigen Typen derjenigen fleißigen, zierlichen und angenehmen Gewandstatuen, welche sich in Venedig bis gegen das Jahr 1500 wiederholen; der Schildhalter links ist eine treffliche lebendig gewendete Figur, wahrscheinlich von *Lorenzo Bregno*, welcher die Hauptkraft der Schule wurde. Von ihm
b ist wahrscheinlich das Denkmal des Feldherrn Pesaro († 1503) im rechten Querschiff derselben Kirche (über der Sakristeitür) mit den Statuen des Verstorbenen, des Neptun und des Mars – letztere freilich von *Baccio da Montelupo*, dessen florentinische Lebensderbheit den Venezianern überlegen erscheint. – An dem Vorbau im Hof des Dogenpalastes
c möchte der Schildhalter neben Bandinis Statue des Herzogs von Ur-

bino ebenfalls eine Arbeit Lorenzos sein. – In S. Giovanni e Paolo ist die Statue des Feldherrn Naldo (rechtes Querschiff, über der Tür) vom a Jahre 1510 ein ziemlich lebloses Werk.

Mit oder bald nach den Bregni traten die *Lombardi* auf, vielleicht nicht bloß eine Familie, sondern eine Kolonie lombardischer Bildhauer, deren Stil, wie wir sehen werden, mit den besten gleichzeitigen Werken des übrigen Oberitaliens eine nahe Verwandtschaft zeigt. Als Baumeister und Dekoratoren werden ihrer fünf oder sechs genannt (I, S. 178, Anm. 1); in der Skulptur kommt hauptsächlich *Pietro* mit seinen Söhnen *Antonio* und *Tullio* in Betracht.

Was sie gemeinschaftlich hervorbrachten, wird sich jetzt kaum mehr scheiden lassen. Pietros Namen, aber von späterer Hand, habe ich nur an einer Statuette des heiligen Hieronymus in S. Stefano (dritter Altar b links) entdecken können; danach eine ganze große Anzahl von Werken näher bestimmen zu wollen, in welchen man die »Schule der Lombardi« oder die »Art der Lombardi« im allgemeinen zu erkennen pflegt, wäre ein gewagtes Unternehmen. Als allgemeines Schulgut sind der Betrachtung besonders wert:

An der Scuola di S. Marco die obern Statuen zwischen und über den c Rundgiebeln.

Im Dogenpalast an dem Vorbau gegenüber der Riesentreppe: die d *Figuren auf den Spitztürmchen,* zum Teil auf kugelförmigen von hübschen Putten gehaltenen Untersätzen; diese am besten von der Sala del collegio aus sichtbaren Statuen sind zum Teil sehr geistvoll und lebendig, besonders die Prudentia mit dem Spiegel.

An S. Maria de’ miracoli: die sämtlichen Außenskulpturen; der Gott- e vater und die anbetenden Engel über und neben der halbrunden Obermauer nur Dekorationsarbeit, aber vorzüglich schön gedacht; die Halbfiguren der Propheten und Heiligen in den Bogenfüllungen der obern Pilasterordnung, ebenfalls trefflich ausdrucksvoll und von meisterhafter Arbeit.

In der Capella Giustiniani zu S. Francesco della Vigna (links neben f dem Chor) verraten von den Reliefhalbfiguren an den Wänden die *vier Evangelisten* einen besonders geistvollen Künstler *(Tullio Lombardo?)*; die übrigen scheinen von demjenigen noch etwas befangenern, aber ernsten und tüchtigen Meister, welcher die Halbfiguren der Propheten g an den Chorschranken der Frari verfertigte. (Der Altar nebst Predella und Vorsatz, sowie der Relieffries mit der Geschichte Christi sind zierliche, aber geringe Arbeiten.)

In den Frari könnten die Statuen der Apostel und Heiligen über den h Chorschranken am ehesten ein Werk dieser Schule sein. Außerdem

wird derselben dort das Grab des Jacopo Marcello († 1484) vermutungs-
weise zugeschrieben (im rechten Querschiff, rechts).

a In S. Stefano enthält außer der genannten Arbeit die Sakristei zwei
halbe und zwei ganze Heiligenfiguren des Pietro; letztere für ihn vorzüglich charakteristische Werke.

b In S. Giovanni e Paolo ist das Dogengrab Mocenigo († 1476), rechts
vom Portal, eine gemeinschaftliche Arbeit des *Pietro, Antonio* und *Tullio;*
ein Haupttypus der frühern Gräber dieser Art mit lauter Helden, die
den Sarg tragen und in Seitennischen stehen, mit Putten, welche aus
Engeln zu kriegerischen Pagen geworden sind, mit Trophäen und Her-
kulestaten in Relief; das Christliche beschränkt sich auf ein oberes
Flachrelief, die Frauen am Grabe, und auf kleine Giebelstatuen des Erlösers und zwei Engel – von schönem Ausdruck, während das übrige
von mittlerm Werte, der Doge nur durch seinen Porträtkopf ausgezeichnet ist. – Ebendaselbst im linken Seitenschiff das Dogengrab Mar-
c cello († 1474), anonym, aber ohne Zweifel ebenfalls aus dieser Werkstatt, am ehesten von *Pietro* selbst, mit vier in seiner Art hübschen Tugenden.

d Die vergoldete Madonna an der Torre dell' Orologio, welche ebenfalls dieser Schule zugeschrieben wird, ist von gutem und mildem Ausdruck, aber in der Anordnung nicht geschickt[1].

Pietro und *Antonio* arbeiteten endlich (1505–1515) die Modelle der
e großen Bronzearbeiten in der *Capella Zeno zu S. Marco* gemeinschaftlich mit

Allessandro Leopardo, der ebenfalls das Haupt einer beträchtlichen
eigenen Werkstatt war. Ihm wird vor allem das schönste der Dogengrä-
f ber beigelegt, dasjenige des *Andrea Vendramin* († 1478) links im Chor
von S. Giovanni e Paolo. Verglichen mit den Gräbern des P. Lombardo
ist schon die Einteilung besser, ohne jene allzu gleichartigen Wiederholungen; die untern Figuren – drei Genien mit Leuchtern am Sarkophag, zwei Helden in Seitennischen und zwei später beigefügte Figuren
– haben die nötige freie Luft über sich; oben folgen nur Reliefs verschiedenen Grades und eine leichte Giebelverzierung, Sirenen, welche
ein Medaillon mit dem Christuskinde halten; auch unten an dem herrlich verzierten Sockel sind die Engel mit der Schrifttafel und die beiden
Putten auf Meerwundern in Relief gebildet. Dieser Sinn des Maßes und
der Abstufung bezeichnet hier allein schon den großen Künstler, ebenso
die Behandlung des einzelnen. Zwar sind seine Motive zum Teil kaum

---

* [1] In Ravenna werden dem Pietro Lombardo oder den Lombardi überhaupt
beigelegt: eine Altareinfassung und ein Grabmal in S. Francesco, und ein
S. Marcus (Hochrelief, datiert 1491) im Dom, ein ausgezeichnetes Werk.

entschiedener als die der Lombardi; seine Helden stehen, seine Engel laufen nicht freier und besser; nur in den Tugenden am Sarkophag fällt eine edlere und freier abwechselnde Stellung auf, welche auf einem sehr unmittelbaren Studium der Antike beruhen muß. Das Beste aber hat Lombardo nicht aus dieser Quelle; ich meine die wunderbare Süßigkeit und Milde der reichgelockten jugendlichen Köpfe, die in dieser Zeit geradezu nur bei Lionardo da Vinci ihresgleichen finden. Und der eine herrliche Putto, welcher auf seinem Seepferd so wohlgemut über die Wellen gleitet, ist auch wohl ebenso von Leopardo beseelt, wie die Putten der Galatea es von Raffael sind.

Außerdem sind notorisch von Leopardo die drei *Flaggenhalter* auf a dem Markusplatz, deren Figürliches dieselbe Benutzung antiker Vorbilder mit großem natürlichen Schönheitssinn verbunden offenbart[1].

Nach Maßgabe dieser Werke hat man nun auszuscheiden, welche Teile der Skulpturen in der Kapelle Zeno zu S. Marco ihm gehören. Es han- b delt sich um eine der prachtvollsten Grabstätten des 16. Jahrhunderts, diejenige des Kardinals Gio. Batt. Zeno. An dem Sarkophag selbst sind wohl die sechs zum Teil den Deckel haltenden Tugenden von Leopardo; sie erscheinen allerdings freier, ihm mehr gemäß, weniger durch die Antike befangen als diejenigen am Grabmal Vendramin. Die liegende Statue des Kardinals ist schwer zu definieren. Auf dem Altar sind die Statuen des Petrus und des Täufers Johannes wohl am ehesten von Pietro oder Antonio Lombardi, herrliche Köpfe, welche die unvollkommene Stellung wohl gutmachen; ebenso das Relief des Thronhimmels (Gottvater mit Engeln). Die berühmte Madonna della Scarpa dagegen, dieser reine Gedanke der goldenen Zeit Giov. Bellinis, mag wiederum eher dem Leopardo angehören. Vorzüglich schön ist das auf ihrem rechten Knie sitzende Kind, welches sich eben zum Segnen anschickt.

---

[1] Hier oder nirgends sind zwei Reliefs unterzubringen, welche zu den schönsten in Venedig gehören. In einer Nebenkapelle des rechten Querschiffes von S. Trovaso findet sich ein Altarvorsatz, der in flacher, etwas unterhöhlter * Arbeit Engelkinder mit den Passionsinstrumenten (ähnlich denjenigen in dem muranesischen Altarbild der Krönung Mariä in der Akademie) und seitwärts musizierende Engel darstellt, von der naivsten Anmut in Köpfen und Gebär- ** den und mit großem, raffiniertem Geschick der Verkürzungen. Man glaubt ein florentinisches Werk vor sich zu sehen, bis man dieselbe Behandlung in einem Relief der Camera a letto des Dogenpalastes wiedererkennt; zwei Heilige empfehlen den knienden Dogen und den Patriarchen der thronenden † Madonna; es ist die Seele Giovanni Bellinis in Marmor. Das Christuskind schreitet über der Mutter Knie den Männern freundlich entgegen. Ob diese köstlichen Werke von Leopardo sind, mag zweifelhaft bleiben; aber sie kommen seiner Art näher als der aller übrigen.

Unter diesen gemischten Eindrücken scheinen *Pietro Lombardos* Söhne
Antonio und *Tullio* aufgewachsen zu sein. Von Antonio werden meines
Wissens nur zwei sichere Einzelarbeiten namhaft gemacht: die Statue
a des heiligen Thomas von Aquino über dem Grabmal Trevisan[1] im linken Seitenschiff der Frari, und in S. Antonio zu Padua, Cap. del Santo,
das neunte Relief, wovon unten. Er folgt oder geht voran (im Stil)
seinem berühmtern Bruder *Tullio*. Von Leopardo und von dem Studium der Antike zugleich berührt, hat er diese Einwirkungen mit der
Lehre seines Vaters in einen gewissen Einklang gebracht. Sein großer
Schönheitssinn hat sich zwar in gewisse Manieren verfangen, da die
innere Kraft demselben nicht gleich stand. (Feine, wie gekämmte Falten, unnütze Zierlichkeiten der Haare, konventionelle Stellungen usw.)
An sicherer Naivität steht er dem Leopardo beträchtlich nach. Allein
im günstigen Fall hat er Werke hervorgebracht, welche nicht zu den
großartigsten, wohl aber zu den ansprechendsten jener Zeit zu rechnen sind.
b   Zum Frühesten möchten diejenigen Arbeiten in S. Maria de' miracoli
gehören, welche ich ihm glaube zuschreiben zu müssen; es sind die halben Figuren auf der Balustrade der Chortreppe – worunter Maria und
gegenüber der Engel Gabriel vielverheißend erscheinen wie Jugend-
werke Raffaels – und die Reliefscheiben an den meisten Türpfosten.
c Dann sind datiert vom Jahre 1484 die vier knienden Engel, welche das
Taufbecken in S. Martino (links) tragen, schön gedacht, mit andächtigen und anmutigen Köpfen. Nicht viel später möchte das große Relief
in *S. Giovanni Crisostomo* (zweiter Altar links) entstanden sein; Christus,
von den Aposteln umgeben, legt die Hand auf eine gekrönte Frau;
wahrscheinlich eine etwas ungewöhnliche Darstellung der Krönung
Mariä, womit auch die oben erscheinende Glorie wohl stimmen würde.
In den Köpfen, zumal der Hauptpersonen, ist eine eigentümliche klassische Idealität erstrebt, die in der damaligen Skulptur sonst kaum vor-
d kommt. – Von den untern Skulpturen der *Scuola di S. Marco* kommen die
zwei ziemlich befangenen Löwen weniger in Betracht als die zwei Taten
des heiligen Markus, bei welchen dem Künstler nicht bloß römische,
sondern griechische Reliefs scheinen vorgelegen zu haben, wie besonders aus der Behandlung der hinten stehenden Personen erhellt. Womit
dann die perspektivisch gegebene Halle, die den Raum darstellt, wun-
e derlich kontrastiert. – Ebenfalls noch früh: das Dogengrab Mocenigo

---

[1] Von wem ist an diesem Grabe die Porträtstatue des jungen, 1528 verstorbenen Alvise Trevisan? Jedenfalls ein Muster des nobeln Liegens eines
vornehmen Toten.

(† 1485) in S. Giovanni e Paolo links vom Portal; hier ist von den allegorischen Seitenfiguren die eine nach einem bekannten antiken Musen-
motiv unmittelbar kopiert; in dem Sockelrelief sucht Tullio eher seine
Manier mit dem süßen Ausdruck Leopardos zu verbinden.

Von den spätern Arbeiten der beiden Brüder enthält die Kapelle des
heiligen Antonius im *Santo zu Padua* das Wichtigste. Wir lernen hier (im
neunten Relief, wo der Heilige ein kleines Kind zum Sprechen bringt)
den Antonio Lombardi als bedeutenden Komponisten kennen; von der a
Schönheit der Antike erscheint er auf unbefangnere Weise durchdrungen und geleitet als Tullio. Letzterem gehören das sechste und das sie- b
bente Relief (wie der Heilige die Leiche eines Geizhalses öffnet und statt
des Herzens einen Stein findet; wie er das gebrochene Bein eines Jünglings heilt); das erstere, bez. 1525, muß ein Werk seines hohen Alters
sein, und es ist das freiere, weichere von beiden; denn das siebente hat
bei bedeutenden Schönheiten auch noch alle Unarten der frühern Werke
Tullios.

Ein Zeitgenosse, vielleicht ebenfalls eher Lombarde als Venezianer,
Antonio Dentone, hält in den Bildnisfiguren an dem charaktervollen Naturalismus fest, während seine Idealfiguren teils eine mehr allgemeine
Formenbildung, teils ein Hinneigen zu dem übertriebenen Ausdruck
eines Mazzoni verraten. So das Relief einer Pietà mit Heiligen, in der c
Salute (Vorraum der Sakristei), wenn ihm dasselbe mit Recht beigelegt
wird. An dem Grabmal des Feldherrn Melchior Trevisan († 1500) in d
den Frari (zweite Kapelle, links vom Chor) ist die Porträtstatue eine der
besten in jener herben Art, die beiden gepanzerten Putten dagegen nur
allgemeines Schulgut. Ebenso verhält es sich mit dem Denkmal des Vittor Capello (1480) im linken Querschiff von S. Giovanni e Paolo; der e
kniende Ritter ist voll Wahrheit und Innigkeit, die heilige Helena, welche
vor ihm steht, ziemlich unsicher in Haltung und Zügen. Die artige Halb- f
figur einer Heiligen in der Abbazia (Kapelle hinter der Sakristei) steht
doch nur mit Pietro Lombardo parallel.

Eine andere gute anonyme Arbeit, welche im Ausdruck an die Gemälde des Cima da Conegliano erinnert, ist das Bronzerelief einer Ma- g
donna mit Heiligen im rechten Seitenschiff von S. Stefano (bei der Sakristeitür).

Dagegen erscheinen die Apostel an beiden Wänden des Chores daselbst, von einem gewissen *Vittor Camelo,* nur als zaghafte Arbeiten eines h
Schülers der Lombardi. – Von demselben Künstler aber enthält die Akademie zwei kleine bronzene Hochreliefs mit Szenen nackter Kämpfen- i
den, etwa für ein Feldherrngrab bestimmt; überaus lebendig und dabei

für jene Zeit und Schule gar nicht überfüllt, sondern plastisch komponiert, im ganzen von den besten damaligen Reliefs.

a   Den *Pyrgoteles*, welcher die Madonna in der Türlünette von S. Maria
de' miracoli gemacht hat, möchte man für einen begabten Dilettanten
halten, der glücklich einen schönen Kopf und ein interessant scheinen-
des Motiv gefunden hat. (Das Kind faßt den Daumen an der Hand der
Mutter, auf welcher es sitzt.) Man glaubt, der Künstler habe der bekannten griechischen Familie der Lascaris angehört.

In Padua hatte *Donatello* längere Zeit gearbeitet und sein Einfluß
überwiegt noch das ganze Jahrhundert hindurch, obwohl auch die verschiedenen venezianischen Schulen daneben vertreten sind.

Einem seiner toskanischen Schüler, *Giovanni von Pisa*, gehört das tö-
b   nerne Altarrelief der Cap. SS. Jacopo e Cristoforo (Eremitani), Madonna
mit sechs Heiligen nebst Predella, Puttenfries und andern Zutaten. Neben die Skulpturen der Lombardi usw. gehalten, zeugt dies Werk bei
allen Härten doch deutlich für die siegreiche toskanische Leichtigkeit,
alle Lebensäußerungen sich eigen zu machen und darzustellen.

c   Auch der Paduaner *Vellano* war Donatellos Schüler, und seine Bronzereliefs an den Chorwänden des Santo (1488) zeigen deutlicher als irgendein toskanisches Schulwerk, wohin man gelangen konnte, wenn man
Donatellos Freiheiten nachahmte, ohne seinen Verstand und seine all-
belebende Darstellungsgabe zu besitzen. Es sind ganz kindlich aufge-
schichtete Historien in zahllosen, sorgfältigen Figürchen.

Dagegen lebte in *Andrea* Briosco genannt *Riccio* (Crispus, von seinen
d   gelockten Haaren) der echte Geist der großen Zeit. Das Figürliche an
seinem berühmten ehernen Kandelaber im Chor des Santo (I, S. 212, a)
ist zwar um soviel glücklicher, je mehr es sich dem Dekorativen nähert
(Nereidenzüge, Kentauren usw.), aber auch die überfüllten erzählenden
Reliefs sind geistvoll und originell. In den zwei Reliefs jener von Vel-
e   lano begonnenen Reihe an den Chorwänden, welche dem Riccio angehören, zeigt sich eine ungemeine Überlegenheit. (David vor der Bundeslade; Judith und Holofernes, vom Jahr 1507.) Der Stil des 15. Jahrhunderts ist, wie überall, so auch hier, dann am reizendsten, wenn er
sich dem idealen Stil zu nähern beginnt.

In derselben Art sind noch eine Anzahl andrer Skulpturen gearbeitet,
f   deren Urheber dem Verfasser nicht bekannt sind. – In S. Francesco sieht
man (linkes Querschiff) ein großes Bronzerelief der thronenden Jungfrau zwischen zwei heiligen Mönchen, und (rechtes Querschiff) das
ebenfalls bronzene Grabrelief eines Professors, der hinter seinem
Schreibtisch, Bücher nachschlagend, abgebildet ist; zu beiden Seiten
Putten als Schildhalter, angenehme Werke, wenn auch ohne höheres

Leben. – In den Eremitani (rechts und links von der Tür) gewaltige a
Tabernakel von Terrakotta, bemalt, mit großen Statuen und zahlreichen,
auch dekorativ nicht wertlosen Zutaten, der eine (mit dem Gemälde in
der Mitte) datiert 1511. In beiden scheint der Stil Donatellos und derjenige der Lombardi gemischt.

In der Akademie von Venedig sind einige bedeutende Bronzereliefs b
aus Riccios Schule; das einzige, welches in der Tat so bezeichnet ist,
eine Himmelfahrt Mariä mit den Jüngern am Grabe, ist in dem kleinen
Maßstab erhaben gedacht, im Ausdruck tief und innig, in Zeichnung
und Komposition Ghiberti vergleichbar, überhaupt eines der Meisterwerke italienischer Skulptur; – vier andere, dem Riccio selber zugeschrieben und von 1513 datiert, enthalten die Geschichte der Kreu-
zerfindung; im Detail sind sie dem erstgenannten wohl verwandt, aber
viel überfüllter und in manchen Motiven sogar flau und unrein; – dagegen ist die Tür eines Sakramenthäuschens, welche ohne allen Grund
dem Donatello zugeschrieben wird, wohl des Meisters der Himmelfahrt Mariä würdig; unter einem Renaissanceportal sieht man eine anmutige Engelschar; die mittlern halten ein Kreuz; an der Basis zwei
kleine Reliefs mit Passionsszenen. – Von dem etwas spätern Medailleur
Cavino, der die sogenannten Pataviner-Münzen machte, befindet sich c
ebenda ein peinlich fleißiges Relief, S. Martin mit dem Bettler.

Wie im übrigen *Oberitalien* der realistische Stil des 15. Jahrhunderts
eindrang, ist der Verfasser nicht imstande näher anzugeben. Reisende
Florentiner, auch wohl die Einwirkung Quercias von Bologna her mögen das vollendet haben, wozu der Antrieb schon in der Zeit lag. Man
sieht z. B. in S. Fermo zu *Verona* (links vom Hauptportal) das Familien- d
grab Brenzoni, angeblich von einem Florentiner *Giov. Russi,* welches in
einer schön realistisch, doch nicht in Donatellos Manier belebten Wandgruppe die Auferstehung darstellt; der Sarkophag ist zum Grab Christi
umgedeutet, vor welchem die schlafenden Wächter sehr gut und geschickt angebracht sind; ein Engel hält den Grabstein, andere die Leuch-
ter, Putten ziehen den Vorhang. – Von diesem Geiste berührt mag dann
ein Einheimischer das schon (I, S. 140, e) erwähnte Reiterdenkmal des
Sarego (1432) im Chor von S. Anastasia zu Verona geschaffen haben. Vor e
und hinter dem Feldherrn stehen – nicht mehr auf gotischen Konsolen,
sondern auf naturalistisch dargestellten Felsstufen – zwei geharnischte
Knappen, welche den Vorhang des Baldachins auf die Seite halten; der
vordere zieht die Mütze vor dem Herrn; auf dem Gipfel des Baldachins
ein Schildhalter. Dies ganze, durchaus profane Werk ist umgeben von
einer barock-gotischen Einrahmung; erst über dieser folgen – in Fresko –
Engel, Heilige und Legendenszenen. Auch alles Plastische ist bemalt.

Was sonst im Westen von Venedig bis ins Herzogtum Mailand hinein von Skulpturen seit etwa 1450 vorkommt, hat fast durchgängig eine nahe Verwandtschaft mit dem Stil der Lombardi, deren Namen wir deshalb (II, S. 34) unbedenklich als Landesnamen in Anspruch genommen haben. Es sind dieselben konventionellen Stellungen, Gewandmotive, Kopfbildungen, nur nicht eben häufig mit der Präzision eines Pietro Lombardo und noch seltener mit dem süßen Reiz eines Leopardo durchgeführt.

In *Verona* trifft man auf eine Menge Giebelstatuen, hauptsächlich über den Renaissancealtären der ältern Kirchen, welche diesen allgemeia nen Schultypus wiedergeben. So diejenigen im Dom, in S. Anastasia b u. a. a. O.; auch die über dem Portal des bischöflichen Palastes (dat. c 1502); die fünf berühmten Veronesen auf der Dachbalustrade des Palazzo del consiglio usw. Das Bedeutendste enthalten ein paar Altäre in d S. Anastasia: der vierte links mit vier Statuen übereinander auf jeder Seite, von reinem und gutem Ausdruck; der S. Sebastian keine geringe Bildung; – und der erste links, mit bemalten Statuen auf den Seiten und im Giebel, naturalistischer und befangener, aber von bedeutendem Charakter und beseelt von Andacht; die drei Hauptstatuen des Altars selbst wohl von andrer Hand.

e Im Dom von *Brescia* (dritter Altar, rechts) ist der Marmorschrein des heiligen Apollonius mit seinen Legendenreliefs und Statuetten ein sehr sorgfältiges, doch nicht gleichmäßig belebtes Werk der Zeit um 1500.

f *In Bergamo* enthält die *Kapelle Colleoni* bei S. Maria maggiore außer den reichen Fassadenskulpturen das prächtige Grabmal des Feldherrn Bartolommeo Colleoni selbst, teilweise von *Antonio Amadeo*. Vier auf Löwen ruhende Säulen tragen eine Basis mit Passionsreliefs, ganz von der fleißigen und saubern, aber im Ausdruck bis zur gemeinen Grimasse übertriebenen Art, welche wir bei Mazzoni werden kennenlernen. Auf der Basis sitzen und stehen fünf Heldenstatuen, die zum Bedeutendsten der ganzen oberitalischen Skulptur gehören; das Äußerliche der Behandlung ist in der Art der Lombardi, die Motive (des Sinnens) aber geistvoller und origineller als die meisten Werke derselben. Geringer sind wiederum die obern Teile: die Reliefs am Sarkophag selbst und die Reiterstatue darüber, nebst den Tugenden zu beiden Seiten, von verg schiedenen Händen. – Ebenda das Denkmal der Medea, Colleonis Tochter, mit drei köstlichen allegorischen Figuren. (Die beiden Engel, welche den Altartisch tragen, bei leichter Anmut doch ernst aufgefaßt, mögen von einem trefflichen Lombarden zu Anfang des 16. Jahrhunh derts gefertigt sein.) – An der Außenseite der Kapelle sind ein paar Putten oben und die Sockelreliefs mit den Geschichten der Genesis und

den Taten des Herkules des herben und tüchtigen Stiles wegen bemerkenswert, die Denkmäler Cäsars und Trajans aber, welche als Aufsätze
der Fenster dienen, sowie die in Medaillons angebrachten Köpfe des
Augustus und Hadrian geben wenigstens einen Begriff von der damaligen Vergötterung des Altertums.

Im Dom von *Como* lernt man zunächst den Vollender des Baues selbst,
Tommaso Rodari, auch als Bildhauer und Dekorator kennen; sein Anteil a
an der nördlichen Seitenpforte[1] und der von ihm verfertigte erste Altar
des rechten Seitenschiffes (datiert 1492, mit Marmorreliefs) verraten b
jedoch ein nur mittelmäßiges Talent. Die zahlreichen übrigen Skulpturen an und in diesem schönen Gebäude sind zum Teil bedeutender. –
Von mehr oder weniger befangenen lombardischen Künstlern der Zeit
um 1470–1500 rühren her: die meisten Bildwerke an der Fassade, also c
die Statuen in den Nischen der Pilaster, über dem Hauptportal, in den
Fenstergewandungen und weiter oben, sowie die Reliefs der drei Por-
tallünetten; ferner im Innern: die Apostel an den Pfeilern des Hauptschiffes, mittelgute Arbeiten ganz in der Weise der Lombardi; die
Gruppe einer Pietà auf dem vierten Altar links; der Tabernakel ohne
Altar am Anfang des rechten Seitenschiffes, datiert 1482 u. a. m. – Von
den Lombardi und von der Richtung Donatellos zugleich inspiriert er- d
scheint dann der prächtige große Schnitzaltar[2] des heiligen Abondio
(der zweite im rechten Seitenschiff). Der Meister desselben ist kein
großer Bildhauer, der die lombardische Skulptur über die Schranken
des 15. Jahrhunderts emporgehoben hätte; in seinen Statuen und Reliefs sind Stellungen und Bildungen zum Teil ziemlich unfrei und unsicher; allein sein Naturalismus schwingt sich bisweilen zu einer ganz
unbefangenen Schönheit auf, so in der würdigen Gestalt des heiligen
Bischofs und in dem lionardesken Haupt der Madonna. – Vielleicht dieselbe Hand verrät sich auch in den Denkmälern des ältern und des jüngern Plinius an der Fassade (das eine datiert 1498), deren sitzende Sta- e
tuen maniert und doch nicht ohne freie Schönheit sind; mit großer

---

[1] Wie dort über die römischen Kaiser, so darf man sich hier über Bacchanten, Zentauren, Herkules, Genius Imperatoris und andres Heidentum
nicht verwundern. Die Lünettengruppe enthält wenigstens Mariä Heimsuchung.

[2] Ich nenne ihn so, ohne bei der durchgängigen Bemalung und Vergoldung gewiß zu sein, daß er wirklich ganz aus Holz und nicht zum Teil aus
Stukko usw. bestehe. Vom Norden her kamen damals mehrere Schnitzaltäre
nach Oberitalien, wovon einer in S. Nazaro zu Mailand, vordere Kapelle
links, im Stil durchaus dem St. Evergisilaltar in S. Peter zu Köln entspricht.
Eine italienische Nachahmung derselben ist der in Rede stehende. *

Naivität stellen die Reliefs den ältern Plinius dar, wie er zum brennen-
den Vesuv geht, den jüngern, wie er Briefe schreibt, vor Trajan plädiert
usw.; die Putten mit Fruchtkränzen usw. zeigen dieselbe Verwandt-
schaft mit denjenigen der paduanischen Malerschule, wie die der meisten genannten Dekorationswerke Oberitaliens.

   Das Beste aus dem 15. Jahrhundert sind wohl an diesem Gebäude die
a *Urnenträger* unter dem Kranzgesimse der Strebepfeiler; einige, zumal
an der Südseite, stehen an origineller Energie denjenigen von S. Marco
in Venedig gleich, während andere schon eine spätere und allgemeinere
Formenbildung zeigen. Auch die Prophetenstatuen an der Südseite des
Äußern sind besser als die der Nordseite. Von den Statuen im Innern
b ist noch ein guter S. Sebastian im linken Querschiff, etwa um 1530 gearbeitet, nachzuholen; ebenda eine S. Agnes, als Nachahmung einer
antiken Gewandfigur; die übrigen Statuen im linken Querschiff sind
ziemlich flau, die Apostel im Chor modern.
c   An der Fassade der Kathedrale von *Lugano* sind unten derbere Reliefhalbfiguren von Propheten, in den Friesen dagegen Medaillons mit
Halbfiguren von Aposteln und Heiligen angebracht, letztere zum Teil
von demselben süßen und innigen Ausdruck wie die entsprechenden
Figuren an S. Maria de'miracoli in Venedig, nur freier in den Formen.

d   Über die Skulpturen endlich, welche die Fassade der berühmten Certosa von Pavia bedecken und auch das Innere dieser unvergleichlichen
Kirche verherrlichen, darf ich aus ziemlich alter Erinnerung und aus
wenig getreuen Abbildungen kein Urteil wagen. Es werden vom 15.
bis zum 17. Jahrhundert gegen 30 Bildhauer und Dekoratoren bloß für
die Fassade namhaft gemacht, worunter *Antonio Amadeo* und *Andrea
Fusina* für das 15., *Giacomo della Porta* und *Agostino Busti*, genannt *Bambaja*, für das 16. Jahrhundert die wichtigsten sind. (Am Prachtdenkmal
des Giangaleazzo Visconti arbeiteten besonders Amadeo und della Porta.) Die ganze lombardische Skulptur hatte hier ihren Herd und ihre
Schule; von hier könnten selbst die Lombardi ausgegangen sein. Der
Verfasser empfindet es als die größten Mängel dieses Buches, daß er
diese Certosa und die Skulpturen von Loretto nicht so besprechen kann,
wie das Verhältnis zu allem übrigen es verlangen würde[1].

---

[1] Ein *Ambrogio da Milano* nennt sich auf dem Grabmal des Bischofs Rove-
* rella (1475) im Chor von S. Giorgio bei Ferrara (vor Porta romana). Nach
der Madonna mit Engeln in der Lünette möchte man einen Schüler der Florentiner aus Rosellinos Zeit vermuten; auch die sorgfältigen und glücklich
beseelten fünf Statuetten, sowie die trefflich wahre Grabstatue weisen auf
einen solchen Einfluß hin.

Neben all diesen zum Teil sehr realistisch gesinnten Bildhauern Oberitaliens tritt wenigstens einer auf, der sie in dieser Richtung so weit
überholt, daß sie neben ihm noch als Idealisten erscheinen. Seit dem
Untergang des architektonisch bedingten germanischen Stiles von jeder
Rücksicht entbunden, schafft die Kunst hier eine Anzahl von Gruppen,
welche als solche weder einem plastischen, noch auch einem höhern malerischen Gesetz, sondern nur einem dramatischen folgen. Der Bildner
stellt seine bemalten zum Teil lebensgroßen Tonfiguren wohl oder übel
zu einem Moment zusammen. Ein gewisser *Guido Mazzoni* in *Modena*
erwarb sich und der Gattung einen sichern Ruhm, da ihm auch die gemeinste, wenn nur populär ergreifende Ausdrucksweise gelegen kam.
Seine Gruppen bedürfen natürlich einer geschlossenen Aufstellung in
einer Nische, wie auf einem Theater; nimmt man sie auseinander, um
sie frei aufzustellen (wie dies mit einer von »Modanino«, d. h. wahrscheinlich von Mazzoni gearbeiteten, jetzt bronzierten Gruppe in Mon- a
toliveto zu Neapel, Kapelle neben dem rechten Querschiff, geschehen
ist), so wirken die einzelnen Figuren nur lächerlich. Sein Hauptwerk ist b
in S. Giovanni decollato zu Modena, der Leichnam Christi auf dem
Schoß seiner Mutter, von den Angehörigen beweint; teilweise eine
wahre Karikatur des Schmerzes, in unwürdigen spießbürgerlichen Figuren und dabei doch nicht ohne wahre realistische Gestaltungskraft;
der magere Leichnam ist gar nicht gemein. Eine andere Gruppe, in c
der Krypta des Domes (Altar rechts) stellt die von zwei knienden Heiligen verehrte Madonna dar; daneben steht ein ganz abscheuliches weib-
liches Wesen, das nach der Schürze und dem zerrissenen Ärmel zu urteilen ein Dienstmädchen darstellen könnte; sie hält ein Süppchen für
das Kind und bläst schielend in den heißen Löffel. Dergleichen geht
über allen Caravaggio hinaus. – Wenn man aber inne wird, wie volks-
tümlich solche Werke sind, so möchte man beinahe wünschen, daß
einmal die wahre Skulptur noch einen Versuch dieser Art wagen
dürfte.

Schließlich glaube ich dem Mazzoni die Gruppe in S. Maria della d
Rosa zu Ferrara (neben der Tür, links, ihrer echten Nischenaufstellung
beraubt) zuschreiben zu müssen. Es ist wieder die Klage um den toten
Christus, welcher hier mit demjenigen in S. Giovanni zu Modena völlig
übereinstimmt; auch der furchtbar grimassierende Schmerz sowohl als
der plastische Stil der übrigen Figuren ist ganz derselben Art. Es ist
Zeit, den Namen Alfonso Lombardis (welchen man dem Werk aus bloßer Vermutung beilegt) von diesen zwar energischen, aber unleidlichen
Mißbildungen zu trennen. – (Eine etwas gemäßigtere Gruppe ähnlichen Stiles im Carmine zu Brescia, Ende des Seitenschiffes.)   e

a In diesen lombardischen Formenkreis gehört auch wohl der Christus am Kreuz, welcher in S. Giorgio maggiore zu Venedig (zweiter Altar rechts) dem Michelozzo zugeschrieben wird. Aber kein Florentiner, selbst nicht Donatello, hätte eine solche Schmerzensgrimasse gebildet.

Auch in dem marmorarmen Bologna begegnen wir diesen bemalten
b Tongruppen als einem sehr alten Brauch. In S. Pietro (Gang zur Unter-
c kirche) ein frühromanischer Gekreuzigter mit Maria und Johannes; in einer der Nebenkirchen von S. Stefano (S. Trinità, dritte Kapelle rechts) eine Anbetung der Weisen, etwa 14. Jahrhundert, mehrerer sogenannter heiliger Gräber nicht zu erwähnen. – Mit Mazzoni verwandt, nur weni-
d ger scharf und absurd: der etwas jüngere *Vincenzo Onofri;* von ihm ein
e heiliges Grab, rechts neben dem Chor von S. Petronio; und das farbige Relief im Chorumgang der Servi (1503), Madonna mit S. Laurentius und S. Eustachius nebst zwei Engeln, eine bessere, gar nicht seelenlose
f Arbeit; wie denn auch die Grabbüste des berühmten Philologen Beroaldus in S. Martino maggiore (hinten, links) lebendig und schön be-
g handelt ist. Außerdem gehört ihm das Grabmal des Bischofs Nacci in S. Petronio (am Pfeiler nach der siebenten Kapelle links).

Abgesehen von den florentinischen Arbeiten (der Altar mit Engelreliefs und das Grabmal von Rosellino in der Kapelle Piccolomini in Montoliveto; der Triumphbogen Giul. da Majanos im Kastell usw.) geben die Skulpturen *Neapels* den Charakter der damaligen italienischen Kunst nur beschränkt wieder. – Die ehernen Pforten des genannten
h Triumphbogens, von *Guglielmo Monaco* aus Neapel – überfüllte Schlachtreliefs mit einzelnen schönen Motiven – dürfen so wenig als Filaretes Pforten von S. Peter mit dem etwa gleichzeitigen Ghiberti verglichen werden. – Über Reliefs und Statuetten gehen die neapolitanischen Bildhauer dieses Jahrhunderts überhaupt kaum hinaus. Zu den Ausnahmen gehört unter anderm die naturalistisch gut gearbeitete kniende Statue
i des Olivieri Carafa in der Krypta des Domes. Die paar tüchtigen Bron-
k zebüsten im Museum (Abteilung der Terrakotten, erstes Zimmer) scheinen wiederum florentinische Arbeit zu sein. Über die Gruppe der Grablegung in Montoliveto (Kapelle rechts, hinten), von »Modanino«, vgl. was eben über Guido Mazzoni gesagt wurde (II, S. 44, d).

Wenn die großen Bildhauer des 16. Jahrhunderts bei weitem nicht die großen Maler dieser Zeit aufwiegen, wenn sie nicht zu halten scheinen, was das 14. und 15. Jahrhundert in der Skulptur versprach, so lag die Schuld lange nicht bloß an ihnen.

Die unsichtbaren Schranken, welche zunächst die kirchliche Skulptur umgeben und ihr nie gestatten, das zu werden, was die griechische Tempelskulptur war, sind schon oben mehrfach angedeutet worden. An ihre Seite trat jetzt allerdings eine profane und eine nur halbkirchliche allegorische Skulptur, allein dieser fehlte die innere Notwendigkeit, sie war und blieb ein ästhetisches Belieben der Gebildeten jener Zeit, nicht eine notwendige Äußerung eines allverbreiteten mythologischen Bewußtseins.

Dafür wird die Skulptur im 16. Jahrhundert eine *freiere* Kunst, als sie je gewesen war. Nehmen wir z. B. die Grabmäler als Maßstab des Verhaltens der beiden Künste an, so herrscht in der gotischen Zeit die Architektur völlig vor; das Bildwerk scheint um des Baugerüstes willen da zu sein. Zur Zeit der frühern Renaissance ist es statt der Architektur schon eher nur die Dekoration, welche als Nische, als Triumphbogen die Skulptur einfaßt; wohl ist sie um der letztern willen vorhanden und dennoch gehört die Gesamtwirkung noch wesentlich dem dekorativen, nicht dem plastischen Gebiet an. Dieser bisher immer noch mehr oder weniger bindende Zusammenhang mit der Architektur nimmt jetzt einen ganz andern Charakter an; die beiden Künste brauchen einander fortwährend, allein die Skulptur ist nicht mehr das Kind vom Hause, sondern sie scheint bei der Architektur zur Miete zu wohnen; man überläßt ihr Nischen und Balustraden, damit mag sie anfangen, was sie will, wenn sie nur die Baulinien nicht auffallend stört. Wo sie kann, richtet sie sogar das Gebäude nach ihren Bedingungen ein. Ganze bisher mehr architektonische Partien, Altäre, Grabmäler usw. werden ihr jetzt oft ausschließlich überlassen.

Sie ist ferner freier in ihren *Mitteln;* die Lebensgröße ihrer Gestalten, im 15. Jahrhundert eher Ausnahme als Regel, genügt jetzt nicht mehr; das Halbkolossale wird das Normale und das ganz Riesenhafte kommt nicht selten vor.

Sie ist endlich freier im *Typus.* Die biblischen Personen werden noch einmal nach plastischen Bedürfnissen umstilisiert, und auch die mythologischen nichts weniger als genau den entsprechenden antiken Bildungen nachgeahmt. Die Allegorie geht vollends geradezu in das Unbedingte und Schrankenlose.

Diese viele Freiheit mußte nun aufgewogen werden durch die freiwillige Beschränkung, welche der hohe plastische Stil sich selber auferlegt, durch Größe innerhalb der Gesetzlichkeit. Der Geist des 15. Jahrhunderts in der Skulptur war vor allem auf das Wirkliche und Lebendige gerichtet gewesen, das er bald liebenswürdig, bald ungestüm, oft mit hoher Ahnung der obersten Stilgesetze, oft roh und fessellos zur Darstellung brachte. Dieses Wirkliche und Lebendige sollte nun in ein Hohes und Schönes verklärt werden.

Hier trat das *Altertum* noch einmal begeisternd und befreiend ein. Ganz anders als zur Zeit Donatellos und der alten Paduaner, welche der Antike ihren dekorativen Schein als Hülle für ihre eigenen Gedanken abnahmen, erforschten jetzt einige Meister das Gesetzmäßige der alten Plastik. Es war vielleicht ein kurzer Augenblick; nur sehr wenige taten es ernstlich; bald überwog äußerliche manierierte Nachahmung nach den Werken dieser Meister selbst, wobei sowohl das Altertum, als das bisher eifrig gepflegte Studium des Nackten halb vergessen wurden; – nichtsdestoweniger blieben von der empfangenen Anregung einige kenntliche Züge zurück: die Absicht auf großartige Behandlung des Nackten und die Vereinfachung der Zutaten, hauptsächlich der Gewandung. (Innerhalb der einfachen Draperie hielten sich freilich die vielen und überflüssigen Faltenmotive mit Hartnäckigkeit.) Sodann beginnt mit Andrea Sansovino, wie wir sehen werden, die ebenfalls dem Altertum entnommene *bewußte* Handhabung des Gegensatzes der einzelnen Teile der Gestalt, das Hervortreten der linken gegen die rechten, der obern gegen die untern und umgekehrt für die entgegengesetzten Seiten. Dieser sogenannte Contraposto wird allerdings bei manchen nur zu bald der einzige Gehalt des Werkes. Endlich bleiben zahlreiche vereinzelte Aneignungen aus antiken Werken nicht aus. Was uns in den manierierten Werken anstößig erscheint, ist nicht das Antikisieren an sich, womit man noch immer ein Thorwaldsen sein kann, sondern die unechte Verquickung desselben mit fremden Intentionen.

Am übelsten ging es dabei dem *Relief*. Die große Masse der vorliegenden antiken Reliefs, nämlich die spätrömischen Sarkophage, schienen jede Überladung zu rechtfertigen; schon das 15. Jahrhundert hatte die Sache so verstanden, war aber noch bedeutend weiter gegangen als die spätesten Römer und hatte, wie wir sahen, Gemälde mit reichem und tiefem Hintergrund in Marmor und Erz übersetzt. Diesen ganzen Mißbrauch behielt die Skulptur jetzt mit wenigen Ausnahmen bei, nur ohne die Naivität des 15. Jahrhunderts, in anspruchsvollern und bald ganz öden Formen. *Wie* das Relief erzählen muß, welches seine notwendigen Schranken sind, davon hatte schon etwa von 1530 an niemand mehr auch nur das leiseste Gefühl. Eine Masse von Talent und von äußern Mitteln geht von da an für mehr als volle 200 Jahre an einer ganz falschen Richtung verloren.

Der erste und wohl der edelste der Bildhauer, welche das 16. Jahrhundert vertreten, ist *Andrea (Contucci da Monte) Sansovino*, geb. 1460 (?), † 1529. Mit einer milden, schönen Empfindungsweise begabt, die sich in ihrer Äußerung etwas an Lionardo da Vinci anlehnt[1], wächst er halb

---

[1] Außerdem ist auch der Einfluß des Matteo Civitali wahrscheinlich.

unbewußt in die Freiheit des 16. Jahrhunderts hinein, so daß man zweifelhaft bleibt, ob die hohe Schönheit der Form und der bei ihm zuerst streng durchgeführte Gegensatz der Teile mehr seiner eigenen innern Ausbildung oder mehr dem Studium der Antiken angehören.

Die beiden Prälatengräber (Basso und Sforza Visconti) im Chor von a *S. Maria del popolo* (1505 ff.), die herrlichsten, welche Rom überhaupt enthält, folgen in der Anordnung noch dem Einrahmungssystem des 15. Jahrhunderts. (Das bald darauf verlassen wurde, um jenen großen Freigruppen Platz zu machen, mit welchen dann so Wenige etwas anzufangen wußten.) Die allegorischen Figuren stehen noch halblebensgroß in ihren Nischen; ihre Schönheit ist aber der genausten Betrachtung wert. (Die Gewänder nicht im Verhältnis zum Maßstab und deshalb scheinbar schwer drapiert.) Ganz wunderbar edel sind dann die beiden schlummernd liegenden Prälaten gebildet; das auf den Arm gestützte Haupt motiviert die köstlichste Belebung der ganzen Gestalt; dieser Schlaf ist gegenüber den frühern symmetrisch ausgestreckten Grabstatuen vielleicht Naturalismus gegenüber dem strengen Stil; allein er ist so gegeben, daß das Urteil verstummt. Auch die Madonnenreliefs in den Lünetten und vorzüglich die Engel mit Leuchtern oben sind bewundernswert.

In der Sakramentsnische von S. Spirito in Florenz (linkes Querschiff) b sind von Andrea wohl nur die Statuetten der beiden Apostel, die Engel mit den Kandelabern, das Christuskind oben im gebrochenen Giebel und möglicherweise die Reliefs der Predella. Diese Figuren sind in Schönheit und Stil den eben genannten verwandt. Der Rest (die Lünette mit der Krönung Mariä, die Rundreliefs mit der Verkündigung, der Altarvorsatz mit einer Pietà) scheinen von irgendeinem Florentiner aus der Schule des Mino oder Rosellino zu sein[1].

In *S. Agostino* zu Rom (zweite Kapelle links) steht, leider im schlech- c testen Licht, die Gruppe der heiligen Anna mit der Jungfrau Maria und dem Kinde, Stiftung eines deutschen Protonotars, Johann Coricius, vom Jahr 1512. Alles erwogen, ist es das anmutigste Skulpturwerk des Jahrhunderts, schön und frei in den Linien und Formen und vom holdesten Ausdruck der Mütterlichkeit auf zweierlei Stufen.

Das Höchste aber möchte Andrea erreicht haben in der Gruppe der d Taufe Christi über dem Ostportal des *Baptisteriums von Florenz*. (Den Engel, von Spinazzi, möge man ja wegdenken.) Welcher Adel in dieser

---

[1] Vasari behandelt das Ganze als ein durchaus von Andrea gearbeitetes Jugendwerk. Allein wenn wirklich alles daran von ihm ist, so müssen doch die erstgenannten vollkommeneren Teile aus einer spätern Epoche des Meisters herrühren.

Gestalt des Christus! Und welche Weihe in Ausdruck und Bewegung!
In dem Täufer wird man das grandiose Motiv der stärksten innern Erregung aus einem Relief von Ghibertis Nordtür in erhöhter Darstellung
wiederfinden. (Nach 1500 gearbeitet.)

a   Über den Marmorumbau des heiligen Hauses in der Kirche von *Loretto* kann der Verfasser nicht aus Anschauung berichten. Bramante gilt
als Erfinder der baulichen Anordnung; Andrea Sansovino leitete den
plastischen Schmuck und arbeitete selbst einen Teil der Reliefs; die
übrigen sind ausgeführt von Tribolo, Bandinelli, Rafael da Montelupo,
Franc. da Sangallo, Lancia, Girol. Lombardo und Mosca. Nach zuver-
lässigen Urteilen sollen die Skulpturen dieser Künstler im ganzen mehr
ihrem anderweitig bekannten, zum Teil schon beträchtlich manierierten
Stil folgen als dem Vorbilde Andreas.

b   In der Johanneskapelle des *Domes von Genua* (links) sind die Statuen
des Täufers und der Madonna (wahrscheinlich frühe) Arbeiten von ihm;
erstere noch etwas herb, letztere aber ungemein schön in Stellung und
Motiv, das Kind naiv bewegt und wiederum mit einem kenntlichen
lionardesken Anklang. – Von kleinern Sachen möchte ich dem Andrea
c   einen Salvator zuschreiben, welcher in Araceli zu Rom auf der Spitze
eines Grabmals (Lud. Gratus, † 1531) links vom Hauptportal angebracht worden ist[1].

Diese an Zahl geringen Arbeiten repräsentieren uns in der Skulptur
fast einzig denjenigen Geist maßvoller Schönheit, welchen in der Malerei vorzüglich Raffael vertritt. Auch gleichen ihnen am meisten diejenigen Skulpturwerke, welche *Raffael* selbst schuf oder unter seiner
Aufsicht hauptsächlich durch *Lorenzetto* ausführen ließ. Als eigenhändige (und jetzt wohl einzig vorhandene) Arbeit Raffaels gilt gegenwär-
d   tig die nackte Statue des *Jonas* in S. Maria del Popolo (Cap. Chigi) zu
Rom; eine keineswegs vollkommene körperliche Bildung, aber in der
Gebärde von wunderbarem Ausdruck des wiedergewonnenen jugendlichen Lebens, das wie vom Schlaf erwacht. (Der Fischrachen ist geschickt und bescheiden angegeben. Im Kopf des Jonas eine Annäherung
e   an die Züge des Antinous.) – Der Prophet Elias gegenüber zeigt Lo-

*   [1] Das Grabmal des Petrus de Vincentia (1504), im Durchgang der Südtür an der Kirche Araceli, ist mir immer wie eine Vorarbeit Andreas zu den
obengenannten Prälatengräbern vorgekommen; die Grabstatue sowohl als
das Rundrelief der Madonna und die Allegorien zu dessen Seiten scheinen
sehr schöne Versuche eines noch nicht ganz geläuterten Strebens, welches
erst in jenen Meisterwerken seine Erfüllung fand. Dagegen kann das Grab-
**   mal Armellini, 1524, im rechten Querschiff von S. M. in Trastevere, höchstens als tüchtiges Schulwerk gelten.

renzettos stumpfere Ausführung; – ebenso die sehr schön gedachte a
Madonnenstatue auf demjenigen Altar im Pantheon, welcher Raffaels
Grab hinter sich birgt. – Lorenzettos eigene Erfindung möchte der
S. Petrus am Eingang der Engelsbrücke sein. – (In der Art Lorenzettos b
scheint auch die sitzende Madonna über dem Grabmal des Guidiccioni c
in S. Francesco zu Lucca gearbeitet, deren Urheber ich nicht anzugeben
weiß. Die schöne Intention in dem Kopf der Madonna, in Bewegung
und Gestalt des Kindes, das sie am Schleier faßt, übertrifft die Ausführung.)

Der Zeit nach müßte schon hier Michelangelo genannt werden, allein
bei der historischen Stellung, die er gegenüber der ganzen *spätern* Skulptur einnimmt, ist es notwendig, zuerst diejenige Anzahl von Künstlern
zu besprechen, welche, obwohl meist jünger als er, noch nicht oder noch
wenig von seinem Stil berührt wurden. Sie haben teils die Richtungen
des 15. Jahrhunderts, dessen Realismus und bunten Reichtum aufge-
braucht, teils auch sich der freien und hohen Schönheit stellenweise genähert, meist aber sich der von der römischen Malerschule ausgehenden
Entartung nicht entziehen können.

Zunächst ein paar Florentiner. (Den *Bandinelli* versparen wir auf die
Michelangelisten, zu welchen er wider Willen gehört.) – *Tribolo* (eigentlich Niccolò Pericoli, 1500 bis 1565) war anfänglich Schüler des unten zu
nennenden Jacopo Sansovino, allein in einer Zeit, da dieser noch seinem
Lehrer Andrea im Stil näherstand als seiner eigenen spätern Manier;
zudem muß Tribolo von Anfang an auch Andreas Werke gekannt haben
und später, durch die Mitarbeit an der Santa casa von Loretto nach dessen Entwürfen, von dem Stil Andreas durchdrungen worden sein. Der
Verfasser hat es besonders an dieser Stelle zu beklagen, daß ihm die Untersuchung der dortigen Skulpturen nicht vergönnt war. Welch ein
Meister Andrea Sansovino auch im Relief gewesen sein muß und welchen
Einfluß er auf die Seinigen ausübte, lassen die Arbeiten dieses seines
Schülers wenigstens ahnen. Tribolo bekam noch in jungen Jahren (um
1525) die Seitentüren der Fassade von *S. Petronio in Bologna* zu verzie- d
ren. Von ihm sind an beiden die Propheten, Sibyllen und Engel in der
Schrägung der Pforte und des Bogens, sodann die sämtlichen Pilaster-
reliefs an der Tür rechts (Geschichten Josephs), und von denjenigen
der Tür links das erste, dritte und vierte des linken Pilasters (Geschichten des Moses). In dem kleinen Maßstab dieser zahlreichen Gegenstände
ist ein reiner und maßvoller Stil entwickelt, wie er sonst sehr wenigen
Reliefs der damaligen Zeit innewohnt. Die Propheten und Sibyllen ver-
hehlen zwar schon in der Tracht und Körperbildung den Einfluß der
Sistina nicht; auch im Motiv selber macht er sich hier und da kenntlich;

aber sie sind von den reinsten und reizendsten Einzelfiguren der goldenen Zeit. Die erzählenden Reliefs, zwar etwas überfüllt, doch weniger
als das meiste Gleichzeitige, geben fast allein einen Begriff von den Li-
niengesetzen dieser Gattung und sind reich an geistvoll prägnanten
einzelnen Zügen. (Joseph in den Brunnen gesenkt; an den Midianiter
verkauft; die Tötung des Böckleins; das mit dessen Blut gefärbte Kleid
wird dem Jakob vorgewiesen usw.) An diesen in Form und Gedanken
trefflichen Arbeiten machte auch der etwas ältere Genosse, Alfonso
Lombardi, eine neue Schule durch[1].

a   Aus Tribolos späterer Zeit möchte das große Relief von Mariä Himmelfahrt (S. Petronio, elfte Kapelle rechts), wenigstens dessen untere
Hälfte herrühren. Es zeigt, daß er den falschen Ansprüchen und Manieren der Nachahmer Michelangelos auch später fernblieb.

    Von einem trefflichen ungenannten Meister, der aber dem Tribolo
b offenbar sehr nahestand, ist das 1526 errichtete Grab der Familie Cereoli
in S. Petronio (innen links vom Hauptportal), und vielleicht auch die
c Madonna in der sechsten Kapelle rechts (daselbst) gearbeitet. – Von Alf.
Lombardi wird weiter die Rede sein.

d   Als Tribolos Hauptwerk zu Rom gilt das Grabmal Papst Hadrians VI.
(† 1523) im Chor von S. Maria dell' anima (rechts), im ganzen nicht
von glücklicher Anordnung (diese von Peruzzi), und auch im einzelnen
unplastisch überfüllt. Übrigens ist Tribolos Anteil vielleicht auf die allegorischen Figuren zu beschränken; die liegende Statue ist bestimmt und
das meiste übrige vielleicht von Michelangelo Sanese.

    Die spätere Tätigkeit Tribolos betraf zum Teil Dekorationen des
Augenblickes, für welche er ein besonderes Talent besaß; auch wurde er
eines der baulichen Faktotum Cosimos I. (I, S. 331, g). Was von seinen
(auch plastischen) Arbeiten in der Villa Castello unweit Florenz noch
erhalten ist, weiß ich nicht anzugeben.

    In diese Reihe gehört auch *Benvenuto Cellini* (1500–1572), der durch
seine eigene Lebensbeschreibung eine größere Bedeutung gewonnen
hat als durch seine Werke. Von seinem dekorativen Verdienst ist oben
(I, S. 226) die Rede gewesen; hier handelt es sich um seine Bildwerke.
Von größerm Umfang und selbständiger Bedeutung ist bloß der eherne

*   [1] Von der Lünettengruppe der Tür rechts gehört nur die Madonna dem
Tribolo an, der Christusleichnam in den Armen des Nikodemus ist eine ungeschickte Arbeit des Malers Amico Aspertini, und der Johannes von Sec-
cadenari, dem die ganze Arbeit der bei den Seitentüren im Großen verdun-
gen war. Die obern Pilaster neben den Giebeln sind von geringern lombardischen Meistern reliefiert.

Perseus unter der Loggia de' Lanzi in Florenz. Benvenuto erscheint hier a
noch wesentlich als der Naturalist des 15. Jahrhunderts, als der geistige
Sohn Donatellos, allein das Motiv ist bei aller Wunderlichkeit (man
sehe die Verschränkung der Medusenleiche) doch nicht nur energisch,
sondern auch in den Linien bedeutend, so daß man die Mängel der an
sich sehr fleißigen Einzelbehandlung, z. B. die Dürftigkeit des Rumpfes
im Verhältnis zu den Extremitäten, darob übersehen mag. Die Statuetten an der Basis sind dagegen idealistisch manieriert in der schlechtesten
Art der römischen Schule, das Relief ebenso und dabei möglichst unplastisch. – In den Uffizien (erstes Zimmer der Br.) findet man außer b
zwei unter sich verschiedenen Modellen zum Perseus, von welchem das
wächserne den Vorzug haben möchte, die kolossale Bronzebüste Cosimos I., etwas gesucht in Schmuck und Haltung, aber von vortrefflicher
Arbeit. – Seine Restaurationen antiker Werke, wie z. B. an dem Gany- c
med in den Uffizien (Saal d. Hermaphr.),˙sehen freilich sehr geziert aus[1].

Als Werk eines Ungenannten schließen wir am besten hier den Bacchus an, welcher jenseits Ponte vecchio in Florenz in einer Brunnen- d
nische steht. Mit Schale und Traube in den Händen vorwärtsstürmend
und überhaupt energisch belebt, ist er doch nur für den Anblick von
links berechnet und stößt ab durch vulgäre, gesucht herkulische Bildung. Man vergleiche ihn z. B. mit dem Bacchus Jac. Sansovinos, der
ein ähnliches Motiv viel schöner gibt.

Francesco da Sangallo (1498–1570), Sohn des Architekten Giuliano, ist
einer der weniger bedeutenden Nachfolger A. Sansovinos. Seine Altargruppe in Orsanmicchele zu Florenz, derselbe Gegenstand wie die seines e
Meisters in S. Agostino zu Rom, zeigt seine ganze Inferiorität; die beiden sitzenden Frauen stoßen das Kind auf ihren Knien hervor. – Porträtstatue des Paolo Giovio im Klosterhof von S. Lorenzo. – Grabmal f
des Prälaten Angelo Marzi-Medici in der Annunziata, am Eingang der g
Rotunde. – Teilnahme an den Skulpturen in Loretto.

Vincenzo Danti (1530–1567) erscheint in der Bronzegruppe der Enthauptung des Täufers über der Südtür des Baptisteriums stilistisch hal- h
biert. Einer schönen Inspiration aus den Werken Sansovinos gehört der
kniende Johannes an; der Henker dagegen und das zuschauende Weib
sehen den Gedanken und Formen der römischen Malerschule nur zu

---

[1] Unter den Elfenbeinsachen im Pal. vecchio, Sala dell' Udienza, welche
* nebst den dort aufgestellten Gegenständen von Bernstein durchschnittlich
von geringem Werte sind, könnte ein S. Sebastian wirklich von ihm herrühren, ein trefflicher Pokal mit mythologischen Figuren dagegen, den man
ihm zuschreibt, möchte eine deutsche Arbeit des 17. Jahrhunderts sein.

a ähnlich. – Die Statue Papst Julius III. beim Dom von Perugia gehört ebenfalls der letzten Art an.

In *Oberitalien* hält ein Künstler den meisten bisher genannten, mit Ausnahme Andrea Sansovinos, das Gleichgewicht: *Antonio Begarelli* von *Modena* († 1555). Sein Vorgänger ist jener wunderliche Guido Mazzoni (II, S. 44), welcher durch seine großen grimassierenden Tongruppen weniger eine neue Gattung geschaffen, als eine mißachtete Gattung gewissermaßen zu Ehren gebracht hatte, so daß sie für Modena eine anerkannte Spezialität ausmachte. Den Begarelli hob nicht eine Bekanntschaft mit dem Altertum, sondern eine nahe und unverkennbare Kunstbeziehung zu Correggio, wobei man nicht einmal genau sagen kann, welcher Teil der gebende war; sodann die allgemeine Kunsthöhe der Zeit. Seine Einzelformen sind so schön, frei und reich als diejenigen A. Sansovinos, denen sie nicht gleichen. Allein dies ganze Vermögen steht im Dienste eines Geistes, der gerade die höchsten Gesetze der Plastik so wenig anerkennt als Correggio die der Malerei.

Allerdings muß man ihm sein Prinzip zugeben; er arbeitete seine lebensgroßen Tongruppen nicht für freie Aufstellung, sondern für ganz bestimmte Nischen und Kapellen, d. h. als *Bilder*. An die Stelle des streng geschlossenen Baues der Gruppe tritt eine rein malerische Anordnung für einen Gesichtspunkt. Allein innerhalb dieser Schranken hätte er wenigstens so streng bleiben müssen, als die strengere Malerei es muß; statt dessen überließ er sich bei einem großen Schönheitssinn doch sehr dem naturalistischen Schick und Wurf, dem bloßen Streben nach Lebendigkeit und Wirklichkeit. Sein Gefühl selbst für bloß malerische Linien ist so wenig entwickelt als dasjenige Correggios. Seine Körperbildungen sind meist gering, die Haltung, sobald sie nicht in einem bestimmten Moment aufgeht, unentschieden und unsicher, so daß er in den zur freien, isolierten Aufstellung bestimmten Statuen weniger genügt als manche, die sonst tief unter ihm stehen.

Sein vielleicht frühstes Werk in Modena ist die Gruppe der um den
b toten Christus Weinenden in *S. Maria pomposa* (Piazza S. Agostino, erster Altar rechts). Hier ist er noch am meisten von Mazzonis Gruppe in S. Giovanni (II, S. 44, a) abhängig, sowohl in der Anordnung als in dem grimassierenden Ausdruck. – Vielleicht folgt zunächst das große
c Hauptwerk in *S. Francesco* (Kapelle links vom Chor): die Kreuzabnahme. Vier Personen, symmetrisch auf zwei Leitern geordnet, senken den Leichnam nieder; unten die ohnmächtige Maria, von drei Frauen gehalten und umgeben; ein kniender und ein stehender Heiliger zu beiden Seiten. (Johannes d. T., Hieronymus, Franziskus und Antonius von Padua.) Daß gerade der Moment der physischen Anstrengung symme-

trisch dargestellt ist, wirkt nicht glücklich; dafür ist die Gruppe der
Frauen malerisch vortrefflich und im Ausdruck des Jammers edel und
ergreifend zugleich, die Köpfe grandios, wie sie nur in der Zeit der hohen Blüte vorkommen. Die Frau zur Linken der Madonna hat z. B. am
ehesten in Raffaels Kreuztragung ihresgleichen. Der Künstler ist aber
auch aller andern Mittel des Ausdruckes völlig Herr; die Hände sind
mit der größten Leichtigkeit schön und sprechend angeordnet[1], das
Liegen der Maria, das Knien des Franziskus, das Überbeugen der hinten
stehenden Frau zeigen eine vollendete Meisterschaft. In der Gewandung
aber verrät sich das selbst malerisch Ungenügende dieses Naturalismus,
der nicht erkennt, daß die Gewandung in der Kunst etwas anderes ist
als im Leben, nämlich ein wertvolles Verdeutlichungsmittel der Gestalt
und Bewegung, das zudem in der Plastik sehr bestimmten Gesetzen
unterliegt. So drängt sich an dieser Stelle viel Müßiges und Unnützes
vor; schon beginnen Mantelenden und Schleier zu flattern, als wehte
von Neapel her bereits der berninische Scirocco hinein.

Doch ein ganz reifes und herrliches Werk kann diese Schattenseiten
vergessen machen. In *S. Pietro* (Kapelle rechts vom Chor) ist wieder a
eine »Klage um den toten Christus« nur von vier Figuren. Nikodemus
hebt den liegenden Leichnam etwas empor, Johannes hält die davor
kniende Mutter. Als Bild vollkommen, in der Behandlung des Details
einfach und großartig, erreicht diese Gruppe jene reine Höhe der vollendeten Meisterwerke des 16. Jahrhunderts. – In derselben Kirche ist
die Altargruppe des rechten Querschiffes (vier Heilige, oben in Wolken b
Madonna mit Engeln) von Begarelli angefangen, von seinem Neffen
Lodovico vollendet; einzelnes, wie die Ekstase des Petrus, die Schönheit des Kopfes der Maria und des Kindes ist auch hier von großem
Werte. – Dagegen zeigen die sechs lebensgroßen Statuen, welche frei c
im Hauptschiff stehen, die ganze Unfähigkeit des Künstlers, eine ruhige
Gestalt plastisch zu stellen. – Ebenso verhält es sich mit den vier Statuen im obern Klostergang zu *S. Giovanni in Parma*, welche im Detail d
diese sechs übertreffen und zu den Werken der besten Epoche gehören.
Wie unentschieden ist Leib und Haltung dieses Ev. Johannes, dieser
Madonna! Wie vergnüglich charakterisiert Begarelli die weiten hängenden Ärmel des heiligen Benedikt! Wie läßt er den Schleier der Madonna
flattern! Aber auch welche Schönheit in den Köpfen und in der Kindergestalt des Täufers Johannes, der seine Mutter begleitet!

Die späteste Zeit Begarellis glaube ich (abgesehen von jenem Altar
des Querbaues in S. Pietro) zu erkennen in der großen Gruppe von
S. Domenico zu Modena (Durchgang aus der Kirche in die untere Halle e

---

[1] Was bei Correggio durchaus nicht immer der Fall ist.

des Akademiegebäudes). Es ist die Szene von Martha und Maria, letztere vor Christus kniend, erstere samt zwei Mägden rechts, zwei Jünger links. Unverkennbar wirkt hier der Geist der römischen Malerschule auf den Künstler ein, wie schon die Draperien beweisen; auch macht sich (z. B. in der Martha, die auch als Einzelstatue gut ist) der Gegensatz der entsprechenden Teile des Körpers auf bewußtere Weise geltend. Die Köpfe sind noch meist von naiver Schönheit.

a (Ein kleines Presepio Begarellis im Dom, unter dem vierten Altar links, in der Regel verschlossen, hat der Verfasser nicht gesehen.)

Wahrscheinlich hat Begarelli seine Gruppen nicht bemalt. Auch wo die jetzige Beweißung abspringt, kommt keine Farbe zum Vorschein[1].

Die meisten oberitalienischen Skulptoren der Zeit suchen, im Gegensatz zu diesem entschlossenen Realisten, ihre heimische Befangenheit durch den von Florenz und Rom ausgehenden Idealismus aufzubessern. Welche von ihnen die Werke A. Sansovinos und die ebenfalls sehr einflußreichen Deckengemälde der Sixtinischen Kapelle gekannt haben, ist im einzelnen nicht immer leicht anzugeben; bei mehrern sind diese Einwirkungen ganz deutlich nachweisbar; Michelangelo wirkte schon lange als Maler auf die Skulptur, ehe seine plastischen Hauptwerke zustande kamen. – Von den 1520er Jahren an muß dann namentlich die Anwesenheit des Tribolo in Bologna der römisch-toskanischen Richtung den Sieg verschafft haben.

Vielleicht der bedeutendste dieser Reihe nächst Begarelli war der Ferrarese[2] *Alfonso Lombardi* (1487–1536), der hauptsächlich in Bologna arbeitete. Auch er beginnt realistisch, sogar mit ähnlichen Aufgaben wie Begarelli. Ein frühes Werk, worin er demselben sehr nahesteht, sind die b bemalten (und jetzt neu bemalten) Halbfiguren Christi und der Apostel in den beiden Querarmen des *Domes von Ferrara*. Der Künstler erscheint hier noch mehr naturalistisch gebunden durch die Präzedentien seiner Schule; er verrät sich z. B. als Schulgenossen eines Lorenzo Costa schon durch die großen Hände, und als tüchtigen Anfänger durch die zierliche und exakte Arbeit. Allein die große lebendige Schönheit mehrerer Köpfe, wie z. B. des Johannes, die bedeutende Gebärde z. B. des Tho-

---

[1] Schon Vasari sagt, er habe ihnen bloß Marmorfarbe gegeben. Er spricht davon unter anderm bei Anlaß eines Besuches des Michelangelo in Modena und berichtet dessen begeistertes Wort: »Wenn dieser Ton Marmor würde, dann wehe den antiken Statuen!«

[2] Er stammte eigentlich von Lucca und hieß Citadella. Als Künstler gehört er aber durchaus nach Oberitalien.

mas, der sich in seinen Mantel hüllt, zeigen, welches Aufschwunges
Alfonso bereits fähig war. – Ähnliches gilt von der bemalten Tongruppe a
des von seinen Angehörigen beweinten Christusleichnams, in der
Krypta von S. Pietro zu Bologna, mit vorzüglichen Köpfen[1]. – Später
und zwar zuletzt unter dem Einfluß Tribolos, nähert er sich demjenigen
Maß idealer Bildung, welches Andrea Sansovino dieser ganzen Schule
vorgezeichnet hatte. Er wagte sich an Aufgaben wie z. B. der kolossale b
sitzende Herkules (von Ton) im obern Vorsaal des Palazzo apostolico,
der in den Verhältnissen immer beträchtlich besser, in der Stellung ungesuchter ist als alles, was Bandinelli und Ammanati hinterlassen haben.
(Stark restauriert.) – Die größte Zahl seiner Arbeiten finden sich an
S. Petronio: anscheinend noch lombardisch befangen: die Statuen (eng- c
lischer Gruß mit Gottvater und Sündenfall) an der Innenseite des rechten und linken Seitenportals der Fassade; – freier und sehr tüchtig: die
Lünettengruppe der Auferstehung Christi, außen am linken Seitenpor- d
tal (wenn Christus sich auf einen sitzenden Wächter zu stützen scheint,
so hat der Künstler dies wohl nur getan, um sich in einem reichern
Linienproblem zu versuchen); – ferner drei von den Reliefs der Geschichte Mosis am rechten Pilaster desselben Portals, in offenbarem
und glücklichem Wetteifer mit Tribolo (II, S. 51) entworfen sowohl als
ausgeführt. – Mehr malerisch als plastisch, aber köstlich wie die besten
jener Miniaturgeschichten der ferraresischen Malerschule erscheinen die
drei Reliefs am Untersatz der berühmten Arca in *S. Domenico,* eine der e
geistvollsten und delikatesten Arbeiten dieser Gattung.

Eine ungleiche, zum Teil sehr tüchtige Arbeit sind die Medaillon- f
köpfe an Pal. Bolognini, N. 77. – Das Grabmal Ramazotti in S. Micchele g
in Bosco (rechts vom Hauptportal) ist eines der besten jener oberitalischen Soldatengräber, welche den Geharnischten schlummernd und
über ihm die Madonna darstellen.

In Alfonsos spätester Zeit entstand dann wahrscheinlich die über-
lebensgroße, figurenreiche Tongruppe im Oratorium bei *S. Maria della* h
Vita (zugänglich auf Nachfrage in den links an die Kirche stoßenden
Bureaux, eine Treppe hoch). Nicht ohne Mühe erkennt man darin eine
Darstellung des Todes Mariä; ringsum die Apostel, vorn am Boden die

---

[1] Aus derselben Zeit enthält der von Touristen wenig besuchte Wallfahrts-
ort Varallo (westlich vom Lago maggiore) in der Capella del sacro monte
und (wie man annimmt) auch in einigen der Stationskapellen lebensgroße
farbige Freigruppen, angegeben oder auch ausgeführt von dem berühmten
Maler *Gaudenzio Ferrari;* die darin dargestellten Vorgänge der Passion sind
gleichsam fortgesetzt und erklärt durch Fresken an den Wänden. Wie sie
sich zum Stil des Mazzoni oder des Alfonso verhalten, weiß ich nicht anzugeben.

nackte Figur eines Widersachers; ein eifriger Apostel will eben ein schweres Buch auf ihn werfen, wird aber von dem in der Mitte erscheinenden Christus zurückgehalten[1]. Mit diesem wunderlichen Zug, der uns sonst bei keiner Darstellung dieser Szene vorgekommen ist, bezahlt Alfonso seinen Tribut an die altoberitalische Manier des heftigen, grellen Ausdruckes. Sonst ist die Gruppe merkwürdig durch ihren Gegensatz zu denjenigen des Begarelli; sie macht Anspruch auf plastische, nicht bloß malerische Anordnung, und ihre Einzelformen sind durchaus mehr ideal und allgemein (sowohl Köpfe als Gewandung).

a   Nun stehen aber noch 14 Büsten von Aposteln und Heiligen im Chor von *S. Giovanni in Monte* über dem Stuhlwerk; ungleich schönere, innigere, lebensvollere Köpfe, die man der Vermutung nach ohne weiteres dem Begarelli zuschreiben würde, wenn nicht »Alfonso und Niccolò (?) von Ferrara« als Urheber bezeugt wären. Nach der momentanen Lebendigkeit zu schließen, möchten sie zu einer Gruppe (Mariä Himmelfahrt? oder etwas Ähnlichem) aus Alfonsos bester mittlerer Zeit gehört haben[2].

Eine Mitstrebende des A. Lombardi, ohne Zweifel zuletzt ebenfalls
b unter Tribolos Einfluß, war *Properzia de' Rossi* († 1530). Von ihr sind unter anderm die beiden Engel neben Tribolos Relief der Himmelfahrt Mariä in S. Petronio (elfte Kapelle rechts).

Unter den übrigen Bildhauern Oberitaliens ist der schon als Dekorator genannte *Gio. Franc. da Grado* wegen der einfach guten Feldherrn-
c gräber in der Steccata zu Parma rühmlich anzuführen. (Eckkapellen: hinten rechts: Grab des Guido da Correggio; hinten links: Grab des Sforzino Sforza 1526; vielleicht auch, vorn rechts, das des Beltrando Rossi 1527.) Die Helden mögen auf ihren Sarkophagen stehen, schlafen,

---

[1] Vasari sagt: »ein rühmliches Werk, worin unter anderm ein Jude auffällt, der die Hände an die Totenbahre der Madonna legt«. – Wozu der deutsche Herausgeber bemerkt: dieses Ereignis werde erzählt in der Schrift »de transitu virginis«, welche dem Bischof Melito (2. Jahrhundert) zugeschrieben wurde, jetzt aber für beträchtlich neuer gilt. Ich will die oben im Text gegebene Deutung nicht weiter verteidigen, da meine Erinnerung an die Gruppe nicht mehr frisch und die genannte Schrift mir nicht zur Hand ist.

[2] Die Gruppe in S. Maria della Rosa zu Ferrara, die man dem Alfonso zuschreibt, haben wir oben S. 44, d dem Mazzoni zugewiesen. Sonst gilt in Ferrara die Reliefhalbfigur einer Madonna in S. Giov. Battista (die ich nicht kenne) als sein Werk, ebenso die Büste des heil. Hyacinth in S. Domenico, fünfte Kapelle links, ohne Zweifel das naturalistische Porträt irgendeines ausdrucksvollen Mönchskopfes.

oder wachend lehnen, immer sind sie schlicht und in schöner Stellung gegeben; das Detail genügend, wenn auch nicht vorzüglich belebt. Es ist die Art, in welcher auch wohl dem Giovanni da Nola ein vorzüglicher Wurf gelang[1]. – Von sonstigen Parmesanern nennen sich drei a Brüder *Gonzata* mit der Jahrzahl 1508 an den vier Bronzestatuen von Aposteln über der hintern Balustrade des Domchors; magere, unsicher gestellte, aber im Detail sehr sorgfältige Figuren. (Der dahinter aufgestellte Marmortabernakel ist eine geringe Arbeit des 15. Jahrhunderts.) b Mit Begarelli haben weder da Grado noch die Gonzaten etwas gemein.

Ob der Marcus a Grate, welcher den geschundenen S. Bartholomäus im Chorumgang des Domes von Mailand fertigte, ein Sohn des c Giov. Francesco war, lassen wir dahingestellt. Der Kunstgeist der zweiten Hälfte des Jahrhunderts kehrt uns in dieser steifen Bravourarbeit seine widerlichste Seite zu.

Von einem der trefflichsten Lombarden der goldenen Zeit, *Agostino Busti*, genannt *Bambaja*, weiß ich nur soviel zu sagen, daß Fragmente seiner Hauptarbeit, des Denkmals des Feldherrn Gaston de Foix, in der d Ambrosiana und in der Brera zu Mailand aufbewahrt sein sollen.

Doch es ist Zeit, auf den bedeutendstenSchüler des Andrea Sansovino zu kommen, auf *Jacopo Tatti* aus Florenz (1479–1570), der von seiner nahen und vertrauten Beziehung zu dem großen Meister insgemein *Jacopo Sansovino* genannt wird. Allerdings lernen wir ihn fast nur durch Werke aus der zweiten Hälfte seines langen Lebens kennen, da er als eine der ersten künstlerischen Großmächte Venedigs (I, S. 268) eine große Anzahl baulicher und plastischer Werke schuf und eine beträchtliche Schule um sich hatte. Doch ist aus seiner frühern römischen Zeit die sitzende Statue der Madonna mit dem Kinde in *S. Agostino zu Rom* vorhanden (neben dem Hauptportal), eine Arbeit, in welcher er sich dem e Andrea etwa auf die Weise Lorenzettos nähert, mit regem Schönheitsgefühl noch ohne volles Lebensgefühl, wie der Vergleich mit der nahen Gruppe Andreas zeigen mag. – Vollkommen lebendig und von sehr schöner Bildung, aber gesucht in der Stellung erscheint dann seine Sta- f tue des Apostels Jakobus d. Ä. im Dom von Florenz (Nische am Pfeiler links gegen die Kuppel). – Zu diesen frühern Werken mag auch der heilige Antonius von Padua in S. Petronio zu Bologna (neunte Kapelle g rechts) zu rechnen sein, – endlich der köstliche *Bacchus* in den *Uffizien* h (Ende des zweiten Ganges). – Jubelnd schreitet er aus, die Schale hoch

---

[1] Von demselben da Grado könnte wohl auch die Statue des h. Agapitus über dem Altar rechts in der Krypta des Domes herrühren.

aufhebend und anlachend, in der andern Hand eine Traube, an welcher
ein kleiner Panisk nascht. Der Bacchus des Michelangelo steht zur Vergleichung in der Nähe; an lebendiger Durchbildung der Einzelform ist
er dem Jacopos weit überlegen; wer möchte aber nicht viel lieber die
Arbeit Jacopos *erdacht* haben als die Michelangelos? – ich spreche von
Unbeteiligten, denn die Künstler würden für letztern stimmen, weil sie
mit *seinen* Mitteln etwas andres anzufangen gedächten. (Der dritte dor-
a tige Bacchus, eine kleinere Figur auf einem Fäßchen stehend, ist aus
derselben Zeit, aber von keinem der Sansovino.)

In seinen *venezianischen* Arbeiten erscheint Jacopo sehr ungleich; einzelnes ist unbegreiflich schwach, anderes dagegen verrät eine tüchtige
selbständige Weiterbildung des vom Lehrer Überkommenen. Zwar
neigt sich Jacopo bisweilen ebenso in das Allgemeine, wie die meisten
Nachfolger Andreas, der seine schöne subjektive Wärme auf niemanden
vererben konnte; allein Jacopo ist nur wenig befangen von den Manieren der römischen Malerschule, auch nicht wesentlich von der Einwirkung Michelangelos, die erst bei seinen Schülern hier und da hervor-
tritt; er war deshalb imstande, nebst seiner Schule in Venedig eine Art
Nachblüte der großen Kunstzeit aufrechtzuhalten, die mit der Nachblüte der Malerei (durch Paolo Veronese, Tintoretto usw.) parallel geht
und Jahrzehnte über seinen Tod hinaus dauert.

Bei ihm wie bei den Schülern sind nicht die Linien, überhaupt nicht
das Bewußtsein der höhern plastischen Gesetze die starke Seite; ihre
Größe liegt, wie bei den Malern, in einer gewissen freien Lebensfülle,
welche über den Naturalismus des Details hinaus ist; sie liegt in der
Darstellung einer ruhigen, in sich selbst (ohne erzwungen interessante
Motive) bedeutenden Existenz. Ihre Arbeiten können von sehr unsta-
tuarischer Anlage und doch im Stil ergreifend sein; von allen Zeitgenossen sind diese Venezianer am wenigsten konventionell in der Ausführung und am wenigsten affektiert in der Anlage. Hierin liegt wenigstens ein großes negatives Verdienst Sansovinos; er ist der unbefan-
genste unter den Meistern der Zeit von 1530–70.

Für sein schönstes Werk in Venedig glaube ich die Statue der Hoff-
b nung am Dogengrab Venier († 1556) zu S. *Salvatore* halten zu müssen
(nach dem zweiten Altar rechts). Die plastisch vortreffliche, leichte
Haltung, die nicht ideale, aber venezianische Schönheit des Kopfes,
der ruhig gefaßte Ausdruck läßt gewisse Spielereien in Haarputz
und Gewandung wohl vergessen. (Thorwaldsen ist bei einer der
allegorischen Statuen am Grabmal Pius VII. auf ein ganz ähnliches
Motiv geraten.) – Aber wie viel geringer ist das Gegenstück, die
Caritas, mit ihren hart manierierten Putten! (Das Lünettenrelief von
anderer Hand.)

Von mythologischen Gegenständen enthält die *Loggia* am Fuß des a Campanile di S. Marco das Beste (um 1540). Die Bronzestatuen des Friedens, des Apoll, Merkur und der Pallas sind zwar, die erstgenannte ausgenommen, im Motiv etwas gesucht, aber von schöner Bildung, namentlich was die Köpfe (zumal des Merkur und der Pax) betrifft. Ganz vorzüglich sind dann einzelne der kleinen Reliefdarstellungen am Sockel, die zu den so seltenen wahrhaft naiven Kunstwerken mythologischen Inhalts gehören. (Die obern Reliefs und die Figuren in den Bogenfüllungen gelten als Schülerarbeit.)

Übrigens ist Jacopo auch sonst im Relief am glücklichsten, wenn es sich um einzeln eingerahmte Figuren handelt. Man findet hinten im Chor von *S. Marco* die berühmte kleine *Bronzetür*, welche in die Sakri- b stei führt, und welche den Meister zwanzig Jahre lang beschäftigt haben soll; ihre beiden größern Reliefs (Christi Tod und Auferstehung) können bei vielem Geist doch im Stil z. B. nicht neben Tribolo aufkommen, während die Einzelfiguren der Propheten in den horizontalen und senkrechten Einfassungen völlig genügen und zum Teil von hoher Vortrefflichkeit sind. (Was von der Bildnisähnlichkeit der vortretenden Köpfe in den Ecken mit Tizian, Pietro Aretino und Sansovino selber gesagt wird, ist nicht ganz zuverlässig.) – Ebenso fehlt es den sechs bronzenen c Reliefs mit den Wundern des heiligen Markus (rechts und links vom Eingang des Chores an der Brustwehr zweier Balustraden) zwar nicht an geistvollem und energischem Ausdruck der Tatsachen, wohl aber an dem wahren Maß, welches diese Gattung beherrschen muß. – An dem Altar im Hintergrunde des Chores ist das kleine Sakramentstürm- d chen mit dem von Engeln umschwebten Erlöser wiederum eine nicht alltägliche Komposition; man wird aber vielleicht die beiden einzelnen marmornen Engel auf den Seiten vorziehen.

Derselbe Chor enthält auch noch die einzige Arbeit, in welcher San- e sovino dem übermächtigen Einfluß Michelangelos einen kenntlichen Tribut bezahlt hat, nämlich die sitzenden Bronzestatuetten der vier Evangelisten auf dem Geländer zunächst vor dem Hochaltar. (Die vier Kirchenlehrer sind von einem Spätern hinzugearbeitet.) Man wird ohne Schwierigkeit den »Moses« Michelangelos als ihr Vorbild erkennen, aber auch gestehen, daß sie von allen Nachahmungen die freieste und eigentümlichste sind.

Im *Dogenpalast* empfängt uns Sansovin mit den beiden Kolossalsta- f tuen des Mars und Neptun, von welchen die Riesentreppe ihren Namen hat. Ihre unschöne Stellung, zumal beim Anblick von vorn, fällt schneller in die Augen als ihre guten Eigenschaften, welche erst demjenigen ganz klar werden, welcher sie in Gedanken mit den gleichzeitigen Trivialitäten eines Bandinelli vergleicht. Sie sind vor allem noch anspruchslos und mit Überzeugung geschaffen, ohne gewaltsame Motive und erborgte Muskulatur; es sind noch echte, unmittelbare Werke der Renaissance, eigene, wenn auch nicht vollkommene Idealtypen eines schöpfungsfähigen Künstlers, der selbst mangelhafte Motive durch großartige Behandlung zu heben wußte.

a Ein andres bedeutendes Werk ist die tönerne vergoldete Madonna im Innern der Loggia des Markusturmes; sie ermutigt den unten hingeschmiegten kleinen Johannes durch Streicheln seines Haares, sich dem segnenden Christuskinde zu nähern. Verkleistert, bestäubt, verstümmelt und von jeher etwas maniert in den Formen, ist die Gruppe doch immer von einem liebenswürdigen Gedanken belebt. – (Durchaus
b schlecht: die Madonna in der Kapelle des Dogenpalastes.)
c Als tüchtiges monumental aufgefaßtes Porträt ist die eherne sitzende Statue des Gelehrten Thomas von Ravenna über dem Portal von S. Giulian etwa mit Tintoretto in Parallele zu setzen.

d In welche Periode endlich gehört der Johannes über dem Taufbecken in den Frari (Cap. S. Pietro, links)? Unplastisch komponiert, aber fleißig, naiv und vom zartesten Gemütsausdruck sieht das Werk aus, als hätte Sansovin es noch von Rom her mitgebracht.

Wen Sansovino von der ältern venezianischen Schule noch in Tätigkeit antraf, wissen wir nicht; es scheint eher, daß seine Anstellung mit dem Auslöschen jener zusammenhing. Es mögen um 1530 auch andre Schüler des ältern Andrea Sansovino in Venedig gelebt haben: von
e einem solchen sind wohl die drei Reliefs der Verkündigung, Anbetung der Hirten und Anbetung der Könige in der kleinen sechseckigen Kapelle bei *S. Micchele.* Bei einer nicht besonders geschickten Anordnung (so daß man z. B. nicht an Tribolo denken kann) sind sie vielleicht das Holdeste und Süßeste, was Venedig in Marmor darbietet, von einem Reiz der Formen und einem Seelenausdruck in Zügen und Gebärden, der Entzücken erregt. – Gewiß war damals auch *Guglielmo Bergamasco* noch in Tätigkeit, der 1530 eben diese Kapelle baute. Sollte er etwa der Urheber der drei Reliefs sein? Die einzige bekannte Statue
f von ihm, eine heilige Magdalena auf dem Altar der ersten Kapelle rechts vom Chor in S. Giovanni e Paolo, würde mit ihrer reichen und süßen Schönheit, selbst mit ihrem bauschigen und doch nicht unplastischen Gewande zu diesen Arbeiten wohl passen. (Die übrigen Skulpturen des betreffenden Altars eine zum Teil gute Schularbeit der Lombardi.)

Jedenfalls gewann Jacopo Sansovino einen Einfluß, der alle übrigen in Schatten stellte und fast ausschließlich um ihn eine Schule versammelte. Bei einem Bau von so großem plastischen Reichtum wie die
g *Biblioteca* ergab sich, scheint es, die Sache von selbst; ausdrücklich wer-

den *Tommaso Lombardo* (vielleicht ein Verwandter der ältern Lombardi), *Girolamo Lombardo, Danese Cataneo* und *Alessandro Vittoria* als ausführende Schüler genannt. Ich glaube, diejenigen Skulpturen, welche noch unter unmittelbarer Aufsicht und Teilnahme des Meisters zustande kamen, finden sich hauptsächlich an der Schmalseite gegen die Riva und etwa an dem ersten Drittel der Seite gegen die Piazetta. Hier haben die Reliefs in den Bogen, die Flußgötter in den Füllungen des untern, die Göttinnen in denjenigen des obern Geschosses die schönste und kräftigste Bildung. (Bei den Flußgöttern ist anzuerkennen, daß sie von den entsprechenden bronzefarbenen Figuren in der Sistina fast ganz unabhängig erscheinen.) Die beiden Karyatiden, welche die Tür tragen, a sind von Vittoria. – Von den Reliefs in den Bogen sind auch wieder die Felder mit einzelnen Figuren die glücklichsten.

Zwei frühe Schüler Sansovins scheinen *Tiziano Minio* von Padua und *Desiderio* von Florenz gewesen zu sein, welche den ehernen Deckel des b Taufbeckens in S. Marco verfertigten. Die erzählenden Reliefs sind in der Komposition vom Besten der ganzen Schule, den Meister selbst nicht ausgenommen. (Die Statue des Täufers später, 1565, von *Franc.* c *Segala*.) – Minios Statuen zweier heiliger Bischöfe hinter dem Hochaltar des Santo in Padua sind bei ihrer jetzigen Aufstellung soviel als unsichtbar.

Unter allen Schülern aber ist *Girolamo Campagna* der bedeutendste und überhaupt einer von den sehr wenigen Bildhauern, welche noch nach der Mitte des 16. Jahrhunderts eine naive Liebenswürdigkeit beibehielten. – In *S. Giuliano* zu Venedig (Kapelle links vom Chor) sieht d man sein Hochrelief des toten Christus mit zwei Engeln; die Linien sind nicht mustergültig, die Gewandung schon etwas manieriert, aber Ausdruck und Bildung sehr edel und schön. – In *S. Giorgio maggiore* ist e die bronzene Hochaltargruppe von ihm; die vier Evangelisten tragen halbkniend eine große Weltkugel, auf welcher der Erlöser steht. Eher als Evangelisten hätten dämonische Naturmächte, Engel und dergleichen für diese Stellung gepaßt, auch kann die lebendige Behandlung und die würdige Bildung der Köpfe nicht ganz vergessen machen, daß es dem Künstler etwas zu sehr um plastisch interessante Motive des Tragens zu tun war; aber der Salvator ist einfach und ganz großartig.

Seine einzeln stehenden Statuen muß man nie streng nach den Linien, sondern nach dem Ausdruck und nach dem Lebensgefühl beurteilen, wie dies von den gleichzeitigen venezianischen Malern in noch viel weiterm Sinne gilt. Seine Bronzestatuen des heiligen Markus und des f heiligen Franziskus, welche nach dem Gekreuzigten emporschauen (auf dem Hochaltar des *Redentore*), sind innerhalb dieser Grenzen vor-

trefflich, zumal der so schön und schmerzlich begeisterte Markus; in
dem Gekreuzigten bemerkt man bei einer guten und gemäßigten (weder allzu magern noch häßlichen) Bildung eine etwas zu starke Andeutung des schon eingetretenen Todes durch das Vorhängen der linken
a Schulter[1]. – Neben dem Hochaltar von S. Tommaso: die Statuen des
Petrus und Thomas, mit würdigen Köpfen. – In S. Maria de' miracoli,
b vor der Balustrade: S. Franz und S. Clara, ersterer vielleicht ein frühes
Jugendwerk.

Campagnas Madonnenstatuen genügen weniger; ihre Haltung und
Kopfbildung erinnert zu sehr an Paolo Veronese, um ein hohes Dasein
c ausdrücken zu können. An derjenigen in S. Salvatore (zweiter Altar
rechts) sitzt das Kind hübsch leicht auf den Händen der Mutter, und
auch die beiden Putten, die sich unten an ihr Kleid halten, sind glück-
d lich hinzugeordnet; dagegen erscheint die in S. Giorgio maggiore
(zweiter Altar links) durchaus wie ein spätes und schwaches Werk. Eine
hübsche aber wenig bezeugte Madonna in der Abbazia, Kapelle hinter
e der Sakristei. In Campagnas Vaterstadt Verona steht eine Madonna von
ihm an der Ecke des Obergeschosses der Casa de' Mercanti.

Von dem Lieblingsgegenstand der venezianischen Skulptur (wie der
Bacchus es bei den Florentinern war), dem heiligen Sebastian, hat
Campagna am Hochaltar von S. Lorenzo wenigstens eine gute Dar-
f stellung geliefert mit dem Ausdruck des Schmerzes ohne Affektation.

Wie schön und tüchtig er sonstige Aktfiguren zu behandeln wußte,
g zeigt der kolossale Atlant oder Zyklop im untern Gang der *Zecca*. Das
höchst affektierte Gegenstück des Tiziano Aspetti spricht lauter zu
Campagnas Gunsten, als Worte es könnten. – Im Dogenpalast stehen
h auf dem Kamin der Sala del Collegio seine hübschen und lebendigen
Statuetten des Merkur und Herkules. (Geringer die drei Statuen über
i der einen Tür der Sala delle 4 porte.)
k In der Scuola di S. Rocco ist bei der Statue des Heiligen (untere
Halle) das unerläßliche Vorzeigen der Schenkelwunde glücklich als
dasjenige Wendungsmotiv benutzt, um welches die damalige Skulptur
so oft in Verlegenheit ist. Im obern Saal sind die Statuen neben dem
Altar – Johannes d. T. und wiederum ein S. Sebastian – von geringerm
Interesse als die beiden (unvollendeten) sitzenden Propheten an den
Ecken der Balustrade; hier wirkt Michelangelo ein, aber noch nicht
durch den Moses, sondern durch die Figuren der Sistina. – Die beiden
l Bronzestatuen des Hochaltars in S. Stefano werden vielleicht mit Un-
m recht dem Campagna zugeschrieben; die beiden marmornen Statuen

---

* [1] Die kleinen Statuetten dieses Altars sind späte, aber für den berninischen
Stil recht glückliche Schöpfungen des Bolognesen Mazza, vom Jahre 1679.

in S. Giovanni e Paolo (hinten am Altartabernakel der Capella del
Rosario) sind offenbar im Mißmut über die ungünstige Aufstellung geschaffen. Auch die heilige Justina über dem Torgiebel des Arsenals a
scheint ein geringeres Werk zu sein.

An Porträtstatuen ist von Campagna ein Jugendwerk, der Doge Lo- b
redan auf dessen Grab im Chor von S. Giovanni e Paolo erhalten, und
eine treffliche Grabfigur seiner reifsten Zeit, der schlummernde Doge c
Cicogna († 1595) in der Jesuitenkirche links vom Chor.

Von wem ist endlich der schöne Christuskopf in *S. Pantaleone* (zweite d
Kapelle rechts)? Ich glaube, daß von den Spätern nur Campagna fähig
war, die edelste Inspiration eines Giov. Bellini und Tizian so in sich auf-
zunehmen. Und eine Arbeit der zweiten Hälfte des 16. Jahrhunderts
wird die Büste doch sein.

Endlich möchte wohl die Annunziata (in zwei aus der Wand vor- e
tretenden Bronzefiguren) am Pal. del Consiglio zu *Verona* ein schönes
frühes Werk des Meisters sein, etwa aus der Zeit des Reliefs von S. Giuliano; Gabriel gleicht den Engeln des letztern, und die Madonna, obwohl zur Vermeidung der Profilsilhouette etwas sonderbar gewendet,
ist die schönste weibliche Figur, die Campagna gebildet haben mag.

Von *Thomas von Lugano*, bekannt unter dem Namen *Tommaso Lom-* f
bardo, sollen eine Anzahl von Statuen auf dem Dache der Biblioteca ge- g
arbeitet sein. Der S. Hieronymus in S. Salvatore (zweiter Altar links)
gibt vielleicht als schwaches und spätes Werk keinen sichern Anhalts-
punkt. (Nach andern von Jacopo Colonna.)

Danese Cattaneo scheint außer *J. Sansovino* auch andre Florentiner ge- h
kannt zu haben; wenigstens sind die Statuen am Dogengrab Loredan
(1572) bei einer gewissen äußerlichen Süßigkeit von demselben un-
venezianischen Geist der Lüge und Affektion beseelt, der die unwahren
Arbeiten eines Ammanati beherrscht. (Die Porträtstatue, wie gesagt,
von Campagna, und früher gearbeitet als der Rest; der Doge starb
schon 1525.) – Weniger manieriert die Statuen des ersten Altars rechts i
in S. Anastasia zu Verona.

Ammanati selbst war übrigens eine Zeitlang J. Sansovinos Schüler
gewesen und hatte z. B. in Padua gearbeitet (wovon unten).

Am stärksten repräsentiert von allen Schülern ist *Alessandro Vittoria*
(† 1605). Im günstigen Falle dem Campagna beinahe gewachsen, hat
er doch nirgends die Seele desselben. Er produzierte leicht und machte
sich mit den Hauptmotiven keine große Mühe, während Campagna
wenigstens gerne plastisch rein gestaltet hätte. Sein angenehmstes
Werk ist wohl sein eigenes Grabmal in S. Zaccaria (Ende des linken k

Seitenschiffes), eine vortreffliche Büste zwischen den Allegorien der Scultura und Architettura, oben im Giebel eine Ruhmesgöttin, echt a venezianische Figuren. Auch die Statue des Propheten über der Haupttür ist schön und würdig. – Sein bester bewegter Akt ist der S. Seba-b stian in S. Salvatore (dritter Altar links, als Gegenstück eines geringen c S. Rochus), seine sorgfältigste Anatomiefigur der S. Hieronymus in den d Frari (dritter Altar rechts). Auch S. Katharina und Daniel auf dem Löwen, in S. Giulian, sind wenigstens resolut behandelt. Geringer und e zum Teil sehr maniert: die Arbeiten im Dogenpalast (Sala dell' f Anticollegio, Türgiebel), an der Biblioteca (die zwei Karyatiden der Tür), g in S. Giovanni e Paolo (mehreres), in der Abbazia (zwei große Apostelstatuen), in S. Giorgio maggiore, in S. Francesco della Vigna (zweite h Kapelle links) u. a. a. O. Auch an dem sehr überfüllten Grabmal Contareno († 1553) im Santo zu Padua (am ersten Pfeiler links) sind mehrere Figuren von ihm.

i   Ein leidlicher Nachahmer des Vittoria, *Franc. Terilli*, hat die Statuetten des Christus und Johannes über den beiden Weihbecken des Redentore mit vielem Fleiß gearbeitet.

Tiziano Aspetti († 1607) steht wieder um eine große Stufe niedriger und nähert sich den schlimmsten Manieren der florentinischen Schule. k Sein Moses und Paulus, große Erzbilder, verunzieren Palladios Fassade von S. Francesco della Vigna, seine beiden Engel den Altar der ersten l Kapelle links. Sein schlechter Atlant in der Biblioteca wurde schon erwähnt; etwas besser sind die Tragfiguren des Kamins in der Sala dell' m Anticollegio des Dogenpalastes. Im Santo zu Padua ist mit Ausnahme n des Christus auf dem Weihbecken lauter geringe Arbeit von Aspetti in großer Menge vorhanden.

Den Ausgang der Schule macht *Giulio dal Moro*, schwächlicher und gewissenhafter als Aspetti. Das Genießbarste von ihm sind wohl die o Skulpturen der einen Tür der Sala delle quattro porte im Dogenpalast p und die drei Altarstatuen in S. Stefano (Kapelle rechts im Chor). Seine q großen Statuen des Laurentius und Hieronymus am Grabmal Priuli in S. Salvatore (nach dem ersten Altar links) sind sehr maniert, und ebenso die mehrfach vorkommenden Statuen des Auferstandenen, wovon z. B. eine in derselben Kirche (nach dem ersten Altar rechts).

Es braucht kaum wiederholt zu werden, daß auch diese Schule, wo ihr Ideales nicht genügt, den Blick durch eine Menge vortrefflicher Porträtbüsten entschädigt; sie holt damit ein, was das 15. Jahrhundert in Venedig mehr als in Florenz versäumt hatte. Die Auffassung ist bisweilen so großartig frei wie in den tizianischen Bildnissen. Künstlernamen werden dabei seltener genannt als bei den Statuen heiligen oder allegorischen Inhaltes.

Mit dem 17. Jahrhundert tritt in der venezianischen Skulptur dieselbe vollkommene Erschlaffung ein wie in der Malerei nach dem Absterben der Bassano und Tintoretto. Was von da bis zum Eindringen des berninischen Stiles geschaffen wurde, ist kaum des Ansehens wert, und auch dieser letztere Stil hat von seinen achtbaren Schöpfungen fast nichts in Venedig hinterlassen.

Zum Schluß muß hier im Zusammenhang von den neun großen Reliefs die Rede sein, welche die Wände der Antoniuskapelle im Santo zu a Padua bedecken. Die Aufgabe war eine der ungünstigsten, die sich denken ließen: (mit Ausnahme des ersten Reliefs) lauter Wunder, d. h. sinnliche Wirkungen aus einer plastisch unsichtbaren Ursache, nämlich dem Machtwort, dem Dasein, dem Gebet, höchstens dem Gestus des Heiligen. Für die andächtige Menge, welche diese Stätte besucht und die Stirn an die Rückseite des Heiligensarges zu drücken pflegt, ist allerdings über diesen Kausalzusammenhang kein Zweifel vorhanden; sie verstand und versteht diese Reliefs, die für sie geschaffen sind, vollkommen, würde aber vielleicht doch bemalte Tongruppen in der Art Mazzonis (II, S. 44) noch sprechender finden als den idealen Stil, durch welchen die Künstler mit namenloser Anstrengung diese Historien veredelt haben.

Die allmähliche Bestellung und Ausführung hat in geschichtlicher Beziehung einiges Dunkle. Jedenfalls wollten die Besteller von allem Anfang an nur Großes und Bedeutendes. Wenn das erste Relief (die Aufnahme des Heiligen in den Orden), von *Antonio Minelli*, in der Tat b schon 1512 gearbeitet ist, so hätte man sich gleich zuerst an einen vorzüglichen, wahrscheinlich florentinischen Mitstrebenden des ältern Andrea Sansovino gewandt; es ist eines der edelsten und genießbarsten der ganzen Reihe. Um dieselbe Zeit scheinen – mit Übergehung des Riccio und seiner lokalen Schule – die Brüder *Antonio* und *Tullio Lombardi*, wahrscheinlich als alte und anerkannte Häupter der venezianischen Skulptur in Anspruch genommen worden zu sein; sie lieferten das sechste, siebente und neunte Relief (vgl. II, S. 38, a, b) und gaben c wahrscheinlich die architektonischen Hintergründe mit Stadtansichten auch für alle übrigen an. (Dies ist zu vermuten nach Tullios Relief an der Scuola di S. Marco.) Auf dem sechsten steht die Jahrzahl 1525.

Darauf trat *Jacopo Sansovino* mit mehrern seiner Schüler ein. Sein eigenes Relief, das vierte (Wiedererweckung der Selbstmörderin) ist auffal- d lend manieriert; welche Epoche seines Lebens dafür verantwortlich sein

mag, ist schwer zu sagen; ein Schüler Andreas hätte überhaupt nie solche
Körper und Köpfe bilden dürfen, wie hier mehrere vorkommen. Da-
a gegen ist *Campagna* im dritten Relief (Erweckung des toten Jünglings)
auf seiner vollen Höhe; die nackte Halbfigur höchst edel gebildet und
entwickelt, die Linien des Ganzen harmonisch, alles einzelne sehr gediegen. – Einen andern, schon mehr manierierten Schüler Jacopo Sansovinos erkennt man dann im zweiten Relief (Ermordung der Frau),
b welches einem gewissen *Paolo Stella* oder *Giov. Maria Padovano* beige-
c legt wird. – Das fünfte (Erweckung des jungen Parrasio) und das achte
(das Wunder mit dem Glase) sind für *Danese Cattaneo*, dem sie von einigen zugeschrieben werden, wohl zu gut und zu wenig affektiert, weshalb andre sonst wenig bekannte Namen (*Paolo Peluca, Giov. Minio*
usw.) eher etwas für sich haben möchten.

Alles zusammengenommen, ist die Reihenfolge durch eine größere
Einheit des Stiles, der Erzählungsweise und Detailbehandlung verbunden, als man bei einer Hervorbringung so Vieler irgend erwarten
dürfte. Sie ist ein Denkmal der höchsten Anstrengung der neuern
Skulptur in der Gattung des erzählenden Reliefs, welches in der besten
dieser Tafeln so maßvoll und rein zur Erscheinung kommt wie in wenigen Denkmälern seit dem Zerfall der römischen Kunst. Das übertrie-
bene, grimassierende Pathos der alten Lombarden ist bis auf vereinzelte
Spuren (im zweiten, fünften, selbst im vierten) überwunden durch eine
ideale und ganz lebendige Behandlung.

Neapel, dessen Schicksale gerade zu Anfang des 16. Jahrhunderts
sehr bewegt waren, verdankt vielleicht seine wenigen ganz ausgezeichneten Skulpturen nicht inländischen Kräften. – Den stärksten Sonnen-
blick der raffaelischen Zeit glaube ich hier zu erkennen in einem beschei-
d denen Grabmal der Cap. Carafa in *S. Domenico maggiore* (zunächst rechts
vom Hauptportal), mit dem Datum 1513. Über dem Sarkophag, zu
beiden Seiten eines Profilmedaillons des Verstorbenen, sitzen zwei
e klagende Frauen, welche Andrea Sansovinos würdig wären. – Den
schönen frühern Arbeiten Michelangelos nähert sich eine Statue der Madonna als Schützerin der Seelen im Fegfeuer, in S. Giovanni a Carbonara.

Der einheimischen Schule, die um diese Zeit mit *Giovanni da Nola* zu
Kräften kam, haben wir oben (I, S. 205) einen wesentlich dekorativen
Wert zugewiesen. Giovanni selbst zeigt weder ein tiefes, durchgehen-
des Lebensgefühl (so naturalistisch er sein kann), noch ein durchgebildetes Bewußtsein von den Grenzen und Gesetzen seiner Kunst, allein
die allgemeine Höhe hebt auch ihn oft über das Gewöhnliche, und die
Versuche in stets neuen Motiven geben seinen Grabmälern zumal einen
originellen Anschein.

Als Denkmal der ganzen Schule kann die runde Kapelle der Carac- a
cioli di Vico in *S. Giovanni a Carbonara* gelten, voll von Statuen und Reliefs; von dem Spanier *Plata* ist die (vielleicht beste) Figur des Galeazzo
Caracciolo. – Ein andres großes Werk der Schule ist das Grabmal des
berühmten Pietro di Toledo, hinten im Chor von *S. Giacomo degli* b
Spagnuoli; als Ganzes dem Grabmal Franz I. in S. Denis, und zwar nicht
glücklich nachgebildet, in der Ausführung reich und sorgfältig; der
Statthalter und seine Gemahlin knien auf einem ungeheuern Sarkophag
hinter Betpulten; auf den Ecken des noch größern, peinlich dekorier-
ten Untersatzes stehen vier allegorische Figuren. – Von den Grabmälern Giovannis in *S. Severino* ist dasjenige eines sechsjährigen Knaben, c
Andrea Cicara, zunächst vor der Sakristei am schönsten gedacht; – die
drei der vergifteten Brüder Sanseverino (1516, eine der frühesten Ar- d
beiten) in der Kapelle rechts vom Chor wunderlich einförmig, indem
die drei fast in gleicher Stellung auf ihren Sarkophagen sitzen. – Als das
beste Relief des Meisters gilt eine Grablegung in S. Maria delle Grazie e
bei den Incurabili (in einer Kapelle links). – Schularbeiten in vielen
Kirchen, z. B. in S. Domenico maggiore, dritte Kapelle links, das für die f
damalige Allegorik bezeichnende Grab eines gewissen Rota, der in Rom
und Florenz Beamter gewesen, und dem deshalb Arno und Tiber Lor-
beerkränze reichen müssen. – Die Altäre des Giovanni und seines Riva- g
len Girolamo Santa Croce zu beiden Seiten der Tür in Monteoliveto
sind im Stil kaum zu unterscheiden. (Derjenige des letztern ist kenntlich am S. Petrus.)

Durchgängig das Beste sind, wie in so manchen Schulen, wo das
Ideale nicht rein und ohne Affektion zutage dringen konnte, die Bildnisse der Mausoleen, sowohl Büsten als Statuen. Neapel besitzt daran
einen reichen Schatz auch aus dieser Zeit; ein Marmorvolk von Kriegern
und Staatsmännern, wie vielleicht nur Venedig ein zweites aufweist.

Wir gelangen zu demjenigen großen Genius, in dessen Hand Tod und
Leben der Skulptur gegeben war, zu *Michelangelo Buonarroti* (1474 bis
1563). Er sagte von sich selbst, einmal er sei kein Maler, ein andres Mal
die Baukunst sei nicht seine Sache, dagegen bekannte er sich zu allen Zeiten als Bildhauer und nannte die Skulptur (wenigstens im Vergleich
mit der Malerei) die erste Kunst: »Es war ihm nur dann wohl, wenn er
den Meißel in den Händen hatte.«

Seine Anstrengungen, dieses fest erkannten Berufes Herr zu werden,
waren ungeheuer. Es ist keine bloße Phrase, wenn behauptet wird, er
habe zwölf Jahre auf das Studium der Anatomie verwandt; seine Werke
zeigen ein Ringen und Streben wie die keines andern nach immer größerer schöpferischer Freiheit.

Der erste Anlauf, welchen Michelangelo nahm, war über alle Maßen
a herrlich. In den Räumen des *Palazzo Buonarroti* zu Florenz (Via Ghi-
bellina N. 7588), welche von dem jüngern, als Dichter berühmten
Michelangelo Buonarroti dem Andenken und den Reliquien des großen Oheims geweiht worden sind[1], wird ein Relief aufbewahrt, welches
dieser in seinem siebzehnten Jahr verfertigte:»Herkules im Kampf gegen
die Zentauren«, d. h. ein Handgemenge nackter Figuren, unter welchen
auch Zentauren vorkommen. Obwohl im Geiste des überreichen römischen Reliefs gedacht, enthält es doch Motive von griechischer Art und
Lebendigkeit, Wendungen von Körpern, welche den bedeutendsten
momentanen Ausdruck mit der schönsten Form verbinden; daß in dem
Menschenknäuel vor der mittlern Figur das Maß überschritten wird,
geschieht doch nicht auf Kosten der Deutlichkeit und läßt sich durch
die Jugend des Künstlers entschuldigen. Vielleicht noch früher ist das
b Flachrelief einer säugenden Madonna im Profil (ebendort) gearbeitet;
eine der ersten Arbeiten, welche aus dem Realismus des 15. Jahrhunderts
ganz entschieden hinausgehen in den rein idealen Stil.

Wie vollkommen liebenswürdig wußte Michelangelo damals zu bil-
c den! An der *Arca di S. Domenico* in der Kirche dieses Heiligen zu *Bologna* ist von ihm der eine kniende Engel mit dem Kandelaber (derjenige
links vom Beschauer); ein so hold jugendliches Köpfchen, wie es damals
nur Lionardo da Vinci zu bilden imstande gewesen wäre. Den schweren
Gewandstoff, der zu einer lebensgroßen Figur richtig passen würde,
und die unverhältnismäßigen Haarlocken nimmt man hier dem Künst-
d ler so gerne als Unbesonnenheiten eines Anfängers hin. – (Auch die
Statuette des heiligen Bischofs Petronius, eine von den vieren zunächst
über dem Sarkophag, ist von ihm, aber unmöglich aus derselben Zeit,
wie schon das manierierte Gewand zeigt.)

Das letzte Werk dieser frühen Periode (1499) des Meisters ist die
e Gruppe der *Pietà in S. Peter zu Rom* (erste Kapelle rechts; die Aufstellung im kläglichsten Licht macht die Vergleichung der Gipsabgüsse
notwendig, deren ich aber keinen öffentlich aufgestellt kenne). Dieser
Gegenstand war bisher unzählige Male gemeißelt und gemalt worden,
oft mit sehr tiefem und innigem Ausdruck, nur liegt insgemein der
Leichnam Christi so auf den Knien der Madonna, daß das Auge sich
abwenden möchte. Hier zuerst in der ganzen neuern Skulptur kann
wieder von einer Gruppe im höchsten Sinne die Rede sein; der Leichnam ist überaus edel gelegt und bildet mit Gestalt und Bewegung der
ganz bekleideten Madonna das wunderbarste Ganze. Die Formen sind
anatomisch noch nicht ganz durchgebildet, die Köpfe aber von einer

[1] Sichtbar jeden Donnerstag.

reinen Schönheit, welche Michelangelo später nie wieder erreicht hat[1]. –
(Etwa aus derselben Zeit die Madonna in *Notre Dame* zu Brügge.)

Wie verhielt sich nun Michelangelos Geist, als er seiner reifen Epoche
und seiner großen Stellung entgegenging, zu den Aufgaben, welche seine
Zeit ihm bot? Bei weitem die meisten waren kirchlicher Art oder mußten doch zu einer kirchlichen Umgebung passen. Die freie Altargruppe
begann eben erst als Gattung zu gelten; man erinnere sich der Kapelle
Zeno in S. Marco zu Venedig (1505) und ähnlicher Arbeiten. Die Nischen der Kirchenfassaden füllten sich nur sparsam mit Statuen, die der
Pfeiler im Innern etwas häufiger. Was sonst übrigblieb, waren Grabmäler, deren Allegorien das einzige ganz freie Element der damaligen
Skulptur heißen konnten. Denn große Skulpturwerke mythologischen
Inhalts waren noch ein seltener Luxus, der außerhalb Florenz einstweilen kaum vorkam.

Michelangelo aber war stärker als je ein Künstler von dem Drange
bewegt, alle irgend denkbaren und mit den höhern Stilgesetzen verein-
barten Momente der lebendigen, vorzüglich der nackten Menschengestalt aus sich heraus zu schaffen. Er ist in dieser Beziehung das gerade
Gegenteil der Alten, welche ihre Motive langsam reiften und ein halbes
Jahrtausend hindurch nachbildeten; er sucht stets neue Möglichkeiten
zu erschöpfen und kann deshalb der moderne Künstler in vorzugswei-
sem Sinne heißen. Seine Phantasie ist nicht gehütet und eingeschränkt
durch einen altehrwürdigen Mythus; seine wenigen biblischen Figuren
gestaltet er rein nach künstlicher Inspiration, und seine Allegorien er-
findet er mit erstaunlicher Keckheit. Das Lebensmotiv, das ihn beschäftigt, hat oft mit dem geschichtlichen Charakter, den es beseelen
soll, gar keine innere Berührung – selbst in den Propheten und Sibyllen
der Sistina nicht immer.

Und welcher Art ist das Leben, das er darstellt? Es sind in ihm zwei
streitende Geister; der eine möchte durch rastlose anatomische Studien
alle Ursachen und Äußerungen der menschlichen Form und Bewegung
ergründen und der Statue die vollkommenste Wirklichkeit verleihen;
der andere aber sucht das Übermenschliche auf und findet es – nicht
mehr in einem reinen und erhabenen Ausdruck des Kopfes und der
Gebärde, wie einzelne frühere Künstler –, sondern in befremdlichen Stellungen und Bewegungen und in einer partiellen Ausbildung gewisser

[1] Das Werk wurde öfter in Marmor und Erz kopiert. Schon Luca Signorelli malte davon jene freie Abbildung Grau in Grau, welche neuerlich im
römischen Leihhause wieder aufgetaucht ist; wahrscheinlich dachte er nicht
daran, daß man dereinst Michelangelos Gruppe für eine Kopie nach seinem
Gemälde halten würde, wie schon geschehen ist.

Körperformen in das Gewaltige. Manche seiner Gestalten geben auf den ersten Eindruck nicht ein erhöhtes Menschliches, sondern ein gedämpftes Ungeheures. Bei näherer Betrachtung sinkt aber dieses Übernatürliche oft nur zum Unwahrscheinlichen und Bizarren zusammen.

Sonach wird den Werken Michelangelos durchgängig eine Vorbedingung jedes erquickenden Eindrucks fehlen: die Unabsichtlichkeit. Überall präsentiert sich das Motiv *als solches*, nicht als passendster Ausdruck eines gegebenen Inhaltes. Letzteres ist vorzugsweise der Fall bei Raffael, der den Sinn mit dem höchsten Interesse an der Sache und das Auge mit innigstem Wohlgefallen erfüllt, lange ehe man nur an die Mittel denkt, durch welche er sein Ziel erreicht hat. Aber die ungeheure Gestaltungskraft, welche in Michelangelo waltete, gibt selbst seinen gesuchtesten und unwahrsten Schöpfungen einen ewigen Wert. Seine Darstellungsmittel gehören alle dem höchsten Gebiet der Kunst an; da sucht man vergebens nach einzelnem Niedlichen und Lieblichen, nach seelenruhiger Eleganz und buhlerischem Reiz; er gibt eine grandiose Flächenbehandlung als Detail und große plastische Kontraste, gewaltige Bewegungen als Motive. Seine Gestalten kosten ihn einen viel zu heftigen innern Kampf, als daß er damit gegen den Beschauer gefällig erscheinen möchte.

Damit hängt denn auch ihre unfertige Beschaffenheit eng zusammen. Er arbeitete gewiß selten ein Tonmodell von derjenigen Größe aus, welche das Marmorwerk haben sollte; der sogenannte Puntensetzer bekam bei ihm wenig zu tun; eigenhändig im ersten Eifer, hieb er selbst das Werk aus dem Rohen. Mehrmals hat er sich dabei notorisch »verhauen«, oder der Marmor zeigte Fehler, und er ließ deshalb die Arbeit unfertig liegen. Oft aber blieb sie auch wohl unvollendet, weil jener innere Kampf zu Ende war und das Werk kein Interesse mehr für den Künstler hatte. (Ob etwa auch ein Trotz gegen mißliebige Besteller mit unterlief, ist im einzelnen Falle schwer zu sagen.)

Wer nun von der Kunst vor allem das sinnlich Schöne verlangt, den wird dieser Prometheus mit seinen aus der Traumwelt der (oft äußersten) Möglichkeiten gegriffenen Gestalten nie zufriedenstellen. Eine holde Jugend, ein süßer Liebreiz konnte gar nicht *das* ausdrücken helfen, was er ausdrücken wollte. Seine Ideale der Form können nie die unsrigen werden; wer möchte z. B. bei seinen meisten weiblichen Figuren wünschen, daß sie lebendig würden? (Die Ausnahmen, wie z.B. die Delphica in der Sixtinischen Kapelle, gehören freilich zum Herrlichsten.) Gewisse Teile und Verhältnisse bildet er fast durchgängig nicht normal (die Länge des Oberleibes, der Hals, die Stirn und die Augenknochen, das Kinn usw.), andre fast durchgängig herkulisch (Nacken und Schultern). Das Befremdliche liegt also nicht bloß in der

Stellung, sondern auch in der Bildung selbst. Der Beschauer darf und soll es ausscheiden von dem echt Gewaltigen.

Die Zeit des Künstlers freilich wurde von dem Guten und von dem Bösen, das in ihm lag, ohne Unterschied ergriffen; er imponierte ihr auf dämonische Weise. Über ihm vergaß sie binnen 20 Jahren Raffael vollständig. Die Künstler selber abstrahieren aus dem, was bei Michelangelo die Äußerung eines innern Kampfes war, die Theorie der *Bravour* und brauchten seine Mittel ohne seine Gedanken, wovon unten ein Mehreres. Die Besteller, unter der Herrschaft einer Bildung, welche ohnehin jede Allegorie guthieß, ließen sich von Michelangelo das Unerhörte auf diesem Gebiete gefallen und bemerkten nicht, daß er bloß Anlaß zur Schöpfung bewegter Gestalten suchte.

Die Reihe dieser freien, rein künstlerischen Gedanken beginnt schon frühe (vor der Pietà) mit dem *Bacchus* in den *Uffizien* (Ende des zweiten a Ganges). Mit dem antiken Dionysos-Ideal, wie wir es jetzt, nach den seither ausgegrabenen Resten und den tiefen Forschungen der Archäologie kennen, darf man diesen Bacchus nicht vergleichen ohne Ungerechtigkeit; er ist hervorgebracht unter der Voraussetzung, einen trunkenen Jüngling darstellen zu müssen, daher mit einem burlesken Anflug, mit starren Augen, lallendem Mund, vortretendem Bauche. Vielleicht die erste Statue der neuern Kunst, welche mit der Absicht auf vollkommene Durchbildung eines nackten Körpers geschaffen worden ist!, ohne Zweifel das Resultat der fleißigsten Naturstudien, und doch, abgesehen vom Gegenstand, schon durch die bizarre Stellung gründlich ungenießbar, zumal von links her gesehen.

Auf den ersten Blick gefällt der kolossale *David* vor dem Palazzo b vecchio in Florenz (1501–1503) vielleicht noch weniger. Allein der Künstler war auf einen Marmorblock angewiesen, aus welchem schon ein früherer Bildhauer irgend etwas zu meißeln begonnen hatte; sodann beging er einen Fehler, den der Beschauer in Gedanken wieder gutmachen kann: er glaubte nämlich David ganz jung darstellen zu müssen und nahm einen Knaben zum Modell, dessen Formen er kolossal bildete. (Was hauptsächlich bei der Seitenansicht bemerklich wird.) Nun lassen sich aber nur erwachsene Personen passend vergrößern (I, S. 369, Anm. 2), wenigstens bei isolierter Aufstellung, denn in Gesellschaft andrer Kolosse kann auch das kolossale Kind seine berechtigte Stelle finden. Durch ein Verkleinerungsglas gesehen gewinnt der David ungemein an Schönheit und Leben, allerdings mit Ausnahme des Kopfes, der in einer ganz andern Stimmung hinzugearbeitet scheint.

Wenn in dieser Statue noch eine gewisse Modellbefangenheit nicht zu verkennen ist, so finden wir Michelangelo einige Jahre später auf der Höhe seines künstlerischen Könnens in dem nach 1504 entworfenen,

in der nächstfolgenden Zeit stückweise ausgeführten Grabdenkmal *Papst*
a *Julius II.* für die Peterskirche. Die sehr flüchtige Originalzeichnung, die
von dem Werke doch vielleicht nicht das definitiv angenommene Projekt wiedergibt, ist in der florentinischen Sammlung der Handzeichnungen aufbewahrt. Ein hoher Bau in länglichem Viereck sollte an seinen Wänden nackte gefesselte Gestalten (die von Julius wiederworbe-
nen Provinzen und die durch seinen Tod in Knechtschaft gedachten
Künste) und auf seinen Vorsprüngen jedenfalls die sitzenden Statuen
des Moses und Paulus enthalten, andrer Zutaten nicht zu gedenken.
Die Symbolik war eine willkürliche, ja eine zweideutige; wer hätte z. B.
Moses und Paulus für Allegorien des tätigen und des beschaulichen
Lebens genommen? und doch waren sie so gemeint. Aber als plastisch-
architektonisches Ganzes gedacht wäre das Grabmal doch immer eines
der ersten Werke der Welt geworden.

b Erst dreißig Jahre später, unter Paul III., kam dasjenige Denkmal
zustande, welches jetzt in *S. Pietro in Vincoli* steht. Es ist kein Frei-
bau, sondern nur noch ein barocker Wandbau daraus geworden; die
obern Figuren sind von den Schülern nach dem Entwurf des Meisters
hinzugearbeitet, und zwar nicht glücklich; in dem armen Papst, der
sich zwischen zwei Pfeilern strecken muß, so gut es geht, ist auch die
Anordnung unverzeihlich. Unten aber stehen die für das ursprüngliche
Projekt in der frühern Zeit eigenhändig gearbeiteten Statuen des Moses,
nebst Rahel und Lea, letztere wiederum als Symbole des beschaulichen
und des tätigen Lebens, nach einer schon in der Theologie des Mittelalters vorkommenden, an sich absurden Typik. – *Moses* scheint in dem
Moment dargestellt, da er die Verehrung des goldenen Kalbes erblickt
und aufspringen will. Es lebt in seiner Gestalt die Vorbereitung zu
einer gewaltigen Bewegung, wie man sie von der physischen Macht,
mit der er ausgestattet ist, nur mit Zittern erwarten mag. Seine Arme
und Hände sind von einer insofern wirklich übermenschlichen Bildung,
als sie das charakteristische Leben dieser Teile auf eine Weise gesteigert sehen lassen, die in der Wirklichkeit nicht so vorkommt. Alles
bloß Künstlerische wird an dieser Figur als vollkommen anerkannt,
die plastischen Gegensätze der Teile, die Behandlung alles einzelnen.
Aber der Kopf will weder nach der Schädelform noch nach der Physiognomie genügen, und mit dem herrlich behandelten Bart, dem die
alte Kunst nichts Ähnliches an die Seite zu stellen hat, werden doch
gar zu viele Umstände gemacht; der berühmte linke Arm hat im Grunde
nichts andres zu tun, als diesen Bart an den Leib zu drücken. – *Rahel*,
das beschauliche Leben, ist im Motiv ganz sinnlos; sie hat soeben auf
dem Schemel nach rechts gebetet und wendet sich plötzlich, noch immer betend, nach links; zudem scheint ihr linker Arm schon oben ver-

hauen. Das Detail sonst trefflich. – *Lea,* das tätige Leben, mit dem Spiegel in der Hand, zeigt in der Draperie unnütze und bizarre Motive und unschöne Verhältnisse der untern Teile. Die Köpfe haben wohl etwas Grandios-Neutrales, Unpersönliches, welches die Seele wie ein Klang aus der ältern griechischen Kunst berührt, aber auch eine gewisse Kälte.

Außer diesen drei Statuen hat Michelangelo offenbar in sehr verschiedenen Zeiten eine Anzahl von nackten Figuren gemeißelt, welche teils zum Grabmal Julius II. wirklich gehören sollten, teils wenigstens damit in Verbindung gebracht werden. Das Trefflichste sind die beiden »Sklaven« im Louvre, die offenbar Stücke aus der Reihe jener Gefesselten sind. Weniger läßt sich dies verbürgen bei den vier (nur teil- a weise aus dem Rohen gearbeiteten und beträchtlich größern) Statuen in einer Grotte des *Gartens Boboli* zu Florenz (vom Eingang links); es sind höchst lebensvolle Akte des Lehnens und Tragens; die beiden vordern freilich kaum erst kenntlich. Dann eine Gruppe, betitelt »der Sieg«, im großen Saale des *Palazzo vecchio;* ein Sieger auf einem (un- b vollendeten) Besiegten kniend und das während des Kampfes nach hinten gestreifte Gewand wieder hervorziehend, mit einer Wendung und Bewegung, die freilich hierdurch nur notdürftig motiviert wird. (Spätere Zeit?)

Wir kehren wieder in seine frühere römische Epoche zurück und nennen zunächst den *Christus* im Querschiff von *S. Maria sopra Minerva* zu Rom (um 1527). Es ist eines seiner liebenswürdigsten Werke; Kreuz und Rohr sind zu der nackten Gestalt und ihrer Bewegung edel und geschickt geordnet, der Oberleib eines der schönsten Motive der neuern Kunst; der sanfte Ausdruck und die Bildung des Kopfes mag so wenig dem Höchsten genügen als irgendein Christus, und doch wird man diesen milden Blick des »Siegers über den Tod« auf die Gemeinde der Gläubigen schön und tief gefühlt nennen müssen. Ebenfalls wohl aus c dieser Zeit: die nur aus dem Rohen gehauene und in diesem Zustand sehr viel versprechende Statue eines Jünglings in den Uffizien (zweiter Gang), wahrscheinlich Apoll, der mit der Linken über die Schulter greift, um einen Pfeil aus dem Köcher zu holen. – Desgleichen, wenigstens aus der ersten Hälfte von Michelangelos Leben: das runde Relief in den Uffizien (Gang der toskanischen Skulptur), Madonna mit d dem auf ihr Buch lehnenden Kinde, hinten der kleine Johannes; wundervoll in diesen Raum komponiert und, soweit die Arbeit vollendet ist, edel und leicht belebt.

Die Arbeiten des vorgerückten Alters möchten etwa mit dem toten *Adonis* der Uffizien (zweiter Gang) zu beginnen sein. Der Künstler hat e alles getan, um die Statue plastisch interessant zu machen; der Körper beginnt auf der rechten Seite liegend und wendet sich nachher mehr nach links; unter den gekreuzten Füßen lagert der Eber, dessen Zahn dem Jüngling die (sehr grelle) Schenkelwunde beigebracht hat.Aber der Kopf gehört zu den manieriertesten, und der Leib ist von keiner schönen Bildung.

a   Um das Jahr 1529 soll dann die Arbeit an den Statuen der welt-berühmten *mediceischen Kapelle* (oder Sagrestia nuova) bei S. Lorenzo ihren Anfang genommen haben. Selten hat ein Künstler freier über Ort und Aufstellung verfügen können (vgl. I, S. 273, a). Die Denkmäler wirken deshalb in diesem Raum ganz vorzüglich, schon wenn man sie nur als Ergänzung und Resultat der Architektur betrachtet. Um die Figuren groß erscheinen zu lassen, hat der Künstler sie in eine aus klei-nen Gliedern gebildete bauliche Dekoration eingerahmt, deren Detail freilich nicht zu rühmen ist. Die Aufgabe selbst enthielt eine starke Aufforderung zu allgemeinen Allegorien; es handelte sich um die Grä-ber zweier ziemlich nichtswürdigen mediceischen Sprößlinge, für wel-che Michelangelo am allerwenigsten sich begeistern konnte. Unter den Nischen mit den sitzenden Statuen derselben brachte er die Sarkophage an und auf deren rund abschüssigen Deckel die weltberühmten Figuren des Tages und der Nacht (bei Giuliano Medici-Nemours), der Morgen- und der Abenddämmerung (bei Lorenzo Medici, Herzog von Urbino). Kein Mensch hat je ergründen können, was sie hier (abgesehen von ihrer künstlerischen Wirkung) bedeuten sollen, wenn man sich nicht mit der ganz blassen Allegorie auf das Hinschwinden der Zeit zufrie-den geben will. Vielleicht hätte Clemens VII. als Besteller lieber ein paar trauernde Tugenden am Grab seiner Verwandten Wache halten lassen – der Künstler aber suchte geflissentlich das Allgemeinste und Neutralste auf. Wie dem sei, diese Allegorien sind nicht einmal be-zeichnend gebildet, was denn auch, mit Ausnahme der Nacht, eine reine

b   Unmöglichkeit gewesen wäre. Die *Nacht* ist wenigstens ein nacktes, schlafendes Weib; man darf aber fragen: ob wohl jemals ein Mensch in dieser Stellung habe schlafen können? sie und ihr Gefährte, der *Tag*, lehnen nämlich mit dem rechten Ellbogen über den linken Schenkel. Sie ist die ausgeführteste nackte weibliche Idealfigur[1] Michelangelos; der Tag, mit unvollendetem Kopf, kann vielleicht als sein vorzüglich-stes Spezimen herkulischer Bildung gelten. Als Motive aber sind ge-

c   wiß *die beiden Dämmerungen* edler und glücklicher, namentlich der Mann sehr schön und lebendig gewendet; das Weib (die sog. Aurora) eben-

---

[1] Der Kopf, welcher tief unter dem übrigen steht, kann kaum von Michel-angelo ausgeführt sein.

falls mehr ungesucht großartig als die Nacht, wunderbar in den Linien, auch mit einem viel schönern und lebendigern Kopf, der indes noch immer etwas Maskenhaftes behält.

In diesen vier Statuen hat der Meister *seine* kühnsten Gedanken über Grenzen und Zweck seiner Kunst geoffenbart; er hat frei von allen sachlichen Beziehungen, nicht gebunden durch irgendeine von außen verlangte Charakteristik, den Gegenstand und seine Ausführung geschaffen. Das plastische Prinzip, das ihn leitete, ist der bis auf das Äußerste durchgeführte Gegensatz der sich entsprechenden Körperteile, auf Kosten der Ruhe und selbst der Wahrscheinlichkeit. Mit seiner Stilbestimmtheit gehandhabt, brachte dieses Prinzip das großartige Unikum hervor, welches wir hier vor uns sehen. Für die Nachfolger war es die gerade Bahn zum Verderben.

Die Statue des *Julian* ist nicht ganz ungezwungen; wohin wendet er a seinen langen Hals und seine falschen Augen? Ganz vortrefflich ist aber die Partie der Hände, des Feldherrnstabes und der Knie. *Lorenzo*, be- b kannt unter dem Namen il pensiero, unvergleichlich geheimnisvoll durch die Beschattung des Gesichtes mit Helm, Hand und Tuch, hat doch in der Stellung seines rechten Armes etwas Unfreies. Die Arbeit ist von größtem Werte. – Auch mit diesen beiden Statuen tat Michelangelo keinen Schritt in das Historisch-Charakteristische, das seiner Seele widerstrebt haben muß; sie sind vielmehr in seinen Stil vollkommen eingetaucht und können als ebenso frei gewählte Motive gelten wie alles übrige.

Der kaum aus dem Rohen gearbeitete *Madonna* lag ursprünglich c wohl ein außerordentlich schöner plastischer Gedanke zugrunde; es fehl vielleicht nicht viel, so wäre sie die einzig treffliche ganz freisitzende Madonna geworden (indem fast alle andern nur auf den Anblick von vorn berechnet sind). Allein durch einen Fehler des Marmors oder ein »Verhauen« des Künstlers kam der rechte Arm nicht so zustande, wie er beabsichtigt gewesen sein muß, und wurde dann hinten so angegeben, wie man ihn jetzt sieht. Vermutlich hatte dann das übrige mit zu leiden und wurde deshalb nur andeutungsweise und dürftig vollendet. Ein unruhigeres Kind hat freilich die ganze Kunst nicht gebildet, als dieser kleine Christus ist; auf dem linken Knie der Mutter vorwärts sitzend, wendet er sich sehr künstlich rückwärts um, greift mit seinem linken Ärmchen an die linke Schulter der Mutter und sucht mit dem rechten ihre Brust.

(Die zwei HH. Cosmas und Damian sind Schülerarbeiten vielleicht d nach ganz kleinen Modellen des Meisters.)

Aus der spätern Zeit ist wohl auch die angefangene Apostelstatue im Hof der *Akademie in Florenz;* sie zeigt auf das merkwürdigste, wie e

Michelangelo arbeitete; ungeguldig möchte er das (gequält großartige) Lebensmotiv, das für ihn fertig im Marmorblocke steckt, daraus befreien; aber irgendein Umstand kommt dazwischen und die Arbeit bleibt liegen].

a Endlich sorgte Michelangelo eigenhändig für sein Grabmal; es sollte wieder eine Pieté sein. Damals begann er wahrscheinlich dasjenige Werk welches jetzt im Hofe des Palazzo Rondanini zu Rom (am Korso) steht, und das am besten unbesichtigt bleibt. Wie konnte er, nachdem der Block schon so verdorben war, wie man ihn sieht, doch noch diese Gestalten herauszwingen wollen, auf Kosten derjenigen Körperverhältnisse, die niemand besser kannte als er? Leider ist wohl jeder Meißelschlag von ihm.

b Später arbeitete er – der Sage nach aus einem *Kapitell* des Friedenstempels, das ihm Papst Paul III. geschenkt – diejenige Gruppe, welche jetzt im *Dom von Florenz*, unter der Kuppel, aufgestellt ist. Er hat den Wert einer monolithen Arbeit überschätzt und dem Marmor, welcher nicht reichte, das unmögliche zugemutet, um Figuren herauszubringen, die sich der Lebensgröße wenigstens nähern. Es ist ein höchst unerquickliches Werk, von der rechten Seite gesehen unklar, durch die Gestalt des Nicodemus zusammengedrückt. Die Stellung der Leiche dürfte mit jener ersten Pieté in S. Peter nicht von ferne verglichen werden.

c Eine ganz späte Arbeit soll auch die angefangene *Büste des Brutus* in den Uffizien (Halle d. Hermaphr.) sein, angeblich nach einer antiken Gemme, wahrscheinlich aber ein frei geschaffenes Charakterbild und ein Gegenstand, der dem trotzigen Sinne des Meisters nahelag. Physiognomisch abstoßend und dabei grandios behandelt. – Das eigene Bild-
d nis Michelangelos, ein schöner Bronzekopf, im Konservatorenpalast des Kapitols (fünftes Zimmer) gilt als seine Arbeit.

Zahllose kleine Modelle seiner Hand sind zerstreut und zugrunde gegangen; was von der Art in italienischen Sammlungen vorkommt, verdient insgemein wenig Zutrauen. (Der Christuskopf in S. Agnese bei
e Rom, in einer Kapelle rechts, ist jedenfalls nicht von ihm ausgeführt;
f – das Relief einer Pieté in der Kirche des Albergo de' poveri zu Ge-
g nua zweifelhaft; – über eine Gruppe der Pieté in S. Rosalia zu Pale-
h strina ist mir nichts Näheres bekannt; – die Statue Gregors d. Gr. in einer der Kapellen neben S. Gregorio in Rom, von Cordieri vollendet, hat wohl am ehesten Anspruch auf Erfindung und Teilnahme des Mei-

---

[1] Wenn auch Michelangelo schon 1503 für die Querbaukapellen des Domes in Florenz die Statuen der zwölf Apostel bestellt erhielt, so kann er doch den vorliegenden S. Matthäus wohl viel später und für eine andre Bestimmung gearbeitet haben. Der Stil nötigt zu einer derartigen Annahme.

sters; – als Jugendarbeit wird ihm der kleine nackte Christus am Grab- a
mal Bandini im linken Seitenschiff des Domes von Siena beharrlich zugeschrieben usw.)

Der Beschauer wird merkwürdig gestimmt gegen einen Künstler,
dessen Größe ihm durchgängig imponiert und dessen Empfindungsweise doch so gänzlich von der seinigen abweicht. Die fruchtbringendste
Seite, von welcher aus man Michelangelo betrachten kann, bleibt doch
wohl die historische. Er war ein großartiges *Schicksal* für die Kunst; in
seinen Werken und ihrem Erfolg liegen wesentliche Aufschlüsse über
das Wesen des modernen Geistes offen ausgesprochen. Die Signatur der
drei letzten Jahrhunderte, die *Subjektivität*, tritt hier in Gestalt eines
absolut schrankenlosen Schaffens auf. Und zwar nicht unfreiwillig und
unbewußt wie sonst in so vielen großen Geistesregungen des 16. Jahrhunderts, sondern mit gewaltiger Absicht. Es scheint, als ob Michelangelo von der die Welt postulierenden und schaffenden Kunst beinahe so systematisch gedacht habe wie einzelne Philosophien von dem
weltschaffenden Ich.

Er hinterließ die Skulptur erschüttert und umgestaltet. Keiner seiner
Kunstgenossen hatte so fest gestanden, daß er nicht durch Michelangelo desorientiert worden wäre – in welcher Weise, haben wir schon
angedeutet. Aber die äußere Stellung der Skulptur hatte sich durch
ihn ungemein gehoben; man *wollte* jetzt wenigstens von ihr das Große
und Bedeutende und traute ihr alles zu.

Die Gehilfen des Meisters haben, seit sie das waren, kaum mehr einen
eigentümlichen Wert. Wir nennen zuerst *Giov. Angelo Montorsoli* (1498
bis 1563), der den Michelangelo schon von dessen frühern Werken,
zumal von der Sistina an begleitet und nachahmt, dabei aber auch Einwirkungen von Andrea Sansovino und von den Lombarden her verrät, und dies alles mit einer gewissen dekorativen Seelenruhe zu einem
nicht unangenehmen Ganzen verschmelzt. Von der Mitarbeit in der
mediceischen Kapelle an, wo er den heil. Cosmas ausarbeitete, wird b
er ausschließlich Michelangelist.

Von Andrea Doria nach *Genua* berufen[1], mußte er als Architekt und
Bildhauer das sein, was Perin del Vaga als Maler; die in den Künsten
durch politische Leiden arg zurückgekommene Stadt bedurfte auswär-
tiger Kräfte. Die Kirche *S. Matteo*, das Familienheiligtum der Doria, c
ist ein ganzes Museum seiner Skulpturen[2]. Manches davon zeigt, daß

[1] Laut der genuesischen Guida schon 1528, laut Vasari erst nach 1535 oder
noch später, was zu andern Daten nicht recht paßt.
[2] Im anstoßenden Kreuzgang sind die Überreste der 1797 demolierten Sta-

er sich half, wie er konnte; in den sitzenden Relieffiguren der beiden
Kanzeln, in den vier Evangelisten der Chorwände ist mehr als eine
Reminiszenz aus der Sistina zu bemerken; von den Freiskulpturen hinten im Chor ist die Pieté, was die Lage des Leichnams betrifft, nach
derjenigen Michelangelos in S. Peter kopiert, was zu der peruginesken
Madonna nicht recht paßt; die vier übrigen Statuen (Propheten) haben
beinahe die Art des Guglielmo della Porta und der damaligen Lombarden. Die reiche Stukkierung der Kuppel und des Chores (von Gehilfen
ausgeführt), die beiden Altäre des Querschiffes (mit den vielleicht von
andern Händen gefertigten Reliefs über den Altären), die Reliefs von
Tritonen und gefangenen Türken unter den Kanzeln und das Denkmal des Andrea Doria in der Krypta (welches der Verfasser nicht sah)
vollenden diesen in seiner Art einzigen plastischen Schmuck, dessen-
gleichen selten einem Künstler anvertraut worden ist. Montorsoli hatte
bei seiner mäßigen Begabung ganz recht, daß er sich nicht durch das
gleichzeitig glänzende Beispiel der mediceischen Kapelle irremachen
ließ. Auf diese Weise hat die Nachwelt etwas Genießbares erhalten.

a   Eine späte Arbeit Montorsolis ist dann der 1561 vollendete Hauptaltar in den Servi zu Bologna. Die drei Statuen der Nischen, der Auferstandene mit Maria und Johannes zeigen noch eine schöne sansovi-
nische Inspiration; die (ungeschickterweise viel größer gebildeten) Statuen über den beiden Seitentüren und unten an den Seiten des Altares,
sowie die sämtlichen Skulpturen der Rückseite mehr das Öde und All-
b gemeine der römischen Schule. – Nicht sehr viel früher arbeitete Montorsoli die Statuen des Moses und Paulus in der Capella de' Pittori bei
der Annunziata in Florenz. (Die ebendort befindlichen sitzenden Statuen sind von verschiedenen nach den gemalten Propheten der Sixtinischen Kapelle in Ton modelliert; ein Zeugnis mehr für den Einfluß der
letztern auf die ganze Skulptur, welche noch heute daraus Belehrung
schöpfen kann.)
c   Das Grabmal Sannazaros in S. Maria del Parto zu Neapel, woran die
sitzenden Statuen des Apoll und der Minerva (in David und Judith
travestiert) von Montorsolis Hand sind (der Rest von Santacroce), bekenne ich nicht gesehen zu haben.

Ein andrer Schüler Michelangelos, *Rafaelle da Montelupo*, arbeitete
d nach des Meisters Modellen in der mediceischen Kapelle den heiligen
Damian und oben am Grabmal Julius II. die Statuen des Propheten

tuen des Andrea und Giov. Andrea Doria, von den Jahren 1528 (?) und 1577
aufgestellt. Die erstere ist ein vortreffliches Werk von Montorsolis Hand, die
letztere eine schon manierierte Nachahmung der erstern.

und der Sibylle (II, S. 73, a). Von seinen unabhängigen Werken ist die
tüchtige und einfache Grabstatue des Kardinals Rossi (in der Vorhalle a
von S. Felicita in Florenz) zu nennen.

Guglielmo della Porta († 1577) könnte nach seiner frühern und spätern
Tätigkeit auf zwei verschiedene Stellen dieser Übersicht verteilt werden, wenn nicht auf der spätern Zeit, da er den Michelangelo nachahmte,
der beträchtlich stärkere Akzent läge. Seine frühern Sachen, die den
lombardischen Stil am Anfang des 16. Jahrhunderts repräsentieren, mit
einem kleinen Anklang an A. Sansovino, sind besonders zahlreich in
Genua vorhanden. Sehr unerquicklich: die Propheten in Relief an den b
Säulenbasen des Tabernakels der Johanneskapelle im Dom; – höchst
fleißig, überladen und von gesuchter Belebung in Draperie und Fleisch;
die sieben Statuen am Altar des linken Querschiffes ebenda; nur die mittlere, ein sitzender Christus, mit höherer Weihe; – fast roh: die Gruppe
Christi und des heiligen Thomas, an der Vorhalle von S. Tommaso. –
Später, unter dem sehr nahen Einfluß Michelangelos, entstand das berühmte *Grabmal Pauls III.* im Chor von S. Peter. Die gewonnene Stil- c
freiheit ist vortrefflich benutzt in der sitzenden Bronzestatue des Papstes, welche Guglielmos volles Eigentum ist; lebenswahr und doch
heroisch erhöht. Die beiden auf dem Sarkophag lehnenden Frauen, angeordnet wie die vier Tageszeiten auf den Gräbern von S. Lorenzo,
sind diesen an Bedeutung der plastischen Linien nicht zu vergleichen,
allein Guglielmo übertraf den Meister wenigstens von der einen Seite,
wo ihm leicht beizukommen war, von seiten der sinnlichen Schönheit.
Seine »Gerechtigkeit« ist zwar darob etwas lüstern und absichtlich ausgefallen; die betagte »Klugheit« hat mehr von Michelangelo. – Im großen Saal des Pal. Farnese findet man zwei ähnliche Statuen, welche wie d
erste, weniger geratene Proben derselben Aufgabe aussehen, jedoch zu
demselben Grabmal gehörten und erst bei dessen Versetzung an die
jetzige Stelle davon weggenommen wurden. – Von Guglielmos Bruder *Giacomo* sind die Grabmäler der Cap. Aldobrandini in der Minerva
(die sechste rechts) wenigstens entworfen; in der Ausführung erinnern
sie an Guglielmo.

Unter den Lombarden, welche von Michelangelo die Richtung ihres
Stiles empfingen, ist nächst Gugl. della Porta ein gewisser *Prospero
Clementi* nicht unbedeutend, welcher hauptsächlich in seiner Vater-
stadt Reggio um die Mitte des Jahrhunderts tätig war. Im Dom daselbst
(Kapelle rechts vom Chor) ist das Grabmal des Bischofs Ugo Rangoni e
sein Hauptwerk; sowohl die sitzende Statue als die beiden Putten am
Sarkophag und die zwei kleinen Reliefs (Tugenden) an der Basis ver-
raten den Einfluß Michelangelos, ja schon den des della Porta, allein es

ist ein solider Rest von Naivität übriggeblieben, der weder arge Manier noch falsches Pathos aufkommen läßt. Dann möchte ich dem Clementi an dem absurd (als kolossales Stundenglas) gebildeten Grabdenkmal des Ch. Sforziano, gleich links vom Eingang, die drei vorzüglich schönen Statuetten des Auferstandenen und zweier Tugenden zuschreiben. Sie verbinden die Art der römischen Schule mit einer noch fast sansovinischen Milde und Mäßigung. (Viel geringer und wohl von andrer Hand das Grab Maleguzzi, 1583, gegenüber.) – Am Palazzo Ducale zu
a Modena, beim Portal, die Statuen des Lepidus und des Herkules, letztere ungeschlacht muskulös. – In der Krypta des Domes von Parma ist von Clementi ein Grab vom Jahr 1542 mit zwei sitzenden Tugenden
b (hinten, rechts). – In S. Domenico zu Bologna (Durchgang zur linken Seitentür) am Grabmal Volta die Statue des heiligen Kriegers Prokulus, einfach und tüchtig.
c   Das Grab des Meisters, vom Jahr 1588, im Dom von Reggio (erste Kapelle links) ist mit seiner schönen Büste geschmückt. – Den Auslauf seiner Schule bezeichnen die Statuen im Querschiff und an der Fassade daselbst.

Wenn man sich jedoch in Kürze überzeugen will, welche zwingende Gewalt Michelangelo als Bildhauer über sein Jahrhundert und das folgende ausübte, so genügt schon ein Blick auf die florentinische Skulptur nach ihm. Sie ist besonders belehrend, weil die mediceischen Großherzöge auch die profane, mythologische und monumentale Seite der Kunst mehr pflegten, als dies sonst irgendwo in Italien geschah, ohne daß doch die kirchlichen Aufgaben deshalb aufgehört hätten.
   Wir haben bis hierher einen florentinischen Künstler verspart, der als Michelangelos unedler Nebenbuhler auftrat und doch in seinen meisten Werken ihn gerade von der bedenklichen Seite nachahmte: *Baccio Bandinelli* (1487–1559). Er ist ein sonderbares Gemisch aus angeborenem Talent, Reminiszenzen der ältern Schule und einer falschen Genialität, die bis ins Gewissenlose und Rohe geht. – Das Beste, wo er ganz ausreichte, sind die Relieffiguren von Aposteln, Propheten usw. an den achtseitigen Chorschranken unter der Kuppel des Domes; hier sind einige Figuren sehr schön gedacht und stehen trefflich im Raum; alle sind einfach behandelt. – Dagegen zeigt die bekannte Gruppe des Herkules und Cacus auf Piazza del Granduca, was er an Michelangelo bewundern mußte und wie er ihn mißverstand. Er glaubte ihm die mächtigen Formen absehen zu können und machte ihm auch die Kontraste nach, so gut er konnte; aber ohne alles Liniengefühl und ohne eine Spur dramatischen Gedankens, wozu doch der Gegenstand genugsame Mittel an die Hand gab; es ist eines der gleichgültigsten Skulpturwerke auf

der Welt. – Adam und Eva im großen Saal des Pal. Vecchio, datiert
1551, sind wenigstens einfache Akte, Adam sogar wieder mehr naturalistisch. Die Bildnisstatuen ebendaselbst haben in den Köpfen etwas von
der grandiosen Fassung, welche auch den gemalten Porträts der sonst
schon manierierten Zeit eigen ist, sind aber im Körpermotiv meist gering. (Die Gruppe der Krönung Karls V. offenbar von zwei verschiedenen Künstlern.) – Die Basis auf dem Platze von S. Lorenzo, mit einem a
für jene Zeit plastischen Relief, trägt jetzt die ihr längst bestimmte sitzende Statue des Giovanni Medici, von welcher dasselbe Urteil gilt. –
Ein Bacchus[1] im Pal. Pitti (Vestibül des ersten Stockes) ist im Gedan- b
ken die geringste unter den Bacchusstatuen der damaligen Künstler. –
Die beiden Gruppen des toten Christus mit Johannes (in S. Croce, Cap.
Baroncelli) und mit Nikodemus (Annunziata, rechtes Querschiff[2] von
ganz leeren Formen und von der schlechtesten Komposition; der c
Hauptumriß ein rechtwinkliges Dreieck auf der längern Kathete liegend. Ganz kümmerlich ist der sitzende Gottvater (im ersten Kloster- d
hof von S. Croce) ausgefallen; als das Beste erscheint die nach Michelangelo kopierte Hand mit dem Buch. – Etwas besser der Petrus im Dom
(Eingang zum Chor, links). – Ganz mittelmäßig: die Nebenfiguren an
den Grabmälern Leos X. und Clemens VII; im Chor der Minerva zu
Rom; die ebenfalls unbedeutenden sitzenden Porträtstatuen sind von e
Raf. da Montelupo und Nanni di Baccio Bigio, einem andern kümmerlichen Rivalen Michelangelos, ausgeführt.

Baccios Schüler *Giovanni dall' Opera* hatte Anteil an den Reliefs im
Dom und fertigte die Altarreliefs in der Cap. Gaddi in S. Maria novella f
(Querschiff links, hinten), welche die darzustellende Tatsache durch
tüchtig präsentierte Nebenfiguren in Vergessenheit bringen. – An dem
von Vasari komponierten Grabmal Michelangelos in S. Croce ist die g
Figur der Baukunst von ihm; eine recht gute Arbeit. (Die Skulptur von
Cioli, die Malerei, mit der Statuette in der Hand, von Lorenzi.) Das
ganze Denkmal ist, beiläufig gesagt, eines der wenigen, wo die Allegorie völlig in ihrem Rechte ist und deutlich von selber spricht, indem sie
ein notorisches Verhältnis ausdrückt. Die Allegorien z. B. gerade der
meisten übrigen Monumente von S. Croce sind entweder nur durch
einen weiten Verstandesumweg zu erkennen oder ganz müßig.

Weiter zehrt von Michelangelo der als Baumeister so bedeutende
Bartol. Ammanati (1511–1592, anfangs Schüler des Jacopo Sansovino),
von welchem der Brunnen auf Piazza del Granduca herrührt. Der große

---

[1] Laut Vasari aus einem mißratenen Adam zum Bacchus umgestaltet.

[2] Letztere von seinem natürlichen Sohn Clemente angefangen, von ihm
vollendet.

Neptun ist ein sehr unglücklicher Akt, ohne Sinn und Handlung, die
Tritonen, welche ihm als Tronco dienen, undeutlich; das Postament
würde man ohne die (für diese Last doch gar zu kleinen) Seepferde nicht
für ein Räderschiff halten. Von den unten herumsitzenden Bronzefiguren sind die mit möglichster Absicht auf leichtes Schweben gestal-
teten Satyrn und Pane allein erträglich, übrigens zum Teil den Kranz-
trägern an der Decke der Sixtinischen Kapelle nachgebildet; hier sind
ihre Attitüden müßig. – (Ganz gering die Gipsstatuen im Baptisterium.)
a – Im linken Querschiff von S. Pietro in Montorio zu Rom sind die Grabmäler zweier Verwandten des Papstes Julius III. samt den beiden Nischenfiguren der Religion und Gerechtigkeit von Ammanati; zwischen
der manierierten Nachahmung des Michelangelo schimmern doch einige
b schönere Züge durch. – Ebenso verhält es sich mit dem Mausoleum der
Verwandten Gregors XIII. im Campo santo zu Pisa. – Einige frühere
Arbeiten Ammanatis finden sich in Padua. So der Gigant im Hof des
c Pal. Aremberg. Das Grabmal des Juristen Mantova Benavides in den
d Eremitani (links) ist im Stil der allegorischen Figuren ganz der prahle-
rischen Absicht würdig, mit welcher es gesetzt wurde. (Unten Wissenschaft und Ermüdung, zu beiden Seiten des Professors Ehre und Ruhm,
oben drei Genien, deren mittlere die Unsterblichkeit bedeutet. Alles
bei Lebzeiten.)

   Unleugbar höher steht der in Florenz vollauf beschäftigte Flamländer
Giovanni da Bologna (1524–1608). Das Gesetz des Kontrastes, das bei
Michelangelo oft so quälerisch durchgeführt wird, muß sich bei ihm
mit einer Formenschönheit vertragen, die allerdings keine gar tiefe
Wurzel hat und sich meist mit Allgemeinheiten begnügt. Daneben
aber hat Giovanni einen sehr entwickelten Sinn für bedeutende, hoch-
wirksame Gesamtumrisse; seine Statuen und vorzüglich seine Gruppen stehen prächtig in der freien Luft und bleiben, so kühn sie auch
hinausgreifen, doch immer statisch möglich und wahrscheinlich; er
will nicht, wie Bernini bisweilen, das Unglaubliche darstellen. Der
eigentliche meist sehr energische Inhalt berührt uns trotz aller Bravour
der Linien und des Baues innerlich weniger, schon weil die Formenbildung eine zu allgemeine ist und das Lebensgefühl sich doch nur auf
das Motiv beschränkt.
e   An dem schön gedachten Brunnen auf dem großen Platz zu *Bologna*
(1564) soll zwar der Entwurf des Ganzen von dem Maler Tommaso
Laureti und nur das Plastische von Giovanni herrühren. Allein es
scheint, als hätte letzterer schon beim Entwurf sein Wort mitgeredet.
Man bemerkt schon ganz seine Art, durch Einziehung nach unten,
durch kühne luftige Stellung der Figuren zu wirken; das Verhältnis des

Ornamentes zum Figürlichen verrät den vollendeten Dekorator. Vom einzelnen sind die Putten mit den Delphinen ausgezeichnet gut bewegt, und der Neptun, bei ziemlich allgemeiner herkulischer Bildung, doch in den Linien effektreich.

Am vollkommensten befriedigt die kolossale Gruppe des Oceanus a und der drei großen Stromgötter auf dem Brunnen der Insel im *Garten Boboli*, eine möblierende Prachtdekoration ersten Ranges, scheinbar leicht schwebend durch das Einziehen der die Urnen umschlingenden Beine der Flußgötter an den schlanken Pfeiler in der Mitte der Schale. – Die weltberühmte Gruppe des *Raubes der Sabinerinnen* (Loggia de' b Lanzi), deutlich und interessant für alle Gesichtspunkte, ebenfalls kühn und doch sicher auf dünner, mehrmals eingezogener Unterpartie sich emporgipfelnd; die Einzelbildung aber von störender Willkür. – Herkules und Nessus, ebenda, als Gruppe gut gebaut und dramatisch leben- c dig, aber in den Formen gleichgültig. – Die nicht minder berühmte Gruppe »virtù e vizio« im großen Saal des Pal. vecchio ist ein Gegen- d stück zu Michelangelos »Sieg« und eine zugestandene Allegorie, während bei letzterm die Allegorie nicht mehr näher bekannt und jedenfalls nur ein Vorwand gewesen ist. Ein merkwürdiger Beleg dafür, wie wenig diese Gattung von Gegenständen eine gesunde Mythologie ersetzen kann, zumal wenn der Meister das Ziel seiner Kunst nur in äußerer Tat, nur in kühner Bewegung und starken Linien zu finden imstande ist. Wie zu erwarten stand, hat die Tugend das Laster durch irgendwelche Mittel gebändigt und kniet ihm nun auf dem Rücken. – Von der Kolossalstatue des Apennin in Pratolino kann der Verfasser e nicht aus eigener Anschauung berichten. Der »Überfluß« (Copia), auf der höchsten Terrasse des Gartens Boboli, ist ein höchst manieriertes Werk, übrigens von G. da Bologna nur begonnen.

Die sechs kleinern Bronzestatuen von Göttern und Göttinnen in den Uffizien (erstes Zimmer d. Br.) scheinen nur um des Balancierens, um der künstlichen Wendung willen vorhanden zu sein; dagegen ist der durch die Luft springend gedachte *Merkur* (mit dem einen Fuß auf einem – ehernen – Windstoß ruhend) eine ganz vortreffliche Arbeit, die an schöner, lebensvoller Bildung alles übrige von Giov. da Bologna weit übertrifft und von allen Bronzen des 16. Jahrhunderts der Antike am nächsten kommt.

Von kirchlichen Aufgaben sind die Statuen des Altares links vom Chor des Domes zu Lucca ungefähr das Beste. – Der bronzene Lukas f an Orsanmicchele steht dagegen hinter allen Statuen dieser Kirche durch falsche Bravour und Mangel an Ernst zurück.

Wie durchgängig in der zweiten Hälfte des 16. Jahrhunderts die Bildnisse das Genießbarste sind (weil frei von dem falschen Ideal und dem

Pathos der historischen und symbolischen Aufgaben), so auch hier. An
a der *Reiterstatue Cosimos I.* auf der Piazza del Granduca wird man zwar
das Pferd maniert finden, aber ganz meisterhaft edel und leicht ist
die Haltung des Fürsten, zumal die Wendung des Kopfes; es war die
Zeit des nobeln Reitens! Der Stil des einzelnen ist ernst und vortreff-
b lich. – Die ungleich geringere Reiterfigur Ferdinands I. auf Piazza dell'
Annunziata ist ein Werk aus dem Greisenalter des Künstlers. – Was
nach seinen Entwürfen von Francavilla in dieser Art ausgeführt wurde,
c ist rohe Dekoration, so die marmorne Statue Cosimos I. auf Piazza
d de' Cavalieri in Pisa, und die Ferdinands I. am Lungarno daselbst. Der
Großherzog hebt die gesunkene Pisa mit ihren beiden Putten nicht
empor, sondern hindert sie nur an weiterm Sinken.

In der Behandlung des *Reliefs* teilte Giovanni die malerischen Vorurteile seiner Zeit, war aber innerhalb derselben sehr ungleich. Auf
derselben Piazza del Granduca ist beisammen sein Bestes, die in den
Motiven für ihn vorzüglich reine, wenn auch unplastische Basis des
Sabinerinnenraubes, und vielleicht sein Allerschlechtestes, die Basis des
e Cosimo I. – Als Bilder beurteilt werden die Reliefs an der Haupttür
des *Domes von Pisa* und diejenigen in der hintersten Kapelle der Annunziata zu Florenz (der Gruftkapelle des Meisters) zum Teil geistvoll und
trefflich erzählt erscheinen, wenn auch in manierierten Formen; als Reliefs sind sie stillos, so gemäßigt sie neben spätern Arbeiten sein mögen.
Das schon im 15. Jahrhundert vorkommende Auswärtsbeugen des Ober-
körpers der Figuren, der Untensicht und der Überfüllung zuliebe, ist in
der Annunziata besonders auffallend. Bei den Pisanertüren war das Vorbild Ghibertis (auch in dekorativer Beziehung) noch zu übermächtig.

Giovanni ist besonders interessant in einzelnen dekorativen Skulptur-
sachen. Seit dem Absterben der echten Renaissanceverzierung war ein
Ersatz des Vegetabilischen und Architektonischen durch *Masken, Fratzen, Monstra* usw. eingetreten, und diese hat keiner so trefflich gebildet
f als er. Die wasserspeienden Ungeheuer an dem Bassin um die Insel des
g Gartens Boboli, der kleine bronzene Teufel als Fackelhalter an einer
Ecke zwischen Pal. Strozzi und dem Mercato vecchio geben genug-
sames Zeugnis von seinem schwungvollen Humor in diesen zum Teil
h geflissentlich manierierten Formen. Sein Schüler *Pietro Tacca*, von welchem sonst auch die tüchtige bronzene Reiterstatue Ferdinands I. am
Hafen von Livorno herrührt, schuf in jenem Fratzenstil die ebenfalls
i trefflichen bronzenen Brunnenfiguren auf Piazza dell' Annunziata zu
Florenz. In diesem Geist sind auch die beiden sog. Harpyien am Portal
k von Pal. Fenzi (Via S. Gallo, 5966) von *Curradi* gearbeitet. Die römische Schule, Bernini nicht ausgenommen, offenbart keine scherzhafte
Seite dieser Art. Als sehr glückliche dekorative Gesamtkomposition

mag bei diesem Anlaß auch die Fontäne zunächst über dem Hof des Pal. Pitti, von *Susini,* genannt werden. (Von welchem auch das eherne a Kruzifix im Chor von SS. Micchele e Gaetano herrührt; ein bloßer b Akt.) – Tüchtige Wappeneinfassungen dieser Zeit sind wohl in Florenz häufiger als anderswo.

Von *Taddeo Landini,* einem florentinischen Zeitgenossen des Giov. da Bologna, rührt unter den Statuen der vier Jahreszeiten am Ponte c della Trinità »der Winter« her; eine tüchtige Arbeit, aber recht bezeichnend für die müßige Gliederschaustellung jener Schule; wenn den Alten so friert, warum nimmt er seinen Mantel nicht besser um? – Allein derselbe Künstler schuf auch die *Fontana delle Tartarughe* in *Rom* (1585), d welche ohne Frage das liebenswürdigste plastische Werk dieser ganzen Richtung ist. Nirgends wohl ist das Architektonische so glücklich in leichten lebenden Figuren ausgedrückt, als hier in den vier sitzenden Jünglingen, welche die Schildkröten an den Rand der obern Schale (wie um sie zu tränken) emporheben und dabei eine ganz durchsichtige Gruppe bilden. Was man von einer zugrunde liegenden Zeichnung Raffaels sagt, ist nicht erwiesen, eher könnte von einer Angabe des Baumeisters Giacomo della Porta die Rede sein, wenn nicht gerade die florentinische, von Giovanni da Bologna ausgehende Inspiration sich so deutlich kundgäbe. Als bescheidene Parallele vergleiche man die e Lampe im Dom von Pisa mit den vier sitzenden Genien, welche echt florentinisch gedacht ist.

Ein anderer Nachfolger und Landsmann des Bologna, *Pietro Francavilla* aus Cambray, fertigte unter anderm die Statuen in der Cap. Nic- f colini in S. Croce (am Ende des linken Querschiffes), maniert und doch nicht ohne einen gewissen oberflächlichen Reiz. Mittelgut die sechs Statuen im Dom von Genua, Kapelle rechts vom Chor. Was er g nach den Angaben des Meisters ausführte (Statuen in der erwähnten Grabkapelle der Annunziata usw.), ist meist schlechte Arbeit und selbst h durch die Motive des Meisters nur selten interessant; eine Ausnahme zum Bessern machen einige der sechs Statuen in der Cap. S. Antonino i zu S. Marco. (Die Reliefs und die bronzenen Engel, alles höchst maniert, von Partigiani.) Vgl. II, S. 85, c und d.

Weiter gehört hierher *Gio. Batt. Caccini,* der seit 1600 die Balustrade k und den Tabernakel unter der Kuppel von S. Spirito erbaute und eigenhändig mit den Statuen der Engel und der vier Heiligen versah; letztere, beträchtlich besser, repräsentieren das kecke Linienprinzip des Giov. Bologna in nicht unedler Weise. Anderes im Chor der Annunziata u. a. a. O. Von ihm ist auch die schöne Christusbüste an der Ecke l des jetzigen Hôtel d'York (1588). Er war damals 28 Jahre alt und er- m hielt dafür 100 Ducati, wie ein Chronist bemerkt.

Die *Reliefs* der Schule entsprechen insgemein dem Schlechtesten des Giovanni; sie wären schon als Bilder gering und sind mit ihrer zerstreuten Komposition und ihren manierierten Formen als plastische Arbeiten
a kaum anzusehen. (*Taccas* Relief am Altar von S. Stefano e Cecilia; *Ni*-
b *gettis* Silberrrelief am Altar der Madonnenkapelle in der Annunziata, u. dgl. m.) Man kann nichts Stilloseres finden als die Nischenreliefs an
c den beiden Enden des Querschiffes im Dom von Pisa; die Freigruppen darüber sind wieder beträchtlich besser, Werke eines gewissen *Francesco Mosca* (ebenfalls eines Florentiners um 1600), von dessen oben I, S. 203, i) genanntem Vater *Simone* sich mehreres, unter anderm eine
d Anbetung der Könige, in der Madonnenkapelle des Domes von Or-
e vieto befindet. – Von dem etwas ältern *Vincenzo del Rossi* aus Fiesole sind die schwülstigen Skulpturen der ganzen zweiten Kapelle rechts in S. Maria della Pace zu Rom; *Simone Mosca* arbeitete hier die Ornamente.

Die wahre Sinnesweise der Schule zeigt sich weniger in den kirchlichen als in den *profanen* Werken, an welchen Florenz für diese Zeit ungleich reicher ist als irgendeine andere Stadt. Selbst das höchst Kolossale, für welches man hier von jeher Geschmack gehabt, ist nicht bloß durch den »Apennin«, sondern auch durch den (lächerlichen) Po-
f lyphem im Garten des Pal. Strozzi-Ridolfi vertreten. Sonst sind es fast lauter Gruppen des Kampfes, zu welchen der antike »Herkules mit Antäus« (I, S. 417, a) die stärkste Anregung mag gegeben haben. Der genannte *Vincenzo del Rossi* versah den großen Saal des Pal. Vecchio mit
g einer ganzen Reihe von Herkuleskämpfen, welche hier nebeneinander trotz aller Bravour und Leidenschaft den Eindruck der vollkommen-
h sten Langenweile hervorbringen. Desselben Rossi Liebesgruppe »Paris und Helena«, im Hintergrund jener Grotte des Gartens Boboli, wo sich die vier Atlanten Michelangelos befinden, ist als Arbeit nicht verächtlich, aber im Motiv gemein[1]. Wie weit man in der Allegorie ging,
i beweisen die Statuen des *Novelli, Pieratti* u. a. in der Grotte hinten am großen Hofe des Pal. Pitti, »die Gesetzgebung, der Eifer, die Herrschaft, die Milde«; Moses, dessen Eigenschaften dies sein sollen, steht (von Porphyr gemeißelt) in der Mitte. – Wie weit man aber vom wirklichen Altertum trotz aller klassischen Gegenstände entfernt war, zeigen
k die beiden lächerlichen Statuen des Jupiter und Janus von *Francavilla*, welche in der untern Halle des Pal. Brignole zu Genua stehen. (Derjenige Pal. dieses Namens, welcher dem roten gegenüber an der Str. nuova steht.) Nach den großen Köpfen, kümmerlichen Leibern, for-

---

[1] Von Rossi ist auch der Matthäus im Dom (rechts unter dem Eingang zum Kuppelraum), die manierierteste aller dort befindlichen Aposteltatuen. Der Thomas (Eingang zum linken Querschiff, links) ist kaum besser.

cierten Gewändern und prahlerisch michelangelesken Händen zu urteilen glaubt man einen echten Bandinelli vor sich zu haben.

Neben diesen etwas hohlen und müßigen Schaustellungen, die immerhin ihre Stelle in Nischen oder im Freien wirksam ausfüllen, meldet sich – außer jenen dekorativen Fratzen – bald auch eine eigentliche Genreskulptur, von halb pastoralem, halb possenhaftem Charakter; a Figuren von Jaques Callot als Statuen ausgeführt u. dgl. (Garten Boboli usw.) Die künstlerische Nichtigkeit dieser Produktionen verbietet uns jede nähere Betrachtung. Sie haben übrigens eine Nachfolge gefunden, welche noch jetzt nicht erloschen ist und in Mailand ganze Ateliers beschäftigt. (Chargen, auch in moderner Tracht, auf Gartenmauern usw.)

In Rom macht sich in den ersten Jahrzehnten nach Michelangelos Tode nicht eine schwülstige Ausbeutung seiner Ideen, sondern eher eine tiefe Ermattung geltend. Außer den paar Florentinern sind es vereinzelte, wenig namhafte Meister, welche die Altargruppen und die Grabstatuen dieser Zeit fertigen. So *Giov. Batt. della Porta*, von welchem in S. Pudenziana (hinten links) die Gruppe der Schlüsselver- b leihung gearbeitet ist; – *Giov. Batt. Cotignola*, von welchem sich derselbe Gegenstand sehr ähnlich behandelt findet in S. Agostino (vierte c Kapelle rechts); – die beiden *Casignola*, von welchen die thronende Sta- d tue Pauls IV. über dessen Sarkophag in der Minerva (Cap. Caraffa) gearbeitet ist, mit tüchtig individuellem Kopfe, sonst gesucht und ungeschickt. Die Papstgräber sind überhaupt um diese Zeit ein interessanter Gradmesser für die kirchliche Intention sowohl als für das künstlerische Können. Mit dem Grabe Pauls III. hört die große Freikomposition von einer Porträtstatue und zweien oder mehrern allegorischen Figuren für längere Zeit auf; die tatenreichen Päpste der Gegenreformation müssen wieder in einer Detailerzählung gefeiert werden, welche wie zur Zeit der Renaissance (II, S. 27, k) usw.) nur durch eine Zusammenstellung vieler Reliefs zu erreichen ist; große Architekturen geben den Rahmen dazu her; eine mittlere Nische enthält das sitzende oder kniende Standbild des Papstes. Dieser Art sind die riesigen Denkmäler Pius V. und Sixtus V., Clemens VIII. und Pauls V. e in den beiden Prachtkapellen von S. M. maggiore; die Tendenz, welche hier wieder über die Kunst die Oberhand hat, brachte es bis zur saubern, sorgfältigen Darstellung des vielen; in künstlerischer Beziehung sind diese kostbaren Werke so nichtig, daß wir die Urheber gar nicht zu nennen brauchen. (Einiges Gute am Grabmal Pius V.) Ein vorzugsweise erzählendes Grabmal von etwas besserer Art ist dasjenige Gregors XI., 1574 von *Olivieri* verfertigt, in S. Francesca romana; f

dagegen zeigt dasjenige eines Herzogs von Cleve im Chor der Anima,
a von dem Niederländer *Egidio di Riviere,* wiederum nichts als eine gewisse Meißelgeschicklichkeit. – Mit dem Denkmal Urbans VIII. von
Bernini kehrt dann jene Freikomposition wieder, aber in einem andern
Sinne umgestaltet.

Die parallel stehende genuesische Skulptur der Zeit von etwa 1560
bis 1630 hängt, wie oben (II, S. 21, a) bemerkt, noch teilweise von den
Vorbildern des Civitali, auch von ältern Lombarden ab, doch unter
starker indirekter Einwirkung Michelangelos. (Zwei Künstlerfamilien,
b des Namens *Carlone;* ihre Sachen in S. Ambrogio, S. Annunziata, S. Siro,
c S. Pietro in Banchi und überall; zugleich die Tätigkeit Francavillas,
II, S. 87, k.) Ob irgendetwas selbständig Bedeutendes vorkommt, weiß
ich nicht zu entscheiden, bezweifle es aber. *Luca Cambiasa,* der sich
auch einmal in der Skulptur versuchte, hat in seiner Fides (Dom, Ka-
d pelle links vom Chor) das gerade nicht erreicht, was seine Bilder so
anziehend macht, deren beste zur Vergleichung danebenstehen.

Bis gegen das Jahr 1630 hin hatte die Skulptur die Lebenskräfte desjenigen Stiles, der mit Andrea Sansovino begonnen, vollständig auf-
gezehrt. Sie hatte versucht, in wahrhaft plastischem Sinne zu bilden;
aus den toten Manieren der römischen Malerschule hatten sich einzelne
Bessere von Zeit zu Zeit immer zu einem reinern und wahrern Darstellungsprinzip hindurchgekämpft; die eigentliche Grundlage der Plastik, die abgeschlossene Darstellung der menschlichen Gestalt nach bestimmten Gesetzen des Gleichgewichtes und der Gegensätze, schien
gesichert. Zu einem reinen und überzeugenden Eindruck aber hatte
diese Kunst es im letzten halben Jahrhundert (etwa 1580–1630) doch
nicht mehr gebracht. Teils ist des Trübenden zu viel darin (die genannten römischen Manieren, die alten und neuen naturalistischen Einwirkungen, die verlockenden Kühnheiten des Michelangelo, die Prin-
ziplosigkeit der Gewandung), teils fehlt es an durchgreifenden Künstler-
individualitäten, an wirklichen frischen Kräften, indem sich damals die
Besten alle der Malerei zuwandten. Weshalb taten sie dies? Weil der
Kunstgeist der Zeit sich überhaupt nur in der Malerei mit ganzer Fülle
aussprechen konnte.
Einige Dezennien hindurch hat nun die Malerei einen neuen, die
Skulptur noch den alten Stil. Endlich entschließt sie sich, der Malerei
(deren Vorgängerin sie sonst ist) nachzufolgen, deren Auffassungsweise ganz zu der ihrigen zu machen. Das Relief ist schon seit dem
15. Jahrhundert ein Anhängsel der Malerei; die Freiskulptur war durch
die größten Anstrengungen der Meister der goldenen Zeit vor diesem

Schicksal einstweilen bewahrt worden; jetzt unterlag auch sie. – Welches der Geist dieser Malerei war, der fortan auch in den Skulpturen lebt, wird unten im Zusammenhang zu schildern sein. In der Malerei können wir ihm seine Größe und Berechtigung zugestehen; in der Skulptur gehen die wichtigsten Grundgesetze der Gattung darob verloren und es entsteht kein größeres, namentlich kein ideales Werk mehr, das nicht einen schweren Widersinn enthielte. Nicht ohne Schmerz sehen wir ganz ungeheure Mittel und einzelne sehr große Talente auf *die* Skulptur verwendet, welche die folgenden anderthalb Jahrhunderte hindurch (1630–1780) über Italien und von da aus über die ganze Welt herrschte. Ihr Sieg war schnell und unwiderstehlich, wie überall, wo in der Kunstgeschichte etwas Entschiedenes das Unentschiedene beseitigt.

Übergehen dürften wir sie aber hier doch nicht. Ihre subjektiven Kräfte waren – im Gegensatz zur vorhergehenden Periode – ungemein groß, ihre Tätigkeit von der Art, daß sie mehr Denkmäler in Italien hinterlassen hat als die Gesamtsumme alles Frühern, das Altertum mitgerechnet, ausmacht. Sie hat ferner einen sehr bestimmten dekorativen Wert im Verhältnis zur Baukunst und zur Anordnung großer Ensembles, und endlich gibt sie gewisse Sachen so ganz vortrefflich, daß man ihr auch für den Rest einige Nachsicht gönnt. (Vgl. den Abschnitt über die Barockarchitektur; I, S. 303 u. ff.)

Der Mann des Schicksals war bekanntlich *Lorenzo Bernini* von Neapel (1598–1680), der als Baumeister und Bildhauer, als Günstling Urbans VIII. und vieler folgenden Päpste einer fürstlichen Stellung genoß und in seinen spätern Jahren ohne Frage als der größte Künstler seiner Zeit galt. Er überschattet denn auch alle folgenden dergestalt, daß es überflüssig ist, ihren Stilnuancen näher nachzugehen; wo sie bedeutend sind, da sind sie es innerhalb seines Stiles. –

Nur ein paar Zeitgenossen, die noch Anklänge der frühern Schule auf bedeutsame Weise mit der berninischen Richtung vereinigen, sind hier vorläufig zu nennen: *Alessandro Algardi* (1598–1654) und der Niederländer *Franz Duquesnoy* (1594–1644). Ferner ist schon hier auf das starke französische Kontingent in diesem Heerlager aufmerksam zu machen, auf die Legros, Monnot, Teudon, Houdon usw., vor allem auf *Pierre Puget* (1622–1694), von dem man wohl sagen könnte, er sei berninischer als Bernini selbst gewesen. Wie Ludwig XIV. in Person, ebenso waren auch die französischen Künstler für den »erlauchten« Meister eingenommen; auffallend ist trotzdem, daß sie in Italien selbst so stark beschäftigt wurden und um 1700 in Rom beinahe das Übergewicht hatten. Wir wollen nun versuchen, die Grundzüge der ganzen

Darstellungsweise festzustellen. Bei diesem Anlaß können die besonders wichtigen oder belehrenden mit Namen angeführt werden.

Die zwingende Gewalt, welche die Skulptur mit sich fortriß, war der seit etwa 1580 siegreich durchgedrungene Stil der Malerei, welcher auf den Manierismus der Zeit von 1530 an gefolgt war. Derselbe zeigt zwei Haupteigenschaften, welche sich durchdringen und gegenseitig bedingen: 1. den *Naturalismus der Formen und der Auffassung des Geschehenden*, edler in der bolognesischen, gemeiner in der neapolitanischen Schule ausgeprägt; 2. die Anwendung des *Affektes* um jeden Preis. Die Maler verfahren naturalistisch, um eindringlich zu sein, und am Affekt erfreut sie wiederum nur die möglichst wirkliche Ausdrucksweise. Dieses Wirkliche, weil es zugleich so *wirksam* war, eignete sich jetzt auch die Skulptur an. Ihr Verhältnis zur Antike war fortan kein innigeres als z. B. dasjenige, welches wir bei Guido und Guercin finden, die Entlehnung einzelner weniger Formen. Bernini persönlich empfand den Wert der Antiken recht gut und erkannte z. B. in dem verstümmelten Pasquino die goldene Zeit der griechischen Kunst, allein als Künstler drängte er nach einer ganz anderen Seite hin.

Es versteht sich nun von selbst, daß er und seine Schule diejenigen Aufgaben am besten löste, bei welchen der Naturalismus im (wenn auch nicht unbedingten) Rechte ist. Hierher gehört das *Porträt*. Schon in den vorhergehenden Perioden eines echten und halbfalschen Idealismus war die Büste durchgängig gut, ja bald die beste Leistung dieser Kunst gewesen, und dies Verhältnis dauerte nun in glänzender Weise fort. Die Gräber von Rom, Neapel, Florenz, Venedig enthalten viele Hunderte von ganz vortrefflichen Büsten dieser Art, welche den Porträts von Van Dyck bis Rigaud als würdige Parallele zur Seite stehen. Sie geben die Charaktere nicht idealisiert, aber in freier, großartiger Weise wieder, wie es nur eine mit den größten idealen Aufgaben vertraute Skulptur kann. Wir dürfen um dieses Reichtums willen den Kunstfreund seiner eigenen Entdeckungsgabe überlassen. Im Santo zu a Padua, in S. Domenico zu Neapel, im Lateran und in der Minerva zu b Rom wird er sein Genüge finden. In der Halle hinter S. M. di Monserrato suche man die Grabbüste eines spanischen Juristen Petrus Montoya († 1630), eine edle leidende Physiognomie von trefflichster Behandlung.

Außerdem genügt der Naturalismus noch am ehesten in der Darstellung des *Kindes* (zumal des italienischen), in dessen Wesen alle mögliche Schönheit nur unbewußt als Natur vorhanden ist, und dessen Affekte so einfach sind, daß man sie nicht wohl durch Pathos verderben kann (was einzelne Künstler dennoch versucht haben). *Algardi* und

Duquesnoy genossen zu ihrer Zeit einen gerechten Ruhm für ihre oft ganz naiven und schönen Kinderfiguren. (Von letzterm ein paar Köpfe a an den Grabmälern der zwei hintersten Pfeiler in S. Maria dell' Anima zu Rom.) Von ihren Nachfolgern läßt sich nicht mehr so viel Gutes sagen; die Putten wurden in so besinnungsloser Masse dekorativ verbraucht, daß die Kunst es damit allmählich leicht nahm. Und doch wird man selbst unter den von Stukko zu Tausenden improvisierten Figuren dieser Art sehr viele wahre und schöne Motive finden, die nur unter der manierierten und sorglosen Einzelbildung zugrunde gehen.

Selbst einzelne *Idealköpfe* der Schule haben einen Wert, der sie doch immer mit guten bolognesischen Gemälden in eine Reihe stellt. Das 17. Jahrhundert hatte wohl im ganzen einen andern Begriff von Schönheit als wir und legte namentlich den Akzent des Liebreizes auf eine andere Stelle, wovon mehreres bei Anlaß der Malerei; allein deshalb werden wir doch z. B. gewissen Köpfen *Algardis* (z. B. im rechten Querschiff von S. Carlo zu Genua), oder der Statue der Mathildis von Bernini (in S. Peter) eine dauernde Schönheit nicht ganz abstreiten dürfen. Hier und da ist die Einwirkung der (damals noch in Rom befindlichen und vielstudierten) Niobetöchter nicht zu verkennen. Anderes ist mehr national-italienisch. Selbst ohne höhern geistigen Adel, nehmen sich doch manche Madonnenköpfe, frei behandelt und zwanglos gestellt wie sie sind, recht gut aus. So z. B. mehrere Assunten des *Filippo Parodi* auf genuesischen Hochaltären. Im ganzen ist freilich die ideale Form etwas geistesleer.

Die sog. *Charakterköpfe* folgen ganz der Art der damaligen Maler, und zwar nicht der bessern. *Bernini* selber steht dem Pietro da Cortona viel näher als etwa dem Guercino; seine männlichen Individuen sind von jenem gemeinheroischen Ausdruck, der in der Malerei erst seit der Epoche der gänzlichen Verflachung (1650) herrschend wurde. An seinem Konstantin (unten an der Scala regia im Vatikan) hat man c den mittlern Durchschnitt dessen, was er für einen würdigen Typus des Mannes und des Pferdes hielt; sein Pluto (Villa Ludovisi) ist in d der Kopfbildung ein Exzeß der kortonistischen Richtung.

Auch seine Behandlung der *menschlichen Gestalt im allgemeinen* ist mit Recht verrufen, schon abgesehen von der Stellung. Jugendlichen und idealen Körpern gab er ein weiches Fett, das allen wahren Bau unsichtbar macht und durch glänzende Politur vollends widerlich wird. Die Art, wie Plutos Finger in das Fleisch der Proserpina hineintauchen e (Villa Ludovisi), ist auf jede andere Wirkung berechnet als auf die künstlerische. Seine Jugendarbeit, Apoll und Daphne (Villa Borghese, f oberer Saal), ist bei aller Charakterlosigkeit doch leidlicher, weil sie noch nicht üppig ist. Spätere haben, dem Geschmack ihrer Besteller zuliebe, nach dieser Richtung hin auf jede Weise raffiniert.

Den heroischen und Charakterfiguren gab Bernini eine prahlerische *Muskulatur*, die sich mit derjenigen Michelangelos zu wetteifern anschickt, gleichwohl aber nicht den Ausdruck wahrer elastischer Kraft hervorbringt, sondern aufgedunsenen Bälgen gleichsieht. Dies kommt zum Teil wieder von der unglücklichen Politur her (Pluto, V. Lud.).

a Bei den nicht von ihm selbst ausgeführten Statuen der großen Stromgötter (Hauptbrunnen auf Piazza navona) hängt der so viel günstigere Eindruck offenbar mit der anspruchlosern Behandlung der Oberflächen des Nackten zusammen. Und wo die Aufgabe ihm wahrhaft gemäß
b war, wie z. B. der *Triton* der Piazza Barberini, bei welchem jene üble Prätension auf Eleganz ohnedies wegfiel, da genügt Bernini völlig. Er hat vielleicht überhaupt nichts Besseres geschaffen als diese halbburleske Dekorationsfigur, welche mit Schale und Untersatz ein so prächtig belebtes Ganzes bildet. Wie sooft in der neuern italienischen Kunst wirken gerade diejenigen Mittel im rein naturalistischen und komischen Gebiet vortrefflich, welche im idealen alles verderben.

Andere Bildhauer waren auch in der Muskulatur wahrer und naturalistischer, in der Epidermis mürber, aber deshalb nicht viel erquicklicher.
c Eine große Schaustellung anatomischen Könnens ist z. B. *Pugets* S. Sebastian in der S. Maria di Carignano zu Genua; der Heilige muß sich vor Qual krümmen, damit der Künstler das Unerhörte von Formen an ihm entwickeln könne. Freilich weit die meisten Berninesken waren zu sehr bloße Dekoratoren, um sich auf eine so ernstliche Virtuosität einzulassen.

Die *Gewandung* ist vollends eine wahrhaft traurige Seite dieses Stiles. Es bleibt ein Rätsel, daß Bernini zu Rom, in der täglichen Gegenwart der schönsten Gewandstatuen des Altertums sich so verirrte. Allerdings konnten ihm Togafiguren und Musen nicht unbedingt zum Vorbilde dienen, weil er lauter *bewegte*, affektvolle Motive bearbeitete, die im Altertum fast nur durch nackte Figuren repräsentiert sind; allein auch seine Aufgaben zugegeben, hätte er die Gewandung anders stilisieren müssen. Er komponiert diese nämlich ganz nach malerischen Massen und gibt ihren hohen, plastischen Wert als Verdeutlichung des Körpermotives völlig preis.

In Porträtstatuen, wo der Affekt wegfiel und die *Amtstracht* eine bestimmte Charakteristik der Stoffe verlangte, hat dieser Stil Treffliches
d aufzuweisen. Seit Berninis Papststatuen (Denkmäler Urbans VIII. und
e Alexanders VII. in S. Peter) legte sich die Skulptur mit einem wahren Stolz darauf, den schwerbrüchigen Purpur des gestickten Palliums, die feinfaltige Alba, die Glanzstoffe der Ärmel, der Tunika usw. in ihren Kontrasten darzustellen. Von den Statuen Papst Urbans ist

diejenige am Grabe (im Chor von S. Peter) durch besonders niedliche Einzelpartien dieser Art, durchbrochene Manschetten und Säume usw., diejenige im großen Saal des Konservatorenpalastes dagegen durch a kecke Effektberechnung auf die Ferne merkwürdig. Auch die Kardinals- b tracht wurde bisweilen gut und würdig behandelt (Lateran, Kapelle Corsini). Fürsten, Krieger und Staatsmänner sind wenigstens im Durchschnitt besser als Engel und Heilige, wo sie nicht durch antike (und dann schlecht ideale) Tracht und heftige Bewegungen in Nachteil geraten wie z. B. die meisten Reiterstatuen. Von den letztern, sowie sie dem berninischen Stil angehören, reicht keine an den Großen Kurfürsten auf der Langen Brücke in Berlin. (Von Schlüter.) Francesco Mocchi († 1646), der etwa die Grenzscheide zwischen dem bisherigen und dem berninischen Stil bezeichnet, hat in Roß und Reiter die äußerste Affektation hineinzulegen gewußt. (Bronzedenkmäler des Alessandro und des Ranuccio Farnese auf dem großen Platz in Piacenza.) – An Grabmälern in den Kirchen findet man zahlreiche Halbfiguren, in welchen das lange Haar, der Kragen, die Amtstracht bisweilen mit dem ausdrucksvollen Kopf ein schönes Ganzes ausmachen.

Die *ideale Tracht* aber verschlingt den Körper in ihren weiten fliegenden Massen und flatternden Enden, von welchen das Auge recht gut weiß, daß sie faktisch zentnerschwer sind. Die Politur, womit Bernini und viele seiner Nachfolger das ideale Gewand, zumal himmlischer Personen, glaubten auszeichnen zu müssen, verderbt dasselbe vollends. Es gewinnt ein Ansehen, als wäre es – man erlaube die Vergleichung – mit dem Löffel in Mandelgallert gegraben. Tonfiguren sind deshalb oft leidlicher als marmorne.

Bisweilen wurde aber auch auf ganz besondere Art mit der Gewandung gekünstelt. Eine der unvermeidlichen Sehenswürdigkeiten *Neapels* sind die drei von allen Neapolitanern (und auch von vielen Fremden) auf das höchste bewunderten Statuen in der *Kapelle der Sangri*, Duchi c di S. Severo; sämtlich um die Mitte des vorigen Jahrhunderts gearbeitet. Von *San Martino* ist der ganz verhüllte tote Christus, eine Gestalt, welche zwar kein höheres Interesse hat, als das Durchscheinen möglichst vieler Körperformen durch ein feines Linnen, doch wird der Beschauer weiter nicht gestört. Von *Corradini* ist die ganz verhüllte sog. Pudicitia, mit welcher es schon viel mißlicher aussieht; ein Weib von ziemlich gemeinen Formen, die sich vermöge der künstlichen Durchsichtigkeit der Hülle weit widriger aufdrängen, als wenn die Person wirklich nackt gebildet wäre[1]. Von dem Genuesen *Queirolo* aber ist die

[1] Von demselben Corradini steht eine verhüllte »Wahrheit« in der Galerie Manfrin zu Venedig.

Gruppe »il disinganno, die Enttäuschung«; ein Mann (Porträt des Raimondo di Sangro) macht sich aus einem großmächtigen Stricknetze frei mit Hilfe eines höchst abgeschmackt herbeischwebenden Genius. Welche Marter an diesen Arbeiten auch die meißelgewandteste Virtuosenhand ausstehen mußte, weiß nur ein Bildhauer ganz zu würdigen. Und bei all der Illusion ist der geistige Gehalt null, die Formengebung gering und selbst elend. Die Kapelle ist noch mit andern Arbeiten dieser Zeit angefüllt. Wer von da unmittelbar zur Incoronata geht, kann mit doppeltem Erstaunen sich überzeugen, mit wie Wenigem das Höchste sich zur Erscheinung bringen läßt.

Übrigens sind dieses seltene Ausnahmen. Der Barockstil liebt viel zu sehr das Massenhafte und in seinem Sinn glänzende Improvisieren, um sich häufig eine solche Mühe zu machen.

Welches war nun der *Affekt*, dem zuliebe Bernini die ewigen Gesetze der Drapierung so bereitwillig preisgab? Bei Anlaß der Malerei wird davon umständlicher gehandelt werden; denn bei dieser ging ja die Skulptur jetzt in die Schule. Genug, daß nunmehr ein falsches dramatisches Leben in die Skulptur fährt, daß sie mit der Darstellung des bloßen *Seins* nicht mehr zufrieden ist und um jeden Preis ein *Tun* darstellen will; nur so glaubt sie etwas zu bedeuten. Die heftige Bewegung wird, je weniger tiefere, innere Notwendigkeit sie hat, desto absichtlicher in dem Gewande exxpliziert. Ging man aber so weit, so war auch die plastische Komposition überhaupt nicht mehr zu retten. Die so schwer errungene Einsicht in die formalen Bedingungen, unter welchen allein die Statue schön sein kann, das Bewußtsein des architektonischen Gesetzes, welches diese stoffgebundene Gattung allein beschützt und beseelt – dies ging für anderthalb Jahrhunderte verloren.

Schon für alle Einzelstatuen (geschweige denn für Gruppen) wird nun irgendein *Moment* angenommen, der ihre Bewegung begründen soll. Bisweilen gab es freie Themata, welche aus keinem andern Grunde a gewählt wurden. So Berninis schleudernder David (Villa Borghese), welcher die größte äußere Spannung einer gemeinen jugendlichen Natur ausdrückt. Aber welcher Moment sollte in die zahllosen Kirchenstatuen, in all die Engel und Heiligen gelegt werden, die auf Balustraden, in Fassadennischen, in Nebennischen der Altäre u. a. a. O. zu stehen kamen? Die Aufgabe war keine geringe! Bernini hatte z. B. b mittelbar oder unmittelbar für die 162 Heiligen zu sorgen, welche auf den Kolonnaden vor S. Peter stehen und ähnliche, wenn auch minder ausgedehnte Reihenfolgen kamen bei der Auszierung von Gebäuden nicht selten in Arbeit.

Die Skulptur ging nun auch hier der Malerei getreulich nach und nahm ihr den *ekstatisch gesteigerten*, durch Gebärden versinnlichten *Gefühlsausdruck* ab. Derselbe ist an sich gar wohl darstellbar und könnte mit großer Schönheit und Reinheit gegeben werden. Allein wenn er zur Regel wird und bald den einzigen Inhalt und Gehalt auszumachen droht, so ist er der Skulptur gefährlicher als der Malerei, welche letztere durch Farbe und Umgebung viel mehr Abwechslung und neue Motivierung hineinbringen und das Auge beständig von neuem täuschen kann.

Mit einer Art von resoluter Verzweiflung geht die Skulptur an ihr Tagewerk. Sie sucht mit aller Anstrengung nach Nebengedanken; sie gibt dem Heiligen einen Putto bei, mit welchem er Konversation machen kann; sie läßt den Apostel heftig in seinem vorgestützten Buche blättern (lehrreiche Apostelreihe von Monnot, Le Gros u. a. in den a Pfeilernischen des Laterans); Mocchis S. Veronica (in S. Peter) läuft b eilig mit ihrem Schweißtuch; Berninis Engel auf Ponte S. Angelo ko- c kettieren ganz zärtlich mit den Marterinstrumenten (der mit der Kreuzinschrift von Bernini eigenhändig ausgeführt); u. dgl. m. – Im allgemeinen aber sind und bleiben es einige wenige Motive, welche sich besonders häufig nur versteckt wiederholen. Da macht sich z. B. ein inspiriertes Auffahren, wie aus einem Traum, bemerklich (Berninis Sta- d tuen in S. M. del polopo, Cap. Chigi; in der Capella del voto des Domes e von Siena usw.); ein eifriges Beteuern und Schwören (Berninis Longin in S. Peter, auch mehrere der Ordensstifter in den Nischen der Haupt- f pfeiler daselbst; unter diesen ist der S. Ignatius Loyola, von *Giuseppe* g *Rusconi*, durch tiefern Ausdruck und gediegenere Ausführung ausgezeichnet; ganz unverzeihlich schlecht der Beato Alessandro Sauli h von Puget, in S. M. di Carignano zu Genua, u. a. m.). Es ist noch ein Glück für den Künstler, wenn er seinen Heiligen als begeisterten Prediger darstellen kann. (S. Peter.) Sonst findet sich namentlich ein schwärmerisches Hinsinken oder Hinknien, teils mit gesenktem Haupt (Legros, S. Aloys Gonzaga, im rechten Querschiff von S. Ignazio zu Rom), teils mit einem solchen Blick nach oben, daß man wenig mehr als Kinnbacken und Nasenspitze bemerkt. (Eine Hauptstatue dieser Gattung, der silberne S. Ignatius von Legros, im linken Querschiff al Gesù, ist i nur noch durch eine kupferversilberte Nachbildung vertreten.) Der S. Andreas des Duquesnoy, in S. Peter, welcher es beim bloßen sehn- k süchtigen Blick und Handgestus bewenden läßt, ist ohnedies auch durch Mäßigung der Form ein besseres Werk.

Höchst widrig ist denn die Vermischung dieses ekstatischen Ausdruckes mit einem je nach Umständen gräßlichen *körperlichen Leiden*. l Die große Lieblingsaufgabe, S. Sebastian, welcher nackt und dennoch

ein Heiliger ist, wurde jetzt von Puget (Kirche Carignano zu Genua,
s. oben) in einer Weise gelöst, welche des rücksichtslosen Naturalismus
jener Zeit ganz würdig war. Hatten bisher Maler und Bildhauer das
körperliche Leiden des Heiligen entweder weggelassen (indem sie den
bloß Gebundenen, noch nicht Durchschossenen abbildeten), oder doch
würdig dargestellt, so windet sich hier S. Sebastian wie ein Wurm vor
a Schmerzen. Das stärkste aber bietet (ebenda) ein andrer Franzose, Claude
David, in seinem S. Bartholomäus; man sieht den nackten, bejahrten
Athleten an einen Baumstamm gebunden, halb kniend, halb aufsprin-
gend mit schon halbgeschundener Brust; ein heranschwebender Engel
zieht das hängende Stück Haut an sich und macht den Beschauer in
naseweiser Art auf das Leiden des Heiligen aufmerksam.

Also lauter sehnsüchtige Devotion und Passivität, mit Güte oder Gewalt in das Momentane und Dramatische übersetzt – dies ist der Inhalt
der kirchlichen Einzelstatuen. Ein weiteres pikant gemeintes Interesse
verlieh ihnen z. B. Bernini gern durch *allzu große Bildung* im Verhältnis
b zur Kleinheit der Nische (die erwähnten Statuen im Dom von Siena);
die Ausgleichung liegt in gebückter, sonderbar sprungbereiter Stellung
u. dgl. Zu diesem gezwungen Momentanen, vermeintlich Dramatischen
gehört ganz konsequent auch die Bildung der *Attribute* in demselben
Verhältnis zur wirklichen Größe wie die Figuren. Das frühere Mittelalter hatte dem heil. Laurentius nur ein kleines Röstlein, der heil. Katharina ein Rädlein in die Hand gegeben; jetzt weiß man von einer
solchen andeutenden, symbolischen Darstellungsweise nichts mehr; da
es sich um eine Situation handelt, an deren Gegenwärtigkeit der Beschauer glauben soll, muß Laurentius einen mannslangen Rost, Katharina ein Wagenrad mitbekommen; soviel gehört notwendig mit zur
Illusion.

Indes gibt es ein paar Heiligenfiguren, in welchen statt der so oft
unechten Ekstase eine ruhige, sogar innig andächtige Stimmung ausgedrückt ist. So in der vielleicht besten Statue des 17. Jahrhunderts,
c der *H. Susanna des Duquesnoy* in S. M. Loreto zu Rom; sie deutet mit
der Linken auf die Palme, welche sie in der Rechten hält, und blickt
sanft nieder. Ohne den bessern Antiken irgendwie ebenbürtig zu sein,
hätte dieses Werk doch genügen sollen, um alle Zeitgenossen auf ihren
d Irrwegen zu beschämen. Oder *Houdons heiliger Bruno* (S. M. degli Angeli
in Rom, Eingang ins Hauptschiff); hier ist im Gegensatz zu dem sonst
üblichen unwahren Auffahren jene demütige, innige Kartäuserdevo-
tion ganz einfach dargestellt, welche gleichzeitig durch die Maler Stan-
e zioni und Le Sueur einen unvergänglich schönen Ausdruck fand. Berninis heil. Bibiana (in der gleichnamigen stets verschlossenen Kirche)
soll wenigstens einen Anflug von ähnlichem einfachem Ernst haben.

Sodann gibt es eine Anzahl *Martyrien ohne Pathos,* in welchen nicht mehr das Leiden, sondern der ruhige Augenblick des Todes dargestellt ist. Was man auch von solchen Gegenständen – namentlich wenn sie plastisch, ohne irgendein sachliches Gegengewicht vorgetragen werden – denken möge, immerhin sind die hierher gehörenden liegenden Statuen Berninis zu seinen besten Werken zu zählen. So die selige Lodovica Albertoni (in S. Francesco a ripa zu Rom, hinten links), und a der nach seinem Modell von Giorgini ausgeführte S. Sebastian (in b S. Sebastiano, links). Endlich in S. Cecilia zu Rom (hinter dem Hoch- c altar) die schöne, in der Art ihres Liegens rührende heil. Cäcilia des Stefano Maderna. Mehrere ähnliche Statuen in andern Kirchen.

Von der Bildung einzelner Gestalten gehen wir über zu den *Gruppen,* deren mehrere bereits beiläufig genannt worden sind. Eine Kunstepoche, welche so großen Wert auf das Momentane und Dramatische legte und in allen Künsten so sehr auf Pomp und Pracht ausging, mußte eine entschiedene Vorliebe für große Marmorgruppen haben. Da ihr aber die höhern Liniengesetze gleichgültig waren neben dem Ausdruck der Wirklichkeit und des Momentes, so mußten in der Regel verfehlte Werke zum Vorschein kommen.

In den *Profangruppen* wird das Kapitel der mythischen Entführungsszenen umständlich behandelt; Bernini gab schon in seiner frühern Gruppe »Apoll und Daphne« (II, S. 92, f) dasjenige Übermaß des Momentanen, womit jene Zeit glücklich zu machen war; außerdem ge- d hört sein Pluto (II, S. 92, d) hierher. Mit der Zeit gerieten solche Sujets in die Hände von Garten-Steinmetzen, und fielen dann bisweilen so lächerlich aus, daß man das Anstößige völlig vergißt. Irgend etwas von dem plastischen Ernste des Sabinerinnenraubes von Giov. Bologna wird man im 17. und 18. Jahrhundert vergebens suchen.

Von den *Brunnengruppen* ist zum Teil schon die Rede gewesen (I, S. 328 e u. f.). In derjenigen auf Piazza Navona (II, S. 93, a) strebt Bernini nach dem Ausdruck elementarischer Naturgewalten in Michelangelos Sinne, allein statt eines bloßen gewaltigen Seins kann er auch hier sein Pathos nicht unterdrücken, ein Nachteil, welchen die einfach tüchtige Detailarbeit nicht wieder gutmachen kann. Hier lernt man Giov. Bolognas Brunnen im Garten Boboli (II, S. 84, a) schätzen, welcher einen streng architektonischen Sinn in plastischen Gestalten ausdrückt und keines irrationellen Elementes bedarf, wie in Berninis Werk der mit unsäglicher Schlauheit arrangierte Naturfels ist.

Ebenso muß man die *Prachtgräber* dieser Zeit mit ihrer Art von Gruppenbildung kennen, um Michelangelos Gräber in der Sakristei von S. Lorenzo ganz zu würdigen. Bernini selber begann die neue Reihe mit

a dem Grabmal Urbans VIII. im Chor von S. Peter, und endete mit demjenigen Alexanders VII. (über einer Tür seitwärts vom linken Querschiff); der Typus des erstgenannten herrscht dann weiter in den Grabmälern Leos XI. (von Algardi), Innozenz XI. (von Monnot), Gregors XIII. (erst lange nach dessen Tode errichtet, 1723, von Camillo
Rusconi, das beste der Reihe), und Benedikts XIV. (von Pietro Bracci),
b wozu noch dasjenige Benedikts XIII. in der Minerva (ebenfalls von
c Bracci) und dasjenige Clemens XII. im Lateran (Cap. Corsini) zu rechnen sind.

Durchgängig das Beste oder Leidlichste sind natürlich die über den
Särgen thronenden, stehenden oder knienden *Porträtstatuen* der Päpste,
zumal bei Bernini selbst. Im übrigen aber wird die Nische, in welcher der Sarkophag steht, nur als eine Art Schaubühne behandelt, auf
welcher etwas vorgehen muß. Noch Gugl. della Porta hatte seine »Klugheit« und »Gerechtigkeit« ruhig auf dem Sarkophag Pauls III. lagern
lassen, allerdings nicht mehr so unbekümmert um den Beschauer wie
Michelangelos Tag, Nacht und Dämmerungen[1]. Seit Bernini aber müssen die zwei allegorischen Frauen eine *dramatische Szene* aufführen; ihre
Stelle ist deshalb nicht mehr auf dem Sarkophag, sondern zu beiden
Seiten, wo sie stehend oder sitzend (und dann auffahrend) ihrem Affekt
freien Lauf lassen können. Der Inhalt dieses Affektes soll meist Trauer
und Jammer, Bewunderung, verehrende Ekstase um den Verstorbenen
sein, was denn jeder Bildhauer auf seine Weise zu variieren sucht. –
Die kirchliche Dezenz verlangte jetzt eine vollständige Bekleidung, so
daß an diesen Gräbern von S. Peter die ausgesuchtesten damaligen Dra-
periemotive zu finden sind. Die Bravour im Nackten entschädigte sich
durch beigegebene Putten. Daneben bringt schon Bernini – wenn ich
nicht irre, zum erstenmal seit dem Mittelalter – die scheußliche Alle-
d gorie des Todes in Gestalt eines *Skelettes* vor; am Grabmal Urbans VIII.
schreibt dasselbe auf einen marmornen Zettel die Grabschrift zu Ende;
am Monument Alexanders VII. hebt es die kolossale Draperie von gelb-
und braungeflecktem Marmor empor, unter welcher sich die Tür befindet. Leider fand gerade diese »Idee« sehr eifrige Nachbeter.

Bei Anlaß dieses Extremes ist von den *Allegorien* einiges zu sagen,
weil sie gerade für die Sepulkralskulptur als wesentlichste Gedanken-
quelle betrachtet wurden; auch an Altären spielen sie oft die erste Rolle.
Die Prachtgräber und Altäre Italiens sind ebenso voll von verzweifel-
ten Versuchen, dieses Element interessant zu machen, wie eine gewisse
Gattung der damaligen Poesie. Über die Stelle der Allegorie in der

---

[1] Die Grabtypen der Zwischenzeit siehe II, S. 88.

Kunst überhaupt haben wir hier nicht zu entscheiden. Ihre Unentbehrlichkeit in allen nicht-polytheistischen Zeitaltern und die Möglichkeit schöner und erhabener Behandlung zugegeben, fragt es sich nur, weshalb sie uns bei den Berninesken so ganz besonders ungenießbar erscheint?

Diese Gedankenwesen, geboren von der Abstraktion, haben eben ein zartes Leben. Selber Prädikate, sind sie wesentlich prädikatlos und vollends tatlos. Der Künstler darf sie zwar als Individuen darstellen, welche dasjenige empfinden, was sie vorstellen, allein er muß diese Empfindung nur wie einen Klang durch die ruhige Gestalt hindurchtönen lassen. Statt dessen zieht die Barockskulptur sie unbedenklich in das momentane Tun und in einen Affekt hinein, der sich durch die heftigsten Bewegungen und Gebärden zu äußern pflegt. Nun ist es schon an und für sich nichts Schönes um Idealfiguren dieses Stiles, wenn sie aber auffahren, springen, einander an den Kleidern zerren, aufeinander losschlagen, so wirkt dies unfehlbar lächerlich. Alles Handeln und zumal alles gemeinschaftliche Handeln ist den allegorischen Gestalten untersagt; die Kunst muß sich zufriedengeben, wenn sie ihnen nur ein wahres *Sein* verleihen kann.

Gleichzeitig mit Bernini dichtete Calderon seine Autos sagramentales, wo fast lauter allegorische Personen handeln und welche doch den Leser (um nicht viel zu sagen) ergreifen. Aber der Leser steht dabei unter der Rückwirkung desjenigen starken spanischen Glaubens und derjenigen alten Gewöhnung an die Allegorie, welche schon dem großen Dichter entgegenkam und ihm die zweifellose Sicherheit gab, deren er in dieser Gattung bedurfte und die uns für den Augenblick völlig mitreißt, während wir bei den Berninesken das ästhetische Belieben, die Wählerei recht wohl ahnen. Sodann sind es Dramen, d. h. Reihen fortschreitender Handlungen, nicht einzelne in den Marmor gebannte Momente. Endlich steht es der Phantasie des Lesers frei, die allegorischen Personen des Dichters mit der edelsten Form zu bekleiden, während die Skulptur dem Beschauer aufdringt, was sie vorrätig hat. – Übrigens empfindet man bei Rubens bisweilen eine ähnliche, zum Glauben zwingende Gewalt der Allegorie wie bei Calderon.

Welcher Art die Handlungen der allegorischen Gruppen bisweilen sind, ist am glorreichsten zu belegen mit den Gruppen von Legros und a Teudon links und rechts von dem Ignatiusaltar in Gesù zu Rom: die Religion stürzt die Ketzerei, und der Glaube stürzt die Abgötterei; die besiegte Partei ist jedesmal durch zwei Personen repräsentiert. Was an dieser Stelle erlaubt war, galt dann weit und breit als klassisch und fand Nachahmer in Menge. Einem besonders komischen Übelstand unterliegen dabei die *weiblichen Allegorien des Bösen*. Aus Neigung zum Be-

greiflichen bildete man sie als häßliche Weiber, und zwar, wie sich bei
den Berninesken von selbst versteht, in Affekt und Bewegung, im Nie-
a derstürzen, Fliehen usw. Auf dem figurenreichen Hochaltar der Salute
in Venedig (von Justus de Curt) sieht man neben der Madonna unter
anderm eine fliehende »Zwietracht«, von einem Engel mit einer Fackel
verfolgt, das häßlichste alte Weib in bauschig flatterndem Gewand.
Nicht umsonst hatte schon der alte Giotto (Padua, Fresken der Arena)
die Laster in männlicher Gestalt dargestellt. - Und dann kann überhaupt nur ein reiner Stil wahrhaft großartige Allegorien des Bösen
schaffen.

Allein auch die ruhigern, einzeln stehenden Allegorien unterliegen
zunächst der manierierten Bildung alles Idealen. Unter zahllosen Bei-
b spielen heben wir die Statuen im Chor von S. M. Maddalena de Pazzi
in Florenz hervor, weil sie mit besonderm Luxus gearbeitet sind: Mon-
tanis Religion und Unschuld, und Spinazzis Rcue und Glaube; der letztere eine von den beliebten verschleierten Figuren in der Art der oben
(II, S. 94, c) genannten. Während sich aber hier wenigstens die Bedeutung der einzelnen Figuren, wenn auch mit Mühe, erraten läßt, tritt
in vielen andern Fällen ein absurder vermeintlicher Tiefsinn dazwischen,
der mit weit hergeholten pedantischen Anspielungen im Geschmack
der damaligen Erudition die Allegorien vollends unkenntlich macht und
sich damit zu brüsten scheint, daß eben nicht der erste Beste erkenne,
wovon die Rede sei. Man suche z. B. aus den acht lächerlich manie-
c rierten Statuen klug zu werden, mit welchen Michele Ongaro die kostbare Kapelle Vendramin in S. Pietro di Castello zu Venedig verziert
hat! (Ende d. 1. Querschiffes.) Mit allen Attributen wird man die Bezüge des 17. Jahrhunderts erst recht nicht erraten. - Ein anderer Mißbrauch, der alle Teilnahme für diese allegorischen Gebilde von vornherein stört, ist die oben (I, S. 318 u. f.) gerügte *Verschwendung* derselben
für *dekorative* Zwecke, zumal in einer ganz ungehörigen Stärke des Reliefs, welche beinahe der Freiskulptur gleichkommt. Denselben Schwin-
del, welchen man im Namen der Bogenfüllungstugenden empfindet,
fühlt man dann auch für die eigentlichen Statuen, die auf den Gesim-
sen von Altartabernakeln stehen, oder vollends für jene Fides, Caritas
usw., welche nebst Putten und Engeln auf den gebrochenen Giebel-
schnecken der Altäre in Pozzos Geschmack (I, S. 323) höchst gefährlich
d balancierend sitzen. (Ein Beispiel von vielen in S. Petronio zu Bologna,
zweite Kapelle links.) Was uns besorgt macht, ist der Naturalismus ihrer
Darstellung und die seiltänzerische Prätension auf ein wirkliches Verhältnis zu dem Raume, wo sie sich befinden, d. h. auf ein wirkliches
Sitzen, Stehen, Lehnen an einer halsbrechenden Stelle. Für eine Statue
des 14. Jahrhunderts, mit ihrem einfachen idealen Stil, ist dem Auge

niemals bange, so hoch und dünn auch das Spitztürmchen sein mag, auf welchem sie steht.

Doch wir müssen noch einmal zu den Grabmälern zurückkehren. Die Nachtreter haben Bernini weit überboten sowohl in der plastischen als in der poetischen Rücksichtslosigkeit. Als sie einmal, wie bei Anlaß der Altargruppen weiter zu erörtern ist, die Gattungen der Freiskulptur und des Hochreliefs zu einer Zwitterstufe, der *Wandskulptur* (sit venia verbo) vermengt hatten, war schlechterdings alles möglich. Bei der totalen Verwilderung des Stiles rivalisierte man jetzt fast nur noch in »Ideen«, d. h. in *Einfällen* und, wer seine Geschicklichkeit zeigen wollte, in naturalistischem Detail. Hier halten weinende Putten ein Bildnismedaillon; dort beugt sich ein Prälat über sein Betpult hervor; ein verhülltes Gerippe öffnet den Sarg; abwärts purzelnde Laster werden von einer Inschrifttafel erdrückt, über welcher oben ein fader Posaunenengel mit einem Medaillon schwebt; für alle Arten von Raumabstufung müssen marmorne Wolken herhalten, die aus der Wand hervorquellen, oder es flattern große marmorne Draperien ringsherum, für deren Brüche und Bauschen die Motivierung erst zu erraten ist. Statt aller Denkmäler dieser Art nennen wir nur das der Maria Sobieska im a linken Seitenschiff von S. Peter, als eines der prächtigsten und sorgfältigsten (von Pietro Bracci). – In Florenz ist die unter Fogginis Lei- b tung dekorierte (1692 vollendete) Cap. Feroni in der Annunziata (die zweite links) ein wahres Prachtstück berninesker Allegorie und Formenbildung. Als Grabkapelle des (in Amsterdam als Kaufmann reich gewordenen, später in Florenz als Senator festgehaltenen) Francesco Feroni hätte sie nur eines Sarkophages bedurft; der Symmetrie zuliebe wurden es zwei; auf dem einen sitzen die Treue (mit dem großen bronzenen Bildnismedaillon) und die Schiffahrt, auf dem andern die Abundantia maritima und der »Gedanke«, ein nackter Alter mit Büchern; über den Särgen stehen dort S. Franziskus, hier S. Dominikus; unter dem Kuppelrand schweben Engel, in der Kuppel Putten. Und über dies alles ist doch ein Stil ausgegossen und der Beschauer läßt sich wenigstens einen Augenblick täuschen, als gehöre es zusammen. (Das Altarbild von Carlo Lotti.)   c

In Venedig behielten die Dogengräber von der vorhergehenden Epoche her die Form großer Wandarchitekturen von zwei Ordnungen bei, nur daß dieselben in noch viel kolossalerm Maßstab ausgeführt wurden. Das Figürliche konzentriert sich hier nicht zu einer allegorischen Sarkophaggruppe, sondern verteilt sich in einzeln aufgestellte Statuen vor und zwischen den Säulen, in Reliefs an den Postamenten usw. Ganze Kirchenwände (am liebsten die Frontwand) werden von

diesen zum Teil ganz abscheulichen Dekorationen in Beschlag genommen. Unverzeihlich bleibt es zumal, daß die Besteller, was sie an der
Architektur ausgaben, an den armen Schluckern sparten, welche die
Skulpturen in Verding nahmen, so daß die elendesten Arbeiten des berninischen Stiles sich gerade in den venezianischen Kirchen finden müssen.
a Eine Ausnahme macht etwa das Mausoleum Valier im rechten Seitenschiff von S. Giovanni e Paolo, wofür man wenigstens einen der bessern Berninesken, Baratta, nebst andern Geringern in Anspruch nahm.
(Unter den obern Statuen unter anderm eine Dogaressa in vollem Kostüm um 1700.) – Wie weit das Verlangen geht, überall recht begreiflich und wirklich zu sein, zeigt auf erheiternde Weise das im linken
b Seitenschiff der Frari befindliche Grabmal eines Dogen Pesaro († 1669).
Vier Mohren tragen als Atlanten das Hauptgesimse; ihre Stellung
schien nicht genügend, um sie als Besiegte und Galeotten darzustellen;
der Künstler, ein gewisser Barthel, gab ihnen zerrissene Hosen von
weißem Marmor, durch deren Lücken die schwarzmarmornen Knie her-
vorgucken; er hatte aber auch genug Mitleid für sie und Nachsicht für
den Beschauer, um zwischen ihren Nacken und den Sims dicke Kissen
zu schieben; das Tragen täte ihnen sonst zu wehe.

Von den *Altargruppen* sind zuerst die *freistehenden* zu betrachten. Die
beste, welche mir vorgekommen ist, befindet sich in der Krypta unter
c der *Capella Corsini* im Lateran zu Rom; es ist eine *Pietà* von Bernini.
(? Sie fehlt im Verzeichnis seiner Werke bei Dominici.) Die delikate
Behandlung des Marmors macht sich in einigen Künsteleien absichtlich
bemerkbar, sonst ist an der Gruppe nur die durchaus malerische (und
in diesem Sinne gute) Komposition zu tadeln; im übrigen ist es ein
ziemlich reines Werk von schönem, innerlichem Ausdruck ohne alles
falsche Pathos; im Gedankenwert den besten Darstellungen dieses
Gegenstandes aus der Schule der Caracci wohl gleichzustellen. Wie Bernini am gehörigen Ort seinen Stil zu bändigen und zu veredeln wußte,
d zeigt auch der Christusleichnam in der Krypta des Domes von Capua.
Allein dies waren Werke für geschlossene Räume mit besonderer Bestimmung. Was sollte auf die Hochaltäre der Kirchen zu stehen kom-
e men? Nicht jeder war so naiv wie Algardi, der für den Hauptaltar von
S. Paolo zu Bologna eine Enthauptung Johannis in zwei kolossalen Figuren arbeitete; statt des Martyriums sucht man vielmehr durchgängig
eine *Glorie* an diese feierlichste Stelle der Kirche zu bringen. Die höchste
Glorie, welche die Kunst ihren Gestalten hätte verleihen können, eine
großartige, echt ideale Bildung mit reinem und erhabenem Ausdruck
– diese zu schaffen war das Jahrhundert nicht mehr angetan; der Inhalt
des Altarwerkes mußte ein andrer sein. Vor allem mußte der patheti-

sche und ekstatische Ausdruck, welchen man die ganze Kirche hindurch in allen Nischenfiguren und Nebenstatuen der Seitenaltäre auf hundert Weisen variiert hatte, in der Altarskulptur konsequenterweise seinen Höhepunkt erreichen, indem man die Ekstase zu einer Verklärung zu steigern suchte. Hier beginnt die Notwendigkeit der Zutaten; die betreffende Hauptfigur, die man am liebsten ganz frei schweben ließe, schmachtet sehnsüchtig auf *Wolken* empor, welche dann weiter zur Anbringung von Engeln und Putten benutzt werden. Als aber einmal die Marmorwolke als Ausdruck eines überirdischen Raumes und Daseins anerkannt war, wurde alles möglich. Es ist ergötzlich, den Wolkenstudien der damaligen Skulptoren nachzuforschen; in ihrem redlichen Naturalismus scheinen sie – allerdings irrigerweise – nach dem Qualm von brennendem feuchtem Maisstroh u. dgl. modelliert zu haben. Die Altäre italienischer Kirchen sind nun sehr reich an kostbaren Schwebegruppen[1] dieser Art. Es ist hauptsächlich die von Engeln gen Himmel getragene Assunta, wie sie etwa Guido Reni aufgefaßt hatte, mit gekreuzten oder ausgestreckten Armen und im letztern Fall sogar oft eher deklamatorisch als ekstatisch. Oder der Kirchenheilige in einer Engelglorie. In Genua z. B. kam es so weit, daß fast kein Hauptaltar mehr ohne eine solche Gruppe blieb. Man sieht dergleichen von Puget auf dem Hauptaltar der Kirche des Albergo de'Poveri, von Domenico und Filippo Parodi und andern auf den Altären von S. Maria die Castello, S. Pancrazio, S. Carlo usw. Das Auge hält sie von weitem für Phantasieornamente und kann sie erst in der Nähe entziffern. Die halbe Illusion, welche sie erreichen, steht im widerlichsten Mißverhältnis zu der ganzen Illusion, nach welcher die Deckenfresken streben; oft bilden sie eine dunkle Silhouette gegen einen lichten Chor; außerdem steht ihre Proportion in gar keiner Beziehung zu den Proportionen aller andern Bildwerke der Kirche; sie hätten eigentlich höchst kolossal gebildet werden müssen. Danken wir gleichwohl dem Himmel, daß dies nicht geschehen ist. – Eine unterste Stufe der Ausartung bezeichnet nach dieser Seite *Ticciatis* Altargruppe im Baptisterium von Florenz (1732). Von den für schwebend geltenden Engeln trägt der eine die Wolke, auf welcher Johannes d. T. kniet; der andre stützt sie mit dem Rücken; ein Stück Wolke quillt bis über den Sockel herunter. Auf gemeinere Weise ließ sich das Übersinnliche nicht versinnlichen, selbst abgesehen von der süßlich unwahren Formenbildung. –

[1] Der berühmte jetztlebende amerikanische Bildhauer Crawford, der seine Figuren auch gerne schweben läßt, gibt dem Schweben eine Richtung seitwärts, vom Postament weg. Solches geschieht heutzutage in Rom, doch glücklicherweise noch nicht für europäische Kunstfreunde.

a Auf dem Hochaltar der Jesuitenkirche zu Venedig sieht man Christus
und Gottvater sehr künstlich balancierend auf der von Engeln mit sehr
wirklicher Anstrengung getragenen Weltkugel sitzen; es wäre nun gar
zu einfach gewesen, die Engel auf dem Boden stehen zu lassen – sie
schweben auf Marmorwolken.

Bei solchen Exzessen mußten die Klügern auf den Gedanken kommen, daß es besser wäre, die freistehende Gruppe ganz aufzugeben, als
ihre Gesetze noch länger mit Füßen zu treten. Und nun wird endlich
das rein malerische Prinzip zugestanden in vielen Altargruppen, welche
nicht mehr frei hinter dem Altar stehen, sondern in einer *Nische* dergestalt angebracht sind, daß sie ohne dieselbe nicht denkbar wären. Sie
sind nämlich ganz als Gemälde komponiert, selbst ohne Zusammenhang der Figuren, mit Preisgebung aller plastischen Gesetze. Von den
Wänden der Nische aus schweben z. B. Wolken in verschiedenen Di-
b stanzen her, auf welchen zerstreut Madonna, Engel, S. Augustin und
S. Monica in Ekstase sitzen, kauern, knien usw. (Altar des rechten Querschiffes in S. Maria della consolazione in Genua, von Schiaffino um
1718). Aus den hundert anderen Gruppen dieser *Wandskulptur* heben
wir nur noch zwei in Rom befindliche besonders hervor: die Wohl-
c tätigkeit des heil. Augustin (Altar des linken Querschiffes in S. Agostino), von dem Malteser Melchiorre Gafa, wegen der fleißigen Arbeit
d und eines Restes von Naivität – und die berühmte *Verzückung der heil.
Teresa* (im linken Querschiff von S. M. della Vittoria), von Bernini. In
hysterischer Ohnmacht, mit gebrochenem Blick, auf einer Wolkenmasse liegend, streckt die Heilige ihre Glieder von sich, während ein
lüsterner Engel mit dem Pfeil (d. h. dem Sinnbild der göttlichen Liebe)
auf sie zielt. Hier vergißt man freilich alle bloßen Stilfragen über der
empörenden Degradation des Übernatürlichen.
    Da überall die Absicht auf Illusion mitspielt, so scheut sich auch die
Skulptur so wenig als die dekorierende Malerei (I, S. 323), ihre Gestalten
bei Gelegenheit weit aus dem Rahmen heraustreten zu lassen, überhaupt
keine architektonische Einfassung mehr anzuerkennen. Es genügt, auf
e Berninis »*Catedra*« (hinten im Chor von S. Peter) zu verweisen, welche
unten als Freigruppe der vier Kirchenlehrer anfängt, um oben als Wanddekoration um ein Ovalfenster (Engelscharen zwischen Wolken und
Strahlen verteilt) zu schließen. Es ist das rohste Werk des Meisters,
eine bloße Dekoration und Improvisation; er hätte wenigstens nicht
zum Vergleich mit der danebenstehenden solidern Arbeit seiner eignen
frühern Zeit, dem Denkmal Urbans VIII., so unvorsichtig auffordern
sollen.

Endlich erkennt der Naturalismus der berninischen Plastik seine eigenen Konsequenzen offen an. Wenn einmal die Darstellung eines möglichst aufregenden Wirklichen das höchste Ziel des Bildhauers sein soll,
so gebe er die letzten akademischen Vorurteile über Linien, über Gruppenbildung u. dgl. auf und arbeite ganz auf dieses Wirkliche hin, d.h.
er füge die *Farbe* hinzu! Schon das Mittelalter, dann die realistischen
florentinischen Bildner des 15. Jahrhunderts, die Robbia, vorzüglich
Guido Mazzoni, waren hierin ziemlich weitgegangen; überdies wird
das bemalte Bildwerk eine Verständlichkeit für sich haben und einer
Popularität genießen, um welche man es zu wenig beneidet.

Und es entstanden wieder zahllose bemalte Heiligenfiguren von Holz,
Stukko und Stein. Wer sich von Bildhauern irgend etwas dünkte, wollte
allerdings mit dieser Gattung nichts zu tun haben; die akademische
Kunst schloß kein Verhältnis mehr mit ihr; sie mied die Verwandt-
schaft und Konkurrenz mit jenen periodisch neu drapierten Wachs-
puppen, welche z. B. in Glaskasten auf den Altären neapolitanischer
Kirchen prangen. Allein bisweilen verspinnt sich doch ein schönes Talent in die bemalte Skulptur und leistet darin Vorzügliches. In Genua
lebte um das Jahr 1700 ein Künstler dieser Art, *Maragliano*, dessen Arbeiten ungleich erfreulicher sind als die meisten Papstgräber in S. Peter.
Man überließ ihm meist eine ganze, etwa besonders von oben beleuchtete Nische über dem Altar, in welcher er seine Figuren ohne den Anspruch auf eine plastische Gruppe, vielmehr bloß malerisch ordnete.
Mit der Farbe hatte er auch dazu das Recht, während jene Skulpturen
in Marmor, die ihre Nischengruppen ähnlich bildeten, ein wüstes Zwit-
terwesen hervorbrachten. – Gegen das unheimlich Illusionäre der
Wachsbilder schützte ihn die plastische und in seinem Sinn ideale Gewandung. Sein Material ist, wie ich glaube, bloß Holz (bei größern
Figuren von zusammengenieteten Blöcken), ohne Nachhilfe mit Stukko.

Diese Arbeiten sind gleichsam eine höhere Gattung der Präsepien,
welche in Italien noch gegenwärtig um die Zeit des Dreikönigstages
in den Kirchen (im kleinen auch in Privathäusern) aufgestellt werden;
nur hier mehr künstlerisch abgeschlossen und mit einem bedeutenden
Talent, mit Fleiß und Liebe durchgeführt. Maragliano ist bisweilen
wahr, schön und ausdrucksvoll, wie ich mich nicht erinnere irgendeinen
seiner Fachgenossen gefunden zu haben. Seine Gattung paßte hauptsächlich gut für Kapuzinerkirchen, die den reichern Schmuck schon
durch die vorgeschriebenen hölzernen Rahmen, Gitter usw. ausschlie-
ßen. Seine besten Altargruppen zu Genua: S. Annunziata, Querschiff a
links; – S. Stefano, im Anbau; – S. Maria della Pace: im Chor eine b
große Assunta mit S. Franz und S. Bernardin, in der zweiten Kapelle c

rechts S. Franz, der die Wundmale erhält, außerdem linkes Querschiff und zweite Kapelle links (in der dritten Kapelle rechts eine Gruppe
a desselben Stiles von Pasquale Navone); – in Madonna delle Vigne, Kapelle links neben dem Chor: ein Kruzifix und die in ihrer Art vor-
b trefflichen Statuen der Maria und des Johannes; – Kapuzinerkirche, Querschiff rechts. – U. a. a. O.
c   Nicht umsonst kam z. B. Legros in der Statue des hl. Stanislas Kostka (in einer Kapelle des Noviziates S. Andrea zu Rom) auf die (allerdings fehlgegriffene) Zusammensetzung aus verschiedenen Marmorarten zurück. Wie, wenn man einmal zur Probe versuchte, berninische Skulpturen zu bemalen? ob sie nicht gewinnen würden?

Die Gattung starb auch später nie ganz aus; für kleine Genrefiguren von Wachsmasse und von Ton wird sie vollends immer fortdauern. Es ist bekannt, welche trefflichen Arbeiten in diesem Fache Mexiko liefert (Kostümbilder und heilige Gegenstände); aber auch Sizilien hat bis auf unsere Zeit wahre Künstler dieser Art, wie Matera und B. Palermo gehabt.

Was kann das *Relief* in dieser Periode bedeuten? Schon seit dem 15. Jahrhundert seines einzig wahren Stilprinzipes beraubt und zum Gemälde in Marmor oder Erz herabgesetzt, muß es jetzt, mit der manieriert- naturalistischen Auffassung und Formbehandlung der Berninesken, doppelt im Nachteil sein. Überdies kann man fragen, was eigentlich noch Relief heißen dürfte, seitdem die Gruppenskulptur zu einer Wand- und Nischendekoration geworden? Seitdem ganze Kapellenwände mit Szenen von stark ausgeladenen lebensgroßen Stukko-
d figuren bedeckt werden? Man nennt z. B. Algardis ,Attila (S. Peter, Cap. Leos des Großen) » das größte Relief der neuern Kunst«; es sollte eher eine Wandgruppe heißen. Übrigens ist *Algardi*, beiläufig gesagt, immer eines Blickes wert, weil er das Detail gewissenhafter behandelt und einen Rest naiven Schönheitssinnes übrig hat.

Nächst ihm ist der Bolognese *Giuseppe Mazza* insoweit einer der Bessern im Relief, als die bolognesische Malerschule in der Komposi-
e tion die meisten übrigen Maler überragt. Außer zahlreichen Arbeiten in den Kirchen seiner Vaterstadt hat er in S. Giovanni e Paolo zu Venedig (letzte Kapelle des rechten Seitenschiffes) in sechs großen Bronzereliefs das Leben des hl. Dominikus geschildert; nimmt man die obern zwei Dritteile mit den Glorien weg, so bleiben ganz tüchtige Kompositionen übrig, zumal die mit dem Tode des Heiligen. Dagegen gibt es von Mazza Arbeiten in mehrern Kirchen seiner Vaterstadt, die nicht besser sind als andres aus dieser Zeit.

Für Florenz sind am ehesten zu nennen die drei großen Altarreliefs
f des Foggini in der Cap. Corsini im Carmine (Querschiff links). Süßliche

Engelchen schieben die Wolken, auf welchen der verhimmelte Heilige
kniet; in dem Schlachtrelief sprengen die Besiegten links aus dem Rahmen heraus; überall bemerkt man Reminiszenzen aus Gemälden. Und
dabei sind es doch von den tüchtigsten Arbeiten der ganzen Richtung.
– In Rom gewährt S. Peter (außer dem genannten Relief Algardis) noch a
in einer Anzahl kleinerer Sarkophagreliefs an den Grabmälern und in
Berninis Relief über dem Hauptportal eine Übersicht derjenigen Ge-
schmacksvariationen, welche dann für die übrige Welt maßgebend wurden. – Die Reliefs über den Apostelstatuen im Lateran sind von Algardi
und seinen Zeitgenossen entworfen.   b

   Um die Mitte des 18. Jahrhunderts beginnt der Stil sich etwas zu bessern; während die Auffassung im ganzen noch dieselbe bleibt, hören die
schlimmsten Exzesse des Naturalismus und der davon abgeleiteten Manier allmählich auf. Das Raffinieren auf Illusion, welches noch kurz
vorher (II, S. 94, c) seine Triumphe über die besiegte Schwierigkeit gefeiert, macht einer ruhigern Eleganz Platz. Von diesen Zeitgenossen
eines Raffael Mengs sind natürlich nur wenige zu einigem Namen gelangt, weil ihnen die wahre Originalität fehlte. (In Genua sind mir
mehrere Arbeiten des *Niccolò Traverso* z. B. im Chor des Angelo Custode c
aufgefallen.)
   Das große Verdienst *Canovas* lag darin, daß er nicht bloß im einzelnen
anders stilisierte als die Vorgänger, sondern die ganze Aufgabe neu im
Sinne der ewigen Gesetze seiner Kunst aufzufassen suchte. Sein Denkmal Clemens XIV. (im linken Seitenschiff von SS. Apostoli zu Rom)
war eine Revolution nicht bloß für die Skulptur. Wie man immer vom d
absoluten Wert seiner Arbeiten denken möge, kunsthistorisch ist er der
Markstein einer neuen Welt.

Dritter Teil

MALEREI

Nur ärmliche Trümmer sind uns von der *antiken Malerei* übriggeblieben, doch immer genug, um uns ahnen zu lassen, was Griechen und Römer auf diesem Gebiete wollten und konnten. Einige bekannte Geschichten von Parrhasios, Zeuxis und andern großen Meistern führen leicht auf den Gedanken, daß die Illusion das höchste Ziel der griechischen Maler gewesen. Nichts kann aber irriger sein. Ihnen genügte es vielmehr, wenn der Gegenstand oder das Ereignis möglichst deutlich mit möglichst wenigen Mitteln dargestellt wurde. Sie haben weder in der Komposition, noch in der Durchführung, noch in der Farbe dasjenige System erstrebt, welches der neuern Malerei zur Grundlage dient, allein was sie leisteten, muß dennoch ein Höchstes in seiner Art gewesen sein.

Eine Vorschule der griechischen Malerei gewähren uns gewissermaßen die zahlreichen *Gefäße*, welche hauptsächlich in den Gräbern Attikas, Siziliens, Unteritaliens und Etruriens gefunden worden sind und noch fortwährend gefunden werden. Die bedeutendste Sammlung a derselben, welche es wohl überhaupt gibt, ist diejenige im Museum von Neapel. Ungleich geringer, doch unter den italienischen noch sehr ausb gezeichnet erscheint die vatikanische Vasensammlung, welche mit dem Museo etrusco und mit der vatikanischen Bibliothek verbunden ist. c Ähnlich verhält es sich mit der florentinischen (in den Uffizien; verschlossener Gang gegen Ponte vecchio hin).

Dieser ganze unübersehbare Vorrat gehört, wie man jetzt allgemein anerkennt, bei weitem größtenteils griechischen Tonmalern an, mochten dieselben auch z. B. in Etrurien angesiedelt sein und für Etrusker arbeiten. Die Gebräuche, Trachten und Mythen, welche sie darstellen, sind fast ausschließlich griechisch. Der Zeit nach mögen sie meist in das 6. bis 3. Jahrhundert v. Chr. fallen; zur Zeit der Römerherrschaft über Italien wurde nicht mehr in diesem Stil gearbeitet, und Pompeji liefert z. B. keine Vasen der Art mehr.

Zum täglichen Gebrauch für Küche, Tisch und Waschung haben wohl nur die wenigsten gedient. Ihre Bedeutung ist eine festliche, man erhielt sie als Kampfpreis, als Hochzeitsgeschenk usw.; hatte man sie das Leben hindurch als Schmuck in der Wohnung vor sich gehabt, so erhielt sie der Tote zur Begleitung mit ins das Grab. Viele aber, und zwar von den wichtigsten, wurden wohl ausschließlich für den Gräberluxus des alten Italiens gefertigt. Rings um die Leiche herum pflegen sie in den Gruftkammern gefunden zu werden, leider fast durchgängig in einer Menge von Scherben, die sich nicht immer glücklich zusammensetzen lassen.

Es sind Gefäße jeder Gattung und Gestalt, von der riesigen Amphore bis zum kleinsten Näpfchen. Da sie aber nicht zu gemeinem Gebrauche benutzt wurden, konnte man an jeder Form – Amphore, Urne, Topf, Schale, Trinkhorn usw. – das Schöne und Bedeutende nach Belieben hervortreten lassen.

Mit höchstem Wohlgefallen verweilt das Auge schon bei den Formen und Profilen, welche der Töpfer dem Gefäß gab. Die strenge plastische Durchführung, welche wir an den marmornen Prachtvasen fanden, wäre hier nicht an der Stelle gewesen; was aber von einfach schöner Form mit dem Drehrad vereinbar ist, das wurde angewandt. Freilich sind die von freier Hand gearbeiteten Henkel oft ganz besonders schön und lebendig.

Die aufgemalten Ornamente tragen ebenfalls nicht wenig zur Belebung des Gefäßes bei, indem sie gerade für ihre Stelle und Funktion bezeichnend gebildet sind.

Den untern Auslauf der Henkel schmücken oft ganze Büschel von Palmetten (d. h. immer ein oval gespitztes Blatt von geschwungenen kleinen Seitenblättern begleitet), in welchen gleichsam die überschüssige Elastizität sich ausströmt. Am obern Rande der Vase, als Sinnbild des darin Enthaltenen, zieht sich wellenförmiges Blumwerk hin, den Hals umgeben strengere Palmetten oder auch bloß senkrechte Rinnen, die sich dann mit der Ausbauchung des Gefäßes in reichern Schmuck verwandeln. Die Bänder zwischen, unter und über den figürlichen Darstellungen bestehen teils wieder aus wellenförmigen Blumen, teils aus Mäandern, teils auch aus Reihen von Muscheln u. dgl. Die untere Zusammenziehung der Vase wird etwa durch spitz auslaufendes Blattwerk noch mehr verdeutlicht. Der Fuß ist, wie billig, schmucklos.

Dies sind scheinbar nur Nebensachen, allein sie zeigen, daß es sich um eine Vase und nicht um ein beliebiges Prunkstück handelt, was man bei den kostbarsten Porzellanvasen von Sèvres oft vergessen muß.

Man sollte denken, die Tonmaler hätten sich es wenigstens bei diesen Zierarten bequem gemacht und durch Schablonen gemalt. Allein der erste Blick wird zeigen, daß die leichteste, sicherste Hand alles frei hingezaubert hat, weshalb es denn auch nicht an einzelnen krummen Linien u. dgl. fehlt.

Ebenso ist es mit den Figuren. Der Maler konnte sie zum Teil als Gemeingut der griechischen Kunst auswendig, zum Teil erfand und komponierte er sie für die besondere Darstellung. Große Künstler geben sich mit dieser Gattung gar nicht ab; es ist ein mittlerer und selbst geringer Durchschnitt des unendlichen griechischen Kunstvermögens, der sich hier zu erkennen gibt. Und doch selbst bei diesen so äußerst beschränkten Mitteln, diesen zwei, höchstens drei Farben soviel Bewundernswertes!

Wir scheiden zunächst eine ältere Gattung, diejenige mit *schwarzen Figuren* auf *rotem Grunde* aus. Ihr Stil ist bei großer Zierlichkeit noch ein befangener und entspricht mehr oder weniger dem ältern griechischen Skulpturstil (I, S. 344 u. ff.)

Die Vasen der reifern (und, was Apulien betrifft, auch wohl der sinkenden) Kunst sind die, welche (ausgesparte) *rötliche Figuren* auf (aufgemaltem) *schwarzem Grunde* zeigen. Mit diesen, auch an Zahl überwiegenden haben wir es hauptsächlich zu tun.

Die Darstellungen, welche sie in einer, zwei, bis drei Reihen von Figuren, an den Schalen auf der Unterseite rings um den Fuß, auch innen in der Mitte enthalten, sind zum Teil der Gegenstand einer sehr ausgedehnten gelehrten Forschung. Die seltensten Mythen, die kein Relief und kein pompejanisches Gemälde darstellt, kommen hier vor. Uns sind jedoch nur einige Andeutungen über die künstlerische Behandlung vergönnt.

Im ganzen folgt dieser Stil dem griechischen Reliefstil. Es ist eine ähnliche perspektivische Entwicklung der Gestalt, ein ähnliches Prinzip der Scheidungen, eine ähnliche Erzählungsweise. Die Figuren sind meist auseinandergehalten, ihre Haltung und Gebärde möglichst sprechend. Bei bekleideten Gestalten wurden erst die Glieder in raschem Umriß hingezeichnet, dann das Gewand darüber angegeben, und zwar von den Falten gerade so viel, als dazu diente, die Gestalt selbst und zugleich den Gang des Gewandes zu verdeutlichen. Die Köpfe sind ohne irgendwelche Absicht auf besondern Ausdruck oder besondere Schönheit sehr allgemein behandelt. Die Angabe des Raumes mußte bei dem gemeinsamen schwarzen Grunde eine möglichst einfache, symbolische sein. Ein Stern bedeutet hier schon die Nacht, ein kleiner Vorhang das Zimmer, ein paar Muscheln oder Delphine die See, eine krumme Reihe von Punkten das unebene Erdreich, eine Säule mit Gefäß die Ringschule usw. Auch alles Geräte, wie z. B. Wagen, Tische u. dgl., ist bloß stenographisch angedeutet, um den Blick für das Wesentliche freizuhalten.

Den höchsten künstlerischen Genuß gewähren in der Regel weniger die figurenreichen mythischen Kompositionen, als vielmehr eine Anzahl *einzelner* und oft wiederkehrender *Figuren*, welche eben wegen ihres anerkannten Wertes immer von neuem frei wiederholt wurden. Der Beschauer wird sie in jeder bedeutenden Sammlung bald herausfinden; wir wollen nur auf einiges Wenige aufmerksam machen, was sich z. B. bei einem Gang durch das Museum von Neapel darbietet.   a Aufgestützt sitzende Männer. – Tanzende Satyrn. – Jünglinge der Ringschule, nackt oder in Mäntel gehüllt und aufgestützt. – Schwebende geflügelte Genien. – Herrliche springende Bacchanten. – Ein Sprechender, nackt, den einen Fuß auf einem Felsstück. – Sitzende Frauen mit nacktem Oberleib, den einen Fuß hinter dem andern, oft von großer Schönheit. – Schwebende Siegesgöttinnen. – Verhüllte Tänzerinnen. – Mänaden. – Die Toilette einer Frau oder Braut, welche sitzend den Schleier überzieht oder ablegt; unter den Dienerinnen, welche Schmuck und Körbchen usw. bringen, bisweilen eine sehr schöne nackte in kauernder Stellung. – Eine Sprechende, bekleidet, gebückt stehend, den einen Fuß auf einen Stein gestützt, mit der Rechten gestikulierend. – Eine verhüllt sitzende trauernde Frau. – Schmausende beider Geschlechter. – Die Pferde, ohne alle Genauigkeit, aber immer voll Lebens; ein ruhigstehendes und ein dahersprengendes Viergespann, in Hunderten von Wiederholungen. – Ein trefflich bewegter, schwebender Reiter.

Solche und andre einzelne Gedanken der griechischen Kunst, welche diese anspruchslosen Denkmäler in Fülle gewähren, würden allein schon genügen, um dem Geiste jenes Volkes eine ewige Bewunderung zu sichern.

Neben diesem Reichtum kann man nur mit Schmerzen desjenigen gedenken, was uns verloren ist. Von Polygnot und der alten athenischen Schule, von Zeuxis, Parrhasios und den übrigen Ioniern, von Pausias und Euphranor, auch von dem großen Apelles, ja von hundert griechischen Malern, welche noch dem Plinius und Quintilian bekannt waren, ist uns keine Linie, kein Pinselstrich, sondern der bloße Name übrig. Vergebens bemüht man sich, aus Andeutungen der Schriftsteller ein Bild der Stile dieser Künstler herzustellen, und mißlich bleibt es immer, aus den vorhandenen pompejanischen und andern Malereien Motive nach bestimmten alten Meistern herausraten zu wollen.

Im allgemeinen aber ist soviel sicher, daß das Beste, was wir von antiken Malereien besitzen, in der Erfindung weit vorzüglicher ist als insgemein in der Ausführung. Jene großen alten Maler leben teilweise noch, nur anonym und schattenhaft in Kopien fort; es rettete sie jener Grundzug alles antiken Kunsttreibens: die Wiederholung des anerkannt Trefflichen.

Dies gilt zunächst von denjenigen Überresten, welche zu Rom in einem nach dem Garten hinausgebauten Gemach der vatikanischen

Bibliothek aufbewahrt werden. Sowohl die sogenannte *aldobrandinische Hochzeit* – ein Werk, welches auch nach der Entdeckung Pompejis seinen hohen, ja einzigen Wert behält – als die fünf Bilder mythischer
a Frauen deuten auf Originale der besten Zeit zurück. (Was sonst zu
b Rom in den Titusthermen, einzelnen Sammlungen, in den Kolumbarien der Via latina und der Villa Pamfili u. a. a. O. vorhanden ist, erscheint teils sehr verdorben, teils von geringem Belang. Was von antiken Malereien außer Rom vorkommt, ist meist von Pompeji hergebracht.)

Bei weitem die wichtigsten Stätten für das Studium der antiken Malerei sind die verschütteten Orte am Vesuv und das *Museum von Neapel.* (Unteres Stockwerk, drei Säle links, mehr der antiken Dekoration, und zwei Säle und ein Vorraum rechts, mehr der eigentlichen Malerei gewidmet, doch keineswegs ausschließlich [I, S. 50 u. ff.]; die Aufstellung kläglich, die Besichtigung mühevoll.)
Aus einer frühern Periode der griechischen Malerei finden sich hier
c (Vorraum rechts) einige Wandmalereien, welche in unteritalischen Grabkammern gefunden worden sind, Reiter, Tänze von Frauen usw. darstellend. Statt eines durchgeführten Kolorites, einer plastischen Modellierung, herrscht noch die einfache, illuminierte Umrißzeichnung, diese aber ist lebendig und zum Teil edel, dem Geist des ältern Griechentums entsprechend. In der Behandlung des Profils erkennt man wieder die Art des griechischen Reliefs, welches den Oberleib so zu wenden weiß, daß er sich in seiner ganzen Wohlgestalt zeigt. (Zu vergleichen mit den treuen Nachbildungen etruskischer Gruftgemälde
d frühern und spätern Stiles, im Museo etrusco des Vatikans.)
Die *pompejanischen* Malereien und Mosaiken dagegen zeigen allerdings die antike Kunst gewissermaßen auf einem Höhepunkte, nur mit folgenden beiden Einschränkungen, die man wohl beachten möge: es ist erstens die Malerei einer nicht bedeutenden Provinzialstadt aus römischer Zeit; zweitens handelt es sich bloß um Wanddekorationen, welche in der Ausführung notwendig einem andern Prinzip folgen als die Tafelbilder. Letztere waren gewiß in allem, was Illusion, Verkürzung, Beleuchtung, Reflexe usw. angeht, feiner durchgebildet, wenigstens diejenigen aus der Blütezeit. Die Mosaiken sind vollends in den Mitteln der Darstellung um soviel beschränkter, als man damals nur mit Steinen, noch nicht mit Glaspasten arbeitete.
Den Vorrat im ganzen betrachtet, wird man, wie gesagt, annehmen können, daß das Beste durchgängig griechischen Originalen nachgebildet sei, welche der Künstler auswendig lernte und mehr oder weniger frei reproduzierte. Von Durchzeichnen und Schablonieren war wohl

keine Rede; wer das einzelne so meisterlich keck hinzumalen wußte, bedurfte auch für die ganze Gestalt der eigentlichen Krücken nicht. Die Malerei von erweislich römischer Komposition (z. B. die Szenen des pompejanischen Stadtlebens im Durchgang vom ersten in den zweiten a der Säle rechts, und die beiden Isisfeste, zweiter Saal, Fensterwand) b stehen, auch wenn die geringe Ausführung bloß zufällig sein sollte, jedenfalls in der Erfindung tief unter dem übrigen.

Nehmen wir die größern Bilder *mythologischen* Inhaltes (besonders im genannten zweiten Saal rechts) als maßgebend an, so ergibt sich für c die Behandlung etwa folgendes. Das einzelne ist nirgends bis zur völligen Wirklichkeit durchgeführt, das Wesentliche aber mit großer Energie in Wenigem gegeben. Auch in den Köpfen ist neben bedeutenden Zügen viel nur Allgemeines, was indes auf die Rechnung des Ausführenden, auch wohl auf die seiner Technik kommen mag. Die letztere ist bekanntlich, was das Chemische betrifft, noch ein Geheimnis; der Auftrag erscheint fast durchgängig sehr frei und furchtlos. Der Raum richtet sich durchgängig nicht nach der äußern Wirklichkeit, sondern nach dem höhern Bedürfnis der Komposition; die Angabe des architektonischen oder landschaftlichen Hintergrundes erhebt sich in der Regel nicht weit über eine bloße Andeutung (Iphigeniens Opfer, daselbst); die perspektivische Vertiefung wird willkürlich so gedacht, daß die entferntern Figuren wie auf einem erhöhten Plan erscheinen (Erkennung Achills, daselbst). Das Licht fällt konsequent von einer Seite herein. Die künstliche Gruppenbildung der neuern Malerei mit ihren Übergängen in den Formen und ihren Kontrasten in den Lichtmassen fehlt noch völlig; vorwiegend macht sich das Streben geltend, die Gestalten möglichst vollständig sprechen zu lassen und deshalb auseinanderzuhalten. Figurenreiche Gruppen aber, wo sie vorkommen, erscheinen hoch übereinandergeschichtet (der Dichter, welcher den Schauspielern sein Drama einlernt, daselbst). Im ganzen wird man in diesen und den übrigen größern Kompositionen immer große Ungleichheiten finden. Es gibt einige, in welchen das Treffliche vorwiegt, so im I. Saal d rechts: die Strafe der Dirce, zwei Göttinnen mit Eroten usw.; II. Saal, e außer den genannten: Theseus als Retter der athenischen Kinder, der Musikunterricht des jungen Satyrs, Medea, Bacchus und Ariadne, Perseus und Andromeda, Chiron und Achill, Herakles mit dem Zentauren, Achill und Briseis, Mars und Venus usw. Allein neben dem Allerbesten, neben einzelnen Motiven, die nur von den Größten geschaffen sein können, finden sich auffallend schwache Füllgedanken. Man kann sich der Vermutung nicht erwehren, als habe man zusammengedrängte oder auch zerpflückte Exzerpte aus vorzüglichen Kompositionen vor sich. – In Pompeji sind von großen Bildern noch an Ort und Stelle: Diana f a und Aktäon (in der Casa di Atteone), die Vorbereitung eines Heros zum Bade (Casa di Meleagro u. a. m.).

Von diesem Urteil macht allerdings eine glänzende Ausnahme die sog. *Alexanderschlacht*, das schönste Mosaik des Altertums. (Gefunden b in der Casa del fauno zu Pompeji, jetzt am Boden der Halle der Flora im Museum zu Neapel.) Es stellt eine Schlacht von Griechen oder Römern gegen Kelten vor. Ich habe nichts gegen den überquellenden Enthusiasmus, womit neuerlich dieses Werk besprochen wird, nur möge man es dann wenigstens richtig deuten und nicht z. B. den Mann auf dem Wagen beharrlich für den Barbarenkönig halten, während doch die ganze Komposition sich auf den gestürzten und vom Feind durchbohrten Reiter in königlichem Prachtkostüm bezieht. – Der größte Wert dieses in seiner Art einzigen Gemäldes besteht nicht in einer tadellosen Zeichnung oder in der Ausdrucksweise des einzelnen, sondern in der ergreifenden Darstellung eines bedeutenden Momentes mit möglichst geringen Mitteln. Durch die Wendung des Wagens und der Pferde und durch einige sprechende Stellungen und Gebärden ist auf der rechten Seite ein Bild der Ratlosigkeit und Bestürzung gegeben, welches nicht deutlicher und nur in äußerlichem Sinne vollständiger sein könnte. In den Siegern, soweit die linke Seite erhalten ist, drückt sich das unaufhaltsame Vordringen mit der größten Gewißheit aus. Ob das Ganze für die Ausführung in Mosaik komponiert oder eher einem Wandgemälde nachgebildet ist, bleibt zu entscheiden.

Sonst möchten im allgemeinen die meist kleinen *Genreszenen* den Vorzug vor den heroischen und größern haben. Pompeji hat einige kostbare Prachtstücke geliefert, wie die beiden feinen Mosaiken mit dem c Künstlernamen Dioskorides, die beliebten Theaterproben darstellend (I. Saal links). Man wird denselben indes einige flüchtige Malereien vorziehen müssen. Weniges möchte an stillem Zauber der Gruppe von drei sich unterhaltenden Frauen (mit einer Säule und Gebüsch im Hind tergrund) gleichkommen (II. Saal rechts); auf dieser Bahn war Raffael, als er die zweite Reihe der Geschichten der Psyche entwarf. Von zaghafter Dilettantenhand scheinen einige rotbraune Zeichnungen auf Marmorplatten (ebenda) herzurühren; darunter verrät hauptsächlich das Genrebild der knöchelspielenden Mädchen ein herrliches Original. Gegenüber wird man ein kleines, unscheinbares Bildchen nur mit Mühe finden; es ist die so schön gedachte Szene: „Wer kauft Liebesgötter?" – Die schmausenden und ruhenden Liebespaare (ebenda) weisen ebenfalls auf einen schönen griechischen Gedanken zurück.

Auch mehrere unter den kleinern mythologischen Bildern, welche die Mittelfelder an den Wänden gewöhnlicher pompejanischer Häuser bildeten (und zum Teil noch an Ort und Stelle bilden) möchten bisweilen als harmonisches *Ganzes* einen besondern und abgeschlossenen Wert haben. So das beste der Narcißbilder, auch das kleine mit Bacchus a und Ariadne (I. Saal rechts); mehrere bacchische Szenen (II. Saal rechts); Venus als Fischerin (mehrmals) usw. Das verdorbene Bildchen „Hylas und die Nymphen" (Fensterwand des II. Saales rechts) zeigt ein sehr glückliches Motiv. Einen Faun, der eine Nymphe bewältigt und auf den Rücken gelegt hat und sie küßt, nebst einigen andern vorzüglichen Szenen, die nicht anstößiger sind als manches, was hier ausgestellt ist, wird man in den Abbildungen aufsuchen müssen, wenn sie nicht etwa doch in unsichtbarem Dunkel oben an irgendeiner Wand hängen.

Den unmittelbarsten und ungestörtesten Eindruck griechischen Geistes machen aber (nach meinem Gefühl) überhaupt nicht die vollständigen Gemälde, sondern jene zahlreichen dekorativ angewandten *einzelnen Figuren und Gruppen*, welche teils auf einfarbigem Grunde stehen, teils zur Belebung der gemalten Architektur (I, S. 52 ff.), der Kapellchen, Pavillons, Balustraden usw. dienen. Die besten derselben können nur in der Zeit der höchsten griechischen Kunstblüte erfunden worden und dann Jahrhunderte hindurch von Hand zu Hand gegangen sein, bis sie unter anderm auch in der kleinen Stadt am Vesuv ihre Anwendung fanden. Die Maler lernten sie ohne Zweifel am besten auswendig und reproduzierten sie am unbefangensten. Unsre jetzige Dekoration macht einen so häufigen Gebrauch davon, daß der Beschauer eine Menge alter Bekannter antrifft, vielleicht allerdings mit Erstaunen über das unscheinbare, anspruchslose Aussehen und den kleinen Maßstab der Originale.

Das Wichtigste findet sich in den genannten Sälen rechts. Schon der Vorraum enthält eine Anzahl tanzend schwebender Satyrn, in den Kas- b setten aus einem Gewölbe, sowie auch schöne schwebende Genien oder Amorine. (Eine andre Reihe von Amorinen, mit den Attributen der Götter, sämtlich wundervoll in runder Einfassung komponiert, habe ich vergebens überall gesucht und muß daher auf die Abbildungen ver- c weisen.) Im I. Saal: (Wand links) die Niobiden in Goldfarbe, je drei am Fuß weißer Dreifüße auf rotem Grund, unabhängig von den bekannten florentinischen Statuen; – (Eingangswand) ein kleines Fragment, die Halbfigur eines Flötenbläsers und seiner Gefährtin; – (Fensterwand) Tritone, Nereiden, Meerwunder usw.; – (Hinterwand) Viktoria und ein Genius mit darüber schwebenden Gottheiten, vielleicht von guter römischer Erfindung. – In den Durchgängen zum II. Saal: Bacchus; – eine schöne Priesterin mit Opfergerät; – Demeter mit Szepter und Korb; – Jüngling, der das Schwert und über sich den Schild hält; – ein Medusenhaupt auf gelbem Grund; – eine schwebende Gewandfigur mit Opferschale. – Im II. Saal: (Eigangswand) die berühmten sog. Tänzerinnen, auf schwarzem Grunde; es sind schwebende Fi- d guren ohne weitere Beziehung, von hinreißender Schönheit der Gebärde und dem leichtesten Ausdruck des Schwebens in Stellung und Gewandung zugleich; – der den Schreibgriffel an die Lippen Drükkende, Halbfigur in Rund (mehrmals vorhanden); – Zeus und Nike, auf rotem Grunde; – (Wand links) Bacchanten, Silene usw. in runder Einfassung; – sitzende Götterfiguren auf rotem Grunde; – (Hinterwand) die herrlichen schwebenden Zentauren auf schwarzem Grunde, worunter die Zentaurin, die mit dem jungen Satyr Zimbeln spielt, und der gebundene Zentaur, dem die wilde Bacchantin den Fuß in den Rücken stemmt, letzteres Bild vielleicht einer der schönsten Gedanken aus dem ganzen Altertum; – die nicht minder berühmte Reihe tanzender Satyrn, kleine Figürchen auf schwarzem Grunde; – (als Kontrast mag die in der Nähe befindliche Sammlung von Amorinen römischer Erfindung dienen, welche in allen möglichen prosaischen Verrichtungen, selbst als Schuhmacher dargestellt sind); – das sitzende Mädchen mit aufgestütztem Kinn, auf schwarzem Grunde; – Jüngling sitzend mit gekreuzten Füßen (eines der vorzüglichsten Motive und mehrmals vorhanden); – Nereiden auf Seepferden und Seepanthern, dieselben fütternd; – schöne schwebende Bacchantin mit Thyrsus und Schale, auf schwarzem Grunde; – (Fensterwand) das bessere Exemplar der Medusa u. a. m. Die hier gegebene Auswahl soll nur auf einiges vom Besten aufmerksam machen; wer länger in diesen Räumen verweilt, wird noch manches andre liebgewinnen. Man lege sich nur immer die Frage vor: Ließ sich die betreffende Figur überhaupt schöner denken, deutlicher ausdrücken, anmutiger stellen? – und in der Regel wird man das Höchste erreicht finden, wenn auch in flüchtiger Ausführung.

Einer besondern Aufmerksamkeit sind die *landschaftlichen und architektonischen Ansichten wert*, deren eine große Anzahl vorhanden ist, sowohl hier als in Pompeji selbst, wo man auch noch erkennt, welche Stelle dieselben in der Wanddekoration einnahmen (I, S. 52, 53, a). Die architektonischen gewähren ein schätzbares Abbild nicht nur damaliger Bauten überhaupt, sondern ganz speziell derjenigen, welche der Küste von Cumä bis Sorrent zur Römerzeit ihren Charakter verliehen; allerdings in phantastischer Steigerung, so daß wir nicht bloß das wirklich Vorhandene, sondern auch das, was man gern gebaut hätte, dargestellt sehen. Die in das Meer hinausragenden Villen, die prächtigsten Landhäuser mit Hallen umgeben, auch Tempel und Paläste, namentlich aber die schmuckreichsten Hafenbauten breiten sich unter uns mit hoch angenommener Perspektive vollständig aus. Diese Ansichten haben den Ausdruck baulichen Reichtums zum wesentlichen Gehalt.

Anders verhält es sich mit den Landschaften. Auch sie vereinigen *viele* Gegenstände mit hoch genommener Perspektive unter einem hohen

Horizont und geben von dem Liniensystem der modernen Landschaft noch keine Ahnung. Manche sind nichts als bunte Zusammenstellungen wohlgefälliger oder auffallender Gegenstände: Kapellchen, Lusthäuschen, Teiche mit Hallen, Denkmäler mit Trophäen, Hermen, halbrunde Mauern, Brücken usw. auf ländlich unebenem Grunde mit Bäumen untermischt; die Darstellungen von Gärten mit symmetrischen Lauben und Fontänen gehören sogar wesentlich noch in das Gebiet der Architekturbilder. In den bessern Landschaften dagegen ist ganz offenbar ein idyllischer Charakter, eine eigentümliche Stimmung erstrebt, die nur einstweilen der mächtigern Mittel entbehrt, sich auszusprechen. Um ein kleines einsames Heiligtum der Nymphen oder der paphischen Göttin sieht man Hirten und Herden, oder ein ländliches Opfer, von Ölbäumen überschattet; auch Gestalten des griechischen Mythus beleben bisweilen die Felslandschaft. (Dieser letztern Art sind unter anderm die Szenen aus der Odyssee, welche vor einigen Jahren in Rom gefunden wurden, und von denen zwei im Museo capitolino, erstes unteres Zimmer, auf- a gestellt sind.) Der Eindruck ist demjenigen analog, welchen die bukolischen Dichter hinterlassen, und es wäre nicht undenkbar, daß von ihnen auch der Maler sich anregen ließ.

Die Dienstbarkeit dieser ganzen Gattung unter den sonstigen dekorativen Zwecken spricht sich unter anderm oft in der Unterordnung unter eine bestimmte Wandfarbe aus. Manche Landschaften sind nämlich Braun in Braun, Grün in Grün, auch wohl zu keckem Kontrast grünweißlich auf roter Wand gemalt. – Von einer eingehenden Charakteristik des landschaftlichen Details, etwa des Baumschlags, ist noch nicht die Rede; nur der Ölbaum behauptet seiner auffallenden Bildung wegen ein gewisses Vorrecht. – Auch wo Girlanden und Buschwerk als Bestandteil von Dekorationen vorkommen, ist bei einer energischen Wirkung doch nur das Notwendigste von der besondern Gestalt des Laubes angedeutet.

In den zahlreichen Stilleben (zumal Küchenvorräten und toten Tieren) erkennt man recht gut eine Kunst, die der Illusion in hohem Grade fähig war, derselben aber in der Wandmalerei wenigstens nicht über eine bestimmte Linie hinaus nachging. Der Besteller verlangte die Sachen, noch nicht ihren möglichst schönen, durch Gruppierung, Hintergrund, Licht, Luft und alle möglichen Kunstmittel veredelten Schein, wie die Holländer zur Zeit des David de Heem. – Das zierlichste antike Mosaik Roms, die Schale mit den Tauben (Museo Capit., Zimmer der Vase) ist vielleicht für den Grad der Illusion, welchen man im äußersten Fall und mit den kostbarsten Mitteln erstrebte, eines der belehrendsten Beispiele.

Die Geschichte der christlichen Malerei beginnt mit den Gemälden der *Katakomben*, welche teilweise bis ins 3. Jahrhundert hinaufreichen. Allein bei der gegenwärtigen Lage der Sachen findet man sich wesentlich auf zum Teil alte und sehr freie Abbildungen beschränkt, wenn man sich den Gesamtcharakter dieser Gattung klarmachen will. Vieles ist nämlich durch den Zutritt der Luft und des Fackeldampfes erloschen und unsichtbar geworden und existiert nur in den Sammelwerken fort; andres ist überhaupt nicht mehr zugänglich (durch Vermauerung) oder
a nur mit Schwierigkeiten. In dem einzigen Arme der Katakomben Roms, welcher jedermann gezeigt wird (mit dem Eingang in S. Sebastiano) sind kaum noch einige dürftige Reste von Arabesken zu erkennen; die-
b jenigen bei S. Agnese, welche in den letzten Jahren eine wichtige Ausbeute sollen geliefert haben, werden nur auf besondere Verwendung geöffnet. Zu einigem Ersatz dienen die ganz anders angelegten großen
c unterirdischen Räume bei S. Gennaro de' Poveri in Neapel; hier sieht man noch beträchtliche Überreste von altchristlichen und auch heidnischen Malereien und Arabesken, doch nichts von derjenigen künstlerischen und religionsgeschichtlichen Bedeutung, welche einzelnen nicht mehr sichtbaren Katakombenbildern Roms innewohnte. Zudem überwiegt in Neapel nicht das Altchristliche, sondern die (schon byzantisierenden) Heiligenfiguren etwa vom 7. Jahrhundert abwärts.

Auf den Stil von Kunstwerken, deren Besseres der Reisende nur im seltensten Falle zu Gesicht bekommt, dürfen wir uns hier natürlich nicht einlassen. Genug, daß derselbe in Figuren und Arabesken eine mehr und mehr ins Starre und Formlose gehende Ausartung des antiken Stiles ist. Die Auffassung und Wahl der Gegenstände ist allerdings hochwichtig und charakteristisch für das ganze frühere Verhältnis des Christentums zur Kunst; einen nicht geringen Ersatz bieten namentlich die altchristlichen Sarkophage (I, S. 461), obschon sie nicht denselben Ideenkreis darstellen; auch die figurierten Böden von Trinkgläsern (besonders im Museo Christiano des Vatikans) mögen das Bild der ältesten christlichen Kunstübung vervollständigen helfen.

Eine fast ununterbrochene, dokumentierte Reihe von christlichen Malereien gewähren jedenfalls erst die *Mosaiken* der Kirchen. Wir müssen die Voraussetzungen, unter welchen sie zu betrachten sind, kurz erörtern.

Die Kunst ist hier auf jede Weise gebundener als je seither. Nicht bloß ein kirchlicher Luxus, sondern die stärkste Absicht auf monumentale Wirkung und ewige Dauer nötigt sie, in einem Material zu arbeiten, welches jede Teilnahme des Künstlers an der Ausführung vollkommen ausschließt und denselben auf die Fertigung des Kartons und auf die Wahl der farbigen Glaspasten beschränkt. Sodann verlangt und gestattet die kirchliche Aufgabe hier streng nur soviel, als zum kirchlichen Zwecke dient, dieses aber soll in der imposantesten Gestalt ans Licht treten; nur der Gegenstand herrscht, ohne räumliche Umgebung, außer was durchaus zur Verdeutlichung unentbehrlich ist; ohne den Reiz der sinnlichen Schönheit, denn die Kirche wirkt mit einem ganz andern Ausdruck auf die Phantasie; ohne Rücksicht auf die künstlerischen Gesetze des Kontrastes in Bewegungen, Formen und Farben usw.; denn die Kirche hat ein ganz andres Gefühl der Harmonie in Bereitschaft als das, welches aus schönen formellen Kontrasten hervorgeht. Ja der Künstler darf nicht mehr erfinden; er hat nur zu redigieren, was die Kirche für ihn erfunden hat. Eine Zeitlang behauptet die Kunst hierbei noch einen Rest der vom Altertum her ererbten Freudigkeit und schafft innerhalb der strengen Beschränkungen noch einzelnes Große und Lebendige. Allein allmählich dankt man ihr es nicht mehr, und sie zieht sich endlich in die mechanische Wiederholung zurück.

Diese Wiederholung eines Auswendiggelernten ist dann der durchgehende Charakter des sog. *byzantinischen Stiles*. In Konstantinopel nämlich, wo sich mit der Zeit die meiste und prachtvollste Kunstübung der christlichen Welt konzentrierte, bildete sich etwa seit Justinian eine gewisse Anordnung der darzustellenden Szenen, eine bestimmte Bildung der einzelnen Gestalten nach Bedeutung und Rang, eine ganz besondere Behandlung alles einzelnen zum System aus. Dieses System lernte dann jeder auswendig, soweit seine angeborene Fertigkeit es gestattete, und reproduzierte es, meist ohne der Natur auch nur einen Blick zu gönnen. Daher findet man z. B. so viele fast identische Madonnen dieses Stiles; daher gleichen sich die verschiedenen Darstellungen derselben Szene fast ganz, und die einzelnen heiligen Gestalten desselben Inhaltes durchaus. – Es ist ein Rätsel um dieses fast gänzliche Ersterben der Subjektivität[1], zugunsten eines bis in alles Detail durchgeführten gleichartigen *Typus*, und man muß schon die Kunst alter, stillstehender Kulturvölker (der Ägypter, Chinesen usw.) zur Vergleichung herbeiziehen, um zu begreifen, wie das ganze Gebiet der Form einem durchgehenden geheiligten Recht untertan werden konnte. – Die Grundlage des byzantinischen Systems bilden allerdings antike Reminiszenzen, aber in kaum mehr kenntlicher Erstarrung. Der Ausdruck

---

[1] Sie flüchtet sich z. B. in die Miniaturen, oder äußert sich darin wenigstens durch Reproduktion beserer alter Originale. Allmählich stirbt sie aber wirklich ab und löst, wo sie muß, neue Aufgaben, z. B. Martergeschichten usw., durch bloße neue Kombination der sonst angelernten Elemente.

der Heiligkeit wird durchgehends in der Morosität gesucht, da der
Kunst der Weg abgeschnitten ist, durch freie Hoheit der Form den Gedanken an das Überirdische zu wecken; selbst die Madonna wird mür-
risch, obschon die kleinen Lippen und die schmale Nase einen gewissen
Anspruch auf Lieblichkeit zu machen scheinen; in männlichen Köpfen
tritt oft noch eine ganz fatale Tücke hinzu. Die Gewandung, in einer
bestimmten Anzahl von Motiven gehandhabt, hat eine bestimmte Art
feiner, starrer Falten und Brücke; wo der Typus es verlangt, ist sie nichts
als eine Fläche von Ornamenten, Gold und Juwelen; sonst dient das
Gold in Tafelbildern durchgängig und in Mosaiken oft zur Darstellung
der aufgehöhten Lichter. Die Bewegungen und Stellungen werden immer toter und haben bereits in Arbeiten des 11. Jahrhunderts, wie die
a ältern Mosaiken von S. Marco, kaum noch einen flüchtigen Anschein
von Leben.

Dieses Formensystem gewann nun einen großen Einfluß auch in
Italien. Nicht nur waren viele und wichtige Gegenden und Städte, worunter z. B. Rom, das ganze erste Jahrtausend hindurch in einer wenigstens halben und scheinbaren Abhängigkeit vom griechischen Kaiser-
reich geblieben, sondern die byzantinische Kunst hatte bestimmte
Eigenschaften, die ihr zeitweise die Herrschaft über die ganze italienische sicherten. Schon die kirchliche Empfindungsart war eine ähnliche
hier wie dort; erst um die Mitte des 11. Jahrhunderts entschied sich der
kirchliche Bruch zwischen Rom und Byzanz für immer. Somit war zunächst kein wesentliches Hindernis vorhanden. Dann mußte das ge-
störte und verarmte italienische Kulturleben von dem (wenigstens in
der Hauptstadt) ungestörten byzantinischen überflügelt werden, auch
wenn letzteres nur die Tradition der künstlerischen Technik vorausgehabt hätte. Diese aber war in jener Zeit ein entscheidendes Element;
die Kirche, die nur durch Prachtstoffe und möglichst reiche Behandlung
derselben wirken zu können glaubte, fand ihre Rechnung besser bei den
aus Konstantinopel kommenden Künstlern und Kunstwerken, deren
Art und Bedingungen man kannte, als bei den einheimischen. Und so
ist vom 7. bis zum 13. Jahrhundert der italienische Maler entweder
seiner eigenen Verwilderung bei kleinern Aufgaben überlassen, oder er
hilft den Byzantinern bei der Ausführung dessen, was sie vorschreiben.
In einzelnen Städten, wie Venedig, siedeln sich ganze Kolonien von
Griechen um eine Kirche herum als Mosaizisten an, selbst für ein Jahrhundert und darüber. Es war ein erhabener Augenblick im italienischen
Leben, als man sie verabschiedete, weil wieder eine einheimische Formenbildung erwacht war, weil man das Heilige wieder aus eigenen
Kräften zu gestalten vermochte. Zerstreute byzantinische Einflüsse hielten sich indes noch lange (in Venedig, Unteritalien usw.) und sind noch

zur Stunde nicht gänzlich ausgestorben, weil die byzantinische Stilisierung sich mit den heiligen Typen im Volksbewußtsein zu eng verschwistert hatte.

Die italienischen Mosaiken zerfallen in zwei ziemlich scharf geschiedene Klassen: die altchristlichen, bis zum 7. Jahrhundert, in welchen noch die antike Auffassung, mehr oder weniger absterbend, zu erkennen ist, – und die unter dem Einfluß der Byzantiner vom 7. Jahrhundert an entstandenen. Dieser Einfluß ist mehr oder weniger mächtig; es herrscht ein großer Unterschied zwischen dem, was herübergekommene Griechen in Person gearbeitet haben, und dem, was ihnen etwa ohnehin nachgeahmt wird, aber Jahrhunderte hindurch erscheint keine einzige Figur der Kirchenmosaiken von dem byzantinischen Stil gänzlich unberührt.

Die *altchristlichen* haben einen zwiefachen hohen historischen Wert. Sie zeigen, wie sich die biblischen Gestalten, hauptsächlich des Neuen Testamentes, in den Gedanken jener Zeit spiegelten. Bei dem Typus Christi mag eine alte Tradition mitgewirkt haben, doch nicht so bestimmend, wie man wohl annimmt. Die Tracht Christi, seiner Angehörigen und Apostel ist eine ideale, im ganzen aus der römischen Kunst übernommene. Die übrigen Personen werden durch eine oft prächtige Standestracht charakterisiert. In den Köpfen war ohne Zweifel ein Ideal beabsichtigt (wenn auch kein sinnlich schönes), allein die physische Durchschnittsbildung war so sehr gesunken, daß fast lauter eigentümlich häßliche Gesichter zustande kamen. – Zweitens schafft hier (weniger die Kunst als) die Kirche ein System religiöser Ausdrucksweisen und Gedankenreihen, welche ein geschichtliches Denkmal ersten Ranges ausmachen. Und zwar ist es meist die Ecclesia triumphans, welche sich ausspricht; nicht das Erdenwallen Christi und der Heiligen, sondern ihre apokalyptische Verherrlichung ist das Hauptthema. Raumlos, im Unendlichen, daher auf blauem Grunde, häufiger (und später durchgängig) auf Goldgrund existieren diese Gestalten; der ihnen beigegebene Erdboden ist entweder eine schlichte Fläche oder durch Blumen, durch Zugabe des Jordanflusses, der Paradiesesströme usw. symbolisch geschmückt. Die Bewegungen sind mäßig und feierlich; es ist mehr ein Sein als ein Tun. – Um den Gedankenkreis zu würdigen, der sich hier entwickelt, muß man die Anschauung jener Zeit entweder teilen oder sich hineinversetzen. Die einfache Gegenüberstellung z. B. von Propheten und Aposteln gilt hier schon als Parallele von Verheißung und Erfüllung; eine einfache schreitende Bewegung, ein Kniebeugen genügt als Symbol der Huldigung; das Aufheben der Arme bedeutet Reden, Beten und Machtäußerung, je nach den Umständen; der Geist des Jahrtausends kommt allem so sehr entgegen, daß er die äußerlichste Andeutung als vollwichtige Zahlung nimmt und ihr bereitwillig nachdichtet, ohne irgendeinen physiognomischen Ausdruck des Augenblickes, irgendeine äußere Verdeutlichung zu verlangen. Die Kunst ist, wie wir oben sagten, nie gebundener gewesen; die Zeitgenossen haben ihr aber auch nie so viel zu- und vorgegeben.

Es würde sehr weit führen, wenn wir diesen Bilderkreis hier schildern wollten; für die römischen Mosaiken gibt Platners Beschreibung Roms den Inhalt genau; die ravennatischen haben allerdings vieles, das in Rom nicht vorkommt, doch kann man auch hier den Inhalt erraten. – Unsre Aufzählung umfaßt nur die bedeutendern Arbeiten.

 Nächst den Mosaiken von S. Costanza bei Rom, aus konstantinischer
a Zeit, welche oben (I, S. 56) noch bei Anlaß der antiken Ornamentik genannt wurden, sind diejenigen des orthodoxen *Baptisteriums* in *Ravenna* das früheste Hauptwerk (vor 430), ja das einzige, in welchem noch die volle dekorative Pracht (Einfassungen, Zierfiguren, Abwechslung von Stukkorelief und Mosaik) spätrömischer Arbeiten sich mit einer noch immer bedeutenden und belebten Zeichnung verbindet; zugleich eines der prachtvollsten Farbenensembles der ganzen Kunst.

b Die biblischen Geschichten, welche in *S. Maria maggiore* zu Rom an den Obermauern des Mittelschiffes und am Triumphbogen (I, S. 65, 7) angebracht sind (vor 450, manche stark umgearbeitet oder ganz modern), können als Spezimen der damals üblichen Bilderbibel gelten.

c In der Grabkapelle der Galla Placidia zu Ravenna sind die herrlichen farbigen Ornamente auf dunkelblauem Grunde bedeutender als das Figürliche. (Gegen 450.)

d Aus derselben Zeit (432–440?) stammt das schon oben (I, S. 76, a) erwähnte Mosaikornament in der Vorhalle des lateranischen Baptisteriums.

e Unter Leo dem Großen (440–462) entstanden die vordern Mosaiken des Triumphbogens in *S. Paul bei Rom*, welche wahrscheinlich gegenwärtig (aus Fragmenten und Abbildungen restauriert) wieder enthüllt sein werden. Sie sind das früheste erweisliche Prototyp jener in der Folge üblich gewordenen Darstellung der 24 Ältesten (aus der Apokalypse); auch das riesige Brustbild Christi in der Mitte war eines der
f wichtigsten der altchristlichen Kunst. Die Mosaiken der Tribuna scheinen im 13. Jahrhundert nach einem Vorbilde des 5. Jahrhunderts gearbeitet; sie enthalten, wie fast alle Tribunenmosaiken, den thronenden Christus mit mehrern Heiligen, worunter der Kirchenheilige, auch wohl die Stifter. Anderswo wird Christus auch auf einem Hügel oder auf Wolken stehend (nicht nach neuerer Art schwebend) dargestellt.

g Letzteres z. B. in dem schönsten Mosaik Roms, demjenigen von *SS. Cosma e Damiano* am Forum (526–530). Stark restauriert, zumal in

der Partie links, gewährt dieses grandiose Werk in bereits etwas er-
starrenden Formen den Eindruck einer der letzten freien Inspirationen
altchristlicher Kunst. Die Ausführung ist noch glänzend und sorgfältig.
In Ravenna sind die Mosaiken des Baptisteriums der Arianer (oder a
S. Maria in Cosmedin, um 550?) eine bloße Nachahmung des Kuppel-
bildes im andern Baptisterium. – Aus derselben Zeit (gegen 547) stammen diejenigen der Chornische in *S. Vitale*, welche unter anderm die
glänzenden Zeremonienbilder mit dem Kirchgang Justinians und Theo- b
doras enthalten; Werke, deren sachliche Merkwürdigkeit den Kunst-
gehalt weit übertrifft; an den Wänden zunächst davor die blutigen und
unblutigen Opfer des alten Bundes (Abels Opfer, Abrahams Bewirtung
der drei Männer, Isaaks Opfer, Melchisedeks Empfang); Geschichten
des Moses; Propheten. – An Masse das bedeutendste Mosaikwerk des
italischen Festlandes mit Ausnahme der Markuskirche: die beiden
großen Friese mit Prozessionen von Heiligen in *S. Apollinare nuovo*, an
den Obermauern des Mittelschiffes (553–566). Von den Städten Ra- c
venna und Classis (der alten Hafenstadt Ravennas), aus welchen sie her-
vorschreiten, ist die erstere repräsentiert durch jene hochmerkwürdige
Darstellung des damaligen, jetzt bis auf einen geringen Rest (I, S. 49,
Anm.; I, S. 76) verschwundenen Palastes der ostgotischen Könige. –
Wahrscheinlich noch aus dem 6. Jahrhundert: die Mosaiken der Kapelle d
des erzbischöflichen Palastes.

Im Dom von Triest enthält die Seitentribüne links unten im Halb- e
rund ein paar gute Apostelfiguren in der Art der eben genannten. (Die
Madonna in der Halbkugel und die sämtlichen Mosaiken der Seiten-
tribune rechts gehören schon dem vorgerückten byzantinischen Stil an.)

In Mailand enthält die Cap. S. Aquilino, ein achteckiger Anbau von f
S. Lorenzo, zwei Nischenhalbkuppeln mit Mosaiken, welche Christus
zwischen den Aposteln und die auf Abrahams Opfer wartenden Hirten (?) vorstellen, leidliche Werke des 6. oder noch des 5. Jahrhunderts.

Streitig ist der Ursprung des Mosaiks in S. Pudenziana zu Rom, g
welches in unbekannter Zeit nach einem Original etwa des 4. Jahrhunderts gearbeitet sein muß und noch in seiner starken Überarbeitung
immerhin eine Komposition der konstantinischen Zeit repräsentieren
mag. – Die Tribuna in S. Teodoro zu Rom (7. Jahrhundert) zeigt eine h
teilweise Wiederholung des Mosaiks von SS. Cosma e Damiano. – Die i
Mosaiken in der hintern Kirche von S. Lorenzo fuori (578–590), über
dem Triumphbogen, sind in jüngster Zeit soviel als neu gemacht worden.

Der Übergang in das Byzantinische war begreiflicherweise ein allmählicher; das Erstarren in den bisherigen Typen war eben der Byzantinismus.

In Ravenna bezeichnet diesen Übergang das große, sachlich sehr
a merkwürdige Mosaik der Tribuna von *S. Apollinare in Classe* (671–677);
außer der Wiederholung der alttestamentlichen Opfer (aus S. Vitale)
findet sich auch hier ein kaiserliches Zeremonienbild. Die Bogenfüllungen über den Säulen des Mittelschiffes sind mit der vollständigen Sammlung altchristlicher Embleme, teils in altem Mosaik, teils in moderner
Kopie (?) geschmückt; die Reihe von Bildnissen der Erzbischöfe,
welche als Fries darüber hingehen, ist fast das einzige (wenigstens in
Kopie erhaltene) Beispiel jener Porträtfolgen frühmittelalterlicher
Kirchen[1].

b   In Rom gehören hierher die Tribunenmosaiken in S. Agnese fuori
c (625–638), und in einer der Nebenkapellen des lateranischen Baptisteriums, dem sogenannten Oratorio di S. Venanzio (640–642).
Letztere Arbeit zeigt schon deutlich, daß der letzte Glutfunke von Freiheit, von Teilnahme und Freude des Künstlers am eigenen Werk erloschen ist. Kein Wunder, daß derselbe bereits das nicht mehr versteht,
d was er wiederholt. – Einzelne kleinere Reste: in der kleinen Tribuna
von S. Stefano rotondo (642–649); – auf einem der Altäre links in
e S. Pietro in Vincoli (S. Sebastian als Votivbild der Pest von 680, hier
noch bekleidet und als Greis gebildet) u. a. m.

Ein letztes, obwohl erfolgloses Aufraffen gegen den Byzantinismus
kann man etwa in den (stark restaurierten) Chormosaiken von *S. Ambro-*
f *gio in Mailand* (832) anerkennen, obwohl auch hier die Inschriften zum
Teil griechisch sind. Die Gesichtszüge sind schon in rohen Umrissen,
die Gewänder in einem schroffen Changeant (von Weiß, Grün und Rot)
gegeben, die Verteilung der an Größe sehr ungleichen Gestalten im
Raum schon ganz ungeschickt, und doch ist noch viel mehr Leben
darin als in den gleichzeitigen *römischen* Arbeiten[2].

* [1] In S. Paul bei Rom wird eben an einer Reihe von Mosaikbildnissen gearbeitet, welche die Stelle der alten einnehmen soll. Vgl. die Papstköpfe als
Konsolen im Dom von Siena, I, S. 113.

[2] Zugleich interessant als Inbegriff sämtlicher damaligen Schutzpatrone
von Mailand. Christus unter seiner Glorie thronend, umgeben von Michael
und Gabriel, weiter S. Gervasius und S. Protasius, unten in runden Einfassungen S. Candida, S. Satyrus und S. Marcellina; links die Stadt Tours
und S. Ambrosius bei der Bestattung des heil. Martin; rechts die Stadt Mailand und S. Ambrosius und S. Augustin an Pulten sitzend. – Es dauerte
lange, bis aus solchen Elementen Bilder wie Raffaels Madonna di Foligno
und heil. Cäcilia oder wie die sante conversazioni Tizians entstanden.

In einer Nebenkapelle rechts von der Kirche enthält die Kuppel das Brust- *
bild des heil. Satyrus auf Goldgrund, etwas älter als die Mosaiken der Tribuna.

Diese versinken nämlich, vom Beginn des 9. Jahrhunderts an, in eine ganz barbarische Roheit, welche kulturgeschichtlich nicht ganz leicht zu erklären ist; die byzantinische Kunst nämlich, deren Auffassungsweise hier vollkommen durchgedrungen erscheint, tritt uns sonst überall mit einer viel zierlicheren Ausführung entgegen als gerade hier.

Das sachlich merkwürdigste dieser Mosaiken, dasjenige aus dem Triclinium Leos III. (um 800), ist bei seiner Übertragung an die Kapelle a *Sancta Sanctorum* (oder Scala sancta) einer ganz neuen, wenn auch genau dem alten Zustand nachgeahmten Zusammensetzung unterlegen. (Die beiden Belehnungen zu den Seiten der Halbkuppel: Christus gibt dem heiligen Sylvester die Schlüssel, dem großen Konstantin eine Fahne; S. Petrus gibt Leo III. eine Stola, Karl dem Gr. eine Fahne; die Porträts der letztern haben noch einen Schimmer von Authentizität, sind aber übel geraten.) – In den nächsten Pontifikaten wird von Mosaik zu Mosaik die Arbeit roher und lebloser bis zu unglaublicher Mißgestalt. – Man findet sie in und über den Tribunen von SS. Nereo ed Achilleo, – S. Maria della navicella (817–824), – S. Cecilia, – und *S. Prassede;* die b drei letztern Bauten aus der Zeit Paschalis I. (817–824); S. Prassede c hat auch noch den mosaikierten Triumphbogen mit der merkwürdigen Darstellung des himmlischen Jerusalems und die kleine Kapelle (rechts) »orto del paradiso«, deren Inneres völlig mosaikiert ist. – Schon reine Karikaturen: in der Halbkuppel der Tribuna von S. Marco (872–844). – d (Das Mosaik in S. Francesca romana, angeblich 858–867, würde eher ins 11. oder 12. Jahrhundert passen.)

In *Venedig*, wo ein stärkerer Verkehr mit Byzanz und ein größerer Reichtum herrschte als im damaligen Rom, offenbart auch die Mosaikarbeit nicht bloß die Auffassung, sondern auch die zierliche und saubere Ausführung der Byzantiner. Die *Markuskirche* mit ihren mindestens e 40000 Quadratfuß Mosaiken ist bei weitem das reichste okzidentalische Denkmal dieser Gattung.

Sachlich merkwürdig: die stehend gewordenen, rituellen Darstellungen der heiligen Geschichte im byzantinischen Sinn (hauptsächlich an den Tonnengewölben und mehrern Wandflächen des Innern); – die Sammlung von zahlreichen einzelnen byzantinischen Heiligen (hauptsächlich an den Pfeilern und in den Bogenleibungen); die legendarische Erzählungsweise (in der Kapelle Zeno, mit der Geschichte des Markus, und in einer der fünf halbrunden Wandnischen der Fassade, mit der Geschichte der Leiche desselben; hier unter anderm die I, S. 98 erwähnte Abbildung der Kirche; eine andre Geschichte des heiligen Leichnams im rechten Querschiff, Wand rechts); – die Taufen der Apostel und die nach besondern Geschäften charakterisierten Engel verschiedenen Ranges (Flachkuppeln der Taufkapelle); – endlich in den Hauptkuppeln der Kirche: das Pfingstfest, wobei die Anwesenden der fremden Nationen nach Tracht und Aussehen charakterisiert sind (vordere Kuppel); – Christus mit vier Erzengeln, umgeben von Maria und den Aposteln, ringsum die einzige vollständige Mosaikreihe christlicher Tugenden (mittlere Kuppel); – die Wunder der Apostel usw. (Kuppel links).

Dem Stil nach sind es Arbeiten sehr verschiedener Zeit; der Übersicht zu Gefallen mögen sie hier, wie oben I, S. 482 ff. die Skulpturen, im Zusammenhang genannt werden. Den streng byzantinischen völlig erstorbenen Stil repräsentieren die Mosaiken der sämtlichen Kuppeln (11. und 12. Jahrhundert) mit Ausnahme derjenigen rechts; als das älteste, noch dem 10. Jahrhundert angehörende Stück gilt der Christus zwischen Maria und Johannes, innen über der innern Tür. – Einen wieder etwas gemilderten und belebten byzantinischen Stil zeigen mit zierlichster Ausführung verbunden: die erwähnten Mosaiken der Kapelle Zeno, auch jene eine Wandnische der Fassade und mehrere andre Teile. – Bedeutungsvoller Gegensatz hierzu: die Mosaiken der Vorhalle, sowohl vor den drei Türen als auf der linken Seite der Kirche, wichtige Werke des abendländisch-romanischen Stiles etwa aus dem 13. Jahrhundert (mit Ausnahme einiger offenbar moderner Zutaten), die Geschichten von der Weltschöpfung bis auf Moses, in ganz naiv-lebendiger Erzählung. – Wiederum mehr byzantinisch, obwohl erst vom Ende des 13. und aus dem 14. Jahrhundert: die genannten und andre Mosaiken der Taufkapelle. – Ungeschickt giottesk: diejenigen der Kapelle S. Isidoro beim linken Querschiff (um 1350). – Um 1430 diejenigen in der Capella de' mascoli, von *Michiel Giambono*, d. h. doch wohl nur die linke Hälfte des Tonnengewölbes; die rechte verrät eine viel vorzüglichere (vielleicht nicht-venezianische) Hand vom Ende des 15. Jahrhunderts. – Durch die ganze Kirche zerstreut: Kompositionen der Vivarini, des Tizian, auch viel Späterer. (Die Kuppel rechts; das Paradies am vordern Tonnengewölbe; die meisten Halbrunde der Fassade usw.) – Ein geistiges Ganzes, mit strengen Bezügen, mit poetisch-dogmatischer Entwicklung bieten diese Mosaiken nicht dar, auch wenn man nur die ältesten zusammennimmt. Selbst die Umgebung des Hochaltars hat von jenem System alttestamentlicher Beziehungen auf das Meßopfer, die wir im Chor von S. Vitale fanden, nur das Opfer Kains und Abels aufzuweisen.

Von der ganz byzantinischen, ja hauptsächlich von Griechen geübten Mosaikmalerei des Normannenreiches kenne ich auf dem italischen Festland außer einigen unbedeutenden Einzelfiguren nur die Mosaiken der einen Seitentribuna im Dom von Salerno (nach 1080): S. Marcus mit vier Heiligen. Bei weitem massenhafter tritt dieser Kunstzweig in den Kirchen Palermos und der Umgegend, hauptsächlich im *Dom von Monreale* auf.

Alles in allem genommen geben gerade diese sorgfältigen spätbyzantinischen Mosaiken Venedigs und Unteritaliens ein merkwürdiges Zeugnis für diejenigen Bedingungen, welche die Kirche Gregors VII. an die Kunst stellte. Die Körperlichkeit Christi und der Heiligen ist zur bloßen Andeutung eingeschrumpft, aber diese Andeutung wird mit dem größten Aufwand des Stoffes und mit der emsigsten Sauberkeit zur Darstellung gebracht. Es soll dem Heiligen die möglichste Ehre geschehen; ihm aber Persönlichkeit oder gar Schönheit zu geben, wäre überflüssig, da es auch ohne dieses stark genug auf die Andacht wirkt.

Wahrhaft unzählig sind noch jetzt in Italien die *Tafelbilder* byzantinischen Stiles, hauptsächlich die Madonnen. Die wenigsten freilich stammen aus dem ersten Jahrtausend; weit das meiste sind Kopien nach besonders wunderkräftigen Madonnenbildern und teils erst gegen Ende des Mittelalters, teils auch in ganz neuer Zeit verfertigt; außerdem ist zu erwägen, daß es noch hin und wieder griechische Gemeinden in Italien gibt, bei welchen die byzantinische Darstellungsweise rituell geblieben ist. – Die eigentümlichen Lackfarben, die grünen Fleischschatten, das aufgehöhte Gold der Schraffierungen machen diese Malereien sehr kenntlich. Ich weiß nicht näher anzugeben, ob man im Typus der Madonna verschiedene Abarten unterscheidet; schwerlich wird man denselben auf so alte Grundlagen zurückführen können, wie dies beim Christustypus gelungen ist. Die sogenannte schwarze Mutter Gottes ist kein eigener Typus, sondern aus mißverstandener Wiederholung altersgebräunter Madonnen entsprungen. Das Bild in S. Maria maggiore a (Kapelle Pauls V.) war einst (9. Jahrhundert) gewiß hell gemalt; neuere Kopien aber, zumal wenn sie noch von sich aus nachdunkeln, werden die Vorstellung der tiefsten braunen Hautfarbe erwecken.

Einige besonders instruktive byzantinische Tafelbilder finden sich in der Gemäldesammlung beim Museo cristiano des Vatikans, welche von b dem verstorbenen Msgr. Laureani angelegt worden ist und außerdem eine große Menge zum Teil wertvoller kleiner Bilder aus Giottos Schule und aus dem Anfang des 15. Jahrhunderts enthält. Da Rom gerade für diese Perioden nur wenig Monumentales aufzuweisen hat, so nimmt man eine solche Ergänzung gerne an. – Daselbst unter andern der Tod des heiligen Ephrem, im 11. Jahrhundert gemalt von dem Griechen Emanuel Tzanfurnari. – Viele byzantinische Tafelbilder auch im Mu- c seum von Neapel.

Schließlich sind noch zwei Kunstwerke zu nennen, von welchen das eine gewiß, das andre wahrscheinlich in Konstantinopel selbst gefertigt wurde. Die Altartafel (*Pala d'oro*, I, S. 462, d) im Schatz von S. Marco[1]
a zu Venedig (bestellt 976?) zeigt auf ihren seit dem 14. Jahrhundert neu zusammengesetzten Goldplättchen eine ziemliche Anzahl Figuren und ganze Szenen in Email; der Stil ist ungefähr derselbe wie in den zuletzt genannten Mosaiken, die Ausführung prächtig delikat; in Ermanglung der Farbennuancen, welche dem damaligen Email nicht zu Gebote standen, sind Lichter und Gewandfalten durch die feinsten Goldschraffierungen ausgedrückt. – Sodann sieht man im Schatz von S. Peter zu Rom die sogenannte *Dalmatika Karls des Großen*, d. h. ein Diakonenkleid wahrscheinlich des 12. Jahrhunderts, welches wenigstens spätern Kaisern bei der Krönung diente. Auf dunkelblauer Seide sind in Gold, Silber und einigen Farben figurenreiche Darstellungen gestickt, vorn Christus in einer Glorie mit Engeln und Heiligen, hinten die Verklärung auf Tabor, auf den Ärmeln Christus als Spender der Sakramente. Ein merkwürdiger Überrest aus der Zeit, da nicht bloß die Kirche, sondern auch der Offiziant ganz Symbol, ganz Programm unter der Hülle möglichst kostbarer Stoffe sein mußte.

Wie in der Architektur und Skulptur, so beginnt auch in der Malerei mit dem zweiten Jahrtausend eine neue Lebensregung, die sich nach einiger Zeit zu einem Stil gestaltet, welchen wir auch hier den *romantischen* nennen können. (Vgl. I, S. 85, 465.) Auch hier findet eine Umbildung des längst mißverständlich wiederholten Spätantiken im Geist der neuen Zeit statt.

Neben dem in Italien herrschend gewordenen Byzantinismus hatte immer eine verwilderte alteinheimische Kunstübung fortexistiert, hauptsächlich wohl für die Ausschmückung geringerer Kirchen, welche weder Mosaiken noch griechische Künstler bezahlen konnten. Von dieser Kunstübung, welche man im Gegensatz gegen die byzantinische etwa als eine altlangobardische benennen mag, geht nun die Neuerung aus. Das früheste namhafte Denkmal sind die Wandmalereien meist le-
b gendarischen Inhaltes in dem vermeintlichen Bacchustempel (S. Urbano, vgl. I, S. 27, a) bei Rom, angeblich vom Jahr 1011. Das Hauptkennzeichen des neuen Stiles, die lebhafte Bewegung und die gleichsam mit An-

---

[1] Wo ich sie 1846 sah. Im Jahre 1854 stand eine verdeckte Tafel *auf* dem Hochaltar selbst, mit einer im Jahre 1344 (von unbedeutenden venezianischen Künstlern der Richtung Giottos) bemalten Rückseite; ob sie die Pala d'oro enthielt, ist mir nicht bekannt. Letztere gehört eigentlich *vor* den Altartisch.

strengung sprechende Gebärde, ist hier schon deutlich vorhanden. Trotz aller Ärmlichkeit der Ausführung erwacht doch die Teilnahme des Beschauers; die Kunst improvisiert wieder einmal nach den langen Jahrhunderten des Wiederholens und Kombinierens. Natürlich mischt sich angelerntes Byzantinisches auch in diese harmlos erzählende Wandmalerei, und ein paar spätere Arbeiten (die Fresken der Vorhalle von S. Lorenzo fuori, – und diejenigen der Kapelle S. Silvestro am Vorhof a von SS. Quattro coronati, beide vom Anfang des 13. Jahrhunderts) b unterliegen sogar wieder einer mehr byzantisierenden Manier. Allein der neue Antrieb war inzwischen schon genug erstarkt, um auch in die monumentale Mosaikmalerei einzudringen. In *S. Maria in Trastevere* c enthält die Halbkuppel der Tribuna und die umgebende Wand das erste Hauptwerk des romanischen Stiles in Italien (1139–1153); bei aller Rohheit der Formen begrüßt man doch gern die neuen Motive, ja das beginnende individuelle Leben; Christus und Maria zusammen thronend, sein Arm auf ihrer Schulter – dies ist auch im Gedanken unbyzantinisch. (Aus derselben Zeit: oben an der Fassade die Jungfrau mit acht Märtyrerinnen und zwei andern heiligen Frauen; – aus dem Anfang des 14. Jahrhunderts, und zwar von *Pietro Cavallini:* die Einzelbilder aus d der Geschichte Christi im untern Teil der Tribuna.) – Auch das Chor- e mosaik von S. Clemente (vor 1150) ist im Figürlichen schon ganz romanisch; das Rankenwerk in der Halbkugel ahmt jenes prächtige lateranensische Ornament (I, S. 76, a), nur in andern Farben und mit Zutat vieler kleiner Figuren nach.

Allein aus geschichtlichen Ursachen oder weil der rechte Künstler noch nicht gekommen war, blieb diese neue römische Richtung einstweilen ohne bedeutende Folgen. Den einzigen Kunstaufschwung, welcher einigermaßen für die Zeit Innozenz III. und seiner nächsten Nachfolger in Anspruch genommen werden kann, haben wir oben (I, S. 82, 83) in den bessern Cosmatenbauten erkannt. Die Malerei schreitet durchaus nicht vorwärts. Rückfälle in den Byzantinismus zeigen sich z. B. in der Detailausführung des großen Nischenmosaiks in *S. Paul* (seit 1216), f welches als eine neue Redaktion des im 5. Jahrhundert dort angebrachten erscheint[1]; – ebenso in jenen oben, a, b, genannten Wandmalereien. – Die Mosaiken zweier kleinen Nischen in S. Costanza (1254 bis 1261) g sind so roh und geringfügig, daß auf ihren Stil nicht viel ankommt. – An dem Mosaik der Fassade des Domes von Spoleto, welches 1207 von einem Maler *Solsernus* verfertigt wurde, verbindet sich wenigstens der h

[1] Die Mosaiken über der Nische und gegenüber an der Querschiffseite * des Triumphbogens sind (oder waren vor 1823) Arbeiten des 14. Jahrhunderts.

byzantinische Stil mit einer gewissen Freiheit und Würde, zumal in den Gebärden der Maria und des Johannes; Christus hat die jugendliche Bildung wieder erlangt, welche bei den Byzantinern einer Greisenfigur hatte weichen müssen.

Je nach den Gegenden hatte der Kampf der beiden Stile einen ganz verschiedenen Verlauf. In Venedig tritt der romanische, wie wir sahen, glänzend auf in den Mosaiken der Vorhalle der Markuskirche, doch nur um ebenfalls byzantinischen Rückfällen Platz zu machen. In *Parma* enthält das *Baptisterium* in seinen sämtlichen Fresken (mit Ausnahme der untern, welche unbedeutend giottesk sind) eine der wichtigsten Urkunden des romanischen Stiles; von verschiedenen Händen der ersten Hälfte des 13. Jahrhunderts ausgeführt, zeigen sie besonders in den erzählenden Teilen, am Rand der Kuppel, das Eilige und Bewegte, die leidenschaftliche Gebärde, welche jenem noch keines physiognomischen Ausdruckes fähigen Stil damals eigen ist. – Einzelne meist ruhige Heiligenfiguren in Fresko, verschieden gemischt aus beiden Stilen, findet man an der Fassade des Domes von Reggio (12. oder 13. Jahrhundert), – an den Wänden von S. Zeno in Verona (12. Jahrhundert, hinter halb abgefallenen Malereien des 14. Jahrhunderts hervorschauend), – in der Vorhalle von S. Ambrogio zu Mailand (aus verschiedenen Zeiten), u. a. a. O.

Bevor von Toskana die Rede ist, fassen wir noch einmal diese Kunstzustände ins Auge, wie sie vermutlich sich entwickelten. Ein jugendlicher Stil, der vieles zu erzählen hätte, des Ausdruckes aber nur in beschränktester Weise mächtig ist, taucht neben dem rituell geheiligten Stil auf. Er ist noch nicht auf das Schöne und Holdselige gerichtet, aber er empfindet auch keine Verpflichtung auf das Morose und Asketische; fast absichtslos gestaltet er seine Figuren jugendlich. Ebensowenig ist für ihn ein Grund vorhanden, in der bekannten Aufeinanderfolge byzantinischer Stellungen und Gewandmotive, in den bestimmten Typen heiliger Geschichten usw. eine absonderliche Heiligkeit anzuerkennen; er gibt alles nach seinen eigenen Antrieben und schafft dabei von sich aus naturgemäßere Stellungen, rundfließende Gewandung, neue hastige Züge des Lebens. Man läßt ihn an dieser und jener Kirchenwand mit seinen paar Leimfarben gewähren. Aber die Mosaizisten, welche ihre Technik und den byzantinischen Stil für unzertrennlich halten mochten, müssen es eines Tages erleben, daß der neue Stil sich einer der römischen Patriarchalkirchen bemächtigt und ebenfalls in Mosaik zu arbeiten anfängt. Von da an scheint ein wahrer Kampf begonnen zu haben; die byzantinisch Gesinnten behaupten teils mit aller Macht ihren Schlendrian, teils nehmen sie den neuen Stil in die Lehre, vermischen ihn mit dem ihrigen, suchen ihm seine wahre kecke Physiognomie zu nehmen. In den genannten Werken von Parma und Venedig taucht er ungebändigt wieder empor, allein daneben behauptet sich auch der Byzantnismus, sowohl in seiner schroffen Gestalt als auch mit einzelnen Konzessionen; sein völliger Sturz tritt erst durch die Schule Giottos ein. Was ihn so lange aufrecht hielt, war wesentlich seine Verbindung mit der vornehmsten, heiligsten Gattung der Malerei, mit dem Mosaik. Erst als dieses selber zwar nicht seine Fortdauer, aber doch seine Herrschaft unwiederbringlich einbüßte, als ganz Italien sich an Fresken zu begeistern imstande war, – da erstarb auch der byzantinische Stil.

In Toskana besaß er gerade zu Anfang des 13. Jahrhunderts, als die höhere Blüte des Landes (Pisa ausgenommen) erst begann, das unleugbare Übergewicht. Das Verdienst der toskanischen Maler der nächstfolgenden Zeit, mit welchen man einst nach Vasaris Vorgang die Kunstgeschichten zu beginnen pflegte, bestand auch nicht sowohl in einem sofortigen Umsturz dieses Stiles, als in einer neuen Belebung desselben; innerhalb der byzantinischen Gesamtauffassung wird das einzelne freier; lebendiger und schöner, bis endlich die Hülle völlig gesprengt ist. Dies gilt zunächst von *Guido da Siena.* Auch in seiner Vaterstadt herrschte noch der Byzantinismus, wie die ältesten Werke der dortigen Akademie beweisen. (Mit Ausnahme etwa des oben I, S. 462,e erwähnten Altarvorsatzes vom Jahr 1215, welcher eine rohe romanische Arbeit a ist.) Allein Guidos große Madonna vom Jahr 1221 in S. Domenico b (zweite Kapelle links vom Chor) zeigt innerhalb der rituellen byzantinischen Anlage nicht nur einen Anfang von Lieblichkeit, sondern auch, namentlich in der Stellung des Kindes, ein Gefühl für Linien und eine lebendige Zeichnung. Die Madonna des *Diotisalvi* in der Concezione c (oder ai Servi, rechts), volle 60 Jahre jünger, ist nicht nur von derjenigen Guidos abhängig, sondern ein Rückschritt ins Rohe und Starre.

Von einem Zeitgenossen Guidos, von *Giunta Pisano,* ist beinahe unnütz zu sprechen, da die ihm zugeschriebenen Fresken in der Oberkirche d von Assisi leider soviel als erloschen sind. Es war darunter jene phantastische Szene des Simon Magus, der von den Dämonen in der Luft herumgezerrt wird; einzelne byzantinische Miniaturen enthalten Ähnliches, hier aber war, alten Abbildungen zufolge, den Dämonen zum erstenmal Leidenschaft und rechte momentane Gewalt gegeben. (1848 sah ich von diesem Fresko nur noch einen matten Schimmer.) Die fünf Halbfiguren von Heiligen in der Akademie zu Pisa tragen Giuntas e Namen kaum mit Recht; der Crucifixus in S. Ranieri ebenda ist kaum sichtbar. Eine kenntliche Parallele zu dem Streben des großen Bild-

hauers Niccolò Pisano (I, S. 468) bieten die erhaltenen pisanischen Malereien nicht dar. In *Florenz* war die Ausschmückung des *Baptisteriums* die Hauptauf-
gabe für die erste Hälfte des 13. Jahrhunderts und noch für Jahrzehnte
a weiter. Die Chornische, seit 1225 von einem Mönch *Jacobus* mosaiziert,
enthält eine vorzüglich bedeutende Neuerung: kniende Figuren auf
korinthischen Kapitellen sind als Träger des Mittelbildes angewandt,
einer der frühesten rein künstlerischen Gedanken, denn wenn diese
Träger auch einen symbolischen Sinn haben mögen, so funktionieren
sie doch hauptsächlich der bessern Raumverteilung zuliebe, von der die
byzantinische Kunst, im ausschließlichen Dienst der Tendenz, gar
keine Notiz genommen hatte; sie sind die Urväter der Trag- und Füll-
b figuren der Sistina. Im Kuppelraum selbst ist der große Christus von
dem Florentiner *Andrea Tafi* (1213 bis 1294) innerhalb der byzantinischen Umrisse eine sehr bedeutende, neu und würdig belebte Gestalt.
Die konzentrischen Streifen mit biblischen Geschichten und Engelchören, welche den Rest der Kuppel einnehmen, verraten vier bis fünf
verschiedene Hände; einiges ist rein byzantinisch und darf wohl am
ehesten dem Griechen *Apollinus* zugeschrieben werden, welcher aus
Venedig herübergekommen war; andres ist rein romanisch und erinnert an das Baptisterium von Parma; wieder andres ist von gemischtem
Stil. Außerdem lernt hier die Mosaikmalerei der Architektur dienen an
Friesen, Balustraden und andern Bauteilen.

In die Zeit der Krisis, welche sich an diesem Denkmal verewigt, fiel
nun die Jugend des Florentiners *Cimabue* (1240? bis nach 1300). Von
einem durchgehenden Gegensatz gegen die Byzantiner ist gerade bei
c ihm am wenigsten die Rede; noch in seinem letzten großen Werk, dem
Christus zwischen Maria und Johannes d. T. in der Halbkuppel des
Domchores von Pisa, fügte er sich fast ganz der gewohnten Auffassung.
Allein innerhalb dieser Schranken fängt Schönheit und Leben sich zu
regen an. Seine zwei großen *Madonnenbilder* machten Epoche in der
christlichen Kunst. Das eine, jetzt in der Akademie zu Florenz, erreicht
d zwar in der freien und geschickten Schiebung der Hauptfiguren nicht
einmal den Guido von Siena, aber es zeigt hauptsächlich in den Köpfen der Engel, daß der Meister von den Ursachen und Elementen
menschlicher Anmut schon ein klares Bewußtsein hatte. Das andre, in
S. Maria novella (Kapelle Rucellai, am rechten Querschiff) ist ungleich
vorzüglicher und unbefangener; hier erwacht bereits ein eigentlicher
Natursinn, der sich mit konventioneller Bezeichnung eines abgeschlossenen Kreises von Dingen nie mehr zufrieden geben wird. – Aber sein
ganzes Können offenbarte Cimabue erst in den Fresken der Oberkirche
e S. Francesco zu *Assisi*. Leider sind dieselben sehr zerstört, so daß jedes

einzelne Bild eine besondere Anstrengung der Phantasie verlangt. Der erste und letzte genauere Berichterstatter (Carl Witte, im Kunstblatt 1821, Nr. 40–46) muß sie noch in besserm Zustande gesehen haben. Er unterscheidet: 1. Anonyme Malereien byzantinischen Stiles (welchem sie indes nach seiner Schilderung schwerlich entsprechen) über der Galerie in beiden Armen des Querschiffes. 2. Die obenerwähnten Arbeiten des Giunta Pisano, Geschichten der Jungfrau und der Apostel im Chor und Querschiff, nebst einer Kreuzigung im südlichen Arme des letztern. (Alles kenntlich an dem durchgängig schwarz gewordenen Bleiweiß.) 3. Eine ebenfalls sonst dem Giunta beigelegte, aber eher dem Cimabue gehörende Kreuzigung im nördlichen Arme. 4. Von den Kreuzgewölben des Langhauses enthält das dritte vom Portal an gerechnet noch die oben (I, S. 110, a) erwähnte Malerei Cimabues, deren dekorative Anordnung (Rundbilder Christi, der Maria und zweier Heiligen, auf Engel vom Viktorientypus gestützt, mit Festons eingefaßt, die aus Gefäßen hervorwachsen, welche von nackten Genien getragen werden) bereits weit über jenen ersten Versuch des Jacobus (II. S. 135, a) hinausgeht. Das erste Kreuzgewölbe vom Portal an, mit den vier Kirchenvätern, die ihren Schreibern diktieren, schien mir (1848) so erneut, daß ich keinen alten Maler hätte dafür verantwortlich machen mögen; doch kam dem Obengenannten auch 1821 die Farbe hier »vorzüglich frisch erhalten« vor; der Tradition nach ebenfalls von Cimabue. Im mittlern Kreuzgewölbe über dem Altar sind von demselben die vier Evangelisten gemalt, jeder sitzend schreibend, gegen eine turmreiche Stadt geneigt, noch ziemlich ungeschickt byzantinisierend. (So lauten meine allerdings nicht an Ort und Stelle gemachten Notizen von 1848; der Obengenannte will diese Figuren schon 1821 nicht mehr vorgefunden haben.) 5. Die obern Wandbilder des ganzen Langhauses mit sechzehn Geschichten des alten und sechzehn des neuen Testamentes, ehemals die Hauptleistung Cimabues. Aus dem jetzt fast vollendeten Ruin derselben schaut noch hier und da ein energisches, selbst großartiges Motiv hervor, das uns ahnen läßt, wie der Meister hier sich von den byzantinischen Kompositionstypen fast völlig frei gemacht, wie er die Momente neu und lebendig entwickelt, die Gruppierung zur bedeutungsvollen Mitwirkung herbeigezogen habe; das Detail als solches ist noch nicht individuell belebt, die Köpfe noch ohne den Ausdruck des Augenblickes. 6. Die untern Wandbilder des Langhauses mit den Geschichten a des heiligen Franz, Werke verschiedener Giottesken des 14. Jahrhunderts, mit einem byzantinischen Nachklang; wahrscheinlich unter dem Einfluß von Giottos Kompositionen desselben Inhaltes (an den Sakristeischränken von S. Croce in Florenz, jetzt in der dortigen Akademie) entstanden; von Rumohr dem Parri Spinello zugeschrieben.

a Die Umgebung Cimabues war in der Anerkennung des Neuen, welches er repräsentierte, geteilter Ansicht. Der unbekannte Verfertiger des Tribunenmosaiks von S. Miniato bei Florenz (1297?) zeigt sich als verstockten Byzantiner; das Erwachen des Natursinns beschränkt sich auf die Tierfiguren, welche den grünen Wiesenboden seines Bildes be-
b völkern. – Dagegen verrät *Gaddo Gaddis* Lünette mit Mariä Krönung innen über dem Hauptportal des Domes trotz der vollen byzantinischen Prachttechnik den tiefen Eindruck, welchen Cimabues Madonnen hervorgebracht hatten. – Schon mehr gegen Giottos Art neigen die Mo-
c saiken der Querschifftribunen im Dom von Pisa. (Verkündigung und Madonna mit Engeln.)

Um dieselbe Zeit offenbart auch die Schule von *Siena* ihre künftige Richtung.

Gleichzeitig mit Diotisalvi trat hier *Duccio* auf, von welchem das
d große Altarwerk (1310–1311) herrührt, das jetzt getrennt im Dom (an beiden Enden des Querschiffes) aufgestellt ist; links die Madonna mit Engeln und Heiligen, rechts die Geschichten Christi auf vielen kleinern Feldern[1]. Wenn die Hervorbringung des Einzelschönen das höchste Ziel der Malerei wäre, so hätte Duccio das 13. und das 14. Jahrhundert, selbst Orcagna nicht ausgenommen, überholt. Es muß ihn sehr beglückt haben, als er vor seinen erstaunten Zeitgenossen die Schönheit des menschlichen Angesichtes und die abgewogene Anmut holder Bewegungen und Stellungen aus eigenen Mitteln (nicht nach antiken Vorbildern wie Niccolò Pisano) wiederzugeben vermochte. Seine Technik aber ist noch die der Byzantiner und in den geschichtlichen Kompositionen hat er, genau betrachtet, mehr die üblichen Motive derselben mit seinem Stil vom Tode auferweckt, als neue geschaffen. – Wie viel oder wenig er außer diesem Altarwerk schuf, immerhin hat er für ein Jahrhundert der Schule seiner Vaterstadt den Ton angegeben.

In *Rom* zeigt sich um diese Zeit ein ganz bedeutender und eigentümlicher Aufschwung, der uns ahnen läßt, daß die Kunstgeschichte eine wesentlich andere Wendung würde genommen haben ohne die Katastrophe, welche den päpstlichen Stuhl für 70 Jahre an die Rhône ver-
e setzte. Zwischen 1287 und 1292 fertigte der Mönch *Jacobus Toriti* die großen Mosaiken der Altartribunen im Lateran und in S. Maria maggiore. Das erstere ist noch einförmig und zerstreut in der Anordnung, aber im Ausdruck der begeisterten Anbetung schon ganz bedeutend.

* [1] Eine Anzahl kleiner Täfelchen in der Akademie gelten als Teile der Predella des Bildes.

Das letzere ist eine der größten vorgiottesken Leistungen, vorzüglich a
was die Gruppe im blauen, goldgestirnten Mittelrund betrifft; während
Christus die Maria krönt, hebt sie, anbetend und zugleich bescheiden
abwehrend, die Hände auf. Zu der schönen, schwungvollen Formenbildung kommt dann noch, hauptsächlich in den an Cimabue erinnernden Engeln, ein wahrhaft holder Ausdruck, und in der Anordnung des
Ganzen jene seit Cimabue wieder völlig erweckte hohe dekorative Fülle
und Freiheit. – Auch an den oben (I, S. 139, h, i) genannten beiden
Grabmälern von dem Cosmaten *Johannes* sind die bescheidenen Mosai- b
ken ebenfalls würdig und anmutig in gleichem Grade. – Die erzählenden Mosaiken der alten Fassade von S. Maria maggiore (bequem sicht- c
bar in der obern Loggia der neuern), gegen 1300 von *Philippus Rusuti*
verfertigt, sind zwar nicht sehr geistreich erfunden, aber wiederum
merkwürdig durch die freie, hier an Pompejanisches erinnernde Verteilung in eine bauliche Dekoration.

Während in diesen römischen Arbeiten der Byzantinismus schon
nahezu überwunden erscheint, herrscht er aber in *Neapel* noch weiter.
Das schöne Mosaik einer Madonna mit zwei Heiligen in S. Restituta d
(eine der Kapellen links) zeigt diesen Stil (um 1300) in einer ähnlichen
edeln Weise belebt wie etwa bei Cimabue. – Von einem Zeitgenossen
des letztern, *Tommaso degli Stefani* (1230–1310), war eine Kapelle des
Domes (Kapelle Minutoli, am rechten Querschiff) ausgemalt; alte und
neue Übermalungen haben jedoch dem Werke seinen Charakter völlig
genommen.

Diejenige erste große Blüte der italienischen Malerei, welche mit der
germanischen Gesamtkunst parallel geht, und welche wir auch in diesem Gebiete als *germanischen Stil* bezeichnen, hat vor der Malerei des
Nordens schon einen beträchtlichen äußern Vorteil voraus; sie ist nicht
eine bloße Dienerin der Architektur, sondern besitzt ein unabhängiges
Leben und erhält Wandflächen zur Verfügung, die ihr im Norden wenigstens in Hauptkirchen nicht gegönnt wurden und mit welchen wesentlich auf sie gerechnet war. Die Malerei als Gattung zieht den größten Genius des Jahrhunderts an sich, *Giotto*. Die Stellung, welche sie
gegenüber den übrigen Künsten schon im 13. Jahrhundert behauptet,
wird durch seine Leistungen glänzend erweitert; das Vorurteil zugunsten monumentaler Bilderkreise in Fresko, welches er und die Seinigen
so sehr verstärkten, bildet für alle Folgezeit den festen Boden, ohne
welchen auch Raffael und Michelangelo nicht die Aufgaben angetroffen
hätten, in welchen sie sich am größten erwiesen.

Giotto lebte 1276–1336. Von seinen wichtigsten Schülern und nähern
Nachfolgern, meist Florentinern, sind zu nennen: *Taddeo Gaddi* (geb.

um 1300, † 1352); *Giottino* (eigentlich Tommaso di Stefano, 1324 bis 1356); *Giovanni da Melano* (d. h. Mailand); *Andrea Orcagna* (richtiger Arcagnolo, eigentlich Andrea di Cione, 1329–1389); dessen Bruder (?) *Bernardo;* ferner *Angelo Gaddi* († nach 1394); *Spinello* von Arezzo († nach 1408); *Antonio Veneziano; Francesco da Volterra* (beide gegen Ende des 14. Jahrhunderts im Composanto zu Pisa tätig); *Niccolò di Pietro* u. a. – Einstweilen nehmen wir auch denjenigen Maler mit hinzu, welcher im Camposanto *Symone da Siena* heißt, sowie auch die Sienesen *Ambrogio* und *Pietro di Lorenzo*, welchen wir in ihrer Heimatschule wieder begegnen werden.

Wir zählen nun die wichtigsten Werke nach den Orten auf, jedesmal mit Angabe derjenigen Meister, welchen sie die Tradition zuschreibt. Wo es wesentlich ist, die Kontroversen über diese Benennungen zu kennen, möge dies in Kürze angedeutet werden. Auch einige der wichtigern Altarbilder sind dabei mit zu nennen.

Padua

a Die Kapelle *S. Maria dell' Arena;* das Innere ganz mit den Fresken *Giottos* bedeckt. (Seit 1303, also sein frühestes großes Werk.) Das Leben der Jungfrau und die Geschichte Christi in vielen Bildern; am Sockel Grau in Grau die allegorischen Figuren der Tugenden und Laster; an der Vorderwand das Weltgericht. (Bestes Licht: Morgens.)

Florenz

b *S. Croce*. Im Chor: *Angelo Gaddi*, Geschichten des wahren Kreuzes. In den zehn Kapellen zu beiden Seiten des Chores:

Erste Kapelle rechts (kleinere Kapelle Bardi): Geschichten des heiligen Franziskus, durch Bianchis Kühnheit und Pietät in den letzten Jahren dem *Giotto* zurückgegeben, dessen Werk sie ursprünglich waren. Auf dem Altar, stets verdeckt, die dem Cimabue zugeschriebene Gestalt des heiligen Franziskus.

Zweite Kapelle rechts (Kapelle Peruzzi): rechts die Auferstehung eines Heiligen, wahrscheinlich von *Giotto*, links die Überreichung des Hauptes Johannes d. T., vielleicht von einem zaghaftern Schüler.

Dritte Kapelle rechts: halb erloschene Darstellung vom Kampfe S. Michaels und des himmlischen Heeres mit dem Drachen, großartig gedacht; der Urheber unbekannt.

Vierte Kapelle links (Kapelle Baldi): *Bernardo Gaddi*, Marter der HH. Stephanus und Laurentius.

Fünfte Kapelle links (Kapelle S. Silvestro): *Giottino*, rechts drei Wunder des heiligen Sylvester; links Grabnischen mit den nicht unbedeutenden Fresken eines Weltgerichts und einer Grablegung.

Am Ende des rechten Querschiffes: die große Kapelle Baroncelli: a
Altarbild von *Giotto;* Fresken mit dem Leben der Maria von *Taddeo
Gaddi*, von demselben die Figuren am Gewölbe. (Die Madonna della
cintola an der Wand rechts ist von *Bastiano Mainardi*.) Die Malereien
Taddeos sind von den wichtigsten der Schule, deren Gruppierungs-
und Gewandungsmotive hier ganz besonders schön und furchtlos gehandhabt sind.

In der rechts anstoßenden Cap. del Sagramento: am Gewölbe die
Evangelisten und die Kirchenlehrer, von *Gherardo Starnina* und *Taddeo
Gaddi*.

Im Gange vor der Sakristei: unter anderm ein ausgeschnittenes Kruzi- b
fix, angeblich von *Giotto*.

In der Kapelle Medici am Ende dieses Ganges: eine Anzahl Altar- c
bilder des 14. Jahrhunderts.

In der Sakristei: an der Wand rechts die Szenen der Passion, dem d
Niccolò di Pietro, von andern dem *Angelo Gaddi* zugeschrieben; die untern
meist von einem energischen, aber etwas verwilderten Giottesken; oben
sehr schön die knienden Jünger und Engel um den Auferstandenen. –
In der Altarkapelle der Sakristei: das Leben der Magdalena und das der e
Maria, nebst den Gewölbemalereien und dem Altarbild, datiert 1379,
aus der *Schule der Gaddi*. (Von andern zu kühn dem *Taddeo* zugeschrieben.)

In dem ehemaligen Refektorium des anstoßenden Klosters (jetzt zur f
Teppichfabrik eingerichtet, zugänglich vom Platze aus, rechts von der
Klosterpforte): ein großes, im ganzen wohlerhaltenes Abendmahl von
Giotto. Eines der reinsten und gewaltigsten Werke des 14. Jahrhunderts,
bei dessen Anblick ich mich immer vergebens gefragt habe, weshalb
man es so beharrlich dem Giotto abspreche, ohne doch einen andern
Meister dafür nennen zu können. Darüber: Der Stammbaum der Franziskaner und einige Szenen aus der Legende des heil. Franz, von geringern Händen.

(Fast alle diese Fresken haben morgens das beste Licht.)

S. Maria novella. Kapelle Strozzi, am Ende des linken Querschiffes:
das Weltgericht (hinten), das Paradies (links) und das Altarbild (1357)
von *Andrea Orcagna:* die Hölle (rechts) von dessen Bruder *Bernardo*.
Das Paradies bezeichnend als die höchste Grenze des Holdseligen und
Schönen in der Gesichtsbildung, welche die Schule erreicht hat.

Chiostro verde: Die ältern Teile der Grün in Grün gemalten Ge- g
schichten der Genesis. (Die spätern von *Paolo Uccello*.)

Anstoßend an diesen Kreuzgang: Die berühmte Capella degli Spa- h
gnuoli, ausgemalt nach 1322 bis nach 1355, laut Vasari von *Taddeo Gaddi*
und *Symone von Siena*, welchen man sie gegenwärtig aus Gründen ab-

spricht. (Daß indes wenigstens die Köpfe der Tugenden und Wissenschaften von einem trefflichen alten Sieneser sind, lehrt der erste Blick.) Ein Hauptdenkmal der Schule, in Beziehung auf die Zusammenstellung des Ganzen, auf den Reichtum der Komposition in den biblischen Szenen und auf die Allegorik in den beiden großen Seitenbildern, dem »Triumph des heil. Thomas von Aquino« und der »streitenden und triumphierenden Kirche«. (Bestes Licht: 10–12 Uhr.)

Außer geringern Überresten in verschiedenen Räumen des Klosters:

a im sog. alten Refektorium eine thronende Madonna mit vier Heiligen, mehr sienesisch als florentinisch, und:

b In einem kleinen gewölben Gemach der Farmacia rohe Passionsfresken des *Spinello Aretino*.

S. Miniato al monte. Außer mehrern geringern Überbleibseln an den Wänden der Kirche:

Die von *Spinello* mit den Geschichten des heil. Benedikt ausgemalte Sakristei.

c *S. Felicita*, Anbauten hinten rechts: in einem alten Kapitelsaal der Gekreuzigte mit den Seinigen, in einem nahen Gang eine Annunziata; letztere beinahe Orcagnas würdig.

d *Ognissanti*. Kapelle am Ende des linken Querschiffes: ein sehr verdorbenes Altarbild aus mehrern Tafeln bestehend, von *Giovanni da Melano*, in der Durchbildung des einzelnen den meisten Werken der Schule überlegen.

e In der Sakristei: Fresko eines Ungenannten, der Gekreuzigte mit Engeln, Heiligen und Mönchen.

f *S. Ambrogio*. Zweiter Altar rechts: Säugende Madonna mit zwei Heiligen, von *Angelo Gaddi* (?).

Dritter Altar rechts: Kreuzabnahme, von Giottino.

g *Bigallo*. Im Zimmer des Kassiers: Fresken von dreierlei Händen, darunter eine Misericordia von *Giottino* (?); das naive Bild der Waisenkinder ist von einem zurückgebliebenen Giottesken des 15. Jahrhunderts, *Pietro Chelini*.

h *Dom*. Die Apostel und Heiligen unter den meisten Fenstern des ganzen Kapellenkranzes, ebenfalls von einem der spätesten Giottesken, *Lorenzo Bicci*. – An einem der vordern Pfeiler das schöne, spätgitteske Bild des heil. Zenobius.

i *S. Maria la nuova*. Außen neben der Tür die beiden Zeremonienbilder des genannten Bicci, stark erneuert.

k *Orsanmicchele*. Im Tabernakel Orcagnas das sehr schöne Gnadenbild des *Ugolino da Siena*, mehr florentinisch als sienesisch. (Erste Hälfte des 14. Jahrhunderts.)

l *Pal. del Podestà*. In der Dispensa, der ehemaligen Kapelle: Reste der

Fresken *Giottos*, Szenen aus der Legende der heil.Magdalena, Johannes
d. T., Weltgericht, Paradies, alles kaum mehr kenntlich.

Einzelne Reste von Fresken, auch Staffeleibilder, in verschiedenen a
Kirchen; mehrere der letztern in der *Certosa* (ältere Seitenkirche).

Pisa

Das *Camposanto*. Von der Kapelle an der östlichen Schmalseite an ge- b
rechnet folgen aufeinander:

Buffalmaco: Passion, Auferstehung und Himmelfahrt, sehr übermalt.
(Der Künstler, der sich stellenweise als einen der allergeistvollsten Giottesken zeigt, mag einstweilen den Namen beibehalten, den man ihm
wegen mangelnder urkundlicher Dokumente über seine Existenz streitig
macht.)

Südwand. *Andrea Orcagna:* Triumph des Todes und Weltgericht.   c
Bernardo Orcagna (?): Die Hölle.

Ambrogio und *Pietro Lorenzetti* (auch die Lorenzo, mißverständlich
auch Laurati) von Siena: das Leben der Einsiedler in der Thebais.

»*Symon von Siena*« (d. h. irgendein florentinisch und sienesisch gebil-
deter Meister des 14. Jahrhunderts): die drei obern Bilder der Geschichten des heil. Ranieri. Einzelne Engel- und Frauenköpfe ganz sienesisch;
vielleicht auch das Ungeschick in der Anordnung.

Antonio Veneziano: Die drei untern Bilder.

Spinello Aretino: Drei Bilder mit den Geschichten der HH. Ephesus
und Potitus.

Francesco da Volterra (ehemals dem Giotto beigelegt): Die vorzüglich
geistvollen Geschichten Hiobs.

Nordwand. *Pietro di Puccio* (ehemals dem Buffalmaco zugeschrieben, d
jedenfalls nicht von dem obenerwähnten Maler der Passionsbilder): Gott
als Welterhalter, und die Geschichten der Genesis bis zum Opfer des
Noah; sowie auch die Krönung Mariä über dem Eingang einer Kapelle
dieser Seite. (Die übrigen Geschichten des alten Testamentes, von *Benozzo Gozzoli*, sind unten zu erwähnen.)

In *S. Francesco:* Das Gewölbe des Chores, mit den je zu zweien gegen- e
einander schwebenden Heiligen, von *Taddeo Gaddi.*

Im Kapitelsaal die sehr zerstörten, ausgezeichneten Passionsszenen f
des *Nic. di Pietro* (1392); an der Decke Halbfiguren in Medaillons.

In *S. Caterina*, Altar links, eine Glorie des heil. Thomas, von einem g
gewissen *Traini.*

Im *Carmine* (oder wenn mich meine Notizen täuschen sollten, in h
S. Martino) Fresken des 14. Jahrhunderts in einer Nebenkapelle rechts
und über dem Orgellettner.

a   Alte Bilder in S. Ranieri in der Sammlung der Akademie und in Privathänden.

Pistoja

b   In *S. Francesco al Prato* ist das Gewölbe der Sakristei mit vier Heiligen zwischen guten Gurtverzierungen bemalt, etwa in der Art des Niccolò di Pietro.

Der anstoßende Kapitelsaal enthält Fresken von verschiedenen Händen, unter anderm von *Puccio Capanna;* das Gewölbe ganz der Verherrlichung des heil. Franziskus gewidmet; an der Hauptwand Christus am Kreuz, welches in Baumzweige mit Heiligenfiguren ausgeht usw.

Prato

c   Im *Dom* gleich links die Capella della cintola, ausgemalt von *Angelo Gaddi* 1365 mit dem Leben der Maria und der Geschichte des Gürtels. Hauptwerk der Schule.

Kapelle links neben dem Chor: Rohe Legenden des 14. Jahrhunderts.

Kapelle rechts neben dem Chor: Leben der Maria und Geschichten S. Stephans, unbedeutende Werke des 15. Jahrhunderts, übermalt.

d   In *S. Francesco:* Der ehemalige Kapitelsaal, ausgemalt von *Niccolò di Pietro*, Passion und Legenden des Matthäus und Antonius von Padua.

Arezzo

e   Im *Dom:* Eine Nische des rechten Seitenschiffes, ausgemalt von *Spinello*, aber sehr übermalt. (Der Crucifixus mit Heiligen.)

f   Bei *S. Agostino*, in einer ehemaligen Kapelle, oben an der Mauer: Madonna von *Spinello*, zu einer Verkündigung gehörend.

g   In *S. Domenico:* Sehr übermalte Fresken des *Parri Spinello*, Sohn des obigen, neben der Tür; der Gekreuzigte mit Heiligen, und zwei Apostel, beide Gemälde umgeben von Martyrien in kleinern Figuren.

h   Im vordern Klosterhof von *S. Bernardo:* Die Geschichten dieses Heiligen, einfarbig, an die ältere Hand des Chiostro verde bei S. M. novella erinnernd; dem *Uccello* zugeschrieben.

Was in andern Städten Toskanas vorhanden sein mag, ist nach allem zu urteilen nicht bedeutend. Von SIENA, welches seinen besondern Stil entwickelte, wird weiter die Rede sein; vorläufig sind hier zu nennen:

i   *Spinellos* Fresken, im Pal. pubblico, Sala di Balia; Geschichten des Kaisers Friedrich Barbarossa und des Papstes Alexander III. Der Eintritt des Papstes, welchem der Kaiser den Zügel führt, ist eines der besten Zeremonienbilder aus Giottos Schule; für einige der übrigen Szenen ist weniger gut zu stehen; der Rest erscheint vollends als das Werk eines untergeordneten Malers.

In der *Akademie* zu Siena ein paar kleine Tafeln Spinellos, unter a anderm ein Tod der Maria, welche den Giottesken als Komponist in seiner ganzen Überlegenheit, verglichen mit den Sienesen, erscheinen lassen.

Assisi

S. Francesco. Die Oberkirche vgl. II, S. 135, e.

Die Unterkirche. An dem Hauptgewölbe über dem Grabe die Alle- b gorien von Armut, Keuschheit und Gehorsam, nebst der Verklärung des heil. Franziskus. Hauptwerke von *Giotto*. (S. unten.)

Im südlichen Querschiff Reste einer großen und sehr reichen Kreuzigung (angeblich von *Pietro Cavallini,* der sich aber in den oben II, S. 135, e c genannten Mosaiken noch als einen zu befangenen Byzantiner erweist, um der Urheber dieses Werkes sein zu können); ferner Kreuzabnahme, Grablegung und S. Franz die Wundmale empfangend (angeblich von *Giotto*); am Tonnengewölbe kleine Passionsbilder (vielleicht von *Puccio Capanna*).

Im nördlichen Querschiff Fresken des 15. Jahrhunderts und eine ältere, geringere Kreuzigung. Die Bilder aus der Geschichte Christi am Tonnengewölbe angeblich von *Giovanni da Melano*.

In der Cap. del sagramento und in derjenigen des Kardinals *Albornoz* handwerksmäßige Fresken des 14. Jahrhunderts; die der letztern dem *Buffalmaco* zugeschrieben.

In der Kapelle des heil. Martinus die Geschichten dieses Heiligen in d zehn Bildern, angeblich von *Puccio Capanna.*

Über der Kanzel: Krönung Mariä, von *Giottino,* welchem noch mehreres einzelne angehört[1].

In *S. Chiara:* An den vier Feldern des Kreuzgewölbes je zwei hei- e lige Frauen unter Baldachinen, von Engeln umgeben; von *Giottino.*

---

[1] Vorliegendes größernteils nach Witte. Außerdem finde ich in meinen meist flüchtigen Notizen von 1848 noch eine Kapelle der heil. Magdalena angemerkt, mit Fresken *Giottinos,* von geistreichen und lebendigen Motiven. In der Entfernung von allen Abbildungen und nähern Nachweisen kann ich diese Angabe nicht mehr verifizieren, rate aber jedem Kunstfreund, wenn er einen so wundervollen Frühlingstag in Assisi zum Geschenk erhält wie ich im Jahre 1848, seine Notizen beizeiten zu machen. Ein zweiter Besuch im Jahre 1853, unter strömendem Regen ins Werk gesetzt, ließ mich die frühere Versäumnis schwer bereuen. Die Unterkirche war nachtdunkel; nur das goldene Gewand des heil. Franziskus schimmerte vom Gewölbe hernieder.

Rom

a   In *S. Peter*, an der Innenseite der Fassade. Die Navicella, ursprünglich eine Komposition *Giottos*, allein durch mehrmalige Erneuerung, ja
ganz neue Zusammensetzung des Mosaikes in moderne Formenbildung
übersetzt.

b   In der Stanza capitolare der Sakristei: Auseinandergenommene Tafeln eines Altarwerkes von *Giotto*.

c   Im *Vatikan* die schon (II. S. 130, b) genannte Sammlung älterer Bilder
beim Museo cristiano.

d   Im *Lateran:* An einem der ersten Pfeiler des äußersten Nebenschiffes
rechts: gerettetes Freskofragment *Giottos:* Bonifaz VIII. die Indulgenz-
bulle des Jubiläums von 1300 verkündend, mit zwei Begleitern.

Neapel

e   Kirchlein *dell' Incoronata* (nicht weit von der Fontana Medina): Das
Kreuzgewölbe über der Empore links vom Eingang ausgemalt von
Giotto; seine Urheberschaft wird bestritten wegen mehrerer als Porträt
gedeuteter Köpfe, welche allerdings ein chronologisches Hindernis sein
würden; allein diese Deutungen sind auch nicht sicher, so daß es bei
Giotto sein Bewenden haben mag. In sieben Gewölbefeldern Darstellung der sieben Sakramente in ihrer Ausübung, im achten (wie es scheint)
eine Allegorie Christi und der Kirche. Hauptwerk für die Erzählungsweise in wenigen tiefgegriffenen Zügen, und für die höchste, sprechend-
ste Deutlichkeit der Darstellung. Wohlerhalten und bequem zu besich-
tigen. (Am besten vormittags.) In derselben Kirche noch verschiedene
Überreste des 14. Jahrhunderts, so in der Kapelle links vom Chor am
Gewölbe; die Fresken an den Wänden derselben Kapelle 15. Jahrhundert.

f   In *S. Chiara* das Gnadenbild an einem Pfeiler links, von *Giotto*, der
einzige Rest seiner umfangreichen Fresken.

Es wird vielleicht als ein unberechtigter Versuch erscheinen, wenn
wir nach dieser kurzen Aufzählung eine Gesamtcharakteristik der ganzen Schule versuchen, statt den einzelnen Meistern ihre persönlichen
Eigentümlichkeiten nachzuweisen. Allein abgesehen von dem Gebot
der Kürze wüßten wir in der Tat nicht anders zu verfahren bei Künstlern, die gar keine Eigentümlichkeit als die ihrer Schule repräsentieren
wollen. Der einzelne war hier gar nicht so frei; die Schule mußte ihren
Bilder- und Gedankenkreis in der gegebenen Form ganz und voll durch-
leben, hundert Jahre lang, ohne irgend bedeutende Fortschritte oder
Änderungen in den Darstellungsmitteln, um dann vor dem Geist des

15. Jahrhunderts, der die Individualitäten erlöste, total zusammenzubrechen. Als Ganzes imponiert sie auch erst in vollem Maße, und zwar so, daß man sie den größten Denkmälern unseres Jahrtausends beizählen muß.

Allerdings spricht sie nicht zu dem zerstreuten oder übersättigten Auge; der Gedanke muß ihr entgegenkommen. Es ist dabei gar keine besondere »*Kennerschaft*« notwendig, sondern nur etwas Arbeit. Nehmen wir z. B. das erste Werk der Schule, das dem Besucher der Uffizien zu Florenz in die Augen fällt, es ist Giottos Gethsemane. (Im ersten Gange, a in der Nähe der Tür.) Unfreundlich, scheinbar ohne Lichteffekt, Individualisierung und Ausdruck der Seele, schreckt das Bild Tausende von Besuchern ohne weiteres ab. Auch wenn man es mit der Lupe untersucht, wird es nicht schöner. Vielleicht aber besinnt sich jemand auf andere Darstellungen desselben Gegenstandes, wo die drei schlafenden Jünger zwar nach allen Gesetzen der verfeinerten Kunst geordnet, koloriert und beleuchtet, aber eben nur drei Schläfer in idealer Draperie sind. Giotto deutet an, daß sie unter dem Beten eingeschlafen seien. Und solcher unsterblich großen Züge enthalten die Werke seiner Schule viele, aber nur wer sie sucht, wird sie finden. – Wir wollen vom einzelnen anfangen.

Giottos großes Verdienst lag nicht in einem Streben nach idealer Schönheit, worin die Sienesen (II, S. 137, d) den Vorrang hatten, oder nach Durchführung bis ins Wirkliche, bis in die Täuschung, worin ihn der Geringste der Modernen übertreffen kann, und worin schon der Bildhauer Giovanni Pisano trotz seiner beschränkten Gattung viel weitergegangen war. Das einzelne ist nur gerade soweit durchgebildet, als zum Ausdruck des Ganzen notwendig ist. Daher noch keinerlei Bezeichnung der Stoffe, aus welchen die Dinge bestehen, kein Unterschied der Behandlung in Gewändern, Architektur, Fleisch usw. Selbst das *Kolorit* befolgt eher eine gewisse konventionelle Sakala als die Wirklichkeit. (Rote, gelbe und bläuliche Pferde abwechselnd, z. B. bei Spi- b nello im Camposanto in Pisa; die braunrote Luft in der Geschichte Hiobs, bei der Audienz des Satans, ebenda.) Im ganzen ist die Färbung eine lichte, wie sie das Fresko verlangt, mit noch hellern Tönen für die Lichtpartien; von der tiefen, eher dumpfen als durchsichtigen byzantinischen Tonweise ging man mit Recht ab. (Die delikateste Ausführung des Fresko überhaupt bei Antonio Veneziano, Camposanto.) Die Bildung der *menschlichen Gestalt* erscheint soweit vervollkommnet, als zum freien Ausdruck der geistigen und leiblichen Bewegung dienlich ist, letztere aber wird noch nicht dargestellt, weil oder wenn sie schön und anmutig ist, sondern weil der Gegenstand sie verlangt. (Die bedeutendste Menge *nackter* Figuren, in der Höhe des Bernardo Orcagna, c

Camposanto, läßt einen Naturalismus erkennen, dessen Ursprung bei
a Giovanni Pisano zu suchen sein möchte. Ähnlich, doch unfreier, die
Geschichte der ersten Menschen, von Pietro di Puccio, ebenda.) Der
Typus der *Köpfe* ist wohl bei den einzelnen Malern und innerhalb ihrer
Bilder nach den Gegenständen ein verschiedener, allein doch ungleich
mehr derselbe als bei Spätern, welche durch Kontraste und psycholo-
gische Abstufung wirkten. Giotto selbst hat einen durchgehenden kenntlichen Typus bei Männern und Frauen, nicht unangenehm, aber ohne
Reiz. (Ein Normalbild für seine Art der Formengebung und des Aus-
b druckes ist die große Madonna in der florentinischen Akademie, vorzüglich in betreff der Profilköpfe der Engel. Außerdem das Bild in
c S. Croce. Er individualisiert fast am meisten in seiner frühsten Haupt-
d arbeit, den Fresken der Arena.) Bei beiden Gaddi kehrt das starke Kinn
e fast regelmäßig wieder (Kapelle Baroncelli in S. Croce, sonst ist für Taddeos Formenbildung im Detail hauptsächlich die große herrliche Grab-
f legung in der florentinischen Akademie zu vergleichen.) Andrea Or-
g cagna geht zuerst auf eigentliche Holdseligkeit aus (Kapelle Strozzi in
S. Maria novella), aber durchaus nicht immer, wie denn in dem Welt-
h gericht des Camposanto eine mehr derbe, entschiedene Bildung vorherrscht. Das Individualisieren ist bald leiser, bald nachdrücklicher; vielleicht am absichtlichsten bei Ant. Veneziano. Spinello, welcher überhaupt oft roh zeichnet und an den Stellen, auf welchen kein Akzent
liegt, sich auch bis in die äußerste Flauheit gehen läßt, hat in seinen
Köpfen am wenigsten Einnehmendes. – Der Sinn für Schönheit, für
Melodie, könnte man sagen, konzentriert sich hauptsächlich in der *Gewandung*, welche bei den heiligen Personen eine wesentlich ideale ist,
so wie das Mittelalter sie aus der altchristlichen Tradition übernommen
hatte. Sie ist nicht nur der deutliche und notwendige Ausdruck der Haltung und Bewegung, sondern sie hat noch ihre besondere, oft unüber-
treffliche Linienschönheit, die den Ausdruck des Würdigen und Hei-
i ligen wesentlich erhöht. (Giottos Abendmahl im ehemaligen Refektorium zu S. Croce möchte wohl das Vollkommenste enthalten.)

Der *Raum* ist durchgängig ideal gedacht, und nicht etwa wegen »Kindheit der Kunst« (die ja hier die größten Aufgaben löst) unperspektivisch
gegeben. Die Maler wußten recht wohl, daß unter so kleinbogigen Kir-
chenhallen, zwischen so niedrigen Stadtmauern, Pforten, Bäumen, auf
einem so steilen Erdboden usw. keine solchen Menschen sich bewegen
könnten, wie die ihrigen sind. Allein sie gaben, was zur Verdeutlichung
k des Vorganges diente, und dieses anspruchslos und schön (der Dom von
Florenz als Symbol einer Kirche, Cap. degli Spagnuoli bei S. Maria novella), meist in Linien, die mit der Einrahmung des ganzen Gemäldes
l zusammenstimmten; auch z. B. die Pflanzen und Bäume in gerader

Reihe (Cap. degli Spagnuoli; Trionfo della morte im Camposanto); die a
Felsen abgestuft zu Erzweckung verschiedener Pläne, und schroff ge-
schärft zur Trennung verschiedener Ereignisse. (In dem letzgenannten
Bilde. Merkwürdig kontrastiert daselbst der unverkürzte, raumlos dargestellte Teppich unter der Gruppe im Garten mit dem schon natur-
wahr dargestellten Fußboden unter der Reitergruppe.) – Aber noch
in einem andern Sinn ist das Raumgefühl ein ideales. Der Raum ist
nämlich bei Giotto dazu vorhanden, um möglichst mit reichem Leben
ausgefüllt zu werden, nicht um selber malerisch mitzuwirken; er gilt
durchaus nur als Schauplatz. Wie schon bei Giovanni Pisano, so wird
eben hier jeder Vorgang in einer möglichst großen Anzahl von Figuren
entwickelt oder gespiegelt, neben welchen die Nebensachen schon räumlich nicht aufkommen können. Die Schule hat so viel vom Besten vorrätig, daß sie mit ihrem Reichtum nicht weiß wohin und des Untergeordneten nicht zu bedürfen glaubt. Endlich lebt sie in einem innigen
Verhältnis zur Architektur, die ihr dafür eine ganz andere Freiheit, zumal größere Flächen gewährt als im Norden. Bei der Verzierung der
Gewölberippen, bei ihrer Einrahmung mit Ornamenten und Halbfiguren
arbeiten Maler und Baumeister so zusammen, daß sie eine Person scheinen. – In den Gewölbemalereien ist, beiläufig gesagt, noch von keiner
Art illusionärer Verkürzung die Rede. (Incoronata in Neapel; Giotto b
füllt die zusammenlaufenden Winkel seiner acht Dreieckfelder hier jedesmal mit einem schwebenden Engel aus, dessen Goldgewand herrlich
zu dem dunkelblauen Grunde stimmt.)

Auf diesen Voraussetzungen beruht nun die ganz neue *Auffassung der
Charaktere und der Tatsachen*, welche das große Verdienst der Schule ausmacht. In der Intention ist sie nicht heiliger, erhabener als die Byzantiner auch waren, die ja gern in ihren Mumiengestalten das Übersinnliche und Ewige ausgesprochen hätten. Allein sie bringt diese Intention
dem Beschauer unendlich näher, indem sie dieselbe mit einem durchaus neugeschaffenen, lebendigen Ausdruck bekleidet. Schon ihren Einzelgestalten, etwa den Evangelisten in den vier Kappen eines Gewölbes c
(z. B. Madonnenkapelle im Dom von Prato usw.) genügt jetzt nicht
mehr symmetrische Stellung, Buch und Attribut; der hohe Charakter
des Darzustellenden drückt sich in der lebensvollen und würdigen Wendung der Gestalt und des Hauptes, in den bedeutenden Zügen, in der
freien und doch so feierlich wallenden Gewandung aus. Wie soll man
z. B. den Johannes größer fassen, als diese Schule zu tun pflegt, – ein
hochbejahrter Greis, in tiefem Sinnen vor sich hinblickend, indem sein
Adler scheu zu ihm emporsieht?

Ehe von den größern Kompositionen die Rede ist, muß zugestanden
werden, daß die Motive des Einzelnen und des Ganzen in dieser Schule

sich gerade so *wiederholen*, wie in der antiken Kunst. (Man vergleiche
z. B. die drei Leben der Maria in der Kapelle Baroncelli zu S. Croce, im
a Chor der Sakristei ebenda, und in der Madonnenkapelle des Domes von
b Prato.) Die Maler sind deshalb keine Plagiatoren und einer von ihnen
hat auch den andern gewiß nicht dafür gehalten; es war gemeinsames
Schulgut, das jeder nach Kräften reproduzierte, nicht knechtlich, sondern lebendig und mit freien Zutaten. Kirchen und Klöster verlangten
die ihnen bekannte und keine andere Erzählungsweise der Passion, des
Lebens der Maria, der Geschichten des heil. Franziskus usw. Sie verlangten von dem Künstler noch nicht *seine* geniale Subjektivität, sondern die Sache; es kam auf das Deutliche und Schöne, nicht auf das
Eigentümliche an. Daneben aber blieb, wie wir bald sehen werden, noch
ein reiches und großes Feld für freie Aufgaben im Sinne jenes Jahrhunderts offen.

Wie viel von jenem Gemeingut hat Giotto selber geschaffen? Die
Frage wäre für jemanden, der alle Werke der Schule nacheinander mit
Muße untersuchen könnte, nicht unlösbar; wir haben darauf zu verzichten. Soviel ist gewiß, daß ein Strom von Erfindung und Neuschöp-
fung von ihm ausgegangen sein muß. Vielleicht hat kein anderer Maler
seine Kunst so gänzlich umgestaltet und neu orientiert hinterlassen als er.

c Sein Jugendwerk, die Fresken in *Madonna dell' Arena* zu *Padua*, sind
für ihn und die ganze neue Geschichtsdarstellung der Schule in besonderm Grade bezeichnend. Jeder Tatsache ist ihre bedeutendste Seite
abgewonnen, um auf diese die Darstellung zu bauen. Wir wählen nur
einige irdische, zum Teil alltägliche Vorgänge; ihr Wert liegt in dem,
was sich von selbst zu verstehen scheint, bei seinen byzantinischen Vorgängern aber sich noch nicht von selbst verstand und nicht vorhanden
ist.

Die tief in sich versunkene Trauer: Joachim bei den Hirten; er kommt
zu ihnen gewandelt wie im Traum. – Der liebevolle Empfang: Joachims Heimkehr zur Anna, welche seinen Kopf ganz anmutig mit beiden Händen faßt und ihn küßt. – Das Harren mit tiefster Erregung:
die vor dem Altar knienden Freier der heil. Jungfrau, teils in flehendem
Gebet, teils in der höchsten Spannung, die würdevollste Gruppe ohne
allen äußerlichen Affekt. – Das stumme Fragen und Erraten: die wundervolle Gruppe der Heimsuchung. – Die geteilte Handlung der mittlern Figur in der Auferweckung des Lazarus; noch streckt der Dargestellte die rechte Hand gegen Christus, dem er sich unmittelbar vorher flehend zugewandt haben wird; jetzt mit der Gebärde der höchsten Aufregung wendet er sich gegen Lazarus. – Der geheime Auftrag:
die Unterhandlung des Judas mit dem Priester, dessen beide Hände
(wie bei Giotto so oft) zu sprechen scheinen. – Der Hohn: in der

Gruppe der Verspottung besonders meisterhaft der sich heuchlerisch gebückt Nahende. – Die hohe Mäßigung alles Pathetischen: in der Gruppe unter dem Kreuz lehnt Maria, zwar ohnmächtig, aber noch stehend, in den Armen der Ihrigen; was diese bekümmert, ist nicht (wie bei den Malern des 17. Jahrhunderts) die Ohnmacht an sich, sondern der gewaltige Schmerz. – Ein Dialog in Gebärden: die Soldaten mit Christi Mantel; man glaubt ihre Worte zu vernehmen. – Die Klage um den toten Christus ist ohne irgendeinen Zug der Grimasse[1] gegeben; der Leichnam ist gleichsam ganz in Liebe und Schmerz eingehüllt; Schultern und Rücken liegen auf den Knien der ihn umarmenden Mutter; eine heilige Frau stützt sein Haupt, eine hebt seine rechte, eine seine linke Hand empor; Magdalena, die Büßerin, auf der Erde sitzend, hält und beschaut die Füße. – Ein einziges Mal hat Giotto in diesem wunderbaren Bilderkreis über das Ziel geschossen: bei Mariä Himmelfahrt stürzen die Apostel zur Erde nicht sowohl aus Andacht, als getroffen von den Strahlen, die von ihrer Glorie ausgehen. Sonst überall sind die Kausalitäten höher und geistiger gegriffen als bei vielen der größten unter allen, die nach ihm kamen.

Was hier an einem monumentalen Werke ersten Ranges groß erscheint, ist es nicht minder an den kleinen, fast skizzenhaften Geschichten Christi in der Akademie von Florenz. (Sie stammen nebst den als Parallele behandelten Geschichten des heil. Franziskus von den Sakristeischränken von S. Croce her; von den ehemals 26 fehlen 6.) Auch hier wird man die prägnanteste Erzählung in den geistvollsten Zügen antreffen.) Zu vergleichen mit der Pforte des Andrea Pisano, I, S. 476, a.)

Mit der Intention, diese unsterblichen Gedanken zu finden, muß der Beschauer an Giottos Schöpfungen herantreten. Die Schule hat sie von ihm ererbt und weiter verwertet. Wo sie aber mit einer so glorreichen Unmittelbarkeit zu uns reden wie z. B. in den eben genannten Werken und in dem Abendmahl des Refektoriums von S. Croce, da fühlen wir uns in Gegenwart des Meisters selbst.

Die *Anwesenden*, welche außer den *Handelnden* die einzelnen Szenen beleben, sind keine müßigen Füllfiguren, wie sie die spätere Kunst oft aus rein malerischer Absicht, um das Auge zu vergnügen, hinzugetan hat, sondern immer wesentliche Mittel der Verdeutlichung, Reflexe, ohne welche die Handlung weniger sprechend wäre. Man sehe in der Kapelle Peruzzi zu S. Croce die Auferstehung eines Heiligen (von a Giotto?); hier wird das Wunder erst wirklich durch das mit voller dramatischer Größe gegebene Verhalten der entsetzten und erstaunten

---

[1] Wenn es nicht schon etwas zuviel ist, daß Johannes sich auf die Leiche werfen will.

Zuschauer. Gegenüber, in der Geschichte des Täufers, erhält die Szene, wo sein Haupt gebracht wird, ihre ganze Gewalt erst durch die beiden Zuschauer, die sich voll innern Grauens aneinanderschließen. – Hundert anderer Beispiele zu geschweigen.

Bisweilen treten auch einzelne Figuren und Gruppen aus der Handlung heraus, indem sie nur dazu bestimmt sind, eine Örtlichkeit oder
a Existenz zu versinnlichen; im Grunde sind es reine *Genrefiguren*. So der Fischer in Giottos Navicella (Vorhalle von S. Peter), obschon man diesen auch als symbolisches Gegenbild zu dem rechtsstehenden Christus
b auffassen kann; eine ganze Fischerszene bei Antonio Veneziano (Cam-
c posanto, Gesch. des heil. Ranieri) u. dgl. m. Ja das Camposanto enthält in dem »Leben der Einsiedler« von dem Sienesen Pietro di Lorenzo oder Lorenzetti eine große chronikartige Zusammenstellung einzelner Züge, von welchen man gerade die Besten am glücklichsten Gerundeten als Genre bezeichnen kann; es sind die Motive des Ruhens, sitzenden Arbeitens, ruhigen Redens, Fischens usw. Diesen war der sienesische Existenzmaler viel besser gewachsen als denjenigen, in welchen es auf erhöhten momentanen Ausdruck ankam.

Die Szenen des höhern *Pathos* überschreiten bisweilen das wahre
d Maß, wie namentlich einzelne Passionsbilder zeigen. Die rätselhafte
e Komposition, welche im Camposanto dem Buffalmaco beigelegt wird, enthält zwischen herrlichen Gruppen von Anwesenden die karikiert schmerzliche Gruppe der ohnmächtig sinkenden Maria und ihrer Begleiterinnen; um das entsetzliche Ende des bösen Schächers zu versinnlichen, hat der Maler unter dessen Kreuz einen Mann abgebildet, der händeringend von dannen eilt. (Die würdigste und an schönen
f Zügen reichste giotteske Kreuzigung möchte diejenige in der Cap. degli Spagnuoli sein; einer der bedeutendsten Passionszyklen überhaupt *war* der im Kapitelsaal von S. Francesco zu Pisa.)

Sonst tritt die innere Erregung oft bewundernswürdig wahr und schön zutage. Man sehe (Camposanto, bei Franc. da Volterra) die Gebärde edeln Vorwurfes, mit welcher Hiob zu Gott spricht, indem er auf die verlornen Herden hinweist; oder (bei Symone) die Innigkeit, mit welcher S. Ranieri sein Gelübde bei dem heiligen Mönch ablegt.
g Das Gewaltigste im Affekt hat wohl Orcagna geleistet in der Gruppe der Krüppel und Bettler (Trionfo della morte, Camposanto), welche vergebens nach dem erlösenden Tode schreien; ihre parallele Gebärde mit den verstümmelten Armen wirkt hier, verbunden mit dem Ausdruck ihrer Züge, hochbedeutend. Es ist einer der Fälle, da auch das Widrige vollkommen kunstberechtigt erscheint. Nur so erhielt die Gruppe im Garten ihren deutlichen Sinn als Gegensatz; sie ist, beiläufig gesagt, das ausgeführteste weltliche Existenzbild des germanischen Sti-

les, eine Ausführung dessen, was die Miniaturen unsrer Minnesingerhandschriften nur erst als Andeutung geben; doch schon mit einem
deutlichen Anklang an Boccaz. In der Gruppe der Reiter ist der tiefe
Schauder vor den drei Leichen unübertrefflich schön dargestellt in dem
behutsamen Herannahen, Überbeugen, Sichzurückhalten; zugleich malerisch eine vorzügliche Komposition. – An einfachern Aufgaben zeigt
z. B. in der Sakristei von S. Miniato bei Florenz Spinello seine herbe a
Größe. Es sind die oft gemalten Geschichten des heil. Benedikt, hier
auf ihren einfachsten Ausdruck zurückgeführt. Macht und ruhige Autorität ließen sich kaum treffender darstellen, als hier in Gebärde und Gestalt des heiligen Abtes durchweg geschieht; auch die Verführung und
die Buße des jungen Mönches, die Demütigung des Gotenkönigs, die
Gruppe der Mönche um den vom Teufel in Besitz genommenen Stein
gehören zu den geistvollsten Gedanken der florentinischen Schule. Vieles
andre ist dagegen flüchtig gedacht und roh gegeben. (Überdies beträchtlich übermalt.)

Je nach der Aufgabe erschöpfen diese Maler bisweilen das Mögliche
in edler und geistvoller Äußerung der *Seelenbewegung*. Ich glaube nicht,
daß die Szene des Auferstandenen, der seine Wundmale zeigt, jemals
wieder so vollkommen gedacht worden ist als in der nur stückweise
erhaltenen Gruppe des Buffalmaco (Camposanto). Statt des einen Tho- b
mas sind es mehrere Jünger, die den Auferstandenen wiedererkennen
und seine Wunden verehrend, anbetend, voll zärtlicher Teilnahme betrachten; zugleich bilden sie eine der schönstgeordneten Gruppen der
Schule. (Man vergleiche damit Guercinos trefflich gemaltes und dabei
so roh empfundenes Bild in der vatikanischen Galerie.) Auch in der
zunächst folgenden Himmelfahrt hat die stärkste Übermalung die schönen alten Gedanken nicht gänzlich zerstören können; noch sind die
Apostel kenntlich geteilt zwischen Augenblendung, Erstaunen, Beteurung und hingebender Anbetung. Wenn man aber wissen will, mit
wie wenigem sich ein großer, für jene Zeit erschütternder Eindruck
hervorbringen ließ, so betrachte man in der Incoronata zu Neapel das c
»Sakrament der Buße«; fast entsetzt wendet sich der Priester von der
beichtenden Frau ab, während die Büßer verhüllt und gebückt von
dannen ziehen. Überhaupt ist die Incoronata in dieser Beziehung durchgängig eines der wichtigsten Denkmäler.

Die Darstellung des *Himmlischen*, Heiligen, *Übersinnlichen* hat noch
ganz dieselbe Grundlage wie zur byzantinischen Zeit; in symmetrischer
Gruppierung und Haltung, ganz ernst und ruhig ragt es in die irdischen
Vorgänge herab, als etwas sich von selbst Verstehendes, dem noch der
volle, auch apokalyptische Glaube entgegenkommt; bei der idealen Betrachtungsweise des Raumes findet es auch äußerlich von selbst seine

Stelle. (Erst das 15. Jahrhundert fing an, den Himmel durch Wolkenschichten räumlich zu erklären, und erst Coreggio gibt den Wolken
jenen bestimmten kubischen Inhalt und Konsistenzgrad, welcher sie
zur ganz örtlich berechenbaren Unterbringung von Engeln und Heiligen geeignet macht.) Es sind die seit der altchristlichen Zeit kunst-
üblichen Gedanken, die in jeder, selbst in verschrumpft byzantinischer
Form imponieren, hier aber in schöner Verjüngung auftreten. Das, was
so lange Jahrhunderte bloße Andeutung gewesen war, gewinnt endlich eine erhabene Wirklichkeit, soweit eine solche überhaupt im Sinne
des Jahrhunderts lag.

Hier muß vorläufig von den *Weltgerichtsbildern* die Rede sein. Es hatten schon lange, auch im Orient, solche existiert, ehe Orcagna das seinige malte (Camposanto). Allein bei ihm erst ist der Richter nicht bloß
eine Funktion, sondern ein persönlicher Charakter, dem die Wendung
und die berühmte Gebärde ein imposantes Leben verleihen. Der damalige Glaube wies bereits der Madonna eine fürbittende Teilnahme
beim Weltgerichte an; der Maler gab ihr denselben mandelförmigen
Heiligenschein (Mandorla) wie Christus; ihre Unterordnung wird nur
dadurch angedeutet, daß ihre Stellung der seinigen fast parallel folgt.
Die Apostel sind keine bloßen Anwesenden mehr, sondern sie nehmen
den stärksten innern Anteil; wir sehen sie trauernd, erschrocken auf
den Richter hinblickend, niedergeschlagen in sich gekehrt, auch miteinander redend. Sogar einer der Engelherolde kauert furchtsam auf
einer Wolke, den Mund mit der Hand verdeckend. Höchst energisch
vollziehen dann unten fünf Erzengel das Geschäft des Seelenscheidens;
in den beiden, welche die Herüberstrebenden in die Hölle zurückdrängen, ist die herbste Wirkung beabsichtigt und erreicht.

Auch bloße *Glorien* sind bei dieser Schule immer höchst beachtens-
wert. Die ererbte Symmetrie in der Haltung der Hauptfigur und der
Engelscharen wird mehr oder weniger beibehalten, aber mit grandiosem Leben durchdrungen. Man kann nichts Eigentümlicheres sehen,
als (Camposanto, Gesch. des Hiob) die Erscheinung Gottes in ovaler
Glorie mit sechs Engeln über einer Landschaft mit grünem Meer, gel-
ber Erde und rotem Himmel; Satan tritt auf einem Fels in Gottes Nähe.
Kein Effekt des Lichtes und des Raumes könnte den echten, großartigen
Charakter dieser Theophanie irgend erhöhen.

a   Oder (ebenda) Mariä Himmelfahrt, von Symone: drei Engel auf jeder Seite, und zwei stärkere, männliche Engel unten tragen und halten
den Rand der Mandorla, in welcher die Jungfrau ihrem Sohn entgegen-
schwebt. Glaubt man ihr nicht viel eher, daß sie wirklich schwebe und
ein überirdisches Dasein habe als jenen zahlreichen Madonnen der letzten Jahrhunderte auf den mit zerstreuten Engeln besäeten Wolken-

haufen, mit Lichteffekt und Untensicht? – Das Schweben wird aber überdies in der Schule Giottos nicht selten so anmutig und feierlich dargestellt, daß man die vollendete Kunstepoche vor sich zu haben glaubt. Es sind in Orcagnas Weltgericht zwei Engel, die bis auf Raffael schwer- a lich mehr ihresgleichen haben.

Außer den biblischen und legendarischen Stoffen erging sich aber die Schule noch in freien, großen *symbolisch-allegorischen* Bildern und Bilderkreisen. Sie hing dabei, wie oben bei Anlaß der Skulptur (I, S. 475) angedeutet wurde, von einer gelehrt literarischen und poetischen Bildung ab, welche der stärkere Teil und durch einen Genius wie Dante repräsentiert war. Schon bei dem großen Dichter aber darf man sich wohl fragen, ob er durch seine Symbolik oder trotz derselben groß ist. Dieselbe war nicht durch und mit Dichtung und Kunst entstanden wie im Altertum, sondern Dichtung und Kunst mußten sich ihr bequemen. Bei Dante freilich liegt alles untrennbar durch- und ineinander; er ist ebensosehr Gelehrter und Theologe als Dichter. Der Künstler dagegen war hier auf etwas außer seiner Sphäre Liegendes angewiesen, er mußte dienen und tat es mit heiligem Ernst. Wir aber sind nicht verpflichtet, die Empfindungsweise einer zwar strebenden, aber doch nicht harmonischen Zeit und noch viel weniger ihre zu einer wunderlichen Enzyklopädie geordneten Bildungselemente zur Norm für uns selber zu machen; vielmehr muß hier neben dem Ewigen, das jene Kunst schuf und dem wir ganz folgen können, auch das Vergängliche und Befangene anerkannt werden.

Die *Allegorie* ist zunächst die Darstellung eines abstrakten Begriffes in menschlicher Gestalt. Um kenntlich zu sein, muß sie in Charakter und Attributen diesem Begriff möglichst zu entsprechen suchen; nicht immer kann man durch eine Beischrift nachhelfen. Ich bekenne, daß mich von allen giottesken Allegorien eine einzige wahrhaft ergreift, die Gestalt des Todes im Trionfo della morte Orcagnas; sie ist eben keine b bloße Allegorie, sondern eine dämonische Macht. Die Tugenden und c Laster, wie sie z. B. Giotto in der Arena (untere Felder) angebracht hat, sind für uns doch nur kulturgeschichtlich interessante Versuche, das Allgemeine zu veranschaulichen; in unsrer Empfindungsweise finden sie keine Stelle. Wer in Italien allmählich z. B. einige hundert Darstellungen der vier Kardinaltugenden aus allen Epochen der christlichen Kunst durchgesehen hat, wird sich vielleicht mit mir darüber wundern, daß so weniges davon im Gedächtnis haften bleibt, während historische Gestalten sich demselben fest einprägen. Der Grund ist wohl kein andrer, als daß jene nicht durch unsre Seele, sondern nur an unsern Augen vorübergegangen sind. Die drei christlichen Tugenden, Glaube, Liebe, Hoffnung, prägen sich schon viel fester ein, weil sie nicht wesentlich durch äußere Attribute, sondern durch gesteigerten Seelenausdruck charakterisiert zu werden pflegen und uns daher zum Nachempfinden auffordern. Die Künste und Wissenschaften, in der Cap. degli Spagnuoli bei S. Maria novella in großer vollständiger Reihe vorgetragen und von ihren Repräsentanten begleitet, würden uns ohne die sienesisch süßen Köpfe gleichgültig lassen; Giotto in seinen Reliefs am Campanile, welche ein Jahrzehnt neuer sein können als diese Gemälde, ersetzte nicht umsonst die allegorische Figur durch das Bild der entsprechenden Tätigkeit. – Und woher stammt im Grunde die Anregung zu dieser durch das ganze (auch byzantinische) Mittelalter gehenden Lust am Allegorischen? Sie war ursprünglich das Residuum der antiken Mythologie, welche mit dem Christentum ihre wahre Bedeutung eingebüßt hatte. Ihr Ahn hieß Marcianus Capella und lebte im 5. Jahrhundert. Die Kunst wird die Allegorie nie ganz entbehren können und konnte es schon im Altertum nicht, allein sie wird in ihren Blütezeiten einen nur mäßigen Gebrauch davon machen und keinen geheimnistuenden Hauptakzent darauf legen. (Vgl. II. S. 99 ff.)

Hauptsächlich aber wird sie derartige Gestalten abgesondert darstellen und nicht in historische Szenen hineinversetzen. (Vgl. Raffael: Decke der Camera della Segnatura, und Saal Konstantins.) Giotto war kühner: er ließ sich, ohne Zweifel durch Dante, verführen, in der Unterkirche von Assisi unter anderm eine wirkliche Vermählungszeremonie des heiligen Franziskus und einer Figur, welche die Armut darstellt, abzuschildern; beim Dichter bleibt der Vorgang Symbol, und der Leser wird darüber keinen Augenblick getäuscht; beim Maler wird es eben doch eine Trauung, und wenn er noch so viele Winke und Beziehungen ringsum aufhäuft, wenn auch Christus dem heiligen Franz die Armut zuführt und es dabei geschehen läßt, daß zwei Buben sie mißhandeln, wenn auch ihr Linnenkleid in Fetzen geht u. dgl. m. Die Verpflichtung zur Armut als eine Vermählung mit ihr zu bezeichnen, ist eine Metapher, und auf eine solche darf man gar nie ein Kunstwerk bauen, weil sie als Metapher, d. h. »Übertragung auf eine neue fingierte Wirklichkeit« im Bilde ein notwendig falsches Resultat gibt. Wenn spätere Künstler z. B. die mit der Zeit an den Tag gekommene Wahrheit darstellen wollten, so kam dabei ein absurdes Bild zustande wie folgt: ein nackter geflügelter Greis mit Stundenglas und Hippe deckt ein verhülltes Weib auf! – Sobald man eben die allegorischen Figuren in sinnliche Tätigkeit versetzen muß, ist ohne die Metapher beinahe gar nichts auszurichten und mit ihr nur Widersinniges. Auch die übrigen Allegorien des Mittelgewölbes der Unterkirche von Assisi sind an sich so barock als die des 17. Jahrhunderts. Da verscheucht die Buße mit einer Geißel die profane Liebe und stürzt die Unreinigkeit über den Fels hinab. Die Keuschheit sitzt wohlverwahrt in einem Turm; die Reinigkeit wäscht nackte Leute und die Stärke reicht das Trockentuch her. Der Gehorsam, von der zweiköpfigen Klugheit und der Demut begleitet, legt einem Mönch ein Joch auf; einer der anwesenden Engel verjagt einen Zentauren, womit der Eigensinn, d. h. die phantastische Kaprice, gemeint ist. Ohne den tiefen Ernst Giottos, der auch hier nur das Notwendige und dieses so deutlich als möglich – ohne alle versüßende Koketterie –ausdrückt, würden diese Szenen profan und langweilig wirken[1].

Die Kunst empfand das Ungenügende aller Allegorik auch recht wohl. Als Ergänzung schuf sie z. B. jene meist dem Altertum entnommenen Repräsentanten der allgemeinen Begriffe und gesellte sie den Allegorien a einzeln bei, wovon die genannte Cap. degli Spagnuoli das vollständigste Beispiel liefert. (Auch Dante macht von dieser Repräsentation bekanntlich den stärksten Gebrauch.) Solche Figuren, namentlich wenn sie nicht besser stilisiert sind als bei Taddeo di Bartolo (Vorraum der Kapelle b des Pal. pubblico in Siena), bleiben doch bloße Kuriosität; sie geben den Maßstab des naiven historischen Wissens jener Zeit, die nach Valerius Maximus und andern Quellen dieser Art neue Ideale proklamiert.

Ungleich wichtiger und selbständiger als dieses buchgeborene allegorische Element ist in Giottos Schule das *symbolische*. Es gibt hohe, gewaltige Gedanken, die sich durch keinen bloß historischen Vorgang versinnlichen lassen und doch gerade von der Kunst ihre höchste Belebung verlangen. Das betreffende Kunstwerk wird um so ergreifender sein, je weniger Allegorie, je mehr lebendiges, deutliches Geschehen es enthält. Die künstlerische Symbolik spricht teils gruppen- und kategorienweise, teils durch allbekannte historische Charaktere. Das Größte, was von dieser Art vorhanden ist, trägt am wenigsten den Stempel der bloßen subjektiven Erfindung; es sind vielmehr große Zeitgedanken, die sich fast mit Gewalt der Kunst aufdrängen.

Zu diesen Gegenständen gehört schon das ganze Jenseits, obwohl nicht unbeschränkt. Soweit das Evangelium und die Apokalypse in ihren Weissagungen gehen, hat die Kunst noch einen Boden, der mit dem Historischen von gleichem Range ist. Erst mit den einzelnen Motiven, die hierüber hinausgehen, beginnt die freie Symbolik. Das *Weltgericht* in seinen drei Abteilungen: Gericht, Paradies und Hölle, hat in dieser Schule drei mehr oder weniger vollständige Darstellungen erhalten: die (sehr zerstörte) Giottos[2] an der Vorderwand der Arena zu Padua, c

---

[1] In den ersten Abschnitten des Vasari wird noch mancher Allegorien aus jetzt nicht mehr vorhandenen Werken umständliche Erwähnung getan.

[2] Merkwürdigerweise ist Giotto in der Gruppierung freier als Orcagna; er gibt noch bewegte Scharen, die ungleiche Luftentfernungen zwischen sich

a und die der beiden Orcagna in S. Maria novella (Cap. Strozzi) und im
Camposanto (der unterste Teil von dem schlechten Übermaler wesentlich verändert). Die Hölle ist an beiden letztern Orten mit offenbarem
Anschluß an Dante nach Schichten oder Bulgen eingeteilt, in welche
die einzelnen Sünderklassen nach Verdienst eingeordnet sind. Ich über-
lasse es einem jeden, über Dantes Unternehmen, über dies eigenmäch-
tige Einsperren der ganzen Vor- und Mitwelt in die verschiedenen Be-
hälter seiner drei großen Räume, zu denken wie er will; nur möge man
sich im stillen fragen: wo hätte er dich wohl hingetan? Es ist nicht
schwer, diejenigen verschiedenen Höllenbulgen im Gedicht nachzuweisen, wohin z. B. die meisten jetzigen Anbeter des Dichters selbst zu
sitzen kämen. Aus dem Gedichte spricht nur zu oft der Geist der un-
erbittlichen, unauslöschlichen Zwietracht, welcher das Unglück Italiens
verschuldet hat. Auch in dem symbolischen Inhalt überhaupt, so schwer
und künstlich er verarbeitet ist, liegt, wie gesagt, nur der kulturgeschicht-
liche, nicht der poetische Wert der Divina Commedia. Der letztere beruht wesentlich auf der hohen, plastischen Darstellungsweise der einzelnen Motive, auf dem gleichmäßig grandiosen Stil, wodurch Dante
der Vater der neuern abendländischen Poesie wurde.

Die Malerei konnte sich von dieser Seite seines Wesens nur einen
Teil aneignen; das Schön-Episodische fiel in den Höllenbildern weg,
und es blieb nur die Gruppierung nackter Körper nach Abteilungen als
künstlerisch dankbares Element übrig. In dem Bilde des Camposanto
b ist denn auch die Gruppe der Zusammengekauerten, die aneinander
nagen, von vorzüglicher Bedeutung. Das Bild in S. Maria novella da-
c gegen, welches Vollständigkeit des Höllenzyklus bezweckt und deshalb
nur kleine Figuren enthält, ist künstlerisch soviel als nichtig.

Das Weltgericht selber bleibt von Dante frei, wie sich von selbst versteht. Die Kunst des 14. Jahrhunderts zeigt sich hier in ihrer Beschränkung groß; sie verzichtete im wesentlichen darauf, das Raumlose räumlich, das Passive körperlich und dramatisch interessant zu machen; in
regelmäßigen Schichten von Köpfen drückte sie diesseits Jubel
und Seligkeit, jenseits Jammer und Verdammnis kollektiv aus; nur
mäßig, aber bedeutend gewählt sind ihre Episoden; in dem Bilde des
d Camposanto ist z. B. ein Zug der echtesten Symbolik die Gruppe der
von Teufelshänden gepackten Frauen, welche die andern (nicht unwillkürlich, sondern) als Genossinnen und Mitschuldige mit sich reißen;

haben. Christus und die Apostel sind noch ohne den momentanen Ausdruck,
den ihnen Orcagna verliehen. Nach der zierlich scharfen Behandlung zu urteilen, wäre das Weltgericht der am frühesten gemalte Bestandteil der Fresken der Arena.

oder die aufs höchste gesteigerte Inbrunst des auf einer Wolke am Rand einer Reihe knienden Johannes d. T.; es ist richtig und schön gedacht, daß der Vorläufer Christi an diesem höchsten Akt seiner Macht gerade diesen Anteil habe. Von der himmlischen Gruppe ist schon die Rede gewesen. – In S. Maria novella kommt eine besondere Darstellung des a Paradieses hinzu, welche durch die süßere Schönheit ihrer Köpfe vor den mehr sinnlich energischen des Bildes im Camposanto einen gewissen Vorzug hat. Der Unterschied des heiligen Daseins gegenüber dem gewaltigen Akt des Gerichtes ist dadurch ausgedrückt, daß die Köpfe nicht wie hier im Profil gegen Christus, sondern in ganzer Ansicht gegen den Beschauer gerichtet sind. Mit so leisen Mitteln muß diese Kunst wirken.

Die Teufel, wo sie vorkommen (außer den genannten Bildern z. B. b besonders reichlich in der Cap. degli Spagnuoli, wo Christus im Limbus erscheint), sind reine Karikaturen und Satan selbst am meisten. Vor lauter Teufelhaftigkeit haben sie gar nichts Dämonisches.

Von den übrigen symbolischen Kompositionen der Schule ist der Trionfo della morte weit die bedeutendste. Sie bedarf weiterer Erläu- c terungen gar nicht, weil hier der symbolische Gedanke rein im Bilde aufgeht. Die Gegensätze sprechen in Gestalt von Gruppen sich klar genug gegeneinander aus. Orcagna war auch als Künstler dem ganzen reichen Gedanken völlig gewachsen.

Dies gilt von dem großen symbolischen Fresko des Ambrogio Lorenzetti im Pal. pubblico zu Siena, mit der Darstellung der Folgen des d guten und des tyrannischen Regimentes, lange nicht im gleichen Maße; doch ist die buchmäßige Allegorie wenigstens mit Zügen echter und schöner Symbolik gemischt. (Im Oktober 1853 war die betreffende Sala delle Balestre nicht zugänglich.)

Dagegen fehlte es den Malern der *Capella degli Spagnuoli* bei S. Maria e novella nicht an der Gestaltungskraft auch für das Bedeutendste. Außer jener großen allegorischen Darstellung (linke Wand), wo S. Thomas von Aquino in der Mitte aller Wissenschaften und Künste thront, schufen sie an der rechten Wand ein symbolisches Bild: die Bestimmung und Macht der Kirche auf Erden. (Das einzelne ist in den Handbüchern nachzusehen.) Ein überreiches, sorgfältig und schön durchgeführtes Werk, aber vollkommen aus der Buchphantasie, nicht aus der Künstlerphantasie entstanden, weshalb es denn auch eines Buches zur Erklärung bedarf. Wie anders deutlich und ergreifend spricht der Trionfo della morte. Wie anders großartig hätte sich auch das Bild der Kirche symbolisch geben lassen! Freilich im Kloster von S. Maria novella hätte sich auch ein Orcagna einem gegebenen dominikanischen Programm aus guten Gründen ohne Widerrede gefügt.

Diese theologisierende Phantasie hat noch mehr als einmal der Kunst
a den echten Gestaltungstrieb verleidet. Man sehe bei Pietro di Puccio
(Camposanto) Gott als Schöpfer und Herrn der Welt dargestellt. Es ist
eine riesige Figur, die einen ungeheuern Schild mit den konzentrischen
Himmelssphären vor den Leib hält; unten schauen die Füße hervor.
Somit ist freilich jeder Gedanke an eine Immanenz Gottes in der Welt
beiseitigt[1].
b   Oder die Glorie des heiligen Thomas von Aquino, auf einem Altar
links in S. Caterina zu Pisa, von einem gewissen Francesco Traini (an
sich ein geringes Bild). Hier sollte die geistige Einwirkung, welche der
Heilige von verschiedenen Seiten empfangen und auf die Gläubigen
ausgeübt, symbolisch dargestellt werden. Der Maler (oder sein Rat-
geber) machte dies auf die leichteste Weise mit goldenen Strahlen ab.
Von dem oben angebrachten Christus geht je ein Strahl auf jeden der
sechs Apostel und drei auf den in der Mitte thronenden S. Thomas; von
jedem Apostel und von den weiter unten stehenden Heiden Plato und
Aristoteles geht je ein Strahl auf den Kopf des Thomas, von dem Buch
des Thomas (der Summa) gehen viele Strahlen auf die unten versammelten Geistlichen; mitten auf der Erde liegt ein widerlegter Ketzer.
Das Wesentliche in dieser ganzen Darstellung ließ sich schon mit dem
bloßen Lineal hervorbringen.

An einem Traini und seiner Eigentümlichkeit ging nun nicht eben
viel verloren, aber bei andern darf man es wohl bedauern, daß die Theologie ihnen Gedankengänge vorschrieb, während sie aus eigenen Kräften die gegebenen Grundideen höher verherrlicht haben würden.

Glücklicherweise war Giotto selbst freier gewesen, als er in einer
Abteilung des obengenannten Gewölbes der Unterkirche von Assisi
die Glorie des heiligen Franziskus malte: der Heilige als Verklärter,
im goldgewebten Diakonengewand, mit einer Kreuzfahne, umschwebt

[1] Wie roh auch jene große Zeit noch bisweilen sein konnte, zeigt das Wie-
derauftauchen der absurdesten symbolischen Notbehelfe des frühern Mittelalters. An der Oberschwelle der Seitentür von SS. Annunziata in Arezzo
sind die vier Evangelisten zwar als menschliche drapierte Halbfiguren, aber *
mit den Köpfen ihrer Embleme dargestellt. (Noch Spinello wagte dasselbe
zu malen, in einem jetzt untergegangenen Fresko.) – Auch das allzu umständliche Verhältnis des Evangelisten zur Feder ist schon ein frühmittelalterlicher Notbehelf, den z. B. Bartolo von Siena wieder aufgriff (dortige **
Akademie, erster Gang); Markus spitzt seine Feder, Lukas besieht sie, Matthäus taucht sie ein, nur Johannes schreibt. Wer hierin tiefere Bezüge findet,
dem darf man die Freude nicht verderben. Mit andern Eigenheiten ging
auch diese von Siena auf die Peruginer über und kommt bei Pinturicchio
von neuem zum Vorschein.

von Engelchören. Dies ist echte, deutlich sprechende Symbolik. Die II, S. 159, b erwähnte Glorie des heiligen Thomas von Aquino dagegen mußte mit Allegorien vermischt werden, weil der Triumph des gelehrten Heiligen über alle einzelnen Wissenschaften und Künste zur Anschauung kommen sollte.

Die Schule Giottos ergeht sich nur in Fresko und nur in der bewegten Handlung mit voller Freiheit und Größe. Ihre *Altarwerke*, welche fast durchaus nur ruhige Andachtsbilder sind, geben einen sehr beschränkten Begriff von ihrem Wesen, sind aber für die Beurteilung ihres technischen Vermögens (und *Wollens*) von Wichtigkeit.

Die kunstgeschichtlich bedeutendsten derselben wurden bereits oben genannt. Außerdem erhält fast jede ältere Kirche Toskanas irgendein Stück, und dann bilden die aus vielen Kirchen und Klöstern vereinigten in der Akademie zu Florenz eine ganze große Sammlung (hauptsächlich in der Sala delle Esposizioni)[1]. Wer Zeit und Lust hat, mag sie allmählich nach Manieren und einzelnen Meistern sondern; hier nur einige allgemeine Bemerkungen.

Es handelt sich fast immer um eine thronende Madonna mit Engeln und Heiligen; außerdem kommt am ehesten die Krönung der Maria durch Christus vor[2]. Die Heiligen stehen teils einzeln, teils hintereinander geschichtet seitwärts; in der Regel durch eigene Einfassungen, Säulchen usw. getrennt. Die Richtung ist meist die der Dreiviertelansicht, damit die Gestalt ebensosehr dem andächtigen Beschauer als der Jungfrau zugewandt sei; nur die *vor* ihr Knienden sind ganz im Profil dargestellt. Seitenblicke zum Behuf der Abwechslung kommen noch nicht vor. Die Stellung meist ruhig; nur etwa Johannes d. T. mit erhobenem Arm, als Prediger, oder um auf das Kind hinzuweisen. Maria durchgängig von schlichtem Ausdruck, ohne irgendeinen Zug besonders gesteigerten Gefühles; beim Kinde der Anfang eines harmlosen Vergnügens, ohne welches in der Tat kein gesundes Kind stillsitzt, etwa das Spiel mit einem Hänfling. Die Färbung im ganzen licht, wie sie die Tempera verlangt. Die durchgehende Grundlage bilden Rot, Blau und Gold. (Die Kreise von Cherubsköpfen ganz blau und ganz rot.) In der Gewandung sind die gewirkt gedachten Prachtmuster ungleichmäßiger angewandt als bei den Sienesen, dafür tritt der würdige und schöne Wurf viel mehr als Hauptzweck hervor. Man kann es verfolgen, wie die Kunst an den verhältnismäßig wenigen Hauptmotiven mit Anstrengung weiterbildet: es ist der Mantel der thronenden Madonna, derjenige der auf dem einen Knie liegenden Figuren, der mit der einen Hand aufgefaßte Mantel der Stehenden, die strammfallende Kutte der heiligen Mönche, die schwer gestickte Dalmatika der Diakonen usw. Für die Köpfe spricht die Schule hier ihre Absicht deutlicher aus als in den meisten Fresken. Wenn ich mich nicht täusche, so tritt viel speziell Florentinisches im Oval und in der Bildung der Nase und des Mundes zutage. Das momentan Beseelte darf man hier überhaupt noch nicht erwarten.

Die Altarstaffeln *(Predellen)* wiederholen so ziemlich in ihren Geschichten die Kompositionen der Fresken; sie sind also eine Verkleinerung des Großen. In der nordischen Kunst ist oft umgekehrt die Bilder eine Vergrößerung des im Kleinen als Miniatur Gedachten.

Zur Beurteilung dieser Tafelmalerei der Nachfolger Giottos und der Sienesen ist es notwendig, sich das Ganze der Altarwerke zu vergegenwärtigen, die man jetzt in Galerien, Kirchen und Sakristeien meist in ihre einzelnen Teile zersplittert antrifft, – in der Regel weil sie bei irgendeinem Umbau der Kirche zu dem Barockstil der neuen Altäre als in die Breite gehendes Ganzes nicht passen wollten. Ganz erhaltene Beispiele mit möglichst reicher Ausstattung sind sehr selten; eines findet sich z. B. in der Akademie zu Florenz (Saal der Ausstellung); ein noch vollständigeres in S. Domenico zu Cortona, an der linken Wand. Dieses Altarwerk eines nicht gerade bedeutenden Meisters, Lorenzo di Niccolò, hat noch außer dem Hauptbilde (Krönung Mariä) alle seine Nebenbilder, Fries- und Giebelfüllungen, Oberbilder, Untersatzbilder (Predellen) und an den Flächen der Seitentürmchen die sämtlichen Täfelchen mit Einzelheiligen; auch alles Architektonische – üblicherweise die Nachahmung eines Kirchenbaues – ist wohlerhalten. Hier lernt man erst erkennen, für welchen Raum und für welchen Teil eines Gesamtwerkes z. B. Fiesole jene jetzt in alle Welt zerstreuten Tafeln gemalt hat. Daß ein Altar dieser Art, mit einer solchen Menge von Einzelheiten, einen ruhig-großen Eindruck machen sollte, darf man weder erwarten noch verlangen.

Endlich sind in Toskana aus dem 13. und 14. Jahrhundert eine Menge gemalter *Kruzifixe*, oft von kolossaler Größe, erhalten. Sie hingen früher, nach dem Gebrauch der katholischen Welt, frei und hoch über dem Hauptaltar, mußten aber in der Barockzeit jenen bekannten, pomp-

haften Architekturen mit Gemälden weichen und erhielten ihre Stelle
z. B. über dem Hauptportal, neuerlich auch in Sammlungen. (Mehrere a
in der Akademie zu Siena.) Man wird im ganzen finden, daß sie je älter,
desto unwürdiger sind, mit weitausgebogenem, grünlich gefärbtem
Leibe. Erst Giotto stellte etwas darin dar, was dem Sieg über den Tod
ähnlich sieht; wenn auch der Cruzifixus im Gang zur Sakristei von b
S. Croce in Florenz schwerlich von ihm sein mag, so wäre doch ein solches Werk ohne seinen Einfluß nicht vorhanden. (Zwei andre in der
Sakristei selbst.) – An den vier Enden der Bretter insgemein die vier c
Evangelisten, oder rechts und links Sonne und Mond als Personen, die
ihr Haupt verhüllen; die Senkung des Hauptes Christi meist ganz naiv
durch schräge Richtung des obern Brettes verdeutlicht.

Die Schule von *Siena*, welche im 13. Jahrhundert mit Guido und Duccio
(II, S. 134, 137) so bedeutende Elemente der Schönheit entwickelt hatte,
besaß im 14. Jahrhundert keinen Künstler, der Giottos Einfluß entweder die Spitze geboten, oder denselben auf fruchtbringende Weise mit
der einheimischen Richtung verschmolzen hätte. Sie teilte schon die
florentinische Liebe für große Bilderkreise in Fresko nicht in besonde-
rem Grade; ihr vorzüglichster Meister zu Giottos Zeit, *Simone di Martino*, scheint sich nirgends über das ruhige Andachtsbild erhoben zu
haben. Freilich sind seine Madonnen durch ihre Pracht und miniatur-
artige Feinheit, durch den Schwung der Gewänder und die eigentümliche Schönheit der Züge wahre Juwelen der mittelalterlichen Kunst;
doch gibt ihnen die konventionelle Bildung des Auges und des Mundes, die bei Duccio noch nicht merklich auffällt, immer etwas Befremd-
liches. (Die unzweifelhaften sind sehr selten[1] und meist außerhalb
Italiens; von ihm und Lippo Memmi die große Verkündigung in Flo- d
renz, erster Gang der Uffizien, datiert 1333; unangenehm durch die
Gebärde der Madonna.) – Simones großes Fresko im Pal. pubblico zu e
Siena (Sala del Consiglio), die Madonna umgeben von vielen Heiligen,
deren einige den Baldachin über ihr tragen, ist so symmetrisch und re-
gungslos als irgendein Altarbild, im einzelnen aber von einer Schönheit,
nach welcher die Florentiner nicht einmal gestrebt hätten. Von seinem
Schüler *Lippo Memmi* besitzt Siena wenigstens noch ein sicheres Madonnenbild in der Kirche della Concezione oder ai Servi (im rechten Querschiff, über der Tür zum Sakristeigang); das große Altarwerk in der
Akademie (erster Raum) gehört ihm nur nach Vermutung. Sonst gibt f

---

[1] In Pisa sollen Reste eines sehr vorzüglichen Altarwerkes an verschiedenen Orten zerstreut sein. Ob die Tafeln in der Akademie zu Pisa von ihm *
sind?

die Sammlung der Akademie von Siena (erster bis dritter Raum) eine
Übersicht der dortigen Malerei des 14. Jahrhunderts, die im ganzen
einen merkwürdigen Stillstand beurkundet, eine ungesunde Befangenheit in der einmal angenommenen Gesichtsbildung und in einzelnen
byzantinischen Manieren (aufgesetzte helle Lichter, Prachtmuster der
Gewänder und der Gründe, grüne, vielleicht nur durch Verderbnis
einer Mineralfarbe so gewordene Fleischschatten usw.)
Die einzelnen Künstlercharaktere müssen dem Studium an Ort und
Stelle überlassen bleiben, da wir es nicht mit den Zurückgebliebenen
sondern mit den Vorwärtsstrebenden zu tun haben. Unvermeidlich
drang von Florenz und von dem übrigen Italien aus die allverbreitete,
zum Gemeingut der Nation gewordene Erzählungsweise Giottos auch
a nach Siena; *Ambrogio Lorenzetti* malte in der Sala delle balestre des Palazzo pubblico auch jene große symbolische Komposition in giottesker
Art, die Folgen des guten und des schlechten Regimentes; mit seinem
Bruder *Pietro* schuf er sogar im Camposanto zu Pisa jenes große, an
guten Einzelheiten so reiche Fresko der Einsiedler in der Thebais;
allein hier wie in den Tafelbildern der Schule macht das historisch Erzählende in Komposition und Zeichnung doch einen wesentlich sekun-
dären Eindruck. Die chronikalisch kindlichen, Braun in Braun gemal-
b ten Kriegsbilder in der Sala del consiglio, welche man dem Ambrogio
vielleicht mit Unrecht zuschreibt, mögen ganz außer Rechnung bleiben;
ihr sachliches Interesse ist indes nicht gering. Von dem Besten dieser
Reihe, *Berna da Siena*, enthält die Vaterstadt gerade nichts Nennens-
c wertes; die stark übermalten Fresken am Tabernakel des Laterans in
Rom scheinen ehemals sehr anmutig gewesen zu sein; auch seine Ar-
d beiten in der Kathedrale von S. Gimignano werden gerühmt. Immer
wird man bei dieser Schule die reinen Andachtsbilder vorziehen; so
e gibt z. B. ein Altarwerk von Pietro Lorenzetti (Akademie, erster Raum)
wenigstens das Hochfeierliche, die Pracht der Goldmuster, die symmetrisch schwebenden Engelschwärme u. dgl. in früher Vollständigkeit.
Das Ende dieser halb von Giottos Geist berührten Malweise verzieht
sich mit *Bartolo da Siena* und seinen Schülern *Taddeo* di Bartolo und *Do-*
f *menico* di Bartolo bis weit in das 15. Jahrhundert hinein. Ihre Andachtsbilder (Akademie) zehren von der Inspiration des Pietro Lorenzetti u. a.,
wenn sie auch scheinbar reicher sind; Taddeos Fresken in der obern
Kapelle des Pal. pubblico sind nicht besser als giotteskes Mittelgut;
diejenigen vor dem Gitter (große Männer des Altertums, Planetengottheiten usw.) nicht einmal dieses. Mit Domenico bricht der Stil um und
der Realismus des 15. Jahrhunderts dringt ein, doch einstweilen nur
stellenweise, so daß sich im ganzen noch die alte Auffassung und sehr

viel von der alten Detailbildung behauptet. Die Meister dieses wunderlichen Zwitterstiles (Akademie, dritter Raum), ein Giovanni di Paolo, a
Pietro di Giovanni, Sano di Pietro, Pietro di Domenico sind neben ihren
Zeitgenossen aus andern Schulen nicht der Rede wert. Wie es sich mit
denjenigen Sienesen verhielt, die sich entschiedener der neuen Auffassung in die Arme warfen, wie Matteo di Giovanni u. a., wird unten
kurz berührt werden.

Das stolze Siena, das um das Jahr 1300 zur Anführerschaft in der
italienischen Malerei berufen schien, sollte erst zwei Jahrhunderte später denjenigen Augenblick erleben, da seine Maler, abgeschlossen und
wenig gekannt, das Panier der wahren Kunst höher emporhielten als
irgendeine Schule Italiens mit Ausnahme der venezianischen.

Ist nun der Maler, welcher im Camposanto zu Pisa, oder derjenige,
welcher in der Cap. degli Spagnuoli zu Florenz *Symone von Siena* heißt,
identisch mit Simone di Martino? Namengebungen sind überhaupt
nicht die Aufgabe dieses Buches. An Simone di Martino erinnern die
Allegorien der Wissenschaften in der Cap. degli Spagnuoli wenigstens
im Ausdruck der Köpfe ziemlich direkt (II, S. 140, h); dagegen möchten
die Sachen im Camposanto von einem Spätern herrühren, welcher beiden Schulen zugleich angehörte.

Ugolino da Siena ist, dem oben (II, S. 141, k) genannten Madonnenbild
zufolge, in seinem Stil eher ein Florentiner. Das berühmte silberne Reli-
quarium, mit zwölf Emailbildern, die Geschichte des Fronleichnams- b
festes enthaltend (Santo Corporale), im Dom von Orvieto, für welches
ein Ugolino Vieri (1338) genannt wird, kenne ich nur aus Abbildungen;
– die Chorfresken desselben Domes, von Ugolino di Prete Ilario, habe c
ich nur flüchtig gesehen; sie scheinen wiederum eher florentinisch als
sienesisch. Ob die drei Maler identisch sind, weiß ich nicht zu ermitteln.

Nach der Aufzählung dessen, was durch Giotto selbst und unter seinem nähern, zum Teil unmittelbaren Einfluß zustande kam, gehen wir
über zur Betrachtung der entferntern Wellenschläge, durch welche er
die damalige italienische Kunst bis weit hinaus bewegt. Sehr wahrscheinlich waren zu seiner Zeit mehrere Lokalschulen auf einer ähnlichen
Bahn wie die seinige; die Zeit, die ihn reifte, wirkte auch auf sie; allein
nur um so unvermeidlicher mußten sie dann unter seine Botmäßigkeit
geraten, hier mehr, dort weniger. Er hatte von Padua bis Neapel und
westlich bis Avignon an so vielen Orten große Denkmäler hinterlassen,
daß man seine Neuerung überall kannte und sich danach richten konnte;
rechnet man noch die Werke seiner Schule hinzu, so war in ganz Italien
keine künstlerische Potenz mehr vorhanden, die sich dieser Masse des

Großen und Neuen gänzlich hätte erwehren können. Scheinbar selbständig blieben nur die Unfähigen.

Unter den Oberitalieniern mußten die *Bolognesen* der ganzen Einwirkung von der florentinischen Schule aus am unfehlbarsten ausgesetzt sein. Aber ihre malerische Tätigkeit und Fähigkeit ist im 14. Jahrhundert erstaunlich lahm und geringfügig. Der älteste von ihnen, *Vitale*, ein Zeitgenosse Giottos, ist wenigstens in einem Bilde der Pinacoteca

a zu Bologna (1320, thronende Maria mit zwei Engeln) süß und holdselig auf sienesische Weise, so daß man an Duccio erinnert wird. Die übrigen, halbgiottesken, sind in ihren Tafelbildern meist so gering, daß in Florenz von ihnen nicht die Rede sein würde. Und dieselbe Behandlungsweise, dieselbe Talentlosigkeit bleibt das Merkmal der Schule bis über die Mitte des 15. Jahrhunderts hinaus. Von diesen Madonnen- und Kruzifixmalern werden hauptsächlich genannt:

b   *Lippo di Dalmasio.* Servi, eine der hintersten Kapellen des Chorumganges: Madonna mit SS. Cosmas und Damian; in derselben Kirche noch mehrere alte Madonnen von verschiedenen Händen.

c   *Simone da Bologna.* In der vierten jener sieben Kirchen zu S. Stefano (S. Pietro e Paolo) rechts neben dem Chor: ein Crucifixus; – in der siebenten (S. Trinità) an einem Pfeiler: S. Ursula mit ihren Gefährten. (In der ersten dieser Kirchen, beiläufig gesagt, Fresken der Kreuztragung – links im Chor, und der Kreuzigung – auf dem Hochaltar, von einem auch der Herkunft nach unbekannten Maler des 15. Jahrhunderts. – In einem Gang an der siebenten Kirche: Anzahl kleiner altbolognesischer

d Bilder.) – In S. Giacomo maggiore, dritte Kapelle des Chorumganges

e rechts: Simones bester Crucifixus, datiert 1370. Einzelnes in der Pinacoteca.

Jacobus Pauli (den man in Bologna beharrlich mit dem unten zu nen-

f nenden Giacomo d'Avanzo identifiziert). Mehreres in der Pinacoteca; – an dem großen Altar in S. Giac. magg., dritte Kapelle des Chorumganges, rechts, ist von ihm die Krönung Mariä.

Die einzige Kirche, in der eine größere Reihe von Fresken der Schule erhalten ist, liegt vor Porta Castiglione auf dem Wege zur Villa Aldini; es ist die Madonna della Mezzaratta. Hier sieht man gegenwärtig, gewis-

g senhaft gereinigt und zugänglich gemacht, Malereien von *Vitale* (das Presepio), *Jacobus* (wahrscheinlich Jac. Pauli, unter anderm der Teich von Bethesda und die Geschichte Josephs), *Simone* (der Kranke, welcher durch das Dach hereingelassen wird), *Cristoforo* oder *Lorenzo* (Geschichten des Moses) usw. Der Durchschnitt ist beträchtlich besser als in den Tafelbildern.

h   In S. Petronio enthält die vierte Kapelle links unbedeutende Wandfresken (etwa um 1400), dem Buffalmaco oder gar dem Vitale zugeschrieben; beides chronologisch unmöglich. Der Maler hat z. B. in seinem Weltgericht schon begreiflicher und wirklicher sein wollen als Orcagna; seine Heiligen sitzen auf zwölf Reihen Bänken zu beiden Seiten Christi, gleichsam ein Konzil bildend. (Neuerlich dem Simone beigelegt.) – Die beiden Fresken in der ersten Kapelle links sind gering, a ebenso was sonst noch aus dieser Zeit in der Kirche vorhanden ist.

Wie man in Bologna noch 1452–1462 malen durfte, zeigen in der Pinacoteca die Bilder des *Petrus de Lianoris*, des *Micchele Mattei* und der b seligen Nonne *Caterina Vigri*. (Von Mattei auch ein besseres Altarwerk in der Akademie zu Venedig.)   c

In *Modena* ist mir weder von *Thomas* noch von *Barnabas*, den beiden nach dieser Stadt benannten Malern, etwas zu Gesichte gekommen.

In *Parma* sind die Fresken jener Zeit im Dom ziemlich unbedeutend. d (Vierte Kapelle rechts; – fünfte Kapelle links; – Nebenräume der Krypta.) – Das Baptisterium, II, S. 133, a.

In *Ferrara* enthält S. Domenico (fünfte Kapelle links) eine der schö- e nern Madonnen des 14. Jahrhunderts, unabhängig von Giotto.

In *Ravenna* bietet das Gewölbe einer Nebenkapelle von S. Giovanni f Evangelista gute und fleißige, spätgiotteske Malereien. (Evangelisten und Kirchenlehrer.)

Weit die wichtigste Stätte der oberitalischen Malerei ist in dieser Zeit *Padua*, wo Giottos großes Werk (s. oben) den Sinn für monumentale Kunst geweckt haben muß. Die lange dauernde Ausschmückung des Santo und die Kunstliebe des Fürstenhauses der Carrara kamen ganz wesentlich dem Fresko zugute. Vermutlich ist lange nicht alles erhalten[1]; von *Giusto Padovano* z. B. läßt sich nichts Beglaubigtes nachweisen. Die chronologisch sichere Reihe beginnt erst 1376 mit der Kapelle S. Felice im Santo (rechts, gegenüber der Kapelle des heiligen Anto- g nius), ausgemalt von den beiden Veronesen *[Giacomo?] d' Avanzo* und *Aldighiero* da Zevio. Die sieben ersten Bilder aus der Legende des heiligen Jacobus, dem letztgenannten zugeschrieben, verraten schon eine eigentümliche und geistvolle Aufnahme der Stilprinzipien Giottos. Es ist einer der besten Erzähler, Zeichner und Maler dieser Zeit. Die übrigen Bilder der Legende und die große Kreuzigung an der Hinterwand sind Werke *d' Avanzos*. Dieser, als der erste Individualistiker, tut einen großen Schritt über Giotto und seine Schule hinaus. Er führt den physiognomischen Ausdruck seiner einzelnen Gestalten nach Charakter und Moment bis ins Äußerste durch, so daß der Rhythmus der Komposition bereits daneben zurücktreten muß. – Im Jahr 1377 begannen die

---

[1] Oder steckt unter der weißen Tünche, z. B. des Santo.

a beiden Meister die Ausmalung der *Cap. San Giorgio* auf dem Platze vor dem Santo. (Bestes Licht: um Mittag. Die Entdeckung dieser Fresken verdankt man Ernst Förster.) Der Anteil Aldighieros ist hier nicht näher auszumitteln; jedenfalls kann das Ganze als d'Avanzos Werk gelten. In 21 großen Bildern sind hier die Jugendgeschichten Christi, die Kreuzigung, die Krönung Mariä und die Legenden des heiligen Georg, der heiligen Lucia und der heiligen Katharina dargestellt. Die Komposition zeigt durchweg die Vorzüge, welche sie bei den besten Giottesken entwickelt; außer der sprechenden Deutlichkeit des Momentes ist auch die Gruppenbildung an sich schön, hauptsächlich aber ist hier in Hunderten von Figuren der Charakter des Individuums und der des Augenblicks auf der ganzen großen Skala vom Höchsten bis zum Niedrigsten wirklich gemacht, und zwar ohne Karikatur, noch innerhalb des Typus jenes Jahrhunderts. In der Schönheit einzelner Köpfe ist d'Avanzo sogar den meisten Giottesken überlegen. Endlich geht er über diese hinaus durch seine ungleich genauere Modellierung, durch Abstufung der Töne[1], ja (im letzten Bilde der heiligen Lucia) durch bedeutende Versuche zur Illusion. (Richtigere Bauperspektive, Verjüngung der entferntern Gestalten, und selbst Luftperspektive.)

Dieses große Beispiel blieb einstweilen in Padua selbst ohne Folge. Die sehr umfangreichen Unternehmungen in Fresko, welche die nächstfolgende Zeit hervorbrachte, gehören im ganzen zu den schwachen und selbst zu den schwächsten Arbeiten des von Giotto abgeleiteten Stiles. b Die Fresken des Baptisteriums beim Dom, von den beiden Paduanern *Giovanni* und *Antonio* (1380), sind nur als sehr vollständiger und bequem zu betrachtender Zyklus der für diese Stelle geeigneten heiligen Gestalten und Szenen von Werte. (Zumal im Vergleich mit den Mosaiken des orthodoxen Baptisteriums von Ravenna ergibt sich auf merkwürdige Weise der Zuwachs der kirchlichen Bilderwelt seit 1000 Jahren.) Von denselben Malern: die Fresken der Kapelle S. Luca im Santo c (die nächste nach der Antoniuskapelle), vom Jahr 1382, mit den Geschichten der Apostel Philippus und Jacobus d. J., ebenfalls roh, doch mit einzelnen glücklichern und lebendigern Motiven. – Erst aus dem 15. Jahrhundert: die Fresken des ungeheuern Saales im Palazzo della d regione, von *Giov. Miretto* (nach 1420), ein Riesenunternehmen von beinahe 400 einzelnen Bildern, welche den Einfluß der Gestirne und Jahreszeiten auf das (in wahren Genrebildern geschilderte) Menschenleben darstellen, voll unergründlicher Bezüge aller Art, aber in den malerischen Motiven entweder ungeschickt und kraftlos oder bloße Reminiszenz von Besserm. (Ehemals galt der Zauberer Pietro von Abano

[1] Seine Palette ist doppelt so reich als die der übrigen Giottesken.

als Erfinder, Giotto als der Maler.) – Auch die Fresken im Chor der a
Eremitani, nach Zeit und Stil diesen verwandt (früher einem Maler des
14. Jahrhunderts, Guariento, zugeschrieben) sind nur sachlich merkwürdig, besonders wegen der einfarbigen astrologischen Nebendarstel-
lungen.

Über die Malereien paduanischer Grabmäler vgl. I, S. 139.

In *Verona* ist von Aldighiero und d'Avanzo nichts vorhanden. Dem
oben (I, S. 245, a) genannten anmutigen *Stefano da Zevio* werden die Fres- b
ken über einer Seitentür von S. Eufemia und in einer Außennische von
S. Fermo zugeschrieben. (Der Verfasser hat sie 1854 übersehen und
weiß nicht, ob sie noch vorhanden sind.) – Die innere Portallünette c
von S. Fermo enthält eine gute Kreuzigung; die Mauer um die Kanzel
eine Anzahl (dem Stefano zugeschriebene) Köpfe von Heiligen und
Propheten. – An einzelnen Heiligenfiguren ist S. Zeno (II, S. 133, c) ziemlich reich. – Das meiste ergibt S. Anastasia; die Portallünette mit S. Zeno d
und S. Dominicus, welche die Bürger und die Mönche des Klosters der e
Dreieinigkeit empfehlen, unbedeutend im Stil, aber rührend durch die
ehrliche Intention; – sodann in der zweiten Kapelle rechts vom Chor
ein ganz tüchtiges Empfehlungsbild (der Familie Cavalli) neben Geringerm; – in der ersten Kapelle rechts vom Chor zwei Nischengräber
mit guten thronenden Madonnen usw.

In *Mailand* ist wenig oder nichts erhalten. Die Fresken der hintern
Kapelle in S. Giovanni a Carbonara zu Neapel (mit dem Grabe des Ca- f
racciolo) sind zum Teil von einem Mailänder, *Leonardo de Bissuccio* (nach
1433), wesentlich noch in giotteskem Stil.

Was sonst noch durch die Lombardei und in Piemont zerstreut sein
mag, ist entweder dem Stil nach unbedeutend oder dem Verfasser nicht
bekannt. In *Genua* scheint damals kaum eine Malerei existiert zu haben.
Die paar alten Bilder vom Anfang des 15. Jahrhunderts in S. Maria di g
Castello (erste und dritte Kapelle links) machen es begreiflich, daß man
für die Verzierung des anstoßenden Klosters 1451 einen Deutschen,
Justus de Allamagna, in Anspruch nahm.

Für die Gegenden von Bologna bis Ancona muß ich auf die Handbücher verweisen. Nur ein Künstler, dessen Werke und Einwirkung
weit über seine Heimat hinausreichen, ist zu nennen: *Gentile da Fabiano*.
(† 1450. – Von seinem vermutlichen Lehrer oder Vorgänger *Alegretto
di Nuzio* findet man ein gutes Altarbild im Museo cristiano des Vati- h
kans.) Das einzige erhaltene Hauptwerk Gentiles, die Anbetung der i
Könige in der Akademie zu Florenz (1423), zeigt uns einen Ausweg
aus der Darstellungsweise Giottos, welcher neben dem 15. Jahrhundert

gleichsam vorbeiführt. Statt sich dem Charakteristischen, Wirklichen, Individuellen schrankenlos hinzugeben, geht Gentiles reine Jünglings- phantasie in das Schöne und Holdselige und schafft eine bis zum Wun- derbaren (auch durch äußere Mittel der Pracht, z. B. Goldaufhöhung) gesteigerte Wirklichkeit. Es gibt wenige Bilder, bei deren Entstehung sich die Darstellung einer idealen Welt für den Künstler so ganz von selbst verstand; wenige, die einen so übermächtigen Duft von Poesie a um sich verbreiten. Außer diesem Bilde und einer herrlichen Krönung Mariä, welche sich nebst vier einzelnen Figuren von Heiligen in der Brera zu Mailand befindet, sind die wenigen in Italien vorhandenen Arbeiten entweder an abgelegenen Orten oder im Dunkel aufgehängt b (Seitenflügel eines Altars im Chor von S. Niccolò zu Florenz), oder zwei- c felhaft (Krönung Mariä in der Akademie von Pisa). Eine kleine, un- d zweifelhaft echte Madonna mit Engeln, im Pal. Colonna zu Rom.

Die Kunstübung *Venedigs*, mit wenigen Ausnahmen (wie die Mosa- iken in der Cap. S. Isidoro und der Cap. de' mascoli in S. Marco, II, S. 129, c und d) auf Altartafeln beschränkt, empfand von Giottos Einfluß am wenigsten. Die Prachtausstattung, die tiefen Lackfarben, auch die grün- lichen Schatten im Fleische und der Farbenauftrag erinnern noch direkt an die lange Herrschaft der Byzantiner; in der Süßigkeit einzelner Köpfe scheint auch ein sienesischer Anklang zu liegen. (Altarwerke von *Nic.* e *Semitecolo* und *Lor. Veneziano*, 1357 oder 1367 in der Akademie; von f *Niccolò di Pietro* 1394 im Pal. Manfrin.)

Gegen die Mitte des 15. Jahrhunderts gehen aus einer Werkstatt von *Murano* jene prächtigen Altarwerke hervor, an welchen schon die goti- sche Einfassung (I, S. 177), wo sie erhalten ist, die Absicht auf den höch- sten Glanz des Reichtums dartut. Sie sind bezeichnet: *Johannes* und *An- tonius* von *Murano*; Johannes aber heißt mehrmals Alamannus und war ohne Zweifel ein Deutscher; Antonius gehörte zu der später berühm- g ten Künstlerfamilie der *Vivarini*. Drei Altarwerke, mit den Daten 1443 und 1444, finden sich in S. Zaccaria zu Venedig (zweite Nebenkapelle h rechts), eine figurenreiche Krönung Mariä mit dem (neu aufgemal- i ten) Datum 1440 in der Akademie ebenda, ein ähnliches Bild in S. Pantaleon (Kapelle links vom Chor), endlich wiederum in der Aka- k demie ein großes Gemälde vom Jahr 1446: Maria thronend zwischen den vier Kirchenlehrern. Einen kenntlichen deutschen Einfluß offen- bart nur etwa diese schöne, stille Maria; in der weichen Karnation liegt eher eine Hinweisung auf Gentile da Fabriano, welcher sich längere Zeit in Venedig aufhielt. Gegenüber den Staffeleibildern der alten Florentiner ist namentlich die tiefe, durchsichtige Farbe zu be- achten, es ist der Übergang vom byzantinischen Kolorit zu demjenigen des Giov. Bellini. Die Gewandung hat noch das Feierliche des germanischen Stiles; in der ganzen, individualisierenden Auffassung aber meldet sich schon der Einfluß des 15. Jahrhunderts, welcher endlich in dem gro- a ßen Altarwerk der Pinacoteca von Bologna, von *Antonio* und *Bartolommeo da Murano* (d. h. *Vivarini*), 1450, bereits harte und düstere Charakterköpfe hervorbringt. (Dasselbe weicht auch in der glanzlosern Farbe von obigen Werken ab, gleicht ihnen aber in der miniaturartigen Sorgfalt.)

Was in *Neapel* außer den schon genannten Werken aus dieser Zeit vorhanden ist, hat nur den Wert kunsthistorischer Belege. Von *Mastro* b *Simone*, einem Zeitgenossen Giottos, ist in S. Lorenzo (Querschiff links) ein von Engeln umschwebter S. Antonius von Padua und (siebente Kapelle rechts) der heilige Ludwig von Toulouse, welcher seinem Bruder Robert die Krone reicht. – In S. Domenico maggiore: zweite Ka- c pelle rechts mittelgute und sehr übermalte Fresken mit der Legende der heiligen Magdalena; – sechste Kapelle rechts (del Crocefisso) außer Zingaros Kreuztragung unter anderm eine säugende Madonna; – siebente Kapelle rechts eine andere, in einer Grabnische; – in der hintern Kapelle gegen Strada della Trinità zwei alte Bilder (von *Stefanone?*). – Von dem in Neapel sehr gerühmten *Colantonio del Fiore*, der schon 1374 tätig war und bis 1444 gelebt haben soll, ist nur ein einziges Werk genießbar aufgestellt, die Glorie des S. Antonius abbas, hinten im Chor von S. Antonio. Wer den weiten Weg (bis vor Porta Capuana) nicht d scheut, wird ein Bild finden, das man in Florenz kaum eines Blickes würdigen möchte. Die Türlünette an S. Angelo a Nilo, von demselben e Meister ausgemalt, ist vor Staub nicht mehr kenntlich.

Für die Geschichte des Madonnentypus: die Madonna della rosa in f einer Kapelle der linken Seite des Domes von Capua; streng germanisch und vielleicht noch aus dem 13. Jahrhundert; die übrigen neapolitanischen Madonnen jener Zeit noch byzantinisch.

Ehe wir zu dem Stil des 15. Jahrhunderts übergehen, muß von einem florentinischen Meister die Rede sein, in dessen Werken die Richtung Giottos, ja der germanische Stil überhaupt noch einmal zu einer herrlichen Erscheinung aufflammt, ja gleichsam den höchsten und letzten Gipfel erreicht, von dem seligen (Beato) *Fra Giovanni Angelico da Fiesole* (1387–1455).

Zu dem Element der Schönheit, welches Orcagna in die Schule gebracht, fügt dieser in seiner Arbeit einzige Meister den Ausdruck überirdischer Reinheit und Innigkeit. Eine ganze große ideale Seite des Mittelalters blüht in seinen Werken voll und herrlich aus; wie das Reich des Himmels, der Engel, Heiligen und Seligen im frommen Gemüte der damaligen Menschheit sich spiegelte, wissen wir am genausten und vollständigsten durch ihn, so daß seinen Gemälden jedenfalls der Wert religionsgeschichtlicher Urkunden ersten Ranges gesichert ist. Wen Fiesole unbedingt anwidert, der möchte auch zur antiken Kunst kein wahres Verhältnis haben; man kann sich die fromme Befangenheit des Mönches gestehen und doch in der himmlischen Schönheit vieles einzelnen und in der stets frischen und beglückenden Überzeugung, die ihm zur Seite stand, eine Erscheinung der höchsten Art erkennen, die im ganzen Gebiet der Kunstgeschichte nicht mehr ihresgleichen hat. In der dramatischen Erzählung ist Fiesole immer einer der tüchtigsten Nachfolger Giottos; da er von Hause aus ein großer Künstler war, so bemühte er sich sein Leben lang um eine möglichst gleichmäßige Beseelung alles dessen, was er schuf; bei näherer Betrachtung wird man finden, daß er einer der ersten ist, welcher den Köpfen durchgängig das Allgemeine benimmt und sie auf die zarteste Weise persönlich belebt; nur stand seiner Gemütsart der Ausdruck der Leidenschaft und des Bösen nicht zu Gebote, und seine Verlegenheit wirkt dann (im streng ästhetischen Sinne) komisch.

Wie seine Bildung ursprünglich die eines Miniators war, so geben auch seine *kleineren*, miniaturartig ausgeführten *Tafeln* beinahe den ganzen Künstler wieder. Obenan stehen die Glorien, wie z. B. das präch-
a tige Bild in den Uffizien (tosk. Sch.), auch die Umgebung des Erlösers und der Empfang der Seligen in den Weltgerichtsbildern (das schönste
b in Pal. Corsini zu Rom, ein anderes in der Akademie zu Florenz, Saal
c d. kl. B.), während die Seite der Verdammten auf keine Weise zu genügen pflegt. Von den heiligen Geschichten haben nach meinem Gefühl diejenigen den Vorzug, welchen altübliche Motive der florentinischen Schule zugrunde liegen, also wesentlich die oft gemalten des Neuen Testamentes; in den Legenden macht sich die eigene Erfindung
d oft frisch und schön, oft aber auch befangen ihre Bahn. (Leben Christi
e in 35 Bildchen, Akademie von Florenz Saal d. kl. B., wo sich noch mehreres von Fiesole befindet; – Uffizien tosk. Sch.; – drei Bildchen in einem
f Wandschrank der Sakristei von S. Maria novella in Florenz; – Kirche
g del Gesù zu Cortona: zwei Predellen mit dem Leben der Maria und
h den Wundern des heiligen Dominikus; – vatikanische Galerie die Wunder des heiligen Nikolaus von Bari, aus der letzten Zeit und sehr aus-
i gezeichnet; – zwei dazu gehörende Stücke und außerdem die wundervolle Verkündigung in der Sakristei von S. Domenico zu Perugia, nebst Geringerm; – u. a. a. O.)

Die *größern* Staffeleibilder genügen viel weniger. (Statt aller das große
k Altarwerk in den Uffizien, erster Gang, mit doppelt bemalten Seitenflügeln, an welchem die klein ausgeführten Engel rings um die lebensgroße Madonna bei weitem das Beste sind.) Es scheint, als habe der

Maler eine fromme Befangenheit bei Hauptbildern für Altäre nicht über-
winden können, während er in den Predellen, Giebelbildern, Seiten-
figürchen usw. sich so frei und schön bewegte; auch wirkt die über-
fleißige Ausführung bei der noch ungenügenden allgemeinen Körper-
kenntnis nicht günstig. Die große Kreuzabnahme in der Akademie zu a
Florenz (Hauptsaal) erscheint befangen, vielleicht gerade durch die Masse
von Ausdruck, die darin zusammengedrängt ist; die Leiche ist gut modelliert, ihr Herabsenken glücklich gegeben, das Bild überhaupt das
beste unter den großen. Auch das Altarwerk in S. Domenico zu Cor- b
tona (hinten, rechts) gehört zu den bessern.

Die bezeichneten Mängel fielen weg bei der *Freskomalerei*, welche eine
gewisse Mäßigung in den Darstellungsmitteln unvermeidlich machte
und den Künstler nicht durch den Gedanken, ein Kultusbild malen zu
müssen, ängstigte.

Einen wahrhaft einzigen Eindruck machen vor allem die Malereien,
womit Fiesole seinen langjährigen Wohnsitz, nämlich das Dominikaner- c
kloster *S. Marco zu Florenz* ausschmückte. Hier ist er zu Hause, hier darf
er seine Ideen frisch wie ihn der Geist treibt in den ärmlichen Kloster-
gängen, in den kleinen Zellen besonders werter Ordensgenossen ver-
wirklichen; darum glaubt man auch gerade in den Fresken der Zellen
die Inspiration deutlicher zu fühlen als in den Altarbildern des Meisters. Mir wurden sieben Zellen, sämtlich im obern Stockwerk, geöffnet,
und ich glaube sagen zu dürfen, daß die sämtlichen Wandgemälde derselben, wenn auch in befangener Form, die höchste mögliche Lösung
der betreffenden Aufgaben zwar nicht erreichen, aber doch berühren.
(Christus in der Vorhölle; – eine Bergpredigt; – die Versuchung in der
Wüste; – Christus am Kreuz mit den Seinigen und mit dem weinenden
S. Dominikus; – noch ein Gekreuzigter mit den Seinigen; – die Marien
am Grabe; – Mariä Krönung; – und die Anbetung der Könige, eine
späte und reiche Arbeit, die vielleicht einen Wetteifer mit Masaccio
verrät.) Der überquellende Reichtum an den schönsten und naivsten
Köpfen ist gepaart mit einem Geist und einer Tiefe in der Auffassung
der Tatsachen, wie sie nur den größten Meistern eigen ist. – Die Fresken in den Gängen (der Gekreuzigte mit S. Dominikus sehr dem Bild
im vordern Kreuzgang entsprechend, – der englische Gruß, – und eine
thronende Madonna) sind gegenwärtig, da das Kloster teilweise als
Kaserne dient, mit Brettern bedeckt.

Wie Fiesole für eine schon mehr öffentliche Andacht malte, zeigt sich
an den Fresken des vordern Kreuzganges zu ebener Erde. Es sind fünf d
spitzbogige Lünetten mit Halbfiguren (worunter Christus mit zwei
Ordensheiligen besonders schön ist); ferner Christus am Kreuz mit dem
heiligen Dominikus, lebensgroß; endlich das berühmte Freskobild des

a anstoßenden Kapitelsaales: der Gekreuzigte mit den beiden Schächern, seinen Angehörigen und den Heiligen Cosmas, Damianus, Laurentius, Markus, Johannes d. T., Dominikus, Ambrosius, Augustinus, Hieronymus, Franziskus, Benedikt, Bernhard, Bernardinus von Siena, Romuald, Petrus Martyr und Thomas von Aquino. Es ist eine schmerzliche Klage der ganzen Kirche, welche hier in ihren großen Lehrern und Ordensstiftern am Fuß des Kreuzes versammelt ist. Solange es eine Malerei gibt, wird man diese Gestalten wegen der unerreichten Intensivität des Ausdruckes bewundern; Kontraste der Hingebung des Schmerzes, der Verzückung und des ruhigen innerlichen Erwägens (in S. Benedikt, der die Schar der übrigen Ordensstifter wie ein Vater überschaut) werden wohl nirgends mehr wie hier als Ganzes zusammenwirken.

Es ist eine bedeutende Tatsache jener unvergeßlichen Jahrhunderte der Kunstgeschichte, daß mehrere der größten Künstler ihr Bestes und Meistes in späten Lebensjahren, wenigstens erst nach dem fünfzigsten Jahre gaben. Lionardo war nahe an diesem Alter, als er sein Abendmahl in Mailand schuf; Giovanni Bellinis herrlichste Bilder stammen aus seinen achtziger Jahren; Tizian und Michelangelo haben als Greise noch das Staunenswürdigste hervorgebracht. Es existiert aus dem 16. Jahrhundert ein vielverbreiteter kleiner Stich, welcher einen alten Mann in einem Räderstuhl für Kinder darstellt, mit der Beischrift: anchora imparo, noch immerfort lerne ich. Und dies war keine Phrase. Die unverwüstliche Lebenskraft dieser Männer war wirklich mit einer ebenso dauernden Aneignungsgabe verbunden.

Dies war auch bei Fiesole einigermaßen der Fall. Dasjenige, worin er so vorzüglich groß ist, die friedensreiche, tiefe Seligkeit heiliger Gestalten, findet sich eben in seinen *spätesten Arbeiten* mit einer unbeschreiblichen Kraft und Fülle ausgedrückt, zum großen Unterschied von Perugino, welcher gerade hierin mit den Jahren lahm und äußerlich wurde.

b Man betrachte Fiesoles Pryamidengruppe der Propheten am Gewölbe der Madonnenkapelle des *Domes von Orvieto* und frage sich, ob irgendein Kunstwerk der Erde, Raffael nicht ausgenommen, die stille selige Anbetung so wiedergebe? (Den Weltrichter, an der Hinterwand, hat er freilich von Orcagna entlehnt, ohne diesen zu erreichen.) Noch später, nach seinem sechzigsten Jahre (1477), malte er im Vatikan die *Ka-*
c *pelle Nicolaus V.* – und die vier Evangelisten am Gewölbe und einer oder der andere von den Kirchenlehrern, wie z. B. S. Bonaventura, erscheinen jenen himmlischen Gestalten noch ganz ebenbürtig. Aber nicht bloß was ihm eigen war, bildete er mit gesteigerter Kraft weiter, sondern auch gegen die Fortschritte anderer Zeitgenossen schloß er sich durchaus nicht ab, wie man wohl glauben könnte. Die Geschichten der Hei-

ligen Stephanus und Laurentius in der letztgenannten Kapelle beweisen, daß der alternde Mann noch mit aller Anstrengung so viel von dem, was inzwischen Masaccio u. a. gewonnen, einzuholen suchte, als seiner Richtung gemäß war. Die anmutige Erzählungsweise dieser Fresken zeigt Züge des wirklichen Lebens und ist mit einer äußern Wahrheit der Farbe verbunden, wie sich dies von keinem frühern Werke des Meisters so behaupten läßt. Die heftigen Bewegungen, ja schon die starken Schritte pflegen ihm noch immer zu mißlingen, dafür wird man aber auf das Beste entschädigt z. B. durch jene junge Frau, welche der Predigt des heiligen Stephanus mit ungestörter Andacht zuhört und ihr unruhiges Kind nur mit der Hand faßt, um es stille zu machen. Man durchgehe dieses Werk Szene um Szene, und man wird einen Schatz von schönen, geistvollen Bezügen dieser Art darin finden. Abgesehen davon ist es als fast rein erhaltenes Ganzes aus der Zeit der großen Vorblüte unschätzbar.

Fiesole ruht begraben zu Rom in S. Maria sopra Minerva. Vielleicht wollte man ihm eine Ehre antun, als man in unsern Tagen die Wölbungen dieser Kirche in seiner Manier bemalte. Es sind auch wieder Apostel und Kirchenlehrer auf blauem goldgestirntem Grunde. Allein er hätte sie nicht gebilligt und auch für den guten Willen gedankt.

Ein Zeit- und Standesgenosse Fiesoles, der Kamaldulenser *Don Lorenzo*, blieb in derselben Richtung beim ersten Anlauf stehen. Es ist zu glauben, daß ihn seine wenigen Werke sehr viel Fleiß und Besinnens a gekostet haben. Bei der Verkündigung in S. Trinità zu Florenz (vierte Kapelle rechts) ist er dafür belohnt worden; die stille Anmut und der tiefe Charakter der beiden glücklich gestellten Figuren hat dem Bilde eine Art typischer Geltung verschafft und zu zahlreichen Kopien angelegt. Die Anbetung der Könige (in den Uffizien) ist ebenfalls vor- b trefflich angeordnet, und dabei merkwürdig als eines der letzten Gemälde, in welchen die Gewandung des germanischen Stiles noch in ihrem vollen Schwung gehandhabt ist. (Das Hauptwerk, eine Krönung der Maria, in der Badia von Cerreto, unweit Certaldo.)   c

In den ersten Jahrzehnten des 15. Jahrhunderts kam ein neuer Geist über die abendländische Malerei. Im Dienst der Kirche verharrend, entwickelte sie doch fortan Prinzipien, die zu der rein kirchlichen Aufgabe in keiner Beziehung mehr standen. Das Kunstwerk gibt zunächst *mehr*, als die Kirche verlangt; außer den religiösen Beziehungen gewährt es jetzt ein Abbild der wirklichen Welt; der Künstler vertieft sich in die Erforschung und Darstellung des äußern Scheines der Dinge und gewinnt der menschlichen Gestalt sowohl als der räumlichen Umgebung allmählich alle ihre Erscheinungsweisen ab. *(Realismus.)* An die Stelle der allgemeinen Gesichtstypen treten Individualitäten; das bisherige System des Ausdruckes, der Gebärden und Gewandungen wird durch eine unendlich reiche Lebenswahrheit ersetzt, die für jeden einzelnen Fall eine besondere Sprache redet oder zu reden sucht. Die Schönheit, bisher als höchstes Attribut des Heiligen erstrebt und auch oft gefunden, weicht jetzt der allbezeichnenden Deutlichkeit, welche der erste Gedanke der neuen Kunst ist; wo sie aber sich dennoch Bahn macht, ist es eine neugeborene sinnliche Schönheit, die ihren Anteil am Irdischen und Wirklichen unverkürzt haben muß, weil sie sonst in der neuen Kunstwelt gar keine Stelle fände.

In diesem Sinne gibt jetzt das Kunstwerk *weniger*, als die Kirche verlangt oder verlangen könnte. Der religiöse Gehalt nimmt eine ausschließliche Herrschaft in Anspruch, wenn er gedeihen soll. Und dies aus einem einfachen Grunde, den man sich nur nicht immer klar eingesteht; dieser Gehalt ist nämlich wesentlich negativer Art und besteht im Fernhalten alles dessen, was an profane Lebensbeziehungen erinnert; zieht man diese geflissentlich und prinzipiell in die Kunst hinein, wie damals geschah, so wird das Bild nicht mehr fromm erscheinen. Man rechne nur der Kunst nach, wie wenige Mittel sie hat, um direkt auf die Andacht zu wirken; sie kann hohe Ruhe und Milde, sie kann Hingebung und Sehnsucht, Demut und Trauer in Köpfen und Gebärden schildern– lauter Elemente, die ohnehin dem allgemein Menschlichen angehören und nicht auf die christliche Gefühlswelt beschränkt sind, die aber allerdings im christlichen Gemüt eine christliche Andacht wekken, solange dasselbe nicht gestört wird durch Zutaten, solange ihm von den neutralen, jenes Ausdruckes nicht fähigen Teilen der Menschengestalt und von der äußern Umgebung nur das Notwendige mitgegeben wird. Sehr wesentlich ist hierbei jene allgemeine Feierlichkeit der Gewandung, welche schon durch ihren Kontrast mit der Zeittracht, durch ihre Stofflosigkeit (die weder Samt noch Seide unterscheiden *will*) und noch mehr durch eine geheimnisvolle Ideenassoziation, die wir nicht weiter verfolgen können, den Eindruck des mehr als Zeitlichen und Irdischen verstärken hilft.

Jetzt beginnt dagegen ein begeistertes Studium des Nackten und der menschlichen Gestalt und Bewegung überhaupt; auch im Wurf der Gewänder will man den einzelnen Menschen und den gegebenen Moment charakterisieren; die einzelnen Stoffe werden dargestellt, in Staffeleibildern sogar mit unerreichbarem Raffinement; die möglichst reiche Abwechslung der Charaktere und die malerischen Kontraste der handelnden Personen werden zum wesentlichen Prinzip, so daß, abgesehen vom kirchlichen, sogar der dramatische Eindruck unter der Überfülle leidet. Endlich bildet sich ein ganz neues Raumgefühl aus; wenn die Maler des 14. Jahrhunderts die gegebenen Mauerflächen soviel als möglich mit menschlichen Gestalten ausfüllten, so entwickelt sich jetzt die Tatsache, das »Geschehen«, bequem in weiten Räumen, so daß Nähe und Entfernung, Vor- und Rückwärtstreten als wesentliche Mittel der Verdeutlichung dienen können; – wenn das 14. Jahrhundert die Örtlichkeiten nur andeutete, soweit sie zum Verständnis unentbehrlich waren, so wird jetzt eine wirkliche Landschaft und eine wirkliche Architektur mehr oder weniger perspektivisch abgeschildert.

Bei diesem Interesse für die Einzelerscheinung konnte die Trennung der Malerei in verschiedene Gattungen nicht lange ausbleiben; bald nimmt die profane, hauptsächlich mythologische, allegorische und antikgeschichtliche Malerei einen wichtigen Platz ein.

Im Norden wird dieser große Übergang bezeichnet durch den unsterblichen Johann van Eyck, der sein einsam strahlendes Licht weit über das ganze Jahrhundert, über die ganze deutsche, französische und spanische Kunst wirft. Er weitete das Gebiet der Malerei dergestalt aus, daß seine Nachfolger nicht nachkommen konnten und sich mit einem viel engern Formenkreis begnügten. Erst beinahe hundert Jahre nach ihm war im Norden das Porträt, das Genrebild und die Landschaft wieder auf dem Punkte, wo er sie gelassen, und bildeten sich dann aus eigenen Kräften weiter. Die menschliche Gestalt hat geradezu kein einziger der nächsten Generationen nördlich von den Alpen, auch seine besten flandrischen Schüler nicht, auch nur annähernd so verstanden und so lebendig behandelt wie er; es muß auf ihnen gelegen haben wie eine Lähmung; als Dürer, Messys und Holbein zu spät erschienen, mußten sie erst eine Last abgestorbener Formen, die Frucht des 15. Jahrhunderts, beseitigen.

Die Kunst des Südens nahm beizeiten aus den weitverbreiteten Werken des großen Flandrers dasjenige an, was ihr gemäß war; keine italienische Schule (mit Ausnahme einzelner Meister von Neapel) ist von ihm in den Hauptsachen bedingt, aber auch keine blieb von seinem Einfluß ganz unberührt. Die Behandlung der Gewandstoffe und Schmucksachen, namentlich aber der Landschaft zeigt vielfach flandrische Art; als viel wichtiger noch galt die eingestandenermaßen von den Flandrern erlernte »Ölmalerei«, d. h. die neue Behandlung der Farben und Firnisse, welche eine bisher ungeahnte Durchsichtigkeit und Tiefe des Tons und eine beneidenswerte Dauerhaftigkeit möglich machte.

Häufig rechnet man auch den Einfluß antiker Skulpturen zu den wesentlichen Fördernissen, welche die italienische Malerei vor der nordischen vorausgehabt habe. Allein der Augenschein lehrt, daß jeder Fortschritt mit einer unendlichen Anstrengung, welche im Norden

fehlte, der *Natur* abgerungen wurde. Entscheidend zeigt sich dies in
der paduanischen Schule, welche sich am meisten und fast allein von
allen mit der Antike abgab und doch, wie wir sehen werden, eigentlich
kaum mehr als das Oramentistische aus derselben entlehnte. Es konnte
gar nicht im Geist einer mit so unermeßlichen Kräften vorwärtsstrebenden Kunst liegen, sich irgendein Ideal von außen anzueignen; sie mußte
von selbst auf *das* Schöne kommen, das ihr eigen werden sollte.

Als Gabe des Himmels besaß sie von vornherein den Takt, die äußere
Wirklichkeit nicht in alles Detail hinein, sondern nur soweit zu verfolgen, daß die höhere poetische Wahrheit nicht darunter litt. Wo sie an
Detail zu reich ist, sind es nicht kümmerliche Zufälligkeiten des äußern
Lebens, sondern Schmuck und Zierat an Gebäuden und Gewändern,
die den Überschuß ausmachen. Der Eindruck ist daher kein ängstlicher,
sondern ein festlicher. Wenige geben das Bedeutende ganz groß und
edel; viele verfangen sich in der Phantasterei, welche dem 15. Jahrhundert überhaupt anhängt, allein die allgemeine Höhe der Formbil-
dung gibt ihren Einfällen eine genießbare und stets erfreuliche Gestalt.

Alle diese Fortschritte wären, wie einst diejenigen der Schule Giottos, bei einer Beschränkung auf das Andachtsbild und Tafelbild unmöglich gewesen. Abermals ist es Florenz, von wo das neue Licht einer
großartigen Historienmalerei ausstrahlt, die mit ihren *Fresken*[1] die Wände
der Kirchen, Kreuzgänge und Stadthäuser überzieht. Keine andre Schule
kann von ferne neben diesem Verdienst aufkommen; die lombardische
blieb in dem engen Ideenkreis der Gnadenbilder und Passionsbilder befangen; die venezianische schloß kein wahres Verhältnis zum Fresko
und beschränkte sich lange auf Altarbilder und Mosaiken; rechnet man
den großen Andrea Mantegna hinzu, so ging er auch in den Wandmalereien (zu deren Schaden) über das reine Fresko hinaus, dessen höchst
solide Handhabung gerade ein Hauptverdienst der Florentiner ist. Rom
zehrte fast ganz von auswärtigen Künstlern; Perugia empfing seine Inspiration zuerst von Florenz und Siena und leistete auf seinem Höhepunkt gerade für das Dramatisch-Historische wenig; Neapel kommt
nicht in Betracht. – Toskana allein bietet eine große, monumentale Ge-
schichtsmalerei dar, in gesunder, ununterbrochener Weiterbildung, mit
fortlaufender Seitenwirkung auf das Tafelbild, welches sonst wohl vor-
zeitig in verfeinerter Niedlichkeit untergesunken wäre.

[1] Bis auf Giotto wurde – laut jetziger Ansicht – nur in Tempera auf die
Mauer gemalt; von Giotto an wurde in Fresko untermalt und al secco dar-
übergemalt; erst seit Ende des 14. Jahrhunderts begann die eigentliche
Freskomalerei im engern Sinne.

Die Gegenstände waren, mit Ausnahme der hinzukommenden Profan-malerei, die alten: das ruhig symmetrische Gnadenbild, die Geschichten der Bibel und die Legenden der Heiligen; endlich das häusliche An-dachtsbild. Allein sie sind alle umgestaltet. Von den einzelnen Personen behält Christus im Mannesalter am meisten von dem bisherigen Typus; der Gekreuzigte erhält eine bisweilen sehr edel durchgebildete Gestalt und einen Ausdruck, den z. B. die Schulen des 17. Jahrhunderts ver-gebens an Tiefe zu überbieten suchten. Die größte Veränderung geht mit der Madonna vor; wohl bleibt sie in einzelnen feierlichen Darstel-lungen die Himmelskönigin, sonst aber wird sie zur sorglichen oder stillfröhlichen Mutter und vertauscht sogar die altübliche Idealtracht mit Mieder und Häubchen des Italiens der Renaissance; das Bild der häuslichen Szene vollendet sich, indem der lebendig und selbst unruhig gewordene Christusknabe den längst ersehnten Gespielen erhält an dem kleinen Johannes. In dieser irdisch umgedeuteten Existenz findet dann auch der Pflegevater Joseph erst seine rechte Stelle; ein häuslicher und doch nicht kleinbürgerlicher Ton und Klang beginnt all die früher so feierlichen Szenen zu durchdringen: die Verkündigung, die Visitation, die Anbetung der Hirten, die Geburt der Maria, die des Johannes usw. Gewiß wurde dem Beschauer das Ereignis jetzt viel mehr nahegelegt und vergegenwärtigt; ob die Andacht dabei gewann oder verlor, ist eine andre Frage. – Auch der Himmel füllt sich mit sprechend indivi-duellen Köpfen und Gestalten an, zu beginnen vom Gottvater in pelz-verbrämtem Rocke; alle Seligen und Engel dienen jetzt nicht mehr un-persönlich der großen symmetrischen Glorie des Ganzen, sondern jede Figur ist interessant für sich. Von den erwachsenen Engeln (die oft eine sehr florentinische Tracht erhalten) scheiden sich nunmehr die Scharen kleiner, nackter Flügelkinder (Putten) aus, welche als Gefährten des Christuskindes, als Sänger und Musikanten und als stets dienliche Füll-und Zierfiguren die Kunstwerke jener Zeit beleben.

Die höchste Freude der Kunst war es, wenn sie der Natur wieder eine entsprechende Bewegung, einen lebensvollen Moment mehr, und zwar auf schöne Weise abgewann; sie suchte gerade dasjenige, welchem die Nordländer aus dem Wege gingen. Einstweilen erfährt man noch wenig von anatomischer Erforschung der Menschengestalt; aber ein rastlos beharrliches Anschauen des täglichen Verkehrs klärte die Künstler auf über das Warum? jeder Bewegung und jedes Ausdrucks; das Studium des Nackten und der Perspektive, die man aus dem Nichts schaffen mußte, tat das übrige.

So erwuchs eine Malerei, welche sich nicht mehr auf Intentionen und Andeutungen zu beschränken brauchte, sondern der Darstellung jeder Tatsache, jedes sinnlichen oder geistigen Vorganges gewachsen war.

In Florenz knüpft sich die große Neuerung an den Namen des *Masaccio* (1401–1443). Unter der Einwirkung des Ghiberti, Donatello und Brunellesco, welche in der Skulptur das neue Prinzip vertraten, führte er dasselbe in die Malerei ein, wo es seine wahren Siege erkämpfen sollte.

a Eine Jugendarbeit, die er in Rom übernahm, die Fresken in S. Clemente (Kapelle vom Seiteneingang rechts; Passion, und Legende der heiligen Katharina), zeigen in ihrer starken Übermalung nur Anklänge dessen, was Masaccio über die Nachfolger Giottos emporhebt; in einigen der besser erhaltenen Köpfe regt sich wenigstens ein persönlicheres Leben. – Der ganze Meister offenbart sich erst im *Carmine* zu Florenz (Kapelle

b *Brancacci*, am Ende des rechten Querschiffes), wo er die von Masolino da Panicale begonnene Freskenreihe weiterzuführen hatte. Wie Masolinos Eva (im Sündenfall) eine der ersten, ganz schönen nackten Frauengestalten der modernen Kunst ist, so sind Masaccios Täuflinge (in der Taufe Petri) die ersten völlig belebten männlichen Akte; schon vollkommen ist die Linienführung zweier nackten und bewegten Gestalten (in der Vertreibung aus dem Paradiese) gehandhabt. Auch in den übrigen Bildern strömt eine bisher ungeahnte Fülle der freiesten und edelsten Charakteristik auf einmal in die Kunst herein. Hatten schon Giotto und seine Schule ihre dramatischen Szenen gerne mit einer zahlreichen, teilnehmenden Zuschauerschaft bereichert, so führt nun Masaccio das damalige Florenz als mithandelnd oder zuschauend mitten in den Hergang (Erweckung des Königssohnes, wovon einiges dem Filippino Lippi angehört); er trennt und verbindet die Szenen, Gruppen und Personen nicht mehr nach architektonischen, sondern nach malerischen Gesetzen binnen einer naturwahren Räumlichkeit (Findung des Groschens im Munde des Fisches; die Heilung der Krüppel; das Almosen). Und über dem großen malerischen Sieg vergaß Masaccio das Höchste nicht; seine Hauptperson, der Apostel Petrus, ist durchgängig mit einer Würde und Macht ausgestattet und auf eine Weise gestellt und bewegt, wie dies nur dem größten Historienmaler möglich war. Vollends gehört nur einem solchen die Einfachheit der ganzen Behandlung an; alle Nachfolger bis auf Lionardo gefallen sich im Besitz der großen neuen Kunstmittel; Masaccio allein hält zurück und erreicht so den Eindruck eines harmonischen Ganzen. Mit wie wenigem hat er z. B. die Gewänder geschaffen, in denen sich der höchste Stil und der lebendigste Wurf verbinden. Die Schwierigkeiten der Modellierung und Verkürzung sucht er nicht auf; wo sie aber liegen, überwindet er sie. (Bestes Licht: Nachmittags 4 Uhr).

c Das einfach großartige Bild der heiligen Anna mit Maria und dem Kinde, in der Akademie zu Florenz, zeigt noch recht den aus einer idealen Richtung hervorgegangenen Realisten. Dagegen spricht der als

Masaccios Vater geltende Greisenkopf in den Uffizien dieselbe Wonne a
des ersten vollkommenen Individualisierens aus, welche einen Johann
von Eyck beseelt haben muß. Masaccios eigenes Porträt (?), ebenda, bei b
den Malerbildnissen) erscheint wie eine höchst geistreiche Freskoprobe. c
Die Lünetten im Kirchlein S. Martino (der Brüderschaft de' Buonuo- d
mini) zu Florenz gelten mit Recht als Werk eines trefflichen Schülers
von Masaccio; sie geben eine edle Lebensfülle noch ohne das Barocke
und Überladene späterer Florentiner des 15. Jahrhunderts. Als Jugendwerk des Filippino Lippi kann ich sie nicht betrachten, da kein Anklang an seinen Lehrer Sandro darin zu erkennen ist.

Was Masaccio erworben, das wird bei *Fra Filippo Lippi* (1412–1469)
im Dienste eines minder hohen und strengen Geistes, einer reichen und
fröhlichen Phantasie weiter angewandt. Er läßt sich gehen, aber nicht
in Trägheit, sondern in kecken Versuchen dessen, was wohl seiner Kunst
erlaubt sein möchte. Wie ohne alle Scheu noch Rückhalt offenbart er
in den Bildnissen, womit er seine Szenen ausstattet, das tiefste Wesen
derer, die er meinte! mit welchem Gefühl wird er – zuerst von allen –
die Jugend sinnlich-lieblich, ja schalkhaft bis über die Gebühr, dargestellt haben! Er ist der erste, welcher sich an der Breite des Lebens,
auch an dessen zufälligen Erscheinungen, von Herzen freute.

Sein großes Freskowerk, die Geschichten des Täufers Johannes und
des heiligen Stephanus im Chor des *Domes von Prato* (bestes Licht:
10–12 Uhr) würde schon durch Technik und Kolorit Epoche gemacht
haben. Nicht alle Szenen sind hoch aufgefaßt; der Künstler hat zu viel
Neues in allen möglichen Beziehungen zu sagen, als daß nicht der tiefere Gehalt unter den oft herrlichen rein malerischen Gedanken leiden
müßte. Schöner zumal als bei irgendeinem Vorgänger spricht sich Stellung und Bewegung in den nobeln und lebendigen Gewändern aus,
deren mehrere (z. B. in der »Trauer um die Leiche des Stephanus«) bis
auf die Zeit Raffaels kaum mehr ihresgleichen haben möchten. In den
vier Evangelisten am Kreuzgewölbe wich Filippo von der symmetrischen
Stellung ab; man wird z. B. Fiesoles Evangelisten am Gewölbe der Kapelle Nikolaus V. immer vorziehen.

Gegen Ende seines Lebens malte Filippo die Chornische des Domes e
von Spoleto aus. Diese Krönung Mariä ist eines der frühesten ganz frei
angeordneten Halbkuppelgemälde; doch klingt die symmetrische Strenge
der Frühern noch sehr wohltuend nach. Maria und Christus an Ernst
den Giottesken nicht gleich; Ersatz durch den lebendigen Ausdruck
der Nebengruppen. Von den drei untern Bildern der Tod der Maria
hochbedeutend, aber durch ganz andere Mittel als bei den Giottesken.
(An beiden großen Freskowerken halb *Fra Diamante.*)

In den Tafelbildern überwiegt die Freude am Schön-Wirklichen; eine
a kräftige und schalkhafte Jugend; die Madonna florentinisch häuslich;
das Christuskind durchgängig sehr schön gebildet. In Prato: im Refektorium von S. Domenico: eine Geburt Christi mit S. Michael und
b S. Thomas Aquino; – im Pal. del Commune: Madonna della Cintola und
eine Predella, in einem dunklen Raum aufgestellt. – Zu Florenz, in der
c Akademie: herrliche Madonna mit vier Heiligen, alle unter einer Architektur, für die Gewandung sein schönstes Tafelbild; – ebenda: die große
Krönung Mariä, spät, wie sein eigenes Greisenbildnis und die gedämpfte
aber ganz klare Farbe beweist; als überfüllt wirkend, weil der Gegenstand – eine Glorie – in einen irdisch greifbaren Raum übertragen ist;
dabei reich an wesentlich neuem Leben; – dazu die schöne Predella. –
d Uffizien: zwei Engel heben der Madonna das nach ihr verlangende
e Kind entgegen; sie zögert betend. – Pal. Pitti: großes Rundbild der
sitzenden Madonna (Kniestück); hinten die Wochenstube der Elisabeth
und die Visitation; ein Thema, das recht dazu einlud, die früher durch
Goldstäbe zu Einzelszenen getrennten Vorgänge zu einem Bilde zu
verschmelzen, den Hausaltar zum häuslichen Gemälde umzubilden. –
f Pal. Corsini: Mehreres. – Im linken Querschiff von S. Spirito, vierter
g Altar, eine Trinität mit S. Katharina und S. Magdalena (angeblich peru-
h ginische Schule); – in S. Lucia de' magnoli, erster Altar links, eine Ver-
i kündigung; im linken Querschiff von S. Lorenzo, Kapelle links, eine
k Verkündigung; – in S. Micchele zu Lucca, rechts, Madonna mit vier
l Heiligen; – in der Akademie zu Pisa: Madonna mit zwei Engeln und
vier Heiligen usw.

Sandro Botticelli (1447–1515), Filippos Schüler, ist im Verhältnis zu
dem, was er gewollt hat, nirgends ganz durchgebildet. Er liebte das
Leben und den Affekt in einer selbst stürmischen Bewegung auszudrük-
ken, und malte eine oft ungeschickte Hast. Er strebte nach einem Schön-
heitsideal und blieb bei einem stets wiederkehrenden, von weitem kenntlichen Kopftypus stehen, der hier und da äußerst liebenswürdig, oft
aber ganz roh und leblos reproduziert. (Es ist nicht der Kopf der bella
Simonetta, wenn das Profilbild im Pal. Pitti, Sala di Prometeo, dieses
m Mädchen wirklich vorstellt.) Unter den Florentinern ist Sandro einer
der frühesten, welche der mythologischen und allegorischen Profan-
malerei im Sinne der Renaissance eine dauernde Hingebung bewiesen
haben.

n   Sein schönstes Werk: das eine der beiden Rundbilder (Madonnen mit
Engeln) in den Uffizien, mit wundervollen Engelköpfen, ein Juwel an
Ausführung; ebenda sein bestkomponiertes Historienbild, eine An-
betung der Könige, in den edlen Gewandmotiven dem Besten seines
Lehrers nahestehend, eine merkwürdige Parallele zu flandrischen Bil-

dern desselben Inhaltes; dann zwei kleine Geschichten der Judith und die bekannte, so oft gemalte Allegorie des Apelles von der Verleumdung, Gegenstände, zu deren heroischem und idealem Gehalt der hier wunderlich manierierte Realismus nicht ausreichte; – endlich aber die auf einer Muschel über die Flut schwebende Venus; hierfür studierte Sandro und brachte nicht bloß einen ganz schönen Akt, sondern auch einen höchst angenehmen, märchenhaften Eindruck hervor, der sich dem a mythologischen unvermerkt substituiert. – In der Akademie: (Sala delle Esposizioni) der Venusgarten oder wie man das Bild benennen will; in den Formen der nackten Figuren wiederum realistisch unrein; – sodann (im großen Saal) eine große Krönung Mariä mit vier Heiligen, zum Teil gering, bunt und selbst roh; – viel wertvoller die Madonna mit vier Engeln und sechs Heiligen, eines jener großen Prachtbilder, in welchen das 15. Jahrhundert das Himmlische in eine irdisch-wirkliche, aber noch immer feierliche und würdevolle Hofhaltung umdeutet; die Engel heben nicht nur den Vorhang auf, sondern sie hängen ihn auch sorgsam an die Pfosten der Architektur. Einiges im Pal. Pitti, Pal. Corsini u. a. a. O. – In Ognissanti, rechts, der S. Augustin, Gegenstück zu b Ghirlandajos Hieronymus.

Filippino Lippi (1460–1505), Filippos Sohn und Sandros Schüler, den er an Geist, Phantasie und Schönheitssinn beträchtlich übertrifft. Wie c er aus Sandro hervorwächst, zeigt am besten die große thronende Madonna mit vier Heiligen in den Uffizien (1485). – Ebenda: eine figurenreiche Anbetung der Könige, allerdings neben der vielleicht gleichzeitigen des Lionardo im Nachteil, auch nicht ohne die Schattenseiten der spätern Werke Filippinos (bunte Überfüllung, schwere wulstige Gewandung), aber im Ausdruck des scheuen Herannahens, der anbetenden Huldigung ungemein schön. (Der kleine S. Hieronymus in der d Nische sitzend, ebenda, als »Filippo L.« benannt, ist eher von Filippino.) – Sein bestes Tafelbild, in der Badia, Kapelle links von der Tür, S. Bernhard, den die Madonna mit Engeln besucht, ein Werk voll naiver Schönheit, ist allerdings noch aus früher Zeit; die Kreuzabnahme e in der Akademie dagegen, wozu Perugino die untere Gruppe gemalt f hat, – sowie die Madonna mit Heiligen in S. Domenico zu Bologna (kleine Kapelle zunächst rechts vom Chor), datiert 1501, gehören zu den spätern Werken, in welchen man bei vielem Schönen doch den gleichmäßigen Schwung vermißt. – Ein paar Breitbilder mit vielen kleinen Figuren, wie dasjenige mit der toten Lucretia (Pal. Pitti) und die g mit der Geschichte der Esther (Pal. Torigiani in Florenz) sind Belege h für die Art mehrerer damaliger Florentiner, die profane Historie als figurenreiche Theaterszene zu stilisieren. – Das prächtige Bild in S. Spi- i rito (vom Langhaus kommend der fünfte Altar des rechten Querschif-

fes) wird auch Filippinos Schüler Raffaellin del Garbo zugeschrieben;
es ist eine Madonna mit Heiligen und Donatoren unter einer Halle mit
köstlicher Aussicht auf eine Stadt; die Köpfe zum Teil wehmütig holdselig wie in den schönsten Bildern des Lorenzo di Credi.

a   Von Filippinos Fresken sind die wahrscheinlich frühesten, im Carmine zu Florenz (II, S. 179, b), die vorzüglichsten, eine würdige und stil-
gemäße Fortsetzung der Arbeit Masaccios. Die Gruppe des vom Tode
erweckten Königssohnes, Petrus und Paulus vor dem Prokonsul, Petri
Befreiung. Aber auch in den Wundertaten der Apostel Johannes und
b Philippus, womit er die *Capella Strozzi* in S. M. novella (die erste vom
Chor rechts) ausschmückte, kann ich nichts weniger als ein Sinken seines künstlerischen Vermögens erkennen; er erzählt hier nur mehr in
seiner Weise, als einer der größten Dramatiker des 15. Jahrhunderts,
allerdings mit sehr merklichen Unarten, z. B. schwerbauschigen, weit-
flatternden Gewändern, konventionellen Köpfen, die aber durch andres
einzelnes von größter Schönheit aufgewogen werden. Entschieden ge-
c geringer sind die Fresken in der Minerva zu Rom (Kapelle Carafa), wo
er freilich eine Aufgabe lösen mußte, die nicht mehr ins 15. Jahrhundert
gehörte: die Glorie des heiligen Thomas, als allegorisches Zeremonienbild.

Parallel mit Sandro und Filippino geht *Cosimo Rosselli*, dessen einziges
zu Florenz vorhandenes Fresko (1456) in S. Ambrogio (Kapelle links
d vom Chor) eine Prozession mit einem wundertätigen Kelche darstellt
Schöne lebendige Köpfe, überfüllte und nicht sehr würdige Anordnung.
e – In der Vorhalle der Annunziata zu Florenz die Einkleidung des S. Fi-
f lippo Benizzi. – In S. M. Maddalena de' Pazzi (zweite Kapelle, links)
gehört ihm wahrscheinlich die sonst dem Fiesole zugeschriebene Krönung Mariä. Im ganzen lebte Cosimo von den Inspirationen andrer, was
in dieser Zeit der befreiten Subjektivität nicht mehr so erlaubt war, wie
100 Jahre früher.

Des Rosselli Schüler war *Piero di Cosimo*, welcher zwar bis 1521 lebte
und später wesentlich von Lionardo bedingt wurde, der Auffassung nach
g jedoch noch dem 15. Jahrhundert angehört. Sein bestes Bild, die Con-
ceptio mit sechs Heiligen (Uffizien), ist von außerordentlicher Gediegen-
heit der Komposition und der Charaktere, ein wahres Kernbild der
Schule. Von den vier mythologischen Breitbildern (vgl. II, S. 182, g) ebenda enthält das späteste, Perseus und Andromeda, ganz reizende Einzelheiten.

Paolo Uccello (geb. um 1400, † nach 1469) ist hier einzuschieben als
h Vorläufer Benozzos. Die von ihm oder einem andern in dem abgestan-

Das Grau in Grau gemalte aReiterbild des Feldherrn Hawkwood (Acutus) im Dom von Florenzist wie das von Castagno gemalte Gegenstück (der Feldherr Marucci)stark restauriert, aber edler aufgefaßt als das letztere, welches doch nureinen steifbeinigen Kriegsknecht auf einem Ackerpferd vorstellt. –Außerdem von Uccello eine schon ganz lebendige Reiterschlacht in den bUffizien.

184 Malerei des 15. Jahrhunderts – B. Gozzoli – D. Ghirlandajo

denen giottesken Stil begonnenen Malereien des Chiostro verde bei S. M. novella vollendete er mit ein paar Szenen (Sündflut, Opfer des Noah), welche den schon sehr ausgebildeten Realismus auf der Bahn der perspektivischen Entdeckung zeigen. – Das Grau in Grau gemalte a Reiterbild des Feldherrn Hawkwood (Acutus) im Dom von Florenz ist wie das von Castagno gemalte Gegenstück (der Feldherr Marucci) stark restauriert, aber edler aufgefaßt als das letztere, welches doch nur einen steifbeinigen Kriegsknecht auf einem Ackerpferd vorstellt. – Außerdem von Uccello eine schon ganz lebendige Reiterschlacht in den b Uffizien.

Benozzo Gozzoli (geb. 1424, † nach 1484) zeigt sich als Schüler Fie- c soles in denjenigen Teilen des Gewölbes der Madonnenkapelle im Dom von Orvieto, welche ihm angehören. (Seine Fresken in Montefalco [1450] und S. Gimignano [1465] kenne ich nicht.) In der Kapelle des d *Pal. Riccardi* zu Florenz malte er (bei Lampenlicht) den Zug der hei- e ligen drei Könige, welcher sich über drei Wände ausdehnt. (Leidliches Reflexlicht: um 2 Uhr.) Im *Camposanto zu Pisa* aber gehört ihm fast die f ganze Nordwand (23 Gemälde) mit den Geschichten des Alten Testamentes, gemalt 1469–1485. – Benozzo kostet mit vollen Zügen die Freude an den bloßen schönen Lebensmotiven als solchen; sein wesentliches Ziel ist, ruhende, tragende, gebückte, laufende, stürzende Gestalten, oft von großer jugendlicher Schönheit, mit ganzer momentaner Kraft darzustellen; dagegen bleibt ihm der Hergang an sich ziemlich gleichgültig. Der Beschauer empfindet jene Freude an dem neugeborenen Geschlecht von Lebensbildern mit und verlangt neben der endlos reichen Bescherung nichts weiter. Die schon erwähnte Ausstattung mit Architekturen, Gärten, Landschaften ist fabelhaft prächtig; auch hier ist Benozzo ein begeisterter Entdecker neuer Sphären des Darstellbaren. – Seine Staffeleibilder geben keinen Begriff von seiner Bedeutung. – (Mehrere in der Akademie zu Pisa, unter anderm der Entwurf zur g Königin von Saba[1].)

Alessio Baldovinetti, von welchem in der Vorhalle der Annunziata zu Florenz die Geburt Christi gemalt ist, ein sorgsamer, nicht eben geist- h loser Realist, wird hauptsächlich genannt als Lehrer des *Domenico Ghirlandajo* (1449–1498), des größten dieser Reihe. Er gebietet dem sich schon in seinen eigenen Konsequenzen verlierenden Realismus Einhalt im Namen des ewigen Bestandteiles der Kunst. Auch

[1] Hier möchte das Freskobild des *Lorenzo von Viterbo*, in einer Kapelle von S. Maria della verità daselbst, einzureihen sein: eine figurenreiche Vermählung der heil. Jungfrau, vom Jahre 1469.

ihn reizt die Schönheit der lebendigen Erscheinung und er ist ihrer Reproduktion vollkommen mächtig, allein er ordnet sie dem großen, ernsten Charakter der heiligen Gestalten, der höhern Bedeutung des dargestellten Augenblickes unter. Die in schönen trefflich verteilten Gruppen versammelten Bildnisfiguren, welche den Ereignissen beiwohnen, nehmen an der würdigen und großen Auffassung des Ganzen teil. Von allen Vorgängern scheint Filippo Lippi, hauptsächlich die Malereien im Dom von Prato, den größten Eindruck auf Domenico gemacht zu haben; obwohl er denselben an leichtem und edelm Wurf der Gewänder, und ihn und andre in der Stoffdarstellung und Farbenharmonie nicht erreicht hat, so ist er dafür in anderm Betracht allen überlegen, äußerlich auch in den Linien der Komposition, sowie in der Freskotechnik.
a   In Ognissanti sieht man (links) sein Fresko des S. Hieronymus (1480),
wo er in der Schilderung der Örtlichkeit und der Nebensachen einmal
b der flandrischen Weise nachgibt. – Im Refektorium von S. Marco ein
c Abendmahl, dessen Anordnung noch die altertümliche, giotteske ist. –
Vom Jahr 1485 die Fresken der Kapelle Sassetti in S. Trinità (die hinterste im rechten Querschiff), die Legende des heiligen Franziskus darstellend, schon ein reifes Meisterwerk (bestes Licht 9 Uhr). – Endlich
d die Fresken im *Chor* von *S. Maria novella*[1] (1490) mit dem Leben der
Maria, des Täufers und andrer Heiligen. Nicht ein bedeutender dramatischer Inhalt ist hier das Ergreifende, sondern das würdige, hochbedeutende Dasein, von welchem wir wissen, daß es die Verklärung der damaligen florentinischen Wirklichkeit ist. Diese anmutigen, edel-kräftigen Existenzen erheben uns um soviel mehr, als sie uns real nahetreten[2].
Unter den Staffeleibildern in Florenz sind zu nennen die Anbetung
e der Könige hinten im Chor der Findelhauskirche (Innocenti); dann, in
der Akademie, die Madonna mit den sechs Heiligen und die herrliche
Anbetung der Hirten (1485), in holdseliger Bildung, schöner und glück-
f licher Anordnung ein Hauptwerk jener Zeit. – Einzelnes in den Uffi-
g zien und im Pal. Corsini. – In der Sakristei des Domes von Lucca eine
(frühe) Madonna mit vier Heiligen.
Von Domenicos Brüdern *Davide* und *Benedetto* sind keine namhaften
h selbständigen Arbeiten vorhanden; von seinem Schwager *Bastiano Mainardi* (II, S. 140, a) Fresken in S. Gimignano. Von seinem Schüler *Fran-*

---

[1] Sie sind immer schlecht beleuchtet. Die leidlichen Augenblicke, sowohl vor als nach Mittag, hängen von dem Stand der Sonne je nach den Jahreszeiten ab.
*   [2] Ist vielleicht das Fresko einer Pietà mit Johannes und Magdalena, in einer Ecke der Stadtmauer am Arno, unweit Porta S. Frediano, von Domenico? Noch in Zerfall und Übermalung ein herrliches Werk.

cesco Granacci unter anderm in der Akademie eine Himmelfahrt Mariä mit vier Heiligen, in den Uffizien eine den Gürtel dem S. Thomas herabreichende Madonna, gute Bilder ohne höhere Eigentümlichkeit.

Neben diesen großen Bestrebungen, im Realismus ein höheres und schöneres Dasein darzustellen, trat auch ein übertreibendes Charakterisieren auf. *Andrea del Castagnos* Bilder (Mitte des 15. Jahrhunderts) sind gemalte Donatellos, nur haltungsloser, zum Teil wüst renommistisch. (Akademie; S. Croce, nach dem fünften Altar rechts, Freskofiguren des h. Franz und Johannes d. T.; Dom, vgl. II, S. 184, a.) – *Antonio Pollajuolo* a vereinigt eine ähnliche Schärfe wenigstens mit prächtiger Ausführung. (Uffizien; die Bilder aus der Kapelle S. Sebastiano sollen sich jetzt im b Pal. Pucci befinden.) – Auch *Andrea Verrocchio*, der Lehrer Lionardos, c ist in dem fast einzigen noch vorhandenen Bilde, der Taufe Christi (in d der Akademie) auf wahrhaft kümmerliche Formen und Charaktere geraten; nur vollendet er diese auf das fleißigste; sein Modellieren ist Gewissenssache und sucht alle Geheimnisse der Anatomie sowohl als des Helldunkels zu ergründen; auffallenderweise ist die Gewandung daneben ziemlich leblos geblieben. Der von Lionardo hineingemalte Engel zeigt einen süßern Kopftypus, der übrigens auch dem Verrocchio als Erzgießer (II, S. 17, b) nicht fremd war.

Von Verrocchios Schülern ist schon hier *Lorenzo di Credi* zu behandeln (1454–1513), obschon er in der Folge unter den Einfluß seines größern Mitschülers geriet. Sein emsiges Streben nach Ergründung des perspektivischen Scheines der Dinge war doch von dem Lehrer geweckt worden. Jedes seiner Bilder sucht diese Aufgabe auf neue Weise zu lösen; er versucht es mit dem hellsten Licht und mit bloß hingehauchten Übergängen wie mit den tiefsten Schatten. Seine männlichen Charaktere haben, z. B. in dem schönen Bilde der Madonna mit zwei Heiligen (Dom e von Pistoja, Kapelle neben dem Chor links), das nervös Verkümmerte jener Taufe Christi des Verrocchio; etwas gemildert auch das ähnliche f Bild, welches im Museum von Neapel Ghirlandajo heißt. Dafür offenbart sich in seinen Madonnen, bisweilen (nicht immer!) auch im Bambino, der zarteste Schönheitssinn, so daß dieselben allerwärts zu den Schätzen gehören. (Akademie von Florenz; Uffizien; Galerie Borghese g in Rom, u. a. a. O.) Seine einzige große Komposition, eine *Anbetung des Kindes* (Akademie von Florenz), zeigt auf merkwürdige Weise, wie auch ein weniger begabter aber beharrlicher Künstler in jener Zeit das Herrlichste leisten konnte, indem sein Sinn für Anmut der Formen und des Ausdruckes noch nicht durch feststehende Theorien und Vorbilder irregemacht wurde, so daß er sein Eigenstes geben konnte und mußte; – indem jene Zeit noch nicht im Bewegt-Pathetischen rivalisierte, an wel-

chem die nur bedingt Begabten untergehen; – indem endlich der realistische Grundtrieb der Zeit vor dem Langweiligen, d. h. Allgemeinen und Konventionellen schützt. In dem genannten Bilde ist zwar schon etwas von jenem überschüssigen Gefühl, welches in der peruginischen Schule eine so große Rolle spielt (siehe den Jüngling mit dem Lamme), allein man vergißt dieses und den nicht ganz unbefangenen Bau der Gruppe ob der zauberhaften Schönheit der meisten Gestalten. – Die
a kleinen Bilder mit biblischen Szenen in den Uffizien geben keinen Begriff von Lorenzos Kunstvermögen. (Ist etwa von ihm die Madonna
b mit zwei Heiligen, in S. Spirito, auf einem der vier Altäre ganz hinten? Angeblich »Manier Sandros«.)

Außerhalb dieser Reihe steht der große *Luca da Cortona*, eigentlich *Signorelli* (1439-1521). Er war der Schüler des Piero della Francesca (von welchem bei der paduanischen Schule die Rede sein wird), nahm aber stärkere florentinische Eindrücke in sich auf. – Dem Ghirlandajo ebenbürtig in der großartigen Auffassung des Geschehens und der Existenzen, wählt er doch seine Einzelformen weniger und ist stellenweise des Derbsten fähig; andrerseits zeigt sich bei ihm zuerst die Begeisterung für das Nackte als eine wesentlich bestimmende Rücksicht für die Darstellung, selbst für die Wahl der Gegenstände. In diesem Sinne ist er der nächste Vorläufer des Michelangelo.
c Seine Fresken im Kloster *Monte Oliveto* (südlich von Siena), Szenen aus der Geschichte des heiligen Benedikt, hat Verfasser dieses nicht ge-
d sehen. Sein Hauptwerk sind jedenfalls die Fresken in der Madonnenkapelle des *Domes von Orvieto* (seit 1499), welche mit denjenigen des Fiesole (II, S. 173, b) und Benozzo (II, S. 184, c) zusammen einen Zyklus der »letzten Dinge« ausmachen: der Antichrist, die Auferstehung der Toten, die Hölle und das Paradies; unten als Brustwehrverzierung die Dichter des (klassischen wie biblischen) Jenseits in Rundbildern, umgeben von zahlreichen allegorischen, mythologischen und dekorativen einfarbigen Malereien (I, S. 230,1). Weit entfernt, die angemessensten oder die sachlich ergreifendsten Darstellungen dieses Inhalts zu sein, haben namentlich »Paradies« und »Hölle« den hohen geschichtlichen Wert, daß sie die erste ganz großartige Äußerung des Jubels über die Bezwingung der nackten Formen sind. Letztere wird uns hier nicht in reiner Idealität, wohl aber in großer jugendlich-heroischer Kraftfülle, in höchst energischer Modellierung und Farbe vorgeführt.
e Unter seinen Tafelbildern das herrlichste ist dasjenige im Dom von Perugia (Nebenkapelle des rechten Querschiffes), die thronende Madonna mit vier Heiligen und einem lautenspielenden Engel; an Ort und Stelle ein wahrer Trost für das von Peruginos süßen Ekstasen über-

sättigte Auge. – Die Bilder in Cortona hingen 1853 alle so, daß ich zum Besuch der Bergstadt nur unter der Voraussetzung, sie seien seitdem besser aufgestellt worden, raten kann. Leider befindet sich darunter (mit zwei andern Bildern, im Chor des Domes) auch die berühmte Ein- a setzung des Abendmahls; mit einem kühnen Schritt wandte sich Luca von der üblichen Darstellungsweise ab, räumte den Tisch weg und ließ Christus durch die prächtig bewegte Gruppe der Jünger einherschreiten. – Im Gesù, gegenüber vom Dom, eine (späte) Anbetung der Hir- b ten; Andreas a. a. O. – In S. Domenico zu Siena möchte eine vorgeb- c lich von dem wüsten Manieristen Matteo di Giovanni begonnene Anbetung des Kindes (letzter Altar im Schiff rechts) wesentlich eine liebenswürdige Jugendarbeit Lucas sein. – In der Akademie zu Siena: die d Rettung aus dem Brande von Troja, und: der Loskauf von Gefangenen, letzteres wiederum eine bedeutende Komposition nackter Figuren. – In Florenz enthält die Akademie ein buntes großes manieriertes Bild sei- e nes Alters, Madonna mit zwei Erzengeln und zwei Heiligen; – Pal. Corsini mehreres; – die Uffizien endlich zwei merkwürdige Rundbilder: f eine heilige Familie, welche die ernste, prunklose, männliche Art des g Meisters ganz in sich darstellt; und eine Madonna, im Hintergrund nackte Hirten, über dem Rund einfarbiger Reliefbilder – Nacktes und Plastik! auch hier beginnt ein neues Jahrhundert. Selbst der tüchtige h Greisenkopf in der Galerie Torigiani zeigt Aktfiguren im Hintergrunde. i – Die Geißelung, in der Brera zu Mailand, scheint ein frühes Bild zu sein. – Ein schlecht beleuchtetes Fresko der Madonna mit zwei Zisterziensern, in der Sakristei von S. Bernardo zu Arezzo, gehört dem Luca k schwerlich.

Ein großes Gesamtdenkmal der toskanischen Malerei des 15. Jahrhunderts bieten die zehn Fresken aus dem Leben Mosis und Christi an den Wänden der *Capella Sistina* des Vatikans dar. Sixtus IV. (1471 bis l 1484) ließ sie durch die schon oben genannten Maler ausführen: durch Sandro Botticelli, Cosimo Rosselli, Domenico Ghirlandajo und Luca Signorelli, zu welchen noch Pietro Perugino hinzukommt. (Drei Bilder des letztern, an der Altarwand, mußten später dem Jüngsten Gericht weichen; die beiden an der Türwand sind von späten und geringen Künstlern.)

Diese Arbeiten sind von bedeutendem Werte und verdienen eine genauere Besichtigung als ihnen gewöhnlich zuteil wird[1]. Sie gehören,

---

[1] Das Licht ist denjenigen an der Südseite nie günstig. An sonnigen Vormittagen 10–12 Uhr haben sie wenigstens ein starkes Reflexlicht. Wer übrigens die Kunstwerke des Vatikans genießen will, schone die Augen unter-

was Sandro, Cosimo und Pietro betrifft, zu den besten Werken dieser Künstler. Pietro regt sich hier noch mit einer florentinischen Lebendigkeit, die ihm später nicht mehr eigen ist; der Sturz der Rotte Korah ist Sandros bedeutendste Komposition; in den dem Luca Signorelli zugeschriebenen sind wenigstens einige Motive von wundervoller Lebendigkeit, die nur sein Werk sein können. Aber die figurenreiche Erzählungsweise jenes Jahrhunderts, die sich hier in breitem Format ergeht, drückt mehr als einmal das wesentliche Faktum dergestalt zusammen, daß das Auge sich ganz an die lebensvollen Einzelheiten, an die angenehme Fülle hält, z. B. an die landschaftlichen und baulichen Hintergründe. Hier, in der Nähe der Propheten und Sibyllen, in der Nähe der Stanzen und Tapeten wird man inne, warum ein Raffael und ein Michelangelo kommen mußten, und wie sehr diese in lauter Leben und Charakter sich selbst verlierende Kunst es nötig hatte, wieder auf das Höchste zurückgewiesen zu werden.

Und doch ist auch dieses Höchste hier stellenweise anzutreffen. In Ghirlandajos »Berufung des Petrus und Andreas zum Apostelamt« ist dem Ereignis die ergreifendste und feierlichste Seite abgewonnen und zur Hauptsache gemacht; es ist wie eine Vorahnung von Raffaels »Fischzug Petri« und »Pasce oves meas!« –

Die Pracht der Ausstattung, welche in diesen Gemälden herrscht, entspricht ganz dem Sinne Sixtus IV., der die Vergoldung und das Leuchten der Farben über die Maßen liebte.

Inzwischen war in *Oberitalien* die Schule von *Padua* unabhängig von den Florentinern und auf einem eigentümlichen Umwege zum Realismus durchgedrungen. Ihr Gründer, *Francesco Squarcione* (1394–1474), hatte in Italien und Griechenland antike Statuen, Reliefs, Ornamentstücke usw. gesammelt, nach welchen in seiner Werkstatt studiert wurde, emsig, aber ganz einseitig. Von irgendeinem Eingehen auf das Lebensprinzip der antiken Skulptur, welches auch für die Malerei belehrend und teilweise maßgebend hätte sein können, war nicht die Rede. Man schätzte an ihr nicht die Vereinfachung der Erscheinung, auch nicht die dadurch erreichte Idealität, sondern den Reichtum der Detailbildung, vermöge dessen vielleicht spätere, raffinierte Skulpturen gerade die meiste Verehrung genossen. Diese Bestimmtheit der Lebensformen, die sich hier vorfand, im Gemälde wiederzugeben, war nun das Ziel der Schule; daher ihre plastische Schärfe und Härte. Sodann entlehnt die sehr ornamentliebende Schule eine Menge dekorative Ele-

wegs, namentlich auf und jenseits der Engelsbrücke und auf dem Platz von S. Peter, und nehme hier lieber den Umweg hinter den Kolonnaden herum.

mente von den genannten und andern Resten des Altertums, namentlich römischen Gebäuden.

Zugleich aber war auch der realistische Trieb des Jahrhunderts gerade hier sehr stark und mischte sich auf eine ganz wunderliche Weise mit dem Studium der Antiken. Er gab die Seele, letzteres nur einen Teil der Äußerungsweise her. Vorzüglich in der Gewandung bemerkt man das Aufeinandertreffen der beiden Richtungen; Wurf und Haltung wollen etwas Antikes vorstellen, welches aber durch facettenartige Glanzlichter, tiefe Schatten und übergenaue Ausführung der Einzelmotive wirklich gemacht werden soll. – Außerdem sind die tiefen, saftigen Farben, das sehr entwickelte Helldunkel und die scharfe und kräftige Modellierung durchgehende Verdienste der Schule.

Von *Squarcione* selbst ist nur ein sicheres Bild vorhanden, seine Madonna mit einem betenden weißen Mönche, im Pal. Manfrin zu Vene- a dig (1447). Wenn die »Sibylle mit Augustus«, in der Pinacoteca zu Verona, auch von ihm sein soll, so wäre sie wohl ein ungeschicktes b Bild seines Alters. – Von einem seiner nächsten Schüler, *Marco Zoppo*, c im Pal. Manfrin eine Madonna hinter einer Brustwehr stehend, mit musizierenden Putten.

Squarciones Einfluß reichte zunächst bis nach *Toskana* hinein durch den schon als Lehrer Signorellis erwähnten *Piero della Francesca* aus Borgo San Sepolcro. Seine Fresken im Chor von S. Francesco zu Arezzo (bestes Licht: gegen Abend), die Geschichten Konstantins und des wahren Kreuzes darstellend, zeigen in ihren erhaltenen Teilen eine so energische Charakteristik, eine solche Bewegung und ein so leuchtendes Kolorit, daß man den Mangel an höherer Auffassung der Tatsachen völlig vergißt. (Rumohrs abschätziges Urteil ist mir ein Rätsel.) – Eine Magdalena, neben der Sakristeitür des Domes von Arezzo, ist noch in der Übermalung trefflich. – (Ein kleiner S. Hieronymus in einer Landschaft, Akademie von Venedig, ist sehr verletzt.)

Auf *Ferrara* wirkte Squarcione zunächst durch *Cosimo Tura*. In dem dortigen Palazzo Schifa-noja ist der große obere Saal in den 1470er d Jahren von ihm (teilweise, ja vielleicht größernteils von *Piero della Francesca?*) ausgemalt. Eines der wichtigsten kulturgeschichtlichen Denkmale jener Zeit! Es ist das Leben eines kleinen italienischen Gewaltherrschers, Borso von Este, Herzogs von Ferrara, in derjenigen Weise verklärt, welche dem Sinn des Jahrhunderts zusagte. Eine untere Bilderreihe stellt lauter Handlungen Borsos dar, auch sehr unwichtige, in prächtiger baulicher und städtischer Szenerie, in reichen Trachten. Eine zweite Reihe enthält die Zeichen des Tierkreises mit unergründ-

lichen allegorischen Nebenfiguren auf blauem Grunde, eine dritte Götter und Allegorien auf Triumphwagen, von symbolischen Tieren ge-
zogen, nebst Szenen aus dem Menschenleben, welche allerlei Künste
und Verrichtungen darstellen. Das Ganze ist wieder eine von jenen
astrologisch-sinnbildlichen Enzyklopädien (wie die des Miretto in
Padua, II, S. 167, d), in deren Geheimnis zu sein das Glück der damaligen
Gebildeten war. (Die meist brillante Ausführung bis hoch hinauf so
miniaturartig fein, daß man eines Rollgerüstes zur Besichtigung bedarf.
a Die Hälfte verloren.) – Von Tura im Chor des Domes von Ferrara
b eine Verkündigung und ein S. Georg, mit sehr schönen jugendlichen Köpfen; – in S. Girolamo (erste Kapelle links) ein stehender
S. Hieronymus.

Auch *Stefano da Ferrara* war Squarciones Schüler. An Ort und Stelle
sieht man späte Werke, in welchen er mit Garofalo u. a. zu wetteifern
c scheint (Ateneo: Madonna mit zwei Heiligen; zwölf Apostelköpfe).
d Frühere Arbeiten der energischen paduanischen Weise: zwei Madonnen
mit Heiligen, in der Brera zu Mailand.

Auch die übrigen Ferraresen des 15. Jahrhunderts sind sämtlich
mehr oder weniger von Padua abhängig. Wie alle alten Lombarden
können sie sich mit den Florentinern schon deshalb nicht messen, weil
die bewegte Darstellung des Geschehens ihre Sache nicht war, so daß
sich z. B. selbst ihr Raumgefühl nur unvollkommen entwickelte. Aber
der Ernst ihres Realismus, die Bestimmtheit ihrer Formen, die treffliche Modellierung und das Helldunkel, das sie selbst in Temperabil-
dern erreichen, geben ihren Werken einen bleibenden Wert.

e   So *Francesco Cossa*. Seine Madonna mit S. Petronius und S. Johannes
d. Ev. (in der Pinacoteca von Bologna, 1474) ist in den Köpfen bäu-
risch reizlos, und doch um jener Vorzüge willen ein treffliches Werk. –
f Seine große Marter S. Sebastians (in S. Petronio ebenda, fünfte Kapelle
links) zeigt dieselben Tugenden mit gemäßigten, selbst würdigen und
schönen Charakteren. Der italienische Realismus taucht nur für Augenblicke tief unter; immer von neuem schmiegt er sich dann der Schönheit an.

Lorenzo Costa (1460–1535), dessen Hauptwerke sich sämtlich in Bologna befinden, geriet hier in einen merkwürdigen Austausch mit Francesco Francia, dessen Schüler er sich schlechtweg, aber doch nur mit
halbem Rechte nannte. Er brachte in dieses Verhältnis einen ganz wohl-
gefesteten Realismus und eine viel größere Kenntnis mit, als Francia
damals besaß, er beugte sich vor dem Schönheitssinn und dem Seelenausdruck des letztern, behielt aber gehörigen Orts eine gesundere Emp-
g findungsweise vor diesem voraus. – In S. Petronio ist das Altarbild der
siebenten Kapelle links, thronende Madonna mit vier Heiligen und einer

herrlichen Lünette von musizierenden Engeln, jedem Francia gleichzustellen. Ebenda, fünfte Kapelle links, die zwölf Apostel, Gestalten ohne Großartigkeit, mit gewaltigen, aber gut gezeichneten Händen und Füßen, dabei sehr ernst ergriffen. – Hinten im Chor von S. Giovanni in a monte: Mariä Krönung mit sechs Heiligen, welche hier, wie in der Schule von Bologna-Ferrara überhaupt, gruppiert und nicht bloß wie bei den Peruginern in einer Reihe aufgestellt sind. – Ebenda, siebente Kapelle rechts, noch ein Hauptbild, thronende Madonna mit köstlich naiven Musikengeln und Heiligen. Das Bild im Chor ist zugleich eins der ausgezeichnetsten Spezimina für die Behandlung der Landschaft, in welcher Costa zuerst eine Ahnung von gesetzmäßigen, mit den Figuren in Harmonie stehenden Linien und eine bedeutende Meisterschaft der Töne entwickelt. Es sind meist schöne Taleinsenkungen mit reicher Vegetation und Aussichten in eine sanfte, nicht phantastische Ferne. – An den Fresken, welche ihm in S. Cecilia angehören (s. unten, das b vierte Bild links und das vierte rechts), ist vielleicht die Landschaft geradezu das Beste. – Die Fresken in der Kapelle Bentivoglio zu S. Gia- c como maggiore erscheinen teils völlig übermalt, teils befangen durch das Sujet, welches über Costas Kräfte ging (die beiden unergründlich allegorischen Trionfi), teils ungern gemalt (die Madonna mit der häßlichen, barock kostümierten Familie Bentivoglio). – Die Himmelfahrt Mariä in S. Martino (fünfter Altar links) mag zwischen Costa und d irgendeinem Peruginer streitig bleiben. – In Ferrara soll sich (außer e einem nicht bedeutenden Bild im Ateneo) ein berühmtes Werk in der Kirche alle Esposte befinden. – Von seinem Schüler *Ercole Grandi* z. B. f mehrere einzelne Figuren in der Sakristei von S. Maria in Vado; ein g S. Sebastian mit zwei andern Heiligen und der Stifterfamilie in S. Paolo, rechts neben dem Chor.

Von Costa und Francia zugleich ist der schwächliche *Domenico Panetti* abhängig. In Ferrara: Ateneo: eine Heimsuchung, und ein h S. Andreas; – Sakristei von S. M. in Vado: die Fahrt der heiligen Familie über den Nil, ein gemütliches Freskobild; – Chor von S. Andrea: alte Altar- oder Orgelflügel mit dem englischen Gruß und zwei Heiligen, schon in Garofalos Art. – Ganz in Francias Nachahmung versenkt erscheint *Micchele Cortellini*: in S. Andrea, dritte Kapelle rechts, k eine thronende Madonna mit vier Heiligen (1506)[1]. – Von Costas bedeutendstem Schüler, Mazzolino, wird beim 16. Jahrhundert die Rede sein.

---

[1] Die tätige Stadtbehörde von Ferrara wird auch dieses Bild nächstens in das Ateneo übertragen lassen und an Ort und Stelle durch eine jener trefflichen Kopien ersetzen, womit besonders der Maler *Candi* den alten Ferraresen ein doppeltes Dasein verliehen hat.

Der bedeutendste Träger derjenigen Kunstentwicklung, welche von Padua ausging, ist jedenfalls der große Paduaner *Andrea Mantegna* (1430 bis 1506). (Vgl. I, S. 232, a; S. 246, a.)

Sein wichtigstes Werk sind die Malereien aus den Legenden des heiligen Jacobus und des heiligen Christoph in der Kapelle dieser Heiligen in den *Eremitani* zu Padua. (Ausgeführt mit Hilfe des Bono, An-
a suino und Pizzolo.) Es ist nicht die höhere Auffassung der Momente, wodurch er hier die Florentiner übertrifft; das Flehen des Jacobus um Aufnahme ist nicht eben würdig; bei der Taufe des Hermogenes erscheinen die meisten Anwesenden sehr zerstreut; das Schleppen der St. Christophleiche ist eine der bloßen Verkürzung zu Gefallen gemalte Goliathszene. Aber an Lebendigkeit des Geschehens und an vollkommener Wahrheit der Charaktere hat kaum ein Florentiner Ähnliches aufzuweisen. Man betrachte z. B. das wirre Durcheinanderrennen der Widersacher des heiligen Jacobus, wo er die Dämonen gegen sie aufruft; oder wie in dem »Gang zum Richtplatz« das bloße Innehalten des Zuges ausgedrückt ist; oder die Gruppe der auf S. Christoph Zielenden; oder die der bekehrten Kriegsknechte. Um der höchst genauen, selbst scharfen Ausführung willen begnügte sich Mantegna (wie überhaupt die paduanische Schule, z. B. die Maler des Pal. Schifa-noja) nicht mit dem Fresko, sondern versuchte von Bild zu Bild andere Malarten. Reichtum der entferntern Gruppen, der baulichen und landschaftlichen Hintergründe, der mit Faltenwerk, Glanzlichtern, Reflexen usw. überladenen Gewandung. – Ganz neu und dem Mantegna eigen erscheint die mehr oder weniger durchgeführte Perspektive, das Festhalten eines Augenpunktes. Er ist neben Melozzo der einzige Oberitaliener dieser Zeit, welcher ein durchgebildetes Raumgefühl besitzt. Mehrere der schon genannten Florentiner müssen, wenn auch nur mittelbar, von ihm gelernt haben. – Im ganzen erinnert er viel an Benozzo, nur erscheint dieser neben ihm wie ein anmutiger Improvisator neben einem Kunstdichter.

b (Andere Fresken in Mantua, Castello di corte, Stanza di Mantegna; Szenen aus dem Leben des Lodovico Gonzaga.)

Unter seinen Staffeleibildern ist die stark restaurierte Gestalt der *heiligen Eufemia* im Museum von Neapel (1454) das früheste und vielleicht
c großartigste Programm der ihm erreichbaren Idealschönheit. In kleineren Bildern geht seine Ausführung in eine prächtige Miniatur über. Das
d dreiteilige Altärchen in den Uffizien (Tribuna) und eine kleine Madonna in Felslandschaft (dieselbe Sammlung) sind in diesem Betracht wahre Juwelen, obwohl die Charaktere nirgends groß und mit Ausnahme des

Madonnenkopfes kaum angenehm sind. – Von größern Altarbildern
ist nur dasjenige auf dem Hochaltar von *S. Zeno* zu *Verona* (Madonna a
mit Heiligen) in Italien geblieben; ein Hauptwerk für das ganze Empfinden und Können der Schule. – In der Brera zu Mailand unter anderm b
das große Temperabild eines heiligen Bernardin mit Engeln (1460?)
auch als dekoratives Prachtstück merkwürdig. – In Szenen des Affektes ist Mantegna bisweilen derb und unschön, wie z. B. die Pietà in der
vatikanischen Galerie, ein sehr energisches und vielleicht echtes Bild[1],
zeigt.

Manches führt dann entschieden mit Unrecht seinen Namen. Drei
kleine phantastische Legendenbilder im Pal. Doria zu Rom möchten c
eher von einem Ferraresen sein; – vier Miniaturbilder im Pal. Adorno d
zu Genua sind wenigstens höchst bezeichnende Beispiele für die antikisierende und allegorische Richtung seiner Schule, welche hier in einen
angenehmen Rokoko ausmünden: der Triumph der Judith; der Triumph
über Jugurtha; Amor von den Nymphen gefesselt; Amor gefangen
weggeführt.

Einer lebte in dieser Zeit, der in der Darstellung des perspektivischen
Scheines der Dinge noch über Mantegna hinausging: *Melozzo da Forli*,
Schüler vielleicht des Squarcione, jedenfalls des Piero della Francesca.
Man sieht in Rom über der Treppe des Quirinals einen Gottvater von e
Engeln umschwebt, in der Stanza capitolare der Sakristei von S. Peter f
ein paar Bruchstücke von Engelfiguren; – es sind arme Fragmente eines
wunderherrlichen Ganzen, nämlich der in Fresko gemalten, im vorigen
Jahrhundert zerstörten Halbkuppel des Chores von SS. Apostoli. Die
verkürzte Untensicht, damals wohl als große Neuerung bestaunt, wurde
seit Corregio tausendmal von Künstlern dritten Ranges überboten und
berührt uns jetzt nur historisch; Melozzos viel größere Seite ist, daß er
zu einer völlig freien, edel sinnlichen Jugendschönheit durchgedrungen
war und sie mit begeisterter Leichtigkeit (vielleicht einst in hundert Gestalten!) vorgebracht hatte. – Das Freskobild in der vatikanischen Galerie, eine Audienz Sixtus IV., in strengerm paduanischem Stil gemalt, g
ist bei aller Trefflichkeit doch schwer mit jenen Resten aus SS. Apostoli
zu reimen.

Die Maler von Vicenza und Verona 1450–1500 sind ebenfalls wesentlich paduanisch gebildet, wenn auch bei einigen sich ein (mäßiger) Einfluß des Giv. Bellini zeigt; auf Farbenpracht und Charakteristik der Venezianer gehen sie nur wenig ein.

---

[1] Oder eher von Bartol. Montagna?

Für *Vicenza* ist der mürrische, aber ehrliche und gründliche *Barto-*
a *lommeo Montagna* zu nennen. – Drei Bilder in der dortigen Pinacoteca;
b in S. Corona das Fresko links neben der Tür; – im Dom vielleicht die
c Malereien der vierten Kapelle links; – ebenda, fünfte Kapelle rechts,
d zwei Apostel und vielleicht auch die Anbetung des Kindes. – Größere
e Altarbilder in der Akademie zu Venedig und in der Brera zu Mailand. –
Treffliche Fresken von ihm (nicht von Franc. Morone, wie I, S. 232, c
f irrig angegeben ist) in SS. Nazaro e Celso zu Verona, Cap. di S. Biagio,
1493; – vier Bilder im Chor derselben Kirche.
g   Von vicentinischen Zeitgenossen: Bilder in der Pinacoteca und gute
h Fresken in S. Lorenzo, Kapelle links neben dem Chor.
    In *Verona* ist einiges von *Pisanello* († 1451) erhalten, der gleichzeitig
und sogar unabhängig neben Squarcione den Stil des 15. Jahrhunderts
i beginnen half. (Ruiniertes Fresko einer Verkündigung in S. Fermo,
Wand über dem Chor.) – Die übrigen stehen alle unter Mantegnas Ein-
k fluß. – Anonyme Fresken in S. Anastasia, Kapellen rechts und links
vom Chor. – *Francesco Buonsignori*, ein Geistesverwandter des Mon-
l tagna: Madonnen mit Heiligen in der Pinacoteca zu Verona (1488)
m und in S. Fermo, Kapelle neben dem linken Querschiff (1484). Bilder
n von *Girol. Benaglio* (1487) und *Giov. Franceschini* (1498) in der Pinacoteca; das des letztern ein schönes Werk in der Art Bellinis.
    Von *Liberale da Verona* Bilder in mehrern Kirchen[1], Fresken in S. Ana-
o stasia, z. B. über dem dritten Altar rechts; ein großer S. Sebastian in
p der Brera zu Mailand, hart und scharf, ein vortreffliches Aktbild im
q paduanischen Sinne. – Von *Girol. da' Libri* u. a. in S. M. in Organo,
rechts vom Portal, eine schöne Madonna mit Heiligen unter Lorbeern;
– in der Pinacoteca eine herrliche Anbetung des (kühn gezeichneten)
Kindes mit Heiligen; und eine thronende Madonna mit Heiligen. –
Franc. Morone nähert sich in zwei schönen Bildern der Pinacoteca,
r einem verklärten mit Maria und Johannes d. T. auf Wolken stehenden
Christus und einem Gekreuzigten (1498), dem Giov. Bellini am meisten; – in den edeln Fresken der Sakristei von S. M. in Organo (Halb-
s figuren von Heiligen, und in einem Mittelfeld der Decke: der verkürzt
schwebende Salvator mit Heiligen) erscheint er als ein ausgebildeter
Meister des 16. Jahrhunderts.
    Je weiter man nach *Westen* dringt, desto mehr schwindet die padua-
nische Kenntnis der Lebensformen und die Lust an deren scharfer Be-

---

[1] Der Verfasser besuchte diese Gegenden das letztemal gegen Ende der
Fasten und fand unglücklicherweise die Kirchenbilder meist verhüllt. – Für
die *Fassadenmalereien* von Verona vgl. I, S. 245 ff.

zeichnung, hört auch wohl z. B. bei einigen piemontesischen Malern
ganz auf.

Schon der Brescianer *Vincenzo Foppa d. Ä.* erreicht in seinem Freskobild der Marter S. Sebastians (Brera zu Mailand) die Durchbildung a
selbst der Veroneser nicht mehr. – Die Fresken des ältern *Vincenzo
Civerchio* und des *Bernardino Buttinone* in S. Pietro in gessate zu Mailand
(von jenen die Antoniuskapelle, von diesem die Ambrosiuskapelle) b
sind dem Verfasser nicht bekannt. – Von *Bramantino d. Ä.*, der eine
tüchtige paduanische Schule hatte, ist gerade in Mailand nichts von Belang; von *Bramantino d. J.* nicht vieles: eine Madonna von reicher und c
voller Bildung, mit zwei Engeln (in der Brera); eine Lünette über der d
Tür von S. Sepolcro; dann die Gewölbefresken der Brunokapelle in der e
Certosa von Pavia. *Bernardo Zenales* große Madonna mit Kirchenvätern
und Donatoren (Brera), bei einigen Härten doch ein treffliches Bild,
steht schon unter Lionardos Einfluß.

Der vielbeschäftigte *Borgognone* (eigentlich Ambrogio Fossano, †
nach 1522; vgl. I, S. 168, k) tut in einzelnen kleinen Freskoszenen bedeutende Würfe (Malereien hinten in S. Ambrogio: Christus unter den f
Schriftgelehrten, der Auferstandene mit Engeln, Pietà, alles übermalt);
– bei großen Aufgaben aber (Chornische von S. Simpliciano) nimmt g
sich die Übertragung der Gedanken des 14. Jahrhunderts in ziemlich
leblose Formen des 15. ganz matt aus. Eine große Himmelfahrt Mariä
(Brera) erinnert an abgestandene Peruginer. Einzelne Madonnen, mit h
Engeln, die hier und da vorkommen, haben dagegen eine höchst liebenswürdige Gemütlichkeit. – Bedeutende Fresken in der Certosa von i
Pavia. – (Allerlei Malereien dieser alten Schule, auch in der Art Borgog- k
nones, in Madonna della grazie bei Locarno, Tessin.)

Von einer Anzahl anderer lombardischer Maler, welche den Stil des
15. Jahrhunderts mehr oder weniger beibehielten bis über 1530 hinaus,
finden sich die meisten Werke in Provinzialstädten, welche Verfasser
dieses nicht besucht hat: so von *Foppa d. J.*, *Civerchio d. J.*, *Andrea da
Milano*, *Girol. Giovenone*, dem Piemontesen *Macrino d' Alba* u. a. Am
meisten Interesse sollen die Bilder der beiden ältern *Piazza*, *Alber-
tino* und *Martino*, in den Kirchen von Lodi und der Umgegend dar- l
bieten.

Pierfrancesco Sacchi aus Pavia arbeitete hauptsächlich in Genua. Mit
seinem einfachen, hier und da peruginischen Gemütsausdruck, seiner
flandrisch reichen Ausführung bis in das kleinste Detail hinein, und mit
den prächtigen landschaftlichen Hintergründen macht er einen Eindruck, der außer Verhältnis zu seiner eigentlichen Begabung. steht.
S. Maria di Castello, dritter Altar rechts, drei Heilige in einer Land-

schaft; – S. Teodoro, im Chor links, dito; – in S. Pancrazio, zu beiden Seiten des Einganges ein segnender Salvator zwischen zwei Heiligen, »in Sacchis Manier« (d. h. wohl von ihm), und: S. Petrus und Paulus, a von *Teramo Piaggia*, der hier völlig als Sacchis Nachahmer erscheint (anderswo dagegen sich der römischen Schule nähert). – Von einem andern Genuesen um 1500, *Lodovico Brea*, mehr unter niederländischem Einfluß: die Bilder der dritten Kapelle links und des fünften Altars rechts in S. Maria di Castello. – Bei dem ältern *Semino (Antonio)* mischen sich Eindrücke von Sacchi, Brea und Perin del Vaga. Sein Haupt-b bild, die Marter des heiligen Andreas in S. Ambrogio (vierter Altar links) ist befangen, ungeschickt, sehr fleißig und nicht ohne einzelne schöne Züge.

In *Modena* ist mir von Correggios Lehrer Francesco Bianchi-Ferrari zu meinem Bedauern nichts vorgekommen. – Von den alten Lokalmalern in der herzoglichen Galerie ist *Bartol. Bonasia* (toter Christus, c im Sarg stehend, mit Maria und Johannes, 1485) durch seine kräftige Färbung, *Marco Meloni* (thronende Madonna mit zwei Heiligen, 1504) durch den Ausdruck in der Art des Francia interessant. Auch *Bernardino Losco* von Carpi (thronende Madonna mit zwei Heiligen, 1515) ist einer der bessren alten Lombarden; der sogenannte »Gherardo di Harlem« dagegen (große, figurenreiche Kreuzigung) einer der harten alten (westlombardischen?) Meister.

In *Parma* hatte Correggio leichtes Spiel gegen Vorgänger wie *Jacobus de Lusciniis*, *Cristofano Caselli*, genannt Temperello, *Lodovico da Parma* und *Alessandro Araldi*. Bilder derselben in der dortigen Galerie; von letzterm auch kleine Szenen al fresco in dem bei Anlaß der Dekoration d genannten Raum zu S. Paolo (I, S. 233, a) und eine Madonna mit zwei Heiligen in S. Giovanni, erste Kapelle rechts. – Von der Künstlerfamilie der *Mazzola*, welche sich später ganz zu Correggio schlug, lebten damals *Pierilario*, von welchem in der Galerie eine thronende Ma-e donna mit drei Heiligen, und der namhaftere *Filippo M.*, der unter allen von Padua aus angeregten Künstlern einer der härtesten und anmutlosesten, dabei aber kein geringer Zeichner ist. Grablegung u. a. im Museum von Neapel; das Altarbild im Baptisterium zu Parma; eine Bekehrung Pauli in der Galerie. – Vielleicht das angenehmste Bild dieser Schule ist namenlos: eine thronende Madonna mit drei singenden Engeln und zwei Heiligen, in der Steccata (vordere Eckkapelle links).

In *Venedig* unterscheiden wir während der zweiten Hälfte des 15. Jahrhunderts zwei Generationen von Malern.

Die erste ist von Padua aus unmittelbar abhängig; die Stilprinzipien der Muranesen bilden sich danach völlig um. Wir haben bereits (II, S. 169, g) neben Johannes und Antonius von Murano den *Bartolommeo Vivarini* genannt. Dieser ist in seinen besondern Werken ein wahrer Paduaner; in der prächtigen und genauen Ausführung nähert er sich oft Mantegna, bleibt aber in der Farbe kälter. Die Charaktere seiner Altarbilder sind immer ernst, bisweilen höchst würdig, bisweilen fast grimmig, selten anmutig; die dekorative Ausstattung ist, wie bei diesen paduanisch gebildeten Venezianern überhaupt, ganz besonders reich. (Thronbauten, Fruchtschnüre, Laubhecken, Luxus von Putten usw.) Thronende Madonna mit vier stehenden und vier als Halbfiguren a schwebenden Heiligen usw. (1465) im Museum von Neapel; – in Venedig: Altarwerke in der Akademie (1464); – in S. Giovanni e Paolo, b zweiter Altar rechts (mit direkten Reminiszenzen nach Mantegna, vielleicht größernteils von dem bald zu erwähnenden Luigi Vivarini); ebenda im rechten Querschiff ein thronender S. ·Augustin (1473); – in S. Giovanni in Bragora eine thronende Madonna mit Seitentafeln (ne- c ben der ersten Kapelle links, dat. 1478); – in den Frari ein späteres, mil- d deres Altarwerk (Querschiff rechts, datiert 1482) und ein vielleicht ganz später thronender S. Markus mit Engeln und Heiligen (Querschiff links); – ein geringeres Werk in S. M. Formosa (zweiter Altar rechts).

Die Härte und Strenge Bartolommeos mildert sich, nicht ohne den Einfluß Bellinis, zu einer bisweilen ganz edeln Anmut und Fülle bei seinem jüngern Bruder oder Verwandten *Luigi Vivarini*. Mehreres in der Akademie; – eine Auferstehung in S. Giovanni in Bragora (Ein- e gang des Chores links, dat. 1498); – zwei einzelne Heilige in S. Giov. f Crisostomo (beim zweiten Altar links). – Das herrlich große Altarblatt g in der Frari (dritte Kapelle links vom Chor), der zwischen andern Heiligen thronende S. Ambrosius, wurde erst von *Basaiti* (s. unten) vollendet und gehört schon wesentlich der folgenden Generation an. – Dagegen ist eine Madonna mit zwei heiligen Barfüßern im Museum von Neapel h ein frühes Bild (1485).

Carlo Crivellis Werke sind fast nur in der Brera zu Mailand zu suchen. i Hart und streng, wie Bartolommeo, prunksüchtig über die Maßen, doch nic͘ht ohne Geschmack, in einzelnen Charakteren noch dem Johannes Alamannus verwandt, dringt er wenigstens in einer thronenden Madonna (1482) zu großer Anmut hindurch. – Von ihm vielleicht der heilige Papst Markus in S. Marco zu Rom (Kapelle rechts vom Chor).

Von *Fra Antonio da Negroponte* ein schönes Altarbild in S. Francesco k della vigna zu Venedig, rechtes Querschiff; – ein fragliches Bild in der Sakristei ebenda.

Die zweite Generation beginnt mit *Gentile Bellini* (1421–1501) und
Giovanni Bellini (1426–1516), den Söhnen des Giacomo B., welcher bei
Squarcione und Gentile da Fabriano gelernt hatte. – Die Jugend und
das mittlere Alter der beiden Brüder scheint in abhängigen Stellungen
dahingegangen zu sein; von Gentile ist nur weniges vorhanden, die zahlreichen authentischen Werke Giovannis aber beginnen erst mit seinem
60. Lebensjahre. Von seinen zahlreichen Schülern nennen wir nur die
folgenden: Pierfrancesco Bissolo, Piermaria Pennacchi, Martino da
Udine, *Girol. di Santa Croce* (meist in Padua tätig), *Vincenzo Catebo*,
Andrea Previtali, *Giambattista Cima da Conegliano* u. a. Neben Giov.
Bellinis Schule, doch auf verschiedene Weise von ihr abhängig: *Marco
Basaiti, Vittore Carpaccio*, Giov. Mansueti, Lazzaro Sebastiani, *Bocca-
cino von Cremona*, Marco Marziale u. a.

Die Größe dieser Schule ist samt ihrer Einseitigkeit in allem
einzelnen so gleichartig (wenn auch mit großen Verschieden-
heiten) ausgeprägt, daß auch die Besprechung eine gemeinsame
sein darf. Noch einmal in diesem Jahrhundert der sonst entfessel-
ten Subjektivität ordnet sich hier der einzelne den allgültigen Typen
unter. Offenbar sind es die Besteller, welche die Schule im Großen
bestimmen.

Vor allem gab sich die Schule mit der erzählenden Malerei fast gar
nicht ab, und wo sie es tat, steht sie mit aller Farbenglut und Einzel-
wahrheit doch im Gedanken neben den Florentinern unendlich zurück.
Selbst in der großen »Predigt des heiligen Markus in Alexandrien« des
a *Gentile Bellini* (Mailand, Brera) handelt es sich um gleichgültig zusam-
mengestellte Figuren von einer gewissen puppenhaften Nettigkeit;
ebenso in seinem »Mirakel des heiligen Kreuzes« und in der »Prozession« mit dieser Reliquie (Akademie von Venedig). An der Fortsetzung
dieser Reliquiengeschichte hat dann auch *Carpaccio* (nebst seinen Schülern Mansueti und Sebastiani) gearbeitet, welcher überhaupt hier der
b fast alleinige Erzähler ist; in derselben Sammlung sind von ihm auch
acht große, figurenreiche Historien der heiligen Ursula; in der Scuola
c di S. Giorgio degli Schiavoni zwei Reihen kleinerer Geschichten der
HH. Georg und Hieronymus. Wenn naive Einzelzüge, malerisch bequeme Verteilung im (baulich und landschaftlich schönen) Raum, lebendige und selbst jugendlich reizende Köpfe, endlich eine oft erstaunliche Leuchtkraft der Farbe zusammen schon ein Historienbild aus-
machten, so hätte Carpaccio sein Ziel erreicht. Das Interessanteste an
jenen Reliquienbildern bleibt die bunte Schilderung des mittelalter-
d lichen Venedig. – In den Uffizien: *Mansuetis* Christus unter den Schriftgelehrten. – Viele historische Bilder gingen freilich bei den Bränden

des Dogenpalastes unter[1]. Fresken oder gar Freskenzyklen kommen nicht vor.

Die biblischen Ereignisse, welche diese Venezianer malen, sind meist ausgesucht ruhige Szenen, deren Wesentliches sich schon im Halbfigurenbild geben ließ. Nicht umsonst hat z. B. das Mahl in Emmaus hier so große Gunst genossen, wovon unten.

In dieser Schule bildet sich zuerst das venezianische *Kolorit* aus. Möglich, daß sie dabei dem *Antonello da Messina*, einem Schüler der van Eyck, einiges verdankte, der sich längere Zeit in Venedig aufhielt. (In Italien kenne ich von ihm kein sicheres Bild als das Porträt eines schwarzlocki- a gen Mannes im Pelzkleid, in den Uffizien. Ein anderes, in der Galerie b Manfrin, hängt für die Prüfung zu hoch.) Jedenfalls hatten schon die Muranesen (II, S. 169) den Grund gelegt. Ohne sich irgendwo in raffinierte Detailpracht zu verlieren, findet nun die Schule die Geheimnisse der Harmonie und der Übergänge sowohl als der möglichst schönen Erscheinung der einzelnen Farbe. In letzterer Beziehung erstrebte sie durchaus nicht eine illusionsmäßige Stoffbezeichnung; in den Gewändern gibt sie glühende Transparenz, im Nackten aber jenes unbeschreiblich weiche und edle Leben der Oberfläche, welches teils durch die sicherste, nicht in schwarzen Schatten, sondern in lauter farbigen Tönen sprechende Modellierung, teils durch Geheimnisse der Lasierung hervorgebracht wurde, und zwar auf hundert verschiedene Weisen[2]. Neben diesen Leistungen erscheint alles Paduanische wie eine längst überwunde Vorstufe. Der Größte der Schule, Giov. Bellini, ist es auch im Kolorit und im Vortrag; andere behalten einige Schärfen (Carpaccio, selbst Cima) oder neigen sich dem weichen Zerfließen zu. (Bellini selbst geht bisweilen auf duftige Leichtigkeit aus.)

---

[1] Der in Venedig gebildete, dann besonders in Padua tätige Bergamaske *Girolamo da Santa Croce* mag hier nur beiläufig genannt werden. Am bekann-
* testen durch seine frühern Bilder mit kleinen Figuren (Marter des heil. Laurentius im Museum von Neapel), hat er später sich die Freiheit der großen
** Meister nicht unbefangen aneignen können. Glorie des heil. Thomas Becket, in S. Silvestro zu Venedig, erster Altar links, – großes Abendmahl (1549)
† in S. Martino über der Tür; – in S. Francesco zu Padua die Fresken der zweiten Kapelle rechts. Sein Kolorit bleibt venezianisch glühend. – Von
†† einem Landsmann *Francesco da Santa Croce*, eine Kreuzabnahme vom Jahre 1510 im Pal. Manfrin, ein Abendmahl in S. Francesco della vigna, zweite Kapelle links, usw.

[2] In den Uffizien ist die dem Bellini zugeschriebene Zeichnung auf Gips-*
grund merkwürdig, welche den Leichnam Christi von sieben Personen umgeben darstellt.

An Fülle von Lebensmotiven erreicht diese Schule die Florentiner natürlich lange nicht, allein ihre Gestalten sind doch in der Regel leicht, selbst edel gestellt und bewegt. Der heilige Sebastian als stehende Aufgabe hielt die Zeichnung des Nackten in einer bedeutenden Höhe. Die Gewandung gehorcht zwar mehr den Gesetzen des Farbenganzen als einem höhern Liniengefühl; immerhin bleibt sie freier von kleinlichen Motiven und Überladung als z. B. bei Filippino Lippi. Die Hauptsache sind aber dem Venezianer die *Charaktere.* Nicht zu scharfen und dadurch effektreichen Kontrasten, sondern als Töne eines und desselben Akkordes stellte er sie zusammen; nicht überirdisches Sehnen, nicht jäher Schmerz, sondern der Ausdruck ruhigen Glückes sollte sie beseelen; dieser, in energischen und wohlgebildeten Gestalten ausgesprochen, ist es, welcher den Sinn des Beschauers mit jenem innigen Wohlgefallen erfüllt, das keine andere Schule der Welt auf dieselbe Weise erweckt. Der Typus dieses Menschengeschlechts steht der Wirklichkeit noch so nahe, daß man es für möglich hält, solche Charaktere anzutreffen und mit ihnen zu leben. Raffael verspricht dergleichen nicht; abgesehen von der idealen Form stehen uns seine Gestalten auch durch hohe Beziehungen und Aktionen ferner.

Giov. Bellini wird zwar von den meisten Genannten irgendeinmal zur günstigen Stunde auch in den Charakteren erreicht, bleibt aber doch bei weitem der Größte. Wahrscheinlich gehört ihm schon (für Venedig) die neue Anordnung der Altarwerke an: statt der Teilung in Tafeln rücken die einzelnen Heiligen zu einer Gruppe um die thronende Madonna, zu einer »santa conversazione« zusammen, die von einer offenen oder mit einer Mosaiknische geschlossenen Halle (vgl. I, S. 217, Anm. 2) schön architektonisch eingefaßt wird; zudem baut er auch seine Gruppe fast mit derselben strengen, schön aufgehobenen Symmetrie wie Fra Bartolommeo. Drei große Altarbilder ersten Ranges sind noch von ihm
a in Venedig vorhanden: in S. Giovanni e Paolo (erster Altar rechts), in
b S. Zaccaria (zweiter Altar links, vom Jahr 1505), und in der Akademie.
c Das Beisammensein der heiligen Gestalten, ohne Affekt, ja ohne bestimmte Andacht, macht doch einen übermenschlichen Eindruck durch den Zusammenklang der glückseligen Existenz so vieler freier und schöner Charaktere. Die wunderbaren Engel an den Stufen des Thrones mit ihrem Gesang, Lauten- und Geigenspiel sind nur ein äußeres Symbol dieses wahrhaft musikalischen Gesamtinhaltes. Da dieser Inhalt sich schon im Halbfigurenbild geltend machen konnte, so entstanden Hunderte auch von solchen, hauptsächlich für die Privatandacht.

Aber nicht nur in der Anordnung der Charaktere zum Bilde, sondern auch in der Auffassung der einzelnen ist Giov. Bellini das Vorbild aller andern, ihr Befreier geworden. Die Skala, auf welcher er sich bewegt, ist bei weitem die größte. Er konnte burlesk sein bei der Darstellung der klassischen Götterwelt; das unschätzbare sogenannte Bacchanal in der Sammlung Camuccini parodiert das Göttergelage zur »Festa« ita- a lienischer Bauern[1]. (Wo er der Allegorik seiner Zeit in die Hände fiel, ist er, beiläufig gesagt, so absurd als irgendeiner; fünf kleine höchst saubere Bildchen in der Akademie von Venedig, etwa zu vergleichen b mit Pinturicchios Allegorien im Pal. Torigiani zu Florenz.) In den religiösen Bildern dagegen herrscht eine gleichmäßige Würde und Milde. Das Bild in S. Giov. e Paolo zeigt in den weiblichen Heiligen ein herr- c liches Geschlecht reifer Jungfrauen, die noch an Mantegnas heilige Eufemia erinnern. Die Engel am Throne sind hier wie überall eifrig an ihre Musik hingegeben und völlig naiv, was sie z. B. bei Francia und Perugino nicht immer sind. Sein spätes Bild, in S. Giovanni Crisostomo, erster Altar rechts (1513), enthält von seinen besten männlichen Charak- d teren. (Seine schönsten nackten Bildungen in dem großen Altarblatt e der Akademie.) In der Madonna zeigt sich bei ihm ein Fortschritt aus einem strengen und wenig beseelten Typus (z. B. das eine Bild in der Brera zu Mailand, mehrere in Venedig) zu einem großartig schönen, f doch noch immer ernsten und auch im Kostüm idealen. Dieser vielleicht zum erstenmal vollendet reif in der Madonna von 1487 (in der Akademie) und in dem herrlichen Bilde in der Sakristei der Frari (1488[2]), g dann in mehrern Werken der Akademie, der Gal. Manfrin, der Sakristei h des Redentore (zwei Bilder, davon eines ein Juwel!), der Galerie von Modena, der Pinacoteca von Vicenza, der Brera von Mailand (bez. i 1510) u. a. a. O. Wo Heilige anwesend sind, wird man im ganzen die weiblichen vorzüglicher finden.

Von der höchsten Bedeutung ist aber bei Bellini durchgängig die *Gestalt Christi*, welche durch ihn auch bei der folgenden venezianischen Generation eine so hohe Auffassung beibehalten hat. Schon sein Christuskind ist nicht bloß wohlgebildet, sondern so erhaben und bedeutungsvoll in der Bewegung und Stellung, als dies möglich war, ohne den Ausdruck der Kindlichkeit aufzuheben. In dem Bild in S. Giov. e Paolo gewinnt die gar nicht ideale Madonna eine überirdische Weihe k durch ihr Sitzen und durch das ruhige Stehen des segnenden Kindes. Auch in dem Altarblatt der Akademie ist das Kind ernst und grandios l

---

[1] Es ist eines seiner letzten Bilder, 1514. Die herrliche Landschaft ist von ihm, allein später durch Tizian *über*malt, als derselbe dem flüchtig improvisierten Bilde eine neue Haltung gab. (Laut Harzens Beweis.)

[2] Ein wichtiges Bild aus demselben Jahre, in S. Pietro e Paolo zu Mu- * rano, nach dem zweiten Altar rechts, fand ich verdeckt.

und kontrastiert sehr bedeutsam mit den Musikengeln[1]. – Dann wagte
a Bellini den erwachsenen segnenden Christus als einzelne Figur vor
einem landschaftlichen oder Teppichgrund hinzustellen, mit der würdigen Männlichkeit, demjenigen Typus des Hauptes, welchen man in
einzelnen Bildnissen Giorgiones und Tizians nachklingend findet. (Ga-
b lerie von Parma.) – Und nun folgt »*Christus in Emmaus*« (S.

Salvatore zu
Venedig, Kapelle links vom Chor), eines der ersten Bilder von Italien[2];
vielleicht der erhabenste Christuskopf der modernen Kunst, nur Lio-
c nardo ausgenommen (derselbe Gegenstand, Gal. Manfrin, wahrscheinlich von einem Schüler). – Endlich scheint der Meister eine höchste
Steigerung, eine Verklärung auf Tabor, im Sinne getragen zu haben.
d Das Bild dieses Inhaltes im Museum von Neapel, mit dem ehrlichsten
Streben nach tiefer Auffassung des Gegenstandes gemalt, war ein vielleicht früher Versuch dieser Art (eine Nachahmung in S. M. mater Domini zu Venedig, erster Altar links). Ist nun vielleicht die Skizze eines
e etwas aufwärtsblickenden Christuskopfes, in der Akademie, der Keim
f einer nicht zustande gekommenen Transfiguration? – (Eine schöne
Taufe Christi, in S. Corona zu Vicenza, fünfter Altar links.)

Die obengenannten Schüler und Zeitgenossen sind nun in der Regel
um so viel trefflicher, je mehr sie sich dem Giov. Bellini nähern. Im ganzen
g hat hier *Cima* den Vorzug. Seine Taufe Christi in S. Giovanni in Bragora (Chor hinten) ist in dem Adel des Christuskopfes, in der Schönheit
der Engel und in der weihevollen Gebärde des Täufers unvergleichlich;
– auch Konstantin und Helena (ebenda, am Eingang des Chores, rechts)
h sind von schönem Ausdruck. In der Abbazia (Kapelle hinter der Sakri-
i stei) Tobias mit dem Engel; im Carmine (zweiter Altar rechts) die wundervolle Anbetung der Hirten und Heiligen. Seine Madonna ist reiz-
und lebloser als die des Lehrers; dafür sind die sie umstehenden Heiligen, zumal die Greise, von geistvoller Schönheit. Treffliche Bilder die-
k ser Art: Pinacoteca zu Vicenza; Brera (und Ambrosiana?) zu Mailand;
l Galerie zu Parma usw. – Die Madonna mit Heiligen in Lebensgröße dagegen, in der Akademie von Venedig, zeigt neben dem Meisterwerke
Bellinis eine erstaunliche Befangenheit der Anordnung, teilweise auch
der Einzelbildung. Ebenda S. Thomas, das Wundmal Christi berührend.

[1] Freilich hat Bellini auch die stets unleidliche Szene der Beschneidung
* gemalt (S. Zaccaria, Chorumgang, zweite Kapelle links), und so nach ihm
viele andre.
[2] Hier und bei ähnlichen Emmausbildern des Palma vecchio, Tizian u. a.
ist die Umgebung ganz irdisch und scheinbar alltäglich, aber man vergleiche
z. B. das freche Bild des Honthorst (Gal. Manfrin), um sich zu überzeugen,
** daß es zweierlei Realismus gibt.

Ein sonst wenig bekannter *Giovanni Buonconsigli,* zufolge einem frühern Bilde in der Pinacoteca zu Vicenza (Kreuzabnahme in schöner a Landschaft), ein tüchtiger Modellierer im paduanischen Sinne, schloß sich später ganz an Bellinis Weise an, blieb aber bei unedlern Charakteren stehen. (Venedig, S. Spirito, dritter Altar links, Christus mit zwei b Heiligen; – S. Giacomo dall' orio, rechts von der Haupttür, die HH. c Laurentius, Sebastian und Rochus; beides prächtige Farbenbilder, die Hallen mit Goldmosaik.)

Carpaccio ist in seinen kleinern Figuren allerliebst lebendig, doch erreichen seine Köpfe an Schönheit diejenigen Cimas nicht. Außer den genannten Bildern, welche im Kolorit die glühendern sind, nenne ich: das Hauptaltarbild in S. Vitale (141*)*), eine lebhafte Konversation von Hei- d ligen, welche teils unten, teils über einer Balustrade erscheinen; – das Bild mit drei Heiligen in S. Giov. in Bragora (nach der ersten Kapelle e rechts); – die Krönung Mariä in S. Giov. e Paolo (links beim Eingang in die Sakristei); – den Tod Mariä (1508) im Ateneo zu Ferrara; in f diesen beiden Werken kommt er dem Cima am nächsten. – Seine große Darstellung im Tempel (1510) und die Apotheose der heiligen Ursula, g beide in der Akademie von Venedig, zeigen freilich, daß auch bei ihm die Mittel zur völligen Belebung solcher Formen nicht ausreichen. In der »Darstellung« ist das Kind in Bellinis Art aufgefaßt.

Von *Lazzaro Sebastiani* ist in S. Donato zu Murano (über der Seiten- h tür rechts) eine ganz schön belebte Szene der Madonna mit zwei Hei- i ligen, welche anbetende Engel und einen Donator herbeibringen.

Von *Andrea Previtali* im Pal. Manfrin eine Madonna mit beiden Kin- k dern im Freien (1510).

Catenas Hauptwerk, in S. M. mater Domini (zweiter Altar rechts), l sollte eine Marter der heiligen Christina vorstellen, welche mit einem Mühlstein am Hals ertränkt wurde. Man sehe, wie der brave alte Venezianer dieses umgeht, und denke dabei einen Augenblick an die affektvollen Martyrien des 17. Jahrhunderts. – Die Köpfe höchst lieblich.

Basaiti ist in Zeichnung, Farbe und Charakteren meist flüchtiger als Cima und Carpaccio; sein männlicher Typus wiederholt sich; das Ganze ist aber meist lebendiger. Seine Berufung der Apostel Jakobus und Phi- m lippus (Akademie) ist immerhin ein geistreiches und entschlossenes Bild (1510); – der thronende Petrus mit vier Heiligen S. Pietro di castello n (dritter Altar rechts) *war* einst trefflich, der S. Georg ebenda (Ende des linken Seitenschiffes) dagegen von jeher schwach. – Aber bisweilen erhebt sich der Meister zu hohen Leistungen. In der Himmelfahrt Mariä o (SS. Pietro e Paolo zu Murano, links, nahe der Sakristeitür, verdorben, doch nicht unrettbar) schilderte er die schönste Ekstase; – sein S. Se- p a bastian (Salute, Vorraum der Sakristei) ist nur um eines Schrittes Weite von Tizian entfernt; die von Luigi Vivarini begonnene Glorie des heiligen Ambrosius aber (II, S. 198, g, Frari, dritte Kapelle links vom Chor) hat offenbar er erst zu dem Wunderwerke gemacht, das sich fast allein mit jenen drei Hauptbildern des Giov. Bellini messen kann. Das lauterste Gold venezianischer Charakteristik.

Von *Pennacchi* sind die dem Untergang nahen Halbfiguren in den Kas-
b setten des Tonnengewölbes von S. M. de' miracoli und die vielleicht schon untergegangenen Deckenmalereien in den Angeli zu Murano, 34 Felder im ganzen. (Die Kirche war 1854 unzugänglich.)

Marco Marziale, ein wenig bekannter Schüler Bellinis, hat mit einer
c ganz liebenswürdigen Gewissenhaftigkeit und mit der genrehaften Art etwa des Carpaccio auch ein Emmaus gemalt (1506, Akademie). Gehört vielleicht ihm die vom Jahr 1500 datierte vortreffliche Fußwaschung,
d welche im Pal. Manfrin Perugino heißt? oder eher dem Lombarden Gaudenzo Vinci?

e   Endlich *Boccaccino da Cremona*, in einem spätern Bilde (thronende Madonna mit vier Heiligen, in S. Giulian, erster Altar links) am meisten dem Cima verwandt, verrät früher, in einem höchst vollendeten und
f kostbaren Bilde der Akademie, eher den Schüler des L. Vivarini. Es ist eine im Freien sitzende Madonna mit vier Heiligen; eines der frühesten und schönsten Beispiele desjenigen Typus der Santa conversazione mit knienden und sitzenden ganzen Figuren in landschaftlicher Umgebung, welcher später von Palma und Tizian mit Vorliebe aufgenom-
g men wurde. – Eine Madonna mit Heiligen, in der Brera, ist wiederum spät (1532).

Außer diesen großen Werkstätten der Kunst in Florenz und Oberitalien kommt im 15. Jahrhundert keine Schule mehr vor, in welcher die Freude an der charakteristisch belebten Gestalt und an dem Reichtum menschlicher Bildungen sich ganz frei und großartig geäußert hätte. Die von Florenz und Padua ausgegangenen Inspirationen zogen zwar alle Schulen mit sich, aber es fehlte an deren Grundlage: an den tiefen und angestrengten Formstudien.

So glaubte z. B. die Schule von *Siena*, von *Domenico di Bartolo* an, die neue Darstellungsweise ohne diese Prämissen mitmachen zu können, ahmte aber nur die florentinischen Äußerlichkeiten auf solch boden-
h losem Grunde mit der unvermeidlichen Übertreibung nach. Domenicos Fresken in einem Saal des Hospitals della Scala zu Siena (Stiftungsgeschichten und Werke der Barmherzigkeit) sind zwar frei von ganz rohem Ungeschick, allein nur durch Kostüme und Baulichkeiten inter-

essant. Von den übrigen sind die, welche noch halb an der alten Weise festhielten, oben (II, S. 163) genannt worden. Unter den entschiednern Realisten ist *Vecchietta* (»Lorenzo di Pietro«) als Maler ganz ungenießbar (I, S. 200; II, S. 27, d) *Francesco di Giorgio* (Akademie zu Siena: Anbetung des Kindes, und Krönung Mariä) vielleicht der am meisten durchge- a bildete, *Matteo di Giovanni* (M. da Siena) aber unstreitig der widerlichste. Die drei Redaktionen seines Kinder»mordes« (S. Agostino, Nebenkapelle rechts, 1482, – Concezione oder Servi, rechts, 1491, – und: b Museum von Neapel, mit verfälschtem Datum) sind einer der lächer- c lichsten Exzesse des 15. Jahrhunderts; Matteo erscheint als der italienische Michel Wohlgemuth. (Anders in der Akademie und in S. Domenico, zweite Kapelle links vom Chor.) Ein Christus in einer Engel- d glorie, unten viele Heilige in reicher Landschaft (1491, Akademie), von e *Benvenuto di Giovanni*, ist wenigstens ohne die Affektation von dessen Mitschüler Matteo gemalt.

Von Fungai, Pacchiarotto usw. wird beim 16. Jahrhundert die Rede sein.

Weiter nach Süden thront das steile *Perugia* über dem Tibertal, Assisi und Spello schweben an Bergabhängen, Foligno liegt in der Ebene, Spoleto schaut nieder auf das Tal des Clitumnus. In diesen Gegenden stand die *umbrische* Schule auf; ihre Tätigkeit reichte östlich auch in die Bergstädte des Hochapennins und jenseits desselben in die Mark Ancona hinein.

In dieser Heimat des heiligen Franziskus scheint sich ein stärkerer Zug der Andacht als anderswo in dem profanen Italien der Renaissance erhalten zu haben. Wenn derselbe nun in der Malerei jenen unerhört intensiven Ausdruck fand, so kommt dabei auch sehr in Betracht die von den eigentlichen Herden der Renaissance entfernte Lage, die Verteilung der Kräfte auf verschiedene Orte (so daß vor Pietro alles den Charakter von Lokalmalerei hat), die mehr ländliche, einfache Sinnesweise der Besteller, mochten es nun Bewohner jener steilen Wein- und Ölstädtchen oder abgelegener Klöster sein, endlich der Einfluß Sienas, dessen letzte Idealisten, wie Taddeo di Bartolo (II, S. 163, e), selbst in Perugia arbeiteten. Wo man den neuen florentinischen Stil haben konnte, nahm man anfangs selbst mit befangenen und harten Äußerungen desselben vorlieb, wie die Legendenfresken des *Bened. Bonfigli* in einem obern f Raum des Pal. del Commune zu Perugia (seit 1454) beweisen, Kompositionen, deren eigentümlichster Wert in den sehr gut dargestellten Baulichkeiten besteht. (Von demselben in S. Pietro, hinten links, eine Pietà; in S. Domenico, S. Bernardino u. a. a. O. in Perugia mehreres.) – g Aber eine deutlichere Vorahnung des spätern Schulgenius liegt doch eher in den harmlosen Malereien, welche an einzelnen Häusern der genannten Städte, besonders zu Assisi, auch in und an kleinern Kirchen usw. insgemein die Mutter Gottes und die Schutzheiligen verherrlichen. a So ist z. B. das Kirchlein S. Antonio in Assisi (an der Straße, die von S. Francesco nach der Piazza führt, rechts) außen und innen von verschiedenen Händen bemalt; einiges ist sienesisch holdselig, anderes sind Versuche in florentinischem Sinn; zwei Heilige im Bilde der Hinterwand haben auch schon etwas Verzücktes; sonst herrscht eher das vor, was wir Gemütlichkeit zu nennen pflegen.

Auch *Fiorenzo di Lorenzo* geht über diese Linie noch nicht hinaus. (In b der Sakristei von S. Francesco de' conventuali zu Perugia: Petrus, Paulus und eine Madonnenlünette.)

Erst *Niccolò Alunno von Foligno* schlägt denjenigen Ton an, welcher dann bei Perugino so mächtig weiterklingt: es ist der Seelenausdruck bis zur schwärmerischen, ekstatischen Hingebung, in Köpfen von zartester, reinster Jugendschönheit. Niccolòs Bildung war eine ziemlich geringe, seine Malerei bisweilen roh, seine Anordnung unbehilflich, – allein noch heute dringt bisweilen ein Maler mit ebenso beschränkten äußern Mitteln, durch den bloßen Ausdruck zu einer hohen, wenn auch c nur provinzialen Geltung durch. Von seinen zugänglichern Werken d (z. B. im Pal. Colonna zu Rom, in der Brera zu Mailand, wo sich eine bedeutende Madonna mit Engeln vom Jahr 1465 befindet) ist wohl das Wichtigste eine Verkündigung mit Gott-Vater und einer frommen Gemeinde, in S. Maria nuova zu Perugia (Querschiff links); wunderbare Bildung der Köpfe des Gabriel und der Madonna; die Andacht der Engel e völlig naiv. – In Foligno: S. Maria infra portas: verdorbene Fresken; f – S. Niccolò: Altarbild von mehrern Tafeln, eines der bestausgeführten; auch eine Krönung Mariä mit zwei knienden Heiligen. – Im Dom von Assisi: geringe Fragmente eines Altarwerkes, in die Wand eingelassen. – g Die übrigen Gemälde in Diruta, S. Severino, Gualdo, Nocera, und la Bastia unweit Assisi. – Im ganzen wendet Alunno jene hohe Steigerung des Ausdruckes noch sehr mäßig an und gleicht sogar im einzelnen Fall eher den Paduanern.

Pietro Perugino (de castello plebis, wie er sich selbst von seiner Vaterstadt Città della pieve nennt, eigentlich Vanucci, 1446–1524) ist in seiner frühern Zeit wesentlich ein Florentiner. Wie weit Alunno oder Piero della Francesca oder in Florenz Verocchio und L. di Credi einzeln auf ihn eingewirkt, kommt wenig in Betracht; die Hauptsache war der Eindruck der dortigen Kunstwelt als Ganzes, der ihn völlig bestimmte. Die-h ser ersten Periode gehören seine Fresken in der Sixtinischen Kapelle, Christi Taufe und die Verleihung des Amtes der Schlüssel (II, S. 188, l) an, vielleicht auch die Anbetung der Könige in S. Maria nuova zu Perugia (links vom Bilde Alunnos), Werke, welche bei großer Tüchtig- a keit und Schönheit doch kaum einen Zug von dem haben, was seine spätern Bilder beseelt. – Aus der schönsten Mitte seines Lebens stammt dann die Anbetung des Christuskindes in der Gemäldesammlung der b Villa Albani (1491) und das Freskobild im Kapitelsaal von S. M. Mad- c dalena de' Pazzi zu Florenz (nur mit erzbischöflicher Erlaubnis zugänglich). – Schon vor 1495 ließ sich dann Pietro fest in Perugia nieder und eröffnete seine Schule. Von da an beginnt erst jene große Reihe von Gemälden, in welchen er den Ausdruck der Andacht, der Hingebung, des heiligen Schmerzes in die tiefsten Tiefen zu verfolgen scheint.

Wie vieles in seinen Werken soll man ihm nun als bare Münze abnehmen? – Er kam in Perugia offenbar nur einer bereits herrschenden Gefühlsrichtung entgegen, die er mit einem ganz andern, durch die gedankenloseste Wiederholung nicht zu tötenden Schönheitssinn und mit weit größern Kunstmitteln zur Darstellung brachte als seine Vorgänger. Als die Leute sich an seinem Ausdruck gar nicht ersättigen konnten, als er inne wurde, was man ausschließlich an ihm bewunderte, gab er das, was er sonst wußte und konnte, preis, vor allem das unablässige florentinische Lebensstudium. Bewegte, kontrastreiche Gegenstände überließ er dem Pinturicchio, statt sich durch dieselben frisch zu halten. Zu den verzückten Köpfen, welche die Leute von ihm begehrten, gehörten Leiber und Stellungen, die in der Tat nur wie Zugaben aussehen, und die der Beschauer sehr bald auswendig lernt, weil schon der Maler sie auswendig wußte. (Derselbe Pietro zeichnete, sobald er *wollte*, z. B. seine nackten Figuren trefflich.) Er entzückte seine Leute ferner durch grelle Buntfarbigkeit und spielend reich ornamentierte Gewandung. (Die Leuchtkraft des Kolorites und die so fein gestimmten Einzelpartien in manchen Bildern zeigen wiederum, was er konnte, sobald er *wollte*.) Er stellt seine Heiligen unten ohne weiteres nebeneinander – während alle andern Schulen sie gruppieren – und ordnet seine Glorien, Krönungen und Himmelfahrten oben nach einem Schema. (Wogegen das Detail, sobald er *wollte*, das feinste Liniengefühl verrät.) Im Wurf der Gewandung erhebt er sich selten mehr über das Tot-Konventionelle. (In der Sistina sieht man, was er früher konnte und *wollte*.)

Unter allen Künstlern, welche ihr Pfund vergruben und zu Handwerkern herabgesunken sind, ist das Beispiel Pietros vielleicht das größte und kläglichste. Freilich, was man von ihm verlangte, das lieferte er sauber, solid, vollständig, auch in der späten Zeit, da die Kräfte nachließen, und da keine neue Auffassung mehr von ihm zu fordern war.

Was nun die Köpfe betrifft, so ist vor allem anzuerkennen, daß Perugino aus der gärenden florentinischen Kunstwelt gerade die schönsten

Anregungen in sich aufnahm. Es muß einen göttlichen Augenblick
in seinem Leben gegeben haben, da er zum erstenmal die holdeste Form
mit dem Ausdruck der süßesten Schwärmerei, der Sehnsucht, der tiefsten Andacht erfüllte. Der Augenblick kehrte bisweilen wieder; noch
in spätern Bildern werden einzelne Köpfe auf einmal ergreifend wahr,
mitten unter andern, welche einen ähnlichen Ausdruck nur mit den gewohnten stereotypen Mitteln wiedergeben. Um hierüber ins klare zu
kommen, muß man einige seiner Köpfe genau nach Typus und Ausdruck analysieren und sich fragen, wie dies eigentümliche Oval, diese
schwermütig blickenden Taubenaugen, diese kleinen schon beinah vom
Weinen zuckenden Lippen hervorgebracht sind, und ob sie an der betreffenden Stelle irgendeine Notwendigkeit oder Berechtigung haben? –
Bisweilen überzeugt er; in den meisten Fällen aber macht er uns eine
ganz zweck- und ziellose Rührung vor[1]. – Warum ist dies bei Fiesole
anders? weil eine starke persönliche Überzeugung dazwischentritt, die
ihn nötigt, den höchsten Ausdruck immer so stark zu wiederholen, als
er es irgend vermag. – Warum ist bei den Robbia der Ausdruck immer
frisch und liebenswürdig? weil sie den Affekt beiseite lassen und im Bereich einer schönen Stimmung bleiben. – Was nähert den Perugino
einem Carlo Dolci? daß beide einen wesentlich subjektiven, momentanen, also nur für einmal gültigen Ausdruck perpetuieren.

Wir nennen nur die wichtigern seiner spätern Bilder.

a In der vatikanischen Galerie: Die Madonna mit den vier Heiligen,
vielleicht noch aus der schönen mittlern Zeit; die Auferstehung, großenteils von Raffael ausgeführt.

b Im Dom von Spello, links: eine (bezeichnete) Pietà; der Ausdruck
zumal im Johannes rein und schön hingehaucht.

[1] Wir lassen die Frage ganz aus dem Spiel, ob Pietro selber jemals so gefühlt hat, wie seine Gestalten fühlten. Sie ist eine ganz unstatthafte und beeinträchtigt die ewigen Rechte der Poesie. Auch als Atheist, wofür Vasari
ihn ausgibt – trotz des Schriftröllchens mit dem »Timete Deum«auf seinem *
Porträt, in den Uffizien – hätte Pietro in Ekstasen malen dürfen und sie
könnten ganz wahr und groß sein; nur hätte ihn dabei eine innere poetische
Nötigung bestimmen müssen. (Über die »Gesinnung« des Künstlers und
Dichters kursieren mancherlei unklare Begriffe, wonach dieselbe z. B. darin
bestände, daß derselbe unaufhörlich sein Herz auf der Zunge trüge und in
jedem Werk möglichst vollständige Programme seines individuellen Den-
kens und Fühlens von sich gäbe. Er hat aber als Künstler und Dichter gar
keine andre Gesinnung nötig als die sehr starke, welche dazu gehört, um
seinem Werk die größtmögliche Vollkommenheit zu geben. Seine sonstigen
religiösen, sittlichen und politischen Überzeugungen sind seine persönliche
Sache. Sie werden hier und da in seine Werke hineinklingen, aber nicht
deren Grundlage ausmachen.)

In Perugia: Die Fresken in den beiden Räumen des sog. *Cambio*, um a 1500 von Perugino mit Hilfe des Ingegno gemalt, bei großer Schönheit und Sorgfalt der Behandlung ein durchaus bezeichnendes Werk für Peruginos Ansicht vom Geschmack der Peruginer; Nebeneinanderstellung isolierter Gestalten auf derselben Linie, Gleichartigkeit des Charakters bei antiken Helden, Gesetzgebern und Propheten, Mangel der wahren Tatkraft und Ersatz durch Sentimentalität. – In S. Agostino b sind die acht Täfelchen mit Brustbildern von Heiligen (in der Sakristei) naiver als die übrigen Bilder. – In S. Pietro enthält die Sakristei wieder eine Reihe Täfelchen mit Halbfiguren, zu welcher einst auch die c drei in der vatikanischen Galerie gehörten; in der Kirche mehrere Kopien Sassoferratos nach ähnlichen Halbfiguren. – Zahlreiche, meist schwache Bilder in vielen Kirchen, sowie in der Akademie, wo auch d die ganze Schule vertreten ist. – In S. Severo hat Perugino nach Raf- e faels Tode, im Jahre 1521, den Mut gehabt, unterhalb von dessen Freskobild Heilige auf die Mauer zu malen. – Das Freskobild einer Anbetung der Hirten in einer innern Kapelle von S. Francesco del monte soll ein f schönes Werk sein; ebenso dasjenige der Anbetung der Könige in S. g Maria de' bianchi in dem nahen Città della pieve.

In Florenz enthält der Pal. Pitti die berühmte Grablegung (1495), eine h Sammlung von passiven Stimmungsköpfen, deren Wirkung bei der Abwesenheit andrer Kontraste sich aufhebt; der Kopf Christi höchst unwürdig; das Ganze mehr durch die gleichmäßige Vollendung als durch wahre Tiefe ausgezeichnet; – ebenda: Madonna das Kind anbetend, eins der wahrhaft empfundenen Bilder, leider sehr übermalt. – Uffizien: thronende Madonna mit zwei Heiligen, 1493, schon konven- i tionell; – zwei Bildnisse. – *Akademie:* Große *Himmelfahrt Mariä*, unten k vier Heilige, vom Jahre 1500, in engster Beziehung mit den Fresken des Cambio, teilweise konventionell, in einzelnen Köpfen aber von größter Herrlichkeit; – ebenda: Gethsemane (früh?); die übrigen Bilder, auch die untere Gruppe in Filippinos Kreuzabnahme spät und zum Teil ganz fad.

In der Pinakothek von *Bologna:* Madonna schwebend über vier Heiligen, Prachtbild vom Rang der eben genannten Himmelfahrt.

Von den Gehilfen Pietros wird *Ingegno* mit besonderm Nachdruck genannt. Allein die zugänglichern Arbeiten, die man ihm beilegt, sind l streitig, so die treffliche Freskomadonna in der Kapelle des Konservatorenpalastes auf dem Kapitol, mit dem mäßigen Ausdruck in der Art Alunnos. Bei diesem Anlaß einige frühe anonyme Fresken der umbri- m schen Schule zu Rom: in SS. Vito e Modesto (1483); – S. Cosimata in n Trastevere usw.

Sodann *Pinturicchio* (1454–1513). Er stand schon früh mit Pietro in Verbindung (z. B. als Gehilfe bei den Arbeiten in der Sistina) und ist und bleibt in der Folge derjenige Maler der Schule, welcher vorzugsweise große Freskohistorien in Verding empfängt. Anfänglich von der florentinischen Darstellungsweise wenigstens angeweht, nimmt er dann auch die peruginische Seelenmalerei äußerlich in sich auf. Ein gründliches Studium hat er nie gemacht; er holt seine Motive zusammen, wo er sie findet, wiederholt sie bis zum zehnten Male und braucht oft die Nachhilfe andrer. Zugestandenermaßen ein Geschäftsmann und Entrepreneur, gewiß mit geringem Gewinn, genießt er uns gegenüber die günstige Stellung, daß man wenig von ihm erwartet und dann durch Züge köstlicher Naivität, durch einzelne schöne Charakterköpfe und merkwürdige Trachten überrascht und durch die harmlose Art, wie er seine Geschichten als Staffage einer prächtigen Örtlichkeit (Gebäude, bunte Landschaften in flandrischer Art) vorbringt, vergnügt wird. (Die reiche dekorative Ausstattung, I, S. 230). Auch er gibt, was man damals, und zwar in der Umgebung der Päpste, billigte und haben wollte.

Unter Innocenz VIII. und Alexander VI. malten er und andre die
a Lünetten und Gewölbe in fünf Sälen des Appartamento Borgia (Vatikan) aus. Es sind Propheten, Sibyllen, Apostel, thronende Wissenschaften mit Begleitern, Legenden verschiedener Heiligen, endlich Geschichten des Neuen Testaments; das meiste ohne irgend besondern Aufwand
b von Gedanken. Auch die Fresken in S. M. del popolo (Kapellen 1, 3 und 4 rechts, Gewölbe des Chores) bieten nur allgemeines Schulgut.
c Die Reste in S. Pietro in Montorio und in S. Onofrio (untere Malereien der Chornische) scheinen von noch geringern peruginischen Händen zu sein; eher gehören dem Pinturicchio die vier Evangelisten am Ge-
d wölbe der Sakristei von S. Cecilia. – Mit viel größerer Teilnahme sind
e in *Ara Celi* (erste Kapelle rechts) die Wunder und die Glorie des heiligen Bernardin gemalt; hier strebt der Meister, wenn auch mit unzulänglichen Kräften, nach florentinischer Belebung. – In der Chornische
f von S. *Croce in Gerusalemme* sind die Geschichten des wahren Kreuzes, an der unrechten Stelle und in unrichtigem Ton erzählt, zudem schwer übermalt; der segnende Salvator dagegen ein wahrhaft herrlicher Ge-
g danke, der dem Pinturicchio eigen sein könnte. – Im Jahre 1501 malte er eine ganze Kapelle (links) im Dom zu Spello aus: die Verkündigung, die Anbetung der Hirten und Pilger, und Christus unter den Schriftgelehrten; am Gewölbe Sibyllen. Hier, in einem Landstädtchen, ließ er sich ganz unbefangen gehen und gab, mitten unter vielem Konventionellen und Handwerklichen, ein paar höchst liebenswürdige Züge, wie z. B. das andächtige Herannahen der Hirten und Pilger, Joseph und
h Maria im Tempel usw. Reiche, hohe Hintergründe; aufgesetzter Gold-

schmuck. – In dem Jahre 1502–1503 malte er mit Hilfe mehrerer die a *Libreria* (d. h. den Aufbewahrungsort der Chorbücher) im *Dom von Siena* aus. (Bestes Licht: Nachmittags.) Von der frühern Annahme: daß Raffael ihm dazu alle Entwürfe, ja die Kartons geliefert oder gar selbst Hand angelegt habe, ist man völlig zurückgekommen. (Von den sehr schönen Zeichnungen zu zweien dieser Kompositonen, der Landung in Libyen und dem Empfang der Eleonora von Portugal, habe ich nur die erstere, in der Sammlung der Handzeichnungen der Uffizien, gesehen; b die andre findet sich in Casa Baldeschi zu Perugia. Auch jene halte ich nicht für Raffaels Werk und glaube überhaupt nicht, daß ein Entwurf, so sehr er an Trefflichkeit das ausgeführte Werk überragen möge, deshalb notwendig von einem andern Künstler sein müsse.) Es ist in diesen Szenen aus dem Leben des Aeneas Sylvius (Pius II.) nichts so gut und nichts so schlecht, daß es nicht je nach Stunde und Stimmung von Pinturicchio selbst erfunden und gemalt sein könnte; die Ausführung an sich ist von großer und gleichmäßiger Sorgfalt. – Hohe geschichtliche Auffassung, dramatische Steigerung der Momente – großenteils Zeremonienbilder – muß man nicht erwarten, vielmehr sich damit begnügen, daß die lebensfähigen Charaktere und Gestalten hier zahlreicher sind, als sonst bei Pinturicchio. – Das Leben des Papstes ist dem glücklichen Maler unter den Händen zur anmutigen Fabel, zur Novelle geworden, alles in Trachten und Zügen *seiner* Zeit, nicht der um 50 Jahre zurückliegenden. Kaum Pius selbst hat Bildnisähnlichkeit; Friedrich III. ist »der Kaiser«, wie er in jedem Märchen vorkommen könnte. Diese Art von Unbefangenheit war ein wesentlicher Vorteil für jene Maler[1].

Staffeleibilder von Pinturicchio im Museum von Neapel (Himmelfahrt Mariä), Akademie von Perugia (treffliches Altarwerk), Pal. Bor- c ghese in Rom (chronikartige Geschichten Josephs) u. a. a. O. Etwa d auch die Darstellung im Tempel, in S. Agostino zu Arezzo (links)?, ein e schönes und tüchtiges Bild.

Unter den eigentlichen Schülern des Pietro war nächst Raffael *Giovanni lo Spagna* der ausgezeichnetste. Seine Madonna mit Schutzheiligen, im Stadthause von *Spoleto*, ist einer der allerreinsten und jugendlich- f

* [1] Das Abendmahl in Fresco, welches vor einigen Jahren in dem aufgehobenen Kloster S. Onofrio zu Florenz entdeckt und für Raffaels Werk ausgegeben wurde, ist eine peruginische Produktion, und zwar am ehesten von Pinturicchio. Schon seit Jahren verteidigten nur noch Nordländer die Autorschaft Raffaels mit Eifer; in Florenz schwieg man allmählich. In der letzten Zeit war das Werk unzugänglich, aus Gründen, die mit der wahren Beschaffenheit desselben zusammenhängen, wie sie nach Wegnahme eines Überzuges vom Jahre 1844 zum Vorschein kam.

sten Klänge aus der ganzen Schule. – Bilder in zwei Kirchen des seit-
a wärts von der Straße nach Foligno gelegenen Städtchens Trevi (Madonna
delle lagrime und S. Martino); – eine Madonna mit Heiligen in der
b Unterkirche S. Francesco zu Assisi (Kapelle der heiligen Magdalena:
c vgl. II, S. 144, Anm. 1); – Fresken in der Kirche S. Jacopo zwischen Spoleto und Foligno, zum Teil aus seiner späten, manierierten Zeit; – dagegen
ein frühes Bild (wenn es von ihm ist): die Krönung Mariä im Chor
d der Zokkolantenkirche von Narni (wenige Schritte von der nach Terni
führenden Straße); die erhöhte Stimmung der Gestalten, zumal der noch
florentinisch schönen Madonna, ist noch fern von aller Ekstase. – Im
e Pal. Colonna zu Rom wird ein tüchtiger S. Hieronymus in der Wüste
dem Spagna beigelegt.

Die übrigen Schüler *Giannicola, Tiberio d' Assisi, Adone Doni,* die
Alfani, Eusebio di S. Giorgio usw. möge man in den Kirchen von Perugia und der Umgegend aufsuchen. (Vom letztgenannten zwei gute
f und eigentümliche Fresken – Verkündigung und Wundmale des heiligen Franz – im Kreuzgang des Kapuzinerklösterchens S. Damiano bei
Assisi.) Sie sind in einzelnen guten Arbeiten origineller und aufrichtiger
als der Meister in seinen spätern Durchschnittsleistungen, meist aber
ziemlich schwach, und als die letzten von ihnen das Stilprinzip der römischen Schule mit ihrer mangelhaften Formenbildung vereinigen wollten, fielen sie in klägliche Manier.

Über die Künstler der Mark Ancona und des Herzogtums Urbino ist
der Verfasser außerstande, aus eigener Anschauung etwas Zusammen-
hängendes zu berichten. Die einzige Sammlung, welche eine (doch nur
g sehr unvollkommene) Übersicht gewährt, ist die der Brera zu Mailand.
Der paduanische Schulstil herrscht z. B. in einer Madonna mit vielen
andern Figuren, vom *Frate Carnevale* († nach 1474), noch mit ziem-
licher Härte. Von *Giovanni Santi,* dem Vater Raffaels, den man durchaus in Urbino und der Umgegend aufsuchen muß, findet sich hier bloß
eine unbedeutende Verkündigung; – von *Marco Palmezzano* aus Forlì,
einem strengen Nachfolger Mantegnas, eine Geburt Christi (1492), eine
Madonna mit vier Heiligen (1493) und eine Krönung der Maria (wo-
h zu noch, in den Uffizien, das späte Bild des Gekreuzigten in einer bedeutenden Felslandschaft, 1537, kommt); – von *Girol. Genga,* der in der
Folge Schüler Peruginos wurde, eine ganz bedeutende Versammlung
von sitzenden Heiligen mit einer Glorie darüber, auf dem dunkeln
Grunde usw.

Wir kehren durch die genannten Gegenden noch einmal nach *Bologna*
zurück, um des *Francesco Francia* (geb. um 1450, † 1517) willen, dessen

Empfindungsweise wesentlich mit derjenigen des Perugino verwandt oder geradezu von derselben angeregt ist. In der Malerei ursprünglich Schüler des Zoppo di Squarcione (II, S. 190, c), hatte er bis tief in sein Mannesalter vorzugsweise der Goldschmiedekunst obgelegen, auch wohl Baurisse entworfen (I, S. 174, f). Dann möchte er zwischen 1480 und 90, am ehesten in Florenz, Perugino kennengelernt haben, in der besten Zeit des letztern, vielleicht als derselbe jenes Fresko in S. M. M. de' Pazzi (II, S. 208, c) malte. (Wohlbemerkt; lauter Hypothesen.) Und so ist denn auch sein frühestes bekanntes Bild, die thronende Madonna mit sechs Heiligen und einem lautenspielenden Engel, vom Jahre 1490 (Pinacoteca von Bologna) das am meisten perugineske von allen seinen Werken; herrlich gemalt und von derjenigen Innigkeit des zum Teil ekstatischen Ausdruckes, welche dem Pietro selber nur in seiner besten mittlern Zeit eigen ist. Auch eine Verkündigung mit zwei Heiligen (ebenda) gehört wohl in diese Epoche. (Die thronende Madonna zwischen zwei Hallen mit vier Heiligen, sowie die Anbetung des Kindes mit Heiligen und Donatoren, ebenda, sind wohl spätere Bilder.) Auch später noch scheint er beständig auf Perugino hingeblickt zu haben.

Durch seine Verbindung mit *Lorenzo Costa* aber (II, S. 191) kam ein merkwürdig gemischter Stil zum Vorschein, welchen sich auch seine Schüler, darunter *Giulio*, sein Vetter und *Giacomo*, sein Sohn, sowie *Amico Aspertini*, aneigneten. Der gesunde, bisweilen selbst derbe Realismus, welchen hauptsächlich Costa vertrat und welcher auch in Francia selber von Hause aus vorhanden war, steht in einem beständigen Konflikt mit der umbrischen Sentimentalität. Diese, auf kräftige, herbere Bildungen übertragen, nimmt jenen wunderlichen Ausdruck des »Gekränktseins« an. Hauptsächlich die weiblichen Heiligen und die Madonnen scheinen nunmehr dem Beschauer einen Vorwurf darüber zu machen, daß er die Unbescheidenheit hat, sie anzusehen. Doch geht Francia nicht bis in das verhimmelte Schmachten hinauf. Überhaupt bleibt in ihm viel mehr Frisches, selbst Ritterliches, als in dem spätern Perugino; er zeichnete sorgsamer und stellte nicht bloß seine Figuren freier und weniger konventionell, sondern wußte sie auch lebendig zu gruppieren, obwohl sein Liniengefühl ziemlich unentwickelt blieb. Die Gewandung ist vollends bei ihm fast immer lebendig und für jede Gestalt neu empfunden. Als alter Ostlombarde hat er Freude nicht an dem bloß ornamentalen Reichtum, sondern an der reellen Erscheinung und Modellierung der Trachten, Rüstungen, Ornate usw. Er konnte und wollte in diesen Dingen nicht mehr hinter Mantegna zurückgehen. Freilich ist die Erzählung, das Geschehen überhaupt, nicht seine starke Seite.

Sein allerschönstes Werk in Bologna ist wohl das Altarblatt in der Kapelle *Bentivoglio* zu S. Giacomo maggiore. Von den Engeln, welche

die Madonna umgeben, sind die ihr nächsten höchst liebenswürdig, unter den Heiligen aber ist der S. Sebastian eine der vollkommensten Gestalten des 15. Jahrhunderts. – Andre bedeutende Bilder: Die thro-
a nende Madonna mit Heiligen in S. Martino (erste Kapelle links), wobei die Landschaft ganz nach ferraresischer (und zwar nach Costas) Art
b angebracht und behandelt ist. – Das Altarbild in der großen Kapelle links in SS. Vitale ed Agricola, köstliche musizierende und schwebende Engel um ein altes Madonnenbild (die Fresken rechts von Giacomo Francia, links von Bagnacavallo, aus beträchtlich späterer Zeit, doch besonders die Visitation des letztern noch fast ganz schlicht und gut; in der Maria eine große und rührende Bewegung). – In der Annun-
c ziata hinten im Chor eine Verkündigung mit vier Heiligen, auch zwei geringere Bilder zweite Kapelle rechts und dritte Kapelle rechts. – Usw.
d   Die Fresken in *S. Cecilia*[1], ein Werk der ganzen Schule, darf man nicht mit allzu frischen florentinischen Eindrücken vergleichen; was Erzählendes daran ist, gibt sich als Anleihe von dort zu erkennen, und zwar als eine ziemlich befangene. Allein soweit hier Francias eigener Entwurf zu reichen scheint, sind es edle, lebensvolle Gestalten; in seinen eigenen beiden Bildern gilt dies auch von den Köpfen und von der ganzen Behandlung. Aber warum wendet sich Caecilia so vornehm verschämt ab, während Valerian ihr den Ring ansteckt? Die Hand streckt sie ja doch aus! – (Costas landschaftliche Gründe, vgl. II, S. 192, c.)
     Von Francescos Werken außerhalb von Bologna könnte der bezeich-
e nete S. Stephanus (?) im Pal. Borghese zu Rom (wo auch zwei Ma-
f donnen) ein ganz frühes Bild sein; – die thronende Madonna mit vier Heiligen in der Galerie von Parma etwa aus der Zeit, da er dem Perugino am nächsten stand, die Kreuzabnahme ebenda kaum später; in
g der Galerie von Modena eine treffliche große Verkündigung, ebenfalls
h früh. – Von dem berühmten Bilde zu München (Maria im Rosenhag) eine
i alte Schulkopie in der Pinacoteca zu Bologna. – Eine spätere Annunziata in der Brera.
     Giacomo Francias Hauptwerk, freilich in der Auffassung nicht von seinem Vater, sondern von den Venetianern inspiriert und daher frei von
k Sentimentalität, ist die prächtige im Freien sitzende Madonna mit

---

[1] Ihre Verteilung ist nach den Urhebern folgende:

Altarraum:

Fr. Francia	Fr. Francia.
Lor. Costa	Lor. Costa
Tamaroccio	Tamaroccio
Chiodarolo	Am. Aspertini
Am. Aspertini	Am. Aspertini

S. Franz, S. Bernardin, S. Sebastian und S. Mauritius, datiert 1526, in der Pinacoteca zu Bologna. Was sonst dort und anderswo von ihm vorhanden ist, zeigt eine bald reinere, bald gemischtere Reproduktion der Gedanken seines Vaters. Eins der frühesten Bilder: die Anbetung des a Kindes, in S. Cristiana, erster Altar, rechts.

Zeitweise wurde die Werkstatt eine Halbfigurenfabrik und die Veräußerlichung und Gedankenlosigkeit ging so weit, als in den schlimmsten Augenblicken bei Perugino. Das ennuyierte, mürrische Wesen verrät besonders die Madonnen dieser Art von weitem.

Amico Aspertini ging in seinem frühesten Bilde (er nennt es sein tiro- b cinium), das um 1495 gemalt sein möchte, ganz auf die am meisten perugineske Stimmung des Francia ein. Es ist eine große Anbetung des Kin- des durch Madonna, Donatoren und Heilige, in der Pinacoteca zu Bologna. Die Fresken einer Kapelle links in S. Frediano zu Lucca (Ge- c schichten des Christusbildes »volto santo« usw.), zierlich und genau ausgeführt, mit einzelnem reizendem Detail, verraten dann Eindrücke aller Art, wie sie der nie recht durchgebildete und selbständige Phantast unterwegs in sich aufnahm. – Als er einmal für Giorgione begeistert sein mochte, malte er das Bild in S. Martino zu Bologna (fünfter d Altar rechts), Madonna mit den heiligen Bischöfen S. Martin und S. Nicolaus nebst den von diesem geretteten drei Mädchen. – Von seinem Bruder *Guido A.* eine gute, wesentlich ferraresische Anbetung der Kö- e nige, in der Pinacoteca zu Bologna.

In *Neapel* waren unter dem letzten Anjou (René) und unter Alfons von Aragonien Bilder der flandrischen Schule (s. unten) zu einem solchen Ansehen gelangt, daß sich mehrere einheimische Maler unmittelbar an denselben bildeten. So *Simone Papa d. Ä.*, dessen Gemälde vom Erzengel Michael (Museum von Neapel) wenigstens beweist, wie gerne f er die van Eyck hätte erreichen mögen.

In diese Zeit fällt das Auftreten desjenigen Künstlers, welchen die Neapolitaner als den Vater ihrer Malerei zu feiern pflegen: des *Zingaro* (eigentlich Antonio Solario). Wenn er aber wirklich 1382 geboren und 1445 gestorben ist, so gehört ihm wohl keines der nach ihm benannten Werke: die große Madonna mit Heiligen (im Museum), die Kreuz- g tragung (in S. Domenico magg., sechste Kapelle rechts, oder del croce- h fisso, neben dem Altar), S. Franziskus, der den Mönchen die Ordensregel i gibt (soll sich in S. Lorenzo befinden), – und die 20 Fresken eines der Klosterhöfe bei *S. Severino* (I, S. 164, a. Bestes Licht: Vormittags). Letz- k tere, welche vielleicht mit keinem der eben genannten – immer doch nur mittelguten – Kirchenbildern den Autor gemein haben, sind ein vorzüg-

liches Werk vom Ende des 15. Jahrhunderts, welches sogar eine Bekanntschaft mit damaligen florentinischen und umbrischen Arbeiten
voraussetzt. (Auch die Trachten passen erst in diese Zeit.) Das Leben
des heiligen Benedikt ist wohl nie trefflicher dargestellt worden, wenn
nicht etwa Signorellis Fresken in Monteoliveto (Toskana) in Abrechnung zu bringen sind. Der Typus des hier abgebildeten Menschengeschlechtes steht zwar unter dem florentinischen und hat in Nase,
Blick und Lippen etwas Stumpfes, selbst Zweideutiges. Aber eine Fülle
von lebendig und bedeutend dargestellten Bildnisfiguren hebt dies auf;
schön und würdig bewegen sich die Gestalten auf einem mittlern Plan,
hinter welchem der bauliche oder landschaftliche Grund leicht und
wohltuend emporsteigt. Der Meister kannte z. B. so gut wie Giorgione
die reizende Wirkung schlanker, dünnbelaubter Stämme, welche sich
vor und neben steilen Felsmassen u. dgl. hinaufziehen; überhaupt ist
hier die Landschaft mit vollem Bewußtsein als Stätte bedeutender Ereignisse behandelt, ohne die flandrische Phantasterei und Überfüllung.
Nirgends bemerkt man ein Versinken in das Barocke oder ins Flaue;
ein gleichmäßiger edler Stil belebt alles[1]. – Der stille Hof, mit der noch
in ihren Trümmern herrlichen Riesenplatane, eine Oase mitten im Ge-
wühl Neapels, erhöht noch den Eindruck.

Unter den Schülern des Zingaro wird außer dem schon genannten
Papa d. Ä. hauptsächlich der beiden *Donzelli* gedacht, deren schwan-
kende, obwohl ansprechende Eigentümlichkeit man in einigen Bildern
a des Museums verfolgen kann. – Ein Maler von schönem und mildem
Ernst, obwohl von geringer Ausbildung, ist *Silvestro de' Buoni*. (Kirche
b Monteoliveto, Kapelle Piccolomini, links vom Portal: Himmelfahrt
c Christi mit Seitenheiligen; – S. Restituta beim Dom: Madonna mit zwei
d Heiligen; – andres im Museum; – in seiner Art: Dom von Capua, in
e einer Kapelle rechts: Madonna mit zwei Heiligen; – Kathedrale von
Fondi, in einer Kapelle rechts: ähnliches Bild; – usw.) Wir würden die-
f sen Maler und seinen Schüler Antonio d'Amato (Bild in S. Severino)
nicht nennen, wenn nicht neben den Werken der spätern neapolitanischen Schule das Auge gerade solchen Bildern so dankbar entgegen-
käme, in welchen mit einfachen Mitteln nach der Darstellung des Höhern
gestrebt worden ist[2].

---

[1] Ein anderes Leben des St. Benedikt im obern Stockwerk jener ionischen
* Doppelhalle (I, S. 150, h) bei der Badia in Florenz ist mir immer wie eine Vor-
übung desselben Malers vorgekommen.
* [2] Die schöne Anbetung der Hirten in S. Giovanni maggiore, erste Kapelle rechts, könnte etwa von einem neapolitanischen Nachfolger Lionardos
sein.

Welchen Eindruck können neben diesen Schöpfungen eines gewaltig
aufgeblühten Kunstvermögens die *altniederländischen* und *altdeutschen* Gemälde hervorbringen? – Man würde sehr irren, wenn man glaubte, das
Italien des 15. und 16. Jahrhunderts hätte sie mißachtet; schon die verhältnismäßig bedeutende Anzahl, in welcher sie durch die italienischen
Galerien und Kirchen verbreitet sind, beweist das Gegenteil. Mag
es hier und da bloße Luxussache gewesen sein, nordische Bilder
zu besitzen – immerhin müssen die damaligen Italiener in der
nordischen Kunst etwas Eigentümliches anerkannt und wertgeschätzt
haben.

Die altflandrische Schule der Brüder Hubert und Johann van Eyck
hatte die Richtung des 15. Jahrhunderts, den Realismus, reichlich um
ein Jahrzehnt früher betätigt als Masaccio. Schon bei Lebzeiten der beiden Brüder scheinen einige jener Bilder nach Neapel gelangt zu sein,
welche dann auf die dortige Schule einen so großen Einfluß ausübten.
Der heilige Hieronymus mit dem Löwen in seiner höchst wirklichkeits- a
gemäß dargestellten Studierstube (Museum von Neapel) ist in neuerer
Zeit als eines der überaus seltenen Werke des *Hubert van Eyck* anerkannt worden; möglicherweise die früheste realistische Produktion,
welche überhaupt auf italienischem Boden vorhanden war. Welches
Staunen mußte die Künstler Neapels ergreifen, als sie die ersten ganz
lebenswahr wiedergegebenen Figuren in einer miniaturartig gewissenhaften Örtlichkeit vor sich sahen. Ein solcher Fortschritt in die Wirklichkeit wäre schon an sich immer der populären Bewunderung sicher,
auch ohne Huberts tiefen Ernst. (Die Anbetung der Könige in der
Kirche des Castello nuovo, im Chor links, ist in neuerer Zeit als das b
Werk eines spätern Nordländers unter Lionardos Einwirkung erkannt
worden; früher galt sie als Werk des Joh. v. Eyck.)

In der Folge war es dann zunächst die sogenannte Technik, die den alt-
flandrischen Bildern einen besondern Wert gab, d. h. jener tiefe Licht-
glanz der Farben, welcher selbst die prosaisch aufgefaßten Charaktere
und Hergänge mit einem poetisch ergreifenden Zauber umhüllt. Sobald als möglich lernte man den Niederländern das Verfahren ab. Das
neue Bindemittel, das Öl (und der nicht minder wesentliche Firnis) war
dabei lange nicht die Hauptsache; viel höhere Fragen des Kolorites
(der Harmonie und der Kontraste) mögen bei diesem Anlaß ganz im
stillen erledigt worden sein.

Ferner imponierte die delikate Vollendung, welche aus jedem guten
flandrischen Bild ein vollkommenes Juwel macht. Endlich gab die flandrische Behandlung der Landschaft und der in Linien- und Luftper-

spektive (verhältnismäßig) so vorzüglich wahren Architekturen der italienischen Malerei einen geradezu entscheidenden Anstoß.

Für die Auffassung im Großen gewährten die Niederländer den Italienern nichts, was diese nicht aus eigenen Kräften schon gehabt hätten, wenn auch in andrer Weise. Doch empfand man in den Andachtsbildern der ersten gar wohl den gleichmäßigern, durch kein (über den Gegenstand indifferentes) Schönheitsstreben beirrten Ernst. Zur Zeit Michelangelos galten die niederländischen Bilder für »frömmer« als die italienischen.

Die nächsten und die mittelbaren Schüler der van Eyck sind in Italien zum Teil vorzüglich vertreten.

a   Von *Justus von Gent* das Hauptwerk in S. Agata zu Urbino, die Einsetzung des Abendmahls, 1474. (Der Justus de Allamagna, welcher
b 1451 im Kreuzgang von S. Maria di Castello zu Genua, nächst der Kirche, eine große Verkündigung in Fresko malte, ist ein andrer, wahrscheinlich oberdeutscher Meister jener Zeit, wie besonders die liebliche, reich-blonde Madonna zeigt. Die Rundbilder mit Propheten und Sibyllen am Gewölbe scheinen von einer härtern, ebenfalls deutschen Hand herzurühren.)

c   Das bedeutendste Werk des *Hugo van der Goes* ist in S. Maria la nuova zu Florenz an verschiedene Stellen verteilt vorhanden: eine große Anbetung des Kindes durch Hirten und Engel; auf den Flügelbildern der Donator mit seinen Söhnen und zwei Schutzheiligen; seine Gemahlin mit einer Tochter und zwei weiblichen Heiligen. Maria und die Engel zeigen Hugos bekümmerten und doch nicht reizlosen Typus, die Seitenbilder aber die ganze ergreifende flandrische Individualistik. Hier und an ähnlichen Bildern mögen die alten Florentiner die Porträtkunst
d gelernt haben. – In den Uffizien gehört dem Hugo, wie ich glaube, das herrliche kleine Bild einer thronenden Madonna mit zwei Engeln, unter einem prächtig verzierten Renaissancebogen. (Dem Memling beigelegt.) Keine damalige italienische Schule verfolgte gerade diese Intention, keine hätte ein so leuchtend schönes und zartes Tafelbild geliefert. Meh-
e rere geringere Nachahmungen, z. B. in der Galerie Manfrin zu Venedig, wo sich übrigens auch eine treffliche kleine Verkündigung findet, die mir wie eine Inspiration Hugos mit der Ausführung eines niederrheini-
f schen Malers erschien. In den Uffizien wird eine thronende Madonna mit zwei heiligen Frauen und zwei krönenden Engeln dem Hugo wirklich beigelegt, welche eher einem andern Niederländer um 1500 gehören könnte. Dagegen steht ihm der Maler eines köstlichen kleinen Bildes vom Tode der Maria in der Galerie Sciarra zu Rom sehr nahe, wenn dasselbe nicht von ihm selbst ist. Die verkommenen und verdrieß-
g lichen Züge der meisten Anwesenden gehen freilich schon über die

Grenze hinaus, welche auch ein Castagno und Verrocchio nicht überschritten.

»In der Art des *Rogier von Brügge*« – so muß ich eine Kreuzabnahme bezeichnen, welche seit einigen Jahren in der Galerie Doria zu Rom a aufgestellt ist[1]. Hier erscheint die nordische Kunst im Nachteil – nicht durch den bis nahe an die Grimasse gesteigerten Schmerzensausdruck, denn z. B. Guido Mazzoni (II, S. 44) geht viel weiter und fügt noch die pathetischen Gesten hinzu – wohl aber durch die unschöne Anordnung, die ihr so oft eigen ist, wenn sie die Symmetrie verläßt, und durch die mangelhafte Bildung des zugleich so sorgsam ausgeführten Leichnams. Auch eine andre Grablegung, in den Uffizien, dem *Rogier van der Weyde* b zugeschrieben, regt zu der Frage an, wie es möglich gewesen, daß die alten Niederländer der Wirklichkeit das einzelne mit so scharfem Auge absehen, mit so sicherer und unermüdlicher Hand nachmalen, und dabei das Leben des Ganzen, das Geschehen so verkennen konnten. Die Freude des Florentiners an den Motiven der beseelten Bewegung fehlte ihnen fast ganz. (Noch eine Grablegung, diese wirklich von Rogier van c der Weyde, im Museum von Neapel.)

Von *Jan Memling* besitzt die Galerie zu Turin ein Hauptwerk, die Pas- d sion in verschiedenen Momenten auf einer Tafel vereinigt, das Gegenstück zu den sieben Freuden der Maria in der Münchener Pinakothek. e In den Uffizien: S. Benedikt und ein Donator (1487), wundervolle Halbfiguren. (Zu vergleichen mit den Porträts eines Mannes und seiner Frau, ebenda, von einem ungleich befangenern flandrischen Zeitgenossen.) – f Eine gute alte Nachahmung nach dem berühmten heiligen Christoph (zu München) in der Galerie von Modena. Ebendaselbst von einem Maler, der zwischen Memling und Messys in der Mitte stehen mag: Maria und S. Anna im Freien, dem Kind Früchte reichend.

Einem alten *Holländer* des 15. Jahrhunderts könnte in der Akademie g zu Pisa das Bild der heiligen Katharina mit einer Stadtansicht angehören.

Von *Deutschen des 15. Jahrhunderts* ist in Italien wenig vorhanden. Ihre Werke boten gerade das, was man an den Flandern am meisten bewunderte, nur unvollkommen, nur aus zweiter Hand dar, nämlich die feine, prächtige Vollendung, die Farbenglut, das Weltbild im Kleinen.

---

[1] Der Verfasser hat seit 1847 keine nordischen Kunstsammlungen mehr gesehen und bittet um Nachsicht, wenn er die nach neuern Resultaten mannigfach veränderten Bilderbenennungen derselben in betreff der Flandrer nicht kennt, somit auch die Bilder in Italien nicht danach benennen kann. Möchte sich bald ein Waagen oder Passavant dieses ganzen Kapitels annehmen!

a Doch gibt es im Museum von Neapel mehrere (jetzt getrennte) Flügel-
bilder, unter anderm Anbetungen der Könige, deren eine von *Michel
Wohlgemuth* herrührt. Es ist etwas Rührendes um diese blonden, hal-
tungslosen Gesellen in ihrem königlichen Putz, wenn man sich dabei
an das entschiedene Wollen und Können der gleichzeitigen Italiener
erinnert. Eine besondere Andacht sind wir aber der deutschen Schule
des 15. Jahrhunderts doch nicht schuldig. Sie verharrte bei ihren Mängeln mit einer Seelenruhe, die nicht ganz ehrlich gewesen sein kann.
Da es ihr zu unbequem war, das Geistige im Leiblichen, die Seelen-
äußerung in der Körperbewegung darstellen zu lernen, so ergab sich
ein großer Überschuß an unverwendbarer Phantasie, die sich dann auf
das Verzwickte und Verwunderliche warf. Man sieht z. B. in den Uffi-
b zien eine Auferweckung des Lazarus mit Seitenbildern und (bessern)
Außenbildern, datiert 1461, von einem *Nicol. Frumenti*, in welchem
irgendein Meister Korn aus der Umgebung der Kolmarer Schule zu
vermuten ist. Wer gab nun diesem (gar nicht ungeschickten) Maler das
Recht zu seinen abscheulichen Grimassen? Die Lebenszeit Dürers und
Holbeins, die den festen und großen Willen zugunsten der Wahrheit
hatten, ging dann bessernteils mit dem Kampf gegen solche und ähnliche Manieren dahin.

Es ist Zeit, zu diesen großen Meistern vom Anfang des 16. Jahrhun-
hunderts überzugehen. Italien besitzt auch aus dieser Zeit der nordischen Kunst beträchtliche Schätze.

Zunächst von dem bedeutendsten niederländischen Meister um 1500,
c *Quentin Massys*. In S. Donato zu Genua (zu Anfang des linken Seitenschiffes) eins seiner Kapitalwerke: reiche Anbetung der Könige, auf
den Seitenflügeln S. Stephan mit einem Donator und S. Magdalena,
mit landschaftlichem Hintergrund in der Art Pateniers. Hier wie bei
Messys überhaupt löst sich die Strenge der alten Niederländer in eine
milde Anmut der Züge und der Bewegung auf; die Köpfe, wie von
einem Bann erlöst, blaß, mit dem Lächeln der Genesung; die Farben,
befreit von dem Kristallglanz der Frühern, ergehen sich in sanften Übergängen und Spiegelungen, die Liebe zum glänzenden Detail aber sucht
sich ihre neuen Probleme z. B. in einzelnen höchst vollendeten Stoff-
bezeichnungen, wie die Jaspissäulen, der Goldschmuck usw.[1]. Das Dop-
d pelporträt in der Malersammlung der Uffizien, bez. 1520, welches dort
als das des Messys und seiner Frau gilt, mag von ihm gemalt sein; daß

---

[1] Die vier altniederländischen und altdeutschen Bilder »in einem beson-
* dern Zimmer« des Pal. Ducale zu Genua habe ich 1854 vergebens zu er-
fragen gesucht.

es ihn darstelle, ist wenigstens nicht unmöglich. Das Porträt eines Kardinals im Pal. Corsini zu Rom ist mindestens ein vortreffliches Werk seiner Richtung. Von den Genrebildern des Qu. Messys und seiner Schule, welche am ehesten als Antwerpener Kontorscherze zu bezeichnen sein möchten, finden sich in Italien mehrere. (U. a. im Pal. Doria zu Rom zwei Geiz- a hälse mit zwei Zuschauern.) Von der damaligen niederländischen Landschaftsmalerei gibt ein schönes Bild im Pal. Pallavicini (Str. Carlo Felice) zu Genua einen Be- b griff; es ist die Ruhe auf der Flucht in einer jener heimlichen Waldlandschaften, welche uns eine der schönsten poetischen Seiten der damaligen nordischen Kunst offenbaren. (Nicht wohl von Patenier.) – Von *Herri de Bles* ist nichts in dieser Richtung Bezeichnendes zu nennen; sein Turmbau von Babel (Akademie von Venedig) ist um der Figuren wil- c len gemalt; in seiner Pietà (S. Pietro in Modena, zweiter Altar rechts) d scheint gerade die Landschaft halb ferraresisch behandelt.

Was sollen wir nun über *Lukas von Leyden* sagen, der als »*Luca d' Olanda*« ein Gattungsbegriff für die italienischen Kustoden geworden ist? Anerkanntermaßen gehören ihm die beiden Eccehomos in der Tribuna der Uffizien und in der Kapelle des Palazzo reale zu Venedig (hier e mit Pilatus und Schergen, unter Dürers Namen). Es bleibt bedenklich, einem Maler, der so verschieden und so Verschiedenartiges gemalt hat, auf Grund dieser beiden Bilder hin hundert andre zu- oder abzusprechen. Welche Autorität der lichte derbe Profilkopf für sich hat, der in f den Uffizien als sein Porträt gilt, weiß ich nicht. Die Kreuzabnahme, g die im Pal. Pallavicini, und die thronende Madonna mit heiligen Frauen, h die in der Akademie von Venedig seinen Namen führen, sind sicher nicht von ihm. Wie es sich mit den beiden Altarwerken im Museum von i Neapel (einer Anbetung der Könige und einer Passion mit Donatoren) verhält, kann ich aus dem Gedächtnis nicht angeben. Eine Menge sogenannter Lucas sind von ganz geringem Belang. – Wenn ein Bild des Gekreuzigten mit Heiligen und Donatoren, in der Akademie von Venedig, k auf feine Leinwand gemalt, mit sehr sorgfältigen Köpfen, als »*Martin Engelbrecht*« benannt wird, so hat man damit vielleicht Lucas Lehrer Cornelius Engelbrechtsen gemeint.

Vom ältesten *Breughel* besitzt das Museum von Neapel unter anderm l zwei Temperabilder auf Leinwand; das eine, mit der Allegorie des von der »Welt« betrogenen Büßers, ist bezeichnet und von 1565 datiert; das andre stellt das Gleichnis von den Blinden dar. – Von denjenigen niederländischen Zeitgenossen Breughels, welche zur italienischen Weise übergegangen waren, findet sich in Italien wenig Nennenswertes oder es trägt die italienischen Namen der zugrundeliegenden Originale.

Mehrere der betreffenden Niederländer haben Kopien und Pasticcios nach Lionardo und Raffael geliefert, die man damals und später täuschend fand.

Eine ziemlich große Kategorie machen diejenigen Bilder aus, welche ich in Ermangelung näherer Spezialkenntnis als *niederländisch-niederrheinische* bezeichnen muß. Es ist derjenige meist an die Behandlung des Quentin Messys erinnernde Stil, welcher in den Jahren 1510–1530 in verschiedenen Nuancen von Flandern bis nach Westfalen herrschte.

a Das schönste und reichste dieser Gemälde, im Museum von Neapel, Saal der Meisterwerke, ist eine große Anbetung des Kindes mit Donatoren, Heiligen, Mönchen, Nonnen und einer Unzahl von Putten, unter prächtigen Renaissanceruinen mit reichem Durchblick, bez. 1512. (Das angebliche Monogramm AD ist darauf nicht zu finden, an Dürer nicht b zu denken; die Behandlung am ehesten mit derjenigen des »Todes der c Maria« in München zu vergleichen.) Dasselbe Museum enthält noch mehrere kleinere und ebenfalls wertvolle Bilder dieser Gattung. In der Brera zu Mailand ein dreiteiliges Bild (Geburt, Anbetung der Könige, und Ruhe auf der Flucht). Von einem etwas spätern, noch guten Meid ster derselben Richtung: die Anbetung des Kindes im Pal. Manfrin zu Venedig (als Dürer benannt) u. m. a. Zwei kleine Juwelen der Gal. e Colonna zu Rom, Madonnen auf Goldgrund, umgeben von Rundbildern in Miniatur mit den Leiden und Freuden, wage ich nur als niederländisch um 1500 zu bezeichnen.

Endlich die deutschen Meister der Blütezeit. Auch sie müssen schon hier erwähnt werden, weil sie in der Entwicklung nur mit den großen Italienern des 15. Jahrhunderts parallel gehen.

Von *Albrecht Dürer* bleibt selbst nach Abzug aller falschen Taufen auf »Alberto Duro« noch eine ganze Reihe echter Bilder übrig. Dieselbe f beginnt mit dem Porträt seines Vaters in den Uffizien, und fährt fort mit seinem eigenen phantastisch kostümierten Porträt (ebenda, 1498). Dann folgt ein Meisterbild seiner mittlern Zeit, die Anbetung der Könige (Tribuna ebenda, 1504) und eine vortreffliche, grün ausgeführte, weiß aufgehöhte Zeichnung der Kreuzigung (1505, ebenda, im vierten Zimmer von der Tribuna rechts, mit einem von Breughel bemalten Deckel g verschlossen). – Ein Denkmal seines Aufenthaltes in Venedig 1506 ist der Christus unter den Schriftgelehrten, ein stellenweise wahrhaft venezianisches, zum Teil aber auch ganz barockes Halbfigurenbild, im Pal. Barberini zu Rom. (Beiläufig: man suche unter den 1502–1511 von Carh paccio ausgeführten Malereien in der Scuola die S. Giorgio degli Schiavoni zu Venedig das Bild des heiligen Hieronymus im Studierzimmer, und vergleiche es mit Dürers berühmtem Stich vom Jahre 1514, um zu sehen, wie vielleicht das Befangene zum Unvergänglichen angeregt hat.)

Aus der spätern Zeit sind die beiden Apostelköpfe der Uffizien (1516, a in Tempera), welche zwar Dürers ganze Energie, aber doch nicht den hohen Schwung bekunden, der seinem letzten Werke, dem Vierapostelbilde in München, vorbehalten war. Die lebensgroßen Bilder von Adam b und Eva (Pal. Pitti), welche um dieselbe Zeit gemalt sein können, wenn sie wirklich von Dürer sind, zeigen als Akte eine wenigstens nicht unschöne Bildung. Sein spätestes in Italien vorhandenes Werk, die Ma- c donna vom Jahre 1526 in den Uffizien, ist schon vom Geiste der eindringenden Reformation berührt, ohne Glorie und Schmuck, herb, häuslich.

Diese Werke hängen zum Teil in denselben Sälen, welche Raffael, Tizian und Corregio beherbergen. Soll man ihnen durchaus nur auf historischem Wege gerecht werden, sie gleichsam nur »entschuldigen« können? Jedenfalls würde Dürer, Arbeit gegen Arbeit gehalten, neben Raffael kaum verlieren; die wenn auch nur relative Belebung und Befreiung, welche die deutsche Kunst (allerdings zu spät!) ihm verdankte, war ein Unermeßliches, das ohne die lebenslange Anstrengung eines großen Geistes gar nicht erreicht worden wäre. Aber auch nach einem absoluten Maßstab gemessen behalten diese Gemälde einen hohen Wert. Die Formen, ohne alle Idealität, aber auch ohne abstrakte Leere, entsprechen – namentlich in den Bildern, wo die Phantasterei der Jugend überwunden ist – im vollkommensten Grade dem, was er damit ausdrücken wollte; sie sind das angemessenste Gewand für *seine* Art von Idealismus. Alles selbst erworben! ein Mensch und ein Stil, die jeden Augenblick identisch sind! Wieviele im 16. Jahrhundert können sich dessen rühmen? Wie haben sie einander, ganze Schulen entlang, die Empfindungs- und Ausdrucksweise nachgebetet!

Von Dürers Schülern ist *Hans Schäuffelin* in den Uffizien durch acht Bilder mit der Legende des Petrus und Paulus vertreten, welche zu sei- d nen besten Arbeiten gehören. Die Schüler warfen sich wieder in das Phantastische, dessen sich Dürer mit großer Anstrengung allmählich entledigt hatte. Bei *Albrecht Altdorfer*, welchem zwei artige Bilder der Akademie von Siena angehören könnten, gewinnt dasselbe sogar eine e ganz angenehm-abenteuerliche Gestalt, zumal in betreff der Land- f schaft. – Dem *Georg Penz* wird in der Malersammlung der Uffizien ein g vortreffliches jugendliches Porträt, angeblich sein eigenes, zugeschrieben. (Sollte etwa der sogenannte Cesare Borgia in der Galerie Borghese zu Rom, angeblich von Raffael, sein Werk sein?)

Von *Lukas Cranach* findet man ein frühes und vorzügliches Bildchen (1504) im Pal. Sciarra zu Rom: die heilige Familie mit vielen singenden h und springenden Engelkindern in einer phantastischen Landschaft

nach Art der fränkischen Schule. Sonst ist von ihm in Italien nur Mittel-
a ware: Adam und Eva in der Tribuna der Uffizien, sächsische Herzöge
usw. in einem andern Saal. Ein kleiner Ritter S. Georg in bunter Landschaft wiegt dies alles auf.

b Von ungenannten Oberdeutschen: ein vorzügliches, leider sehr ver-
waschenes Kardinalporträt im Museum von Neapel, fein und geistvoll
aufgefaßt wie irgendein deutsches Porträt der Zeit; – mehrere Porträts
aus dem Hause Habsburg (Erzherzog Philipp, Carl V., Ferdinand I.)
teils oberdeutsch, teils niederländisch, in demselben Saal des Museums
von Neapel, im Pal. Borghese zu Rom, u. a. a. O.

Von Nicol. Manuel, Martin Schaffner und Hans Baldung ist mir
mit Wissen kein Bild vorgekommen. Dagegen hat der große *Hans
Holbein d. J.* mit Dürer und Lukas das Schicksal gehabt, ein Kollektiv-
name zu werden.

Zuerst ist ein Bild zu nennen, welches gerade seinen Namen nicht
c trägt, sondern als »Ignoto Tedesco« in einem der deutschen Säle der
Uffizien hängt: der Gekreuzigte (in diagonaler Richtung gestellt) mit
Maria, Johannes, Magdalena und der Donatorenfamilie in einer Landschaft. Wenn die Innenbilder des Altarwerkes der Universitätskapelle
im Freiburger Münster von Holbein sind, so gehört ihm auch dieses
fleißige, namentlich in der untern Gruppe höchst bedeutende Werk an.
Freie, glückliche Anordnung, lebensvolle Modellierung, tiefer Ausdruck.

d Dann unter seinem Namen in den Uffizien: 1. das echte, vollendet
treffliche Porträt des 33jährigen Richard Southwell (1528); – 2. der
vielleicht echte, licht gemalte Greisenkopf mit flachsweißem Zwickel-
bart (wovon eine befangenere, fleißige Kopie in der Galerie Brignole
zu Genua unter dem Namen Luca d'Olanda); – 3. das sehr zweifel-
e hafte kleinere Porträt eines halb schielenden Mannes auf rotem Grunde,
jedenfalls erst um 1550; – 4. zwei kleine Porträts, Mann und Frau, von
irgendeinem Niederländer; – 5. das Miniaturbild Franz I. im Harnisch,
zu Pferde, in der Art des Clouet, gen. Janet (von dessen Stil auch sonst[1]
mehreres, nicht selten unter Holbeins Namen vorkommt); – 6. das
eigene Porträt Holbeins in der Malersammlung (d. h. ein mit Kohle
und Stiften gezeichneter, mit wenigen Farben getuschter Kopf auf
einem Blättchen Papier, welches später in ein größeres Blatt eingefaßt,
mit Goldgrund versehen und mit Zutat eines rohen hellblaugrauen
Kittels vollendet wurde. – Ursprünglich wohl von Holbeins Hand, in
der Art mehrerer der von Chamberlaine herausgegebenen Köpfe; trotz

[1] Einiges z. B. im Pal. Pitti, auch zu Genua im Pal. Adorno usw.

aller Mißhandlung und Firnissung sind z. B. die Partien um das linke
Auge und der Mund noch herrlich. Aber das dargestellte Individuum
mit den hellgrauen Augen, der viereckigen Gesichtsform und der brutalen Oberlippe ist nicht Holbein, die Inschrift modern).
Das Porträt eines vorwärts deutenden Mannes mit breitem Gesicht a
und flachem Barett, im Pal. Pitti, kann bei trefflicher Charakteristik doch
wegen der Verzeichnung im Kopf und der Absichtlichkeit in der Anordnung der Hände nicht als Holbeins Werk gelten. – Das Bildnis eines
Armbrustschützenmeisters (?) im Pal. Guadagni zu Florenz verhält
sich zu Holbeins Werken etwa wie diejenigen des Hans Asper. – Das b
sehr schöne Bildnis des Prospero Colonna im gleichnamigen Palast zu c
Rom ist wohl eher von einem Niederländer. – Von den Holbeins im d
Pal. Borghese ist wenigstens der junge Mann mit Handschuhen wohl
echt und vortrefflich. – Von den Porträts des Erasmus hängt dasjenige e
im Museum von Neapel für jede nähere Untersuchung zu dunkel; f
dasjenige in der Galerie zu Parma (1530) erscheint zu überfleißig
und ängstlich, um etwas anders als eine gute (oberdeutsche?) Kopie
zu sein.

Von der augenschädlichen Prüfung der italienischen *Glasgemälde*
möchte ich am liebsten ganz abraten, damit die Sehkraft für die Fresken
ungeschwächt bleibe. Weil aber eine ganz ansehnliche Menge bedeutender Werke dieser Art vorhanden ist, so darf ich sie nicht völlig übergehen. Besondere Studien möge man hier nicht erwarten.
Die Glasmalerei mag in Italien während des ganzen spätern Mittelalters hier und da geübt worden sein, allein im Großen ist sie doch erst
mit dem gotischen Baustil vom Norden her eingedrungen. Ich entsinne
mich keines Glasgemäldes von romanischem Stil. Noch ganz spät sind
es transalpinische oder doch im Norden gebildete Künstler, welche
mehrere der bedeutendsten Werke ausführen.
Wievieles von den Glasgemälden des Domes von *Mailand* noch der g
Erbauungszeit angehört, weiß ich nicht anzugeben; die der großen
Chorfenster sind modern; die der Südseite, welche noch bei den Ereignissen von 1848 Schaden litten, werden einer Restauration unterliegen müssen. – Für das große Chorfenster in S. Domenico zu *Perugia* h
(1411) wird ein gewisser *Fra Bartolommeo* namhaft gemacht; eine Reihe
Geschichten und vier Reihen Heilige, von ziemlich allgemeinem Stil.
Von einem in Lübeck erzogenen Toskaner, dem *Francesco di Livi* aus
Gambassi (bei Volterra) rührt ein großer Teil der Glasmalereien im
Dom von *Florenz* her (seit 1436); die meisten aber werden dem berühm- i
ten Erzgießer *Lorenzo Ghiberti* zugeschrieben, so namentlich die der k
drei vordern Rundfenster. Weder die einen noch die andern machen

irgendeinen bedeutenden, zwingenden Eindruck. Viel eigentümlicher
a ist die Kreuzabnahme im vordern Rundfenster von S. Croce, angeblich
ebenfalls von Ghiberti.

Ein höheres Interesse gewinnen die Glasgemälde erst von der Zeit an,
da der große italienische Realismus des 15. Jahrhunderts auch sie durchdringt; fortan unterscheiden sie sich von den gleichzeitigen nordischen
nicht nur durch den Stil der Zeichnung und Auffassung, sondern auch,
indem sie freier den dekorativen Zwecken dienen und zugleich viel
mehr eigentliche Gemälde von abgeschlossener Bedeutung sein wollen
als im Norden.

Aus deutschem und italienischem Realismus mischte sich der Stil des
seligen Prediger-Laienbruders *Jakob von Ulm* (1407-1491), welcher in
b S. Petronio zu *Bologna* das prächtige Fenster der vierten Kapelle rechts
verfertigte (und vielleicht auch dasjenige der vierten Kapelle links unter
seiner Leitung entstehen sah). Von den übrigen Fenstern dieser Kirche
ist dasjenige der siebenten Kapelle links (Cap. Bacciocchi) vorzüglich
schön nach dem energischen Entwurf des *Lorenzo Costa* gearbeitet; von
ähnlichem Stil das der fünften Kapelle links. Für dasjenige der neunten
Kapelle rechts nimmt man einen Entwurf Michelangelos an; die Motive
der einzelnen Heiligen erinnern aber ganz direkt an Bandinellis Relieffiguren der Florentiner Chorschranken (II, S. 81); die Ausführung sehr
reichfarbig für diese späte Zeit. – Von Costa rührt in Bologna wohl
c ohne Zweifel auch das Rundfenster von S. Giovanni in monte her.
(Johannes auf Patmos; die Nebenfenster geringer.) – In S. Giovanni e
d Paolo zu *Venedig* gilt das große Fenster des rechten Querschiffes als
Komposition des *Bartol. Vivarini*, ich weiß nicht mit welcher Sicherheit.
(Die Inschrift ist modern; die obere Figurenreihe eher von Vivarinis
Stil als die untere.)
e   In *Florenz* ist das große Chorfenster von S. Maria novella, von *Alessandro Fiorentino* (etwa Sandro Botticelli?), aus dem Jahr 1491, nur von
mittlerem Werte; dagegen kann das Glasgemälde der nächst anstoßenden Kapelle Strozzi das beste von Florenz heißen; es scheint mitsamt
den Fresken von Filippino Lippi komponiert. – Einige gute kleinere
f Arbeiten auch in S. Spirito, in der Cap. de' Pazzi bei S. Croce, in S. Fran-
g cesco al monte, in S. Lorenzo usw., von einem kenntlichen gemeinsamen Typus, welcher die Komposition eines Florentiners und die Ausführung eines Nordländers zu verraten scheint.
h   *Lucca* besitzt in den herrlichen Chorfenstern des Domes vielleicht das
Beste dieser ganzen Richtung; sie erinnern am meisten an die Fenster
der Kapelle Strozzi. Auch die übrigen Glasgemälde dieses Domes sind
i von den bessern. – In S. Paolino einiges Gute in der Art der oben
(f, g) genannten, etwa um das Jahr 1530. – Im Baptisterium bei

S. Giovanni das Rundfenster mit der Gestalt des Täufers, erst vom Jahre 1572.

In *Arezzo* sind die schönen Glasgemälde der Annunziata noch aus a dem 15. Jahrhundert; im Dom aber begegnet man dem namhaftesten b Glasmaler der raffaelischen Zeit, *Wilhelm von Marseille*. Es ist derselbe, c welcher zu *Rom* die beiden Seitenfenster des Chores von S. M. del popolo mit Geschichten Christi und der Maria schmückte, – damals, unter Julius II., wahrscheinlich nach Kompositionen eines tüchtigen umbrischen Meisters. Später, im Dom von Arezzo mag er andern Vorlagen oder seiner eigenen Erfindung gefolgt sein; genug, sein Stil ist hier im ganzen derselbe, welcher die damals in Italien arbeitenden Niederländer charakterisiert. Die Grenzen der Gattung, welche sich möglichst einer architektonischen Ruhe zu befleißigen hat – nicht nur um nicht mit dem Stabwerk gotischer Fenster zu kollidieren, sondern um nicht zu ihrer ungeheuren Farbengewalt noch andre verwirrende Eindrücke zu häufen – diese Grenzen sind hier, wie so oft in der Glasmalerei des 16. Jahrhunderts völlig verkannt; es sind Gemälde auf Glas übertragen[1].

Im Dom von *Siena* ist das Glasgemälde des großen vordern Rund- d fensters – ein Abendmahl – von *Pastorino Miccheli* 1549 nach einer etwas manierierten und wiederum für diese Gattung wenig passenden Komposition des Perin del Vaga ausgeführt.

Im Grunde paßte die ganze Gattung von jeher sehr wenig zu dem überwiegenden Interesse, welches in Italien der kirchlichen Fresko- und Tafelmalerei zugewandt war; sie hat auch in der Regel den Charakter einer Luxuszutat. – In den oben (I, S. 239) erwähnten Fenstern, die dem *Giovanni da Udine* zugeschrieben werden, handelt es sich endlich nur um Arabesken, welche den dekorativen Eindruck eines Raumes zu vervollständigen bestimmt sind.

Nicht auf Anregung irgendeines äußern Vorbildes, z. B. nicht auf genauere Nachahmung des Altertums hin, sondern aus eigenen Kräften erstieg die Kunst seit dem Ende des 15. Jahrhunderts die höchste Stufe, die zu erreichen ihr beschieden war. Mitten aus dem Studium des Lebens und des Charakters, welches die Aufgabe dieses Jahrhunderts gewesen war, erhebt sich neugeboren die vollendete Schönheit. Nicht mehr als bloße Andeutung und Absicht, sondern als Erfüllung tritt sie uns entgegen; erst als die Malerei des 15. Jahrhunderts jeder Lebensäußerung gewachsen war, da schuf sie, vereinfacht und unendlich bereichert zugleich, auch dieses höchste Leben.

* [1] Im mittlern Fenster der Fassade der Anima zu Rom soll noch eine. Madonna von Wilhelm vorhanden sein.

Da und dort taucht es auf, unerwartet, strahlenweise, nicht als bloße Frucht eines konsequenten Strebens, sondern als Gabe des Himmels. Die Zeit war gekommen. Aus den tausend als darstellbar erwiesenen Elementen, aus der Breite des Lebens, welche von Masaccio bis auf Signorelli das Gebiet der Kunst ausgemacht hatte, aus Zeit und Natur sammeln die großen Meister das Ewige zu unvergänglichen Kunstwerken, jeder in *seiner* Art, so daß das eine Schöne das andre nicht ausschließt, sondern alles zusammen eine vielgestaltige Offenbarung des Höchsten bildet. Es ist wohl nur eine kurze Zeit der vollen Blüte, und auch während derselben dauert die Tätigkeit der Zurückgebliebenen fort, unter welchen wir tüchtige und selbst große Maler bereits genannt haben. Man kann sagen, daß die beschränkte Lebenszeit Raffaels (1483 bis 1520) alles Vollkommenste hat entstehen sehen, und daß unmittelbar darauf, selbst bei den Größten, die ihn überlebten, der Verfall beginnt. Allein jenes Vollkommenste ist zum Trost und zur Bewunderung für alle Zeiten geschaffen und sein Name ist Unsterblichkeit.

Lionardo da Vinci (1452–1519), der Schüler Verrocchios, sichert der florentinischen Schule den wohlverdienten Ruhm, daß aus ihrer Mitte zuerst der befreiende Genius emporstieg. Eine wunderbar begabte Natur, als Architekt, Bildhauer, Ingenieur, Physiker und Anatom überall Begründer und Entdecker, dabei in jeder andern Beziehung der vollkommene Mensch, riesenstark, schön bis ins hohe Alter, als Musiker und Improvisator berühmt. Man darf nicht sagen, daß er sich zersplittert habe, denn die vielseitige Tätigkeit war ihm Natur. Aber bejammern darf man, daß von seinen Entwürfen in allen Künsten so wenig zustande gekommen und daß von dem Wenigen das Beste untergegangen oder nur noch als Ruine vorhanden ist.

Als Maler umfaßt er wiederum die am meisten entgegengesetzten Begabungen. Rastlos bemüht, sich die Ursachen aller leiblichen Erscheinungen und Bewegungen durch die Anatomie klarzumachen, wendet er sich mit unvergleichlich rascher und sicherer Auffassung ebenso auf den geistigen Ausdruck und verfolgt denselben vom Himmlisch-Reinen bis in alle Tiefen des Verworfenen und Lächerlichen. Seine Federskizzen, deren viele in der Ambrosiana zu Mailand ausgestellt sind, geben hierzu die reichlichsten Belege. – Zugleich aber ist in ihm die schönste Schwärmerseele mit der gewaltigsten Kraft des Gedankens und mit dem höchsten Bewußtsein von den Bedingungen der idealen Komposition verbunden. Er ist wirklicher als alle Frühern, wo das

Wirkliche gestattet ist, und dann wieder so erhaben und frei wie wenige in allen Jahrhunderten.

Seine frühsten erhaltenen Werke[1] sind Porträts, und an diesen läßt sich seine eigentümliche Malweise am genauesten verfolgen. Einige Worte über die damalige Bildnismalerei überhaupt mögen hier gestattet sein.

Es kommt sehr in Betracht, daß während des 15. Jahrhunderts und noch die ganze Lebenszeit Lionardos und Raffaels hindurch fast nur sehr ausgewählte Charaktere abgesondert gemalt wurden, höchstens mit Ausnahme von Venedig, wo zu Giorgiones Zeit das Porträt schon zum standesgemäßen Luxus der Vornehmen zu gehören anfing. Im übrigen Italien sind sogar die selbständigen (nicht bloß in Wandmalereien und Kirchenbildern angebrachten) Bildnisse von Fürsten selten. (Piero della Francescas Doppelporträt mit allegorischen Rücken- a bildern, in den Uffizien, könnte einen der damaligen Gewaltherrscher und dessen Gemahlin darstellen; – die Porträts des Mailänders Bernardino de' Conti in der Galerie des Kapitols und in einem der päpstlichen b Wohnzimmer des Vatikans vielleicht fürstliche Kinder; – ebenso der c Mädchenkopf des Piero della Francesca im Pal. Pitti; – der Frauenkopf d Mantegnas in den Uffizien stellt wenigstens eine Dame von hohem e Stande vor.) – Eher noch finden sich eigenhändige Bildnisse von Künstlern, wie z. B. in der Malersammlung der Uffizien diejenigen des Masaccio (II, S. 180, b), des Perugino (II, S. 209, Anm.), des Giov. Bellini f (ein anderes in der kapitolinischen Galerie), und ebenda in den Sälen der toskanischen Schule das eines Medailleurs und das des Lorenzo di Credi (welchem daselbst außerdem ein Jünglingsporträt von fast peruginischem Ausdruck zugeschrieben wird.) Für die Bildnisse hoher Prälaten, selbst der Päpste, ist man bis auf Raffael fast einzig auf die Grabstatuen verwiesen. Die übrigen Porträts sind fast lauter Denkmäler, welche dem literarischen Ruhm, der Liebe, der nahen und vertrauten Freundschaft, auch wohl der großen Schönheit gesetzt wurden und welche der Künstler zum Teil schuf, um sie zu behalten. (Um der Schönheit willen malte Sandro die Simonetta; als alten Freund scheint g Francia das herrliche Bildnis des Vangelista Scappi in den Uffizien ge- h malt zu haben.)[2]

---

[1] Der Medusenkopf in den Uffizien ist, wie ich glaube, nicht nur nicht die * von Vasari geschilderte Jugendarbeit Lionardos, sondern nicht einmal eine Kopie danach, vielmehr ein bloß auf Vasaris Schilderung hin gemachter Versuch, etwas Derartiges hervorzubringen, vielleicht von einem der Caracci.

[2] Bei diesem Anlaß ist der Holzschnitte zu den »berühmten Männern« des Paolo Giovio als erster großer Porträtsammlung zu erwähnen. Die Vor-

Der Darstellungsart nach sind diese Werke sehr verschieden. Schon Masaccio gibt eine geistvolle Dreiviertelansicht und hebt das Bedeutende a leicht und sicher hervor. Andrea del Castagno (Jünglingsporträt im Pal. Pitti) folgt ihm darin nach Kräften; Sandro dagegen gibt nur ein Profil. Auch die Oberitaliener sind geteilt, Piero della Francesca gibt Profilköpfe mit der schärfsten und genauesten Modellierung, die auch keine Warze verschont, auf einem niedlichen landschaftlichen Hintergrunde; auch Conti profiliert; Mantegna und Francia (auch Perugino) geben die Köpfe ganz von vorn, und suchen durch schöne Landschaften denselben einen wahrhaft idealen Hintergrund zu verleihen, Mantegna z. B. durch ein Felsgebirg im letzten Abendschimmer. Der Drei-b viertelansicht nähert sich das Bild des Medailleurs (mit einer Landschaft c in Francescas Art); auch Lorenzo Costa (Pal. Pitti) und Giov. Bellini. – Lor. die Credi ist schon von Lionardo abhängig.

Der Auffassung nach sind einige dieser Bildnisse edle Meisterwerke. Lionardo aber übertrifft sie alle in dem, was *ihnen* eigen ist, in der Modellierung, und leiht den von ihm Dargestellten einen Hauch höheren Lebens, der *ihm* eigen ist und mit seinem Ideal zusammenhängt. Auch er zieht gerne die Landschaft zu Hilfe und vollendet damit im Porträt der Gioconda (Louvre) jene völlig traumhafte Wirkung, die dieses Bildnis aller Bildnisse ausübt.

d In Florenz enthält der Pal. Pitti das Bildnis einer schwarzbekleideten Dame, der Ginevra Benci. Der Meister, welcher sich im Streben nach vollendeter Modellierung nie genug tun konnte, hat bisweilen, und so auch hier, Farben gebraucht, die später in die Schatten z. B. grünliche Töne brachten. Allein die hohe geistige Anmut in Kopf und Haltung, die Schönheit der Hand bezeichnen recht deutlich die Zeit, welche die Gabe der Chrakteristik nunmehr in der höchsten Richtung anwendet.

lagen derselben, von allen Enden her (für das 14. und 15. Jahrhundert gewiß großenteils aus Fresken) gesammelt, befanden sich im Palazzo Giovio zu Como. Es waren darunter (laut Vasari, Leben des Piero della Francesca) z. B. eine ganze Anzahl von Köpfen, welche Raffael nach den bildnisreichen Fresken Bramantinos in den vatikanischen Zimmern kopieren ließ, ehe er sie herunterschlug, um für den Heliodor und die Messe von Bolsena Raum zu gewinnen; aus Raffaels Nachlaß kamen sie durch Giulio Romano an Paolo Giovio. – Im 17. Jahrhundert ließen dann die Mediceer die ganze Sammlung durch hingesandte Maler kopieren und diese Kopien, die doch immer eine höhere Autorität als die Holzschnitte besitzen, bilden jetzt einen
* Teil der großen Porträtsammlung der Uffizien (am Gesims der beiden Gänge).
Eine andere große alte Sammlung, die mantuanische, Werke jenes tüchtigen Veronesers Franc. Bonsignori (geb. 1455), scheint seit der Katastrophe von Mantua 1630 verschollen zu sein. (Vgl. Vasari, im Leben des Giocondo usw.)

Ebenda: der Goldschmied. Ein unendliches Detail (die Partien um a
den Mund!); die Augenlider und das geistreich kränkliche Aussehen
verraten den Feinarbeiter; ganz wunderbar durchdringt sich damit der
wesentlich lionardeske Charakter, den der Maler in dem Kopfe fand
oder hineinlegte.

In den Uffizien: der Kopf eines jungen Mannes, von vorn. Wiederum b
unendlich wahr und trotz der viel größern Verschmelzung der Töne
wahrscheinlich echt. – Ebenda aus ungleich späterer Zeit, das höchst
grandiose, meisterlich ins Licht gestellte *eigene Porträt* Lionardos; weit
der größte Schatz der berühmten Sammlung von Malerbildnissen.

In der Ambrosiana zu Mailand: das entweder unvollendete oder ver- c
waschene Porträt des Lodovico Moro und das Profilbild seiner Gemahlin, letzteres nicht ganz freudig gemalt; außerdem einige Pastellköpfe,
unter welchen das reizvolle Bildnis einer Dame mit niedergeschlagenen
Augen.

Die übrigen Porträts befinden sich im Ausland.

Nach diesen Werken, über welchen sein Ideal nur wie ein Duft
schwebt, mögen diejenigen kleinern Arbeiten folgen, in welchen sich
dasselbe rückhaltlos offenbart. Vorbereitet war es schon in den jugendlichen Köpfen Verrocchios (II, S. 16, f); aber erst bei Lionardo erreicht es
seinen vollen Zauber: der lächelnde Mund, das schmale Kinn, die großen Augen, bald strahlend von Fröhlichkeit, bald leis umschleiert von
einem sanften Schmerz. Konventionelle Mienen kommen im ganzen
15. Jahrhundert vor; hier zuerst handelt es sich aber um einen Ausdruck, welchen ein großer Meister als sein Höchstes gibt. Unleugbar
einseitig und der Veräußerlichung unterworfen, aber durchaus
zwingend.

Die Madonnen, heiligen Familien und andere Kompositionen, um
welche es sich handelt, sind zum Teil naiv bis ins Genrehafte. Allein es
beginnt darin dasjenige höhere Liniengefühl, diejenige Vereinfachung,
welche in Raffael ihre Vollendung findet. Von dem florentinisch Häuslichen früherer Madonnen z. B. ist darin nur noch ein Nachklang. – Die
bedeutendsten Werke sind wiederum im Ausland, und von den in Italien befindlichen blieben die der mailändischen Privatgalerien dem Verfasser unbekannt. (Madonna des Hauses Araciel in Mailand; eine Mater d
dolorosa; wahrscheinlich auch Wiederholungen der Vierge au basrelief;
Porträts usw.) Von den in Italien vorhandenen Werken aber sind nur
noch sehr wenig als Originale anerkannt; weit die meisten gelten entweder als Arbeiten der Schüler nach Entwürfen und Gedanken Lionardos oder geradezu als Kopien derselben nach vollendeten Werken seiner
Hand.

Diese Schüler, deren eigene Werke mit den Formen und Motiven Lionardos noch ganz erfüllt sind, hatten sich ihm in Mailand angeschlossen; hier kommen vorerst *Bernardino Luini* und *Andrea Salaino* am meisten in Betracht.

a Ein Originalwerk Lionardos ist zunächst das Fresko der *Madonna* mit einem Donator auf Goldgrund, in einem obern Gang des Klosters *S. Onofrio* zu Rom (1482?); noch am meisten florentinisch, so daß sich der Mitschüler des L. di Credi zu erkennen gibt.

b Eine Madonna, die sich in der Gal. Borghese befinden soll (? – neben ihr eine Wasserflasche mit Blumen), gilt ebenfalls noch als frühes Werk.

c In der Brera zu Mailand gilt nur eine unvollendete Madonna als eigenhändiges Werk.

d »Eitelkeit und Bescheidenheit«, im Pal. Sciarra zu Rom, verraten durch die verschwimmende Modellierung die Hand des Luini, nach den nicht sehr schön, in Parallelen und rechten Winkeln geordneten Händen zu urteilen ist auch das Arrangement wenigstens dieser Teile schwerlich von Lionardo angegeben. Die Charaktere sind unerschöpflich schön.

Von der Halbfigur Johannes d. T. (Louvre), mit dem hochschwärmerischen Ausdruck, gibt keine der in Italien vorhandenen Kopien einen würdigen Begriff, selbst die mailändischen nicht.

e »Christus unter den Schriftgelehrten«, ein Halbfigurenbild; das in England befindliche Original nur von Luini ausgeführt; eine gute Kopie im Pal. Spada zu Rom. Unfähig, den Sieg von Argumenten über Argumente darzustellen, gab die Malerei hier den Sieg himmlischer Reinheit und Schönheit über das Befangene und Gemeine. Beschränkung des letztern auf wenige Halbfiguren, mit welchen die bedeutsam vortretende Hauptgestalt sich kaum beschäftigt. (Sonst nur allzuoft ein Kind in einer großen Tempelhalle, verloren unter einer Schar von Menschen, die doch am Ende ihre Mojarität auf rohe Art beweisen könnten.)

f Ein kleiner segnender Christus, vielleicht am ehesten von Salaino ausgeführt, in der Gal. Borghese, scheint ein unmittelbarer Gedanke des Meisters zu sein.

Von dem berühmten Bilde der heiligen Anna, auf deren Knie die sich zu den Kindern abwärts neigende Maria sitzt, ist selbst das Gemälde im Louvre nur eine Ausführung von Schülerhand. Eine kleinere, von
g Salaino, in den Uffizien, erscheint im Ausdruck so holdselig als irgendein Bild des Meisters, auch mit großer Liebe ausgeführt, offenbart aber nur um so klarer, wie tief die Schüler in der Zeichnung und Modellierung unter ihrem Vorbilde standen.

Ein Originalwerk Lionardos ist endlich die braune Untermalung einer *Anbetung der Könige*, in den *Uffizien;* überfüllt, teilweise nur erster Ent- a wurf, aber hochbedeutend durch den Kontrast der rituellen Andacht in den vorn Knienden mit der leidenschaftlichen in den Nachdrängenden. Fülle des Lebens auf strenger und großartiger Grundlage.

Von demjenigen Werke, durch welches Lionardo am stärksten auf seine Zeitgenossen wirkte, von dem 1503 und 1504 gezeichneten Karton der Schlacht bei Anghiari (für den großen Saal im Pal. vecchio zu Florenz), ist nur die Erinnerung an eine einzige Gruppe im Kupferstich gerettet.

Endlich hatte er schon vor 1499 zu *Mailand* das weltberühmte *Abendmahl* im Refektorium des Klosters von S. Maria delle grazie vollendet. b (Bestes Licht: um Mittag?) Der ruinöse Zustand, der schön früh im 16. Jahrhundert begann, hat seine einzige Hauptursache darin, daß Lionardo das Werk in Öl auf die Mauer gemalt hatte. (Das gegenüberstehende Fresko eines mittelmäßigen alten Mailänders, Montorfano, ist ganz gut erhalten.) Schmähliche Übermalungen, zumal im vorigen Jahrhundert, taten das übrige. Doch soll nach neuesten Nachrichten wieder einige Hoffnung vorhanden sein, bei deren Wegnahme gut erhaltene originale Teile zutage fördern zu können. – Unter solchen Umständen haben alte Wiederholungen einen besonderen Wert. (Sie sind, hauptsächlich in der Nähe von Mailand, sehr zahlreich; eine z. B. in der Ambrosiana; eine Zurückübersetzung in den ältern lombardischen Stil, c von Araldi, II, S. 197, in der Galerie von Parma.) Von den noch hier und d da (vorzüglich in Weimar!) erhaltenen Originalentwürfen Lionardos zu einzelnen Köpfen gilt der Christuskopf in der Brera als unzweifelhaft. – e Das Gemälde selbst gewährt noch als Ruine Aufklärungen, die sich weder aus Morghens Stich noch aus Bossis Nachbild entnehmen lassen; abgesehen von dem allgemeinen Ton des Lichtes und der Farben, der noch keineswegs verschwunden ist, wird man nur hier den wahren Maßstab, in welchem diese Gestalten gedacht sind, die Örtlichkeit und die Beleuchtung kennenlernen, vielleicht auch noch den Schimmer der Originalität, den nichts ersetzen kann, über dem Ganzen schwebend finden.

Die Szene, welche von der christlichen Kunst unter dem Namen des Abendmahls, hauptsächlich als Wandbild in Klosterrefektorien, dargestellt worden ist, enthält zwei ganz verschiedene Momente, beide von jeher und von großen Künstlern behandelt. Der eine ist die Einsetzung des Sakramentes (eigentümlich bei Signorelli, II, S. 188, a). Der andere Moment ist das »Unus vestrum«; Christus spricht die Gewißheit des Verrates aus. Auch hier kann wieder, nach den Worten der Schrift, entweder die Kenntlichmachung des Verräters durch gleichzeitiges Ergreifen des einzutauchenden Bissens (wie bei Andrea del Sarto, s. unten, Kloster S. Salvi), oder das bloße schmerzliche Wort Christi das entscheidende Motiv sein. Letzteres bei Lionardo. – Die Kunst hat kaum einen bedenklichern Gegenstand als diesen, die Wirkung eines Wortes auf eine sitzende Versammlung. Nur ein Strahl in zwölfmaligem Reflex. Würde aber der geistige Inhalt dabei gewinnen, wenn die Zwölfe, leidenschaftlich bewegt, ihre Plätze verließen, um reichere Gruppen, größere dramatische Gegensätze zu bilden? Die Hauptsache, nämlich die Herrschaft der Hauptfigur, welche doch nur sitzen und sprechen dürfte, ginge ob dem Handeln der übrigen unvermeidlich verloren. Selbst der gedeckte Tisch, der wie eine helle Brustwehr die Gestalten durchschneidet, war vom größten Vorteil; das, was die Zwölfe bewegt, ließ sich dem wesentlichen nach schon im Oberkörper ausdrücken. In der ganzen Anordnung, den Linien des Tisches und des Gemaches ist Lionardo absichtlich so symmetrisch als seine Vorgänger; er überbietet sie durch die höhere Architektonik seines Ganzen in je zwei Gruppen von je Dreien, zu beiden Seiten der isolierten Hauptfigur.

Das aber ist das Göttliche an diesem Werke, daß das auf alle Weise Bedingte als ein völlig Unbedingtes und Notwendiges erscheint. Ein ganz gewaltiger Geist hat hier alle seine Schätze vor uns aufgetan und jegliche Stufe des Ausdruckes und der leiblichen Bildung in wunderbar abgewogenen Gegensätzen zu einer Harmonie vereinigt. Den geistigen Inhalt hat Goethe abschließend auseinandergesetzt. Welch ein Geschlecht von Menschen ist dies! Vom Erhabensten bis ins Befangene, Vorbilder aller Männlichkeit, erstgeborene Söhne der vollendeten Kunst. Und wiederum von der bloß malerischen Seite ist alles neu und gewaltig, Gewandmotive, Verkürzungen, Kontraste. Ja, sieht man bloß auf die Hände, so ist es, als hätte alle Malerei vorher im Traum gelegen und wäre nun erst erwacht.

Von den mailändischen Schülern hat *Bernardino Luini* († nach 1529) bei seinen frühesten Arbeiten den Lionardo noch nicht gekannt, bei denjenigen seiner mittlern Zeit ihn am treuesten reproduziert, bei den spätern aber auf der so gewonnenen Grundlage selbständig weiter gedichtet, wobei es sich zeigt, daß er mit unzerstörbarer Naivität sich nur das von dem Meister angeeignet hatte, was ihm gemäß war. Sein Sinn für schöne, seelenvolle Köpfe, für die Jugendseligkeit fand bei dem Meister sein Genüge und die edelste Entwicklung, und noch seine letzten Werke geben hiervon das herrlichste Zeugnis. Dagegen ist von der großartig strengen Komposition des Meisters gar nichts auf ihn übergegangen; man sollte glauben, er hätte das Abendmahl nie gesehen (obschon er es einmal nachgeahmt hat), so linienwidrig und ungeordnet sind seine meisten bewegten Szenen. Auch drapiert er oft ganz leichtfertig und gleichgültig. Dafür besaß er stellenweise, was keine Schule und kein Lehrer verleiht, großgefühlte, aus der tiefsten Auffassung des Gegenstandes hervorgegangene Motive.

Über die Umgebung von Mailand hinaus kommen nur kleinere, vereinzelte Bilder von ihm vor. Außer den genannten (II, S. 233) ist das bedeutendste die *Enthauptung Johannis*, in der Tribuna der Uffizien, lange a dem Lionardo beigelegt, obschon die Bildung der Hände, die etwas allgemeine Schönheit der Königstochter und ihrer Magd, die glasige, verblasene Oberfläche des Nackten deutlich auf den Schüler hinwies. Der Henker grinsend und doch nicht fratzenhaft, das Haupt des Täufers ungemein edel. So charakterisiert die goldene Zeit! Der in der Nähe hängende Johanneskopf Correggios gehört daneben dem modernen Naturalismus an. – Im Pal. Capponi zu Florenz: Madonna, das Kind b küssend. – Im Pal. Spinola (Strada nuova) zu Genua: herrliche Madonna c mit dem segnenden Kind, nebst S. Stephan und S. Jacobus d. Ä., von Lionardo oder einem Mitschüler (nicht wohl C. da Sesto), mit Benutzung des raffaelischen Motives des »réveil de l'enfant (Museum von Neapel). – Andere Madonnen a. m. O.

In Mailand enthalten die Privatsammlungen und die Ambrosiana d manches von ihm; von den Kirchen ist S. Maurizio *(Monastero maggiore)* e vor allem sehenswert, wegen der Fresken des 16. Jahrhunderts, deren trefflichste (vor allem die beiden neben dem Hauptaltar) sein Werk sind. In diesen ruhigen Andachtsbildern, wo ihn der Gegenstand vor der Regellosigkeit schützte, ist seine Liebenswürdigkeit übermächtig! Aus der gleichen späten Zeit stammt auch das beste seiner Freskobilder in der *Brera*, eine thronende Madonna mit S. Antonius und S. Barbara f (1521). Die übrigen Fresken sind zum Teil früh, wie z. B. die noch etwas zaghaften mythologischen und genreartigen, deren Naivität noch ganz den Vorabend der goldenen Zeit bezeichnet. Auch neun Bilder aus dem Leben der Maria und die schöne Komposition der von Engeln getragenen Leiche der heilgen Katharina sind frühe Arbeiten. Dann spätere, vollendete Tafelbilder: Madonna mit dem Kinde und Madonna mit den Heiligen und Donatoren[1].

Im Dom von Como zwei große Temperabilder (Altäre rechts und g links), die Anbetung der Hirten und die der Könige, mit himmlisch schönen Einzelheiten; in der Sakristei (jetzt wohl wieder in der Kirche) ein anderes großes Altarbild. – In der Kirche zu Saronno Fresken vom h

---

[1] *Aurelio Luini*, der Sohn Bernardinos, ist ein Manierist in der Art der römischen Schule; hier ein großes Fresko mit der Marter des S. Vicenzino. *

a Jahre 1530. – Endlich in S. Maria degli angeli zu *Lugano* an der Hauptwand über dem Choreingang das kolossale Freskobild einer *Passion*
(1529), deren Vordergrund der Gekreuzigte nebst den Seinigen, den
Schächern, den Hauptleuten, Soldaten usw. einnimmt. Mit allen Mängeln Luinis behaftet, ist dieses Gemälde dennoch eines der ersten von
Oberitalien, und schon um einer Gestalt willen des Aufsuchens würdig,
des Johannes, der dem sterbenden Christus sein Gelübde tut. An mehrern Pfeilern der Kirche schöne einzelne Malereien Lionardos; in einer
Kapelle rechts (provisorisch) die aus dem umgebauten Kloster hierher-
gebrachte Freskolünette der *Madonna* mit beiden Kindern, die letzte von
vollster lionardesker Herrlichkeit. (Das Abendmahl nach Lionardo,
ehemals im Refektorium des Klosters, ist abgenommen und vorläufig
irgendwo untergebracht worden.) Wen diese Schätze einmal tagelang
an das schöne Lugano gefesselt haben, der wird vielleicht bei diesem
Anlaß auch die idyllisch-wonnige Landschaft kennenlernen und den bril-
lantern Comersee gerne denjenigen überlassen, welche nur durch das
Brillante glücklich zu machen sind.

Marco d'Oggionno (Uggione) ist weit am besten, wo er sich eng an
b Lionardo anschließt und dessen Typus mit einer eigentümlichen herben
Schönheit wiedergibt. Sturz des Lucifer, in der Bera; die dortigen Fresken meist sehr verwildert.

Andrea Salaino (II, S. 233 u. f) widmete sich am ausschließlichsten der
c Reproduktion des Lionardo. Liebliche Madonna in der Gemäldesammlung der Villa Albani bei Rom. Bilder in der Brera und Ambrosiana.

Francesco Melzi. Gehört vielleicht ihm die herrliche Madonna im
d Lorbeerschatten, welche in der Brera dem Salaino beigelegt wird?
Sonst sind seine Bilder sehr selten; ebenso die des *Giov. Ant. Beltraffio.*

Cesare da Sesto, der später in die Schule Raffaels überging. Die besten
frühern Bilder in mailändischen Privatsammlungen; ein schöner jugend-
e licher Christuskopf in der Ambrosiana. Späteres Hauptbild: die Anbetung der Könige im Museum von Neapel. Er hatte die Art des 15. Jahr-
f hunderts wohl nie ganz abgelegt, daher *noch* oder *schon wieder* viel müßi-
ger und drückender Reichtum in den Nebensachen, auch viel müßig-
schöne Motive, dabei Mangel an wahrer Körperlichkeit und an Raumsinn.

g *Gaudenzio Vinci.* Im Chor der obern Kirche zu Arona glaubt Verfasser dieses das namhafte Altarbild dieses Meisters erblickt zu haben,
allein bei nachtdunkelm Mittagshimmel. (Vgl. Marco Marziale,
II, S. 205, d.)

h *Giov. Ant. de Lagaia.* Hauptaltar der Kirche des Seminariums zu As-
cona (Tessin), das Mittelbild: Madonna mit Heiligen und trefflichen

Donatoren (1519). Letztere besonders verraten eine enge Verwandt-schaft mit Luini.

Gaudenzio Ferrari (1484–1549), wenn nicht Schüler Lionardos, doch unter dessen kenntlichem Einfluß, später in den Schulen Peruginos und Raffaels beschäftigt. Einen vollständigen Begriff von seiner bisweilen großartigen, oft nur phantastischen und barocken Darstellungsweise sollen nur die Tafeln und Fresken seiner piemontesischen Heimat ge-ben. (Dom von Novara; S. Christoforo und S. Paolo zu Vercelli; – in a Varallo: die Capella del sacro monte, wo die Malerei nur die Ergän- b zung zu bemalten plastischen Gruppen bildet, dergleichen auch in den Kapellen des Stationenweges stehen, II, S. 56, Anm. 1 *; das Minoriten-klosterebenda mit seinen frühsten Fresken usw.; – dann in der Kirche von Saronno unweit Mailand die späten Fresken der Kuppel.) – In Mai- c land enthält die Brera unter anderm Fresken mit dem Leben der Maria, d zum Teil von sehr edeln und einfach sprechenden Motiven; doch sieht man, wie ein angeborener Naturalismus und eine gewisse Grillenhaftig-keit den Künstler hindern, das zu erreichen, wonach er eigentlich strebt: den großen Stil, und wie seine Manier das notwendige Resultat dieses Kampfes ist. Das große Gemälde von der *Marter der heiligen Ka-tharina* ist bunt, überfüllt, ja gemein chargiert, aber mit einer pomp-haften Sicherheit des Sieges vermöge der prächtigen nackten Gestalt der Heiligen gemalt. Sein letztes Fresko, die Geißelung in S. M. delle e grazie zu Mailand (in einer Kapelle des rechten Seitenschiffes, 1542), hat wieder etwas wahrhaft Grandioses, während zwei späte Tempera-bilder im Dom von Como mehr eine mißverstandene Gewaltsamkeit f an den Tag legen. Das allegorische Bild in der Gal. Sciarra zu Rom ist g wenigstens durch seine ungeschickt phantastische Landschaft interes-sant.

Von den Nachfolgern Gaudenzios hat *Bernardino Lanini* (Brera und h verschiedene Kirchen in Mailand) eine sehr gute Zeit, eine wahre Ener-gie in Formen und Farben gehabt. Späteres ist sehr manieriert. – *Lo-mazzo* und *Figino* gehören schon zu den eigentlichen Manieristen.

Eine Anzahl Halbfiguren aus dem Gebiete des passiven Ausdruckes (Eccehomo, Mater dolorosa, Magdalena, Katharina usw.)gehörenteils dem Aurelio Luini, teils einem gewissen *Gian Pedrini*, Schüler Lionar-dos, teils dem *Andrea Solario*, Schüler Gaudenzios. Der Behandlung nach sind sie von verschiedenem, zum Teil von hohem Wert. (Pedrinis Mag- i dalena, Brera.) Diese von überirdischer Sehnsucht oder von heiligem Schmerz bewegten Einzelcharaktere beginnen mit Pietro Perugino und den genannten Mailändern und gewinnen von Zeit zu Zeit eine große Verbreitung in der Kunst. Man muß diese frühern mit denjenigen eines Carlo Dolci vergleichen, um ihren wahren Wert zu erkennen.

Michelangelo Buonarroti (1474–1563) der Mensch des Schicksals für die Baukunst und für die Skulptur, ist es auch für die Malerei. Er hat sich selber vorzugsweise als Bildhauer betrachtet (II, S. 68); in einem seiner Sonette sagt er bei Anlaß der Deckenmalerei in der Sistina: »essendo... io non pittore«. Allein für den Ausdruck derjenigen idealen Welt, die er in sich trug, gewährte die Malerei doch so ungleich vielseitigere Mittel als die Skulptur, daß er sie nicht entbehren konnte. Gegenwärtig verhält es sich wohl im allgemeinen so, daß, wer ihm von seiten der Skulptur entfremdet ist, von seiten der Malerei immer wieder den Zugang zu ihm sucht und findet.

Wie er die Formen bildete und was er damit im ganzen wollte, ist oben bei Anlaß der Skulptur angedeutet worden. Für die Malerei kommen noch besondere Gesichtspunkte in Betracht. Michelangelo lernte zwar in der Schule Ghirlandajos die Handgriffe, ist aber in seiner Auffassung ohne alle Präzedentien[1]. Es lag ihm ganz ferne, auf irgendeine bisherige Andacht, einen bisherigen kirchlichen Typus, auf die Empfindungsweise irgendeines andern Menschen einzugehen oder sich dadurch für gebunden zu erachten. Das große Kapital der kirchlichen Kunstbräuche des Mittelalters existiert für ihn nicht. Er bildet den Menschen neu, mit hoher physischer Gewaltigkeit, die an sich schon dämonisch wirkt, und schafft aus diesen Gestalten eine neue irdische und olympische Welt. Sie äußern und bewegen sich als eine von allem Frühern verschiedene Generation. Was bei den Malern des 15. Jahrhunderts Charakteristik heißt, findet bei ihnen schon deshalb keine Stelle, weil sie als ganzes Geschlecht, als Volk auftreten; wo aber das Persönliche verlangt wird, ist es ein ideal geschaffenes, eine übermenschliche Macht. Auch die Schönheit des menschlichen Leibes und Angesichtes kommt nur im Gewande jener Gewaltigkeit zum Vorschein; es liegt dem Meister mehr daran, daß seine Gestalten der höchsten Lebensäußerungen fähig, als daß sie reizend seien.

Wenn man weit aus dem Bereiche dieser Werke entfernt ist und Atem geschöpft hat, so kann man sich auch gestehen, was ihnen fehlt, und weshalb man nicht mit und unter denselben leben könnte. Ganze große Sphären des Daseins, welche der höchsten künstlerischen Verklärung fähig sind, blieben dem Michelangelo verschlossen. Alle die schönsten Regungen der Seele (statt sie aufzuzählen genügt eine Hinweisung auf Raffael) hat er beiseite gelassen; von all dem, was uns das Leben teuer macht, kommt in seinen Werken wenig vor. Zugleich gibt diejenige

---

[1] Dies schließt nicht aus, daß dem Luca Signorelli ein ähnliches Ziel, wenn auch nur dämmernd, vorschwebte. II, S. 187, d; II, S. 188, f.

Formenbildung, welche für ihn die ideale ist, nicht sowohl eine ins Erhabene und Schöne vereinfachte Natur, als vielmehr eine nach gewissen Seiten hin materiell gesteigerte. Keine noch so hohe Beziehung, kein Ausdruck der Macht kann es vergessen machen, daß gewisse Schulterbreiten, Halslängen und andere Bildungen willkürlich und im einzelnen Fall monströs sind. Angesichts der Werke selbst wird man allerdings immer geneigt sein, dem Michelangelo sein eigenes Recht und Gesetz neben dem aller übrigen Kunst zuzugestehen. Die Größe seiner Gedanken und Gedankenreihen, die freie Schöpferkraft, mit welcher er alle denkbaren Motive des äußern Lebens ins Dasein ruft, machen das Wort Ariosts erklärlich: Michel più che mortale angel divino.

Von seinem ersten großen Werke, jenem im Wetteifer mit Lionardo geschaffenen Karton für den Palazzo vecchio – ebenfalls Szenen aus der Schlacht von Anghiari – sind nur dürftige Erinnerungen auf unsere Zeit gekommen. Baccio Bandinelli hat denselben aus Neid zerschnitten.

In der Blüte seiner Jahre unternahm Michelangelo die Ausmalung des *Gewölbes der Sixtinischen Kapelle* im Vatikan (etwa 1508–1511; von wel- a cher Zeit die durchaus eigenhändige Ausführung 22 Monate in Anspruch nahm). (Bestes Licht: 10–12 Uhr.) Die Aufgabe bestand in lauter Szenen und Gestalten des Alten Testamentes, mit wesentlichem Bezug auf dessen Verheißung. Er stufte diesen Inhalt vierfach ab: in Geschichten, – in einzelne historische Gestalten, – in ruhende Gruppen, – und in architektonisch belebende Figuren. Die Geschichten, welche ein Dasein in einem perspektivisch bestimmten, nicht bloß idealen Raum verlangen, verteilte er an die mittlere Fläche des Gewölbes. (Eine Ausnahme machen die vier auf sphärische dreiseitige Flächen gemalten Eckbilder der Kapelle, welche die wunderbaren Rettungen des Volkes Israel vorstellen: die Geschichten der ehernen Schlange, des Goliath, der Judith und der Esther. So wunderbar aber das einzelne, zumal in der Szene der Judith, gedacht und gemalt sein mag, so findet sich doch das Auge an diesen Stellen schwer in das Historisch-Räumliche hinein.) – Die Propheten und Sibyllen mit den sie begleitenden Genien erhielten ihre Stelle an den sich abwärts rundenden Teilen des Gewölbes; – die Gruppen der Vorfahren Christi teils an den Gewölbekappen über den Fenstern, teils in den Lünetten, welche die Fenster umgeben. Diese Teile sind sämtlich nach einem idealen Raumgefühl komponiert. – Diejenigen Figuren endlich, welche schon sehr passend »die belebten, persönlich gewordenen Kräfte der Architektur« genannt worden sind, ließ er durch den ganzen Organismus hin immer so und immer da auftreten, wie und wo sie nötig waren. Unter den Propheten und Sibyllen sind es derbe Kindergestalten in Naturfarbe, welche die Inschrifttafeln hoch in den Händen tragen oder sie mit dem Haupte stützen. An beiden Seitenpfosten der Throne der Propheten und Sibyllen sieht man je zwei nackte Kinder, Knabe und Mädchen, in Steinfarbe, welche die Skulptur nach-ahmt. Über den Gewölbekappen oberhalb der Fenster nehmen liegende und lehnende athletische Figuren in Bronzefarbe die Bogenfüllung ein. Letztere sind je zu zweien fast symmetrisch angeordnet, überhaupt am strengsten architektonisch gedacht. Zuletzt, wo von beiden Seiten die kolossalen Gesimse sich nähern und Raum lassen für die Reihe der Mit-telbilder, sitzen auf Postamenten nackte männliche Figuren in natür-licher Farbe, je zweie halten die Bänder, an welchen das zwischen ihnen befindliche Medaillon von Erzfarbe mit Reliefs befestigt ist; einige tra-gen auch reiche Laub- und Fruchtgewinde. Ihre Stellungen sind die freiesten und leichtesten; sie tragen nichts, weil es dort nach der idealen Rechnung nichts mehr zu tragen gibt, weil überhaupt die architektoni-schen Kräfte nicht schlechtweg versinnlicht, sondern poetisch symbo-lisiert werden sollten. (Karyatiden oder Atlanten, Kopf gegen Kopf ge-stemmt, wären z. B. eine Versinnlichung gewesen.) Diese sitzenden Gestalten, isoliert betrachtet, sind von einer solchen Herrlichkeit, daß man sie für die Lieblingsarbeit des Meisters in diesem Raum zu halten versucht ist. Aber ein Blick auf das übrige zeigt, daß sie doch nur zum Gerüste gehören.

In vier größern und fünf kleinern viereckigen Feldern, der Mitte des Gewölbes entlang, sind die *Geschichten der Genesis* dargestellt. Zuerst unter allen Künstlern faßte Michelangelo die Schöpfung nicht als ein bloßes Wort mit der Gebärde des Segens, sondern als *Bewegung*. So allein ergaben sich für die einzelnen Schöpfungsakte lauter neue Motive. In erhabenem Fluge schwebt die gewaltige Gestalt dahin, begleitet von Genien, welche derselbe Mantel mit umwallt; – so rasch, daß ein und dasselbe Bild zwei Schöpfungsakte (für Sonne und Mond und für die Pflanzen) vereinigen darf. Aber der höchste Augenblick der Schöpfung (und der höchste Michelangelos) ist die Belebung Adams. Von einer Heerschar jener göttlichen Einzelkräfte, tragenden und getragenen, um-schwebt, nähert sich der Allmächtige der Erde und läßt aus seinem Zeige-finger den Funken seines Lebens in den Zeigefinger des schon halb be-lebten ersten Menschen hinüberströmen. Es gibt im ganzen Bereiche der Kunst kein Beispiel mehr von so genialer Übertragung des Über-sinnlichen in einen völlig klaren und sprechenden sinnlichen Moment. Auch die Gestalt des Adam ist das würdigste Urbild der Menschheit.

Die ganze spätere Kunst hat sich von disser Auffassung Gottes des Vaters beherrscht gefühlt, ohne sie doch erreichen zu können. Am tief-sten ist Raffael (in den ersten Bildern der Loggien) darauf eingegangen.

Die nun folgenden Szenen aus dem Leben der ersten Menschen er-scheinen um so gewaltiger, je einfacher sie die uranfängliche Existenz darstellen. »Sündenfall und Strafe« sind mit ergreifender Gleichzeitigkeit auf einem Bilde vereinigt; die Eva im Sündenfall zeigt, welche unendliche Schönheit dem Meister zu Gebote stand. Als Komposition von wenigen Figuren steht »Noahs Trunkenheit« auf der Höhe alles Erreichbaren. Die »Sündflut« kontrastiert zwar nicht glücklich mit dem Maßstab der übrigen Bilder, ist aber reich an den wunderwürdigsten Einzelmotiven.

Die *Propheten* und *Sibyllen*, die größten Gestalten dieses Raumes, erfordern ein längeres Studium. Sie sind keineswegs alle mit derjenigen hohen Unbefangenheit gedacht, welche aus einigen derselben so überwältigend spricht. Die Aufgabe war: zwölf Wesen durch den Ausdruck höherer Inspiration über Zeit und Welt in das Übermenschliche emporzuheben. Die Gewaltigkeit ihrer Bildung allein genügte nicht; es bedurfte abwechselnder Momente der höchsten geistigen und zugleich äußerlich sichtbaren Art. Vielleicht überstieg dieses die Kräfte der Kunst. – Die je zwei Genien, welche jeder Gestalt beigegeben sind, stellen nicht etwa die Quelle und Anregung der Inspiration vor, sondern Diener und Begleiter; sie sollen durch ihre Gegenwart die Gestalt heben, als eine überirdische bezeichnen; durchgehends sind sie in Abhängigkeit von derselben geschildert. – Von unvergleichlicher Herrlichkeit ist der gramverzehrte Jeremias; oder Joel, den beim Lesen die stärkste innere Erregung ergreift; der wie vom Traum erweckte Jesaias; Jonas mit dem Ausdruck eines wiedergewonnenen mächtigen Lebens; die Sibylla delphica, welche schon die Erfüllung ihrer Weissagung vor sich zu sehen scheint – von allen Gestalten des Meisters diejenige, welche Gewaltigkeit und Schönheit im höchsten Verein offenbart. – Abgesehen von der innern Bedeutung ist durchgängig genau auf die Gewänder zu achten, welche von der idealen Aposteltracht durch eine absichtliche (orientalische) Nuance unterschieden, überaus schön geschwungen und gelegt, und in vollkommenstem Einklang mit Stellung und Bewegung sind, so daß jede Falte ihre (vielleicht hier und da zu bewußt berechnete?) Kausalität hat. – (Gewisse dumpfe Töne der Karnation waren Michelangelo eigen und finden sich auch auf seinem einzigen Tafelbilde, wovon unten, wieder.)

Von den *Vorfahren Christi* zeigen diejenigen in den Lünetten die leichteste Meisterschaft in monumentaler Behandlung des ungünstigsten Raumes. Geschichtslos, wie die meisten derselben sind, existieren sie bloß in Beziehung auf ihren göttlichen Abkömmling und zeigen deshalb den Ausdruck des ruhigen, gesammelten Harrens. Schon hier kommen einige wunderbar schöne, einfache Familienszenen vor. – In diesem Betracht sind aber einzelne Darstellungen in den dreieckigen Gewölbekappen vielleicht noch außerordentlicher; ja es findet sich unter diesen auf der Erde sitzenden Eltern mit Kindern mehr als ein Motiv höchsten Ranges, obwohl der Ausdruck nirgends die Innigkeit oder sonst irgendeinen aktiven Affekt erreicht. Dieses ist die Stiftung Papst Julius II. Mit Anspornen und Nachgeben, mit Streit und mit Güte erhielt er, was vielleicht kein andrer von Michelangelo erhalten hätte. Sein Andenken ist in der Kunst ein hochgesegnetes.

Viele Jahre später (1534–1541) unter Papst Paul III. malte Michelangelo an der Hinterwand der Kapelle das *Jüngste Gericht*. Man muß zuerst darüber im klaren sein, ob man überhaupt die Darstellung dieses Momentes für möglich und wünschbar hält. Sodann, ob man irgendeine Darstellung würdigen kann, welche nicht durch einen sofortigen Hauptschlag, z. B. einen raffinierten Lichteffekt (in Martins Manier) die Phantasie gefangen nimmt: schon die Ausführung in Fresko verbot dies hier. Endlich, ob man die physischen Kräfte besitzt, dieses ganze ungeheure (stellenweise sehr verdorbene) Bild nach Gruppierung und Einzelmotiven gewissenhaft durchzugehen. Dasselbe will nicht nach dem ersten Eindruck, sondern nach dem letzten beurteilt sein.

Der große Hauptfehler kam tief aus Michelangelos Wesen hervor. Da er längst gebrochen hatte mit allem, was kirchlicher Typus, was religiöser Gemütsanklang heißt, da er den Menschen – gleichviel welchen – immer und durchgängig mit erhöhter physischer Macht bildet, zu deren Äußerung die Nacktheit wesentlich gehört, so existiert gar kein kenntlicher Unterschied zwischen Heiligen, Seligen und Verdammten. Die Bildungen der obern Gruppen sind nicht idealer, ihre Bewegungen nicht edler als die der untern. Umsonst sucht man nach jener ruhigen Glorie von Engeln, Aposteln und Heiligen, welche in andern Bildern dieses Inhaltes schon durch ihr bloßes symmetrisches Dasein die Hauptgestalt, den Richter, so sehr heben, vollends aber bei Orcagna und Fiesole mit ihrem wunderbaren Seelenausdruck einen geistigen Nimbus um ihn ausmachen. Nackte Gestalten, wie Michelangelo sie wollte, können einer solchen Stimmung gar nicht als Träger dienen; sie verlangen Gestus, Bewegung und eine ganz andre Abstufung von Motiven. Auf die letztern hatte es der Meister eigentlich abgesehen. Es sind zwar in dem Werke viele und sehr große *poetische* Gedanken; von den beiden obern Engelgruppen mit den Marterwerkzeugen ist diejenige links herrlich in ihrem Heranstürmen; in den emporschwebenden Geretteten ringt sich das Leben wunderbar vom Tode los; die schwebenden Verdammten sind in zwei Gruppen dargestellt, wovon die eine, durch kämpfende Engel mit Gewalt zurückgedrängt, durch Teufel abwärts gerissen, eine ganz großartige dämonische Szene bildet, die andre aber jene Gestalt des tiefsten Jammers darstellt, die von zwei sich anklammernden bösen

Geistern wie von einem Schwergewicht hinuntergezogen wird. Die untere Szene rechts, wo ein Dämon mit erhobenem Ruder die armen Seelen aus der Barke jagt, und wie sie von den Dienern der Hölle in Empfang genommen werden, ist mit grandioser Kühnheit aus dem Unbestimmten in einen bestimmten sinnlichen Vorgang übertragen usw. – Allein so bedeutend dieser poetische Gehalt sich bei näherer Betrachtung herausstellt, so sind doch wohl die *malerischen* Gedanken im ganzen eher das Bestimmende gewesen. Michelangelo schwelgt in dem prometheischen Glück, alle Möglichkeiten der Bewegung, Stellung, Verkürzung, Gruppierung der reinen menschlichen Gestalt in die Wirklichkeit rufen zu können. Das Jüngste Gericht war die einzige Szene, welche hierfür eine absolute Freiheit gewährte, vermöge des Schwebens. Vom malerischen Gesichtspunkt aus ist denn auch sein Werk einer ewigen Bewunderung sicher. Es wäre unnütz, die Motive einzeln aufzählen zu wollen; kein Teil der ganzen großen Komposition ist in dieser Beziehung vernachlässigt; überall darf man nach dem Warum? und Wie? der Stellung und Bewegung fragen und man wird Antwort erhalten.

Wenn nun zumal die Gruppe um den Richter mit ihrem Vorzeigen der Marterinstrumente, mit ihrem brutalen Ruf um Vergeltung einigen Widerwillen erwecken mag; wenn der Weltrichter auch nur eine Figur ist wie alle andern, und zwar gerade eine der befangensten; – immer noch bleibt das Ganze einzig auf Erden[1].

Die beiden großen Wandgemälde in der nahen *Capella Paolina*, Pauli a Bekehrung und die Kreuzigung des Petrus, aus der spätesten Zeit Michelangelos, sind durch einen Brand entstellt und so schlecht beleuchtet (vielleicht am erträglichsten nachmittags?), daß man sie besser aus den Stichen kennenlernt. In dem erstern ist die Gebärde des oben erscheinenden Christus von einer zwingenden Gewalt, der gestürzte Paulus eines der trefflichsten Motive des Meisters.

Staffeleibilder gibt es bekanntlich keine von seiner Hand, mit einziger Ausnahme eines frühen Rundbildes der *heiligen Familie* in der Tribuna b der Uffizien. Die gesuchte Schwierigkeit (die kniende Maria hebt das Kind vom Schoß des hinter ihr sitzenden Joseph) ist nicht ganz besiegt; mit einer Gesinnung dieser Art soll man überhaupt keine heiligen

---

[1] Für den Zustand des Werkes *vor* der Übermalung, welche Daniel da Volterra auf Pauls IV. Befehl unternahm, ist eine Kopie des Marcello Venusti im Museum von Neapel, trotz auffallender Freiheiten, die wichtigste Urkunde.

Familien malen. Der Hintergrund ist, wie bei Luca Signorelli, mit Akt-figuren ohne nähere Beziehung bevölkert. Der kleine Johannes läuft an der steinernen Brustwehr mit einer spöttischen Mine vorbei.

a Im Pal. Buonarroti zu Florenz sind eine Anzahl *Zeichnungen* aus-gestellt, unter welchen die einer säugenden Madonna besonders schön ist; – ein früherer Entwurf des Weltgerichtes; – ein vielleicht von Michelangelo begonnenes großes Bild der heiligen Familie, das er aber den vielen Verzeichnungen und Roheiten zufolge schwerlich selbst b ausgemalt haben kann. – In der Brera zu Mailand die ehemals in Raf-faels Besitz befindliche (und ihm selber trotz der von seiner Hand her-rührenden Unterschrift »Michelle angelo bonarota« beigelegte) Tusch-zeichnung des sogenannten Götterschießens, *il bersaglio de' Dei;* nackte Gestalten, aus der Luft niedersausend, zielen mit höchster Leidenschaft nach einer mit einem Schilde gegen ihre Pfeile geschützten Herme, in-des Amor auf der Seite schlummert; eine herrliche Gruppe, aus be-reits knienden, laufenden und noch schwebenden Figuren zu einem unvergleichlichen Ganzen gebildet. Raffael mochte ein anregendes Pro-blem darin finden, dieselbe durch einen seiner Schüler in Fresko, und zwar von der umgekehrten Seite, ausführen zu lassen; wenigstens ist dies der Inhalt eines der drei Freskobilder, welche aus der sogenannten c Villa di Rafaelle in den Pal. Borghese zu Rom übergegangen sind.

Andre Kompositionen existieren nur in *Ausführungen* von der Hand d der *Schüler.* – Ich weiß nicht, ob das Bild der drei Parzen, im Pal. Pitti (ausgeführt[1] von Rosso Fiorentino) unbedingt in diese Kategorie ge-hört; Michelangelo hätte einen solchen Gegenstand wohl gewaltiger auf-e gefaßt. – Mehrmals (z. B. Pal. Sciarra und Pal. Corsini in Rom) kommt eine heilige Familie von besonders feierlicher Intention vor; Maria auf einer Art von Thron sitzend, legt eben das Buch weg und sieht auf das fest schlafende, grandios auf ihrem Knie liegende Kind; von hinten f schauen lauschend herüber Joseph und der kleine Johannes. – In der g Sakristei des Laterans: eine Verkündigung, von Marcello Venusti aus-geführt. – Christus am Ölberg, nicht eben glücklich in zwei Momente geschieden, und andre im Pal. Doria zu Rom. – Von der Pietà und dem Crucifixus weiß ich kein Exemplar in italienischen Sammlungen an-zugeben, ebensowenig von den berühmten mythologischen Komposi-h tionen: Ganymed, Leda, Venus von Amor geküßt; von letzterer soll eine Wiederholung im Museum von Neapel sein[2].

---

[1] Nach Ansicht meines verehrten Freundes Herrn Direktor Waagen.

[2] Von den gemalten Porträts des Michelangelo ist dasjenige in der kapitoli-nischen Galerie (laut Platner von Marcello Venusti) wohl das beste. Das-jenige in den Uffizien scheint eine unbedeutende Arbeit des 17. Jahrhunderts zu sein.

Einen höhern Rang nehmen natürlich solche Bilder ein, welche Michelangelo unter seinen Augen ausführen ließ, hauptsächlich durch Sebastian del Piombo. Das wichtigste derselben, die Erweckung des Lazarus, befindet sich in London; – dann folgt die *Geißelung Christi* in S. Pietro a in montorio zu Rom (erste Kapelle rechts in Öl auf die Mauer gemalt); hier ist das Unleidliche groß gegeben, die bewegten Schergen heben die duldende Hauptfigur unbeschreiblich wirksam hervor. Die umgebenden Malereien sollen ebenfalls nach Michelangelos Entwürfen ausgeführt sein. (Eine gute kleine Wiederholung im Pal. b Borghese.) – Endlich wird bei der *Kreuzabnahme* des *Daniele da Vol-* c *terra* in Trinità de' monti (erste Kapelle links) immer der Gedanke erwachen, daß Michelangelo das Beste daran erfunden habe, indem alle übrigen Werke des Daniele erstaunlich weit hinter diesem zurückstehen. Gar zu wunderbar schön ist das Heruntersinken des Leichnams, um welchen die auf den Leitern Stehenden gleichsam eine Aureola bilden; gar zu vortrefflich motiviert und verteilt sind die Bewegungen der letztern. Auch die untere Gruppe um die ohnmächtige Madonna ist vorzüglich, setzt aber schon das pathologische Interesse an die Stelle des rein Tragischen. (Das ganze Bild stark verletzt und restauriert.)

Eine eigentliche Schule hat Michelangelo nicht gehabt; er führte seine Fresken ohne Gehilfen aus. Denjenigen, welche sich (meist in seiner spätesten Zeit) auf irgendeine Weise an ihn anschlossen, werden wir unter den Manieristen wieder begegnen. Sein Beispiel war auch in der Malerei das verhängnisvollste. Niemand hätte das wollen dürfen, was er gewollt und mit seiner riesigen Kraft durchgeführt hatte; jedermann aber wünschte doch solche Wirkungen hervorzubringen wie er. Als er starb, waren alle Standpunkte in den sämtlichen Künsten verrückt; alle strebten ins Unbedingte hinaus, weil sie nicht wußten, daß alles, was bei ihm so aussah, durch *sein* innerstes persönliches Wesen bedingt gewesen war.

Die florentinische Malerei blüht mit Lionardo und Michelangelo noch nicht vollständig aus. Die unermeßlichen Lebenstriebe, welche das 15. Jahrhundert in dieser Weihestätte der Kunst geweckt und ausgebildet hatte, erreichen noch in zwei andern großen Meistern eine Vollendung, welche ganz eigener Art und von jenen beiden wesentlich unabhängig ist.

Der eine ist *Fra Bartolommeo* (eigentlich Baccio della Porta, 1469 bis 1517), ursprünglich Schüler des Cosimo Roselli; seine Befreiung aus den Banden des 15. Jahrhunderts verdankte er Lionardo; sein positiver

Inhalt ist ihm eigen[1]. Er zuerst hat das hohe Gefühl vollständig zu empfinden und wieder zu erwecken vermocht, welches aus dem Zusammenklang großartiger Charaktere, reiner imposanter Gewandungen und
einer nicht bloß symmetrischen, sondern architektonisch aufgebauten
Gruppierung entsteht.

Seine persönliche Empfindung hat nicht immer
genügt, um dieses gewaltige Gerüste völlig zu beleben, und hierin steht
er dem Lionardo nach, welcher immer Schönheit, Leben und Charakter
an einem Stücke gibt. Auch würde er für bewegte Kompositionen überhaupt nicht ausgereicht haben. Allein was das Altarwerk im engern Sinn
verlangt, hat keiner mit vollkommenerer Hoheit dargestellt.

Die Freiheit und Größe seiner Charakterauffassung lernt man im
a einzelnen kennen aus einer Anzahl von Heiligenköpfen al fresco in der
Akademie zu Florenz; wozu noch ein herrliches Eccehomo im Pal.
b Pitti kommt. Ohne Lionardos unendliche Energie sind es doch so groß
aufgefaßte Menschenbilder, zum Teil von wahrhaft himmlischem Aus-
c druck. Zwei runde Freskogemälde in derselben Akademie, Madonnen,
sind bei ihrer flüchtigen Ausführung als Linienprobleme merkwürdig;
in dem einen hat er offenbar hauptsächlich die vier Hände und die beiden Füße schön zu ordnen gestrebt. – Für den Einzelausdruck ist sonst
d seine *Kreuzabnahme* (Pal. Pitti) das Hauptwerk. Mit welcher Macht wirken hier die beiden Profile des höchst edel gebildeten Christus und der
alles vergessenden Mutter, die ihm noch den letzten Kuß auf die Stirn
drücken will! mit welcher untrüglichen dramatischen Sicherheit ist der
Schmerz des Johannes durch Beimischung der körperlichen Anstrengung unterschieden! Kein Klagen aus dem Bilde hinaus wie bei Van
Dyck; keine vermeintliche Steigerung des Eindruckes durch Häufung
der Figuren wie bei Perugino.

Die übrigen Bilder sind fast sämtlich grandiose Konstruktionen, mit
strenger und im einzelnen sehr schön aufgehobener Symmetrie. Wo die
Charaktere aus seinem Innern kommen, sind es lauter Werke ersten
Ranges.

e Leider ist die einzige größere Szene dieser Art, das Fresko eines *Jüng-*
sten Gerichtes bei S. Maria la nuova (in einem Verschlag in dem Hofe
links von der Kirche) beinahe erloschen. Doch erkennt man in dem
herrlichen obern Halbkreise von Heiligen dieselbe Inspiration, welche
Raffael das Fresko von S. Severo in Perugia (1506) und die obere

---

[1] Die beiden wunderschönen kleinen Täfelchen in den Uffizien (Anbetung
des Kindes und Darstellung im Tempel) gelten als frühe Arbeiten aus der
Zeit, da der Meister noch nicht ins Kloster S. Marco getreten war. (Also
vor 1500.) Ich kann mich nach öfterer Untersuchung immer weniger in diese
Zeitannahme schicken. – Die sichere Reihe der Werke des Frate beginnt
dann um 1504 mit der Madonna di S. Bernardo, in der Akademie.

Gruppe der Disputa (1508) eingab. Wenn es ein spätes Werk ist, so entstand es unter der Rückwirkung Raffaels, der wenige Jahre vorher gerade in dieser Beziehung vom Frate gelernt zu haben scheint.

Von Altarbildern ist dasjenige im Dom von *Lucca* (hinterste Kapelle a links), eine Madonna mit zwei Heiligen, früh und ganz besonders schön und seelenvoll. (Dagegen die große späte Madonna della misericordia in S. Romano zu Lucca, links, zwar im einzelnen vortrefflich, als Gan- b zes aber weniger unbefangen.) – In *S. Marco* zu Florenz (zweiter Altar c rechts) ein ebenfalls frühes sehr großes Bild, welches Bartolommeos Kompositionsweise im Augenblick ihrer nahen Vollendung zeigt; die Madonna glänzend edel und leicht gestellt; die beiden knienden Frauen ein ewiges Vorbild symmetrischer Profilgestalten; die Putten noch in der Weise des 15. Jahrhunderts mit Emporheben des Vorhanges beschäftigt, aber schon von dem höhern Geschlecht des 16. Jahrhunderts; die Farbe, wo sie erhalten ist, von tiefem Goldton. (In dem anstoßenden Kloster war 1854 von Bartolommeo nur die einfach schöne Lünette d über dem hintern Eingang des Refektoriums sichtbar: Christus mit den beiden Wanderern nach Emmaus.) – In der Akademie die dem heiligen e Bernhard erscheinende Madonna (etwa 1504; noch mit einigen herben Zügen der Köpfe); hier ist die Gruppe der Engel um die Madonna mit der gewohnten symmetrischen Strenge komponiert, aber sehr schön ins Profil (oder Dreiviertelansicht) gesetzt und zugleich ihr Schweben ebenso leicht als erhaben ausgedrückt, wovon man sich durch einen vergleichenden Blick auf die nächsten Engeldarsteller des 15. Jahrhun- f derts überzeugen kann. – Das Vollkommenste, was Bartolommeo geleistet, ist dann vielleicht der *Auferstandene mit vier Heiligen* (Pal. Pitti); grandioser und weihevoller ist die Gebärde des Segnens vielleicht nie dargestellt worden; die Heiligen sind erhabene Gestalten; die beiden Putten, welche einen runden Spiegel mit dem Bilde der Welt (als Landschaft) halten, schließen als Basis diese einfache und strenge Komposition in holdseligster Weise ab. – Ebenda: ein großes, reiches Altarbild aus S. Marco (wo jetzt eine Kopie steht), welches als offenbar spätes Werk in den Charakteren etwas allgemein, auch durch die braune Untermalung in den Schatten sehr geschwärzt ist, aber ein Wunder der Komposition; die Engel, welche den Baldachin tragen, entsprechen strenge der halbkreisförmigen untern Gruppe (vgl. Raffaels Disputa). – In den g Uffizien ist schon ein ganz kleines Rundbildchen, der Salvator auf zwei Engeln und einem Cherub schwebend, als Konstruktion sehr merkwürdig; noch mehr aber (ebendaselbst) die große braune Untermalung des *Bildes der heiligen Anna*, der Maria und vieler Heiligen, glücklicherweise als Untermalung ganz vollendet, auch in den durchgängig schönen und bedeutenden Charakteren, so daß die vollkommene Architektonik

nicht nur überall geistvoll aufgehoben, sondern auch mit dem edelsten individuellen Leben erfüllt ist.
a   Von einzelnen Gestalten ist der kolossale heilige Markus (Pal. Pitti) die wichtigste. Allein hier betritt der Frate denselben Abweg, auf welchem man den Michelangelo findet: er schafft ein ungeheures Motiv aus bloß künstlerischen Gründen; auch in dem Kopf ist etwas falsch Übermenschliches; die Draperie aber, auf welche es eigentlich abgesehen war,
b ein Wunderwerk. – Die zwei Propheten in der Tribuna der Uffizien haben ebenfalls etwas Unreines; – die beiden stehenden Apostel im
c Quirinal zu Rom, welche Raffael vollendete, habe ich seit den Vorbereitungen zum letzten Konklave 1846 nicht mehr gesehen und auch damals nur flüchtig. Ein ganz herrliches Bild aber, in welchem Charakter, momentaner Ausdruck und tizianische Farbenkraft zusammenwirken,
d ist die Figur des heiligen Vincentius Ferrerius in der Akademie, deren Kartonzimmer ebenfalls noch vorzügliche Einzelgestalten des Frate enthält.

Mit Benutzung seiner Entwürfe gemalt, teilweise auch von ihm selbst
e ausgeführt: die große Himmelfahrt Mariä im Museum von Neapel – auch wohl die große thronende Madonna mit sieben Heiligen in der Akademie zu Florenz; – die Pietà (ebenda) ist wohl ein bloßes Schülerwerk.

Von den Schülern ist nur *Mariotto Albertinelli* (1475–1520) bedeutend. Vielleicht bevor er den Frate kannte, malte er das schöne Rundbild im
f Pal. Pitti, Madonna das Kind anbetend, welchem ein Engel ein Kreuz hinreicht. Dann folgt unter dem beginnenden Einfluß des Frate das
g Altarfresko des Gekreuzigten im Kapitelsaal der Certosa (1505); endlich aus seiner schönsten Zeit die in zwei Figuren wahrhaft melodisch
h abgeschlossene »*Heimsuchung*« in den Uffizien, und die *thronende Madonna* mit zwei knienden und zwei stehenden Heiligen, in der Akademie; Werke, welche man nur den größten Meistern zuzutrauen versucht ist. In den andern Bildern derselben Sammlung geht er mit vollster Anstrengung auf die Konstruktionsweise seines Meisters ein; mit größtem Erfolge in der »Dreieinigkeit«; befangener, aber zum Teil mit dem schönsten und edelsten Ausdruck in der großen Verkündigung (1510).

Die Nonne *Plautilla Nelli* interessiert nur da, wo die Motive des Frate (dessen Zeichnungen sie erbte) deutlich aus ihren Bildern hervorsehen. – Der gute *Fra Paolino da Pistoja* pflegt dem Rückfall ins Schwächlich-
i Perugineske zu unterliegen. (Madonna della cintola in der florentini-
k schen Akademie; – Crucifixus mit Heiligen im Kreuzgang von S. Spirito zu Siena.)

Neben Fra Bartolommeo behauptet *Andrea del Sarto* (1488–1530) sein eigenes Maß von Größe. Ein wunderbarer Geist, nur einseitig begabt, aber einer der größten Entdecker im Gebiet der Kunstmittel. Es fehlt ihm im ganzen dasjenige Element, welches man die schöne Seele nennen möchte. Die Antriebe, welche ihn beherrschen, sind wesentlich künstlerischer Natur; er löst Probleme. Daher die Gleichgültigkeit gegen die höhere Schönheit des Ausdruckes, das Sichabfinden mit einem herrschenden Typus, der namentlich seine Madonnen und seine Putten so kenntlich macht und selbst durch seine Charakterköpfe als bestimmter Bau des Schädels, der Augen, der Kinnbacken hindurchgeht. Wo derselbe zum Gegenstand paßt, wirkt er erhaben; einem jugendlichen Johannes d. T. (Pal. Pitti, Halbfigur) verleiht er z. B. jene a strenge leidenschaftliche Schönheit, die für diese Gestalt wesentlich ist; ja bisweilen nimmt er eine hohe sinnliche Lieblichkeit an, wie z. B. die den Gabriel begleitenden Engel in einer der drei Verkündigungen im b Pal. Pitti beweisen; auch gibt es einige Putten von ihm, welche keinem von denjenigen Correggios an Schönheit und Naivität nachstehen, so z. B. in der herrlichen *Madonna* mit S. Franz und S. Johannes Ev., vom c Jahre 1517, in der Tribuna der *Uffizien*. Sie umklammern die Füße der Madonna, während das fröhliche Christuskind an ihren Hals emporklettern will.

Dann ist Andrea wohl der größte *Kolorist*, welchen das Land südlich vom Apennin im 16. Jahrhundert hervorgebracht hat. Da er nicht auf einer schon ausgebildeten Schulpraxis fußte, sondern jedesmal mit eigener Anstrengung seine Prinzipien neu zu entdecken hatte, seine Gewissenhaftigkeit aber nicht selten schwankte, so sind seine Arbeiten auch im Kolorit sehr ungleich; neben dem eben erwähnten goldtönigen d Wunderwerk in der Tribuna, neben der großen heiligen Familie im Pal. Pitti, neben den paar herrlichen einfachen *Bildnissen*[1], in welchen Licht und Farbe und Charakter sich so vollkommen in eins verschmelzen (Pal. Pitti, Uffizien) – neben all diesem gibt es auch sehr bunte und e dumpfe Malereien. – Immerhin hat Andrea zuerst von allen Florentinern eine sichere, harmonische Skala, eine tiefe, oft leuchtende Durchsichtigkeit der Farben erreicht; er hat auch zuerst der Farbe einen mitbestimmenden Einfluß auf die Komposition des Bildes gestattet. Seine Gewänder fallen nicht umsonst in so breiten Flächen. Man muß dabei

---

[1] Welche davon ihn selber vorstellen, lassen wir dahingestellt. Dasjenige mit der Frau (Pal. Pitti) ist für die verhältnismäßig späte Zeit sehr befangen. * Die Verzeichnung in seiner Hand und das Unlebendige im Kopfe der Frau geben einiges zu denken.

zugestehen, daß sie von einer hinreißenden Schönheit des Wurfes und der Kontur sind und als vollkommener Ausdruck des Lebens der Gestalten ganz absichtslos scheinen. Im wesentlichen aber ist seine Komposition ein ebenso strenger architektonischer Bau als die des Fra Bartolommeo, welchem er offenbar das Beste verdankte. Auch hier ist lauter durch Kontraste verdeckte Symmetrie. Da er aber die Seele des Frate nicht hatte, so bleibt bisweilen das Gerüste unausgefüllt. Wie weit steht seine prächtig gemalte a Kreuzabnahme (Pal. Pitti) hinter der des Bartolommeo zurück! Die Motive, in Linien und Farben klassisch, sind geistig fast null, ein unnützer Reichtum. Auch in der schönen Madonna mit den vier Heiligen (ebenda) kontrastieren die ungenügenden Charaktere mit dem feierlichen Ganzen. Am meisten geistiges Leben zeigt unter den Bildern des Pal. Pitti die *Disputa della Trinità;* eine eifrigere und zusammenhängendere »heilige Konversation«, als die der meisten Venezianer sind; zugleich ein Prachtbild ersten Ranges. Die großen Assunten sind beide spät, gleichen sich und haben viel Konventionelles, aber auch noch große Schönheiten. – In den heiligen Familien (wovon außer den flo-b rentinischen Sammlungen auch z. B. Pal. Borghese in Rom mehrere c besitzt; ein schönes und echtes Bild in S. Giacomo degli Spagnuoli zu Neapel, rechts von der Haupttür) fällt jene Seelenlosigkeit neben den hohen malerischen Vorzügen oft ganz besonders auf; es ist, als ständen die beiden Mütter und die beiden Kinder in gar keinem innigern Verhältnis zueinander.

Als historischer Erzähler hat Andrea gleichwohl Unvergängliches d geleistet. Die Fresken in der *Vorhalle der Annunziata,* begonnen 1510, zeigen zwar zum Teil dieselbe fast zu strenge architektonische Anordnung; in den drei ersten Bildern links, aus der Legende des S. Filippo Benizzi, bildet sich die Gruppe kulissenartig ansteigend zur Pyramide; das eigentlich Dramatische, Bedeutend-Momentane kommt nirgends besonders zu seinem Rechte; in der Anbetung der Könige (letztes Bild rechts) wird man die Hauptgruppe sogar befangen finden. Allein es ist durch diese Malereien die wonnigste Fülle neuer Lebensmotive verbreitet; man genießt mit dem Maler das hohe Glück, schlichte Lebensäußerungen in der reinsten und vollkommensten Form, in edler Abwägung gegeneinander, in weiter Räumlichkeit schön verteilt anschauen zu können. Bei der Betrachtung des einzelnen prägen sich zumal eine Anzahl von Gestalten des ersten, zweiten und fünften Bildes links unauslöschlich ein; trotz aller Verwitterung wird man im letztgenannten (Bekleidung des Aussätzigen) in der Gestalt des S. Filippo eine der höchsten Schöpfungen der goldenen Zeit erkennen. Die Geburt Mariä (vorletztes Bild rechts) ist die letzte, in lauter Schönheit aufgehende

Redaktion dieses Gegenstandes; noch Domenico Ghirlandajo erscheint neben diesem wunderbaren Reichtum einseitig und herb. Außer den Bildern der ältern Meister (*Alessio Baldovinettis* Geburt Christi, letztes Bild links, und *Cosimo Rossellis* Einkleidung des S. Filippo, vorletztes links) haben die Schüler Andreas hier noch ihr Bestes geleistet. Am nächsten steht ihm *Franciabigio* in der (durch den bekannten Hammerschlag verstümmelten) Vermählung Mariä, einem Werke des emsigen und begeisterten Wetteifers. In *Pontormos* Heimsuchung, welche bei weitem sein Hauptwerk ist, steigert sich die Auffassung Andreas und Bartolommeos mit äußerstem Kraftaufwand zu einem neuen Ganzen. Nur Mariä Himmelfahrt, von *Rosso*, zeigt den Stil Andreas allerdings im Zustande der Verwilderung.

Außerdem hat Andrea das einzige *Abendmahl* geschaffen, welches a demjenigen Lionardos wenigstens sich von ferne nähern darf: das große, teilweise vortrefflich erhaltene, teilweise sehr entstellte Freskobild im Refektorium des ehemaligen Klosters *S. Salvi* bei Florenz. (Zehn Minuten vor Porta della Croce, von der Straße links seitab.) Der Moment ist der, daß Christus ein Stück Brot ergreift, um es in die Schüssel zu tauchen, während auch Judas, allein von allen, bereits ein Stück Brot in der Hand hält. Die Charaktere sind nobel und kräftig aus dem Leben gegriffen, aber von der Hoheit derjenigen Lionardos weit entfernt, welche jeder eine ganze Gattung von Ausdruck gleichsam in der höchsten denkbaren Spitze darstellten. Auch hat Andrea der (allerdings außerordentlich großen) malerischen Wirkung zuliebe seinen Leuten sehr verschiedene, zum Teil nichts weniger als ideale Gewänder gegeben; eine Abwechslung, deren schönen Erfolg das Auge empfinden kann, lange bevor es sie bemerkt. Unbeschreiblich lebendig ist hier wie bei Lionardo das Spiel der Hände, welche allein schon ausdrücken, wie Christus den fragenden Johannes beruhigt, wie Petrus jammert, wie dem Judas zugesetzt wird. (Bestes Licht: Nachmittags.) – *Franciabigio* hat in diesem Gegenstande (Abendmahl im Refektorium von S. Giovanni b della Calza in Florenz) den Meister bei weitem nicht erreicht.

Den Höhepunkt von Andreas Kolorit und Vortrag im Fresko bezeichnet außer diesem Abendmahl auch die *Madonna del Sacco*, in einer c Lünette des Kreuzgangs der Annunziata.

Endlich aber gibt es eine Reihe einfarbiger Fresken, Braun in Braun, von seiner Hand, in dem kleinen Hof der Brüderschaft dello *Scalzo* (un- d weit S. Marco). Der Gegenstand ist das Leben des Täufers. Mit Ausnahme einiger frühen und zweier von *Franciabigio* ausgeführten sind sämtliche Kompositionen bei aller Unscheinbarkeit von den mächtigsten und freiesten Schöpfungen der reifen Zeit Andreas. Das ängstlich Architektonische der frühern Fresken in der Annunziata ist hier durch lauter Geist und Leben überwunden. Die Grenzen der Gattung, welche alle feinere Physiognomik, allen Farbenreiz ausschloß, scheinen den Meister erst recht gereizt zu haben, sein Bestes zu geben. Unter den frühern ist die Taufe des Volkes durch Johannes die höhere (und höchste) Stufe der bekannten Freske Masaccios; unter den spätern haben die Heimsuchung, die Enthauptung, sowie die Überbringung des Hauptes den Vorzug; unter den allegorischen Figuren die Caritas, welche das Bild im Louvre weit übertrifft. – Aus dieser Inspiration ist auch jene

a kleine geistvolle Predella mit den Geschichten von vier Heiligen in der Akademie gemalt. (Wo sich sonst von Andrea nichts Bedeutendes als

b das Bild der vier Heiligen befindet.) – Die beiden Geschichten Josephs

c (Pal. Pitti) geben in keiner Beziehung einen Begriff von dem Vermögen Andreas.

d   Außerhalb von Florenz enthält der Dom von Pisa, namentlich im Chor, eine Anzahl prächtig gemalter Einzelfiguren von Heiligen.

Von den Schülern und Nachfolgern ist das Beste schon genannt wor-

e den. Von *Franciabigio* einige Historien (Breitbilder) mit kleinen Figuren in den Uffizien und im Pal. Pitti; gutes Porträt eines Mannes im Hut

f (1517) im Pal. Capponi. – *Pontormo* (1493–1558) ist überhaupt nur um

g seiner Bildnisse willen hochgeschätzt (Pal. Pitti: Ippolito Medici; –

h Uffizien: Cosimo der Alte, nach einem Profilbild des 15. Jahrhunderts trefflich neu redigiert); – seine übrigen Arbeiten sind je früher, um so besser wenigstens gemalt (Uffizien: Leda mit den vier Kindern in einer

i Landschaft; – Capella de' Pittori bei der Annunziata: Fresko einer Madonna mit Heiligen, noch ganz in der Art des Meisters; – Pinacoteca zu

k Bologna: Madonna mit Kind, hinter einer Bank stehend); – die spätern Werke erscheinen durch unberechtigten Aufwand wirklich oder vermeintlich schöner Formen schon manieriert (S. Felicita in Florenz

l erste Kapelle rechts, Kreuzabnahme; – Pal. Pitti: die 40 Märtyrer); –

m die Breitbilder mit Historien (Uffizien) sehr zerstreut. – *Domenico Puligo* verfing sich in die Farben- und Lichtwirkungen Andreas; seine

n Formen wurden darob unbestimmt, sein Vortrag verblasen. (Pal. Pitti:

o heilige Familie, säugende Madonna; – Pal. Corsini in Florenz: mehreres.) Als einer der frühesten Porträtmaler von Profession möchte er vielleicht mehr als ein Bildnis in Anspruch nehmen können, das jetzt als Werk des Meisters gilt. – Angelo Allori, genannt *Bronzino* (1499–1571), Schüler Pontormos, wird als Historienmaler an keiner andern Stelle als bei den Manieristen unterzubringen sein. Als Bildnismaler aber steht er in der bedeutenden und freien Auffassung keinem Zeitgenossen nach, auch den Venezianern nicht, soweit sie ihn in der Farbe übertreffen mögen, die bei ihm immer etwas Kalkiges behält. (In seiner Art: Pal.

Doria in Rom: treffliches Porträt des Gianettino Doria; – Museum von Neapel: die beiden Geometer; – sodann sicher von ihm: Pal. Pitti: der a Geometer, großartig im Geist eines Sebastian del Piombo; – Uffizien: b der junge Bildhauer; Dame im roten Kleid; ein Jüngling mit einem Brief; rotbärtiger Mann in einer Halle; – sämtlich so gemalt, als wären sie nur dem bedeutenden Charakter zuliebe dargestellt; dagegen die Dame mit einem Knaben ein bloßes, vielleicht mediceisches Porträt. – Pal. Corsini: mehrere Porträts. – Pal. del commune zu Prato: c mediceische Porträts aus Bronzinos Schule. – Ähnliche geringere, d mit spätern: in dem Gange, der von den Uffizien nach Ponte vecchio e führt.)

Von Andrea ist auch *Rosso de Rossi* (Rosso Fiorentino, † 1541 in Frankreich) abhängig. Er zeigt schon ganz besonders frühe den Weg, welchen die Entartung einschlagen würde. Die Formen Andreas sind bei ihm bis ins Liederliche aufgelockert, um widerstandslos einer Komposition durchaus nur nach großen Farben- und Lichtmaßen zu dienen. (Pal. Pitti: große Madonna mit Heiligen; – S. Lorenzo, zweiter Altar f rechts, Vermählung der Maria; – S. Spirito, auf einem Altar links: thro- g nende Madonna mit Heiligen.)

Noch einige Meister aus frühern florentinischen Schulen malen sich in dieser Zeit aus. *Ridolfo Ghirlandajo*, der Sohn Domenicos und später Schüler des Frate, hat in zwei Bildern der Uffizien (S. Zenobius, der h einen toten Knaben erweckt, und das Begräbnis des S. Zenobius) entweder ein großes Talent bekundet oder einen sehr glücklichen Wurf getan. Bewegung, Gruppierung, Köpfe und Farben sind ganz der goldenen Zeit gemäß; einige Nachlässigkeiten z. B. in der Gewandung verraten jedoch durch den Mangel an Ernst schon den künftigen Manieristen; – ein trefflich wahres und derbes Frauenporträt im Pal. Pitti i (1509) zeigt, was er in der Ausführung konnte, wenn er wollte. – Die Fresken in der Sala de' Gigli des Palazzo vecchio (Schutzheilige und k Helden) erscheinen schon als das Werk einer müden Phantasie, die sich auf das 15. Jahrhundert zurückwirft. Anderes ist geradezu Manier. So schon das von Ridolfo und seinem Oheim Davide gemalte Bild in S. Fe- l lice (auf einem Altar links), eine Madonna del popolo. – Von *Micchele di Ridolfo* unter anderm das Bild der tausend Märtyrer, in der Akademie; m ein bloßes fleißiges Aktstudium.

Von einem zurückgebliebenen Schüler Filippinos, *Raffaellin del Garbo*, der sich später vergebens dem großen Stil zuzuwenden suchte, ist eine Auferstehung (Akademie) das einzige frühere Bild von Belang. In der n Sakristei von S. Lorenzo eine Geburt Christi. In der von seinem Mei- o

a ster begonnenen Cap. Carafa in der Minerva zu Rom malte er das Gewölbe; jetzt sehr verdorben.

Giov. Ant. Sogliani, ein Schüler des Credi, hat in seinem schönsten
b Bilde, auf einem Altar links in S. Lorenzo, welches die des Martyriums
harrenden Apostel darstellt, den Meister sowohl als Andrea del Sarto
nahezu erreicht. (Auch die Predella, von dem sehr selten vorkommenden *Bacchiacca*, ist ein geistreiches Werk.) – In der Akademie außer ge-
c ringen Bildern eine thronende Madonna mit Tobias, dessen Engel und
d S. Augustin, ebenfalls dem Credi nahe; – in den Uffizien: Madonna in
e einer Landschaft, schon nur schön gemalt; in der Sakristei von S. Jacopo eine Dreieinigkeit mit Heiligen, welche tüchtig und zum Teil noch
ganz edel sind.

Giuliano Bugiardini, ein Künstler von schwankender Rezeptivität,
f schließt sich an D. Ghirlandajo in der Geburt Christi (Sakristei von
S. Croce) und nähert sich dann in der Behandlung dem Lionardo (säu-
g gende Madonna, in den Uffizien; große thronende Madonna mit S. Kat-
h harina und S. Antonius von Padua, in der Pinacoteca zu Bologna).
Endlich verrückte ihm Michelangelo das Konzept. Die berüchtigte
i Marter der heiligen Katharina in S. M. novella (Kapelle Ruccellai, beim
Cimabue) ist die Marter des gewissenhaften Künstlers selber und ein
lehrreiches Denkmal der Gärung, in welche der Meister des Weltgerichtes gewisse Gemüter versetzte. Man ahnt die ganze Qual der Motiv-
jägerei.

Über *Raffael* zu sprechen, könnte hier beinahe überflüssig scheinen.
Er gibt überall so viel, so Unvergeßliches, so ungefragt und unmittelbar, daß jeder, der seine Gemälde sieht, ohne Führer zurechtkommen
und einen dauernden Eindruck mitnehmen kann. Die folgenden Andeutungen sollen auch nur die zum Teil versteckt liegenden Bedingungen dieses Eindruckes klarmachen helfen.

Was in Raffaels Leben (1483–1520) als Glück gepriesen wird, war es
nur für ihn, für eine so überaus starke und gesunde Seele, eine so normale Persönlichkeit wie die seinige. Andre konnten unter den gleichen
Umständen zugrunde gehen. Er kam bald nach seines Vaters Tode
(Giov. Santi, † 1494) in die Schule des Pietro Perugino und arbeitete
bei diesem bis etwa 1504. So war seine Jugend umgeben von lauter Bildern des gesteigerten Seelenausdruckes und der fast normalen Symmetrie. Die Schule konnte als eine zurückgebliebene, sehr unterentwickelte
gelten, sobald es sich um Vielseitigkeit der Zeichnung und Komposition, um das Studium der ganzen Menschengestalt handelte, und selbst
der Ausdruck ging gerade damals bei Meister Perugino in eine handwerksmäßige Wiederholung des für innig und schön Geltenden über. –

Es ist, als hätte Raffael das gar nicht gemerkt. Mit dem wunderbarsten Kinderglauben geht er auf Peruginos (damals schon nur scheinbare) Gefühlsweise ein und belebt und erwärmt das erkaltende Wesen. Wo er als Gehilfe in die Bilder des Meisters hineinmalt, glaubt man die Züge aus Peruginos eigener besserer Jugend zu erkennen, so wie er immer hätte malen sollen[1]; ebenso verhält es sich mit Raffaels eigenen frühern Arbeiten. In der *Krönung Mariä* (vatikanische Galerie) tritt erst zutage, a was die Richtung Peruginos vermochte; wie ganz anders, wieviel himmlisch reiner gibt hier Raffael die süße Andacht, die schöne Jugend, das begeisterte Alter wieder, als dies der Meister je getan hat! – abgesehen davon, daß er schon ungleich reiner zeichnet und drapiert. Die kleinen Predellenbilder dieses Altarblattes, in einem andern Saal derselben Galerie, zeigen schon beinahe florentinisch freie Formen und Erzählungsweise. – Auch in der *Vermählung Mariä* (Mailand, Brera), mit dem Datum 1504, geht Raffael über die Komposition seiner Schule weit hinaus; die vollkommenste Symmetrie wird durch die schönsten Kontraste malerisch aufgehoben; die Momente der Zeremonie und die der Bewegung (in den stabbrechenden Freiern), die belebte Gruppe und der ernste, hohe architektonische Hintergrund (mit welchem andre Peruginer, wie z. B. Pinturicchio, soviel Kinderspiel trieben) geben zusammen ein schon fast rein harmonisches Ganzes. (Den Ausdruck der Köpfe wird man vielleicht weniger süß finden als auf mehrern Kupferstichen.) – Die kleine *Madonna* im Palazzo *Connestabile* zu Perugia, eines der ersten d Juwelen der Miniaturmalerei, ist besser im Rund gedacht und von schönerer, leichterer Haltung als irgendein ähnliches Bild der Schule; über dem vollkommenen Zauber der beiden Figuren und der reizenden Frühlingslandschaft mit den beschneiten Bergen vergißt man allerdings das Vergleichen[2]. Man kann sagen, daß Raffael, als er gegen Ende des Jahres 1504 diese Schule verließ, nicht nur alle gesunden Seiten derselben völlig in sich aufgenommen hatte, sondern überhaupt ihren spezifischen Geist weit reiner und höher in seinen Werken darstellte als irgendeiner seiner Schulgenossen.

[1] Dies bezieht sich besonders auf Raffaels Anteil an der Anbetung des *
neugeborenen Kindes in der vatikanischen Galerie. Hier wird der Kopf des
Joseph unbedingt als sein Werk betrachtet; die Köpfe der Engel und der
Madonna können wohl nur entweder von ihm oder von Spagna sein. – In
der ebendort befindlichen Auferstehung wird wenigstens der schlafende
Jüngling rechts ihm zugeschrieben. – In der Sakristei von S. Pietro zu Pe- **
rugia ist der das Christuskind liebkosende Johannes eine Kopie Raffaels
nach Perugino.

[2] Die Bilder in S. Trinità zu Città di Castello (Dreieinigkeit, und Schöp- *
fung der Eva) – sowie das Kruzifix mit den vier Heiligen, welches noch

Er begab sich nach Florenz, welches gerade in jenem Augenblick der Sammelpunkt der größten Künstler Italiens war; Michelangelo und Lionardo z. B. schufen damals in ihren (verlornen) Kartons die höchsten Wunder der historischen Komposition; es war ein großer Moment der Kunstgärung. Wer sich davon einen Begriff machen will, suche im a linken Querschiff von S. Spirito in Florenz, am zweiten Altar links, das Bild mit der Jahrzahl 1505 auf, welches jetzt gewöhnlich dem Ingegno zugeschrieben wird; aus der Madonna und den Heiligen sehen uns vier, fünf Maler verschiedener Schulen neckend entgegen.

Raffael ließ sich nicht zerstreuen. Er fand unter den florentinischen Malern, wie es scheint, sehr bald denjenigen, welcher ihn gerade in seiner Weise am meisten fördern konnte: den großen Fra Bartolommeo, der nicht sehr lange vorher nach mehrjähriger Unterbrechung sich von neuem der Malerei zugewandt hatte. Dieser war meistens mit ähnlichen Aufgaben beschäftigt wie die Schule von Perugia, nämlich mit Gnadenbildern, nur löste er malerisch, was diese ungelöst ließ; er stellte seine Heiligen und Engel nicht bloß symmetrisch neben- und durcheinander, sondern er bildete aus ihnen wahre Gruppen und belebte sie durch Kontraste und durch grandiose körperliche Entwicklung. Sein Einfluß auf Raffael war bestimmend; die Abrechnung zwischen beiden möchte wohl das Resultat geben, daß Raffael ihm die wesentlichste Anregung zur streng-architektonischen und dennoch ganz lebendigen Kompositionsweise verdankt habe. (Er hat später, vgl. II, S. 247, e, auf den Frate zurückgewirkt.)

Die früheste Äußerung dieses Einflusses erkennt man in dem *Fresko-* b *bilde,* womit Raffael 1506 eine Kapelle des Klosters *S. Severo* in Perugia schmückte. Die Verschiebung des Halbkreises von Heiligen, welche auf Wolken thronen, geht schon weit über den peruginischen Horizont; hier ist nicht bloß Abwechslung der Charaktere und Stellungen, sondern höherer Einklang und freie Größe. Der Kontrast der obern peruginischen und der untern florentinischen Engel spricht noch deutlich die damalige innere Teilung des Künstlers aus.

In seinen Tafelbildern (vermutlich) aus den Jahren 1504–1506 hat er noch mehr von der frühern Art an sich, so in der *Madonna*[1] mit vier Heic ligen und der dazu gehörenden obern Lünette im königlichen Schloß d zu Neapel, auch noch in der *Madonna del Granduca*[1]. Die letztere hat noch

bei den Erben des Kardinals Fesch in Rom sein soll, – die Madonna im Hause Alfani zu Perugia, – und den Christus am Ölberg im Pal. Gabrielli zu Rom hat der Verfasser nicht gesehen. – Die Madonna im Hause Staffa zu Perugia gilt als Werk eines Mitschülers.

[1] Als Privatbesitz des Großherzogs von Toskana ist sie hauptsächlich bei

ganz die stumpfe, befangene Draperie Peruginos, ist aber im hohen Ausdruck des Kopfes und in der schönen Anordnung des Kindes schon eine der größten Machtäußerungen von Raffaels Seele, so daß man ihr manche spätere, vollkommnere Madonna schwerlich vorziehen möchte. Schon entschiedener florentinisch und mehr bewegt ist die kleine *Madonna mit den Nelken*, in der Galerie Camuccini zu Rom. Vielleicht a ein Bild der Befangenheit, welche ersten Schritten in einer neuen Richtung eigen ist; eine fast genreartige Mutter des Christuskindes, im Hauskleid, mit absichtlich gedämpften Farben; übrigens so gedacht und ausgeführt, daß an der Echtheit doch nicht zu zweifeln ist. (Die beiden zusammengesetzten Täfelchen mit heiligen Frauen in derselben Sammlung stammen noch aus Raffaels peruginischer Zeit.)

Raffael lebte 1506–1508 zum zweitenmal in Florenz und diese Periode war bereits sehr reich an bedeutenden Bildern, von denen nur die meisten ins Ausland gegangen sind. Doch gewähren die in Italien gebliebenen wenigstens einen genügenden Faden für die Erkenntnis seiner innern Entwicklung.

Auch jetzt sehen wir ihn wählen; von dem festen Grund aus, zu welchem ihm der Frate verholfen[1], greift er mit dem sichersten Takte nur nach dem, was ihm innerlich gemäß ist. Die Breite.des Lebens, welche noch das Thema der meisten damaligen Florentiner ist, berührt auch ihn, aber nur soweit sie das Höchste nicht beeinträchtigt: den Ausdruck der Seele und die allmählich in ihm zur sichern Form gedeihenden Grundgesetze der malerischen Komposition.

Man vergleiche nur seine damaligen Madonnen mit denjenigen der Florentiner; selbst diejenigen Lionardos (Vierge aux rochers, Vierge aux balances im Louvre) werden sich als weniger hoch gedacht, als in einem irdischen Beginnen befangen erweisen, der übrigen nicht zu gedenken. Raffael hat schon durch den architektonischen Ernst seiner

---

Anlaß des Kopierens in einem der Säle der Galerie Pitti zu sehen. Den Sommer hindurch ist dies am häufigsten der Fall.

[1] Jene Abrechnung zwischen beiden Künstlern ist besonders schwierig, wenn es sich einerseits um Raffaels damals geschaffene heil. Familie in der Münchner Pinakothek, anderseits um die beiden heil. Familien des Fra Bartolommeo im Pal. Corsini zu Rom und im Pal. Pitti (erstes der hintern Zim-* mer) handelt. Hat Raffael die geschlossene pyramidale Gruppe der Maria, der beiden Kinder, der Elisabeth und des abschließend darüber stehenden Joseph zuerst geschaffen und der Frate ihn unvollständig, mit Weglassung einer Figur nachgeahmt? Oder hat Raffael das unreife Motiv des Frate erst durch seine Zutat zur Reife gebracht? Die Entscheidung ist bedenklich, die Zusammengehörigkeit der Bilder beider bleibt aber handgreiflich. Ich möchte eher die erstere Vermutung annehmen.

Gruppenbildung einen Vorsprung, noch mehr aber durch den hohen
Ernst der Form, welcher ihn von allen bloß zufälligen Zügen des Lebens fernhielt. Der Intention nach will seine Madonna nicht mehr sein
als ein schönes Weib und eine Mutter, wie bei den Florentinern auch-
seine Absicht ist (die eigentlichen Gnadenbilder ausgenommen) nicht
erbaulicher als die der letztern; wenn man dennoch das Höchste darin
findet, so muß dies andre Gründe haben.

a   Die Antwort liegt in der *Madonna del Cardellino* (in der Tribuna der
Uffizien; die als Gegenstück aufgestellte Madonna del pozzo scheint
von einem Niederländer oder Lucchesen nach raffaelischen Erinnerungen gearbeitet). Die einfachste denkbare Pyramidalgruppe, durch das
Überreichen des Hänflings mäßig belebt; man wird vielleicht in den
reizenden Formen, dem reinen Ausdruck den vollen Wert des Bildes
suchen; dieselben würden aber weniger wirken, ja vielleicht verlorengehen, ohne die haarscharf abgewogene Harmonie der einzelnen Teile
in Form und Farbe. Bei Raffael wirkt immer das Einzelne so stark und
unmittelbar, daß man darin das Wesentliche zu finden glaubt, während
doch der Reiz des Ganzen unbewußtermaßen das Bestimmende ist.
     Die höhere Stufe der Madonna del Cardellino ist dann die bekannte
Belle Jardinière im Louvre.

b   Ein Rätsel bleibt die *Madonna del Baldacchino* im Pal. Pitti. Raffael ließ
sie bei seiner Abreise nach Rom unvollendet; später, als sein wachsender
Ruhm dem Bilde eine neue Aufmerksamkeit zuwandte, wurde, man
weiß nicht durch wen, daran weitergemalt. Endlich ließ Ferdinand,
Sohn Cosimos III., dasselbe etwa um 1700 durch einen gewissen Cassana
mit einem Anschein von Vollendung versehen, hauptsächlich mittels
brauner Lasuren. Die ungemein schöne Anordnung des Kindes zur Madonna (z. B. die Begegnung der Hände), die im großartigen Stil des
Frate zusammengestellten Figuren links (S. Petrus und S. Bernhard)
gehören wohl Raffael an; vielleicht auch der Oberkörper des Heiligen
mit dem Pilgerstab rechts; dagegen möchte der heilige Bischof rechts
von ganz fremder Hand dazu komponiert sein. Die beiden köstlich improvisierten Putten an den Stufen des Thrones gehören ebensosehr der
Weise des Frate als der Raffaels an; von den beiden Engeln oben ist der
schönere aus dem Fresko von S. Maria della Pace in Rom offenbar entlehnt, woraus hervorgeht, daß der erste Vollender jedenfalls erst nach
1514 über das Bild kam.

     In seinen florentinischen *Bildnissen* steht Raffael schon als der große
Historienmaler da, der aus dem Zufälligen das Charakteristische, aus
dem Vorübergehenden das Ewige auszuscheiden weiß. Vielleicht an

dieser Stelle zeigt sich der einzige kenntliche Einfluß Lionardos auf Raffael, sowohl in der Auffassung als in demjenigen Fleiß der Modellierung, welchem kein Detail der Form zu gering ist, sobald es sich um den ganzen und vollen Charakter handelt. Wenn wir von zwei sehr schönen Köpfen andächtiger Mönche in der florentinischen Akademie (Saal der a kleinen Bilder) absehen, welche noch aus der ersten florentinischen Periode sein könnten, so wären die Bildnisse des *Angelo* und der *Maddalena Doni* (im Pal. Pitti) seine frühesten bekannten Arbeiten dieser Gattung b (1505). Dasjenige der Frau zeigt einen unverkennbaren Anklang an die Gioconda Lionardos (im Louvre) nicht bloß in den Äußerlichkeiten, sondern dem innersten Kerne nach. Manches ist noch unfrei, z. B. die Stellung der Hände, auch die Farbe, allein die Auffassung des Charakters und die Haltung ist völlig unbefangen. Von allen Zeitgenossen hätten nur wiederum Lionardo und etwa Giorgione damals etwas ebenso Wertvolles hervorbringen können.

Das Bildnis in der Tribuna der Uffizien, welches ebenfalls *Maddalena* c *Doni* heißt, dem andern Bild aber wie eine ältere, etwas leidende Schwester gleicht, möchte wohl früher, etwa bald nach der Ankunft in Florenz gemalt sein, als Raffael noch peruginischer dachte und die Gioconda noch nicht kannte. Es ist ein so herrliches und (z. B. in der Anordnung der Hände) bedeutendes Bild, daß die Zweifel an der Echtheit kaum berechtigt scheinen. Unzweifelhaft echt ist jedenfalls Raffaels *eigenes Porträt* in der Sammlung der Malerbildnisse ebenda (vom Jahre 1506?), d von leichter, anmutiger Haltung und höchst meisterhafter Malerei. – Endlich enthält die Galerie (unter N. 229, Saal der Iliade) das *Bildnis einer Frau* von etwa 35 Jahren, in florentinischer Tracht, welches dem Raffael zugeschrieben wird und jedenfalls von erstem Range ist. Es scheint von einem künftigen Meister des Helldunkels gemalt, was Raffael nie wurde, auch zeigen die Flächen der Leinewand und der Damastärmel eher etwa die Behandlungsweise des Andrea del Sarto. Die Modellierung ist wunderbar schön und fleißig, wie sie Andreas spätere Arbeiten allerdings nicht mehr aufweisen. Die Verkürzung der einen Hand hätte der *so weit* ausgebildete Raffael unbedingt besser gegeben. – Der Charakter des Kopfes erzählt eine ganze Jugendgeschichte voll Liebe und Güte.

Im Jahre 1507 malte Raffael auch sein erstes großes bewegtes Historienbild; es ist die *Grablegung* in der Galerie Borghese zu Rom. Ein e Werk der höchsten Anspannung aller Kräfte, noch nicht frei von gewissen Befangenheiten (z. B. in der Anordnung der Füße), mit einzelnen Gesichtsformen, welche schon auf ein abgeschlossenes und damit der Manier sich näherndes Ideal hindeuten, wovon Raffael sich später wieder freimachen mußte. Aber ein ewig großes Wunderwerk der Linienführung, der dramatischen und malerischen Gegensätze und des Ausdruckes. Es genügt z. B., die Verteilung der physischen Anstrengung und der Seelenteilnahme zu verfolgen, um Raffael allen Zeitgenossen vorzuziehen. Der Christusleichnam ist in Form und Verkürzung a vollkommen edel. – Die Predella dazu, Grau in Grau die Figuren von Glaube, Liebe und Hoffnung in Rundbildern auf grünlichem Grunde darstellend, mit je zwei Engelknaben zu den Seiten, befindet sich in der vatikanischen Galerie. Es sind scheinbar nur leichte Skizzen, aber schon in Komposition und Gebärde liegt ein Ausdruck, den man nicht bezeichnender wünschen möchte. Mit möglichst Wenigem ist hier b möglichst Großes gegeben. (Die obere Lünette, Gottvater mit Engeln, findet sich noch in S. Francesco de' Conventuali zu Perugia, wo einst das ganze Werk stand, aber nicht über der Kopie desselben von Arpino, sondern über einem Altarbild der rechten Seite, die Geburt Christi von Orazio Alfani.)

Mit diesem entscheidenden Werke legitimierte sich Raffael als derjenige, der allein neben Michelangelo die Gedanken Papst Julius II. ganz würdig ausführen konnte. Der Papst berief ihn 1508 nach Rom, wo er die zwölf noch übrigen Jahre seines kurzen Lebens hindurch jene unbegreiflich reiche Tätigkeit entfaltete, die als moralisches Wunder einzig dasteht. Nicht die Höhe des Genies, sondern die Gewalt der Willenskraft ist das Größte daran; jene hätte ihn nicht vor der Manier geschützt; diese war es, die ihn nie auf den Lorbeeren ausruhen, sondern stets zu höhern Ausdrucksweisen emporsteigen ließ. – Die große Menge der Aufträge, der Ruhm und die alles übertreffende Schönheit der Werke sammelten bald eine Schule um Raffael; dieser mußte er in der spätern Zeit die Ausführung selbst ganzer großer Unternehmungen überlassen; es waren Menschen der verschiedensten Anlage, zum Teil geringe Charaktere, aber solange der gewaltige Abglanz von der Gestalt des Meisters auf ihnen ruhte, schufen sie in seinem Geist. Ihre baldige Ausartung nach seinem Tode zeigt noch einmal von der Kehrseite, was er gewesen sein muß.

Wir beginnen mit den noch in Italien vorhandenen Staffeleibildern, welche trotz der inzwischen eingetretenen Gewöhnung des Meisters an die Freskenmalerei ihren besondern Charakter vollkommen beibehalten, so daß in ihnen gerade die höchsten Aufgaben der Ölmalerei, die in Raffaels Bereiche lagen, gelöst sind. Als gewissenhaftester aller Künstler tat er sich auch in der Technik nie genug. Wenn man aber von ihm die Farbenglut Tizians und das Helldunkel Correggios verlangt, so zeigt dies ein gänzliches Verkennen seines wahren Wertes. Keines seiner Gemälde würde durch das Hinzukommen dieser Eigenschaften irgend wesentlich gewinnen, weil keines darauf gebaut ist. Was man dagegen wohl bedauern darf, ist das spätere Nachschwärzen seiner Schatten, die im Augenblick der Vollendung gewiß viel lichter waren. Den Beweis liefert z. B. Andrea del Sartos Kopie nach dem Bildnis Leos X., welche sich im Museum von Neapel befindet; mit chemisch a günstigern Farben in den Schatten ausgeführt, zeigt sie, wie das Original (im Pal. Pitti) ursprünglich gestimmt gewesen sein muß.

Die Madonnen dieser römischen Zeit sind größtenteils im Auslande. Von der Madonna di Casa d'Alba, einem Rundbilde mit ganzen Figuren in einer Landschaft, enthält z. B. die Galerie Borghese eine alte Kopie; b ein köstlicher Nachklang der florentinischen Madonnen, nur mehr bewegt. Die *Madonna della Tenda* in der Turiner Galerie gilt als eigenhän- c dige Wiederholung des in München befindlichen Bildes; ebenso ist wohl an der Echtheit des sogenannten *Réveil de l'enfant*[1] im Museum von Nea- d pel nicht zu zweifeln, obschon das in England befindliche Exemplar schöner sein soll. Die unendliche Anmut dieses Bildes, womit es den Sinn des Beschauers traumhaft umfängt, hat wieder ihren tiefsten Grund nicht in den sehr schönen Formen und Zügen, sondern in den überaus vollkommenen Linien, im Gang der Bewegung der Mutter und des Kindes, in der Lichtverteilung.

Kein einziges dieser Bilder gibt durch direkte Andeutungen zu erkennen, daß die Mutter Gottes gemeint sei. Es ist nur die reinste Schönheit des Weibes und des Kindes, die den Gedanken an das Übernatürliche erweckt. Die Kunst ist nach anderthalb Jahrtausenden wieder einmal auf derjenigen Höhe angelangt, wo ihre Gestalten von selbst und ohne alle Zutaten als etwas Ewiges und Göttliches erscheinen.

Und nun stimmt sich Raffael einmal herab und malt vielleicht nur die schönste Italienerin in Gestalt der *Madonna della Sedia* (Pal. Pitti). Ab- e gesehen von dem Reiz der Formen und von der nicht wieder so erreichten Komposition im Rund wirkt hier der Ausdruck des Mütterlichen, in Verbindung mit der herrlichen Volkstracht, ganz besonders stark. Es ist das Lieblingsbild der Frauen.

Von den heiligen Familien ist eine der vorzüglichsten, wie es scheint, spurlos verschwunden: die *Madonna* aus dem Schatz *von Loreto*. Das f Exemplar im Louvre ist nicht besser als einzelne andre gute Schulkopien, deren z. B. das Museum von Neapel zwei enthält (eine davon in der Sammlung des Prinzen von Salerno). Das Motiv ist bekannt: Maria hebt von dem ihr entgegenlachenden, auf einer Bank liegenden Kinde

---

[1] Der Name paßt nicht recht; das Kind ist schon ganz wach und zieht fröhlich an dem Schleier der Mutter.

das Leintuch auf, während Joseph zusieht; im Hintergrunde ein grüner Vorhang; die beiden Halbfiguren meist kaum unter Lebensgröße. Es ist eine häusliche Szene, aber gereinigt von dem Kleinbürgerlichen der Nordländer, von dem Renaissanceprunk der Florentiner, ausgeprägt in den höchsten Formen und Linien.

Teilweise von Raffael komponiert und auch ausgeführt ist die *Ma-*
a *donna dell' Impannata* (d. h. des Tuchfensters) im Pal. Pitti. Waren vielleicht Maria, Elisabeth, die junge Frau links und das Kind ursprünglich zu einem Rundbilde entworfen, welches sich abwärts etwa bis zum Knie der Elisabeth erstreckt hätte? (wobei das Stehen der Maria auf einem andern Plan als die übrigen nicht so auffallen würde) – oder welches Ateliergeheimnis waltet hier ob? Der ganz außerhalb der Gruppe sitzende Johannes ist jedenfalls ein späterer Gedanke, wenn ihn auch Raffael selbst vorgezeichnet haben mag. Über die Teile, die er gemalt hat, herrscht ein Streit, welchen andre schlichten mögen. Der Moment ist einer der liebenswürdigsten: die beiden Frauen haben das Kind gebracht und überreichen es der Mutter; während der Knabe sich noch lachend nach ihnen umwendet, faßt er kräftig das Kleid der Maria, welche zu sagen scheint: »Seht, er will doch am liebsten zu mir.«
b Feierlicher ist die Szene in der *Madonna del divino amore* (Museum von Neapel). Elisabeth wünscht, daß das Christuskind den kleinen links knienden Johannes segne und führt diesem sachte die Hand; Maria betet wie bestätigend dazu; mit Recht hat sie das auf ihrem Knie sitzende Christuskind losgelassen, denn wer segnen kann, der kann auch fest sitzen[1]. Gerade an Zügen dieser Art ist die spätere Kunst so arm! – Die Ausführung gilt überwiegend als Schülerarbeit.
c Ganz in der Nähe hängt Giulio Romanos *Madonna della Gatta*, eine in seinen Stil übersetzte Wiederholung des nach Madrid gekommenen Bildes »la perla« von Raffael. Was der Schüler hinzugetan hat, ist lauter Entweihung, die Katze, die Umbildung der Elisabeth zur Zigeunerin, mehrere andre Zutaten. – Ähnlich verhält es sich mit Giulios *Madonna*
d *della lucertola* (Pal. Pitti), nur daß hier wahrscheinlich schon das für raffaelisch geltende Original, ebenfalls in Madrid, nicht ganz von der Erfindung des Meisters ist. Schöner und fleißiger gemalt als die Madonna della Gatta, wirkt das florentinische Bild doch nur wie eine Zusammenstellung von Motiven (ein sogenannter Pasticcio) nach Raffael.

[1] Ebenso richtig hat dies z. B. der Bildhauer Alessandro Leopardo emp-
* funden – wenn die Madonna della Scarpa in S. Marco zu Venedig (II, S. 37) von ihm ist. Das auf ihrem rechten Knie sitzende Kind schickt sich eben zum Segnen an, und sie läßt die Hände von ihm los.

(Die Madonna di Candelabri, ehemals in Lucca, ist seit langen Jahren nach England verkauft.)

Nur wenige Gnadenbilder, in welchen Maria thronend oder verklärt erscheint, sind von Raffael vorhanden. Das früheste derselben, noch mit einem kenntlichen florentinischen Nachklang, ist die *Madonna di Foligno* a (in der vatikanischen Galerie) vom Jahr 1512. Als Mutter Gottes mit Heiligen erreicht dies Bild gerade alles das, was die Florentiner gern erreicht hätten: ein gewaltig erhöhtes geistiges Leben in den Heiligen; der innigste Bezug zum gläubigen Beschauer sowohl als zur Jungfrau; letztere übrigens nur als ideale Mutter, nicht als Königin des Himmels, das Kind sogar mit einem Zug der Unruhe – und doch beide so hoch über der Madonna del Baldacchino, als die begleitenden Heiligen des Bildes über denjenigen des letztgenannten. Und welcher florentinische Kinderengel, welche frühere Kindergestalt Raffaels selbst würde dem göttlich holden Engelknaben gleichkommen, welcher mit der Schrifttafel vorn zwischen den Heiligen steht? Deutlich spricht das ganze Bild aus, daß der Meister inzwischen die große monumentale Historienmalerei gepflegt und daß diese ihn über die letzten Schranken hinweggeführt hat. Der kniende Donator, Sismondo Conti, ist der gleichzeitigen Bildnisse Raffaels vollkommen würdig und dabei von einer trostvoll rituellen Andacht beseelt, die sich von der Ekstase des heiligen Franz, von der Aufregung des Johannes und Hieronymus merkwürdig unterscheidet.

Später, in der *Sixtinischen Madonna* (zu Dresden) erreichte und bezweckte Raffael allerdings ein Höheres; der Ausdruck des Übernatürlichen wird nicht bloß durch ideale Form, sondern durch die visionäre Raumbehandlung, durch das Einherwallen auf den Wolken, durch den hochfeierlichen Schwung des Gewandes erzielt. In der Madonna von Foligno ist selbst die sitzend schwebende Hauptfigur noch wie in einem bestimmten Raum behandelt und alles übrige vollends irdisch wirklich. Ein Gemälde, das schon seiner Gattung nach – als Prozessionsfahne – eine Ausnahme bilden mochte (wie dies bei der Sixtinischen Madonna mit Wahrscheinlichkeit angenommen wird), darf indes nicht als Norm für Altarbilder dienen.

Von der *Madonna del pesce*, welche mit so manchem Meisterwerk unter den spanischen Vizekönigen aus Neapel nach Spanien kam, findet man in S. Paolo zu Neapel (im Durchgang aus der Kirche zur Sakristei) noch b eine alte Kopie. In dieser höchst liebenswürdigen Komposition ist Maria wieder in die Mitte der Heiligen herabgerückt, wie in der Madonna del baldacchino, aber die hohe Auffassung der Formen, der reine Schwung der Komposition zeugt von der spätern, vollendeten Epoche des Meisters.

So hat denn Raffael, mit einziger Ausnahme der Sixtinischen Madonna, überall in seiner Maria nur das Weibliche nach allen Kräften verklärt und es darauf ankommen lassen, ob man die Mutter Gottes, die Königin der Engel, die mit allem Glanz der Mystik gefeierte Herrin des Himmels darin erkennen werde oder nicht. Er ist immer so wenig symbolisch als möglich; seine Kunst lebt nicht von Beziehungen, die außerhalb der Form liegen, – so sehr ihm auch das Symbolische da zu Gebote stand, wo es hingehört, wie die Fresken im Vatikan zeigen. Auch sein Christuskind ist mit einziger Ausnahme des grandios unheimlichen Knaben auf dem Arm der Sixtinischen Madonna nur der reinste Hauch kindlicher Schönheit. Italien ist reich gesegnet in dieser Hinsicht, so daß dem Maler oft nur die Wahl schwerfällt, und seit Lippo Lippi und Luca della Robbia hatte die Kunst unermüdlich nach der höchsten Beseelung der Kindesgestalt gestrebt; Raffael kam und zog das Resultat. Sein Christus- und sein Johanneskind zeigen mit Ausnahme der frühesten, peruginisch-sentimentalen Bilder nichts als das schönste Jugendleben, dessen gesunde Äußerung indes nur bis an die Grenzen des Schalkhaften verfolgt wird und erst bei Giulio Romano (anderwärts bei Andrea del Sarto) in das Mutwillige übergeht, um endlich bei spätern Generationen in das Süßliche zu fallen.

Dieses bloße schöne Dasein, welches das Wesen des Kindes ist, hört auf mit der ersten Tätigkeit. Es gibt von Raffael keine Darstellung des zwölfjährigen Lehrers im Tempel[1]; wohl aber die eines begeisterten Knaben *Johannes* (das Original vielleicht das Bild in Darmstadt; ein andres neben vielen Kopien als wenigstens zum Teil eigenhändig an-
a erkanntes Exemplar in der Tribuna der Uffizien zu Florenz; eine alte
b Schulkopie in der Pinakothek zu Bologna). Der mächtig strenge Ausdruck des herrlichen Kopfes und der äußerst wirksame Gegensatz zwischen dem aufrechten Sitzen und der diagonalen Bewegung läßt über die Mischung der Formen hinwegsehen, welche zum Teil knabenhaft, zum Teil mehr ausgebildet männlich sind. Im ganzen wird man Raffael

[1] Ein mißlicher Gegenstand, insofern dessen Inhalt nie rein in die Darstellung aufgehen kann; man erfährt wohl aus dem Evangelium, aber nie aus dem Bilde, weshalb die Schriftgelehrten so betroffen sind; die Argumente, welche diese Wirkung hervorbrachten, können eben nicht gemalt werden. – Wie sich Lionardo half, s. II, S. 233, e. – Wir wüßten sehr viel, wenn wir ermitteln könnten, welche Gegenstände Raffael trotz der Wünsche anderer *nicht* gemalt hat und aus welchen Gründen er sie zurückwies. Es gibt von ihm kein Marterbild; sein weitester Grenzstein nach dieser Seite ist die Kreuztragung (lo spasimo di Sicilia), abgesehen von dem frühen Crucifixus, II, S. 265, Anm. 2*.

(auch gegen Tizian) darob Recht geben, daß er den Täufer als Einzelfigur ganz jung bildete; diese Schönheit ist das allein richtige Gegengewicht gegen die Bußpredigt, wenn nicht durch Zutat andrer Figuren eine ganz neue Rechnung eintritt. – Das Rohrkreuz, auf welches Johannes hinweist, bietet in seiner Biegung die einzig harmonische Linie dar.

Endlich noch drei Werke der römischen Zeit, welche jedes in seiner Weise für die Darstellung des Übernatürlichen unvergleichlich groß sind.

Das eine ist symbolischer Art: die *Vision Ezechiels*, im Pal. Pitti; klein, a höchst fleißig, obwohl nicht miniaturartig ausgeführt. – Das Mittelalter hatte die aus dem Alten Testament und der Apokalypse entnommenen Symbole dem Wortlaut nach symmetrisch gebildet, imposant durch den Ernst der Überzeugung, und auch für unser Gefühl überwältigend durch die Ideenassoziation, die sich an derartige Äußerungen der alten Kirche knüpft. – Raffael übernahm den Gegenstand und bildete ihn im Geiste der großartigsten Schönheit um, soweit es bei dem herben Symbol möglich war. Durch die Verschiebung der Gestalt des Gottvaters bringt er erst den klaren Ausdruck des Schwebens hervor; die aufgehobenen Arme, von zwei Engelkindern unterstützt, geben das Gefühl eines ganz übermächtigen Segnens; Gottvater thront nur auf dem Adler, denn Löwe und Stier, auf welche seine Füße sinken, sind bloß geschickt hinzugeordnet; sie blicken nebst dem anbetenden Matthäusengel empor; Gottvater sieht aber nur letztern an. Man kann dieses verschiedene Verhalten zu den vier Sinnbildern willkürlich nennen; hätten wir aber nur viel von *dieser* Willkür! – Das Bild möchte etwa in die Zeit der ersten Abteilungen der Loggien fallen. (Das florentinische Exemplar wird mannigfach angezweifelt, dasjenige, welches 1852 im Besitz des Kapitäns Piela in Venedig war, von geübten Augen vorgezogen.) b

Das zweite Werk gibt das Übernatürliche durch Spiegelung in einer Genossenschaft von Heiligen: die berühmte heilige *Cäcilia* (in der Pina- c kothek von Bologna, gemalt um 1515). Auf der Erde liegen die weltlichen Toninstrumente, halbzerbrochen, saitenlos; selbst die fromme Orgel sinkt aus den Händen der Heiligen; alles lauscht dem oben in den Lüften nur angedeuteten Engelchor. Dieser wunderbar improvisierten obern Gruppe gab Raffael den Gesang, dessen Sieg über die Instrumente hier dem an sich unmalbaren Sieg himmlischer Töne über die irdischen mit einer wiederum bewunderswerten Symbolik substituiert wird. Cäcilia ist mit großer Weisheit als reiche, auch sinnlich gewaltige Bildung gegeben; nur so (z. B. nicht als nervös interessantes Wesen) konnte sie den Ausdruck des vollen Glückes ohne Aufregung

darstellen. Auch ihre fürstliche Kleidung ist gerade für den hier gewollten Zweck wesentlich und steigert eben jenen Ausdruck der völligen Verlorenheit in ruhigem Entzücken. Paulus, innerlich erschüttert, stützt sich auf das Schwert; die gefaltete Schrift in seiner Hand
deutet an, daß in Gegenwart der himmlischen Harmonien auch die ge-
schriebene Offenbarung als eine erfüllte schweigen dürfe. Johannes, in
leisem Gespräch mit S. Augustin, beide verschieden erregt zuhörend.
Magdalena endlich ist (offen gesagt) absichtlich teilnahmslos gebildet,
um die leise Skala des Ausdruckes in den vier übrigen dem Beschauer
recht zum Bewußtsein zu bringen, übrigens eine der großartig chön-
sten Figuren Raffaels. Die wahren Grenzen, innerhalb welcher die Inspiration mehrerer darzustellen ist, sind in diesem Bilde mit einem Takt
festgehalten, welcher den spätern Pfingstfestmalern völlig fremd ist.

(Leidlich erhalten und reastauriert, mit Ausnahme der roh übermalten
a Luft. Hr. Alboresi in Bologna besitzt eine Wiederholung der Hauptfigur, welche von glaubwürdiger Seite als erste,˙höchst vortreffliche
Probe von Raffaels eigener Hand bezeichnet wird.)

Das dritte Gemälde, das letzte Raffaels, welches er unvollendet hin-
b terließ (1520), ist die *Transfiguration*, in der vatikanischen Galerie. Hier
wird durch einen dramatischen Gegensatz, den man ungeheuer nennen
darf, das Übernatürliche viel eindringlicher dargestellt, als alle Glorien
und Visionen der ganzen übrigen Malerei dies vermocht haben. Allerdings sind zwei ganz verschiedene Szenen auf dem Bilde vereinigt, ein
Wagestück, das wahrlich nicht jedem zu raten wäre, es geschah eben
nur hier und nur zu diesem Zwecke. – Unten am Berg die Leute, welche den besessenen Knaben gebracht haben, und die Jünger, ratlos,
mitleidig, aufgeregt, selbst im Buch nach Hilfe suchend, auch lebhaft
empordeutend nach dem Berg, auf welchen ihr Meister gegangen; der
Besessene selbst vor allem merkwürdig als eine der wenigen Gestalten
aus dem Gebiete der Nacht, die Raffael geschaffen und die beim entsetz-
lichsten Ausdruck doch seine hohe Mäßigung so glanzvoll verrät; die
jammernde Frau auf den Knien vorn ist gleichsam ein Reflex des ganzen Vorganges.

Niemand von ihnen allen sieht, was auf dem Berge vorgeht, und der
Bibeltext erlaubte es auch gar nicht; die Verbindung beider Szenen existiert nur im Geiste des Beschauers. Und doch wäre die eine ohne die
andre unvollständig; es genügt, die Hand vor die obere oder vor die
untere zu halten, um zu erkennen, wie sehr das Gemälde ein Ganzes
bildet. – Oben schwebt Christus, und wie durch eine magnetische Kraft
zu ihm hingezogen schweben auch Moses und Elias; ihre Bewegung ist
keine selbständige. Unten liegen die geblendeten Jünger und links erblickt man die heiligen Diakone Stephanus und Laurentius, wahrschein-

lich nur als Patrone der Kirche, für welche das Bild ursprünglich bestimmt war. – Form und Ausdruck des Christus sprechen eines jener großen Geheimnisse der Kunst aus, um welche sich bisweilen lange Jahrhunderte vergebens bemühen. Das Bild, welches sich die gläubige Phantasie von der Verklärung auf dem Berge Tabor macht, ist absolut nicht darstellbar, weil ein helles Leuchten der Gestalt, d. h. eine Aufhebung alles Schattens, also auch aller Modellierung des Körpers dabei vorausgesetzt wird; Raffael substituierte das Schweben[1]. Ferner wird die Verklärung ausschließlich als Machtäußerung in bezug auf die Anwesenden gedacht; Raffael dagegen strebte nicht nach dem Ausdruck der höchsten Herrlichkeit, welcher am Ende in einer kalten Symmetrie erstarren müßte, sondern nach dem der höchsten Seligkeit; sein Christus ist ganz Wonne und damit schon von selbst herrlicher, als er durch den Ausdruck der Macht irgend hätte werden können; er ist es, selbst abgesehen von den kolossalen Kontrasten zu den befangenen Jüngern und gar zu der Szene des Jammers unten. Sein emporgerichteter Blick erscheint durch die Vergrößerung und weite Distanz der Augen außerordentlich verstärkt; Raffael ging hierin nicht weiter als die Griechen auch, bei welchen ziemlich oft die Normalbildung irgendeiner charakteristischen Schärfung weichen muß[2]. – Wem nun dieser Christus noch immer nicht genügt, der suche erst darüber ins klare zu kommen, woran es fehle, und was man von der Kunst überhaupt verlangen dürfe. Es ist möglich, daß in manchen Gemütern z. B. der Weltrichter des Orcagna, der Cristo della moneta Tizians, der Christus in Raffaels Disputa andre und stärkere Saiten des Gefühls berührt, tiefere Ideenfolgen erweckt, allein für eine Verklärung auf Tabor gab der Meister hier eine so hohe Form, daß wir froh sein müssen, ihm irgendwie folgen zu können. – Die Ausführung gehört in der untern Hälfte wohl fast ganz den Schülern an, entspricht aber gewiß im ganzen Raffaels Absicht, mit Ausnahme natürlich der nachgedunkelten Schatten. Die ungemeine Kraft der Farbe, verbunden mit der fast venezianischen Harmonie wenigstens in der obern Gruppe, zeigt, daß Raffael bis zum letzten Augenblick seines Lebens neue Mittel der Darstellung zu bewältigen suchte. Als Künstler von Gewissen konnte er gar nicht anders. Wer ihm dar-

---

[1] Noch bei Giov. Bellini, in jenem wichtigen Bilde (II, S. 203, d) des Museums von Neapel sind Christus, Moses und Elias auf dem Berge stehend dargestellt.

[2] Eine ähnliche Behandlung der Augen kommt auch in der Sixtinischen Madonna vor, sonst aber vielleicht bei Raffael nirgends; er sparte solche Mittel für die äußersten Fälle. In einem der heiligen Diakone auf der Transfiguration rührt diese Bildung wohl von der Hand eines Schülers her.

aus einen Vorwurf macht und von »Abfall« redet, kennt ihn nach seinem innersten Wesen nicht. Das ewig große Schauspiel, wie Raffael sich als Künstler konsequent ausbildet, ist schon an sich mehr wert, als irgendein Verharren auf einer bestimmten Stufe des Idealen, z. B. auf dem Darstellungsprinzip der Disputa, sein könnte. Und überdies verharrt man nicht ungestraft; die »Manier« wartet schon vor der Tür. Von der Bestellung des Bildes wissen wir nichts Näheres. Es ist möglich, daß Kardinal Giulio de' Medici nichts verlangte als einen Salvator mit S. Stephanus und S. Laurentius, und daß Raffael alles übrige hinzutat. Schon Fra Bartolommeo hatte in seinem herrlichsten Bilde (II, S. 248, f) den Salvator zwischen vier Heiligen von freien Stücken als den Auferstandenen dargestellt; Raffael stieg eine Stufe höher und gab den Verklärten. Eine Seite weiter im Evangelium steht die Geschichte von dem besessenen Knaben – welch ein Augenblick mochte das sein, da dem Künstler der Gedanke an eine Verbindung beider Szenen aufging!

Die *Porträts* der römischen Zeit Raffaels bilden eine Reihe ganz anderer Art als diejenigen des Tizian, des Van Dyck u. a., welche vorzugsweise als Porträtmaler berühmt waren. Zwischen den größten Historienbildern und Fresken gemalt, sind sie in der Auffassung höchst verschieden; jedes trägt den Abglanz derjenigen Stimmung, welche in dem betreffenden Augenblick den Historienmaler beseelte. Bekanntlich war er auch in den Fresken nichts weniger als sparsam mit Bildnisfiguren.

Von den in Italien befindlichen Bildnissen ist zuerst zu nennen: *Papst*
a *Julius II.* (Im Pal. Pitti; das Exemplar in der Tribuna der Uffizien gilt als alte Kopie, und ist es auch mit Ausnahme des Kopfes, dessen hohe Vortrefflichkeit wohl nur durch Raffaels eigene Arbeit sich erklären läßt.) Die malerische Behandlung ist wunderbar schön und in aller Einfachheit reich; der Charakter so gegeben, daß man die Geschichte des gewaltigen Greises erst durch dieses Bild recht verstehen lernt.
Leo X., mit den Kardinälen de' Rossi und Giulio Medici. (Im Palazzo
b Pitti. – Die Kopie des Andrea del Sarto im Museum von Neapel, vgl. II, S. 262, a, wird an Ort und Stelle noch immer für das Original ausgegeben, während außerhalb Neapels schon längst jeder Zweifel in dieser Beziehung verstummt ist.) Etwas über natürliche Größe, so daß z. B. die nobeln Hände des Papstes nicht so klein scheinen, als sie im Verhältnis gemeint sind. Die Begleitung durch zwei Kardinäle schon bei frühern Papstbildnissen nachweisbar. Der Charakter Leos X. hier und in den Fresken gewährt eine merkwürdige Parallele, was auch für Julius II. gilt. Durch Lichtwechsel und Stoffbehandlung bilden die vier verschiedenen Rot eine ganz harmonische Skala. Hinten eine ernste Architektur.

Die Zutaten (Glocke, Buch, Vergrößerungsglas) leise, aber wesentliche Winke zur Charakteristik.

Kardinal Bibbiena (im Pal. Pitti); das Verlebte und Kränkliche groß- a artig und geistvoll gegeben; in der vornehmen Liebenswürdigkeit eine Parallele zu Van Dycks Kardinal Bentivoglio (ebenda), welcher bei weitem absichtlicher erscheint.

Fedra Inghirami, ein römischer Prälat und Altertumsforscher. (Pal. b Pitti.) Der Thersites Raffaels; gegenwärtig würde er wie alle Schielenden entweder im Profil oder mit Übergehung des Schielens[1] gemalt werden; Raffael aber umging das Charakteristische nicht, sondern gab dem starren Auge diejenige Richtung und Form, welche das geistige Forschen auszudrücken imstande war. Die starke Beleibtheit ist möglichst edel dargestellt, die Hände nur die eines vornehmen Geistlichen. Wahrscheinlich ein Denkmal kollegialischer Achtung, aus der Zeit, als Raffael die römischen Altertümer studierte.

»*Bartolus und Baldus*«, richtiger: Navagero und Beazzano (Palazzo c Doria in Rom). Zwei schwarzgekleidete Halbfiguren auf einem Bilde; trotz neuerer Zweifel wohl unbedingt echt. Wer konnte zwei bedeutende Männer bewegen, sich zusammen malen zu lassen, wenn der Künstler nicht entweder ein Andenken für sich oder für einen Höhern, etwa für den Papst verlangte? Mehr als in den übrigen Bildnissen herrscht hier der Stil eines historischen Denkmals, eine freie Größe, welche zu jeder Tat bereit scheint und in jedem Geschichtsbilde ihre Stelle fände. Die Ausführung, soweit sie unberührt geblieben, ist höchst gediegen.

Der *Violinspieler* (Palazzo Sciarra in Rom). Raffael malte im Jahre d 1518 gewiß keinen Virtuosen auf dessen Bestellung. Wahrscheinlich ein Günstling des überaus musikliebenden Leo X. Im höchsten Grade interessant, so daß die Phantasie den Lebensroman dieses Unbekannten von selbst aufbaut. Der Pelz, welchen der junge Mann nötig hatte, ist mit Raffinement behandelt.

Von dem Porträt der *Johanna von Aragonien* sind alle bessern Exemplare im Norden. Einem unbekannten Nachfolger Lionardos hatte die prachtvolle Repräsentation, welche die Seele dieses Porträts ausmacht, so eingeleuchtet, daß er es, mit dem stereotypen Idealkopf seiner Schule, wiederholte. Dies ist das Bild im Pal. Doria zu Rom. Es stellt e nicht mehr jene bestimmte Dame vor und ist nicht von Lionardo, gibt auch weder die Lichtwirkung noch die Nebensachen des besten Originals (im Louvre) irgend genau wieder. Der süße und milde Kopf will

[1] Guercino malte in seinem eigenen Porträt (Uffizien) das eine Auge in den tiefsten Schatten.

gar nicht mehr zu all dem Pomp von Seide und Sammet und zu der gebietenden Haltung passen.

a   Die Improvisatorin *Beatrice* (vermeintliche Fornarina, in der Tribuna der Uffizien, datiert 1512). Ein Wunder der Vollendung und des Kolorits, aus der Zeit der Madonna di Foligno. Scheinbar ein Idealkopf, bis man bemerkt, daß ein nicht ganz schönes Verhältnis des Mundes und Kinnes durch glückliche Schiebung verheimlicht wird. Längere Zeit dem Seb. dal Piombo zugeschrieben, jetzt wohl ohne Widerspruch dem Raffael vindiziert. Vorzüglich schön erhalten[1].

Die wahre *Fornarina*, Raffaels Geliebte. (Das als eigenhändig anerkannte Exemplar, mit starken Restaurationen, im Pal. Barbarini zu
b Rom; Wiederholungen von Schülern im Pal. Sciarra und im Pal. Borg-
c hese.) Der Komposition nach unverhohlen ein sehr schönes Aktbild; die Haltung der Arme und der Kopfputz sind vom Maler verordnet und wollen nicht die Individualität charakterisieren. Der Typus, von der lange dauernden römischen Schönheit, ist in mehrern historischen Kompositionen Raffaels frei benutzt, ohne daß man an eigentliches Modellsitzen zu denken hätte[2].

*   [1] Das gleiche Weib ist wohl dargestellt in einem schönen Bilde, welches in der Galerie zu Modena dem Giorgione beigelegt wird; nur ist das Haar hier goldfarbig, mit einer Blume darin. Mir erschien das Bild wie ein Palma vecchio. An der Brustwehr die Chiffre V.

**   [2] Die sehr schönen Porträts des Cavaliere Tibaldeo und des Kardinals Passerini im Museum von Neapel werden Raffael gegenwärtig abgesprochen. – Der fälschlich benannte Cesare Borgia im Pal. Borghese zu Rom könnte wohl
***(II, S. 224, g) ein ganz vortreffliches deutsches Bild sein. – Das weibliche Porträt in der Stanza dell' educazione di Giove des Pal. Pitti, Nr. 245 gleicht wohl etwas der Sixtinischen Madonna und auch der echten Fornarina, ist aber dergestalt übermalt, daß man kaum mehr als die Zeit des Kostüms bestimmen kann, welche allerdings dem Anfang des 16. Jahrhunderts entspricht. Natürlich trägt in den italienischen Galerien noch manches Bild den großen
† Namen mit Unrecht. Das Bild im Pal. Pallavicini zu Genua ist eine ehemals gute, mit neuern Akzessorien vergößerte Schulkopie der Madonna des Museums von Neapel (réveil de l'enfant).
††   In der Madonna di San Luca (Sammlung der gleichnamigen Akademie zu Rom) gilt nur ein Teil des Lukas als Raffaels eigenhändige Arbeit, der
*†Rest kaum für seine Erfindung. – Mariä Krönung (in der vatikanischen Galerie das spätere Bild) ist notorisch von Giulio Romano und Francesco Penni ausgeführt. Ersterer hat im obern Teil offenbar einen raffaelischen Entwurf wenigstens partiell benutzt; man erkennt Anklänge, die an die Vierge de François I. erinnern. Letzterer dagegen hat die untere Gruppe der Apostel selbst erfunden. Mit der untern Gruppe der Transfiguration verglichen, zeigt sie noch einmal auf das bündigste den Abstand zwischen dem

Unter den *monumentalen* Aufträgen, welche Raffael für Julius II. und
Leo X. ausführte, nehmen die Malereien in den *Zimmern des Vatikans*
(le stanze) den ersten Rang ein. Bei dem unerschöpflichen Reichtum
dieser Werke, bei der Unmöglichkeit, ihren Inhalt oder gar ihren Wert
kurz in Worten darzulegen, beschränken wir uns auf eine Reihe einzelner Bemerkungen und vermeiden dabei im ganzen dasjenige, was die
Handbücher ergeben und was der Anblick von selbst lehrt.

Die Räume existierten schon und waren bereits teilweise (von Perugino, Sodoma u. a.) ausgemalt, als Raffael dafür berufen wurde. Sie sind
von nichts weniger als musterhafter Anlage, sogar unregelmäßig (man
beachte z. B. das Gewölbe der Camera della Segnatura) und in betreff
der Beleuchtung nicht günstig. Man besieht sie gewöhnlich nachmittags; doch hat der Vormittag auch gewisse Vorteile, und das Öffnen
der hintern Fensterladen macht einen wesentlichen Unterschied.

Die Technik ist eine außerordentlich verschiedene. Einer guten Autorität zufolge soll besonders die Disputa und die Schule von Athen in
sehr vielen Partien al Secco übergegangen sein; doch sind es der Hauptsache nach sämtlich Fresken; die beiden einzigen in Öl auf die Mauer
gemalten Figuren der Justitia und Comitas im Saal Konstantins wurden nicht, wie man sagt, von Raffael eigenhändig, sondern erst nach
seinem Tode ausgeführt. Allein innerhalb des Fresko, sowohl dessen
was der Meister, als dessen was die Schüler malten, herrscht der stärkste
Unterschied der Behandlung, oft im nämlichen Bilde. Raffael tat sich
nie genug und suchte der schwierigen Malweise stets neue Mittel der
Wirkung abzugewinnen. Von den vier großen Fresken der Stanza
d'Eliodoro ist jedes in einem andren Kolorit durchgeführt; den Gipfel
des Erreichbaren glaubt man zu erkennen in den unbeschädigten Teilen der Messe von Bolsena, und doch wird niemand den Heliodor und
die Befreiung Petri in ihrer Art weniger vollkommen gemalt nennen.

Die Erhaltung ist im Verhältnis zum Alter eine mittlere, ausgenommen die der Sockelbilder, welche Carlo Maratta im wesentlichen neu
malen mußte, und einiger durch Risse schwer bedrohten Deckenbilder.

Meister und dem Schüler. – Der Raffael in der Galerie von Parma scheint
mir eine parmesanische, etwa von Girolamo Mazzola herrührende Reproduktion des Vierheiligenstiches von Marc Anton, wobei der Johannes
demjenigen des Correggio in der Tribuna von S. Giovanni genähert wurde. –
Aber schon der Stich selbst ist schwerlich nach »einer Zeichnung Raffaels«
gemacht, wie Vasari sagt, sondern viel eher ein Pasticcio des Marc Anton
nach einzelnen Figuren aus der Disputa, der zweiten vatikanischen Assunta
und den Aposteln von S. Vincenzo alle tre fontane. – Der Raffael in der
Galerie von Modena ist ein geringes Bild eines Schülers des Perugino.

Das größte Unheil in den Hauptbildern ist durch stellenweises Putzen und besonders durch ganz rücksichtsloses Durchzeichnen entstanden. Die beste Weise, diesem zu begegnen, wäre die genaue, offizielle Aufnahme und Herausgabe der Umrisse, wofür es hohe Zeit wäre. Rom ist für die Fortdauer dieser Gemälde, selbst für ihr Fortleben im Abbild, dem ganzen Abendland und allen künftigen Jahrhunderten verantwortlich. Eine Restauration wäre nur zu beklagen und würde viel mehr kosten als eine Sammlung von Calquen. – Wie weit die schönsten jetzigen Kupferstiche im Eindruck unter den Urbildern bleiben, zeigt der erste Blick auf letztere.

a   Die hohen poetischen Ideen, welche den Fresken der *Camera della Segnatura* (vollendet 1511) zugrundeliegen, waren wohl der Hauptsache nach etwas Gegebenes. Abgesehen davon, daß Raffael schwerlich genug Gelehrsamkeit besaß, um von sich aus die Personen der Disputa oder gar der Schule von Athen[1] sachlich richtig zu charakterisieren und zu stellen und daß sich hier die Beihilfe irgendeines bedeutenden Menschen aus der Umgebung Julius II.[1] deutlich verrät, – abgesehen hiervon hatte schon lange vorher die Kunst sich an denselben Aufgaben versucht. Die Meister der Capella degli Spagnuoli bei S. M. novella in Florenz hatten die allegorischen Figuren der Künste und Wissenschaften und ihrer Repräsentanten in strenger Parallele, in architektonischer Einfassung vorgeführt. Sechs Generationen später, kaum 15 Jahre vor Raffael, hatte sein Schulgenosse Pinturicchio in einem der Zimmer, deren Gewölbe er für Alexander VI. ausmalte (Appartamento Borgia im Vatikan, dritter Raum), jene allegorischen Gestalten thronend in der Mitte ihrer Jünger auf landschaftlichem Hintergrunde dargestellt, anderer Versuche zu geschweigen. Aber Raffael hatte zuerst den Verstand, die allegorischen Frauen aus den Wandbildern hinaus an das Gewölbe in einen besondern goldenen Mosaikhimmel zu versetzen. Hier konnte er sie auf ganz eigene, ideale Weise stilisieren. (Man weiß, wie später die verwilderte Kunst recht ihren Stolz darin suchte, allegorische und geschichtliche Personen möglichst bunt durcheinander zu mischen und wie es der ganzen sonstigen Größe eines Rubens bedarf, um Werke dieser Art, wie z. B. sein Leben der Maria von Medici im Louvre, für uns genießbar zu machen.)

Es blieben nun für die Gemälde bloß historische Figuren übrig, denn der Gottvater und die Engel in der Disputa, die Musen im Parnaß u. dgl.

---

[1] Man rät auf Bibiena, Bembo, Castiglione, Inghirami usw. Auch die ganze allegorische Kunst und Poesie von den Trionfi des Petrarca abwärts kommt in Betracht.

gelten doch wohl als solche. (Der obere Teil der Wand, welche der Jurisprudenz gewidmet ist, enthält allerdings noch eine Allegorie, allein in einem besondern Raum abgetrennt.) Alle Gestalten konnten nun gleichmäßig, in einem und demselben Stile belebt werden.

Warum hat Raffael in dem Bilde der Gerechtigkeit nicht eine geistig angeregte Gemeinschaft berühmter Juristen dargestellt, wie er dies in den drei übrigen Bildern mit den Theologen, Dichtern und Weltweisen getan? Warum statt dessen zwei einzelne historische Akte der Gesetzgebung? Weil der mögliche Gegenstand einer »Disputa« von Juristen entweder außerhalb des Bildes, d. h. unsichtbar geblieben wäre, oder, durch sachliche Beziehungen verdeutlicht, aus dem hohen idealen Stil hätte herausfallen müssen.

Nach der Ausscheidung des Allegorischen blieb also das Historisch-Symbolische als Hauptgehalt der vier großen Darstellungen übrig. Raffael hat hier ein wahrhaft gefährlich-lockendes Vorbild hingestellt. Eine große Anzahl von Gemälden analogen Inhaltes sind seitdem geschaffen worden, zum Teil von großen Künstlern; sie erscheinen sämtlich als von Raffael abhängig oder als ihm weit untergeordnet. Weshalb? Gewiß nicht bloß, weil es nur einen Raffael gegeben hat.

Er war von vornherein im Vorteil durch die Unbefangenheit in antiquarischer Beziehung. An sehr wenig überlieferte Porträts gebunden, durfte er lauter Charaktergestalten aus sich selber schaffen; in der Disputa z. B. war die Tracht das einzig kenntlich machende Attribut, welches auch völlig genügte. Er mußte nicht die Köpfe so und so stellen, damit man sie auf gelehrtem Wege verifizieren könne. Diese größere sachliche Freiheit kam durchaus der Komposition nach rein malerischen Motiven zugute. Es sind fast lauter Gestalten einer mehr oder weniger entfernten Vergangenheit, die schon nur in idealisierender Erinnerung fortlebten[1].

Die Aktion, welche diese Bilder beseelt, ist allerdings nur die Sache des größten Künstlers. Allein man mutete ihm innerhalb seines Themas auch nicht das Unmögliche zu, wie z. B. die geistige Gemeinschaft eines Gelehrtenkongresses, einer Malerakademie oder überhaupt solcher Personen, deren charakteristische Tätigkeit gar nie gemeinsam vor sich geht, und die, wenn man sie beisammen malt, immer auf das Diner zu warten scheinen. In der Disputa gab Raffael nicht etwa ein Konzilium, sondern ein geistiger Drang hat die größten Lehrer göttlicher Dinge rasch zusammengeführt, so daß sie um den Altar herum nur eben Platz

---

[1] Über die Bedeutung der einzelnen Personen in den sämtlichen Fresken findet man bei Platner, Beschreibung Roms, S. 113 ff., gewissenhafte Auskunft.

genommen haben; mit ihnen namenlose Laien, die der Geist auf dem Wege ergriffen und mit hergezogen hat; diese bilden den so notwendigen passiven Teil, in welchem das von den Kirchenlehrern *erkannte* Mysterium sich bloß als *Ahnung* und Aufregung reflektiert. Daß der obere Halbkreis der Seligen (eine verherrlichte Umbildung desjenigen von S. Severo) dem untern so völlig als Kontrast entspricht, ist der einfach erhabene Ausdruck des Verhältnisses, in welchem die himmliche Welt die irdische überschattet. Endlich imponiert hier im höchsten Grade die kirchliche Idee; es ist kein Bild von neutraler Schönheit, sondern ein gewaltiger Inbegriff des mittelalterlichen Glaubens.

Den Gegensatz dazu bildet die *Schule von Athen*, ohne himmlische Gruppe, ohne Mysterium. Oder ist die wunderschöne Halle, welche den Hintergrund ausmacht, nicht bloß ein malerischer Gedanke, sondern ein bewußtes Symbol gesunder Harmonie der Geistes- und Seelenkräfte? Man würde sich in einem solchen Gebäude so wohl fühlen! – Wie dem nun sei, Raffael hat das ganze Denken und Wissen des Altertums in lauter lebendige Demonstration und in eifriges Zuhören übersetzt; die wenigen isolierten Figuren, wie der Skeptiker und Diogenes der Zyniker, sollen eben als Ausnahmen kontrastieren. Daß die rechnenden Wissenschaften den Vordergrund unterhalb der Stufen einnehmen, ist wieder einer jener ganz einfachen genialen Gedanken, die sich von selbst zu verstehen scheinen. Trefflichste Verteilung der Lehrenden und der Zuhörenden und Zuschauenden, leichte Bewegung im Raum, Reichtum ohne Gedränge, völliges Zusammenfallen der malerischen und dramatischen Motive. (Wichtiger Karton in der Ambrosiana zu Mailand.)

a   Der *Parnaß*, das Bild der »Seienden« und Genießenden. Das Vorrecht des lauten, begeisterten Redens hat nur Homer; das der Töne Apoll; sonst wird bloß geflüstert. (Wer an der Violine Anstoß nimmt, mag nur Raffael selbst zur Verantwortung ziehen, denn eine erzwungene Huldigung für den Ruhm eines damaligen Geigenvirtuosen, aus welchem einige sogar den Kammerdiener des Papstes machen, ist dieser Anachronismus gewiß nicht. Wahrscheinlich gewährte das Instrument dem Maler ein lebendigeres, sprechenderes Motiv für seine Figur, als eine antike Lyra hätte tun können.) Das Idealkostüm ist hier mit großem Recht auch auf die neuern Dichter ausgedehnt, von welchen nur Dante die unvermeidliche Kapuze zeigt. Der gemeinsame Mantel und der gemeinsame Lorbeer heben die Dichter über das Historische und Wirkliche hinaus. Die Musen sind nicht der Abwechslung zu Gefallen unter die Dichter verteilt, sondern als ihr gemeinsames Leben auf der Höhe des Berges versammelt. Auch sie sind nicht antiquarisch genau charakterisiert; Raffael malte *seine* Musen.

Von den beiden Zeremonienbildern gegenüber ist das *geistliche* Recht, d. h. die Erteilung der Dekretalen, in dieser kritischen Gattung ein Muster der Komposition und Durchführung zu nennen. Der Figurenreichtum ist nur mäßig, – der Ausdruck der Autorität beruht nicht in der Vollständigkeit des Gefolges, überhaupt nicht in der Masse. Die Köpfe sind fast lauter Bildnisse von Zeitgenossen. Man darf annehmen, daß Raffael sie freiwillig und in künstlerischer Absicht anbrachte. – Die *Allegorie* der Prudentia, Temperantia und Fortitudo in der *Lünette* (deren Analyse bei Platner a. a. O. nachzusehen) ist eine der bestgedachten; im einzelnen ist nicht alles ganz lebendig geworden.

Von den allegorischen Frauen am *Gewölbe* ist die Poesie einer der reinsten und eigensten Gedanken Raffaels. In den übrigen hat er wohl dem Allegoristen, der ihm zur Seite stand, bedeutend nachgeben müssen oder wollen; daher vielleicht auch der Mangel an freudiger Unbefangenheit. Die Eckbilder des Gewölbes, historische Momente in strengerm Stil, beziehen sich jedesmal auf den Inhalt der *beiden* nächsten Wände; so das herrliche Urteil Salomonis auf die Gerechtigkeit und Weisheit zugleich, der Sündenfall auf die Gerechtigkeit und das Verhältnis zu Gott zugleich. Mit dem Marsyas hat man einige Not und es bedarf einer entfernten Beziehung aus Dante, um ihn außer der Poesie auch mit der Theologie in Verbindung zu bringen. Die Eva im Sündenfall ist ein Hauptbeleg für die Bildung des Nackten in Raffaels mittlerer Zeit. Ebenso der Henker im Urteil des Salomo.

Die Sockelbilder, großenteils erst von Perin del Vaga an der Stelle eines untergegangenen Getäfels komponiert und ausgeführt und später ganz übermalt, zeigen noch, in welchem Sinne Raffael die dekorative Wirkung des ganzen Saales verstanden wissen wollte. Ihre Komposition ist zum Teil außerordentlich schön, aber in kleinen Abbildungen ebenso genießbar als an Ort und Stelle. (Von Raffael nur diejenigen unter dem Parnaß.)

Wären wir nur über die nähern Umstände der Entstehung dieser Fresken nicht so völlig im Ungewissen! Die großen Fragen: wieviel wurde dem Maler vorgeschrieben? was tat er selbst hinzu? für welche Teile hat er vielleicht nur mit Mühe Erlaubnis erhalten? welche Zumutungen hat er abgewiesen? – diese Fragen sind nie zu beantworten. Es ist unbekannt, mit wem er in nächster Instanz zu tun hatte. Soviel aber geht aus den Werken selbst hervor, daß die rein künstlerischen Beweggründe im einzelnen meist die Oberhand behielten. Wenn man in andern Bildern jener Zeit, bei Mantegna, Pinturicchio, Sandro u. a., die Unersättlichkeit der Zeitgenossen an Allegorien und Symbolen aller Art kennenlernt, so wird es zur Gewißheit, daß Raffael aus eigenen

Kräften maßhielt, wählte, über- und unterordnete. Welche Kämpfe kann
die untere Hälfte der Disputa gekostet haben! wenn z. B. irgendein Theologe sich für vollständige Darstellung aller großen Kirchenlehrer und
Ordensstifter verwandte! – oder wenn irgend jemandes Lieblingsphilo-
soph oder Lieblingsdichter durchaus in die Schule von Athen oder auf
den Parnaß gebracht werden sollte! – andrer Möglichkeiten nicht zu
gedenken.

Vielleicht die einzige ganz müßigscheinende Figur in diesem Saal ist
der junge Herzog von Urbino, welcher in der Mitte der linken Hälfte
der Schule von Athen steht. Bei genauerer Betrachtung findet man, daß
er nicht nur mit seinem weißen Gewande malerisch notwendig, sondern
auch als neutrale Gestalt zwischen der obern und der untern Gruppe
unentbehrlich ist. Und was will das stille Lächeln dieses wunderbaren
Antlitzes sagen? Es ist das siegreiche Bewußtsein der Schönheit,
daß sie neben aller Erkenntnis ihre Stelle in dieser bunten Welt behaupten werde.

Neben der Decke der Sixtinischen Kapelle ist die Camera della Segnatura, welche fast genau zur gleichen Zeit gemalt wurde, das erste um-
fassende Kunstwerk von reinem Gleichgewicht der Form und des Gedankens. Noch die trefflichsten Florentiner des 15. Jahrhunderts (Lionardo ausgenommen) hatten sich durch den Reichtum an Zutaten (Ne-
benpersonen, überflüssige Gewandmotive, Prunk der Hintergründe
usw.) stören lassen; ihr Vieles hebt sich gegenseitig auf; ihre scharfe
Charakteristik verteilt die Akzente zu gleichmäßig über das Ganze; Fra
Bartolommeo, der erste große Komponist neben Lionardo, bewegte
sich in einem engbegrenzten Kreise und sein Lebensgefühl war seiner
Formenauffassung nicht völlig gewachsen. – Bei Raffael zuerst ist die
Form durchaus schön, edel und zugleich geistig belebt ohne Nachteil
des Ganzen. Kein Detail präsentiert sich, drängt sich vor; der Künstler
kennt genau das zarte Leben seiner großen symbolischen Gegenstände
und weiß, wie leicht das Einzel-Interessante das Ganze übertönt. Und
dennoch sind seine einzelnen Figuren das wichtigste Studium aller seit-
herigen Malerei geworden. Es läßt sich kein besserer Rat erteilen, als
daß man sie (wo nötig, auch mit bewaffnetem Auge) so oft und so vollständig als möglich betrachte und nach Kräften auswendig lerne. Die
Behandlung der Gewänder, der Ausdruck der Bewegung in denselben,
die Aufeinanderfolge der Farben und Lichter bieten wiederum eine un-
erschöpfliche Quelle des Genusses.

a   Die *Stanza d'Eliodoro*, wahrscheinlich ganz oder fast ganz eigenhändig
von Raffael ausgemalt in den Jahren 1511–1514, bezeichnet den großen

Schritt in das Historische. Es ist gewagt, aber erlaubt zu vermuten, daß er sich nach den *dramatisch-bewegten* Gegenständen sehnte. Vielleicht hätte man noch gern mehr Allegorien gehabt – vielleicht wollte im Gegenteil Julius II. seine eigenen Taten in voller äußerer Wirklichkeit dargestellt sehen, etwa Momente aus dem Kriege der heiligen Ligue, den Einzug durch die Bresche von Mirandola u. dgl. – Beides wären Abwege gewesen, wenigstens für Raffael. Er gab nun Zeitgeschichte und Allegorie zugleich, die erstere im Gewande der letztern. Heliodors Züchtigung ist ein Symbol der Vertreibung der Franzosen aus dem Kirchenstaate; die Messe von Bolsena (deren Tatsache ins Jahr 1263 fällt) bedeutet die Überwindung der Irrlehren am Anfang des 16. Jahrhunderts. Nach dem Tode Julius II. (1513) ließ sich Leo X. diese Art von verklärender Darstellung der eigenen Geschichte alsobald gefallen; – vielleicht hatte Raffael schon Entwürfe für die beiden andern Wände gemacht, welche dann ersetzt wurden durch den Attila (Symbol der Verjagung der Franzosen aus Italien) und durch die Befreiung Petri (Leos X. Befreiung aus den Händen der Franzosen in Mailand, als er noch Kardinal war). – Es war ein großes Glück, daß die damalige Ästhetik die Allegorie und die *Anspielung* für ein und dasselbe hielt, während doch die letztere mit lauter historisch gedachten, individuell zu belebenden Gestalten wirken darf.

Wie man die Sache ansehe, von irgendeiner Seite sind hier Konzessionen gemacht worden. Die vier Momente liegen geschichtlich gar zu weit und fremd auseinander, als daß nicht zu vermuten wäre, Raffael habe etwas andres gemalt, als ursprünglich gewünscht worden war. Auch der gänzliche Mangel an innerm Zusammenhang mit den vier alttestamentlichen Deckenbildern deutet auf einen Wechsel der Entschlüsse hin, der beim neuen Pontifikat ohnedies eingetreten sein muß.

Im Großen ist aber doch das Thema ein gleichartig fortlaufendes, das sich auch in den übrigen Zimmern, allerdings getrübt, fortsetzt: Siege der Kirche unter göttlichem Schutze. Endlich hebt die Behandlung alle diese Gegenstände auf eine solche Weise, daß man in ihnen nur das Höchste sucht und ihnen nur den erhabensten Sinn zutraut.

Mit einer unbeschreiblichen Macht und Herrlichkeit hält Raffael seinen Einzug in das Gebiet der dramatischen Malerei; sein erstes Gemälde war der *Heliodor*. Welch ein Atemschöpfen nach den symbolisch bedingten Bildern der Camera della Segnatura! Er hat keine großartigere bewegte Gruppe mehr geschaffen als die des himmlischen Reiters, mit den im Sturm zu seiner Seite schwebenden Jünglingen und dem gestürzten Frevler nebst dessen Begleitern. Woher die Erscheinung gekommen, wo sie vorübergesaust ist, zeigt der leere Raum in der Mitte des Vordergrundes, welcher den Blick auf die Gruppe um den Altar des Tempels frei läßt. Man bewundert mit Recht die Verkürzung in dem Reiter und in dem Heliodor, aber sie ist nur der meisterhafte Ausdruck für das Wesentliche, nämlich die glücklichste Schiebung der Figuren selbst. Die Gruppe der Frauen und Kinder, deren hundertfältiges Echo durch die ganze spätere Kunst geht, verdient hier im Urbild ebenfalls, daß man sie sich genau einpräge. Endlich mußte dem Papst sein Genüge geschehen; in voller Wirklichkeit auf seinem Tragsessel thronend, schaut er ruhig auf das Wunder hin, als käme es ihm gar nicht unerwartet. An dem Bildnis Marc Antons, der als Träger des Sessels mitgeht, hat man den bestimmten Beweis, daß Raffael seine Porträtpersonen wenigstens zum Teil freiwillig anbrachte.

Die *Messe von Bolsena* war eine viel einseitigere Aufgabe als der Heliodor. Das Geschehen des Wunders beschränkt sich auf einen ganz kleinen Fleck; es wäre ungefähr dasselbe, wenn ein Dramatiker die Peripetie seines Stückes auf das Verwechseln eines Ringes oder sonst auf ein szenisch kaum sichtbares Ereignis bauen müßte. Aber innerhalb dieser Schranken ist das Herrlichste gegeben. Die Wahrnehmung und die Ahnung des Wunders geht wie ein geistiger Strom durch die andächtige Menge links und der Reflex davon belebt auch schon die unten an der Treppe sitzenden Frauen und Kinder; in der Gruppe des Papstes und seiner Begleiter ist es ruhige Gewißheit, wie sie den mit tausend Wundern vertrauten Fürsten der Kirche zukommt, und von diesem Ausdruck durften auch die unten knienden Obersten der Schweizergarde nicht zu weit abweichen. An und für sich sind sie ein Vorbild monumentaler Kostümbehandlung. – Die Anordnung neben und über dem nicht einmal in der Mitte der Wand stehenden Fenster scheint für Raffael ein wahres Spiel gewesen zu sein; eben aus der Unregelmäßigkeit entwickeln sich für ihn die schönsten Motive wie von selbst. Bei genauerer Betrachtung wird man aber von dieser Ansicht abgehen und glauben, daß viel Mühe und Nachsinnen dabei war. Die Doppeltreppe, die halbrunden Schranken, die Kirchenhalle selbst sind an sich ein architektonisch schönes Bild.

Attila und Leo der Große; eine gewaltige Szene fast von lauter Reitern – sollte es nicht nahezu unmöglich sein, neben so viel Tierwelt, so viel physischer Kraftäußerung dem höhern geistigen Gehalt zu seinem Recht zu verhelfen? Allerdings für die himmlische Erscheinung blieb nicht viel Raum übrig, aber er wurde benutzt. Statt wolkenthronender Apostel drohend vorwärts schwebende, gleichsam eine überirdische Begleitung des ruhig mit den Seinigen daherziehenden Papstes. Bei den Hunnen sieht nur Attila, was vorgeht, mit der lebendigsten Wendung des Entsetzens; bei seinem Gefolge sind die Rosse ahnungsfähiger als die Menschen, sie werden wild und scheu, wodurch ein prächtiges

Leben in die Gruppe kommt; über ihnen verdunkelt sich der Himmel und ein Sturmwind saust in die Banner. Bei der Bildung der Rosse ist das Ideal unsrer jetzigen Pferdekenner allerdings nicht berücksichtigt. Man setze aber in Gedanken die Pferde eines Horace Vernet an ihre Stelle; sie würden *hier* unerträglich sein, während wir sie in der Smala usw. mit allem Fug bewundern. Attilas schwarzer Hengst ist noch ruhig; die angstvolle Gebärde des Königs durfte nicht etwa durch das Bäumen seines Tieres mitverursacht scheinen.

Petri Befreiung, höchst originell in drei Momenten entwickelt. Auch die Wächter nicht unwürdig; zwar befangen, aber nicht tölpelhaft. In der Szene rechts wird Petrus von dem außerordentlich schönen Engel wie im Traum geführt. Der Lichteffekt mit hoher Mäßigung gehandhabt; es ist ihm nichts Wesentliches aufgeopfert.

Die allegorischen Sockelbilder enthalten noch in ihrer jetzigen Gestalt raffaelische Motive, die nicht zu verderben sind. – In den vier Deckenbildern erkennt man eine ähnliche, nur freiere Vereinfachung des Stiles, wie in den Eckbildern am Gewölbe des vorigen Zimmers; wie diese als Mosaiken, so sind sie als Teppiche gedacht.

In der *Stanza dell' Incendio* ist vielleicht nichts von Raffaels eigener Hand gemalt; am Gewölbe ließ er die Malereien Peruginos stehen, um seinen Lehrer nicht zu kränken. Ohnehin war ja die Zeit der strengen symbolischen Gesamtkompositionen vorbei, wie der Inhalt der Deckenbilder der Stanza d'Eliodoro beweist.

Die Anspielung ist hier oberflächlicher als in den Gemälden des vorigen Zimmers. Es sind die Taten Leos III. und Leos IV., also Szenen des 8. und 9. Jahrhunderts, die hier nur der Namensgleichheit mit Leo X. zuliebe aus der ganzen Kirchengeschichte ausgewählt und unter den Zügen des letztern dargestellt sind. Unbegreiflich ist der *Reinigungseid Leos III.;* weder Raffael noch der Papst konnten (wie man denken sollte) ein besonderes Verlangen nach diesem Gegenstand haben, und wenn die unfehlbare Glaubwürdigkeit des päpstlichen Wortes symbolisiert werden sollte, so war manche andre Erinnerung dazu besser geeignet und malerisch mindestens ebenso dankbar. Immerhin wurde ein stattliches Zeremonienbild daraus, welches wenigstens zeigt, auf welcher Höhe lebendiger historischer Einzeldarstellung die ausführenden Schüler in jenem Augenblicke (bis 1517) standen. Hier lernte Perin del Vaga jene Charakteristik, welche in seinen Helden des Hauses Doria (in der obern Halle des gleichnamigen Palastes zu Genua) nachklingt.   a

Die *Krönung Karls des Großen* dagegen ist erweislich ein politisches Tendenzbild, ein frommer Wunsch Leos X., welcher gerne Franz I. zum Kaiser gemacht hätte, dessen Züge Karl trägt. Hier ist es wahrhaft schmerzlich, Raffael mit dem gewaltsamen Interessantmachen einer Zeremonie beschäftigt zu sehen; halbnackte Männer schleppen prächtiges Gerät herein; die Köpfe der reihenweis sitzenden Prälaten müssen sich trotz dem feierlichen Augenblicke zum Teil umwenden, damit der Beschauer nicht gar bloß Inseln erblicke. Und doch ist aus der Szene gemacht, was nur Raffael daraus machen konnte, und das einzelne ist zum Teil so schön, daß man es gerne seiner eigenen Hand zutrauen möchte. Seine ganze Größe als historischer Komponist findet er wieder in dem *Siege von Ostia.* Kampf, Bändigung und Gefangenführung sind hier meisterhaft zu einem höchst energischen und einfach schönen Bilde vereinigt, das nur der Ausführung und der spätern Einstellung halber weniger in die Augen fällt. Ob der Sarazenensieg irgendeine allgemeinere Andeutung der Unwiderstehlichkeit der Kirche, oder eine Anspielung auf die damaligen tunisischen usw. Korsaren enthalten soll, ist nicht auszumitteln.

Endlich das berühmte Bild: *l'incendio del borgo;* der Aufgabe nach das mißlichste von allen: Leo IV. löscht durch das Zeichen des Kreuzes eine Feuersbrunst in der Nähe der Peterskirche. Damit sollte die Allmacht des päpstlichen Segens symbolisiert werden. Mit diesem Ereignis selber war gar nichts anzufangen, weil das Aufhören des Feuers an sich und vollends die Kausalverbindung mit der Gebärde des Papstes sich nicht sinnlich darstellen ließ. Raffael schuf statt dessen das stilgewaltigste Genrebild, welches vorhanden ist: die Darstellung der Fliehenden, Rettenden und hilflos Klagenden. Hier sind lauter rein künstlerische Gedanken verwirklicht, frei von der letzten historischen oder symbolischen Rücksicht, im Gewande einer heroischen Welt. Die höchste Wonne der freien Erfindung muß den Künstler dabei beseelt haben; die einzelnen Motive sind immer eines wunderbarer als das andere und ihr Zusammenwirken wiederum unvergleichlich. Ganz gewiß geht es bei einer Feuersbrunst in der Regel anders zu, allein für dieses heroische Menschengeschlecht hätte z. B. die Lichteffektmalerei eines Van der Neer doch nicht hingereicht. Eigentlich brennt nicht der Borgo, sondern Troja; statt der Legende liegt das zweite Buch der Aeneide zugrunde. Doch darf man auch die schöne entfernte Gruppe um den Papst nicht übersehen.

Die Sockelfiguren – Fürsten, welche dem römischen Stuhl besondere Dienste erweisen – sind für ihre Stelle sehr glücklich gedacht, und mit Recht nicht als sklavenartige Karyatiden, sondern als frei thronende Fürsten gegeben. Giulio führte sie nach Raffaels Angabe aus; Maratta mußte sie später neu malen.

Bei der Entscheidung über die *Sala di Costantino* scheint Leo X. inne a geworden zu sein, daß auf die bisherige Weise nicht weiter gemalt werden dürfe. Mit dem Anspielen auf die eigene Person des Papstes war dem Künstler ein Zwang auferlegt, den er mit all seiner Größe nicht kann vergessen machen. Man mußte die Aufgabe wieder höher fassen und das Weltgeschichtliche endlich einmal unmittelbar geben. So kam der erste aller Historienmaler gegen Ende seines Lebens an die direkt geschichtlichen und durch die Zeitentfernung dennoch idealen Aufgaben. Vielleicht hatte es dazu des Incendio bedurft, in welchem er den Papst in den Hintergrund verwiesen hatte.

Raffael fertigte, wie es scheint, außer einem nicht ganz vollständigen Entwurf für das Ganze des Saales, die Kartons für die Schlacht, für die Taufe und für die Schenkung Konstantins; sodann für vielleicht sämtliche Tugenden und teilweise auch für die heiligen Päpste, wenn nicht für alle. Von der Decke gehört ihm nichts und von der Fensterwand nur ein Teil an. Die Sockelbilder, zum Teil sehr schön gedacht, sind jetzt wesentlich Marattas Werk; ihre Erfindung wurde schon vor 200 Jahren dem Giulio zugeschrieben. – Raffael gedachte alles in Öl, nicht al fresco zu malen. Von seiner Hand ausgeführt, im Augenblick der Vollendung, wäre dies ein herrlicher Anblick gewesen; gewiß hätte er die verschiedenen Gattungen der Bilder auf das bedeutungsvollste im Ton auseinander gehalten. Allein mit der Zeit wäre vieles nachgedunkelt, wie die schon erwähnten (II, S. 273), bald nach seinem Tode und gewiß nach seiner Absicht ausgeführten beiden Allegorien beweisen.

Die Ausführung des jetzt Vorhandenen gehört wesentlich dem Giulio Romano; von Francesco Penni rührt die Taufe, von Raffaelle dal Colle die Schenkung her. Die Decke ist eine späte Arbeit des Tommaso Laureti.

Die *Erscheinung des Kreuzes*, mit welcher wir beginnen, ist wohl nicht von Raffael entworfen. Die Gruppe der Soldaten ist sehr ungescheut aus dem Sturm auf Jericho in der zehnten Arkade der Loggien entlehnt und das übrige, zum Teil ziemlich frivol, dazu komponiert (z. B. der Zwerg). Man möge sich durch den Augenschein überzeugen.

Dagegen ist die *Schlacht Konstantins*, in Giulios hier vorzüglicher Ausführung, eines der größten Lebensresultate Raffaels. Man setze sich nur zuerst darüber ins klare, was dieses Schlachtbild sollte. Die Phantasie wird gewiß rascher aufgeregt durch ein Reitergewirr mit Farbenkontrasten und Pulverdampf, welches nur Leben und verzweifelte Bewegung gibt, wie bei Salvator Rosa und Bourguignon; man gewinnt gewiß rascher ein Interesse für das moderne Schlachtbild, dessen Leben insgemein in einer möglichst wirklichen Hauptepisode besteht. Raffael aber mußte einen Angelpunkt der Welt- und Kirchengeschichte als solchen darstellen. Vor allem einen Sieg im Moment der Entscheidung. Auch die brillanteste Episode genügt hierzu nicht; das Heer als Ganzes muß siegen. Dies ist hier zur Anschauung gebracht durch das gleichmäßig gewaltige Vordringen der christlichen Reiter und durch die Stellung Konstantins genau in der Mitte des Bildes, die er eben im Begriff ist weitersprengend zu überschreiten. Auf diesem Hintergrunde gewinnen erst die prachtvollen Episoden des Einzelkampfes ihre wahre Bedeutung, ohne aus dem Ganzen herauszufallen. Ruhig, wie ein Prinzip, thront der Heerführer inmitten seiner Schlacht; die Beziehungen einzelner Krieger auf ihn, die Gruppe der Engel über ihm, verstärken seine zentrale Bedeutung; ein Krieger zeigt ihm den im Wasser versinkenden Maxentius. – Die Aufeinanderfolge und Auswahl der einzelnen Motive des Kampfes ist derart, daß keins das andere aufhebt; sie sind nicht nur räumlich wahrscheinlich, sondern auch beim größten Reichtum dramatisch deutlich.

Die *Taufe Konstantins* ist weit mehr als ein bloßes Zeremonienbild und steht in der Komposition beträchtlich über dem Schwur Leos III. und der Krönung Karls. Sie ist nicht gegeben als Funktion, die auf einem Ceremoniale und auf bestimmten Kostümen beruht, sondern als idealer historischer Augenblick. Die ganze Gruppe ist in einer Bewegung, die durch das Stufenwerk des Raumes vortrefflich modifiziert wird. Die äußersten beiden Figuren, Zutaten Pennis, wirken freilich als Kulissen.

Die *Schenkung Konstantins*, die unter jeder andern Hand ein Zeremonienbild geworden wäre, ist hier ebenfalls ein idealer historischer Augenblick. Der Kaiser überreicht dem Papst S. Sylvester nicht eine Urkunde, worin man sich die Schenkung der Stadt Rom geschrieben denken müßte, auch nicht ein Stadtmodell, womit sich spätere Künstler in ähnlichen Fällen geholfen haben, sondern eine goldene Statuette der Roma. Sein kniendes Gefolge, welches durch seine Stelle noch den Weg bezeichnet, den es gekommen ist, besteht nur aus vier Personen; die Nachdrängenden werden durch Wachen abgehalten. Die vordern Gruppen, bei spätern Künstlern oft sogar im besten Fall nur schöne Füllstücke, sind hier der wesentliche und höchst lebendige Ausdruck der Freude des ungenierten römischen Volkes. Alle Ergebenheitsmienen von reihenweis aufgestellten Behörden könnten diesen Ausdruck nicht ersetzen; das römische Privatleben sollte seinen persönlichen Jubel aussprechen. Die Architektur der alten S. Peterskirche ist frei und sehr schön benutzt.

Die Figuren der heiligen Päpste und der Tugenden haben schon größerernteils den gleichgültigen allgemeinen Stil der römischen Schule und geraten deshalb in Nachteil z. B. gegenüber von den Zwischenfiguren an der Decke der Sistina, welche die eigenhändige Machtübung ihres Meisters in so hohem Grade an der Stirn tragen. Von Raffael selbst und in Öl ausgeführt würden sie gewiß eigentümlich grandios gewirkt haben. (Der Kopf S. Urbans angeblich von Raffael.)

Die obenstehenden Bemerkungen, weit entfernt, den geistigen Gehalt dieser unermeßlich reichen Fresken erschöpfen zu wollen, suchen bloß einige wesentliche Anhaltspunkte festzustellen. Nebenbei mußte darauf aufmerksam gemacht werden, wie Raffael nur teilweise frei verfügen konnte. Das einzelne, was hierüber zu sagen war, sind allerdings bloße Vermutungen, aber der Inhalt des Vorhandenen nötigt dazu. Diese moralische Seite der Entstehung der Fresken wird über ihrer Vortrefflichkeit zu oft übersehen.

Schon bei Anlaß der Architektur wurde der *vatikanischen Loggien* gedacht, d. h. der ersten Arkadenreihe des zweiten Stockwerkes im vordern großen Hofe des Vatikans, als des ersten Meisterwerkes der modernen Dekoration (I, S. 234, e). Wir gelangen nun zu den biblischen Darstellungen, welche zu je vieren in den Kuppelwölbungen der ersten 13 Arkaden angebracht sind. Sie wurden nach Raffaels Zeichnungen ausgeführt von Giulio Romano, Francesco Penni, Pellegrino da Modena, Perin del Vaga und Rafaelle dal Colle. Die Figur der Eva im Sündenfall gilt bekanntlich als Raffaels eigene Arbeit. Es ist nicht bekannt, wie groß und wie genau ausgeführt die Entwürfe waren, nach welchen er die Schüler arbeiten ließ; wahrscheinlich je nach Umständen.

Ort und Technik schrieben die größte Einfachheit vor. Lichteffekt, Ausdruck einzelner Köpfe, irgendein raffiniertes Detail durften nie die Grundlage und Seele des Bildes ausmachen. Was nicht mit deutlichen Beziehungen und Gebärden zu erreichen war, mußte wegbleiben. Der menschlich interessante Kern der Szenen, ohne irgendeinen bestimmten orientalischen Bezug, mußte zum idealen, für alle Zeiten und Länder gültigen und verständlichen Kunstwerk ausgebildet werden. Von der venezianischen Art, den Vorgang in eine Novelle des 16. Jahrhunderts zu übersetzen, konnte hier keine Rede sein. Man halte aber die Loggienbilder neben die Umrißzeichnung eines Giorgione, Palma oder Bonifazio dieser Art, und man wird den Gedankenunterschied inne werden. Übrigens ist in vielen Loggienbildern die Landschaft so schön und bedeutend als bei den Venezianern, worauf hier ausdrücklich hingewiesen werden muß. (Erschaffung der Eva, Adams Feldbau, Jakob mit Rahel am Brunnen, Jakob mit Laban streitend, Joseph als Traumdeuter vor seinen Brüdern, Findung Mosis, u. a. m.)

Die Vortrefflichkeit der einzelnen Motive entzieht sich durchaus der Beschreibung; es scheint sich alles von selbst zu verstehen. Um den Wert jedes einzelnen Bildes ins Licht zu setzen, müßte man jedesmal nachweisen, wie andere Künstler meist mit größern Mitteln doch nur eine geringere, weniger geistvolle Lösung zustande gebracht oder auch gänzlich neben das Ziel geschossen haben. Streitig für unser Gefühl sind nur die ersten Bilder, die der Weltschöpfung. Raffael bediente sich hier zum Ausdruck für den Schöpfer desjenigen Typus, welchen Michelangelo in der Sistina zum Leben gerufen hatte; die Kunst hatte jetzt gleichsam das Recht, die in verschiedene Akte geteilte Schöpfung als lauter *Bewegung* darzustellen. Gleich darauf beginnt die Geschichte des ersten Menschenpaares, die hier durch die Bestimmtheit des landschaftlichen Raumes einen von den Darstellungen gleichen Inhaltes in der Sistina wesentlich verschiedenen Grundton erhält. Diese vier Bilder allein offenbaren schon den größten historischen Komponisten, wie man beim Durchdenken ihrer Motive zugeben wird. Mit den vier Noah-Bildern beginnt ein neues patriarchalisch-heroisches Leben, welches dann in den vier Bildern der Geschichte Abrahams und in den vier folgenden mit der Geschichte Isaaks seine Fülle entfaltet. Abraham mit den drei Engeln, Loth mit seinen Töchtern fliehend, der kniende Isaak, die Szene beim König Abimelech gehören zu den schönsten Motiven Raffaels. Und doch glaubt man erst in den Bildern der Geschichte Jakobs und vollends derjenigen Josephs das Höchste innerhalb der Grenzen dieser Gattung vor sich zu haben, zumal in der Szene »Joseph vor seinen Brüdern als Traumdeuter«. – Von den acht Bildern mit der Geschichte des Moses sind die ersten noch sehr schön, und unter den spätern besonders die Anbetung des goldenen Kalbes; dazwischen aber tritt mit »Moses auf Sinai«, und »Moses vor der Wolkensäule« eine starke Verdunkelung ein. Vermutlich war dem Künstler der vorgeschriebene Gegenstand zuwider; das letztere Bild kann er kaum selber komponiert haben. Von den vier Bildern der Eroberung Palästinas ist der Sturm auf Jericho besonders ausgezeichnet; von den vieren der Geschichte Davids die Salbung, von der Geschichte Salomos das Urteil. Mit den Bildern der letzten Arkade begann Raffael die Geschichten des Neuen Testamentes; der Anfang, zumal die Taufe Christi zeigt, was wir an der Fortsetzung verloren haben. (Das Abendmahl schwerlich von Raffael.)

Eine besondere Beachtung verdient die Behandlung des Übersinnlichen. Die Kleinheit des Maßstabes schrieb eine Wirkungsweise durch lauter Gebärde und Bewegung vor. »Die Scheidung des Lichtes von der Finsternis« (erste Arkade, erstes Bild) ist unter dieser Bedingung ganz vorzüglich großartig gedacht; die Gebärde der vier Extremitäten drückt das Auseinanderweisen und zugleich die höchste Macht aus. Bei den ersten Menschen tritt Gott als weiser Vater auf; der Engel, der sie aus dem Paradiese treibt, zeigt in der Gebärde ein tröstendes Mitleid. In starker schwebender Bewegung erscheint Gott dem Abraham, dem Isaak (mit dem Gestus des Verbietens) und dem Moses im feurigen Busche; mit der Himmelsleiter mußte auch Raffael sich behelfen, wie es ging. In der Gesetzgebung auf Sinai, wo Gott thronend im Profil dargestellt ist, trägt sich die Bewegung auf die heranstürmenden Posaunenengel über, usw.

Mit den Dekorationen haben diese biblischen Bilder allerdings nicht den geringsten geistigen Zusammenhang. Allein dieses ornamentale System vertrug überhaupt nur einen neutralen Inhalt und hätte für religiöse Symbole und Anspielungen kein Gefäß abgeben können.

Raffaels *Tapeten*[1] bestehen aus zwei Reihen, von welchen jedenfalls a nur die *erste*, mit den zehn Ereignissen aus der Apostelgeschichte, ihm im engern Sinne angehört. Er schuf in den Jahren 1515 und 1516 (also gleichzeitig mit den Entwürfen zur Stanza dell' incendio) die berühmten Kartons, von welchen noch sieben zu Hamptoncourt in England aufbewahrt werden. Gewirkt wurden sie in Flandern; noch bei Raffaels Lebzeiten kam wenigstens ein Teil davon fertig nach Rom. Die Wirker hatten sich an seine Zeichnung gehalten, so genau man sich damals überhaupt an Vorlagen hielt; es kommen Freiheiten, z. B. in der Behandlung einzelner Köpfe und des landschaftlichen Grundes vor, die sich ein jetziger Künstler bei seinen Exekutanten verbitten würde. Die Erhaltung des Vorhandenen ist im Verhältnis zu den Schicksalen eine mittlere; doch sind die Farben ungleich abgebleicht und das Nackte hat einen kalt schmutzigen Ton angenommen. Dem originalen Schwung und Strich der raffaelischen Hand können die Konturen der Tapeten ohnedies nie gleichkommen.

Von ihren nur in wenigen Beispielen erhaltenen Randarabesken ist schon (I, S. 236, b) die Rede gewesen. Außerdem haben sie Sockelbilder in gedämpfter Goldfarbe. Hier zeigt es sich, wie Leo X. seine eigene Lebensgeschichte taxierte. Ohne irgendeinen Bezug auf die oben stehenden Taten der Apostel geht sie unten parallel mit, und zwar auch diejenigen Momente, welche nichts weniger als ruhmreich waren, wie die vermummte Flucht aus Florenz, die Gefangennehmung in der Schlacht von Ravenna u. dgl. Das Glückskind findet alles, was ihm widerfahren,

---

[1] Gegenwärtig an zwei Stellen der langen Verbindungsgalerie zwischen dem obern Gang der Antiken und der Gemäldesammlung des Vatikans aufgehängt.

nicht bloß merkwürdig, sondern auch monumental darstellbar, und dieser Zug des mediceischen Gemütes hat noch hundert Jahre später Rubens und seine ganze Schule zur Verherrlichung der zweideutigsten Tatsachen in Anspruch genommen (Galerie de Marie de Médicis). Jene Sockelbilder, in schönem und gemäßigtem Reliefstil erzählt, bedurften, beiläufig gesagt, zur örtlichen Verdeutlichung der gleichen Nachhilfe wie das Relief der Alten: nämlich der Personifikation von Flüssen, Bergen, Städten usw. Auch das allgemeine ideale Kostüm war hier, wo kein Detail scharf charakteristisch vortreten durfte, durchaus notwendig.

In den Hauptbildern war Raffael frei und konnte seinen tiefsten Inspirationen nachgehen. Es ist vorauszusetzen, daß er hier selbst die Momente wählen durfte, wenigstens sind sie alle so genommen, daß man keine bessern und schöner abwechselnden aus der Apostelgeschichte wählen könnte. Die Technik der Wirkerei, auf welche er seine Arbeit zu berechnen hatte, erlaubte ihm beinahe soviel als das Fresko. Er scheint mit einer ruhigen, gleichmäßigen Wonne gearbeitet zu haben. Das reinste Liniengefühl verbindet sich mit der tiefsten geistigen Fassung des Momentes. Wie sanft und eindringlich ist in dem Bilde »Weide meine Schafe!« die Macht des verklärten Christus ohne alle Glorien ausgedrückt, indem die Gruppe der Apostel je näher bei ihm, desto mehr zu ihm hingezogen wird; die hintersten stehen noch ruhig, während Petrus schon kniet. Die Heilung des Lahmen im Tempel – einer jener Gegenstände, welche in spätern Bildern durch Überladung mit gedrängten Köpfen pflegen erdrückt zu werden – ist hier durch die architektonische Scheidung und durch erhabenen Stil in die schönste Ruhe gebracht. Pauli Bekehrung ist (hier ohne Lichteffekt) auf die einzig würdige Weise geschildert, während die meisten andern Darsteller ihre Virtuosität in einem rechten Getümmel zu zeigen suchen. Das Gegenstück bildet die Steinigung des Stephanus. Die Blendung des Zauberers Elymas (leider zur Hälfte verloren) und die Strafe des Ananias sind die höchsten Vorbilder für die Darstellung feierlich-schrecklicher Wunder; das Dämonische hat ruhige Gruppen zum Hintergrunde. Wiederum gehören zusammen: Pauli Predigt in Athen, und die Szene in Lystra, beide von unermeßlichem Einfluß auf die spätere Kunst, so daß z. B. der ganze Stil Poussins ohne sie nicht vorhanden wäre. Das eine ein Bild des reichsten Seelenausdruckes, der sich der mächtigen Profilgestalt des Apostels doch vollkommen unterordnet; das andere eine der schönsten bewegten Volksgruppen, so um den Opferstier geordnet, daß dieser mit seiner Wendung sie unterbricht und doch nichts verdeckt; man empfindet, daß der Apostel ob diesem Auftreten der Masse vor Leid außer Fassung geraten muß. – Endlich der Fischzug

Petri, ein Bild des geheimnisvollsten Zaubers; der Moment der physischen Anstrengung (in welchen beiden Gestalten!) ist in die zweite Barke verwiesen, in der vordern kniet Petrus schon vor dem sitzenden Christus und der Beschauer wird nicht durch den Anblick der Fische gestört, über welchen man in andern Bildern den Hauptgegenstand, nämlich den Ausdruck der vollen Hingebung und Überzeugung des Apostels vergessen muß.

Die *zweite Reihe* der Tapeten, schon in der Technik geringer, ist in a Flandern auf den Kauf hin, wahrscheinlich nicht auf Bestellung gewirkt worden. Es scheint, daß niederländische Künstler aus kleinen Entwürfen Raffaels große Kartons machten, welche diesen Tapeten zugrunde gelegt wurden. Mehrere Kompositionen, vorzüglich die grandiose Anbetung der Hirten, auch die der Könige, der Kindermord, die Auferstehung, zeigen trotz zahlreicher niederländischer Zutaten die unverwüstliche Erfindung des Meisters, seine hochbedeutende Entwicklung des Herganges; von mehrern andern dagegen kann ihm gar nichts angehören; es ist Spekulation, die sich an den damals noch weltberühmten Namen knüpfte, ehe Michelangelos Ruhm alles übertönt hatte.

Außer diesen großen päpstlichen Aufträgen übernahm Raffael noch eine Anzahl von Fresken für Kirchen und Privatleute.

Das früheste (1512) ist der *Jesaias* an einem Pfeiler des Hauptschiffes b von S. Agostino in Rom. (Seit einer unglücklichen Restauration ist Raffael nur noch für die Umrisse verantwortlich.) Der Einfluß der Sistina, welche nicht lange vorher vollendet war, läßt sich wohl nicht verkennen; stärker aber als Michelangelo spricht Fra Bartolommeo aus dem Bilde. In der schönen Zusammenordnung des Propheten mit den Putten möchte Raffael jenen beiden überlegen sein.

Eine ganz andere Art von Konkurrenz mit Michelangelo drückt sich c in dem berühmten Fresko von *S. Maria della Pace* (1514) aus[1]. Die Aufgabe himmlisch begeisterter Frauengestalten, die sich das Altertum in seinen Musen ganz anders gestellt hatte, gehört hier der Symbolik des Mittelalters an, ebenso die Motivierung durch die Engel. Michelangelo war hiervon abgegangen und hatte das Übernatürliche ganz in der Gestalt der Sibyllen selbst zu konzentrieren gesucht, so daß ihnen die Putten nur als Begleitung und Gefolge dienen; später ließen Guercin und Domenichino die Engel ganz weg und ihre Sibylle sehnt sich einsam aus dem Bilde hinaus. Raffael dagegen drückte gerade in der Verbindung der Sibyllen mit den Engeln den schönsten Enthusiasmus des Verkündens und Erkennens aus. Man bemerkt lange nicht, daß die Engel

---

[1] Bestes Licht: um 10 Uhr.

von kleinerm Maßstabe sind; wie etwa die Griechen den Herold kleiner als den Helden bilden mochten. Die Anordnung im Raum, die
durchgehende und so schön aufgehobene Symmetrie, die Bildung der
Formen und Charaktere verleihen diesem Werk eine Stelle unter den
allergrößten Leistungen Raffaels und vielleicht wird es von all seinen
Fresken am frühesten die Vorliebe des Beschauers gewinnen.

a   Im Jahre 1516 erbaute und schmückte Raffael die *Capella Chigi*, im
linken Seitenschiff von S. Maria del popolo; nach seinen Kartons fertigte damals ein Venezianer, Maestro Luisaccio, die Mosaiken der Kuppel. (Sie gehören als venezianische Mosaiken nicht zu den bestgearbei-
teten dieser Zeit.) Der segnende Gottvater mit Engeln, in der Lan-
terna, zeigt das bedenkliche Verkürzungssystem, welches damals hauptsächlich durch Correggio aufkam, in seiner edelsten Äußerung. Ringsum sind die sieben Planeten und (als achte Sphäre) der Fixsternhimmel
unter dem Schutz und der Leitung göttlicher Boten dargestellt. Hier
treffen Mythologie und christliche Symbolik aufeinander; bewundernswürdig hat Raffael ihre Gestalten im Charakter geschieden und in der
Handlung verbunden. Die Planetengötter gewaltig, befangen, leidenschaftlich; die Engel abwehrend und ruhig waltend. Die Anordnung im
Raum, so daß z. B. die Planetengötter nur mit dem Oberleib hervor-
ragen, ist der Aufgabe so angemessen, als könnte sie gar nicht anders
sein.

Für denselben Agostino Chigi (einen reichen sienesischen Bankier),
welcher diese Kapelle baute, entstand damals das schönste Sommerhaus
b der Erde, die *Farnesina* an der Longara zu Rom. Baldassare Peruzzi erbaute es und malte auch mehrere Räume wenigstens teilweise aus. Zwischen den Arbeiten der Stanza d'Eliodoro ließ sich auch Raffael einstweilen (1514) zu einem Freskobilde für seinen Gönner Agostino herbei, und malte in dem Nebenraum links die *Galatea*, das herrlichste aller
modern-mythologischen Bilder. Hier ist die allegorisch gebrauchte Mythologie kein konventioneller Anlaß zur Entwicklung schöner Formen,
sondern was Raffael geben wollte, ließ sich überhaupt nur in diesem
Gewande ganz rein und schön geben. Welcher bloß menschliche Hergang hätte genügt, um das Erwachen der Liebe in seiner vollen Majestät deutlich darzustellen? Die Fürstin des Meeres ist lauter wonnige
Sehnsucht; umzielt von Amorinen, umgeben von Nymphen und Tritonen, welche die Liebe schon vereinigt hat, schwebt sie auf ihrer Muschel über die ruhige Flut; selbst an die Zügel ihrer Delphine hat sich
ein wundervoller Amorin gehängt und läßt sich von ihnen wohlgemut
über die Gewässer ziehen. Im einzelnen wird man, beiläufig gesagt, hier

am besten sich überzeugen können, wie wenig Raffael in seinem Formgefühl von den Antiken abhängig war; nicht nur die Auffassung, sondern jede Kontur ist sein eigen. Und zwar ist seine Zeichnung eine minder ideale, mehr naturalistische als die der Griechen; er ist der Sohn des 15. Jahrhunderts. Es gibt »korrektere« Gestalten aus der Davidschen Schule, wer möchte sie aber gegen diese eintauschen?

In seinen zwei letzten Lebensjahren (1518–20) schuf dann Raffael die Entwürfe zu der berühmten *Geschichte der Psyche* für die große untere a Halle der Farnesina; sie wurden ausgeführt von Giulio Romano, Francesco Penni und (das Dekorative und die Tiere) von Giovanni da Udine. Die Schüler haben die Gedanken des Meisters in einem konventionellen und selbst rohen Stil wiedergegeben; um zu wissen, wie Raffael sie dachte, versuchte man, sie in den Stil der Galatea zurückzuübersetzen. Für seine Komposition erhielt Raffael eine flache Decke mit abwärts gehenden Gewölbezwickeln. An den Vorderseiten der letztern stellte er zehn Momente der Geschichte der Psyche dar, an den innern Seiten schwebende Genien mit den Attributen der Götter, an der mittlern Fläche in zwei großen Bildern das Gericht der Götter und das Göttermahl bei Psyches Hochzeit. Der Raum ist durchgängig ein idealer und durch einen blauen Grund repräsentiert, seine Trennung nicht scharf architektonisch, sondern durch Fruchtkränze dargestellt, in welchen Giov. da Udine die schon an den Loggienfenstern bewährte Meisterschaft offenbarte.

Raum und Format der Zwickel waren für Geschichten von mehreren Figuren scheinbar so ungeeignet als möglich; Raffael aber entwickelte gerade daraus (wie aus der Wandform bei der Messe von Bolsena, der Befreiung Petri, den Sibyllen) lauter Elemente eigentümlicher Schönheit. Irgendeine bestimmte Räumlichkeit, ein bestimmtes Kostüm durfte allerdings darin nicht vorkommen; das war *seine* Freiheit neben dem ungeheuren Zwang, den ihm die Einrahmung auferlegte. Nur nackte oder ideal bekleidete menschliche Körper, nur die schönsten und deutlichsten Schneidungen, nur die Wahl der prägnantesten Momente konnten das Wunder vollbringen. Die letztern sind auch in der Tat nicht alle gleich glücklich und bei allen muß man die Kenntnis der bei Apulejus erzählten Mythe (die damals jedermann auswendig wußte) voraussetzen[1]. Aber im ganzen bezeichnen sie doch den Gipfel des Möglichen in dieser Art. (Besonders: Amor, welcher den drei Göttinnen die Psyche zeigt, die Rückkehr Psyches aus der Unterwelt, Jupiter den Amor küssend, Merkur die Psyche emportragend.) – In den beiden großen als

---

[1] Eine genügende Inhaltsübersicht gibt Platner, Beschreibung Roms, S. 585 ff.

ausgespannte Teppiche gedachten Deckenbildern mit den olympischen
Szenen gab Raffael nicht jene Art von Illusion, welche mit Scharen von
Figuren in Untensicht auf Wolkenschichten den Himmel darzustellen
vermeint, sondern eine Räumlichkeit, welche das Auge befriedigt und
für den innern Sinn mehr wahrhaft überirdisch erscheint als alle jene
perspektivischen Empyreen. Die einzelnen Motive gehören zum Teil
zu seinen reifsten Früchten (der sinnende Jupiter und der plädierende
Amor, Merkur und Psyche; im Hochzeitmahl vorzüglich das Braut-
paar, der aufwartende Ganymed u. a. m.), und doch fällt nichts einzelnes aus dem wunderwürdig geschlossenen Ganzen heraus. – Die schwebenden Amorine mit den Abzeichen und Lieblingstieren der Götter sind
wohl im Ganzen eine Allegorie auf die Allherrschaft der Liebe, im einzelnen aber Kinderfiguren von lebendigstem Humor und trefflichster
Bewegung des Schwebens im gegebenen Raum.

Vielleicht tat es Raffael über dieser Arbeit leid um die vielen andern
darstellbaren Momente aus der Geschichte der Psyche, welche nur eben
hier keine Stelle finden konnten, weil sie eine bestimmte Örtlichkeit und
eine größere Figurenzahl verlangten. Wie dem auch sei, er entwarf eine
größere Reihe von Szenen, deren Andenken – leider nur nach einer spätern Redaktion des Michel Coxcie – in Stichen und neuern Nachstichen
(unter anderm in der Sammlung von Réveil) vorhanden ist[1]. So einfach und harmlos als möglich wird darin die Geschichte erzählt; das
Auge nimmt die göttliche Schönheit der meisten dieser Kompositionen
hin, als verstände sie sich ganz von selbst.

[1] Von sonstigen Fresken der Schüler Raffaels nach seinen Entwürfen sind
 * in Rom vorhanden: Wanddekorationen mit allegorischen Darstellungen in
bezug auf die Allherrschaft der Liebe, in einem unzugänglichen Raum des
Vatikans (dem sog. Badezimmer des Kardinals Bibbiena); – in ähnlicher
Weise wiederholt in einem untern Raum der Villa Spada (Mills) auf dem
** Palatin; – die Reste aus der sog. Villa di Raffaelle, jetzt in der Galerie Borghese (Alexander mit Roxane, und eine Vermählungsszene; das sog. Bersaglio
de' Dei ist nach einer Komposition des Michelangelo ausgeführt, vgl. II, S. 245,
† b); – die Planetengottheiten auf Wagen von ihren geheiligten Tieren ge-
zogen, in den Ovalen der Decke des großen Saales des Appartamento Borgia. – Mehreres andere gehört schon in der Erfindung den Schülern an; –
dagegen gelten die Überreste aus der Villa Magliana (fünf Miglien vor Porta
Portese) als eigene Arbeiten Raffaels, teils um 1511, teils um 1517. Sie wurden neuerlich abgesägt und, wie es heißt, verkauft; Die zwölf Apostel, welche
man jetzt in S. Vincenzo alle tre fontane an den Pfeilern gemalt sieht, wurden
von Schülern, vielleicht nur nur nach den Stichen des Marc Anton, ausgeführt. Das Urbild des letztern waren vermutlich die Apostel, welche Raffael
in einem später umgebauten Saal des Vatikans gemalt hatte.

Das ist es ja überhaupt, was uns Raffael soviel näherbringt als alle andern Maler. Es gibt keine Scheidewand mehr zwischen ihm und dem Verlangen aller seither vergangenen und künftigen Jahrhunderte. Ihm muß man am wenigsten zugeben oder mit Voraussetzungen zu Hilfe kommen. Er erfüllt Aufgaben, deren geistige Prämissen – ohne seine Schuld – uns sehr fernliegen, auf eine Weise, welche uns ganz naheliegt. Die Seele des modernen Menschen hat im Gebiet des Form-Schönen keinen höhern Herrn und Hüter als ihn. Denn das Altertum ist zerstükkelt auf unsere Zeit gekommen und sein Geist ist doch nie unser Geist.

Die höchste persönliche Eigenschaft Raffaels war, wie zum Schluß wiederholt werden muß, nicht ästhetischer, sondern sittlicher Art: nämlich die große Ehrlichkeit und der starke Wille, womit er in jedem Augenblick nach demjenigen Schönen rang, welches er eben jetzt als das höchste Schöne vor sich sah. Er hat nie auf dem einmal Gewonnenen ausgeruht und es als bequemen Besitz weiter verbraucht. Diese sittliche Eigenschaft wäre ihm bei längerm Leben auch bis ins Greisenalter verblieben. Wenn man die kolossale Schöpfungskraft gerade seiner letzten Jahre sich ins Bewußtsein ruft, so wird man inne, was durch seinen frühen Tod auf ewig verlorengegangen ist.

Die Schüler Raffaels bildeten sich an den größten Unternehmungen seiner letzten Jahre. War es ein Glück für ihre eigene Tätigkeit, daß sie von Anfang an unter dem Eindrucke seiner großen Auffassung der Dinge standen? Konnten sie noch mit eigener naiver Art an ihre Gegenstände gehen? Und welche Wirkung mußte es auf sie ausüben, wenn sie aus dem Gerede der Welt entnahmen, was man eigentlich an ihrem Meister bewunderte? In letzter Linie kam es dabei sehr auf ihren Charakter an.

Der bedeutendste darunter ist *Giulio Romano* (geb. um 1492, †1546). Eine leichte, unermüdliche Phantasie, welche auch Streifzüge in das Gebiet des Naturalismus nicht verschmäht und sich vorzugsweise in den neutralen Gegenständen, in den Mythen des Altertums zu ergehen liebt, zu der kirchlichen Malerei aber gar keine innerliche Beziehung mehr hat und einer grenzenlosen Verwilderung, einer öden Schnellproduktion anheimfallen mußte.

Frühe dekorative Malereien: im Pal. Borghese (drei abgesägte Stücke a aus der Villa Lante, mit altrömischen Geschichten in Beziehung auf den Janikulus); in der Villa Madama (Fries von Putten, Kandelabern und b Fruchtschnüren in einem Zimmer links; s. oben); in der Farnesina (Fries eines obern Saales). – Frühe Madonnen im Pal. Borghese, im c Pal. Colonna, in der Sakristei von S. Peter, in den Uffizien; die Mut- d ter mehr resolut, die Kinder mehr mutwillig als bei Raffael; die Melodie

der Linien schon beinahe verklungen. – Das vielleicht frühste große
a Altarbild: auf dem Hochaltar von S. M. dell' anima; im einzelnen De-
b tail noch raffaelisch schön. – In der Sakristei von S. Prassede: die Geißelung, ein bloßes Aktbild in ziegelroten Fleischtönen, doch in der Bravour noch sorgfältig .– Die großartige Porträtauffassung raffaelischer
Fresken lebt noch in dem Kopfe des Giuliano de' Medici (Gal. Camuc-
c cini, wo sich auch ein späteres Werk, der Entwurf zu einem allegorischen Deckenbilde, findet). – Endlich das Hauptwerk unter den frühern:
d *Stephani Steinigung*, auf dem Hochaltar von S. Stefano zu Genua, höchst
fleißig, schön modelliert, in der Farbe noch der untern Hälfte der Transfiguration entsprechend. Die untere irdische Gruppe, als Halbkreis im
Schatten um die lichte, herrlich wahre, jugendlich naive Hauptgestalt
komponiert, ist noch immer eine der größten Leistungen der italienischen Kunst. Alle haben gerade ihre Steine erhoben und sind zum Werfen bereit, der eine mehr hastig, der andere mehr wuchtig usw., aber
das Gräßliche wird dem Beschauer erspart. In der himmlischen Gruppe
zeigt sich Giulios ganze Inferiorität;t es fehlt das Architektonische; Christus und Gottvater decken sich halb; die Engel, unter welchen ein sehr
schöner, sind beschäftigt, die Wolken aufzuschlagen. Diese Auffassung
des Überirdischen ist eine absichtlich triviale.

In den Diensten des Herzogs von Mantua baute und malte Giulio
daselbst sein ganzes übriges Leben hindurch. Ich kann nur die Lokali-
e täten nennen: Säle im herzoglichen Palast in der Stadt; sodann die ganze
f malerische Ausschmückung des von Giulio selbst erbauten *Palazzo del
Te* (I, S. 257, f) mit lauter mythologischen und allegorischen Gegenständen. Hier und da hat er die darzustellenden Momente wirklich großartig angeschaut, im ganzen aber sich erstaunlich gehen lassen und z. B.
den Sturz der Giganten gegen besseres Wissen so dargestellt, wie man
ihn sieht. (Zwei zierlich in Farben ausgeführte Zeichnungen zu der im
g Pal. del Te gemalten Geschichte der Psyche findet man in der Gemäldesammlung der Villa Albani bei Rom.)

Von den Schülern, die sich in Mantua bei ihm bildeten, ist *Giulio
Clovio* als Miniator berühmt; – von *Rinaldo Mantovano* das Hauptbild,
h eine große Madonna mit Heiligen, in der Brera zu Mailand (Reminiszenz
der Madonna di Foligno); – von *Primaticcio* ist in Italien fast nichts; –
i von dessen Gehilfen *Niccolò dell' Abbate* Fresken im Pal. del Commune
zu Modena, (ehemals?) auch im Schlosse von Scandiano. (Die drei my-
k thologischen Bilder der Gal. Manfrin in Venedig möchten eher von
einem Venezianer herrühren, der zugleich die römische Schule kannte;
etwa von Batt. Franco?)

Im ganzen ist Giulios Tätigkeit eine sehr schädliche gewesen. Die
vollkommene Gleichgültigkeit, mit welcher er (hauptsächlich in vielen

Fresken) die von Raffael und fast noch mehr von Michelangelo gelernte Formenbildung zu oberflächlichen Effekten verwertete, gab das erste große Beispiel seelenloser Dekorationsmalerei.

Perin del Vaga (1500–1547), weniger reich begabt, in den (seltenen) Staffeleibildern schon auffallend maniert (einiges im Pal. Adorno in a Genua; die Madonna mit Heiligen im rechten Querschiff des Domes von Pisa mehr Soglianis als Perinos Werk), bleibt doch dem Raffael b näher, sobald eine dekorative Abgrenzung und Einteilung seine Gestalten und Szenen vor der Formlosigkeit behütet. Man sieht im Dom von Pisa, an mehrern Stellen des rechten Querschiffes, sehr schöne Putten als Freskoproben gemalt. In Genua gehört dem Perin die ganze Dekoration des *Pal. Doria* (I, S. 236, g). Hier erinnert noch vieles an die c Farnesina; in der untern Halle sind einige der Zwickelfiguren noch ungemein schön; die Lünettenbildchen (römische Geschichten) zum Teil durch ihre Landschaften interessant; die vier Deckenbilder (Scipios Triumph) freilich schon lastend durch Überfüllung und Wirklichkeit; – in der Galleria wiederum heitere und gut bewegte, aber schon maniert gebildete Putten, prächtige Gewölbedekorationen, und an der einen Wand die mehr als lebensgroßen Helden des Hauses Doria, unglücklicherweise sitzend und dennoch in gezwungenen dramatischen Bezügen zueinander, aber dem Charakter nach beinahe noch raffaelisch großartig[1]; – in dem Saale rechts der Gigantenkampf, widerlich renommistisch wie die meisten Bilder dieser Art; – von den übrigen Sälen enthält wohl derjenige mit den Liebschaften des Zeus und den Wissenschaften, sowie derjenige mit den Geschichten der Psyche die geistreichsten Motive. – Die genuesischen Schüler Perins gehören durchaus zu den Manieristen. – (Spätere Fresken Perins in Rom: S. Marcello, sechste Kapelle rechts.) d

Francesco Penni, genannt il Fattore, hat in Rom wenig Namhaftes hinterlassen.

Von einem ungenannten Maler der Schule Raffaels ist in Trinità de' e monti zu Rom die fünfte Kapelle rechts ausgemalt (Anbetung der Hirten, der Könige, Beschneidung, nebst Lünettenbildern). Neben raffaelischen Nachklängen ist die Verwilderung der Schule hier ganz besonders deutlich in ihren Anfängen zu beobachten; langgestreckte Figuren, verdrehte Arme usw. – Mehrere andere Kapellen zeigen ebenso die Ausartung der Nachahmer Michelangelos. (Die dritte Kapelle rechts mit Geschichten der Maria ist z. B. von Daniele da Volterra ausgemalt.)

[1] Bei diesem Anlaß muß ich ein herrliches Bildnis in den Uffizien (Sala * del Baroccio) erwähnen, welches wohl von einem Schüler Raffaels ist: ein Mann von gutmütigem und doch ruchlosem Charakter, mit Barett, grauem Damastkleid und Pelz.

Von allen Schülern hat *Andrea Sabbatini* oder *Andrea da Salerno* am
a meisten von Raffaels Geist. Außer den Bildern im Museum von Neapel
(Kreuzabnahme, Anbetung der Könige, sieben Kirchenlehrer, S. Nicolaus thronend zwischen den von ihm Geretteten usw.) und einzelnen
b in Kirchen zerstreuen (S. Maria della grazie) sind die Fresken in der
c Vorhalle des innern Hofes von S. Gennaro de' Poveri, die man ihm
unbedenklich zuschreiben darf, vielleicht das Geistvollste, was Neapel
Heimisches aus der goldenen Zeit besitzt. (Geschichten des heiligen
Januarius, leider sehr entstellt.) Andrea denkt einfach und schön und
malt nur was er denkt, nicht was aus irgendeinem malerischen Grunde
irgendeinen Effekt machen könnte. – Ein Nachfolger, *Gian Bernardo
Lama*, ist im glücklichen Fall ebenfalls naiv und einfach, bisweilen aber
auch sehr schwach und süßlich. (S. Giacomo degli Spagnuoli, dritte
d Kapelle links, große Kreuzabnahme, wie von einem in Italien geschul-
e ten Niederländer; anderes im Museum.) – In denselben Stil lenkte
f später auch *Antonio Amato* (II, S. 217, f) ein. Madonna mit Engeln, im
Museum.

Eine ganz andre Tendenz brachte *Polidoro da Caravaggio* nach Neapel
(und Sizilien). Er ist noch der Schüler Raffaels in den oben (I, S. 243, a)
genannten Fassadenmalereien, vielleicht auch in den mir nicht bekann-
g ten an dem Gartenhause des Pal. del Bufalo. (Vom Niobe-Fries eine
Handzeichnung im Pal. Corsini; drei Bilder Grau in Grau sollen sich
h noch im Pal. Barberini befinden.) Später schlägt er in den grellsten
Naturalismus um, dessen merkwürdiges Hauptdenkmal die große Kreuz-
i tragung im Museum von Neapel ist. Hier zuerst wird das Gemeine als
wesentliche Bedingung der Energie postuliert. Seine kleinern Bilder
in derselben Sammlung sind zum Teil aus derselben Art und aus einem
k unechten Klassizismus gemischt. – Ein Schüler Polidoros, *Marco Cardisco* (im Museum: der Kampf S. Augustins mit den Ketzern) hat mehr
das Ansehen eines entarteten Schülers von Raffael selbst. – Ein Schüler
dieses Cardisco, nämlich *Pietro Negroni* (1506–1569), entwickelt in dem
einzigen mir bekannten Bilde, einer großen auf Wolken schwebenden
l Madonna mit Engeln (Museum), eine wahrhaft befremdliche Schönheit
und Großartigkeit; man glaubt die denkbar höchste Inspiration eines
Giulio Romano vor sich zu sehen. – Andre Meister, wie *Criscuolo, Ro-
derigo Siciliano, Curia* usw. sind meist wenig genießbar (Museum).

Mehrere *Schüler des Francesco Francia* in Bologna traten in der Folge in
Raffaels Schule über oder gerieten doch unter den bestimmenden
Einfluß seiner Werke.

Die frühern Gemälde des *Timoteo della Vite* (1470–1523) befinden sich meist in seiner Vaterstadt Urbino und der Umgegend; einzelne spätere a in der Brera zu Mailand (schöne Verkündigung Mariä mit Heiligen b usw.) und in der Pinacoteca zu Bologna (S. Magdalena betend vor ihrer c Höhle stehend, eine rätselhaft anziehende Gestalt). Als Schüler Raffaels malte er die Propheten über den Sibyllen in der Pace; wie viel ihm d aber vorgezeichnet wurde, ist nicht bekannt und am Ende gehören diese Figuren, die ohne die Nähe der Sibyllen als Kapitalwerke erscheinen würden, wesentlich ihm selbst.

Auch ein andrer Schüler Francias und Raffaels, *Bartol. Ramenghi (Bagnacavallo)* ist in solchen einzelnen idealen Gestalten bisweilen großartig (Sakristei von S. Micchele in bosco zu Bologna: die Nischen- e figuren; vgl. das berühmte Bild der vier Heiligen in Dresden), bisweilen f auch etwas gewaltsam (S. M. della Pace in Rom: zwei Heilige gegenüber den Propheten des Timoteo). Seine beste Kompositions. II,S.215,b; dagegen ist die Madonna mit Heiligen in der Pinacoteca zu Bologna g schon ein sehr mittelbares Werk, und die Art, wie er (in der genannten Sakristei) Raffaels Transfiguration umdeutet, vollends kümmerlich. h (Ein schönes frühes Bild, der Gekreuzigte mit drei Heiligen, in der Sakristei von S. Pietro zu Bologna.)

Innocenza da Imola dagegen travestierte Raffaels Komposition nicht, sondern »entschloß sich kühn, sie grenzenlos zu lieben«. Von seinen zahlreichen Werken, fast sämtlich in Bologna, sind einige wenige früh und naiv (Pinacoteca: Madonna der Gläubigen) oder frei im raffaeli- i schen Geiste geschaffen (Pinacoteca: Madonna mit beiden Kindern, S. Franz und S. Clara), die meisten dagegen reine Anthologien aus Raffael, fleißig, sauber und im Arrangement so geschickt, als man es bei dem Nicht-Zusammengehörigen billigerweise verlangen kann. (Pinacoteca: Heilige Familie samt Donator und Gattin; – S. Michael mit andern Heiligen; – S. Salvatore, dritte Kapelle links, der Gekreuzigte k mit vier Heiligen, auf frühern Werken Raffaels beruhend, u. a. m.) Etwas unabhängiger: S. Giacomo magg., siebenter Altar rechts, Ver- l mählung der heiligen Katharina; – Servi, siebenter Altar links, große m Verkündigung; – endlich die nicht zu verachtenden Fresken in S. Micchele in bosco, Cap. del coro notturno, welche beweisen, wie gerne n Innocenzo etwas Einfach-Bedeutendes geschaffen hätte[1].

[1] Eine ähnliche Aneignung von Motiven Raffaels, nur mehr aus dessen * früherer Zeit, findet sich bei einem Luccheser, *Zacchia il Vecchio*. Aus seinen Bildern (Himmelfahrt Christi, in S. Salvatore zu Lucca; – Assunta, in S. Agostino, 1527; – Assunta, in S. Pietro Somaldi, 1532, usw.) tönt einzelnes aus der Sistina und aus Fra Bartolommeo, ganz besonders aber Raffaels erste vatikanische Krönung Mariä hervor.

Girolamo da Treviso, venezianisch gebildet, dann in Bologna tätig,
a verrät in den einfarbigen Legendenszenen der neunten Kapelle rechts
in S. Petronio ebenfalls Studien nach Raffael.

Von *Girolamo Marchesi* da Cotignola, einst Francias Schüler, sieht
man in diesen Gegenden nur spätere Bilder des freiern und schon ma-
b nierierten Stiles. (Mehreres in der Brera zu Mailand; eine große über-
c füllte Vermählung Mariä in der Pinacoteca zu Bologna; Justitia und
d Fortitudo, in S. M. in Vado zu Ferrara, hinterste Kapelle des rechten
Querschiffes; diese von schönem venezianischem Naturalismus.)

Auch die Ferraresen gerieten unter den Einfluß Raffaels, aber die
Eigentümlichkeit ihrer Schule war stark genug, um ein Gegengewicht
in die Wagschale zu legen.

Einer von ihnen, *Lodovico Mazzolino* (1481–1530), erwehrte sich dieses
Einflusses vollständig. Er behält seinen altoberitalienischen Realismus
bei, und zwar in Verbindung mit einem venezianisch glühenden Kolorit. Seine meist kleinen Kabinettbilder (je kleiner, desto wertvoller)
kommen in Ferrara selten, in Italien hier und da (Pal. Borghese und
Doria in Rom; Uffizien), im Ausland häufiger vor. Überladen, auch gedankenlos, in der Zeichnung ohne rechte Grundlage, im Anbringen
von Hallen mit Goldreliefs einer der maßlosesten, imponiert Mazzolino
durch die tief saftige Frische der Farben, die mit all ihrer Buntheit eine
Art von Harmonie bilden. Von weitem leuchten sie durch die Galerien.
e Im Ateneo zu Ferrara ein etwas größeres Bild: Anbetung des Kindes
mit Heiligen.

Benvenuto Tisio, gen. *Garofalo* (1481–1559), wächst aus demselben
f Grunde mit Mazzolino. (Bildchen im Pal. Borghese.) Später bei mehrmaligem Aufenthalt in Rom, und zwar in Raffaels Schule, suchte er sich
den römischen Stil nach Kräften anzueignen. Er hatte von Hause aus
die Anlage zu einem venezianischen Existenzmaler in der Art eines Pordenone oder Palma; nun schuf er Altarblätter in einem idealern Stil, als
er gedurft hätte. Es ist schwer, Werke von einem so ernsten Streben wie
die seinigen nach der höchsten Strenge zu beurteilen, zumal bei der stel-
lenweisen ganz venezianischen Pracht, Harmonie und Klarheit der Farben. Und doch ist es eine Tatsache, daß der innere Sinn oft von ihm ab-
gestoßen wird, während das Auge sich noch ergötzt. Er ist kein Manie-
g rist; selbst die zahllosen kleinen Bildchen, zumal der Gal. Doria und
der Galerie des Kapitols, sind mit voller äußerer Gewissenhaftigkeit
komponiert und gemalt. Aber sein Gefühl füllt die Formen nicht aus,
die er schafft, sein Pathos ist ein unsicheres, seine idealen Köpfe, zumal
die großen, verraten eine geistige Leere. (So der schöne Apostelkopf
h im Pal. Pitti, die Judith bei Camuccini zu Rom.) Am ehesten in seinen

wenigen Genrebildern (Eberjagd im Pal. Sciarra; Reiterzug im Pal. a
Colonna, dem Bagnacavallo zugeschrieben) ist er ganz der farbenreiche
und naive Ferrarese. – In den spätern Werken verhält er sich zu den
Schülern Raffaels wie früher zu Raffael selbst, auch wird sein Kolorit
schwächer. Seine Kirchenbilder sind hauptsächlich folgende.
In *Rom:* Pal. Doria: Heimsuchung, und Anbetung des Kindes, früh b
und schön. – Pal. Chigi: Himmelfahrt Christi, und ein Bild mit drei c
Heiligen, ebenso. – Pal. Borghese: die Kreuzabnahme, Hauptbild. – d
Im Museum von Neapel: Kreuzabnahme, im Ausdruck stiller und tie- e
fer. – In der Brera zu Mailand: eine Pietà mit vielen Figuren, und ein f
Cruzifixus, früh. – In der Akademie zu *Venedig:* Madonna in Wolken, g
mit vier Heiligen, datiert 1518, vorzüglich. – In der Galerie zu *Modena:*
zwei thronende Madonnen mit Heiligen, eine schöne der mittlern Zeit, h
und eine späte. – In S. Salvatore zu Bologna, erste Kapelle links: häusliche Szene bei Zacharias.

In *Ferrara:* im Ateneo: Großes allegorisches Freskobild, als Ganzes i
nichtig und widerwärtig, reine Buchphantasie, aber mit schönen Episoden, mittlere Zeit; große Anbetung der Könige vom Jahre 1537
und noch sehr brillant: Gethsemane u. a. m. (Bald wird hier auch das
Abendmahl aus S. Spirito aufgestellt werden, wovon man einstweilen
Candis Kopie sieht.) – Im Dom: zu beiden Seiten des Portals schlichte k
und edle Freskogestalten des Petrus und Paulus; dritter Altar links:
thronende Madonna mit sechs Heiligen, vom Jahr 1524, Hauptbild;
rechtes Querschiff: Petrus und Paulus; linkes: Verkündigung, spät. –
In S. Francesco, Fresken der ersten Kapelle links: die beiden Donatoren zu den Seiten des Altars, köstlich früh ferraresisch; der Judaskuß
nebst einfarbigen Seitenfiguren, spät. – In S. Domenico: Bilder der l
vierten Kapelle rechts und vierten Kapelle links. – In S. Maria in Vado, m
fünfter Altar links: Himmelfahrt Christi, Kopie des Carlo Bonone. (In
den äußersten Kapellen des linken Querschiffes die beiden großen ehemaligen Orgelflügel, zusammen eine Verkündigung enthaltend, von
einem guten Zeitgenossen oder Schüler.)

Dosso Dossi († 1560) ließ sich weniger von Raffael desorientieren,
dessen persönlichen Einfluß er nicht mehr erfuhr. Er blieb ein Romantiker auf eigene Gefahr und behielt (die späteste Zeit ausgenommen)
seine Glutfarben und seine eigenen, bisweilen ungeschickten und bizarren, oft aber höchst bedeutenden Gedanken; in den Charakteren
steht er nicht selten den größten Venezianern gleich, am ehesten dem
Giorgione.
    Frühere kleine Bilder sind ganz ferraresisch (Uffizien: Kindermord; n
Pal. Pitti: Ruhe auf der Flucht, mit herrlicher Landschaft). – Von den o

Altarbildern ist das große aus einer Madonna mit Heiligen und fünf
a Nebenabteilungen bestehende im Ateneo zu Ferrara (aus S. Andrea, wo
man jetzt Candis Kopie findet) einer der größten Kunstschätze Oberitaliens; streng architektonische Anordnung, Adel und Fülle der Charaktere, gewaltige Kraft der Farbe. – Ebenda: eine große Verkündigung, und ein Johannes auf Patmos, von mißlungenem pathetischem
b Ausdruck. – In der Brera zu Mailand: ein heiliger Bischof mit zwei
c Engeln (1536). – Im Dom von Modena, vierter Altar links, Madonna
in Wolken, unten S. Sebastian, S. Hieronymus und Johannes d. T.,
d Hauptbild. – In der Galerie zu Modena: große Anbetung der Könige
mit phantastisch beleuchteter Landschaft; großes Karthäuservotivbild
mit der auf Wolken schwebenden Jungfrau. – Ebenda al Carmine, drit-
e ter Altar rechts: ein heiliger Dominikaner, ein schönes dämonisches
f Weib mit Füßen tretend. – Ebenda in S. Pietro, dritter Altar rechts:
Mariä Himmelfahrt, die Apostel (drei rechts, drei links und sechs hinten) treten ganz feierlich mit ihren Attributen heran; – andre Bilder dieser Kirche werden teils seiner Schule, teils seinem Bruder Gian Battista
zugeschrieben, so die artige Predella des fünften Altars rechts, – die naiv
schöne auf Wolken schwebende Madonna mit zwei heiligen Bischöfen
auf dem siebenten Altar links, – die Madonna in Wolken mit S. Gregor
und S. Georg, wozu eine landschaftlich köstliche Predella, sicher von
Gian Battista, gehört, zweiter Altar links. Als Genremaler ist Dosso
g Dossi besonders in der Galerie von Modena vertreten, hauptsächlich
allerdings nur durch jene zu halbdekorativem Zweck gemalten Oval-
bilder mit Essenden, Trinkenden und Musizierenden, in welchen man
doch Giorgiones Vorbild ahnen kann; ebenda eine Anzahl Porträts,
mit welchen die Phantasie den Hof von Ferrara, wie er in den spätern
h Zeiten war, bevölkern mag. – Im Kastell von Ferrara hat Dosso mit
Hilfe seiner Schule mehrere Räume verziert; es sind meist Arbeiten
seiner ganz späten, schon manierierten Zeit, selbst die berühmte Aurora
in dem Saal der vier Tageszeiten; auch die drei kleinen Bacchanale (in
einem kleinen Korridor) haben nicht mehr die Frische und Schönheit,
die solche Gegenstände verlangen. Nicht das Mythologische, sondern
das frei Fabelhafte wäre Dossos Fach gewesen. Man sieht im Pal. Bor-
i ghese zu Rom ein Bild seiner besten Zeit: Circe (?) im Walde, magische
Künste übend. Es ist die lebendig gewordene Zaubernovelle; so dachte
Ariost seine Gestalten.

Ein Zeitgenosse des Garofalo und Dosso, der *Ortolano*, hat zu
k S. Francesco in Ferrara die Orgelflügel (linkes Querschiff) ganz tüchtig in der Art des erstern mit großen Heiligenfiguren geschmückt.
(Die Halbfiguren an der Brustwehr teils von Garofalo selbst, teils
von Bonone.)

Die Unzulänglichkeit und Erstorbenheit der alten *sienesischen* Schule muß gegen Ende des 15. Jahrhunderts sehr unverhohlen als Tatsache anerkannt gewesen sein, indem man sonst nicht Pinturicchio von Perugia berufen hätte, um die Libreria und die Kapelle San Giovanni im Dom auszumalen. Es scheint sogar, daß einzelne Sienesen nach Perugia in die Schule gingen, wie die frühern Bilder des Domenico Beccafumi (s. unten) beweisen. Sehr eigentümlich äußert sich dieser peruginische Einfluß ferner bei dem edeln, männlichen *Bernardino Fungai*, der die schöne Inspiration davon annahm ohne die äußerlichen Manieren; seine Bilder in der Akademie (dritter Raum und großer Saal) sind noch a sienesisch befangen; die Krönung Mariä mit vier Heiligen in der Kirche Fontegiusta (rechts) nähert sich schon mehr den Umbriern und den b Florentinern; die Lünette über dem Hochaltar ebenda, Mariä Himmelfahrt, hat bereits in den musizierenden Engeln einzelnes von hoher Schönheit; endlich lebt der Meister weiter in einem Bilde seines Schülers *Pacchiarotto* (S. Spirito, dritte Kapelle links); wiederum eine Krö- c nung Mariä, unten drei kniende Heilige, schön und andächtig, ernst und gemessen wie die Heiligen Spagnas. – (Das große Bild Fungias im Carmine, Madonna mit Heiligen, vom Jahre 1512, hat der Verfasser d nicht gesehen.)

Allein die dauernde Hilfe konnte der Schule nicht durch Meister des passiven Ausdruckes kommen, wie die meisten Peruginer waren, sondern nur durch Teilnahme an der großen Historienmalerei, die damals durch ganz Italien ihre Triumphe feierte. Und zwar sollte es ein Lombarde sein, *Antonio Bazzi* von Vercelli, genannt il *Sodoma* (1479–1554), welche dem Geiste der sienesischen Schule für lange, ja auf mehr als ein Jahrhundert hin eine neue, fruchtbringende Richtung gab.

Sodoma hatte sich bei den mailändischen Schülern Leonardos gebildet (wie denn noch sein frühestes Bild in Siena, die Kreuzabnahme in S. Francesco, rechts, vom Jahre 1513, durch Auffassung und Farben- e glanz einigermaßen an Gaudenzio Ferrari erinnert); später bei mehrmaligem Aufenthalt in Rom nahm er, wie es scheint, den Eindruck Raffaels nachhaltiger in sich auf als die meisten von dessen Schülern und bewahrte denselben, als diese ihn schon längst vergessen hatten.

Sein Genius hatte allerdings bestimmte Schranken, über welche er nie hinauskam. Ganz erfüllt von der Schönheit der menschlichen Gestalt, die er in raffaelisch anmutigen Kinderfiguren (Putten) wie in Personen jedes Alters nackt oder bekleidet auf das großartigste darzustellen wußte, besaß er kein Auge für das Maß der historischen Komposition. Er füllte seine Räume dergestalt mit Motiven jedes Grades an, daß immer eines das andre verdrängt oder aufhebt. So ist von den beiden

a großen Fresken im zweiten obern Saal der *Farnesina* zu Rom, Alexander mit Roxane, und die Familie des Darius, das erstere durch Überreichtum an Schönheiten, das letzte zudem durch Verwirrung nicht
b nach Verdienst genießbar. In S. Domenico zu Siena malte Sodoma (1526) die Kapelle der heiligen Katharina (rechts) mit Szenen aus deren Lebens aus, von welchen wenigstens die figurenreichste vor lauter Fülle ganz unklar wird, während so viel einzelnes in Charakteren und Bewegungen unvergleichlich bleibt; die Verzierungen der Pilaster und die Putten darüber gehören ganz der goldenen Zeit an[1]. – Es ergibt sich aus dem Gesagten von selbst, daß Sodoma am besten wirkt in isolierten Figuren, deren denn auch einige keinen Vergleich in der Welt zu
c scheuen haben. – Am besten wird man dessen gewahr in *S. Bernardino* (oberes Oratorium), wo die vier einzelnen Heiligen S. Ludwig von Toulouse, S. Bernardin, S. Antonius von Padua und S. Franz als vollkommen, die historischen Kompositionen dagegen, Mariä Darstellung, Heimsuchung, Himmelfahrt und Krönung, nur als bedingte Lösungen
d dieser Aufgabe erscheinen[2]. Im *Pal. pubblico* sind die drei fast nur von Putten begleiteten Heiligen S. Ansano, S. Vittorio und S. Bernardo Tolomei (in der Sala del Consiglio) so rein und groß als irgend etwas
e Ähnliches aus dieser Zeit, die Auferstehung dagegen (Stanza del Gon-
f faloniere) nur im Detail trefflich. In S. *Spirito* (erste Kapelle rechts) malte Sodoma (1530) um eine Altarnische herum oben S. Jakob zu Pferde als Sarazenensieger, unten rechts und links S. Antonius den Abt und S. Sebastian; wiederum von seinen herrlichsten Arbeiten. Von den
g in die *Akademie* gebrachten Kirchenfresken wird (vierter Raum) das grandiose Eccehomo, der leidende Normalmensch in einem Augenblick der Ruhe, immer den Vorzug behalten vor dem Christus am Ölberg und in der Vorhölle (großer Saal), obwohl gerade das letztere Bild
h große Einzelschönheiten hat. (Die Geburt Christi an der Porta Pispini hat der Verfasser übersehen; leider war ihm auch der Besuch des Klo-
i sters *Monte Oliveto* unweit Buonconvento nicht vergönnt, wo sich Sodoma in einem großen Zyklus historischer Fresken von höchstem Werte verewigt hat. Sind dieselben wirklich aus seiner Jugend, vom Jahre 1502, so müssen sie seinem frühern lombardischen Stil entsprechen.)

Mit voller Freude hat Sodoma, wie die Größten seiner Zeit überhaupt, nur in Fresko gearbeitet. Da erging sich seine Hand im freiesten und sichersten Schwung; mit hohem Genuß wird man diese gleichmäßigen, leichten Pinselstriche verfolgen, mit welchen er die Schönheit festzauberte. In Staffeleibildern war er insgemein befangener, und

---

[1] Bestes Licht: Gegen Mittag.
[2] Bestes Licht: Nachmittags.

brauchte Farben, die einem ungleichen Nachdunkeln unterworfen sind, so daß z. B. ein ohnehin überfülltes Bild wie seine Anbetung der Könige in *S. Agostino* zu Siena (Nebenkapelle rechts) ungünstig wirkt. In a andern Fällen jedoch, wo sich z. B. die Hauptfiguren mehr isolieren, siegt er durch die sehr gewissenhafte Durchführung der schönen Form. Auferstehung Christi, im Museum von Neapel (Hauptsaal); das Opfer b Abrahams, im Dom von Pisa (Chor); derselbe Gegenstand in der Brera c zu Mailand; der *S. Sebastian in den Uffizien* (toskanische Schule), viel- d leicht der schönste, den es gibt, zumal mit den absichtlichen Schaustellungen der spätern Schulen verglichen; hier ist wahres edles Leiden in der wunderbarsten Form ausgedrückt.

Seine Madonna ist in der Regel ernst und nicht mehr ganz jugendlich, sein Christuskind den frei spielenden Putten seiner Fresken selten an Unbefangenheit und an Werte gleich. (Pal. Borghese u. a. a. O.) e Ebenso sein Eccehomo (Pal. Pitti und Uffizien) nicht demjenigen in f Fresko. Sein eigenes treffliches Porträt in den Uffizien.

Die Ornamente und kleinen Zwischenbilder an der Decke der Camera della Segnatura im Vatikan bekenne ich nie genau angesehen zu haben. g – Von den Fresken des Konservatorenpalastes auf dem Kapitol werden h dem Sodoma neuerlich die sehr kindlichen Szenen aus dem punischen Kriege im siebenten Zimmer zugeschrieben; nach meiner Ansicht gehören ihm eher einige Figuren im vierten Zimmer (wenn ich nicht irre, dem der Fasti).

Zunächst schlossen sich seinem Stil einige Schüler früherer Sieneser an; so Andrea del *Brescianino* (schöne Taufe Christi auf dem Altar von i S. Giovanni, der Unterkirche des Domes von Siena; Madonna mit Heiligen, Akademie, großer Saal) und vorzüglich *Jacopo Pacchiarotto*. Die k frühern Bilder des letztern (II, S. 300, c) verbinden wie die besten des Fungai den peruginischen Ausdruck mit einer ernst gemeinten, tiefen Charakteristik; dieser Art soll außer dem genannten in S. Spirito auch eine Madonna mit Heiligen in S. Cristoforo sein. Später wurde er unter der l offenbaren Einwirkung Sodomas (auch wohl des Fra Bartolommeo und Andrea del Sarto) einer der wenigen Historienmaler, welche in den nächsten Jahrzehnten nach Raffaels Tode die Ehre der historischen Kunst im höhern Sinn vertraten. Ohne den Sodoma in der schwungvollen Schönheit der einzelnen Gestalten zu erreichen, war er ihm als Komponist beträchtlich überlegen; man wird in S. Bernardino (oberes Ora- m torium) die Geburt Mariä und den englischen Gruß, ganz besonders aber in S. Catarina (unteres Oratorium) die Geschichten der Heiligen n (die beiden Bilder rechts und das zweite links) dem Andrea del Sarto nicht weit nachsetzen können. Der Mordanfall auf die Mönche ist als

Szene vortrefflich entwickelt, die Heilige an der Leiche der heiligen
Agnese ein Bild voll des schönsten Ausdruckes. Von Pacchiarottos Bil-
a dern in der Akademie ist eine Himmelfahrt Christi (großer Saal) noch
etwas befangen; ein großer »englischer Gruß«, mit der Heimsuchung
im Hintergrunde, oben Putten, welche die Vorhänge beiseiteziehen,
·wird einem Girolamo del Pacchia zugeschrieben, welcher vielleicht mit
Pacchiarotto identisch ist; ein herrliches Bild, welches den Geist der
sienesischen und der florentinischen Schule in reinster Verbindung
zeigt.

Domenico Beccafumi machte in seinem langen Leben die Stile mit, die
in seiner Umgebung herrschten. Seine Jugendbilder sehen bisweilen
demjenigen der peruginischen Schule und Peruginos selbst zum Verwechseln ähnlich. In seiner zweiten und besten Periode steht er dem
b Sodoma kaum minder würdig zur Seite als Pacchiarotto; dahin gehört
das schöne Bild in der Akademie (Saal der Scuole diverse), welches mehrere Heilige in architektonischer Umgebung und oben eine Erscheinung
der Madonna darstellt; ebenso die grandiosen Kompositionen in S. Ber-
c nardino, Vermählung und Tod der Maria nebst dem Altarbilde. In seiner spätern Zeit kam die Ausartung und falsche Virtuosität der römischen Schule über ihn. (Sturz der bösen Engel, Akademie, großer Saal;
d Fresken der Sala del concistoro im Pal. pubblico usw.) Der Charakter
war vielleicht dem Talent nicht gewachsen. – Von dem figurierten Mar-
e morboden des Domes werden die besten Zeichnungen (im Chor) ihm
zugeschrieben, große figurenreiche Kompositionen, schon ziemlich
f römisch. – In den Uffizien das Rundbild einer heiligen Familie.

Der große Baumeister *Baldassare Peruzzi* ist als Maler entweder vorzugsweise Dekorator (I, S. 145, f) oder in den Manieren des 15. Jahrhun-
g derts befangen (Deckenbilder des Saales der Galatea in der Farnesina
zu Rom, wo freilich neben Raffael alles unfrei aussieht). Auf den wenigen Malereien seiner spätern Zeit ruht jedoch Raffaels und Sodomas
h Geist. Das Fresko der ersten Kapelle links in S. Maria della Pace zu
Rom, eine Madonna mit Heiligen und Donator, hält diesmal gegenüber
von Raffaels Sibyllen wenigstens soweit die Probe aus, daß man in den
schönen und klar gegebenen Charakteren und in der freien Behandlung
den Künstler der goldenen Zeit auf den ersten Blick erkennt. In der
i Fontegiusta zu Siena (links) ist das einfach grandiose Freskobild des
Augustus und der tiburtinischen Sibylle trotz seiner übeln Beschaffenheit ebenso ein ergreifender Klang aus jener großen Epoche. (Die Male-
k reien im Chor von S. Onofrio zu Rom, die Mosaiken in der unterirdi-
l schen Kapelle von S. Croce in Gerusalemme ebenda, und die wenigen
Staffeleibilder Peruzzis gehören vorwiegend zu seinen manierierten
Sachen.)

Von dem Untergang der Republik an (1557) verdunkelt sich auch der künstlerische Glanz Sienas, doch nur für einige Zeit. Die Nachblüte der italienischen Malerei, welche gegen Ende des 16. Jahrhunderts beginnt, hat gerade hier einige ihrer tüchtigsten Repräsentanten.

In *Verona* repräsentieren vorzüglich zwei Maler die goldene Zeit: *Gianfrancesco Caroto*, Schüler Mantegnas, und *Paolo Cavazzola*, Schüler des Franc. Morone, welchen man noch den *Giolfino* beigesellen kann.

Durch die Verhüllung der Altarblätter wegen der Fasten sah sich der Verfasser mit seinem Urteil beinahe ganz auf die Gemälde derselben in der Pinacoteca zu Verona beschränkt. *Carotos* graue Untermalung einer Anbetung der Hirten ist eine unscheinbare und doch herrliche Schöp- a fung; der Geist Lionardos berührt die Schule des Mantegna; – ebenda eine andre Anbetung des Kindes, eine thronende Madonna mit Heiligen auf Wolken, u. a. m. Weit das Wichtigste in S. Eufemia. – Von *Cavazzola* enthält die Pinacoteca das große Hauptwerk (1517) einer Pas- b sion in drei Bildern; wiederum ein wunderbarer Übergang aus dem Realismus des 15. Jahrhunderts in die edle, freie Charakteristik des sechzehnten, nicht in leere Idealität; – außerdem frühe kleinere Passionsbilder, grandiose Halbfiguren von Aposteln und Heiligen; Christus und Thomas; endlich eine herrliche große Madonna mit Heiligen (1522), welche in der ganzen Behandlung, auch in der trefflichen Landschaft, an die Ferraresen erinnert. (Von ihm und Brusasorci sind auch die kleinen Landschaften in S. M. in organo, I, S. 225, f, mit hohen und schönen c Horizonten, im Ton eher kalt als venezianisch oder flandrisch, mit biblischen Szenen staffiert.) Einige schöne Bilder in der Sakristei von S. Ana- d stasia (Paulus mit andern Heiligen und Andächtigen; die von Engeln emporgetragene Magdalena) und in einer Nebenkapelle links an SS. Na- e zaro e Celso (große Taufe Christi). – *Giolfinos* Sachen in der Pinacoteca sind minder bedeutend als der vierte Altar links in S. Anastasia, wenig- f stens dessen Nebenmalereien. Fresken in S. M. in organo. – Die zum g Teil ganz besonders schönen Fassadenmalereien dieser Meister sind verzeichnet I, S. 246 und 247.

Mitten im höchsten allgemeinen Aufblühen erhebt sich ein Maler, welcher die Grundlagen und Ziele seiner Kunst ganz anders auffaßt als alle übrigen: *Antonio Allegri da Correggio* (1494–1534), Schüler des Francesco Mantegna und des Bianchi Ferrari (II, S. 197). Es gibt Gemüter, welche er absolut zurückstößt und welche das Recht haben, ihn zu hassen. Immerhin möge man die Stätte seiner Wirksamkeit, Parma, besuchen, womöglich bei hellem Wetter, wäre es auch nur um der sonstigen Kunstschätze und um der freundlichen und zuvorkommenden

Einwohner, die das schlechteste Straßenpflaster von Italien wohl vergessen zu machen imstande sind.

Innerlich so frei von allen kirchlichen Prämissen, wie Michelangelo, hat Correggio in seiner Kunst nie etwas andres als das Mittel gesehen, Leben so sinnlich reizend und so sinnlich überzeugend als möglich darzustellen. Er war hierfür gewaltig begabt; in allem, was zur Wirklichmachung dient, ist er Begründer und Entdecker selbst im Vergleich mit Lionardo und Tizian.

Allein in der höhern Malerei verlangen wir nicht das Wirkliche, sondern das Wahre. Wir kommen ihr mit einem offenen Herzen entgegen und wollen nur an das Beste in uns erinnert sein, dessen belebte Gestalt wir von ihr erwarten. Correggio gewährte dies nicht; das Anschauen seiner Werke wird darob wohl zu einem unaufhörlichen Protestieren; man ist versucht sich zu sagen: »als Künstler hättest du dieses alles höher zu fassen vermocht.« Vollständig fehlt das sittlich Erhebende; wenn diese Gestalten lebendig würden, was hätte man an ihnen? welches ist diejenige Gattung von Lebensäußerungen, welche man ihnen vorzugsweise zutrauen würde?

Aber das Wirkliche hat in der Kunst eine große Gewalt. Selbst wo sie das Geringe und Zufällige, ja das Gemeine mit allen Mitteln der Realität darstellt, übt dasselbe einen zwingenden Zauber, wenn auch von widriger Art. Handelt es sich aber um das sinnlich Reizende, so erhöht sich dieser Zauber unendlich und berührt uns dämonisch. Wir brauchten dieses Wort bei Michelangelos Postulat einer physisch erhöhten Menschenwelt; mit ganz entgegengesetzten Mitteln bringt Correggio eine Wirkung hervor, die wiederum nicht anders zu bezeichnen ist. Er zuerst stellt in seinen Szenen den *Naturmoment* vollständig und vollkommen dar. Das Zwingende liegt nicht in dieser oder jener schönen und buhlerischen Form, sondern darin, daß für die Existenz dieser Form eine unbedingte Überzeugung in dem Beschauer hervorgebracht wird vermöge der vollkommen wirklichen (und durch versteckte Reizmittel erhöhten) Mitdarstellung von Raum und Licht.

Unter seinen Darstellungsmitteln ist das *Helldunkel* sprichwörtlich berühmt. Das ganze 15. Jahrhundert zeigt eine Menge einzelner Versuche dieser Art, allein bloß mit dem Zweck, das einzelne möglichst vollständig zu modellieren. Bei Correggio zuerst ist das Helldunkel wesentlich für den Mitausdruck des malerisch geschlossenen Ganzen; in diesem Strom von Lichtern und Reflexen liegt gerade der Naturmoment ausgedrückt. Abgesehen davon wußte Correggio zuerst, daß die Oberfläche des menschlichen Körpers im Halblicht und im Reflex den reizendsten Anblick gewährt.

Seine *Farbe* ist in der Karnation vollendet und auf eine Weise aufge-
tragen, die ein ganz unendliches Studium der Erscheinung in Luft und
Licht voraussetzt. In der Bezeichnung andrer Stoffe raffiniert er nicht;
die Harmonie des Ganzen, der Wohllaut der Übergänge liegt ihm mehr
am Herzen.

Das Hauptmerkmal seines Stiles aber ist die durchgängige *Beweglichkeit* seiner Gestalten, ohne welche es für ihn kein Leben und keine vollständige Räumlichkeit gibt, deren wesentlicher Maßstab ja die bewegte,
und zwar mit dem vollkommenen Schein der Wirklichkeit bewegte,
also je nach Umständen rücksichtslos *verkürzte* Menschengestalt ist[1].
Er zuerst gibt auch den Glorien des Jenseits einen kubisch meßbaren
Raum, den er mit gewaltig wogenden Gestalten füllt. – Diese Beweglichkeit ist aber keine bloß äußerliche, sondern sie durchdringt die Gestalten von innen heraus; Correggio errät, kennt und malt die feinsten
Regungen des Nervenlebens.

Von großen Linien, von strenger architektonischer Komposition ist
bei ihm nicht die Rede, auch von der großen, befreienden Schönheit
nicht. Sinnlich Reizendes gibt er in Fülle. Hier und da verrät sich auch
eine tief empfindende Seele, welche vom Wirklichen ausgehend große
geistige Geheimnisse offenbart; es gibt Bilder des Leidens von ihm,
welche zwar nicht großartig, aber durchaus edel, rührend und mit un-
endlichem Geist durchgeführt sind. (Von seinem Christus am Ölberg
eine gute alte Kopie in den Uffizien.) Allein es sind Ausnahmen.   a

Ein frühes Bild ist die *Ruhe auf der Flucht*, in der Tribuna der Uffizien, b
mit S. Bernhard; die Vorstufe der unten zu nennenden Madonna della
Scodella. Hier zum erstenmal wird die Szene zum lieblichen Genrebild,
was sie bei den Realisten des 15. Jahrhunderts trotz aller Züge aus der
Wirklichkeit noch nicht ist. Einige Befangenheit zeigt sich in dem
gleichgültigen Kopf der Mutter und in der Unschlüssigkeit des Kindes,
die von Joseph gepflückten Datteln anzunehmen. Die Farbe ist noch
ungleich, teilweise merkwürdig vollendet.

Ebenda, vielleicht ebenfalls noch früh: *Madonna* im Freien vor dem c
auf Heu liegenden Kinde kniend – nicht mehr um es anzubeten, sondern
um ihm lachend mit den Händen etwas vorzumachen; wunderbar gemalt, das Kind auf die anmutigste Weise verkürzt; die Mutter schon

---

[1] Es ist kaum anders möglich, als daß Correggio das Hauptwerk seines
einzigen Vorgängers in dieser Richtung, die Halbkuppel des Chores von
SS. Apostoli zu Rom von *Melozzo da Forli* gekannt habe. (Ansicht Münd-
lers, von Waagen, Kunstblatt 1851, S. 158 gebilligt.) Sonach hätte er Rom
überhaupt gekannt.

von derjenigen kleinlichen Hübschheit, welche ihr bei Correggio eigen bleibt. – (Der Kopf Johannes d. T. auf einer Schüssel, ebenda, ist keiner von den großartig Duldenden, nicht der enthauptete Prophet, sondern ein schon bei Lebzeiten kränklicher Frömmler – übrigens zweifelhaft. So auch der über die nackte Schulter sehende jugendliche Kopf derselben Sammlung, vielleicht Kopie aus der Schule der Caracci. – Im
a Pal. Pitti ein unbedeutendes Kinderköpfchen.)

b   Entschieden sehr früh die große *Kreuztragung* in der Galerie von Parma; schon mit unbedingtem Streben nach Affekt (bis zur Brutalität) und mit Nichtachtung der Linien zugunsten der Formen komponiert; der Ausdruck der beiden Hauptgestalten wahr und ergreifend.

Von 1518 an, seit welchem Jahre Correggio in Parma seßhaft war, entstand jene Reihe von Meisterwerken, deren vorzüglichste nach Dresden und Berlin geraten sind. (Von der Dresdner Magdalena eine schöne
c alte Kopie bei Camuccini in Rom.) Doch besitzt auch Italien noch meh-
d rere von höchster Bedeutung.

Im Museum von Neapel: das kleine Bildchen der *Vermählung der heiligen Katharina*, leicht und kühn gemalt: daß das Kind ob der befremdlichen Zeremonie fragend die Mutter ansieht, ist ganz ein Zug in der Art Correggios, der die Kinder nicht anders als naiv kennen wollte.
e (Der Christus auf dem Regenbogen, vatikanische Galerie, kann doch
f nur als caracceskes Bild gelten.)

Ebenda: *la Zingarella*, d. h. Madonna über das Kind gebeugt auf der Erde sitzend, oben im Palmendunkel schweben reizende Engel. Correggio hebt in der Maria das Mütterliche hier und auch sonst nicht selten mit einer wahren Heftigkeit hervor, als fühlte er, daß er *seinem* Typus keine höhere Bedeutung verleihen könne. Die Ausführung vielleicht etwas früher, übrigens von größter Schönheit.

g   Auch die große *Freskomadonna* in der *Galerie* von *Parma* zeigt Mutter und Kind innig verschlungen; eines der schönsten Linienmotive Correggios; Köpfe und Hände wunderbar zusammengeordnet (dergleichen sonst seine starke Seite nicht ist); Hauptbeispiel seines weiblichen Idealkopfes mit den kolossalen Augenlidern und dem Näschen und Mündchen.

h   Ebenda: die berühmte *Madonna della Scodella*, eine Szene der Flucht nach Ägypten. Das zauberhafte Licht in dem heimlichen Waldraum, die liebenswürdigen Köpfe und die unbeschreibliche Herrlichkeit der ganzen Behandlung lassen es vergessen, daß das Bild wesentlich nach den Farben komponiert und in den Motiven überwiegend unklar ist. Was will das Kind, ja die Mutter selbst? was fangen die heftig bewegten Engel oben mit der Wolke an? wie hat man sich den Engel, welcher das Lasttier bindet, und denjenigen mit dem Rebenzweig vollständig entwickelt zu denken? Man scheue sich nur nicht, Fragen, die man an jeden Maler stellt, auch an Correggio zu stellen. Wer solche Wirklichkeit malt, ist zur Deutlichkeit doppelt verpflichtet.

Auch die *Madonna di S. Girolamo* (ebenda) wiegt durch eine fast (doch a nicht ganz) ebenso erstaunliche Behandlung die großen sachlichen Mängel nicht auf. Hieronymus steht affektiert und unsicher, wie denn Correggio im Großartigen nirgends glücklich ist; das Kind, welches dem im Buche blätternden Engel winkt und mit Haaren der Magdalena spielt, ist von einer unbegreiflichen Häßlichkeit, ebenso der Putto, welcher am Salbengefäß der Magdalena riecht[1]. Nur letztere ist ganz außerordentlich schön und zeigt in der Art, wie sie sich hinschmiegt, die höchste Empfindung für eine bestimmte Art weiblicher Anmut.

Die *Kreuzabnahme*, ebenda, vor allem ein Wunderwerk der äußern b Harmonie. Der Kopf des liegenden Christus von höchst edelm Schmerzensausdruck, die übrigen aber beinah kleinlich und selbst grimassierend. Die Ohnmacht ist in der Maria sehr wirklich dargestellt, so daß man z. B. inne wird, wie sie die Herrschaft über den linken Arm verliert.

Das Gegenstück (wie obiges auf damaszierte Leinwand gemalt): Die *Marter des heiligen Placidus* und der *heiligen Flavia;* in der malerischen Be- c handlung nicht minder ausgezeichnet. Ein verhängnisvolles Bild, dessen übelste Eigenschaften bei den Malern des 17. Jahrhunderts nur zu vielen Anklang gefunden haben. Verlangte man von Correggio diese Szene, oder ist er hier freiwillig der erste Henkermaler, wie er anderwärts der erste ganz verbuhlte Maler ist? Höchst seelenruhig und kunstgerecht zieht der eine Henker der süßlichen Flavia die Flechte mit der Linken herunter und stößt sie mit dem Schwert unter die Brust; der andre zielt auf den ganz devot vor ihm knienden Placidus; rechts sieht man zwei Rümpfe von Enthaupteten, ja aus dem Rahmen schaut noch der Arm eines Henkers hervor, der einen blutigen Kopf trägt. Auf den ersten Blick erscheint das Ganze erstaunlich modern.

Von den *Fresken* Correggios in Parma sind diejenigen in einem Gemach des aufgehobenen Nonnenklosters *S. Paolo* die frühesten. Über d dem Kamin sieht man Diana in ihrem Wagen auf Wolken fahrend; am Gewölbe, welches über 16 trefflichen einfarbigen gemalten Lünetten

---

[1] So daß man sich des Gedankens an eine ganz bestimmte Absicht kaum erwehren kann. Es ist hier Pflichtsache zu bekennen, daß in *Toschis* Stichen die Köpfe nicht selten versüßt sind – dies unbeschadet der hohen Achtung vor dem Meister, welchen ich noch wenige Monate vor seinem Ende in seinem Studio zu begrüßen das Glück gehabt habe. Es wäre sehr zu wünschen, daß die Aquarellkopien der Fresken Correggios, teils von Toschis, teils von seiner Schüler Händen, öffentliches Eigentum würden. Wer sie noch jetzt zu sehen Gelegenheit hat, versäume dies nicht.

mythologischen Inhaltes emporsteigt, ist eine Weinlaube gemalt und in den runden Öffnungen derselben die berühmten Putten, zu zweien oder dreien in allerlei Verrichtungen gruppiert. Sie sind nicht schön im Raum, auch nicht in den Linien, überhaupt fehlte dem Maler das architektonische Element, das solchen Dekorationen zugrundeliegen muß; allein es sind Bilder der heitersten Jugend, Improvisationen voll von Leben und von Schönheit. (Gutes Reflexlicht bei Sonnenschein 10–12 Uhr.)

Bald darauf, 1520–1524, malte Correggio in S. Giovanni, und zwar wohl zuerst die schöne und strenge Gestalt des begeisterten Evange-
a listen in einer *Türlünette* des linken Querschiffes. – Dann die *Kuppel*. (Im Februar war um 12 Uhr und gegen 4 Uhr die Beleuchtung am leidlichsten. I, S. 171, unten.) Es ist die erste einer großen Gesamtkomposition gewidmete Kuppel; Christus in der Glorie, von den auf Wolken sitzenden Aposteln umgeben, und zwar alles als Vision des unten am Rand angebrachten Johannes. Die Apostel sind echte Lombarden des nobeln Typus, von einer grandiosen Körperlichkeit; der greise, ekstatische Johannes (absichtlich?) unedler. Die völlig durchgeführte Untensicht, von welcher dieses Beispiel das früheste erhaltene und jedenfalls das früheste so ganz durchgeführte ist (vgl. II, S. 306, Anm.), erschien den Zeitgenossen und Nachfolgern als ein Triumph aller Malerei. Man vergaß, welche Teile des menschlichen Körpers bei der Untensicht den Vorrang erhalten, während doch der Gegenstand dieses und der meisten spätern Kuppelgemälde – die Glorie des Himmels – nur das geistig Belebteste vertragen würde. Man empfand nicht mehr, daß für diesen Gegenstand die Raumwirklichkeit eine Entwürdigung ist und daß überhaupt nur die ideale, architektonische Komposition ein Gefühl erwecken kann, welches demselben irgendwie gemäß ist. Nun ist schon hier gerade die Hauptgestalt, Christus, wahrhaft froschartig verkürzt; auch bei einzelnen Aposteln rücken die Knie bis gegen den Hals. Als Raumverdeutlichung, Stütze und Sitz, malerisch auch als Mittel der Abstufung und Unterbrechung dienen die Wolken, welche Correggio als konsistent geballte Körper von bestimmtem Volumen behandelt. – Auch an den Pendentifs (Zwickeln) der Kuppeln sitzen die an sich sehr schönen, nur übermäßig verkürzten Gestalten – je ein Evangelist und ein Kirchenvater – auf Wolken, während noch Michelangelo seinen Propheten und Sibyllen an ähnlicher Stelle feste Throne gegeben hatte.

Die *Halbkuppel des Chores* derselben Kirche, mit der großen Krönung der Maria, wurde 1584 abgebrochen. Doch wurde die Hauptgruppe (Christus und Maria) gerettet und ist gegenwärtig in einem Gange der
b herzoglichen Bibliothek angebracht; außerdem hatten Annibale und
c Agostino Caracci fast das Ganze stückweise kopiert (sechs Stücke in der Galerie von Parma, mehrere im Museum von Neapel), und Cesare

Aretusi wiederholte hernach an der neuen Halbkuppel die ganze Komposition, so gut er konnte. – Ein leidenschaftlicher Jubel durchströmt den ganzen Himmel in dem geweihten Augenblick; die schönsten Engel drängen sich zu dem Heere zusammen. Aber die Madonna selbst ist weder naiv noch schön, Christus eine mittelmäßige Bildung. (Beide in den Kopien versüßt und so ohne Zweifel auch Johannes d. T.)

Endlich malte Correggio 1526–1530 die *Kuppel des Domes* aus und a gab sich dabei seiner Art von Auffassung des Übersinnlichen in ganz unbedingtem Maße hin. Er veräußerlicht und entweiht alles. Im Zentrum (jetzt sehr verdorben) stürzt sich Christus der inmitten einer gewaltigen Engel- und Wolkenmasse heraufrauschenden Maria entgegen. Das Momentane ist allerdings überwältigend; der Knäuel zahlloser Engel, welche hier mit höchster Leidenschaft einander entgegenstürzen und sich umschlingen, ist ohne Beispiel in der Kunst; ob dies die würdigste Feier des dargestellten Ereignisses sein kann, ist eine andre Frage. Wenn ja, so war auch das mit einem bekannten Witzwort bezeichnete Durcheinander von Armen und Beinen nicht zu vermeiden, denn wäre die Szene wirklich, so müßte sie sich allerdings etwa so ausnehmen. – Weiter unten, zwischen den Fenstern, stehen die Apostel, der Maria nachschauend; hinter ihnen auf einer Brustwehr sind Genien mit Kandelabern und Rauchfässern beschäftigt. In den Aposteln ist Correggio inkonsequent; wer so aufgeregt ist wie sie, bleibt nicht in seiner Ecke stehen; auch ihre vermeintliche Großartigkeit hat etwas merkwürdig Unwahres. Aber ganz wunderschön sind einige von den Genien, auch manche von den Engeln im Kuppelgemälde selbst, und vollends diejenigen, welche in den Pendentifs die vier Schutzheiligen von Parma umschweben. Es ist schwer, sich genau zu sagen, welcher Art die Berauschung ist, womit diese Gestalten den Sinn erfüllen. Ich glaube, daß hier Göttliches und sehr Irdisches durcheinander rinnen. Vielleicht faßt sie ein jüngeres Gemüt unschuldiger auf. (Bestes Licht auch für die Besteigung der Kuppel: gegen Mittag.)

Außerdem sind noch in der *Annunziata* Reste einer Freskolünette der b Verkündigung erhalten; eine der einflußreichsten Kompositionen.

Von monumentalen Malereien mythologischen Inhaltes kenne ich in Italien außer den Fresken von S. Paolo nur den vom Adler emporgetragenen *Ganymed*, jetzt an der Decke eines Saales in der Galerie zu c Modena. Eine von dem Bild in Wien ganz verschiedene Komposition, höchst meisterhaft in Wenigem.

Von Staffeleibildern ist die *Danae* im Pal. Borghese zu nennen. Viel- d leicht Correggios gemeinste Gestalt dieser Art, weil sie nicht einmal recht sinnlich ist; aber naiv und herrlich gemalt sind die beiden Putten, welche auf einem Probierstein einen goldenen Pfeil prüfen; der beredte

Amor ist vollends der Genien von Parma würdig. – (Die Allegorie der
a Tugend im Pal. Doria zu Rom gilt als echte Skizze, wenn ich nicht irre,
für eines der Temperabilder Correggios in der Sammlung der Handzeichnungen im Louvre.)

Wenn jemand die Gewandtheit bewundert, mit welcher Correggio
unter allen möglichen Vorwänden nur immer das gegeben habe, was
ihm am Herzen lag, nämlich bewegtes Leben in sinnlich reizender Form,
so ist zu antworten, daß ein solcher Zwiespalt zwischen Inhalt und Darstellung, *wenn* er in Correggio existiert hat, die Kunst immer und unfehlbar entsittlicht. Der Gegenstand ist keine beliebige Hülle für bloße
künstlerische Gedanken.
Bei keinem Meister sind die Schüler übler daran gewesen. Er nahm
ihnen das, was die Meister zweiten und dritten Ranges in jener Zeit
schätzenswert macht: den architektonischen Enrst der Komposition,
die einfachen Linien, die Würde der Charaktere. Was aber ihm eigen
war, dazu reichten wieder ihre Talente nicht aus, oder die Zeit war dafür noch nicht gekommen. In der Tat steht sein allbewunderter Stil
über ein halbes Jahrhundert isoliert da; indem seine sämtlichen Schüler
mit einer Art von Verzweiflung sich der römischen Schule in die Arme
werfen.
Inzwischen erwuchsen aber seine wahren Erben: die Schule der Caracci, deren Auffassung dem tiefsten Kerne nach von der seinigen abhängig ist. Deshalb, weil die Modernen ihn ganz in sich aufnahmen,
erscheinen uns seine eigenen Werke so oft als modern. Selbst was dem
18. Jahrhundert spezifisch eigen scheint, ist in ihm stellenweise vorgebildet.

b Die ganze Schule ist in der Galerie und den Kirchen von Parma stark
repräsentiert. Man wird weniges Lobenswerte von *Pomponio Allegri*
(Correggios Sohn), *Lelio Orsi*, *Bernardino Gatti*, Gutes und sehr Fleißiges von *Franc. Rondani* (Dom, Fresken der fünften Kapelle, rechts),
mehreres noch ganz Angenehme von *Michelangelo Anselmi*, auch wohl
von *Giorgio Gandini* vorfinden, das meiste an Zahl jedenfalls von der
Malerfamilie der *Mazzola* oder *Mazzuoli*, welche sich in diesem Jahrhundert ganz an Correggio anschloß. *Girolamo Mazzola* verschmelzt
bisweilen einen Zug älterer Naivität mit der Art Correggios und der
römischen Schule zu einem wunderlichen Rokoko. Im ganzen ist er
weniger widerwärtig als sein berühmter Vetter.
Francesco Mazzola, genannt *Parmegianino* (1503–1540). Seine »Ma-
c donna mit dem langen Halse« im Pal. Pitti zeigt mit ihrer unleidlichen
Affektation, wie falsch die Schüler den Meister verstanden hatten,

indem sie glaubten, sein Zauber liege in einer gewissen aparten Zierlichkeit und Präsentationsweise der Formen, während doch das momentane Leben der reizenden Form die Hauptsache ist. Anderswo ist Parmegianino ergötzlich durch die Manieren der großen Welt, welche er
in die heiligen Szenen hineinbringt. Seine heilige Katharina (Pal. Bor- a
ghese in Rom) lehnt die Komplimente der Engel mit einem unbeschreiblichen bon genre ab; bei der pomphaften Heiligencour im Walde (Pinacoteca von Bologna) gibt die Madonna nur mit vornehmster Zurück- b
haltung das Kind der heiligen Katharina zum Karessieren her.

Allein im Porträt, wo das vermeintlich Ideale wegfiel, ist Parmegianino einer der trefflichsten seiner Zeit. Im Museum von Neapel ge- c
hören seine Bildnisse des »Columbus«, des »Vespucci« (beide willkürlich so benannt), dasjenige des De Vincentiis und das der eigenen Tochter des Meisters zu den Perlen der Galerie, während die Kolosse des
Pythagoras und Archimedes abscheulich, die Lucretia und die Madonna
mindestens ungenießbar sind. Ebenso ist sein eignes Porträt in den Uffi- d
zien – der wahre bell' uomo von Stande – eines der besten der ganzen
Malersammlung, während die heilige Familie (Tribuna) nur durch die
phantastisch beleuchtete Landschaft erträglich wird. In einem andern
Saal eine ganz kleine Madonna von ihm, eines der besten Linienmotive
der Schule.

Es folgt die Malerei der höchsten Augenlust, die *venezianische*. Es ist
ein denkwürdiges Phänomen, daß sie gerade die höhern Ideale menschlicher Bildung nicht erreicht noch erreichen will, weil dieselben über
das bloße wonnevolle Dasein hinaus zu einer höhern Tätigkeit drängen. Noch merkwürdiger aber ist, daß diese Schule mit dem (verhältnismäßig) geringsten Gehalt an sogenannten poetischen Gedanken durch
die bloße Fülle der *malerischen* Gedanken alle andern Schulen an Wert-
schätzung erreicht und die meisten weit übertrifft. Ist dies bloß Folge
der Augenlust? oder dehnt sich das Gebiet der Poesie weit hinab in
diejenigen Regionen aus, welche wir Laien bloß der malerischen Durchführung zuweisen? Gehört nicht schon die dämonische Wirkung dahin, welche das in Raum und Licht wirklich gemachte Sinnlich-Reizende
bei Correggio ausübt? Bei den Venezianern, auf welche er gar nicht
ohne Einfluß blieb (schon auf Tizian nicht), ist dieses ebenfalls das
Hauptthema, nur ohne die bei Correggio wesentliche Beweglichkeit;
ihre Gestalten sind weniger empfindungsfähig, aber im höchsten Grade
genußfähig.

Der sprichwörtliche Vorzug ist hier das *Kolorit*, das schon bei den
Malern der vorhergehenden Generation (II, S. 198) jene hohe Trefflichkeit erreicht hatte, jetzt aber in seiner Vollendung auftrat. Das höchst

angestrengte Studium auf diesem Gebiete war offenbar ein doppeltes: einerseits realistisch, indem alle Spiele des Lichtes, der Farbe, der Oberflächen von neuem nach der Natur ergründet und dargestellt wurden, so daß z. B. jetzt auch die Stoffbezeichnung der Gewänder eine vollkommene wird; anderseits aber wurde das menschliche Auge genau befragt über seine Reizfähigkeit, über alles, was ihm Wohlgefallen erregt. Das dem Laien Unbewußte wurde dem Maler hier klarer als in andern Schulen bewußt.

Welche Gegenstände hiernach für diese Meister die glücklichsten waren, ist leicht zu erraten. Je näher sie dieser Sphäre bleiben, desto größer sind sie, desto zwingender die Eindrücke, welche sie erregen.

Unter den Schülern Giov. Bellinis, welche die Hauptträger der neuen Entwicklung sind, gibt *Giorgione* (eigentlich Barbarelli, 1477?–1511) dieselbe auf eine ganz besonders eindringliche, wenn auch einseitige Weise zu erkennen.

Die Belebung *einzelner Charaktere* durch hohe, bedeutende Auffassung, durch den Reiz der vollkommensten malerischen Durchführung war schon in der vorigen Periode so weit gediehen, daß eine abgesonderte Behandlung solcher Charaktere nicht länger ausbleiben konnte. So wie die vorige Periode ihr Bestes schon in jenen Halbfigurenbildern der Madonna mit Heiligen zu geben imstande ist (II, S. 201, 202), so gibt nun Giorgione dergleichen Bilder profanen, bloß poetischen Inhaltes und auch einzelne Halbfiguren, die dann schwer von dem bloßen Porträt zu trennen sind. Er ist der Urvater dieser Gattung, welche später in der ganzen modernen Malerei eine so große Rolle spielt. Allein er malt nicht deshalb kostümierte Halbfiguren, weil ihm ganze Figuren zu schwer wären, sondern weil er darin einen abgeschlossenen poetischen Inhalt zu verewigen imstande ist. Venedig bot in dieser Zeit der erzählenden, dramatischen Malerei nur wenige Beschäftigung; es fehlen die großen Freskounternehmungen von Rom und Florenz; der Überschuß an derartiger Begabung aber brachte es zu Einzelfiguren, wie sie keine andre Schule schafft. Soll man sie historische oder novellistische Charaktere nennen? bald überwiegt mehr die freie Tatfähigkeit, bald mehr das schönste Dasein.

a   Die erste Stelle nimmt die *Lautenspielerin* im Pal. Manfrin zu Venedig ein, leicht und mit unglaublicher Meisterschaft hingemalt; ein schönes inspiriert aufwärtsblickendes Weib, erfüllt von künftigem Gesange in einer Landschaft. (Ebenda, noch ungleich befangener, eine Dame in hel-
b lem Kleid und Toque.) – Im Pal. Borghese: Saul mit Goliaths Haupt, vor welchem sich der junge David zu entsetzen scheint; oder ist der so düster vor sich hinblickende Geharnischte David selbst und der

andre nur ein Knappe? Hier wo sich der Einzelcharakter so trotzig vor
den Beschauer hinstellt, ist Giorgione der rechte Vorläufer Rembrandts.
– Eine geringere Inspiration ähnlicher Art: der Geharnischte mit sei- a
nem Knappen, in den Uffizien. – Im Pal. Pitti: Faun und Nymphe, die b
letztere ein eigentümliches venezianisches Ideal, in der Zeichnung hier
und da sorglos. – Ebenda: *das Konzert*, vorzüglich anregend zu Vermutungen über die geistige Entstehungsweise solcher Bilder; mit Wenigem unergründlich tief erscheinend. – (Wiederholung oder Reminis- c
zenz im Pal. Doria zu Rom.) – Ein Johannes d. T. im Pal. Pitti hängt
zu dunkel.

Eigentliche *Porträts:* der Johanniter (Uffizien), einer jener höchst d
adligen venezianischen Köpfe, welche sich dem Christuskopf Bellinis
und Tizians nähern, auch äußerlich durch das gescheitelte lange Haar,
den bloßen Hals usw. – Franziskus Philetus (Pal. Brignole in Genua), e
ein vortreffliches Gelehrtenbildnis. – (Das Porträt, welches im Pal.
Spada zu Rom Giorgione heißt, ist von einem andern trefflichen Vene- f
zianer.)

Die Hälfte der Werke Giorgiones befindet sich im Auslande, darunter auch die wenigen Andachtsbilder, mit Ausnahme des *S. Sebastian* g
(Brera zu Mailand), einer in Stellung, Bildung und Farbe sehr energi-
gischen und edeln Gestalt, die sich mit übers Haupt gebundenen Armen
trefflich lebendig entwickelt. – Dagegen besitzt Italien noch einige »No-
vellenbilder« von ihm. Wir dehnen diesen Namen auch über die biblischen Szenen aus, insofern dieselben nicht für Kirche und Andacht gemalt, sondern nur aus dem Drang nach Darstellung eines reichen und
farbenschönen Daseins entstanden sind. Drei frühe kleine Bildchen in
den Uffizien: das Urteil Salomonis, eine Sage aus der Jugend des Moses h
(nach Ungers Berichtigung, Kunstbl. 1851, S. 130) und eine Anzahl von
Heiligen auf einem Altan an einem See, alle noch mit paduanischer Härte
und Glanz gemalt, zeigen auf merkwürdige Weise, wie dem Venezianer
das Ereignis der Vorwand wird zur Darstellung der bloßen Existenz
auf bedeutendem landschaftlichem Hintergrunde. Aus seiner spätern,
goldenen Zeit stammt dann die *Findung Mosis* (Brera in Mailand, dem i
Bonifazio zugeschrieben). Verglichen mit dem Bilde Raffaels (Loggien)
wird man das Ereignis als solches ungleich weniger deutlich und ergreifend dargestellt finden, allein welcher Neid erfaßt die moderne Seele,
wenn Giorgione aus dem täglichen Leben, das ihn umgab, aus diesen
genießenden Menschen in ihren reichen Trachten eine so wonnevolle
Nachmittagsszene zusammenstellen konnte! Die höchste Wirkung liegt
analog wie bei den Charakteren Bellinis (II, S. 199) darin, daß man das Gemalte für möglich und noch vorhanden hält. – Eine kleinere Findung k
Mosis im Pal. Pitti. – Das Bild im Pal. Manfrin, als »Familie Giorgio- l

nes« bezeichnet, ist ein eigentliches und zwar frühes Genrebild in reicher Landschaft.

Ebenda: der *Astrolog;* eine Improvisation mit manchen Nachlässigkeiten; der Reiz derselben liegt hauptsächlich darin, daß der Phantasiegegenstand so einfach, in einem (für uns) idealen Kostüm und in demjenigen idealen Raum (einer freien Landschaft) dargestellt ist, welcher der echten italienischen Novelle zukommt; in einem sogenannten Fauststübchen hätte Giorgione keinen Spielraum. – Endlich sein größtes und
a zwar ganz phantastisches Werk (Akademie von Venedig): der *Seesturm,* erregt und hier personifiziert durch schwimmende und auf Schiffen fahrende Dämonen, welche sich vor der Barke mit den drei Schutzheiligen verzweifelnd flüchten.

Unter Giorgionos Schülern ist *Sebastiano del Piombo* (1485–1547) der wichtigste; als Exekutanten Michelangelos haben wir ihn bereits (II, S. 246) genannt. Aus seiner frühern, venezianischen Zeit stammt das herrli-
b che Hochaltarbild in *S. Giovanni Crisostomo;* der Heilige der Kirche schreibt am Pult, umgeben von andern Heiligen, worunter hauptsächlich die Frauen als allerschönste Typen der Schule (grandios und noch ohne
c Fett) auszuzeichnen sind. – Ob die Darstellung im Tempel (Pal. Manfrin) von ihm und noch aus seiner venezianischen Zeit ist, lasse ich unentschieden; jedenfalls aber gehört hierher ein wundervolles Porträt in
d den Uffizien: ein *Mann in Brustharnisch,* Barett und roten Ärmeln, hinter ihm Lorbeerstämme und eine Landschaft. – Etwa aus dem Anfang
e seiner römischen Zeit: die Marter der heiligen Apollonia (Pal. Pitti); ein Rest venezianischen Erbarmens gab ihm den Gedanken ein, die Zangen der Peiniger noch nicht unmittelbar in dem schön modellierten Körper wühlen zu lassen. – Aus der spätern Zeit: Madonna, das schla-
f fende Kind aufdeckend (Museum von Neapel), großartig im Sinne der römischen Schule, aber gleichgültig neben Raffaels Madonna di Loreto;
g – das Altarbild in der Cap. Chigi zu S. M. del popolo in Rom; – endlich mehrere Porträts, sämtlich über lebensgroß, welche uns lehren, wie Michelangelo Bildnisse aufgefaßt wissen wollte. Das wichtigste: *Andrea*
h *Doria* (Pal. Doria in Rom), sehr absichtlich einfach, die alternden Züge
i schön, kalt und falsch; – ein Kardinal (Museum von Neapel); – ein Mann im Pelzmantel (Pal. Pitti), von grandiosen Zügen. – Das Bildnis der Vittoria Colonna, welches vor einiger Zeit in Rom auftauchte und allgemeine Bewunderung erregte, hat der Verfasser leider nicht gesehen und weiß auch dessen jetzigen Besitzer nicht. – (Der einzige Schüler
k Sebastianos, *Tommaso Laureti,* verrät in den Fresken des zweiten Saales im Konservatorenpalast auf dem Kapitol – Szenen der römischen Geschichte, M. Scævola, Brutus und seine Söhne usw. – mehr das Vorbild

Giulios und Sodomas; in seiner spätern Zeit, zu Bologna, erscheint er mehr als Naturalist in Tintorettos Art; Hochaltar von S. Giacomo mag- a giore usw.)

Giovanni da Udine (I, S. 234 u. f.) ist in dem einzigen beträchtlichen Bilde seiner frühern Zeit, einer Darstellung Christi zwischen den Schrift- b gelehrten nebst den vier Kirchenlehrern (Akademie von Venedig) ein selbständiger venezianischer Meister ohne kenntlichen Anklang an seinen Lehrer Giorgione; eher etwas bunt, aber mit großartigen Zügen. Ein Halbfigurenbild der Gal. Manfrin, Madonna mit zwei Heiligen, er- c scheint in der leichten, schönen Behandlung der Köpfe eher wie eine Verklärung des Cima als wie ein Bild aus Giorgiones Schule. (Ob richtig benannt?) – *Francesco Torbido*, genannt *il moro*, brachte zuerst den entschiedenen venezianischen Stil aus dieser Schule nach *Verona*. Sein einziges Hauptwerk daselbst, die Himmelfahrt Mariä in der Hauptkuppel d des Domchores, gehört nicht ganz ihm selbst, sondern ist nach Kartons des Giulio Romano ausgeführt, welcher dabei unter Correggios Einfluß stand und dessen Raumwirklichkeit mit seinem eignen Stil in Einklang zu bringen suchte, man beachte, auf welche Weise.

Nicht Schüler Giorgiones, wohl aber Ausbilder und Erweiterer dessen, was er erstrebt hatte, war *Jacopo Palma vecchio* (geb. zw. 1476–1482), bei welchem die Existenzmalerei bereits ihre höchste Vollendung zu erreichen scheint. Er ist wesentlich der Schöpfer jener etwas überreich, bei ihm aber noch sehr edel und besonders zutrauenerweckend gebildeten weiblichen Charaktere, wie sie die spätere venezianische Schule vorzüglich liebt. Er produzierte mühsam und sein Kolorit hat nicht die vollkommene Freiheit mehrerer seiner Schulgenossen, wohl aber die vollste Glut und Schönheit. Wo er einen dramatischen Inhalt zu geben sucht (Akademie von Venedig: das überfüllte Halbfigurenbild von der Hei- e lung des besessenen Mädchens, – ebenda: Mariä Himmelfahrt), muß man sich an Ausführung und einzelnes halten; am besten gelang ihm noch die ruhige Szene von *Emmaus* (Pal. Pitti), wo zwar der Christus f schwächlich geraten, die Wahrheit und das schöne Dasein alles übrigen aber erstaunlich ist; man kann nichts echt Naiveres sehen als den aufwartenden Schifferjungen, der dem einen überraschten Apostel ins Gesicht sieht. – (Ist vielleicht die Auferstehung in S. Francesco della Vigna g zu Venedig, zweite Kapelle links, von ihm?) – Sein Hauptwerk ist die Gestalt der *heiligen Barbara* (mit unbedeutenden Seitenbildern) in S. Maria h formosa zu Venedig, erster Altar rechts; der Kopf von einer wahrhaft zentralen venezianischen Schönheit, das Ganze mit der höchsten Gewalt und Wissenschaft der Farbe und Modellierung vollendet. Allein der unentschiedene Schritt, der unplastische Wurf des Gewandes, die

überzierliche Kleinheit der Hand, welche die Palme hält – dies alles ver-
hindert, daß dem Beschauer dabei raffaelisch zumute wird. – Von grö-
a ßern Altarbildern ist mir in Venedig nur das ganz verdorbene in S. Zaccaria bekannt (an einer Wand der linken Nebenkapelle rechts), eine
thronende Madonna mit Heiligen, kenntlich an dem im Profil sitzenden
Geigenengel, ehemals sehr schön. – Die übrigen »Sante Conversacioni«
sind teils Halbfigurenbilder, teils Breitbilder mit knienden und sitzenden Figuren, für die Hausandacht. Immer derselbe Klang, hier einfacher, dort reicher; hier auf einer höhern, dort auf einer tiefern Gamme
von Farben; hier mit schlichtem, dort mit prächtigem landschaftlichen
Hintergrund; die Madonna in der Mitte gerne unter dem Schatten eines
b Baumes. Die köstlichsten Bilder dieser Art: Pal. Manfrin; – Pal. Bor-
c ghese in Rom; – Museum von Neapel; – noch sehr schöne: Pal. Adorno
d in Genua; – Pal. Colonna in Rom (wo noch ein andres herrliches Bild
ähnlicher Art, kenntlich an der zwei Augen auf Nadeln haltenden S. Lu-
e cia, als Jugendwerk Tizians gilt); – Pal. Pitti, u. a. a. O. – Ein schönes
Altarbild von fünf größern Figuren (in der Mitte Johannes d. T.), auf
dem ersten Altar rechts in S. Cassiano zu Venedig, sieht eher dem Rocco
(Pal. Marconi ähnlich. - Das Porträt eines reichgekleideten Mathematikers
f Pitti), ein Kopf von der hohen Gattung des Johanniters (II, S. 314, d).

Rocco Marconi, im Gedanken durchaus von den Genannten abhängig,
in der Farbe glühend und transparent wie wenige, in den Charakteren
ungleich, hat sich einmal zu einer großen Leistung zusammengenom-
g men: die Kreuzabnahme (Akademie von Venedig). Seine Halbfigurenbilder mit dem venezianischen Lieblingssujet der Ehebrecherin vor
Christo (Pal. Manfrin; – S. Pantaleone, Kapelle links vom Chor, u.
a. a. O.) sind seelenlos aufgeschichtet; – sein Christus zwischen zwei
h Aposteln ist das eine Mal (Akademie von Venedig) in Anordnung und
Charakteren unfrei, das andre Mal (S. Giov. e Paolo, rechtes Querschiff)
eines der besten Bilder der Schule, mit den schönsten, mildesten Köpfen, zumal des Christus, der sich dem Christus Bellinis nähert. – Eine
i einzelne Halbfigur (in der Akademie) ist wiederum schwächer.

Lorenzo Lotto, halb Lombarde, halb Venezianer, ist in den Bildern
der letztern Art, namentlich wo er sich dem Giorgione nähert, ein treff-
k licher Meister; so in dem Bilde al Carmine, zweiter Altar links, wo
S. Nikolaus mit drei Engeln und zwei Heiligen auf Wolken über einer
morgendämmernden Meeresbucht schwebt; noch in äußerster Verderbnis ein herrliches poetisches Werk. – Im rechten Querschiff von SS.
l Giov. e Paolo der von Engeln umgebene S. Antonin, dessen Kapläne
Bittschriften annehmen und Almosen verteilen. – Madonnen mit Hei-
m ligen mehr in Palmas Art: Pal. Manfrin; Uffizien usw. – Das Halb-
n figurenbild der drei Menschenalter, im Pal. Pitti, sehr ansprechend in

Giorgiones Art. – In S. Giacomo dall' Orio ein Altarbild im linken
Querschiff, thronende Madonna mit vier Heiligen, ein Werk seines a
Alters (1546).

In der Mitte der Schule steht die gewaltige Gestalt des *Tizian* (Vecellio, 1477–1576), der in seinem fast hundertjährigen Leben alles, was
Venedig in der Malerei vermochte, in sich aufgenommen oder selbst
hervorgebracht oder vorbildlich in der jüngern Generation geweckt
hat. Es ist kein geistiges Element in der Schule, das er nicht irgendwo
vollendet darstellt; allerdings repräsentiert er auch ihre Beschränkung.
Der göttliche Zug in Tizian besteht darin, daß er den Dingen und
Menschen diejenige Harmonie des Daseins anfühlt, welche in ihnen nach
Anlage ihres Wesens sein sollte oder noch getrübt und unkenntlich in
ihnen lebt; was in der Wirklichkeit zerfallen, zerstreut, bedingt ist, das
stellt er als ganz, glückselig und frei dar. Die Kunst hat diese Aufgabe
wohl durchgängig; allein keiner löst sie mehr so ruhig, so anspruchslos, mit einem solchen Ausdruck der Notwendigkeit. In ihm war diese
Harmonie eine prästabilierte, um einen philosophischen Terminus in
einem besondern Sinn zu brauchen. Alle äußern Kunstmittel der Schule
besaß er wohl in einem besonders hohen Grade, doch erreichen ihn
mehrere im einzelnen Fall. Wesentlicher ist immer seine große Auffassung, wie wir sie eben geschildert haben.
Sie ist am leichtesten zu beobachten in seinen *Porträts* (vgl. I, S. 428
u. f.) in deren Gegenwart man allerdings die Frage zu vergessen pflegt:
wie der Meister aus den zerstreuten und verborgenen Zügen diese großartigen Existenzen möge ins Leben gerufen haben. Wer aber nach dieser Seite hin eindringen will, für den bedarf es keines erläuternden Wortes mehr. – In Venedig: Galerie Manfrin: das Porträt des Ariost, im b
grauen Damastkleide; – Caterina Cornaro. – Akademie: der Prokurator c
Sopranzo, dat. 1514 (eher 1543). – In Florenz: Pal. Pitti: der sogenannte d
Pietro Aretino, Urbild eines bestimmten Typus südländischer Frech-
heit; – Vesalio (?); – der greise Cornaro; – namenloses Bild eines blonden schwarzgekleideten Mannes mit Kette; – dann das Kniestück des
Ippolito Medici im ungarischen (vielleicht vom Maler gewählten?)
Kleide; das sehr verdorbene Karls V. im Prachtkleide; – endlich in
ganzer Figur: Philipp II.; – und ein Mann in schwarzem Kleid, von
gemeinen Zügen, aber offen in seiner Art und sehr distinguiert (hinten
eine Architektur mit Relief am Sockel). – In den Uffizien: Erzbischof
Beccadelli von Ragusa (1550); – der Bildhauer, auf eine Büste gelehnt a
(etwa von Morone??); – der Herzog von Urbino, im Harnisch, vor
einer roten Plüschdraperie stehend; – die ehemals schöne, alternde Herzogin im Lehnstuhl; – ein Geharnischter im Profil, noch in der Art des

Giorgione; – Caterina Cornaro als heilige Katharina, mehr ideal und
wie aus der Erinnerung gemalt als das Bild des Pal. Manfrin – In Rom:
a bei Camuccini: der Admiral; – und das wunderbare, frühe, an Giorgione erinnernde Porträt eines Mannes mit feinem Bart und strengen
b Zügen. – Im Pal. Corsini: Halbfigur Philipps II., das beste unter des-
c sen Bildnissen. – Im Pal. Colonna: Onuphrius Panvinius; – (ebenda von
einem andern Venezianer, angeblich Girolamo da Treviso: das schöne
d Bild eines Medailleurs oder Münzsammlers). – Im Museum von Neapel:
Paul III. (wovon eine verkleinerte, wahrscheinlich eigenhändige Wiederholung bei Camuccini in Rom); – außerdem mehrere im Dunkel
hängende und zweifelhafte Bilder; die beiden Karl V. scheinen Kopien zu sein.

Es folgen nun einige Bilder, bei welchen man stets im Zweifel sein
wird, wieweit sie als Porträts, wieweit aus reinem künstlerischem Antriebe gemalt sind, und ob man mehr eine bestimmte Schönheit, oder
ein zum Bilde gewordenes Problem der Schönheit vor sich hat. – Schein-
e bar dem Porträt noch am nächsten: *la Bella* im Pal. Pitti; die Kleidung
(blau, violett, gold, weiß) wahrscheinlich vom Maler gewählt, mit dem
lieblich üppigen Charakter des Kopfes geheimnisvoll zusammenstim-
mend. – Dann der erhabenste weibliche Typus, den Tizian hervor-
f gebracht hat: *la Bella* im Pal. Sciarra zu Rom (die Kleidung weiß, blau
und rot; trotz der mehr schwärzlichen Schatten in der Karnation un-
g zweifelhaft von Tizian; unten links die Chiffre TAMBEND); – und die
Flora in den Uffizien, mit der Linken das Damastgewand heraufziehend,
mit der Rechten Röslein darbietend. Welches auch die Schönheit des
Weibes gewesen sein möge, das die Anregung zu diesen beiden Bildern gab, jedenfalls hat erst Tizian sie auf diejenige Höhe gehoben,
welche dieses Haupt gewissermaßen als Gegenstück des venezianischen
h Christuskopfes erscheinen läßt. – (Die sogenannte Schiava im Pal. Barberini zu Rom ist wohl nur das Werk eines Nachstrebenden.) – Viel-
i leicht ist auch das schöne Bild von *drei Halbfiguren*, welches im Pal.
Manfrin Giorgione heißt, eher von Tizian: ein junger Nobile, der sich
zu einer Dame umwendet, deren Züge an die Flora erinnern, auf der
andern Seite ein Knabe mit Federbarett. Die Trachten sind wohl erst
diejenigen um 1520.

Sodann hat Tizian in einzelnen *nackten Gestalten* wiederum andre Probleme eines hohen Daseins gelöst, wobei zugleich die malerische Darstellung einen vielleicht nie mehr erreichbaren Triumph feiert. In der
k Tribuna der *Uffizien* die beiden berühmten Bilder, das eine als *Venus*
bezeichnet durch Anwesenheit des Amor, das andre ohne irgendeine
mythologische Andeutung, doch ebenfalls Venus genannt. Dieses letztere ist wohl das frühere; der Kopf trägt die Züge der Bella im Pal.

Pitti[1]. Gestalten dieser Art sind es, welche sooft unsrer jetzigen (zumal französischen) Malerei das Konzept verrücken. Warum sind dieses ewige Formen, während die Neuern es so selten über schöne Modellakte hinausbringen? Weil Motiv und Moment und Licht und Farbe und Bildung miteinander im Geiste Tizians entstanden und wuchsen. Was auf diese Weise geschaffen ist, das ist ewig. Die wonnig leichte Lage, die Stimmung der Karnation zu dem goldenen Haar und zu dem weißen Linnen und so viel andre Einzelschönheiten gehen hier durchaus in der Harmonie des Ganzen auf, nichts präsentiert sich abgesondert. Das andre Bild, in den Linien der Hauptgestalt ähnlich, schildert doch einen andern Typus und erhält durch den roten Sammetteppich statt des Linnen, sowie durch den landschaftlichen Hintergrund einen wesentlich neuen Sinn. – Eine dritte liegende Figur, auf einem Lager mit rotem Baldachin, in der Academia di S. Luca zu Rom, ist durch a eine Schrifttafel als Vanitas bezeichnet; ein sehr schönes Werk, dessen nähere Untersuchung der Verfasser jedoch versäumt hat.

In den *einzelnen* Gestalten *heiligen* Inhalts wird man bei Tizian fast niemals die möglichst würdige und angemessene Darstellung des Gegenstandes suchen dürfen, von welchem sie den Namen tragen. Überhaupt gehen tizianische Charaktere, so groß und in gewissem Sinne historisch sie an sich sind, doch nicht leicht in irgendeine geschichtliche Bedeutung auf; ihr besonderes Leben überwiegt.

In der bekannten *Magdalena* z. B. sollte wohl die bußfertige Sünderin dargestellt werden, allein in dem wundervollen Weib, deren Haare wie goldene Wellen den schönen Leib umströmen, ist dies offenbar nur Nebensache. (Hauptexemplar: Pal. Pitti; – mit gestreiftem Überwurf b bekleidet, übrigens noch von Tizian selbst, im Museum von Neapel; c – geringere Exemplare und Kopien: Pal. Doria in Rom, u. a. a. O.) – d Schon eher ist in dem einsamen Bußprediger *Johannes* (Akademie von e Venedig) eine strenge Gegenstandswahrheit beobachtet; ein edler Kopf, vielleicht etwas nervös leidend, mit dem Ausdruck des Kummers; er winkt mit der Rechten die Leute herbei. (Raffaels Johannes II, S. 265.) – Der S. Hieronymus, von welchem Italien wenigstens ein gutes Exemplar (Brera zu Mailand) besitzt, ist malerisch genommen ein hochpoetisches Werk; energische Bildung, schöne Linien, ein prächtiges Ensemble des Nackten, des roten Gewandes, des Löwen, mit jenem steilen waldigen Hohlweg als Hintergrund; allein der Ausdruck der begeisterten Askese ist nicht innerlich genug. – In einzelnen *Christusköpfen* dagegen hat Tizian das Ideal Bellinis auf tiefsinnige, überaus geistreiche

---

[1] Auch jene Herzogin von Urbino (II, S. 318, a) trägt denselben Typus.

Weise neu gebildet. Der schönste findet sich in Dresden (Cristo della
a moneta); derjenige im Pal. Pitti ist ebenfalls noch ein edles Spezimen.
b – Die große Freskofigur des *S. Christoph* im Dogenpalast (unten an
der Treppe neben der Capella) ist wohl eines derjenigen Werke Tizians,
aus welchen ein frischer, von Correggio empfangener Eindruck hervor-
zuleuchten scheint.

Nach dem Gesagten kann es nicht mehr zweifelhaft sein, welche unter
den größern *Kirchenbildern* den reinsten und vollkommensten Eindruck
hervorbringen müssen; es sind die ruhigen Existenzbilder, meist Madonnen mit Heiligen und Donatoren. Hier, wo ein Klang, eine Stimmung
das Ganze erfüllen darf, wo die besondere historische Intention zurück-
tritt, ist Tizian ganz unvergleichlich groß. Das früheste dieser Bilder,
c *S. Markus* zwischen vier Heiligen thronend, im Vorraum der Sakristei der
Salute, ist ein Wunderwerk an Reife und Adel der Charaktere, in gewaltig leuchtendem Goldton. – Eine eigentliche Santa conversazione
d ist dann das großartige späte Bild der *vatikanischen Galerie;* sechs Heilige, zum Teil von gemäßigtem, ekstatischem Ausdruck, bewegen sich
frei vor einer Trümmernische, über welcher auf Wolken die Madonna
erscheint; zwei Engel eilen, dem Kind Kränze zu bringen, welche es in
seligem Mutwillen herunterwirft; weiter oben sieht man noch den Anfang einer Strahlenglorie (deren halbrunder Abschluß, mit der Taube
des heiligen Geistes, noch vorhanden, aber auf die Rückseite um-
gebogen sein soll). – Endlich das wichtigste und schönste aller Prä-
sentationsbilder, durch welches Tizian die Auffassung solcher Gegenstände für die ganze Folgezeit neu feststellte, nach malerischen Gesetzen
der Gruppen- und Farbenfolge, in freier, luftiger Räumlichkeit. Es ist
e das Gemälde in den *Frari*, auf einem der ersten Altäre links: mehrere
Heilige empfehlen der auf einem Altar thronenden Madonna die unten
knienden Mitglieder der Familie Pesaro. Ein Werk von ganz unergründlicher Schönheit, das der Beschauer vielleicht mit mir unter allen Gemälden Tizians am meisten persönlich liebgewinnen wird.

Einzelne *Madonnen* mit dem Kinde, im Freien oder vor einem grünen
Vorhang u. dgl., kommen hin und wieder vor. Eine kleine, frühe und
f sehr schöne im Pal. Sciarra zu Rom. Über eine reife Mütterlichkeit,
allerdings der liebenswürdigsten Art, geht ihr Ausdruck nicht hinaus.

Biblische und andre heilige Szenen sind um soviel harmonischer, je ein-
g facher die dargestellten Beziehungen sind. In der Akademie: die Heim-
h suchung, das früheste bekannte Gemälde des Meisters. In S. Marcilian,
erster Altar links, der junge Tobias mit dem Engel, ein ganz naives
i Bild kindlicher Beschränktheit unter himmlischem Schutze. In S. Salvatore, letzter Altar des rechten Seitenschiffes: eine ganz späte Verkün-

digung. – Von den reichern Kompositionen nimmt die berühmte *Grab-* a *legung* (im Pal. Manfrin) wohl die erste Stelle ein. Man soll nicht mit dem Vergleichen anfangen; allein hier drängt sich die Parallele mit der borghesischen Grablegung Raffaels unabweislich auf. An dramatischem Reichtum, an Majestät der Linien kann sich das Werk Tizians mit jenem nicht messen; die Stellungen der wenigsten Figuren werden auch nur genügend erklärt. Aber die Gruppe ist nicht nur nach Farben unendlich schön gebaut, sondern auch in dem Ausdruck des geistigen Schmerzes allem Höchsten gleichzustellen. Kein Zug des Pathos liegt ausserhalb des Ereignisses, keiner überschreitet auch die Grenzen des edlern Ausdruckes wie z. B. bei Correggio, dessen Grablegung (II, S. 308, b) nur in der Darstellung des Lichtes und der Räumlichkeit einen Vorzug hat, im wesentlichen aber Tizian lange nicht erreicht. – Die große Kreuz- b abnahme in der Akademie, das *letzte* Bild desselben, zeigt in zerfließenden Formen und etwas gesetzlosen Linien noch einen wahren und großen Affekt und glühende Farben. – In der ebenfalls sehr späten Transfiguration (Hochaltar von S. Salvatore) reichten allerdings die Kräfte c nicht mehr aus. – Aber in der Mitte seiner Laufbahn sammelte sich Tizian zu einem Altarbild sondergleichen: *Mariä Himmelfahrt* (Akade- d mie, ehemals auf dem Hochaltar der Frari; wegen dieser beträchtlich hohen Aufstellung sind die Apostel schon etwas in der Untensicht dargestellt).

Die untere Gruppe ist der wahrste Glutausbruch der Begeisterung; wie mächtig zieht es die Apostel, der Jungfrau nachzuschweben! in einigen Köpfen verklärt sich der tizianische Charakter zu himmlischer Schönheit. Oben, in dem jubelnden Reigen, ist von den erwachsenen Engeln der, welcher die Krone bringt, in ganzer, herrlicher Gestalt gebildet; von den übrigen sieht man nur die überirdisch schönen Köpfe, während die Putten in ganzer Figur, ebenfalls in ihrer Art erhaben, dargestellt sind. Wenn Correggio eingewirkt haben sollte, so ist er doch hier an wahrer Himmelsfähigkeit der Gestalten weit übertroffen. Der Gottvater ist von weniger idealem Typus als die Christusköpfe Tizians; vom Gürtel an verschwindet er in der Glorie, welche die Jungfrau umstrahlt. Sie steht leicht und sicher auf den noch ideal, nicht mathematisch wirklich gedachten Wolken; ihre Füße sind ganz sichtbar. Ihr rotes Gewand hebt sich ab von dem gewaltig wehenden, vorn geschürzten dunkelblauen Mantel, ihr Haupt ist umwallt von ganz mächtigen Haaren. Der Ausdruck aber ist eine der höchsten Divinationen, um welche sich die Kunst glücklich zu preisen hat: die letzten irdischen Bande springen; sie atmet Seligkeit.

Eine andre Assunta, im Dom von Verona, erster Altar links, ist ruhi- e ger gedacht; die Apostel an dem leeren Grabe schauen tief ergriffen,

anbetend der hier einsam Emporschwebenden nach. Die Durchführung
ebenfalls von hoher Vortrefflichkeit.

Für die eigentliche Historienmalerei gibt es Fresken Tizians aus seiner ganz frühen Zeit (1500–1520?) in zwei Scuole (Bruderschafts-
a gebäuden) zu Padua. In der *Scuola del Santo* ist von ihm das I., XI. und
XII. Bild: S. Antonius läßt ein kleines Kind reden zur Bezeugung der
Unschuld seiner Mutter; ein eifersüchtiger Ehemann tötet seine Frau;
S. Antonius heilt das zerbrochene Bein eines Jünglings. (Die Mitarbeiter waren: für IV, VIII und X Paduaner der frühern Schule; für
II, III, IX und XVII der Paduaner *Domenico Campagnola*, welcher hier
ein ausgezeichnetes, mit diesen Werken Tizians rivalisierendes Talent
zeigt; für V, VII, XIII, XIV verschiedene Schüler Tizians; von Giov.
b Contarini VI; von Spätern XV, XVI.) – In der *Scuola del Carmine* ist
von Tizian nur das herrliche V. Bild: Joachim und Anna. (I, II, III, IV
sind von geringern Altpaduanern; VII, Joachims Vertreibung aus dem
Tempel von einem viel bessern; XII, XIII, XIV (auch VI?) von *Campagnola;* IX ist ganz unbedeutend, X und XI von Spätern.) – Als einzige namhafte Freskounternehmungen der Venezianer vom Anfang des
16. Jahrhunderts sind diese Malereien zwar in allem, was zur Komposition gehört, mit den großen gleichzeitigen Florentinern nicht zu vergleichen; in der Scuola del Santo haben auch die Sujets einen schweren
innern Mangel (vgl. II, S. 66, a). Aber als belebte Existenzbilder mit
großartig freien Charakteren, mit malerisch vollkommen schön behandelten Trachten, mit vorzüglichen landschaftlichen Hintergründen, mit
einem Kolorit, das in Fresko nur hier und da bei Raffael und A. del
Sarto seinesgleichen hat, sind besonders die Arbeiten Tizians von höchstem Werte. Sein Helldunkel in der Karnation ist wahrhaft wonnevoll.
Das Bild von Joachim und Anna, in der weiträumigen schönen Landschaft, gehört unbedingt zu seinen einfach-größten Meisterwerken.
Man kann nicht sagen, daß er in Gegenständen dieser Art in der spätern Zeit gewonnen habe. In seiner großen Darstellung der Maria im
c Tempel (Akademie von Venedig) wird der eigentliche Gegenstand doch
nahezu erdrückt durch die Fülle an Nebenmotiven, die denn freilich
mit einer erstaunlichen Frische und Schönheit dargestellt sind.

Im strengen Sinne dramatisch sind zwei berühmte Altarbilder Tizians.
Es war ein notwendiger, wenn auch verhängnisvoller Übergang in dieser Zeit einer allem gewachsenen Kunst, daß man anfing, statt des
Heiligen die Legende, statt des Märtyrers das Martertum auf den Altar
d zu bringen. In S. Giovanni e Paolo (zweiter Altar links) sieht man den
berühmten *S. Pietro martire.* Das Momentane ist hier wahrhaft erschüt-
ternd und doch nicht gräßlich; der letzte Ruf des Märtyrers, die

Wehklage seines entsetzten Begleiters haben Raum, in die hohen luftigen Baumstämme emporzudringen, welche man sich mit der Hand verdecken möge, um zu sehen, wie hochwertig ein solcher freier Raum für wirklichkeitsgemäß aufgefaßte bewegte Szenen ist. Das Landschaftliche überhaupt ist hier zuerst mit vollendetem künstlerischem Bewußtsein behandelt, die Ferne in einem zornigen Licht, das den Moment wesentlich charakterisieren hilft. – Die *Marter des heiligen Laurentius*, auf a einem der ersten Altäre links in der Jesuitenkirche, ein unleidlicher Gegenstand, aber durchaus großartig behandelt; der Kopf des Dulders einer von Tizians bedeutendsten Charakteren; das Zusammenwirken der verschiedenen Lichter auf der in vollster Bewegung begriffenen Gruppe von zauberhafter Wirkung. (Stark restauriert.)

Einmal scheint Tizian dem Correggio sehr unmittelbar nachgegangen zu sein. In der *Sakristei der Salute* sind die drei Deckenbilder, der Tod b Abels, das Opfer Abrahams, und der tote Goliath, wie ich glaube, die frühesten venezianischen Bilder in Untensicht. Eigentlich lag diese Darstellungsweise gar nicht in der venezianischen Malernatur, welche ja Existenzen entwickeln, nicht durch täuschende Raumwirklichkeit ergreifen will. Es sind noch dazu irdische, nicht himmlische Vorgänge, und daher die Untensicht nur jene halbe, welche von da an in Hunderten von venezianischen Deckenbildern herrscht. Die Formen verschieben sich dabei schon ziemlich häßlich (der kniende Isaak!), doch ist die Malerei noch vorzüglich.

Von *profaner Historienmalerei* ist außer einem großen Zeremonien- c bilde in der Pinacoteca zu Verona (Huldigung der Veroneser an Venedig, mit einer Anzahl herrlicher Köpfe; das meiste wohl von Bonifazio) nichts Bedeutendes mehr vorhanden als das kleine, vortreffliche d Gemälde einer *Schlacht* (wahrscheinlich derjenigen von Ghiaradadda, im Krieg der Liga von Cambray) in den *Uffizien;* das Handgemenge ist auf und an einer hohen Brücke am heftigsten, von welcher sich die vordern Szenen glücklich abheben – ein Motiv, welches vielleicht Rubens die Anregung zu seiner Amazonenschlacht eingab; einen dramatischen Hauptgedanken muß man hier nicht suchen, so wenig als völlige historische Treue in dem teils antiken, teils Lanzknechtskostüm; allein das Ganze wie das einzelne ist meisterlich belebt.

Die *mythologischen* Darstellungen müssen in jedem mehr realistischen als idealen Stil um so unharmonischer sein, je mehr ihr Inhalt heroisch ist, – und um so harmonischer, je mehr sie sich dem Idyllischen, dem Pastoralen nähern. Tizian scheint dies klarer als die meisten Zeitgenossen empfunden zu haben. Sein Hauptgegenstand sind Bacchanalien, in welchen das schöne und selbst üppige Dasein die höchsten Momente feiert.

Die Originale sind in London und Madrid. Eine gute Kopie von »Bac-
a chus und Ariadne« (wie man sagt, von Nic. Poussin) findet man bei
Camuccini in Rom, eine Episode daraus (angeblich von Tizian selbst,
b aber eher von einem Nichtvenezianer des 17. Jahrhunderts) im Pal.
Pitti. – Von einem berühmten Bilde im Geist von Correggios Leda,
nämlich der Darstellung von Callistos Schuld, sind mehrere eigenhän-
c dige Exemplare in Europa zerstreut; auch dasjenige in der Academia
di S. Luca zu Rom, woran etwa ein Dritteil fehlt, schien mir (bei flüchtiger Betrachtung) ein schönes Originalwerk. – Eine andre vielverbrei-
tete Komposition ist wenigstens durch ein spätes, kleines, doch schönes
Exemplar bei Camuccini repräsentiert: Venus sucht den zur Jagd eilen-
d den Adonis zurückzuhalten; ein in Linien, Formen und Farben vorzüglicher Gedanke, zugleich eine rechte Episode idyllischen Waldlebens. –
e Sodann im Pal. Borghese: das späte Halbfigurenbild der Ausrüstung
Amors; wunderbar naiv und farbenschön. Es ist nicht mythologisch,
aber ganz poetisch, daß ein Amorin schon für die Erlaubnis zum nächsten Ausflug gute Worte gibt, während dem andern die Augen verbunden werden.

Endlich hat Tizian ein paar Bilder ohne alle mythologische Voraussetzung gemalt, bloße Allegorien, wenn man will, aber von derjenigen
seltenen Art, in welcher der allegorische Sinn, den man aussprechen
kann, sich ganz verliert neben einer unaussprechlichen Poesie. Das eine,
f die *drei Menschenalter*, befindet sich, arg übermalt, im Pal. Manfrin; Sas-
g soferratos schöne, aber minder energische Kopie im Pal. Borghese zu
Rom. (Hirt und Hirtin auf einer Waldwiese, seitwärts Kinder, in der
h Ferne ein Greis.) Das andere im Pal. Borghese zu Rom: *amor sacro ed
amor profano*, d. h. Liebe und Sprödigkeit, ein Thema, welches z. B.
schon von Perugino behandelt worden war. Diese Bedeutung wird auf
alle mögliche Weise klargemacht: die vollkommene Bekleidung der einen
Figur[1], selbst mit Handschuhen; die zerpflückte Rose; am Brunnen-
sarkophag das Relief eines von Genien mit Geißelhieben aus dem Schlaf
geweckten Amors; die Kaninchen, das Liebespaar in der Ferne. – Beide
Bilder, vorzüglich das letztere, üben jenen traumhaften Zauber aus, den
man nur in Gleichnissen schildern und durch Worte vielleicht überhaupt nur entweihen könnte.

Unter den Schülern und Gehilfen Tizians begegnen wir zunächst
einigen seiner Verwandten. Von seinem Bruder *Francesco Vecellio* sind
i z. B. die Orgelflügel in S. Salvatore gemalt; ein Bischof, der kniende
Mönche ordiniert, und S. Mauritius in einer Landschaft, in jener

[1] Sie erinnert an die Flora und an die Bella im Pal. Sciarra.

grandiosen, freien Darstellungsweise, welche man in den Fresken zu Padua bemerkt. –Von seinem Neffen *Marco Vecellio* eine farbenglühende Ma- a donna della misericordia im Pal. Pitti, und in S. Giovanni Elemosinario b zu Venedig (links) das Bild dieses Heiligen nebst S. Markus und einem Stifter. – Von einem Sohn *Orazio Vecellio* ist wenig Namhaftes vorhanden.

Bonifazio Veneziano (1491–1566), ein mäßig begabter Nachahmer Tizians, zeigt, wenn man seine Bilder als Ganzes übersieht, welches in Venedig der Ersatz für die mangelnden Fresken war, nämlich jene großen, auf Tuch gemalten Geschichten, welche an heiliger und profaner Stätte in einiger Höhe, etwa oberhalb des Wandgetäfels aufgehängt wurden. Es ist für den ganzen Schulstil von Bedeutung, daß das *Breitbild* hier (aus Gründen des Raumes) durchgehend den Vorzug erhielt vor dem Hochbild; die Erzählungsweise selbst eines Paolo Veronese, welchem man später alle wünschbare Raumfreiheit gewährte, ist doch ursprünglich unter jenen Prämissen entstanden. Erst Tintoretto sprengt dies Vorurteil einigermaßen.

Sodann offenbart Bonifazio glänzend, wie und weshalb die Venezianer zweiten und dritten Ranges den Florentinern und Römern der entsprechenden Stufe so weit überlegen sind. Die Auffassung des Momentes, so niedrig sie ihn fassen, bleibt wenigstens ganz naiv; der veredelte Naturalismus, welcher die Lebenskraft der Schule ist, treibt sie von selbst auch zu stets neuer Anschauung des einzelnen; was sie aber von ihren Meistern entlehnen, jene Summe von Reizmitteln aus dem Gebiet der Farbe und des Lichtes, das nimmt die Nachwelt auch aus zweiter Hand auf das dankbarste an. (Florentiner und Römer dagegen entlehnen von ihren Meistern Einzelelemente der Schönheit und der Energie zu konventioneller Verwertung und legen sich auf das Ungeheure und Pathetische.) Einen höhern geistigen Gehalt darf man freilich bei wenigen Venezianern suchen, und so auch bei Bonifazio nicht, der bisweilen absolut gedankenlos malt; indes stört er doch nicht durch platte Roheit der Auffassung. Von seinen beiden großen *Abendmahlsbildern* enthält dasjenige in S. Angelo Raffaelle (Kapelle rechts vom c Chor) eine Anzahl schöner, selbst inniger Köpfe, der Moment des »unus vestrum« spricht sich noch deutlich aus. In dem andern Abendmahl, in S. M. mater Domini (linkes Querschiff), das noch schö- d ner gemalt und vielleicht deshalb dem Palma vecchio zugeschrieben worden ist, kam es doch dem Maler schon nicht mehr auf den Moment an; die Apostel, in gleichgültigem Gespräch, achten gar nicht auf Christus. – In der Akademie: zwei prächtige Glutbilder: eine Anbetung der e Könige in schöner Landschaft, und eine Madonna mit beiden Kindern und vier Heiligen; sodann ein gedankenloses Bild der Ehebrecherin;

mehrere Einzelfiguren von Heiligen, welche sich nach einer Nische oder sonstigen Einfassung zu sehen scheinen; endlich *die Geschichte vom reichenMann*, höchst anziehend als Novellenbild und im ganzen wohl Bonifazios bedeutendste Leistung. (Porträtähnlichkeit des reichen Mannes
a mit Heinrich VIII.) – Im Pal. Manfrin: Große Madonna mit Heiligen; zwei Bilder, deren Inhalt die sogenannten Tafel des Kebes bildet, Allegorien, die eigentlich für diese Schule das Fremdartigste waren und hätten bleiben sollen, da sie ganz für die Verklärung des Besondern, nicht für die Verwirklichung des Allgemeinen geschaffen war. – In der
b Abbazia, Kapelle hinter der Sakristei, zwei schöne frühe Apostelfiguren.
c – Außerhalb Venedigs sind bemerkenswert: im Pal. Pitti; ein Christus
d unter den Schriftgelehrten; – im Pal. Brignole zu Genua: eine Anbetung der Könige; – in der Galerie zu Modena: die Gestalten von vier Tugenden.

Unter den Schülern Tizians ist am ehesten mit Bonifazio zu vergleichen: der schwächere *Polidoro Veneziano*. – Von *Campagnola* außer den genannten Fresken (II, S. 323) noch einiges in Padua. – Von *Giovanni Ca-*
e *riani* Bilder in seiner Heimat Bergamo und in der Brera zu Mailand (Madonna mit S. Joseph, sechs andern Heiligen und vielen Engeln), welche in der nobeln, bedeutenden Charakteristik auch noch an seinen frühern Lehrer Giorgione erinnern. – Von *Calisto Piazza* aus Lodi be-
f deutende Bilder in der Incoronata daselbst und in mehrern Kirchen von Brescia, sämtlich dem Verfasser nicht bekannt. – Von *Girol. Savoldo*
g aus Brescia eine große Madonna auf Wolken mit vier Heiligen in der
h Brera zu Mailand, mehreres im Pal. Manfrin und eine Transfiguration
i in den Uffizien, welche den Gedanken Giov. Bellinis (II, S. 203, d) in den Stil der neuen Zeit übersetzt zeigt. – Ungleich bedeutender ist ein andrer brescianischer Nachfolger Tizians:

Moretto (eigentlich Alessandro Bonvicino), dessen Blüte das zweite
·und dritte Viertel des 16. Jahrhunderts umfaßt. Er scheint früher Schüler jenes Sacchi von Pavia (II, S. 196) gewesen zu sein, später dagegen auch Eindrücke der römischen Schule – glücklicher als irgendein andrer Oberitaliener – in seine Darstellungsweise aufgenommen zu haben. Seine Hauptwerke in *Brescia*, die ich nicht gesehen zu haben schmerzlich bedaure, schildert Waagen (Kunstblatt 1851) mit folgenden Worten: »In
k dem Hochaltarbilde von S. Clemente entspricht die Zartheit und die Verklärtheit der religiösen Empfindung der wunderbaren Feinheit des dem Moretto so eigentümlichen Silbertones, und gehört der Engel Michael zu den schönsten jugendlichen Köpfen, welche die neuere Kunst
l hervorgebracht hat. – Die Krönung Mariä in SS. Nazaro e Celso zeigt, welche Höhe er auch in dem strengen und großen Kirchenstil und in der Glut der Farbe erreichen konnte.« – Als das dritte Hauptwerk

bezeichnet Waagen das Bild in S. Eufemia, Maria in der Herrlichkeit, von a vier Heiligen verehrt. – Zunächst ist es eine durchgehende und merkwürdige Wahrnehmung (zuerst meines Wissens von Schnaase ausgesprochen und motiviert), daß der venezianische Goldton bei den meisten Malern der Terraferma zum Silberton wird. – Was Moretto insbesondere betrifft, so ist wohl nicht zu leugnen, daß er an höherm Gedankeninhalt und Adel der Auffassung alle Venezianer, gewisse Hauptleistungen Tizians ausgenommen, aufwiegt. Seine Glorien sind würdiger und majestätischer, seine Madonnen großartiger in Bildung und Haltung, auch seine Heiligen stellenweise von höchst grandiosem Charakter. – Etwas den wichtigsten Bildern in Berlin und Frankfurt Gleichzuschätzendes möchte Italien indes (Brescia ausgenommen) kaum mehr besitzen. Die große Madonna in den Wolken mit drei Heiligen in der b Brera ist ein edles Bild, aber gerade die Hauptfigur hat hier etwas Trübes. (Ebenda mehrere Bilder mit einzelnen Heiligen.) – Das wichtigste Bild in Venedig befindet sich in S. Maria della Pietà (an der Riva) in c einer Nonnentribüne über dem Portal; es ist Christus beim Pharisäer, die Szene streng symmetrisch angeordnet. Im Pal. Manfrin die Einzel- d figuren des Petrus und Johannes, auf landschaftlichem Grunde, frühe, fleißige Bilder von schönem Ausdruck. – In den Uffizien: Venus mit e Nymphen in freier Landschaft, hinten über dem Wasser die Piazetta, ein großes und sorgfältiges Bild, welches zwar in Ermangelung sinnlicher Freudigkeit etwas Gleichgültiges hat, wie später bolognesische Bilder dieser Art, dessen negatives Verdienst aber – die Abwesenheit römischer Manier und venezianischer Gemeinheit – für jene Zeit außerordentlich ist. – Ebenda: das Bildnis eines Lautenspielers, ein schöner, tückischer Charakter, in trefflicher Darstellung, doch wohl nicht von Moretto. – Im Pal. Brignole zu Genua das Kapitalporträt eines Botanikers, f an einem Tisch mit einem Buch und Blumen, hinten Gemäuer, datiert 1533. (Ob richtig benannt? eher wie von einem Schüler des Giorgione.)

Morettos Schüler war der Bergamaske *Giov. Battista Moroni*, als Porträtmaler eine höchst eigentümliche Erscheinung. Weit entfernt, den Menschen auf venezianische Art in festlich erhöhter Stimmung darzustellen, faßt er ihn zwar im höchsten Grade geistreich und wahr auf, erläßt ihm aber keine einzige von den Falten, welche das Schicksal in das Antlitz gegraben hat. In den Uffizien ein Schwarzgekleideter in gan- g zer Figur, mit einem flammenden Becken (1563), und die unvergleichliche Halbfigur eines Gelehrten, des »Gelehrten als solchen«; das vor ihm liegende Buch ist vielleicht schuld daran, daß der etwa 45jährige Mann schon wie ein Sechziger aussieht. – Zwei andre nicht ganz so h treffliche Gelehrtenporträts im Pal. Manfrin. – Andres in der Akademie i von Venedig u. a. a. O.

Von irgendeiner andern Seite, etwa von Ferrara oder Bologna her,
war *Girolamo Romanino* in die venezianische Schule geraten, dessen Tätig-
a keit ebenfalls meist Brescia angehört. Mit Ausnahme einer Grablegung
vom Jahre 1510 im Pal. Manfrin, kenne ich nur ein Bild von ihm, wel-
b ches das schönste Gemälde von ganz Padua ist. (In der Capella S. Pros-
docimo oder Kapitelsaal bei S. Giustina.) – Madonna thronend zwischen
zwei Engeln und vier Heiligen, vorn ein Engel mit Laute; in dieser
altertümlichen Anordnung aber lebt die volle Schönheit des 16. Jahrhunderts. – (Bei diesem Anlaß: der Cruzifixus in einem andern alten
Kapitelhaus des Klosters, und das Gethsemane in einem hintern Gange
desselben sind treffliche Fresken eines ungenannten venezianischen Malers nach 1500.) – Von Romaninos brescianischen Schülern wurde *Lat-
tanzio Gambara* schon als Dekorator genannt (I, S. 252, b); *Girolamo Mu-
ziano*, später in Rom Nachahmer Michelangelos, behielt noch bis in seine
manierierten Sachen ein wenigstens halbvenezianisches Kolorit; am
c kenntlichsten vielleicht in der »Verleihung des Amtes der Schlüssel«,
in S. M. degli Angeli zu Rom (beim Eingang ins Hauptschiff, links).

Nicht Schüler, sondern Nebenbuhler Tizians, übrigens in der Auffassung so ganz Venezianer wie alle übrigen war *Giovanni Antonio* (Li-
cinio Regillo da) *Pordenone* (geb. um 1484, † 1539). Als Freskomaler,
d bei S. Stefano zu Venedig, wurde er schon (I, S. 244, g) genannt; seine
Gewölbefresken in der Madonna di Campagna zu Piacenza habe ich leider nur in tiefer Dämmerung gesehen. Die höhere geistige Bedeutung
an irgendeinem Vorgange hervorzuheben, war wohl so wenig seine
Sache als die der Schule überhaupt, allein er ist ganz besonders frisch
und lebendig in der Auffassung des äußern Lebens und hat in der Karnation, zumal wo sie im Helldunkel erscheint, eine solche eigentümliche warme Weichheit (morbidezza, Mürbheit) wie kein andrer der
e Schule. – Sein Hauptwerk in Venedig (Akademie), S. Lorenzo Giustiniani von andern Heiligen und Ordensbrüdern umgeben, hat wohl
eine etwas gesuchte Dramatik; die santa conversazione sieht trotz aller
Blicke und Gesten danach aus, als wüßten die Leute nicht recht, was
sie einander zu sagen haben; – eine Madonna mit Heiligen (ebenda)
befriedigt als reines und sehr schönes Existenzbild viel mehr; – ebenda
f fünf schwebende Putten auf Wolken. – Ein herrliches Altarbild, S. Katharina mit S. Sebastian und S. Rochus, in S. Giovanni Elemosinario
g (Kapelle rechts vom Chor). – Mehreres in S. Rocco. – In den Angeli
h zu Murano: das Hochaltarbild (?). – Im Pal. Manfrin: Vermählung
Mariä, und: Beschneidung, Halbfigurenbilder von so blasser und allgemeiner Behandlung, daß man sie dem Pordenone kaum zutrauen mag.

– Im Pal. Doria zu Rom: die Tochter des Herodes mit ihrer Magd, ein a herrliches, leidlich erhaltenes Halbfigurenbild; sie ist von der hohen venezianischen Schönheit, dabei klug und kalt, auch das Haupt des Täufers höchst edel venezianisch. – Im Pal. Pitti: eine santa conversa- b zione in Halbfiguren, von höchster Pracht und Harmonie der Farbe. – In den Uffizien: ein vorzügliches männliches Porträt, eine unförmliche Judith und eine improvisierte, in den Formen ziemlich stumpfe, aber glutfarbige Bekehrung des Paulus (Breitbild).

Giov. Antonios Bruder oder Verwandter *Bernardino da Pordenone* scheint der Urheber mehrerer Familienbilder zu sein, welche einen Künstler (Bildhauer oder Maler? – vielleicht den Giov. Antonio?) um- geben von seinen Angehörigen und Schülern darstellen; eines im Pal. Borghese zu Rom, eines im Pal. Manfrin, ein drittes in England; das c erstgenannte ein in jeder Beziehung ausgezeichnetes Vorbild dieser Gattung. – Sein bestes Altarbild, eine thronende Madonna mit Hei- d ligen, meist Mönchen, in den Frari, erste Kapelle links vom Chor; ohne besondern Adel des Gedankens oder des Ausdruckes ein Kleinod durch Farbenpracht und Lebensfülle; – auch ein Halbfigurenbild der Madonna mit drei Heiligen, dem Stifter und dessen Gattin, im Pal. Manfrin, ist e behandelt wie der schönste und freieste Palma vecchio – ebenda eine heilige Familie im Freien, mit einem betenden Mönch.

Paris Bordone (1500–1570), zuerst Nachahmer des Giorgione, dann rückhaltlos des Tizian, ist in den Bildnissen bisweilen den Größten gleichzustellen. Eine Anzahl in den Uffizien; – eine dicke Frau und eine f Kopie nach Tizians Paul III. im Pal. Pitti; – im Pal. Brignole zu Genua g das wunderbare Porträt eines bärtigen Mannes in schwarzem Kleid mit h roten Ärmeln, an einem rotbezogenen Tisch, in der Hand einen Brief, hinten eine Balustrade; ebenda eine Frau in rosenfarbenem Unterkleid und goldstoffenem Oberkleide[1]. – Anderes im Pal. Manfrin. – Größere i Darstellungen heiliger Szenen sind nicht seine Sache: in dem Abend- mahl zu S. Giovanni in Bragora (nach der ersten Kapelle rechts) sehen k die Gebärden aus wie ein Abhub von Reminiszenzen aus den Werken besserer Meister; – das Paradies (in der Akademie) ist ein ganz schwa- l ches Werk; – eher noch macht das schön gemalte Halbfigurenbild des m Augustus mit der Sibylle (Pal. Pitti) einen poetischen Eindruck; – vol- lends aber verdankt man dem Bordone das am schönsten gemalte Zere- n monienbild, welches überhaupt vorhanden sein mag (Akademie von Venedig): der Fischer, welcher dem Dogen in Gegenwart einer erlauchten

---

[1] Mehrere gute venezianische Porträts dieser goldenen mittleren Zeit der Schule, beiläufig gesagt, im Pal. Capponi zu Florenz.   *

Versammlung einen Ring überreicht, den ihm S. Markus gegeben. Dieses Werk ist gleichsam die reifste, goldenste Frucht der mit Carpaccios Historien (II, S. 199) beginnenden Darstellungsweise, auch in Beziehung auf die Prachtbauten, zwischen welchen die Tatsache vor sich geht.

Von *Battista Franco*, der auch in Rom nach Michelangelo studiert hatte, ist oben (I, S. 238, g) bei Anlaß der dekorativen Malerei, welcher er seinem Talente gemäß am ehesten angehört, die Rede gewesen.

In der zweiten Hälfte des 16. Jahrhunderts, als alle andern Schulen in den tiefsten Verfall geraten waren, hielt sich die venezianische noch in einer bedeutenden Höhe durch die größere Vernunft der Besteller, durch die Unerschöpflichkeit des Naturalismus und durch die fortdauernde Praxis der Reizmittel des Kolorites. Trotzdem macht sie jetzt einen wesentlich andern Eindruck. Wir versparen das Werk der ganzen Schule, die Ausmalung des Dogenpalastes, auf das Ende und nennen hier zuerst die übrigen Werke der betreffenden Künstler.

Der erste, welcher der Schule eine neue Richtung gab, war *Jacopo Tintoretto* (eigentlich Robusti, 1512-1594). Früher Schüler Tizians und von Hause aus sehr reich begabt, scheint er ganz richtig empfunden zu haben, woran es in Venedig fehlte, und drängte nun auf eine mächtig bewegte, dramatische Historienmalerei hin. Er studierte Michelangelo, kopierte auch bei künstlichem Licht nach Gipsabgüssen und Modellen, nicht um seine venezianische Formenbildung zu idealisieren, sondern um sie ganz frei und gelenk zu machen für jede Aufgabe und um ihr durch die wirksamsten Lichteffekte eine neue Bedeutung zu geben. Glücklicherweise blieb er dabei in seinem tiefsten Wesen Naturalist. Jene Verschleppung der Manieren der römischen Schule blieb wenigstens der guten Stadt Venedig erspart. Unter diesen Umständen büßte er bloß das venezianische Kolorit in vielen seiner Werke ein, als welches mit der starkschattigen Modellierung an sich unverträglich ist, auch vielleicht bei Tintoretto technischen Neuerungen unterliegen mußte. Man darf sich wohl wundern, daß in so vielen Fällen seine Farbe überhaupt gerettet, ja daß ein Helldunkel vorhanden ist. Manches freilich erscheint ganz entfärbt, dumpf, bleiig. – War er nun aber der Poet, welcher das Recht gehabt hätte zu seinen großen Neuerungen? Es steckte in ihm neben vielem Großen doch auch eine gewisse Roheit und Barbarei der Empfindung; selbst seine künstlerische Moralität schwankte oft, so daß er bis in die gewissenloseste Sudelei versinken konnte. Es fehlt ihm die höhere Gesetzlichkeit, die der Künstler, besonders bei Wagnissen und Neuerungen, sich selber geben muß. Bei seinen ungeheuern Unternehmungen, die an bemaltem Quadratinhalt vielleicht das Zehnfache von dem ausmachen, was die Frucht von Tizians hundertjährigem Leben ist, kommt man auf die Vermutung, daß er dergleichen als Mindestfordernder akkapariert und großenteils als Improvisator durchgeführt habe.

Es gibt von ihm zunächst treffliche Bildnisse, welche in Venedig noch nicht sorglos gemalt werden durften. (Zweifelhafte, aber schöne im Pal. Pitti; – das con amore gemalte des Jac. Sansovino und das eben- a falls sehr ausgezeichnete eines bärtigen Mannes in rotem Staatskleid usw. in den Uffizien; andere überall.) – Sodann sind überhauptWerke b seiner frühern Zeit durch den vollen tizianischen Goldton ebenso schätzenswert als die irgendeines andern Nachfolgers des großen Meisters; so das naive Bild: Vulkan, Venus und Amor, im Pal. Pitti, dessenglei- c chen man in Venedig kaum finden wird. Auch die Deckenstücke aus ovidischen Metamorphosen in der Galerie von Modena sind noch ziem- d lich farbenreich. In Venedig gehört am ehesten hierher das *Wunder des* e *heiligen Markus*, der einen gemarterten Sklaven aus den Händen der Heiden rettet (Akademie). Hier geht Tintoretto vielleicht zum erstenmal über alle bisherigen venezianischen Absichten hinaus; die Szene ist ungleich bewegter und konfuser; der Künstler sucht Verkürzungen der schwierigsten Art auf und verrät z. B. in dem häßlich kopfabwärts schwebenden Heiligen, daß alle höhere Auffassung ihm nichts gilt, sobald er seine äußerliche Meisterhaftigkeit an den Tag zu legen Anlaß hat. (Rubens hat viel nach diesem Bilde studiert.) – Dann eine ebenfalls noch schön gemalte, aber frivole Darstellung der Ehebrecherin, welcher man es ansieht, daß sie den gemeinen Christus nicht respektiert. (Ebenda.) – Ein andres Werk der noch guten Palette: die Geschichten f des wahren Kreuzes, im rechten Querschiff von S. M. mater Domini. Auch die große Hochzeit von Kana in der Sakristei der Salute (kleineres g Exemplar in den Uffizien); ein stattliches Genrebild von häuslichem Charakter (nicht von fürstlichem wie bei Paolo Veronese), wobei wenigstens das Wunder und seine Wirkung löblicherweise in den Vordergrund verlegt sind. – Von den 56 zum Teil kolossalen Bildern, womit Tintoretto die ganze *Scuola di S. Rocco* angefüllt hat, ist hauptsächlich h die große Kreuzigung (in der sogenannten Sala dell' albergo) noch schön gemalt und teilweise auch im Gedanken bedeutend. Hier lernt man denn auch die hochwichtige historische Stellung Tintorettos vollständig kennen; er zuerst gestaltet (besonders in der großen obern Halle) die heilige Geschichte von Anfang bis zu Ende im Sinne des absoluten Naturalismus um, vielleicht mit dem Zwecke, unmittelbarer zu ergreifen und zu rühren. Für diese Absicht sucht er das Auge durch schöne Köpfe zu gewinnen; dagegen wird er nicht inne, wie der Mißbrauch der Füllfiguren den wahren und großen Eindruck aufhebt; er fällt in seinem

Eifer der Verwirklichung auf die gemeinsten Züge, wie denn z. B. das
Abendmahl kaum je niedriger aufgefaßt worden ist; bei der Taufe im
Jordan drückt Johannes dem Christus die Schulter herab; bei der Auferweckung des Lazarus sitzt Christus ganz bequem in der Ecke unten.
Die meisten Bilder, mit Ausnahme der Sala dell' albergo, sind höchst
nachlässig und schnell gemalt. In denjenigen der untern Halle ist das
Landschaftliche zu beachten; scharfe phantastische Lichter an den Rän-
dern der Bäume und Berge. Einen ungeschickten Wetteifer mit Michelangelo findet man am ehesten in dem großen mittlern Deckenbild der
obern Halle, welches die eherne Schlange darstellt. – Mit den Gemälden dieser Scuola gab Tintoretto den Ton an für die ganze monumentale Malerei Venedigs in den nächsten Jahrzehnten (von den 1560er
Jahren an); er selber nahm noch Teil an der Ausschmückung der Ca-
a pella del rosario (links an S. Giov. e Paolo), welche als Denkmal des
Sieges von Lepanto errichtet wurde, hauptsächlich aber an derjenigen
des Dogenpalastes. Den dekorativen Wert dieser Arbeiten haben wir
oben (I, S. 241, g) festzustellen gesucht. Wo sich einmal der ganze Stil
so sehr von der Auffassung, die beim Fresko die allein mögliche ist,
abgewandt hat, da bleibt in der Tat kein andrer Ausweg offen, als die-
b ser. – Im Chor von S. M. dell' orto zwei Kolossalbilder, die Anbetung
des goldenen Kalbes und die letzten Dinge; roh und abgeschmackt.
c Im linken Querschiff von S. Trovaso ein Abendmahl, zum gemeinsten
d Schmaus entwürdigt. – Auf allen Altären von S. Giorgio maggiore Su-
deleien, welche dem Tintoretto zu ewiger Schmach gereichen.

Von seinen Schülern ist sein Sohn *Domenico* in seinem Naturalismus
meist um einen Grad gewissenhafter. – Der Peruginer *Antonio Vasci-
bracci*, genannt l'Aliense, brachte Tintorettos Stil in seine Heimat (zehn
e große Geschichten Christi an den Oberwänden des Hauptschiffes von
S. Pietro de' Cassinensi in Perugia).

Neben Tintoretto repräsentiert der große *Paolo Veronese* (eigentlich
Caliari, 1528–1588) die schönere Seite der venezianischen Malerei.
Er war hervorgegangen aus der bereits von Venedig her berührten
Schule seiner Vaterstadt, wo sich immer einige Lokalmaler, früher mit
sehr bedeutenden (II, S. 195 u. 312 f), später wenigstens mit nicht zu verachtenden Leistungen (II, S. 316, d) hervortaten. Von seinen nächsten Vorgängern findet man in Verona eine Menge Werke. (Von Torbidos Schü-
f ler *Giambattista del moro* z. B.: in S. Nazaro e Celso die Lünetten über
g den meisten Altären; in beiden Seitenschiffen von S. Stefano einfarbige
h Fresken aus der Legende der Heiligen. – Von *Domenico Ricci*, genannt
Brusasorci: ebenfalls in S. Stefano die schwachen Kuppelmalereien und
das Fresko über der rechten Seitentür, der Heilige umgeben von den

unschuldigen Kindlein, welche wie er als »Erstlinge des Martertums« bezeichnet werden; zu S. M. in organo die Fresken der Kapelle links vom Chor; in S. Fermo die Lünette des ersten Altars rechts, mit der a Enthauptung eines heiligen Bischofs. – Von *Paolo Farinato:* sämtliche, b zum Teil ganz bedeutende Fresken im Chor von S. Nazaro e Celso. – Von Paolo Caliaris nächstem Lehrer *Giov. Badile:* ein Bild in der Pinacoteca, zwei Engel, die den toten Christus ins Grab senken, bez. 1556.) Allein Paolo verdankt sein Bestes wesentlich dem Vorbilde Tizians und Venedigs überhaupt.

Paolos Größe liegt darin, daß er, den wahren Genius der venezianischen Schule erkennend, nicht eine bewegte Historienmalerei auf den anders gearteten Stamm zu pfropfen suchte wie Tintoretto, sondern die Eixstenzmalerei auf eine letzte, unübersteigliche Stufe hob und auch das Kolorit diesem gewaltigen Problem gemäß zu steigern vermochte.

Seine Charaktere sind nicht höher, erhabener als die der bessern Vorgänger, besitzen aber den Vorzug eines so freien, unbefangenen, absichtlosen, lebensfrohen Daseins wie wohl bei keinem andern Maler der Welt[1]. In den *sante conversazioni* befolgt er die Anordnung der spätern Werke Tizians; die Heiligen sind z. B. zwanglos um das Postament gruppiert, auf welchem die Madonna sitzt. (Akademie von Venedig; c S. Francesco della vigna, fünfte Kapelle links.) Das schönste dieser Bilder: S. Cornelius, S. Antonius abbas und S. Cyprian nebst einem Geistlichen und einem Pagen, findet sich in der Brera zu Mailand.   d

In den *erzählenden Bildern* geht der allgemeine venezianische Mangel an genügender Entwicklung der Figuren bis zur Unverständlichkeit; Haltung und Schritt aber haben oft etwas sonderbar Schwankendes. Allein Paolo hat, wo er sich anstrengt, edlere dramatische Gedanken als die übrigen Schulgenossen, wie man am besten in S. Sebastiano zu Vene- e dig sieht, welche Kirche eine sehr große Anzahl Bilder von ihm, die trefflichsten und größten im Chor, enthält. Vollends sind die Hochaltar- f bilder von *S. Giustina* zu *Padua* und von *S. Giorgio* in Braida zu *Verona,* g mit den Martyrien der genannten Heiligen, Meisterwerke ersten Ranges; Paolo dämpft das Ereignis soweit als möglich zum Existenzbild, mäßigt sich im Pathos auf das behutsamste, meidet die Exzesse des

---

[1] Wer brachte die Venezianer etwa seit den 1540er Jahren darauf, den Weibern jene oft fast unförmliche Üppigkeit zu geben? Auch der spätere Tizian ist nicht frei davon, und bei Paolo gibt es sogar höchst auffallende Bildungen dieser Art. Lüsternheit zu erregen, hat sich die Kunst oft hergegeben, allein daß man gerade mit diesem Typus einem Durchschnittsgeschmack Genüge geleistet habe, bleibt rätselhaft. Rubens, der denselben auf seine Weise umdeutete, traf vielleicht schon eher den Sinn *seiner* Leute.

Naturalismus, und behält auf diese Weise die nötige Fassung, um seine
Farbe in siegreicher Prachtfülle vortragen zu können. Mit seinen weltlichen Bildern verhält es sich nicht anders; die berühmte »*Familie des
Darius*« im Pal. Pisani a. S. Paolo wirkt nur deshalb so ganz zwingend,
weil das Pathos auf das Notwendigste beschränkt, der Moment zu
einer bloßen demütigen Präsentation gedämpft ist. – Er wählt vorzugsweise solche Ereignisse, die sich dem Zeremonienbilde nähern, wie die
Anbetung der Könige (Brera zu Mailand), die Königin von Saba (mit
den Zügen der Elisabeth von England, Uffizien); seine eigentlichen
Zeremonienbilder werden wir im Dogenpalast kennenlernen. – Die
ganz schwachen erzählenden Bilder übergehen wir; es sind zumeist
solche, in welchen auch die Farbe geringern Wert hat. (Ein unglückliches Rot hat z. B. oft alle Lasuren verzehrt.) Paolo wird zwar niemals roh wie Tintoretto, allein sehr nachlässig. – Die Geschichte der
Judith (Pal. Brignole in Genua) ist wenigstens noch ein prächtiges
Farbenbild.

Am berühmtesten sind Paolos *Gastmähler*, dergleichen er vom kleinsten bis zum ganz kolossalen Maßstab gemalt hat. Sie erscheinen als
notwendige höchste Frucht der Existenzmalerei, welche hier die letzten historischen Fesseln abschüttelt und nur noch einen Rest von Vorwand braucht, um in ungehemmtem Jubel alle Pracht und Herrlichkeit
der Erde, vor allem ein schönes und freies Menschengeschlecht im Voll-
genuß seines Daseins zu feiern. Für Speisesäle von Fürsten hätte Paolo
vielleicht Bacchanalien zu malen gehabt und dabei seine Unzulänglichkeit in der idealen Zeichnung und Komposition sowie im Affekt geoffenbart: indem er aber für Klosterrefektorien malte, ergab sich als
sichere Basis irgendein biblisches Bankett, dessen zeremoniellen Inhalt
er durch die schönste Einzelbelebung aufheben konnte. Die prachtvollsten architektonischen Örtlichkeiten und Perspektiven bilden den
Schauplatz, auf welchem sich die sitzende Gesellschaft und die bewegten Episoden in vollem Reichtum und doch ohne Gedränge ausbreiten
können. Die besten und größten dieser Bilder (im Louvre) sind vielleicht die ersten Gemälde der Welt in betreff der sogenannten malerischen Haltung, in dem vollkommenen Wohlklang einer sonst überhaupt unerhörten Farbenskala[1]; allein die Skala der zu einem Ganzen
vereinigten Existenzen ist im Grunde ein noch größeres Wunderwerk.
Die heiligen Personen und die an sie geknüpften Ereignisse bleiben
freilich Nebensache.

[1] Die sehr verschiedenen, zum Teil orientalischen Trachten sind nicht aus
Romantik angebracht, sondern um bei der Lösung des ungeheuern Farben-
problems freiere Hand zu haben.

Venedig besitzt noch ein Hauptwerk dieser Art: das *Gastmahl des* a
Levi (Akademie). – Eine Hochzeit von Kana in der Brera zu Mailand. b
– Ebenda: Christus beim Pharisäer. – Andere Gastmähler in der Galerie
von Turin; eines (alte Kopie?) im Pal. reale zu Genua. – Nach Paolos c
Tode verwerteten seine Erben seine Motive zu ähnlichen Bildern; ein
großes, unangenehmes Gastmahl beim Pharisäer in der Akademie zu d
Venedig. – Paolo selbst, als er einst das Abendmahl schilderte (S. Giu- e
liano, Kapelle links vom Chor), fiel fast in dieselbe Trivialität wie Tintoretto.

Während Paolo die Existenzmalerei bis zu ihren höchsten Konsequenzen emporführte, konnten auch die niedrigern nicht ausbleiben.
Das Genrebild, schon seit Giorgione durch das Novellenbild angekün-
digt, in zahlreichen einzelnen Versuchen bereits vorhanden, wird zu
einer besondern Gattung durch *Jacopo Bassano* (eigentlich da Ponte,
1510–1592) und seine Söhne. Im Kolorit sichtlich nach den besten Meistern gebildet, obwohl sehr ungleich (vom Glühenden bis ins ganz
Dumpfe), ergötzt diese Familie immer durch ihre bäurischen Idyllen in
heimlicher Landschaft, welchen eine Parabel Christi, oder eine der vier
Jahreszeiten oder ein Mythus u. dgl. weniger zum Inhalt als zum Vorwand dient. Die Schafherden und die Gerätschaften, in welchen die
Füße der handelnden Personen fast durchgängig verlorengehen, sind
oft meisterhaft gemalt. Vieles aber ist reine Fabrikarbeit. In den Uffizien f
einiges vom Bessern, auch das Familienkonzert. – Zwei von den Söhnen, *Leandro* und *Francesco*, haben auch große Bilder heiligen Inhaltes
gemalt, bisweilen naiv und rührend im Ausdruck, aber überhäuft, auf
grelle Lichteffekte berechnet, roh gezeichnet. (Grablegung, in den Uffizien; – Auferweckung des Lazarus, in der Akademie von Venedig; – g
Abendmahl, in S. M. Formosa, rechtes Querschiff; – Predigt Johannes h
d. T. in S. Giacomo dall' Orio, rechtes Querschiff, – und Madonna mit i
Heiligen, ebenda beim ersten Altar links; – Marter der heiligen Katharina, im Pal. Pitti; – Assunta, auf dem Hochaltar von S. Luigi de Fran- k
cesi in Rom. – Endlich in der Pinacoteca von Vicenza; ein großes halb- l
rundes Präsentationsbild: S. Markus und S. Laurentius empfehlen m
zwei kniende Beamte der Madonna; ein vorzügliches Werk, vielleicht
von einem der Söhne.)

Das Ausleben der venezianischen Schule repräsentiert *Jacopo Palma
giovine* (1544 bis um 1628). Ein gewissenloser Maler von großem Talent.
Was er konnte, zeigt seine Auferweckung des Lazarus in der Abbazia n
(Kapelle hinter der Sakristei). Seine übrigen Arbeiten, von welchen
Venedig wimmelt, sind fast lauter Improvisationen. Wer sie durchgeht,

wird neben den schnöden, von Tintoretto erborgten Manieren hier und da einen guten Gedanken und schöne Farbenpartien finden, aber als Ganzes lohnen sie dies Studium nicht. – Ungleich ehrlicher war *Alessandro Varotari*, genannt *Padovanino* (1590–1650) auf das wahre Ziel der Kunst gerichtet, brachte es aber nicht über die Nachahmung Tizians und Paolos hinaus und vermischte mit diesen Studien einen etwas leb-

a losen Idealismus. Immerhin ist seine Hochzeit von Kana (Akademie) ein höchst achtungswertes und schönes Werk.

Noch später stärkten sich einzelne Talente an dem Vorbild Paolos und brachten zu guter Stunde sehr ansprechende Werke hervor. So *Lazzarini, Angeli, Fumiani*, auch *Tiepolo* († 1770), wenn er nicht schmiert. Von Fumiani († 1710) ist unter anderm die ungeheure Deckenmalerei

b in S. Pantaleone merkwürdig, welche nicht mehr aus vielen einzeln eingerahmten Bildern, sondern aus einer großen Komposition mit perspektivischer Anordnung in Pozzos Art (I, S. 320) besteht, übrigens doch nicht al fresco, sondern auf aufgenagelten Tuchflächen gemalt ist; Taten und Glorie S. Pantaleons enthaltend. – *Pietro Liberi* hängt in den Formen schon sehr von Pietro da Cartona ab. Sein Schüler war *Carlo Lotti* († 1698). – Von *Piazettas* Genrebildern wie von den Veduten der beiden *Canaletti* wird man das Beste außerhalb Venedigs und Italiens suchen müssen. – Von dem brillanten *Orbetto* (eigentlich Aless. Turchi aus Verona) ist in öffentlichen Galerien und Kirchen nur weniges vorhanden.

Wie die älteste venezianische Malerei in der Markuskirche, so hat sich die späteste, die der Nachfolger Tizians, im *Dogenpalast* (Räume des zweiten Stockwerkes) verewigt. Die dekorative Anordnung und Einrahmung wurde oben (I, S. 241 f.) geschildert; hier handelt es sich wesentlich um die Frage: wie die Künstler ihr Gesamtthema: die Verherrlichung Venedigs, auffassen.

c Schon im *Atrio quadrato* empfängt uns Tintoretto mit einem jener Votivbilder (an der Decke), welche den Dogen mit Heiligen und Allegorien umgeben darstellen, wovon unten. – Die perspektivische Untensicht, welche wir fortan in den Deckenbildern aller Säle durchgeführt finden werden, ist selbst bei schwebenden Figuren in der Regel keine absolute, sondern eine halbe, eine Art von Schiefsicht. Es ließ sich schon fragen, ob an Decken überhaupt, ob vollends an flache Decken figürliche Darstellungen gehörten; ferner, wenn es durchaus große reiche Kompositionen sein sollten, ob nicht die gewöhnliche einfache Vorderansicht und die ideale, strenge Komposition den Vorzug verdienten vor diesen künstlich verschobenen und illusionsmäßig angeordneten Gruppen; die irdischen Ereignisse bleiben in solchen Deckenbildern

doch unglaublich, und die himmlischen wollen überhaupt anders angeschaut sein als nach dem Maßstab der räumlichen (und obendrein für
das einzelne ganz naturalistischen) Wirklichmachung. Genug – innerhalb
des Irrtums, welchen alle Maler des Dogenpalastes teilen, gibt es doch
große Unterschiede, und Paolo wird uns stellenweise sehr zu vergnügen, selbst zu überzeugen wissen.

Sala delle quattro porte. Tizians großes, spätes, noch herrlich gemaltes a
Präsentationsbild, ein rechtes Denkmal der Gegenreformation; der
Doge Ant. Grimani vor der in voller Glorie erscheinenden Fides kniend.
– Die Schlachtenmaler dieses und andrer Säle durften durch freie Phan-
tasietrachten und Episoden aller Art das Historische an ihrem Gegenstand völlig in den Schatten stellen. – Die Zeremonienbilder, so wichtige Fakta sie darstellen mögen, wie z. B. die Verbindung mit Persien
(Empfang der persischen Gesandten, von Carlo Caliari), sind dramatisch
ganz gehaltlos. So auch der Empfang Heinrichs III., von Andrea Vi-
centino. Zu dieser Art von Auffassung gehört der heitere Fleiß eines
Carpaccio, dem man um der Detailschönheit willen die Abwesenheit
aller höhern Dramatik gern zugute hält. – In Tintorettos Deckenbild
ergötzt die zeremoniöse Höflichkeit, mit welcher Jupiter die Venezia
aus dem götterreichen Olymp zum adriatischen Meer herabführt.

Sala dell' anticollegio. Die vier mythologischen Wandbilder Tintorettos b
sind von seinen bestgemalten, aber freudlos gedacht, häßlich in den Bewegungen; man sehe, *wie* Venus zur Krönung der Ariadne herbei-
schwebt. – Jakobs Rückkehr nach Kanaan ist ein wichtiges Haupt- und
Urbild derjenigen Palette, aus welcher Jacopo Bassano und die Bassaniden jene Hunderte von ländlichen Szenen gemalt haben. – Paolo
Veronese: der Raub der Europa, schönster Beleg für die vezenianische
Umdichtung des Mythologischen in eine teils pomphaft teils anmutig
sinnliche Wirklichkeit; das Vorgefühl der seltsamen Abreise, die eilige
Toilette, wozu die Putten Blumen und Kränze bringen, bilden einen
köstlichen Moment. – An der Decke eine thronende Venezia Paolos, al
fresco, das einzige politische Bild dieses Saales, wo der venezianische
Staat sonst nur das Schönste verlangt, das im Bereich seiner damaligen
Künstler liegt.

Sala del collegio. Tintorettos vier große Votivbilder von Dogen, welche, c
meist steinalt, in ihrer halbbyzantinischen Amtstracht vor der Madonna
oder Christus knien und dabei von zahlreichen Heiligen empfohlen
werden. Ihre streng zeremonielle Andacht würde besser in Mosaiken
passen als in die oft sehr affektvolle und bewegte heilige Gesellschaft,
unter welche sich hier und anderswo auch allegorische Personen han-
delnd mischen. Übrigens ist schon das Breitformat dem überirdischen
Inhalt nicht günstig; die Visionen müssen zur ebenen Erde herabrücken.

– Viel mehr Wärme zeigt an einem dankbarern Gegenstand (hintere Wand) Paolo Veronese; sein Sieger von Lepanto, Seb. Veniero, kommt in hastiger Begeisterung heran, um von seinen Begleitern S. Markus, Venezia, Fides, S. Mustina dem niederschwebenden Christus empfohlen zu werden. – Die sämtlichen 11 Gemälde und 6 Chiaroscuri der Decke gehören vollends zu Padovaninos schönsten und frischesten Malereien; hier unter anderm wieder eine thronende Venezia mit zwei andern Göttinnen, welche zeigen, wie sich Padovanino bei der Untensicht zu helfen wußte; er gewann seinen allerliebsten Fettköpfchen gerade diejenigen Reize der Bildung und des Helldunkels, welche sich nur hier offenbaren, ganz meisterlich ab.

a *Sala del Senato.* Hier fahren Tintoretto und Palma giov. mit ihren Votivbildern fort; unter anderm eine auf Wolken niederschwebende Pietà von zwei Dogen angebetet. – Das Äußerste von Lächerlichkeit leistet Palmas Allegorie der Liga von Cambray; die Stierreiterin stellt das »verbündete Europa« vor. – Noch ein Programm der Orthodoxie von Dolabella: Doge und Prokuratoren beten die Hostie an, die auf einem von Geistlichen und Armen umgebenen Altar steht. – Tintorettos Deckenbild zeigt, wie ihn Michelangelo irre gemacht hatte; statt Paolos Naivität und Raumsinn ein wüstes Durcheinanderschweben.

b *(Vorzimmer der Kapelle:* gute Bilder von Bonifazio und Tintoretto; über Tizians S. Christoph s. II, S. 321, b).

c *Sala del consiglio de' Dieci.* Große, friesartige Zeremonienbilder von Leandro Bassano, Marco Vecellio und dem Aliense, in dessen »Anbetung der Könige« Zug, Gepäck und Episoden zwei Dritteile des Raumes einnehmen. Viele sehr schöne Einzelheiten. – An der Decke fehlt das Mittelbild; ringsum die schön gemalten Allegorien, welche man durchweg dem Paolo zuschreiben möchte, von welchem doch nur der Alte mit dem reizenden jungen Weib herrührt; das übrige ist von dem wenig genannten Ponchino, genannt Bazzacco.

d *Sala della Bussola.* Die Übergaben von Brescia und Bergamo, mit guten Episoden, vom Aliense. – In der *Sala de' capi* geringere allegorische Malereien.

Noch immer keine römische Geschichte, welche sonst in italienischen Ratspalästen so unvermeidlich ist? Es lag ein gerechter und großartiger Stolz darin, daß man sie im Dogenpalast zu Venedig entbehren konnte.

e *Sala del maggior consiglio.* In den historischen Wandbildern wird der Moment (fast lauter Zeremonien und Schlachten) in der Regel durch Akzessorien erstickt. Volksgewühl und Handgemenge, ohne irgendein Liniengefühl und ohne rechte Naivität vorgetragen, ermüden den Blick sehr bald. Auch der Kunstverderber Federigo Zuccaro hat sich hier eingedrängt. – Tintorettos kolossales Paradies galt damals gewiß für schöner als Michelangelos Weltgericht und ist jedenfalls viel mehr wert als die Kuppelmalerei des Domes von Florenz. Allein der Realismus dieser Gestalten ist mit ihrer vorausgesetzten Koexistenz im Raume ganz unverträglich; alles ist dermaßen angefüllt, daß auch die fernste Tiefe wieder eine ziemlich nahe Wand von Gesichtern zeigt. Um lauter Lebendiges zu geben, beschränkte Tintoretto die Wolken auf das Notwendigste und ließ seine Heiligen in einer Art schweben, baumeln, auf dem Mantel oder auf gar nichts lehnen und liegen, daß dem Beschauer in ihrem Namen schwindlig wird; die fliegenden Engel wirken wahrhaft wohltätig daneben. Die Komposition zerstreut sich in lauter Farben- und Lichtflecke, und nimmt nur in der Mitte einen bessern Anlauf. Aber die große Menge vorzüglicher Köpfe, meist auf dem hellen Grunde ihres Nimbus, geben diesem Werke immer einen hohen Wert. – Von den drei großen Deckenbildern werden die des Tintoretto und Palma giov. weit übertroffen von demjenigen des Paolo: Venezia, vom Ruhme gekrönt. Schon die Untensicht und die bauliche Perspektive sind weit sorgfältiger gehandhabt; dann hat Paolo das Allegorische und Historische auf die obere Gruppe beschränkt, wo seine Wolkenexistenz in Linien und Farben ganz harmonisch mit der Architektur in Verbindung gebracht ist; auf der untern Balustrade sieht man nur schöne Frauen, weiter unten zwei wachthabende Reiter und Volk, als Zuschauer der himmlischen Zeremonie; höchst weislich sind zwei große Stücke Himmel frei gelassen, ein Atemschöpfen, das Tintoretto dem Beschauer nirgends gönnt; endlich hat Paolo seinem heitern Schönheitssinn einen wahren Festtag bereiten wollen, dessen Stimmung unfehlbar auf den Beschauer übergeht.

Sala dello Scrutinio. Nichts von Bedeutung als das Weltgericht des a jüngern Palma, und auch dieses nur der Farbe halber.

Als Ganzes offenbar das Werk allmählicher, wechselnder Entschlüsse, bildet diese Dekoration immerhin ein Unikum der Kunst. Ob der Geist, welcher uns daraus entgegenweht, ein vorherrschend wohltuender ist, und ob die damalige Kunst im Namen der wunderbaren Inselstadt nicht eher eine andre Sprache hätte reden müssen, darüber mag die Empfindung eines jeden entscheiden.

Im großen und ganzen war die Malerei, mit Ausnahme der venezianischen Schule, schon in kenntlicher Ausartung begriffen etwa vom Jahre 1530 an; ja es ließe sich behaupten, daß nach Raffaels Tode kein Kunstwerk mehr zustande gekommen, in welchem Form und Gegenstand ganz rein ineinander aufgegangen wären; selbst die spätern Werke der größten Meister imponieren eher durch alle andern Vorzüge als gerade durch diesen, wie schon oben mehrfach angedeutet wurde.

Die Schüler der großen Meister traten nun in das verhängnisvolle Erbe derselben ein. Sie bekamen die Kunst unter früher nie erhörten Bedingungen in die Hände; alle zünftige und lokale Gebundenheit hatte aufgehört; jeder Große und jede Kirchenverwaltung verlangten für ihre Gebäude einen monumentalen Schmuck von oft ungeheurem Umfang und in großem Stil. Aufgaben, zu welchen eben Raffael und Michelangelo mit Aufwand aller ihrer Kräfte hingereicht hatten, gelangten jetzt bisweilen an den ersten Besten, wurden auch wohl das Ziel, nach welchem Ehrgeiz und Intrige um die Wette rannten.

Den wahren Höhegrad des jetzt zur Mode gewordenen Kunstsinnes sahen die klügern Künstler ihren Gönnern sehr bald ab. Sie bemerkten, daß die Herren vor allem rasch und billig bedient sein wollten, und richteten sich auf Schnelligkeit und die derselben angemessenen Preise ein. Sie sahen auch recht wohl, daß man an Michelangelo weniger das Große, als die phantastische Willkür und ganz bestimmte Äußerlichkeiten bewunderte, und machten ihm nun dieselben nach, wo es paßte und wo nicht. Ihre Malerei wird eine Darstellung von Effekten ohne Ursachen, von Bewegungen und Muskelanstrengungen ohne Notwendigkeit. Endlich richteten sie sich auf das ein, was die meisten Leute von jeher in der Malerei vorzüglich geschätzt haben: auf Vieles, auf Glänzendes und auf Natürliches. Dem Vielen genügten sie durch Vollpfropfen der Gemälde mit Figuren, auch mit ganz müßigen und störenden; dem Glänzenden durch ein Kolorit, das man ja nicht nach dem jetzigen Zustande der meisten betreffenden Bilder beurteilen darf, indem ehemals eine freundliche Farbe mit hell oder changeant aufgetragenen Lichtern neben der andern saß. Das Natürliche endlich wurde teils durch grundprosaische Auffassung und Wirklichmachung des Vorganges, teils durch ganz naturalistische Behandlung einzelner Teile erreicht, welche dann neben dem übrigen Bombast beträchtlich absticht. – Der größte Jammer aber ist, daß manche der betreffenden Künstler, sobald sie nur wollten oder durften, den echten Naturalismus und selbst ein harmonisches Kolorit besaßen, wie namentlich ihre Bildnisse beweisen.

Eine Zeitlang verlangte die Mode lauter *Gegenstücke zum Jüngsten Gericht*, und es entstanden jene Gewimmel nackter (oder enggekleideter) Figuren, die in allen möglichen und unmöglichen Stellungen auf einem Raum, der sie nicht zum dritten Teil beherbergen könnte, durcheinander stürzen. Gemäßigt, räumlich denkbar und zum Teil edel ist von diea sen Bildern am ehesten *Daniel da Volterras* Kindermord (Uffizien in b Florenz) zu nennen, und bei *Bronzinos* »Christus in der Vorhölle«[1] wird

* [1] An dem Bilde desselben Inhaltes im Pal. Colonna zu Rom, welches ebenfalls dem Bronzino zugeschrieben wird, müßte jedenfalls die Jahreszahl 1523

man wenigstens den Müßiggang und die Überfülle so vieler gewissenhaft studierter nackter Form beklagen; anderes der Art ist aber vollkommen unleidlich, zumal durch Vermischung mit Reminiszenzen aus
dem Jüngsten Gerichte selbst. – So insgemein die Stürze der Verdammten, die Hinrichtungen der 40 Märtyrer[1], die Marter des heiligen Lau- a
rentius (großes Fresko *Bronzinos* im linken Seitenschiff von S. Lorenzo
in Florenz), die Darstellung der ehernen Schlange, u. a. m. Auch der
Bildhauer *Bandinelli* konkurrierte und ließ Paradiesbilder nach seinen b
Entwürfen malen (Pal. Pitti).

In der Folge bekam die große und freche Improvisation historischer,
sowohl biblischer als profaner Gegenstände einen wahren Schwung.
Man malte alles, was verlangt wurde, und versetzte das Historische mit
Allegorie und Mythologie ohne alles Maß. *Vasari* (1512–1574), bei großer Begabung beständig bemüht, dem Geschmack seiner Leute zuvor-
zukommen, in der Ausführung so sauber und ordentlich, als man bei
gewissenloser Schnellproduktion sein kann, tritt wenigstens die einfachsten Gesetze der Kunst noch nicht geflissentlich mit Füßen (Fresken c
in der Sala regia des Vatikans; Gastmahl des Ahasverus in der Aka- d
demie zu Arezzo; Abendmahl in S. Croce zu Florenz, Cap. del Sagramento; andre Bilder in derselben Kirche, die unter seiner Aufsicht ihre
meisten jetzigen Altargemälde erhielt; mehreres in S. Maria novella; e
sehr gedankenlos die zahllosen Malereien im großen Saale des Pal. f
vecchio). – Auch sein Genosse *Francesco Salviati* (1510–1563) hat bei
aller öden Manier (Fresken der Sala d'Udienza im Pal. vecchio) noch g
einen gewissen Schönheitssinn, der ihn vom Schlimmsten zurückhält.
– Ganz im argen liegen erst die Brüder *Zuccaro, Taddeo* (1529–1566)
und *Federigo* († 1609), indem sie den größten systematischen Hochmut mit einer bei ihrer Bildung wahrhaft gewissenlosen Formlieder-
lichkeit verbinden. Erträglich und bisweilen überraschend durch Züge
großen Talentes in ihren Darstellungen der Zeitgeschichte (vordere
Säle im Pal. Farnese zu Rom; Sala regia des Vatikans; Schloß Capra- h
rola mit der farnesischen Hausgeschichte) werden sie in ihren uner-
gründlichen (weil literarisch erarbeiteten) Allegorien (Casa Bartholdy i
in Rom und Domkuppel zu Florenz) komisch bedauernswert. – Ein
andrer großer Entrepreneur, hauptsächlich für Rom und Neapel, war
in der spätern Zeit des 16. Jahrhunderts der Cavaliere *d'Arpino* (eigentlich Giuseppe Cesari, geb. um 1560, † 1640); nicht barock, aber mit

---

falsch sein, wenn sie sich darauf befindet. Es beruht erst auf dem Weltgericht. –
Eher von Marc. Venusti?

[1] Ein Sujet, für welches jener verlorene Karton des Perin del Vaga einen
begeisterten Wetteifer geweckt haben muß. – In der Sakramentskapelle zu
S. Filippo Neri in Florenz ein Bild der Art von Stradanus.   **

einer seelenlosen allgemeinen Schönheit oder Eleganz behaftet, die nur
a selten (Kapelle Olgiati in S. Prassede zu Rom; Zwickelbilder der Ka-
b pelle Pauls V. in S. Maria maggiore) einer edlern Wärme Platz macht. –
Die Mitstrebenden dieser vielbewunderten Meister haben vorzüglich
in Rom eine unglaubliche Menge von Fresken hinterlassen. – Von dem
ältern *Tempesta* und *Roncalli dalle Pomarance* rühren z. B. die vielen gräß-
c lichen Marterbilder in S. Stefano rotondo her, merkwürdig als Beleg
dessen, was die Kunst sich wieder von Tendenzgegenständen mußte
aufbürden lassen, seitdem sie sich selbst erniedrigt hatte. – Von *Cir-*
d *cignani-Pomarancio, Paris Nogari, Baglioni, Baldassare Croce* (die zwei großen Seitenbilder in S. Susanna) enthält fast jede Kirche, die alt genug
ist, irgend etwas, das man nur sieht, um es baldigst wieder zu vergessen. Denn was nicht empfunden ist, kann auch nicht nachempfun-
den werden und prägt sich dem Gedächtnis nur äußerlich und mit Mühe
ein. Bisweilen entschädigt der mehr dekorative Teil, z. B. Füll- und
Tragefiguren, den Sinn einigermaßen.
 In Neapel ist einer der besten Manieristen dieser Zeit *Simone Papa*
e d. Jüng. (Fresken im Chor von S. Maria la nuova). Auch der stets
rüstige, oft wüste Improvisator *Belisario Corenzio* (überall); der *ältere*
f *Santafede* (Deckenbild in S. Maria la nuova; andere Deckenbilder von ihm
und der ganzen Schule besonders im Dom); der *jüngere Santafede* (Auf-
g erstehung in der Kapelle des Monte de Pietà, gegenüber der Assunta
h des Ippolito Borghese, beides Hauptbilder); *Imparato* (Dom und S. M.
la nuova) u. a. geben zusammen das Bild einer zwar entarteten, aber
von der michelangelesken Nachahmung nur wenig angesteckten Schule;
es fehlt zwar im Komponieren an Mäßigung und im ganzen an höherm
Geist, allein auch die falsche Bravour fehlt, und die Verwilderung ist
keine so unwürdige wie in Rom und anderwärts. Arpino, der eigentlich
mit in diese Reihe gehört, machte sich es nur zu leicht. – Der einzige
i Michelangelist, *Marco da Siena*, kam von außen. Seine Bilder im Museum sind meist äußerst widrig; die angenehmern Seiten, namentlich
k ein brillantes Kolorit, entwickelt er in dem »ungläubigen Thomas«
l (Dom, zweite Kapelle links) und in der Taufe Christi (S. Domenico
maggiore, vierte Kapelle rechts). *(Cola della Matrice* malte noch um
m 1550 in der Art des 15. Jahrhunderts; ein Bild in der Galerie des Kapitols.)

 Ehe wir den Apennin überschreiten, ist es auch in betreff der
bis jetzt Genannten und einiger ihrer Zeitgenossen eine Forderung
der Billigkeit, der guten und selbst sehr vorzüglichen Leistungen
zu gedenken. Dieselben beginnen da, wo der falsche Pompstil auf-
hört.

Von der florentinischen Schule, hauptsächlich von den großen Porträtmalern[1] *Bronzino* und *Pontormo* ging fortwährend ein belebender Strahl nach dieser Richtung aus. Die Bildnisse *Vasaris* (sein Haus[2] in a Arezzo; Uffizien und Akademie in Florenz) und der beiden *Zuccaro* b (Pal. Pitti und ein Zimmer in Casa Bartholdy zu Rom, wo die sämt- c lichen Mitglieder der Familie in Lünetten al fresco gemalt sind) sind in der Auffassung fast ganz naiv und in der Ausführung wahr. Dem Federigo gelingt auch auf dem idealen Gebiet etwa ein phantastisch schöner Wurf (der tote Christus, von fackelhaltenden Engeln beweint, d im Pal. Borghese zu Rom), natürlich nur in sehr bedingter Weise. *Santi di Tito* ist sogar als Historienmaler in dieser Zeit fast ohne Affektation, ja ein einfacher Mensch geblieben. (Mehrere Altarblätter besonders in S. Croce zu Florenz; der Engelreigen über dem Hauptportal im Dom e usw.; der erste Altar in S. Marco rechts; Anteil an den Lünetten des f großen Klosterhofes bei S. Maria novella usw.). Wir werden an diesen Namen wieder anknüpfen müssen bei der Herstellung der florentinischen Malerschule, welche nach den bösen Jahrzehnten 1550–1580 beginnt. Unter den Römern ist *Pasquale Cati* von Jesi (großes Fresko in g S. Lorenzo in Panisperna zu Rom) gewissermaßen ein naiver Michelangelist, *Siciolante da Sermoneta* (Christi Geburt, in S. Maria della Pace h zu Rom; Taufe Chlodwigs, in S. Luigi, vierte Kapelle rechts) ebenfalls i innerlich wahr und gemäßigt. Dann arbeitete in Rom der aus obiger napolitanischer Reihe stammende *Scipione Gaetano*, dem es in seiner Beschränktheit immer ein solcher Ernst ist, daß eine Anzahl ganz vortrefflich naiver, wenn auch etwas harter Porträts zustande kamen (vatikanische Bibliothek; Pal. Colonna usw.). In idealen Gegenständen (hei- k lige Familie, Pal. Borghese; Vermählung der heiligen Katharina, Pal. l Doria; Mariä Himmelfahrt, linkes Querschiff von S. Silvestro di Monte m cavallo) ist er nach Vorzügen und Mängeln seiner heimischen Schule verwandt und erfreut durch ein saftiges Kolorit.

Sogar eine ganze Schule, diejenige von *Siena*, ist vorherrschend wahr und lebendig geblieben; ein nobler Naturalismus, der seinen Anhalt an

---

[1] Bei diesem Anlaß mag der bedeutenden Sammlung von Miniaturporträts in Öl gedacht werden, welche zu Florenz teils in den Uffizien (Säle * rechts von der Tribuna), teils im Pal. Pitti (Durchgang zu den hintern Zim- ** mern der Galerie) immer mehrere zusammen eingerahmt sich vorfinden. Sie geben eine reiche Übersicht dieser ganzen Kunstgattung für die Zeit von 1550–1650. Es lassen sich Deutsche und Venezianer des 16. Jahrhunderts, Niederländer und Florentiner des 17. Jahrhunderts wohl ausscheiden von der dabei am meisten vertretenen Richtung des Bronzino und Scipione Gaetano. – Eine kleine Sammlung auch im Pal. Guadagni.

[2] Jetzt Casa Montauti.

Andrea del Sarto und Sodoma sucht, beseelt die bessern Werke eines
a *Francesco Vanni* (1565–1609; in S. Domenico zu Siena alles, was in der
b Katharinenkapelle nicht dem Sodoma angehört; in S. M. die Carigano
zu Genua, Altar rechts neben dem Chor, die letzte Kommunion der
c heiligen Magdalena, usw.), eines *Arcangelo* und *Ventura Salimbeni* (Fresken im Chor des Domes von Siena mit den Geschichten der heiligen
Katharina und eines heiligen Bischofs; im Unterraum von S. Caterina
d das zweite Bild, rechts), eines *Domenico Manetti* u. a. m.

Viele der genannten Maler verschiedener Schulen waren mehr oder
weniger influenziert von einem merkwürdigen, meist abseits in seiner
Heimat Urbino lebenden Meister, *Federigo Baroccio* (1528–1612). Seine
geschichtliche Bedeutung liegt darin, daß er die Auffassungsweise Correggios, als dessen eigene parmesanische Schule sie aufgegeben hatte,
bis zum Auftreten der Bologneser fast allein mit Eifer vertrat; freilich
genügte seine Begabung dazu keineswegs ganz, und neben echtem Naturalismus und einer wahren Begeisterung für sinnliche Schönheit muß
man sich mancherlei affektierte Mienen und Gebärden, glasartige Farben und ein hektisches Rot an den beleuchteten Stellen der Karnation
gefallen lassen. Das schönste Bild, so ich von ihm kenne, ist der Kru-
e zifixus mit Engeln, S. Sebastian, Johannes und Maria, im Dom von
Genua (Kapelle rechts vom Chor); – das fleißigste und größte die »Ma-
f donna als Fürsprecherin der Kinder und Armen«, in den Uffizien, mit
g vortrefflichen genreartigen Partien; – das »Noli me tangere« in der
h Gal. Corsini zu Rom und (kleiner) in den Uffizien hat ebenfalls noch
i eine wahre Naivität. – Wogegen die meisten Bilder in der vatikanischen
Galerie und die übrigen in den Uffizien zu den affektierten gehören; in
dem Porträt des Herzogs Guidobaldo II. von Urbino konnte gerade
Baroccio die kleinliche Hübschheit und den kriegerischen Aufputz gut
k wiedergeben. (Uffizien und bei Camuccini in Rom.) – Große bewegte
l Kreuzabnahme im Dom von Perugia (rechts). – Die neuflorentinische
Schule, von welcher unten die Rede sein wird, schloß sich wesentlich
an Baroccio an.

In *Genua* war der Manierismus schon bei den Schülern des Perin del
Vaga in vollem Gange. *Giov. Batt. Castello, Calvi,* die jüngern *Semini,*
auch der etwas bessere *Lazzaro Tavarone* gerieten ob dem beständigen
Fassadenmalen (I, S. 243) in eine wahre Verstockung; sie bilden einen
ganz besonders ungenießbaren Ableger der römischen Schule. – Ihnen
gegenüber stand der einsame *Luca Cambiaso* (1527–1580 oder 1585), der
aus eigenen Kräften, ohne Moretto und Paolo Veronese zu kennen, ein
ähnliches Resultat erreichte: einen gemütlich veredelten Naturalismus,
der auch für den Ausdruck des höhern Seelenlebens ein würdiges Gefäß sein konnte. Sein stets gedämpftes Kolorit ist harmonisch und klar;

erst in der spätern Zeit, da auch seine Naivität erlahmte, wird es dumpfer. Seine Madonna ist eine echte, liebenswürdige Genueserin ohne ideale Form, das Kind immer naiv und schön bewegt, die Heiligen voll innigsten Ausdruckes; Altarbilder dieser Art sind in der Regel ein Stück Familienszene, heiter ohne Mutwillen. (Dom von Genua: Altar a des rechten Querschiffes: Madonna mit Heiligen; Kapelle links vom Chor: sechs Bilder; dritter Altar rechts: S. Gothardus mit Aposteln und Donatoren. – Pal. Adorno: Madonna im Freien sitzend mit zwei Hei- b ligen. – Uffizien: Madonna als junge Mutter sich auf das Kind nieder- c neigend.) – Seine ganze Kraft aber hat Cambiaso zusammengenommen in der großen Grablegung (S. M. di Carignano, Altar links unter der d hintern linken Nebenkuppel). Ruhig, ohne alles wilde Pathos, ohne Überfüllung, entwickelt sich der Moment in edeln, energischen Gestalten von tiefinnerlichem Ausdruck; eine frische Oase in der Epoche der Bravour und der Süßlichkeit. – In bewegten Szenen kann der Meister schon wegen des mangelnden Raumgefühls nicht genügen; zudem sind dieselben meist aus seiner spätern Zeit. (Drei Bilder im Chor von S. Giorgio; – – Transfiguration und Auferstehung in S. Bartolommeo e degli Armeni.) – Seine mythologischen und andern dekorativen Malereien in den Hallen genuesischer Paläste und in S. Matteo (die Put- f ten an den Gewölben) stehen wenigstens um ein Beträchtliches höher als die Arbeiten der Schulgenossen, zwei mythologische Bilder im Pal. g Borghese zu Rom. Von der schön gebauten Gruppe der Caritas (Berliner Museum) eine Kopie von der Hand des Capuccino im Pal. Bri- h gnole zu Genua. – Wer die edle Persönlichkeit des Mannes will kennen lernen, suche im Pal. Spinola (Str. nuova) das Doppelporträt auf, in i welchem er, sich selbst malend, vor der Staffelei abgebildet ist.

Im übrigen Oberitalien sind die in diese Zeit fallenden Mitglieder der Malerfamilie *Campi* von *Cremona* dem Verfasser nur aus den Bildern der Brera in Mailand bekannt, wonach sie über das Vermögen k eines Vasari und Salviati kaum hinauskamen; – *Calisto Piazza* von *Lodi* (II, S. 327,f) erscheint in den Bildern derselben Sammlung doch nur als ein edlerer Manierist; – unter den Manieristen von *Mailand* selbst ist *Enea Salmeggia*, genannt Talpino, immer sorgfältig, bisweilen schön und zart, meist aber zaghaft und kraftlos (Bilder ebenda); – die drei ältern *Proccacini* dagegen, Ercole geb. 1520, Camillo geb. 1546, Giulio Cesare geb. 1548, höchst resolut, im einzelnen brillant, im ganzen wild überladen; sie bilden den Übergang zu der mailändischen Schule des 17. Jahrhunderts, welche mit Ercole Procaccini dem Jüngern, Nuvolone und den beiden Crespi eine eigentümliche Vollendung erreicht.

In *Ferrara* geht die ältere Schule in den Manierismus über mit *Bastianino* (1532–1585), einem schwachen Nachahmer des Michelangelo; l

a Certosa, Querschiff rechts: die Kreuzerhöhung; – Ateneo; Madonna
mit Heiligen, Verkündigung. – Von Dossos Schülern gehört hierher:
b *Bastarolo* († 1589); Bilder im Gesù, erster Altar rechts; Verkündigung,
c erster Altar links: Crucifixus. – Außerdem der platte *Nic. Roselli;* Altarbilder der Certosa. – Der begabteste, bisweilen angenehm phantastische
d Manierist von Ferrara war aber *Scarsellino,* von welchem in S. Benedetto
e eine ganze Anzahl von Bildern und in S. Paolo die Fresken fast sämtlicher Gewölbe herrühren; in der Halbkuppel des Chores eine große,
f interessante Himmelfahrt des Elias in einer Landschaft. In den Uffizien:
g ein vornehmes Kindbett, etwa der Elisabeth, in der Art des Fr. Franck
und M. de Vos. Manches in der Galerie von Modena.

In *Bologna* ist zunächst die sehr bedeutende Kunstübung merkwürdig,
welche von Bagnacavallo und Innocenzo da Imola an quantitativ beträchtlich zunimmt. Erquickliches wird man freilich aus dieser Zeit
wenig finden; doch ist den meisten der betreffenden Maler eine saubere
Genauigkeit eigen, welche für jede Schule ein wertvolles Erbe heißen
darf, weil sie eine gewisse Achtung der Kunst vor sich selber beweist.
Es mag genügen, einige der bessern Bilder zu nennen. Von *Lorenzo*
h *Sabbatini* († 1577): in der vierten Kirche bei S. Stefano (S. Pietro e
Paolo genannt), links neben dem Chor: Madonna mit Heiligen. – Von
i *Bart. Passerotti* († 1592): in S. Giacomo maggiore, fünter Altar rechts:
thronende Madonna mit fünf Heiligen und Donator. – Von *Prospero*
k *Fontana* (1512–1597): in S. Salvatore das Bild der dritten Kapelle rechts;
l in der Pinacoteca eine gute Grablegung; in S. Giacomo maggiore, sechster Altar rechts, die Wohltätigkeit des heiligen Alexius. – Von seiner
m Tochter *Lavinia* ein Bild in der Sakristei von S. Lucia. – Von *Dionigi*
n *Calvaert* aus Antwerpen († 1619): ai Servi, vierter Altar rechts, großes
o Paradies. – Von *Bart. Cesi* (1556–1629): Bilder hinten im Chor von
p S. Domenico, und in S. Giacomo maggiore, erster Altar links im Chorumgang. – Von den Genannten, sowie von *Sammachini, Naldini* u. a.
q Bilder in der Pinacoteca. (Über *Laureti* vgl. II, S. 315, k.) – Sie alle überragt
der schon als Baumeister (I, S. 287 f.) genannte *Pellegrino Tibaldi* (1527
bis 1591), welchen die Caracci als den wahren Repräsentanten des Über-
ganges von den großen Meistern auf ihre Epoche anerkannten. Er ist
einer von den wenigen, welche dem emsigen Naturstudium treu blieben
und die Formen nicht aus zweiter Hand produzieren wollten; seine Fres-
r ken im untern Saal der Universität enthalten unter anderm jene vier
nackten, auf bekränzten Balustraden sitzenden Füllfiguren, deren
Trefflichkeit neben den mythologischen Hauptbildern wunderbar ab-
s sticht; – das große Fresko in S. Giacomo maggiore aber (Kapelle am
rechten Oberschiff) ist auch in der Verwirklichung eines bedeutenden
symbolischen Gedankens (»Viele sind berufen, Wenige auserwählet«)

beinahe großartig zu nennen; von den Fresken in der Remigiuskapelle zu S. Luigi de' Francesi in Rom (vierte Kapelle rechts) gehört ihm das schon manieriertere Deckenbild; die Wandbilder mit Chlodwigs Heerzug und Eidschwur sind von Sermoneta und Giac. del Conte.

Für *Ravenna* ist *Luca Longhi* zu nennen, der bisweilen noch in der Art der bolognesischen Nachahmer Raffaels (II. S. 295 ff.) an die beste Zeit erinnert, öfter aber sich ins Süße und Schwache neigt. (Refektorium der Kamaldulenser in Ravenna: große Hochzeit von Kana.)

Seit den 1580er Jahren beginnt der Manierismus einem neuen, bestimmten Stil zu weichen, der schon als geschichtliche Erscheinung ein hohes Interesse hat. Der Geist der Gegenreformation, welcher damals den weiträumigen, prachtvollen Kirchentypus des Barockstiles hervorbrachte, verlangt zugleich von der Malerei eine möglichst aufregende, eindringliche Behandlung der heiligen Gegenstände; einen höchsten Ausdruck himmlischer Herrlichkeit und frommen Sehnens danach, verbunden mit populärer Begreiflichkeit und lockendem Formenreiz. Bei Anlaß der Skulptur, welche 50 Jahre später den Bahnen der Malerei folgte, wurden vorläufig (II, S. 91) die wesentlichen Mittel dieser modernen Kunst hervorgehoben: der *Naturalismus* in den Formen sowohl als in der ganzen Auffassung des Geschehenden (Wirklichkeit) und die Anwendung des *Affektes* um jeden Preis. Auf diesen ihren geistigen Inhalt hin werden wir im folgenden die Malerei von den Caracci bis auf Mengs und Batoni zu prüfen haben, und zwar als ein – wenn auch vielgestaltiges – Ganzes. Wo die Kunst so in die Breite geht wie hier, wäre eine Einzelcharakteristik der Maler die Sache eines umfangreichen Buches; wir müssen uns damit begnügen, die wichtigern unter den Tausenden in einer vorläufigen Übersicht zu nennen. Nicht eine Anleitung zur speziellen Kennerschaft, sondern die Feststellung anregender Gesichtspunkte für diese Periode überhaupt muß unser Zweck sein. In den auf die Übersicht folgenden fragmentarischen Bemerkungen wird wenigstens jedes Hauptwerk bei irgendeinem Anlaß vorkommen, allerdings oft in beschränkendem Sinn, in nachteiliger Parallele mit den Werken der goldenen Zeit. Daß dies nicht geschieht, um Mißachtung zu erwecken, oder gar um von der Betrachtung der betreffenden Werke abzulenken, wird man beim Durchlesen des Ganzen innewerden. Irgendeine systematische oder gar eine sachliche Vollständigkeit ist hier nicht zu verlangen.

Die Anfänger der neuen Richtung sind teils *Eklektiker*, teils *Naturalisten* im besondern Sinne. – Die Beseitigung der unwahren Formen und der konventionellen Ausdrucksweisen schien dieser doppelten Anstrengung zu bedürfen: eines Zurückgehens auf die Prinzipien der großen Meister der goldenen Zeit und einer völligen Hingebung an die äußere Erscheinung. Der *Eklektizismus* enthält einen innern Widerspruch, wenn man ihn so auffaßt, als sollten die besondern Eigentümlichkeiten eines Michelangelo, Raffael, Tizian, Correggio in einem Werke vereinigt werden; schon das Verfolgen und Nachahmen der Eigentümlichkeiten einzelner großer Meister hatte ja eben die Manieren hervorgerufen, denen man entfliehen wollte. Allein im Sinne eines allseitigen Studiums aufgefaßt war er höchst notwendig.

In der neuen Schule von *Bologna* ist denn auch die Aneignung der Prinzipien der großen Vorgänger fast von Anfang an eine harmonische und verständige. Es gibt Bilder derselben, welche in der Art des Paolo Veronese, des Tizian gemalt sind, und von Correggio ist sie mitsamt vielen abgeleiteten Schulen dauernd abhängig, allein dies Verhältnis erstreckt sich nur ausnahmsweise bis in die vollständige Reminiszenz und sinkt nie bis zur seelenlosen Ausbeutung.

Die Stifter waren *Lodovico Caracci* (1555–1619) und seine Neffen *Annibale* (1560–1609) und *Agostino* (1558 bis 1601), der letztere mehr durch seine Kupferstiche als durch Gemälde einflußreich. Annibale ist es vorzüglich, durch welchen der neue Stil seine Herrschaft über Italien gewann.

Unter ihren Schülern ist der gewissenhafteste *Domenichino* (eigentlich Domenico Zampieri, 1581–1641), der am höchsten begabte *Guido Reni* (1575–1642); außerdem *Francesco Albani* (1578–1660); der freche *Giov. Lanfranco* (1581–1647); *Giac. Cavedone* (1577–1660); *Alessandro Tiarini* (1577–1658); der Landschaftsmaler *Giov. Franc. Grimaldi* u. a.

Schüler des Albani: *Gio. Battista Mola; Pierfrancesco Mola; Carlo Cignani; Andrea Sacchi,* welcher nach der Mitte des 17. Jahrhunderts die letzte römische Schule gründete und unter andern den *Carlo Maratta* (1625–1713) zum Schüler hatte.

Schüler des Guido Reni: *Simone Cantarini* genannt Simone da Pesaro; *Giov. Andrea Sirani* und dessen Tochter *Elisabetta Sirani; Gessi; Canuti; Cagnacci* u. a.

Nur kurze Zeit war *Guercino* (Giov. Francesco Barbieri, geb. 1590 zu Cento, wo noch bedeutende Malereien von ihm sind, † 1666) in der Schule der Caracci gewesen; er verschmolz später ihre Prinzipien mit denjenigen der Naturalisten. – Unter seinen Schülern sind mehrere des a Namens *Gennari,* darunter *Benedetto* der bedeutendste. (Gal. von Modena.)

Bei einem andern Schüler der Caracci, *Lionello Spada* (1576–1621), hat die naturalistische Art im engern Sinn die Oberhand (Gal. von b Parma und Modena); – ähnlich bei *Bartol. Schedone* oder *Schidone* von

Modena (starb jung 1615), der sich anfangs besonders nach Correggio gebildet hatte. (Gal. von Parma.)

Ein mittelbarer Schüler der Caracci, vermutlich durch Domenichino, ist *Sassoferrato* (eigentlich Giov. Battista Salvi, 1605–1685), ein Eklektiker in ganz anderm Sinne als alle übrigen.

Mit Cignani und *Pasinelli* geht die bolognesische Schule in das allgemeine Niveau hinüber, welches gegen 1700 die ganze Malerei umfaßt.

Von den andern Schulen Italiens ist keine ganz unberührt geblieben von der bolognesischen Einwirkung, so sehr man sich z. B. in Florenz dagegen wehrte.

Zu den eklektischen Schulen wird zunächst gerechnet: die *mailändische*. Aus der Familie der *Procaccini* gehört hierher Ercole der Jüngere; aus ihrer Schule: *Giov. Batt. Crespi*, genannt *Cerano;* dessen Sohn *Daniele Crespi; Pamfilo* oder *Pompilo*, genannt *Nuvolone* aus Cremona u. a.

In *Ferrara* malte *Carlo Bonone* (1569–1632), ausschließlich angeregt von den Caracci. Wir werden ihn kennenlernen als eine der schönstgestimmten Seelen jener Zeit.

Sodann die *florentinische* Schule, welche zum Teil von ihrer eigenen bessern Zeit her einen höhern Zug gerettet hatte (Santi di Tito, II, S. 344), auch mit Bewußtsein auf Vorgänger wie A. del Sarto zurückging und dann einen bedeutenden neuen Anstoß durch Baroccio erhielt. – Ihre Richtung ist eine wesentlich andre als die der übrigen gleichzeitigen Schulen; in der Komposition ist sie prinziploser und oft überfüllt, in den Farben saftig glänzend und bunt, obwohl die bessern bisweilen eine sehr bedeutende Harmonie erreichen; ihre Hauptabsicht geht auf sinnliche Schönheit; dagegen bleibt ihr der Affekt fast völlig fremd. Da wir deshalb ihre Werke nur ausnahmsweise wieder werden zu nennen haben, so mögen hier bei jedem Maler die wichtigsten Kirchenbilder gleich mit angeführt werden; von den übrigen, in den florentinischen Galerien, wird man das Wertvollste leicht finden.

Alessandro Allori (1535–1607), der Neffe Bronzinos, noch halb Manierist. (In S. Spirito, ganz hinten: die Ehebrecherin; in der Sakristei: a ein Heiliger, Kranke heilend; – Chor der Annunziata, erste Nische links: b Mariä Geburt, 1602; – S. Niccolò, rechts vom Portal: Opfer Abrahams.) – Ebenso *Bernardino Poccetti* (1542–1612), welcher I, S. 240 als Dekorator genannt worden ist. Er war nebst Santi di Tito ein Hauptunternehmer jener Lünettenfresken in den florentinischen Klosterhöfen, meist legendarischen Inhaltes. (Christo von S. Marco; – erster Hof rechts bei den c Kamaldulensern agli angeli; – erster Hof links bei der Annunziata, teil- d weise von ihm; – Chiostro grande, der hinterste links, bei S. Maria e

a novella, teilweise von ihm; – größere Wandfresken im Hof der Confraternità die S. Pietro martire.) Aufgaben, an welchen auch die unten zu nennenden oft teilnahmen und sich bildeten. Verglichen mit den Ma-
b lereien der bolognesischen Chiostri (z. B. S. Francesco oder ai Servi in Bologna), welche so ungleich besser komponiert, so viel unbefangener und meisterhafter gezeichnet sind, behaupten sie doch einen gewissen Vorzug durch das Gemütliche und Affektlose, sowie durch den größern Reichtum der Individualisierung. – (Wobei immer die drei schönen
c Lünettenbilder Domenichinos in der äußern Halle von S. Onofrio zu Rom als das Trefflichste auszunehmen sein werden.) – Außerdem von
d Poccetti ausgemalt ein ganzer Saal im Hôtel des îles britanniques. – In
e S. Felicita, erster Altar links, die Assunta. – *Jac. Ligozzi:* Hauptanteil an den Lünetten im Chiostro von Ognissanti; – S. Croce, Kapelle Sal-
f viati, links am linken Querschiff; Marter des heiligen Laurentius; – S.
g M. novella, sechster Altar rechts, Erweckung eines Kindes. – *Jac. (Chimenti) da Empoli* (1554–1640), in der Erzählung nirgends bedeutend,
h wie die Malereien im vordern Saal des Pal. Buonarroti beweisen, ist im Individualisieren der edelste und würdigste dieser Schule. Hauptbild
i im rechten Querschiff von S. Domenico zu Pistoja: S. Carlo Borromeo
k als Wundertäter, umgeben von Mitgliedern des Hauses Rospigliosi; – mehreres im Chor des Domes von Pisa; – S. Lucia de' magnoli in Flo-
l renz, zweiter Altar links: Madonna mit Heiligen; – Annunziata, Chor, dritte Nische rechts usw. – *Lodovico* Cardi, genannt *Cigoli* (1559–1613), der beste Kolorist und Zeichner der Schule, dessen Werke denn auch größtenteils in die florentinischen Galerien übergegangen sind. – Von
m den Altären in S. Croce gehört ihm der sechste rechts, Christi Einzug in Jerusalem, und die Trinität am Eingang ins linke Querschiff. – Von
n seinem Schüler *Ant. Biliverti* unter anderm die große Vermählung der heiligen Katharina samt Seitenbildern, im Chor der Annunziata, zweite Nische rechts. – Andre Schüler wie *Domenico* Cresti, genannt *Pasignano, Gregorio Pagani* usw. sind in den Galerien besser repräsentiert. – *Fran-*
o *cesco Currado* (1570–1661); sein Hauptwerk hinten im Chor von S. Frediano, Madonna mit vielen Engeln und knienden Heiligen; außer-
p dem in S. Giovannino: Franz Xavers Predigt in Indien. – Von *Cristo-*
q *fano Allori* (1577–1621) wird man in den Kirchen vergebens etwas suchen, das seiner berühmten Judith (Pal. Pitti) am Werte gleichkäme. – *Matteo Rosselli* (1578–1650) hat in der Annunziata die Fresken der ersten Kapelle rechts und einen Teil der Lünetten im Chiostro gemalt; –
r in SS. Michele e Gaetano: dritte Kapelle rechts, und das linke Seiten-
s bild in der zweiten Kapelle links; seine gefälligsten Arbeiten im Pal. Pitti usw. – Von den Schülern Matteos bringt *Francesco Furini* mit der raffiniert weichen Modellierung des Nackten ein neues Interesse in die

Schule; – *Giovanni (Manozzi) da San Giovanni* (1590–1636) aber wird, offenbar unter bolognesischer Einwirkung, zumal seines Altersgenossen. Guercino, der entschlossenste, liebenswürdigste Improvisator der ganzen Schule, der im Besitz einer reichen Palette und einer blühenden Phantasie den Mangel höherer Elemente vollständig vergessen machen kann. Von seinen in diesen Grenzen ganz bedeutenden Fresken wird noch mehrmals die Rede sein. (Allegorien im großen untern Saal des a Pal. Pitti; Versuchung Christi im Refektorium der Badia bei Fiesole; b halbzerstörte Allegorie an der Fronte eines Hauses gegenüber von Porta c Romana; Geschichte des heiligen Andreas in S. Croce, zweite Kapelle rechts vom Chor; in Ognissanti die Malereien der Kuppel und Anteil d an den Lünetten des Chiostro; im Gange des linken Hofes bei S. Maria la nuova die kleine Freskofigur einer Caritas; – in Rom die Halbkuppel e von SS. Quattro.) – Endlich *Carlo Dolci* (1616–1686) ebenfalls aus die- f ser Schule, welcher den von den übrigen versäumten Affekt in mehrern hundert Darstellungen voll Ekstase wieder einbringt, wovon unten. (Er und alle Vorhergehenden sind sehr stark vertreten in der Gal. Cor- g sini zu Florenz.)

Die Schule von *Siena* hat in dieser Zeit den *Rutilio Manetti* (1572 bis 1639), dessen herrliche Ruhe auf der Flucht, über dem Hochaltar von S. Pietro in castelvecchio zu Siena, alles übrige aufwiegen möchte. h Am ehesten dem Guercino zu vergleichen.

Ein mittelbarer Schüler des Cigoli war *Pietro* (Berettini) *da Cortona* (1596–1669), mit welchem die Verflachung des Eklektizismus, die Entweihung der Malerei überhaupt zur hurtigen und gefälligen Dekoration eintritt.

Der moderne Naturalismus im engern Sinne beginnt auf die grellste Weise mit *Michelangelo* Amerighi *da Caravaggio* (1569–1609), der einen großen Einfluß auf Rom und Neapel ausübte. Seine Freude besteht darin, dem Beschauer zu beweisen, daß es bei all den heiligen Ereignissen der Urzeit eigentlich ganz so ordinär zugegangen sei wie auf den Gassen der südlichen Städte gegen Ende des 16. Jahrhunderts; er ehrt gar nichts als die Leidenschaft, für deren wahrhaft vulkanische Auffassung er ein großes Talent besaß. Und diese Leidenschaft, in lauter gemeinen energischen Charakteren ausgedrückt, bisweilen höchst ergreifend, bildet dann den Grundton seiner eigenen Schule sowohl (Moyse Valentin, Simon Vouet, wozu noch als Nachfolger *Carlo Saraceni* von Venedig zu rechnen ist), als auch der

Schule von Neapel. Hier ist der Valencianer *Giuseppe Ribera* genannt *lo Spagnoletto* (geb. 1593, verschwunden 1656) der geistige Nachfolger Caravaggios im vollsten Sinne des Wortes, wenn auch in seinem Kolorit noch frühere Studien nach Correggio und den Venezianern nachklingen. Neben ihm war außer dem genannten *Corenzio* auch *Giov. Batt. Caracciolo* tätig, welcher sich mehr dem Stil der Caracci anschloß; der große Schüler des letztern, *Massimo Stanzioni* (1585–1656), nahm zugleich auch von Caravaggio soviel an, als mit seiner eigenen Richtung verträglich war. (Sein bedeutendster Schüler: *Domen. Finoglia.*)

Mittelbare neapolitanische Nachfolger Caravaggios:*Mattia Preti*, genannt il cavalier Calabrese (1613–1669), *Andrea Vaccaro* u. a. m.

Schüler Spagnolettos: der Schlachtenmaler *Aniello Falcone* und der in allen Gattungen tätige *Salvator Rosa* (1615–1673), dessen Schüler der Landschaftsmaler *Bartol. Torregiani*, der Historienmaler *Micco Spadaro*, u. a. – Ein Nachfolger Spagnolettos ist auch der bedeutendste sizilianische Maler *Pietro Novelli*, genannt Morrealese. (Dame und Page, Pal. Colonna zu Rom.) – Schüler des Spagnoletto, mehr aber des Pietro da Cortona war der in seiner Art große Schnellmaler *Luca Giordano* (1632–1705). Von ihm an tritt die Verflachung der neapolitanischen Malerei ein, welche dann mit *Giac. del Po, Solimena* († 1747), *Conca* († 1764), *Franc. di Mura, Bonito* u. a. in bloße Dekorationsmalerei ausmündet.

In Rom, wo sich alle Richtungen kreuzten, kamen 1600 bis 1650 einige Nebengattungen besonders zu Kräften. Außer der Landschaftsmalerei (von welcher unten) ist besonders die Genre- und Schlachtenmalerei bedeutend repräsentiert durch einen Schüler des Arpino und später des in diesem Fach besonders zu Rom geschätzten Niederländers Piter von Laar, genannt *Bamboccio*, nämlich *Michelangelo Cerquozzi* (1602–1660), dessen beste Arbeiten sich im Auslande befinden. Sein Schüler war der Jesuit *Jaques Courtous*, genannt *Bourguignon* (1621–1671). Als Blumenmaler trat *Mario de' Fiori* († 1673), als Architekturmaler *Giov. Paolo Pannini* († 1764) auf.

Seit der zweiten Hälfte des 17. Jahrhunderts ist Rom zugleich der Hauptsitz der von Pietro da Cortona abgeleiteten, bloß noch dekorierenden Schnellmalerei, gegen welche *Sacchi* und *Maratta* (II, S. 349) eine nur schwache Reaktion bilden. Hier wirkten unter anderm *Gianfranc. Romanelli* († 1662), *Ciro Ferri* († 1689), *Filippo Lauri* († 1694), auch der Florentiner *Bened. Luti* († 1724), der Pater Pozzo (I, S. 320) u. a. m.

In Genua schwankt der Stil je nach den Einwirkungen. *Giov. Batt. Paggi* (1554–1627) erinnert an die damaligen Florentiner (S. Pietro in Banchi, erster Altar links, Anbetung der Hirten; Dom, zweite Kapelle links, Verkündigung); – *Domenico Fiasella*, genannt Sarzana († 1669) gleicht mehr dem Guercino; – *Bernardo Strozzi*, genannt *il capuccino Genovese* (1581–1644) ist hochberüchtigt unter den Nachfolgern des

Caravaggio; – *Benedetto Castiglione* (1616–1670) ein frecher Kartonist; – Valerio Castello ebenfalls, doch in der Farbe wärmer; – *Deferrari* scheint nach Van Dyck studiert zu haben. – Nur der jung verstorbene *Pelegro Piola* (1607–1630) hat einen eigentümlichen schönen Naturalis- a mus entwickelt. (Bilder im Pal. Brignole; Puttenfries im Pal. Adorno.) b

Die Niederländer, Deutschen, Spanier und Franzosen[1], von welchen Italien viele und zum Teil bedeutende Werke besitzt, werden im folgenden wo nötig an der betreffenden Stelle mit genannt werden.

Innerhalb der Malerei zweier Jahrhunderte (1580 bis um 1780) gibt es natürlich sehr große Unterschiede der Richtung, um der so unendlich verschiedenen Begabung der einzelnen nicht zu gedenken. Ehe von dem Gemeinsamen die Rede sein darf, welches die ganz große Periode charakterisiert, muß zunächst auf die Unterschiede in *Zeichnung*, Formenauffassung und *Kolorit* hingedeutet werden.

Die bolognesische Schule begann als Reaktion der Gründlichkeit gegenüber vom Manierismus, als Selbsterwerb gegenüber vom einseitigen Entlehnen. Ihre Zeichnungsstudien waren sehr bedeutend; bei Annibale Caracci findet man außerdem ein vielseitiges Interesse für alles Charakteristische, wie er denn eine Anzahl von Genrefiguren in Lebensgröße gemalt hat. (Pal. Colonna in Rom: der Linsenesser; Uffi- c zien: der Mann mit dem Affen; eine große Reihe von Genrefiguren in d Kupferstichen usw.) Gleichwohl begnügt sich die Schule bald mit einer gewissen Allgemeinheit der Körperbildung und der Gewandungen, und zwar ist der Durchschnitt, der sich dabei ergibt, weder ein ganz schöner noch ein hoher; er ist abstrahiert von Correggio, nur ohne das unerreichbare Lebensgefühl, auch von dem üppig schweren Paolo Veronese, nur ohne dessen alles versöhnende Farbe. Den umständlichsten Beleg gewähren die Fresken der Galerie im Pal. Farnese zu Rom, von e *Annibale* und seinen Schülern. Bei wievielen dieser Junonen, Aphroditen, Dianen usw. würde man wünschen, daß sie lebendig würden? Selbst die höchst vortrefflichen sitzenden Aktfiguren sind doch von keiner hohen Bildung. So fruchtbar die Schule an frischen Bewegungsmotiven ist, so fehlt ihr doch im einzelnen das Schönlebendige. – *Albanis*

---

[1] *Rubens* (1577–1640); *Van Dyck* (1598–1641); *Rembrandt* (1606–1665); *Honthorst* (1592–1662); *Elzheimer* (1574–1620); von der Familie Breughel bes. *Jan*, der sog. *Sammetbreughel* (1568–1625); *Paul Bril* (1554–1626); eine große Anzahl niederländischer Genremaler fast nur in den Uffizien repräsentiert. – *Velasquez* (1599–1660); *Murillo* (1618–1682). – *Nic. Poussin* (1594 bis 1665); *Moyse* Valentin (1600–1632). Andre bei Gelegenheit zu nennen.

a mythologische Fresken in einem Saal des Pal. Verospi (jetzt Torlonia, neben Pal. Chigi) in Rom, der bedeutendste Nachklang der farnesischen Galerie, haben im Detail viel Anmutiges, aber dasselbe Allgemeine.

Wie verschieden ist *Guido Reni* nicht nur je nach der Lebenszeit, sondern bisweilen in einem und demselben Werke. Von allen modernen Malern nähert er sich bisweilen am meisten der hohen und freien Schön-
b heit, und seine Aurora (Kasino des Pal. Rospigliosi) ist wohl alles in allem gerechnet das vollkommenste Gemälde dieser beiden letzten Jahrhunderte; allein die Horen sind in der Bildung von höchst ungleichem Werte und mitsamt dem Apoll jener einzigen wunderbaren Gestalt der
c Morgengöttin nicht zu vergleichen. Der berühmte S. Michael in der Concezione zu Rom (erste Kapelle rechts) bleibt in Charakter und Stellung unendlich tief unter Raffaels Bild (Louvre). In den weiblichen Köpfen hat sich Guido sehr oft nach Antiken, namentlich nach den Niobiden gerichtet, in den weiblichen Körpern aber nicht selten einer
d buhlerischen Üppigkeit gehuldigt. (Man sehe die Hände seiner Kleopatra im Pal. Pitti, oder die weiblichen Charaktere im dem Bilde des Elieser, ebenda.) – Auch *Domenichino*, mit seinem großen Schönheitssinn, hat sich jener bolognesischen Formenallgemeinheit nicht entziehen können. Er ist am ehesten frei davon in den beiden herrlichen Wandfres-
e ken der Cäcilienkapelle (die zweite rechts) in S. Luigi de’ Francesi zu Rom, auch in mehrern der Freskohistorien zu Grottaferrata (Kapelle
f des heiligen Nilus). – In seinen Engeln bleibt er sehr sichtbar von Cor-
g reggio abhängig, wie man z. B. aus dem großen Bilde der Brera zu Mailand (Madonna mit Heiligen) sieht. – Bei *Guercino* muß man einige köstliche Gestalten der edelsten Bildung (die ihm zu Gebote stand) ausscheiden von den Schöpfungen des energischen Naturalisten; so das
h Bild der Hagar (Brera zu Mailand), die Vermählung der heiligen Katharina (Gal. zu Modena), auch die Kleopatra (Pal. Brignole zu Genua).
i – *Sassoferrato*, stets gewissenhaft, erscheint auch in diesen Beziehungen von Raffael inspiriert, doch nicht abhängig.

Bei *Caravaggio* und den Neapolitanern steht Zeichnung und Modellierung durchgängig um eine beträchtliche Stufe tiefer, da sie sich auf ganz andre Wirkungsmittel glauben verlassen zu dürfen. So gemein überdies ihre Formen sind, so wenig kann man doch im einzelnen Fall darauf bauen, daß sie wirklich aus dem Leben gegriffen seien; in irrer Gemeinheit sind sie nur zu oft auch allgemein. Der gewissenhaften Bilder sind in dieser Schule überhaupt wenige. Von *Luca Giordano* abwärts fällt die Zeichnung der neapolitanischen Schule dem liederlichsten Extemporieren anheim. Luca selbst hält sich noch durch angeborene Anmut in einer gewissen Höhe.

Bei *Pietro da Cortona* ist es nicht schwer, eine durchgehende Gleichgültigkeit gegen die wahre Formendarstellung zu erkennen, so wie der
Ausdruck seiner Köpfe zum Erschrecken leer wird. Man ahnt auf einmal, daß der sittliche Halt, welchen die Caracci (zu ihrer ewigen Ehre)
der Kunst zurückgegeben, von neuem tief erschüttert ist. Wenn ein
Künstler von dieser Begabung das Beste so offenkundig preisgab, so
war nur ein noch weiteres Sinken zu erwarten. Der letzte große Zeichner, *Carlo Maratta*, war durch seine Nachahmung des Guido Reni zu
befangen, durch seinen Mangel an individueller Wärme zu machtlos,
um auch nur sich selber auf die Länge dem Verderben zu entziehen.
(Einzelne Apostelfiguren in den obern Zimmern des Pal. Barberini zu a
Rom; Assunta mit den vier Kirchenlehrern, in S. M. del popolo, zweite b
Kapelle rechts.) Unmittelbar auf ihn folgen noch ein paar Maler, die
in der Formengebung nahezu so gewissenhaft sind als er; man lernt
sie z. B. in Pal. Corsini zu Rom kennen, die Muratori, Ghezzi, Zoboli, c
Luti, auch den angenehmsten der Kartonisten: *Donato Creti;* – ganze d
Kirchen, wie S. Gregorio, SS. Apostoli sind wieder mit leidlich gewissenhaften Altarbildern eines Luti, Costanzi, Gauli u. a. gefüllt (von e
Gauli das Deckenfresko im Gesù, von Costanzi das in S. Gregorio); –
ja die höchste Blüte der römischen *Mosaiktechnik*, welche gewissermaßen
nur neben einer gründlichen Ölmalerei denkbar scheint, fällt gerade in
die ersten Jahrzehnte des vorigen Jahrhunderts (Altarblätter in S. Peter, f
mosaikiert unter der Leitung des *Cristofaris.)* Allein diese späte, mehr
lokale als allgemeine Besserung ist das rein äußerliche Resultat akademischen Fleißes; ein neuer geistiger Gehalt, eine tiefere Anschauung der
darzustellenden Gegenstände war damit nicht mehr verbunden. Den
Gipfelpunkt dieser Art von Besserung bezeichnet dann *Pompeo Batoni*
(1708–1787; Hauptbild: Sturz Simons des Magiers, in S. M. degli angeli, g
Hauptschiff, links), bei welchem auch das individuelle Gefühl wieder
etwas erwarmt; sein deutscher Zeitgenosse *Anton Raffael Mengs* (1728
bis 1779) aber ist doch vielleicht der einzige, bei welchem wieder die
Anfänge einer tiefern idealen Anschauung wahrzunehmen sind, von
welcher aus auch die Einzelformen wieder ein höheres und edleres Leben gewinnen. Sein Deckenfresko in S. Eusebio zu Rom ist nach so h
vielen Ekstasen eines verwilderten Affektes wieder die erste ganz feierliche und würdige; seine Gewölbemalereien in der Stanza de' papiri i
der vatikanischen Bibliothek geben wieder eine Vorahnung des wahrhaft monumentalen Stiles; in dem Parnaß an der Decke des Hauptsaales der Villa Albani wagte er mehr als er durfte, und doch wird man k
auch hier wenigstens die historische Tatsache nicht bestreiten, daß er
zuerst nicht bloß die naturalistische Auffassung im Großen, sondern
auch die konventionelle Formenbildung im einzelnen durch Besseres

und Edleres verdrängt hat. Allerdings vermochte er dies nur durch einen neuen Eklektizismus, und man bemerkt wohl die Anstrengung, mit welcher er die raffaelische Einfachheit mit Correggios Süßigkeit zu vereinigen suchte. Daß er aber bereits festen Boden unter den Füßen hatte, a beweisen z. B. seine wenigen Porträts (Uffizien: sein eigenes; Brera: das des Sängers Annibali; irgendwo, wenn ich nicht irre, in der Pina-b coteca von Bologna, dasjenige Benedikts XIV.) Sie sind großartiger, wahrer, anspruchsloser als alle italienischen Porträts des Jahrhunderts. *Nic. Poussin* hatte keinen sichtbaren Einfluß auf die italienische Historienmalerei ausgeübt.

Im *Kolorit* waren die Venezianer und Correggio die Vorbilder der ganzen Periode; später wirken auch Rubens und Van Dyck, die geistigen Haupterben Tizians und Paolos, hier und da ein; Salvator Rosa ist sogar von Rembrandt berührt worden.

Die *Caracci* haben kein Ölgemälde hinterlassen, welches den rechten festlichen Glanz und die klare Tiefe eines guten Venezianers hätte. Die Schatten sind in der Regel dumpf, die Karnation oft schmutzig bräunlich. Ich halte die Fresken im Pal. Farnese bei weitem für die größte Farbenleistung des Annibale. Mit einer ganz meisterhaften Freiheit hat c er unter dem Einfluß von Michelangelos Gewölbemalereien der Sistina (II, S. 240) seine Darstellung einzuteilen gewußt in Historien und dekorierende Bestandteile; letztere teils steinfarbene Atlanten, teils jene trefflichen sitzenden Aktfiguren, teils Putten, Masken, Fruchtschnüre, bronzefarbene Medaillons usw. Nur bei einer solchen Abstufung nach Gegenständen war die große harmonische Farbenwirkung zu erzielen, welche das Ganze trotz einzelner roherer Partien hervorbringt. Alle bessern Maler des 17. Jahrhunderts haben hier für ähnliche Aufgaben gelernt; die geringern kopierten wenigstens. In Bologna hatten die Caracci d z. B. in den Fresken des Pal. Magnani (Fries des großen Saales) einfachere, aber in ihrer Art nicht minder treffliche dekorierende Figuren angebracht (sitzende steinfarbene Atlanten, geneckt von naturfarbenen Putten, begleitet von je zwei bronzefarbenen Nebenfiguren halber Größe); Arbeiten, welche in Stil und Kolorit viel trefflicher sind als die Historien, denen sie zur Einfassung dienen. Noch die spätesten Nachfolger brachten bisweilen in dieser Gattung Ausgezeichnetes hervor, wie z. B. *Cignanis* berühmte acht Putten, je zwei mit einem Medail-e lon, über den Türen im Hauptschiff von S. Micchele in bosco. Selbst f den bloßen Dekoratoren (Colonna, in S. Bartolommeo a porta Rave-g gnana, und in S. Domenico, Cap. del rosario, links; – Franceschini, in h Corpus Domini; – Canuti, in S. Micchele in bosco, Zimmer des Legaten usw.) geben solche Vorbilder bisweilen eine Haltung, die andern

Schulen weniger eigen ist. – Leider sind die vielleicht bestkolorierten Fresken des Lodovico und seiner Schule, in der *achtseitigen Halle*, welche a einen kleinen Hof dieses Klosters umgibt, auf klägliche Weise zugrunde gegangen; man kann die Überreste ohne Schmerz nicht ansehen. (Die Kompositionen, zum Teil ebenfalls sehr bedeutend, sind durch Stiche bekannt.)

Domenichino ist in der Farbe sehr ungleich; von seinen Fresken möchten in dieser Beziehung wohl diejenigen in S. Andrea della Valle zu b Rom, auch sonst Hauptwerke, den Vorzug haben (die Pendentifs mit den Evangelisten; das Chorgewölbe mit den Geschichten des Andreas und allegorischen Figuren; – ihr Verdienst wird am besten klar durch den Vergleich mit den untern Malereien der Chorwände, vom Calabrese.)

Der größte Kolorist der Schule war, wenn er wollte, *Guido Reni.* c Seine Einzelfigur des S. Andrea Corsini (Pinacoteca von Bologna) möchte in der Delikatesse der Töne unübertroffen sein; vielleicht erreicht noch hier und da ein Bild seiner silbertönigen maniera seconda eine ähnliche Vollendung, etwa z. B. eine seiner Aktfiguren des S. Sebastian (wovon die schönste ebenda, andre a. m. O.); seine beste Aktfigur im Goldton ist (ebenda) der siegreiche Simson, ein Bild venezianischer Freudigkeit. (Zu vergleichen mit dem von heiligen Frauen gepflegten S. Sebastian seines Schülers Simone da Pesaro, im Pal. Co- d lonna zu Rom.) Von seinen Fresken wird die Aurora um der Haltung willen auf das höchste bewundert; die größte Farbenwirkung übt aber wohl die Glorie des S. Dominicus (in der Hauptkuppel der Kapelle e des Heiligen zu S. Domenico in Bologna).

Guercino ist in seinen Farben bisweilen venezianisch klar bis in alle Tiefen, oft aber endet er auch mit einem dumpfen Braun. Das große Bild der heiligen Petronilla (Gal. des Kapitols), vorzüglich aber der f Tod der Dido (Pal. Spada in Rom) zeigen seine Palette von der kräf- g tigsten Seite; die oben (II, S. 355, h) genannten Gemälde sind auch in der Farbe edler gemäßigt. Von den Fresken sind diejenigen im Kasino der Villa Ludovisi (Aurora im Erdgeschoß, Fama im Obergeschoß) vor- h züglich energisch in der Farbe, ebenso die Propheten und Sibyllen in i der Kuppel des Domes von Piacenza, nebst den Allegorien in den Pendentifs.

Unter den Naturalisten ist der früheste, *Caravaggio*, von welchem auch Guercin mittelbar lernte, immer einer der besten Koloristen. Freilich schließt das scharfe Kellerlicht, in welches er und viele Nachfolger ihre Szenen zu versetzen lieben, jenen unendlichen Reichtum von schönen Lokaltönen aus, welche nur bei der Mitwirkung der Tageshelle denkbar sind; außerdem ist es bezeichnend, daß trotz aller Vorliebe für das

geschlossene Licht die Naturalisten so wenig auf die Poesie des Hell-
a dunkels eingingen. Caravaggios Geschichten des S. Matthäus in S. Luigi
de' Francesi zu Rom (letzte Kapelle links) sind freilich so aufgestellt,
daß sich kaum über die Farbenwirkung urteilen läßt, mögen auch überdies stark nachgedunkelt sein; doch ist soviel (auch aus seinen andern
Werken) sicher, daß er mit Absicht auf den Eindruck des Grellen und
Unheimlichen ausging und daß die Reflexlosigkeit hierzu ein wesentliches Mittel ist. Bei Rembrandt dagegen herrscht, trotz allem Aben-
teuerlichen in Figuren und Trachten, ein tröstlicher, heimlicher Klang
vor, weil das Sonnenlicht teils unmittelbar, teils mit dem Goldduft der
Reflexe die ganze Räumlichkeit erhellt und wohnbar macht. (Beiläufig:
b außer einigen Porträts, wovon unten, scheint nicht bloß die Landschaft
c in den Uffizien, sondern auch eine Ruhe auf der Flucht, im Pal. Manfrin
zu Venedig, ein echtes Werk Rembrandts zu sein.)

Von Caravaggios Schülern sind die Nichtneapolitaner *Carlo Saraceni*
und *Moyse Valentin* die farbigsten, auch sonst ziemlich gewissenhaft.
d (Von Saraceni: Geschichten des heiligen Benno in der Anima zu Rom,
e erste Kapelle rechts und erste Kapelle links; Tod der Maria in S. M. della
f Scala, links; – von Valentin: Joseph als Traumdeuter, Pal. Borghese; Ent-
g hauptung des Täufers, Pal. Sciarra; Judith, im Pal. Manfrin zu Venedig.)

Spagnoletto wird oft hart, glasig und grell, trotz seiner venezianischen
h Erinnerungen. So schon in seinem abscheulichen Bacchus vom Jahre
1626 (Museum von Neapel); sein heiliger Sebastian (ebenda) ist merkwürdig als spätestes mit Liebe gemaltes Bild, vom Jahre 1651. Am meisten venezianisch erscheint mir seine geringe Figur des heiligen Hie-
i ronymus (Uffizien, Tribuna). – *Stanzioni* ist um ein Bedeutendes mil-
k der und weicher; von den übrigen hat *Salvator Rosa*, wenn er will, das
l wärmste Licht und das klarste Helldunkel (Verschwörung des Catilina,
Pal. Pitti), sonst aber oft etwas Fahles und Dumpfes. Bei *Calabrese* und
mehrern andern muß man sich mit einer höchst äußerlichen Farben-
bravour begnügen.

Pietro da Cortona ist ein so bedeutender Kolorist, als man es ohne
allen Ernst der sachlichen Auffassung sein kann. Seine Farbe ist – man
gestatte uns das fade Wort – in hohem Grade freundlich; in den großen, mehr dekorativ als ernstlich gemeinten Gewölbemalereien hat er
zuerst sich genau nach demjenigen Eindruck gerichtet, welchen das
vom Gedanken verlassene, müßig irrende Auge am meisten wünscht.
Vorherrschend ein heller Ton, eine sonnige Luft, bequeme Bewegung
der Figuren im lichten Raum, ein oberflächlich angenehmes Helldunkel
m zumal in der Karnation. Deckengemälde der Chiesa nuova in Rom (in
der Sakristei die Engel mit Marterwerkzeugen); Gewölbe des kolos-
n salen Hauptsaales im Pal. Barberini; ein Saal im Pal. Pamfili auf Piazza

navona (?); Anzahl von Plafonds im Pal. Pitti (I, S. 327, f); Wandfresken a
in einem der Säle daselbst, wo seine halbe Gründlichkeit widriger erscheint als seine sonstige ganze Flüchtigkeit. Unter den Staffeleibildern
gibt etwa die Geburt der Maria (Pal. Corsini) den günstigsten Begriff
von seinem Kolorit.

Von ihm und von Paolo Veronese geht dann das Kolorit des *Luca*
Giordano aus, welcher sich darin vermöge seines unzerstörbaren Tem-
peramentes doch bisweilen zu einer wahren Freudigkeit erhebt. Im Te- b
soro zu S. Martino in Neapel hat er die Geschichten der Judith und
der ehernen Schlange binnen 48 Stunden an das Gewölbe gemalt; sein
S. Franz Xaver, der die Wilden tauft (Museum), ist in drei Tagen voll- c
endet; – beides so, daß an dieser Palette noch immer einiges zu benei-
den bleibt. Auch seine übrigen Bilder (wovon im Museum eine Auswahl), ohne einen wirklich sichern Kontur, ohne irgendwelche Wahl
in Formen oder Motiven, üben doch wesentlich durch die Farbe, durch
die neapolitanische Süßigkeit mancher Köpfe, durch eine gewisse liederliche Anspruchslosigkeit (neben den Prätensionen eines Salvator
und Konsorten), durch den ganzen angenehmen Schein des Lebens
einen großen Reiz aus. – Seine Nachfolger, im besten Falle brillante
Dekoratoren mit blühendem Kolorit: *Solimena:* Fresken der Sakristeien d
von S. Paolo und von S. Domenico maggiore; große Geschichte des e
Heliodor innen über dem Portal des Gesù nuovo; – *Luigi Garzi:* Fres- f
ken an Decke und Frontwand von S. Caterina a formello; – *Conca:* g
großes Mittelbild der Decke von S. Chiara, David vor der Bundeslade
tanzend; – *Franc. de Mura:* großes Deckengemälde in S. Severino; – h
Bonito: kleineres Deckenbild in S. Chiara, usw. – Beim Vorkommen i
der Lokalschulen in ganz Italien reisten vorzüglich diese Neapolitaner
als Virtuosen der Schnellmalerei herum und drangen auch in Toskana
ein, nachdem schon vorher Salvator Rosa daselbst einen großen Teil
seines Lebens zugebracht hatte. So hat z. B. Conca im Hospital della k
Scala zu Siena die Chornische mit der Geschichte des Teiches von Bethesda ganz stattlich ausgemalt; der *Calabrese* bedeckte Chor und Kup- l
pel des Carmine zu Modena mit seinen Improvisationen usw.

Von den Römern hat *Sacchi* ein kräftigeres und gründlicheres Kolorit
als Cortona (die Messe des heiligen Gregor, und S. Romuald mit sei- m
nen Mönchen, vatikanische Galerie; Tod der S. Anna, in S. Carlo ai n
catinari, Altar links). *Maratta* mit aller Sorgfalt ist hierin auffallend
matt; einzelne Köpfe, wie etwa »la pittura« im Pal. Corsini, geraten ihm o
am ehesten ganz lebendig und schön, seine Madonna mit dem schlafenden Kind, im Pal. Doria, ist auch in der Farbe der reproduzierte Guido. – p

Von den Florentinern ist der schon (II, S. 351) genannte *Furini* unermüdlich bemüht, das Fleisch seiner weiblichen Akte immer mürber

a und weicher darzustellen (Pal. Pitti, Schöpfung der Eva; Pal. Cap-
b poni: David und Abigail; Pal. Corsini: Aktfiguren und Mytholo-
gisches).

Die spätern Venezianer (II, S. 270) sind im besten Falle die Ausbeuter
Paolos; *Tiepolo* befleißigt sich dabei eines hellen Silbertons.

Man wird vielleicht nach längerer Beobachtung mit uns der Ansicht
sein, daß die größten Meisterwerke des Kolorits, welche Italien aus
dieser ganzen Periode besitzt, ein paar Bilder von Rubens und Murillo
sind. Den *Rubens* kann man in Italien von seiner frühesten Zeit, d. h.
von seinem dortigen Aufenthalt an verfolgen. Die drei großen Bilder
c im Chor der Chiesa nuova zu Rom (Madonnabild von Engeln umgeben,
und zwei kolossale Gemälde mit je drei Heiligen) zeigen, wie seine
eigentümliche Charakteristik und sein Kolorit sich loszuringen beginnen von den verschiedenen Manieren, die ihn umgaben; auch in der
d Beschneidung auf dem Hochaltar von S. Ambrogio zu Genua kämpft
er noch mit Auffassung und Farbe der Caracci; – schon fast ganz er
selbst tritt er uns entgegen in dem S. Sebastian, welchem die Engel die
e Pfeile aus den Wunden ziehen (Pal. Corsini in Rom), und in der idyl-
f lischen naiven Auffindung des Romulus und Remus (Gal. des Kapitols); beide Bilder mit gelblichen Fleischtönen; – die zwölf Halbfiguren
g von Aposteln (Kasino Rospigliosi) glaube ich für echte Werke schon
aus seiner beinah vollendeten Zeit halten zu dürfen. – Dann das Reifste
h und Herrlichste: die Allegorie des Krieges (Pal. Pitti), wo Farben, Formen und Moment untrennbar als eins empfunden sind; ebenda die eine
heilige Familie (mit der geflochtenen Wiege); – dann mehrere eigenhändige Bacchanalien von drei bis vier Figuren aus dieser seiner gol-
i denen Zeit: in den Uffizien; im Pal. Brignole zu Genua; im Pal. Palla-
k vicini ebenda; – ebenfalls wohl eigenhändig: Herkules bei den Hespe-
l riden, im Pal. Adorno ebenda; – endlich das große Meisterwerk auf
m dem Hauptaltar links in S. Ambrogio ebenda: S. Ignatius, der durch
seine Fürbitte eine Besessene heilt, in Auffassung, Form und Farbe
von einem feinblütigen, nobeln Naturalismus, der die Neapolitaner
unendlich überragt; in dem Heiligen ist z. B. noch der spanische Edel-
mann dargestellt; sein Ausdruck wird mächtig gehoben durch das kluge,
gleichgültige Wesen der ihn umgebenden Priester und Chorknaben. –
n Die beiden großen Bilder im Niobesaal der Uffizien, die Schlacht von
Ivry und Heinrichs IV. Einzug in Paris, möchten als ganz eigenhändige
Improvisationen der besten Zeit einen bestimmten Vorzug haben vor
den meisten Bildern der Galerie de Marie de Médicis im Louvre; sie
zeigen uns den Prometheus des Kolorits gleichsam mitten in der Glut
des Schaffens.

Atelierbilder und spätere Werke: Pal. Pitti: Nymphen im Walde von a
Satyrn überrascht; die zweite heilige Familie vielleicht Kopie eines
Franzosen. – Uffizien: die kleinere Allegorie des Krieges. – Brera in b
Mailand: das Abendmahl (?). – Pal. Manfrin in Venedig: treffliche, aber
doch verdächtige Skizze des Bildes von S. Bavon in Gent.

Unter den Porträts sind Juwelen ersten Ranges: eine Dame in mitt- c
lern Jahren, von nichtsnutzigem Ausdruck, mit dem Gebetbuch (Uffizien); ein vornehmer schwarzgekleideter Herr mit Krause und goldener d
Kette (ebenda); – die sogenannten vier Juristen, obwohl nicht ganz
glücklich geordnet (Pal. Pitti). – Früh und echt: der Franziskaner (Pal.
Doria in Rom). – Mittelgut: Philipp IV. (Pal. Filippo Durazzo in Ge- e
nua). – Über viele andre Bildnisse wage ich nicht zu urteilen.

Van Dyck hat außer der für echt geltenden und dann jedenfalls frühen
Grablegung im Pal. Borghese zu Rom fast nichts von idealem Inhalt f
in Italien hinterlassen als ein paar Köpfe; so die aufwärtsblickende Ma- g
donna (im Pal. Pitti), deren ungemeine Schönheit vielleicht eine An- h
regung von Guido her verrät; eine andre (Pal. Spinola, Str. nuova in
Genua) scheint ebenfalls echt, nur sehr mißhandelt; – der Coriolan (Pal. i
Pallavicini ebenda) ist ein Familienbild des betreffenden Hauses und
überdies wohl nicht ganz sicher; – eher könnte die sehr übermalte Geschichte der Deianira (Pal. Adorno, ebenda, Rubens benannt) ein frühes k
Bild des Van Dyck sein; – der Cristo della moneta (Pal. Brignole) wahr- l
scheinlich echt, eine bloße neue Redaktion des tizianischen.

Von den Porträts schienen mir unter anderm folgende zu Genua
echt. Pal. Brignole: Reiterbild des Antonio Brignole; seine Gemahlin; m
Friedrich Heinrich von Oranien; Jüngling in spanischer Tracht an einer
Säule; Geronima Brignole mit ihrer Tochter. (Dagegen der Vater mit
Knaben zwar trefflich, aber nicht ganz sicher; der sogenannte Tintoretto, ein schwarzgekleideter Herr im Lehnstuhl, auf Tapetengrund,
könnte eher unter Van Dycks Einfluß gemalt sein.) – Im Pal. Filippo n
Durazzo: ein Knäblein in weißem Kleide; und das vortreffliche Bild
der drei rasch vorwärtskommenden Kinder. – Im Pal. Spinola: Str. o
nuova: Kopf mit Krause. (Das große Reiterbild für Van Dyck zu gedankenlos.) – Im Pal. Adorno: Brustbild eines geharnischten jungen
Mannes. – Mehrere andre Sammlungen hat der Verfasser nicht gesehen. p

Im Pal. Pitti: Kardinal Bentivoglio, ganze Figur, sitzend, höchst vor- q
nehm elegant, ein Wunderwerk der Malerei; – die Brustbilder Karls I.
und Henriettens von Frankreich, bloße Wiederholungen, doch schön
und eigenhändig. – Uffizien: eine vornehme Dame, aus der spätern r
blassern Palette; das Reiterbild Karls V., durch schöne und gar nicht
aufdringliche Symbolik in eine historisch-ideale Höhe gehoben. – Im
Pal. Colonna zu Rom: das Reiterbild des Don Carlo Colonna, wo sich s

die Symbolik schon unpassender geltend macht; und Lucrezia Torna-
celli-Colonna in ganzer Figur.

Zahlreiche Porträts von andern vortrefflichen Niederländern (Franz
a Hals? Mierevelt?) pflegen in den Galerien auf diese beiden Namen verteilt zu werden (Pal. Doria in Rom, u. a. a. O.).

Von *Rembrandt* ist sehr echt und wunderwürdig in Farbe und Licht:
b sein eigenes gemeines Gesicht (Pal. Pitti, zwischen dem Ehepaar Doni
c von Raffael); auch der alte Rabbiner (ebenda); – in den Uffizien (Malerbildnisse) hat das Bildnis im Hauskleid den Vorzug vor der dicken
Halbfigur mit Barett und Kette; – welche eine bloße Wiederholung
eines der beiden trefflichen Greisenporträts im Museum von Neapel ist.
d – Im Pal. Doria zu Rom möchte der Kopf eines Sechzigers, mit Mütze,
wohl echt sein. (Von einem seiner Nachfolger, Gerbrand van den Eck-
hout, ist Isaaks Opferung, ebenda.)

e Dem *Mierevelt* wird im Museum von Neapel das Kniestück eines
jungen Ratsherrn, und ein Brustbild, beide vorzüglich, zugeschrieben.
– Dem jüngern *Pourbus* im Pal. Pitti das (eher holländische) Porträt eines
jungen Mannes, und in den Uffizien der vortreffliche Kopf des Bildhauers Francavilla (II, S. 86). – Ein *Van der Helst* von erstem Werte ist
f das Kniestück eines alten Ratsherrn, im Pal. Pitti. – Ebenda, von *Peter*
g *Lely:* Cromwell, unendlich tief und wahr aufgefaßt, nach der geistigen,
wie nach der rohen Seite, mit einem Zuge der Bekümmernis; die andern
h Porträts des Lely, im Niobesaal der Uffizien, reichen nicht an dieses
Werk.

i Es genügt z. B. ein Blick auf die Malersammlung in den Uffizien, um
sich die volle Superiorität der Niederländer klarzumachen. Die Italiener
des 17. Jahrhunderts suchen in ihren Porträts vorzugsweise einen bestimmten Geist, eine bestimmte Tatkraft auszudrücken und fallen dabei in das Grelle und Prätentiöse; die Niederländer (hier freilich nur geringere Exemplare) geben das volle Dasein, auch die Stunde und ihre
Stimmung; durch Farbe und Licht erheben sie auch das Porträt zu
einem der Phänomene des Weltganzen. (Die Franzosen von Lebrun an
interessieren in dieser Sammlung durch ihren lockern und doch so gut-
artigen und anständigen physiognomischen Ausdruck.)

Ein Flamländer, *Sustermans* von Antwerpen (1597–1681), hat sein
Leben in Florenz zugebracht und hier jene Menge ganz vortrefflicher
k Porträts geschaffen, welche oft genug an Van Dyck streifen. (Viele,
unter anderm der Dänenprinz, im Pal. Pitti; – andre, unter anderm Gali-
lei, in den Uffizien; – dann in den Pal. Corsini und Guadagni usw.) Von
ihm und auch wohl von Rembrandt mögen dann die in Florenz gemal-
l ten Bildnisse *Salvators* inspiriert sein; so im Pal. Pitti: sein eigenes, und
die Kniefigur eines Geharnischten, welche ohne Rembrandt nicht

entstanden wäre. – Auch andre Italiener bekennen sich im Porträt fast
offen zu ausländischen Vorbildern; *Cristofano Allori* (in dem Bildnis
eines Kanonikus, Pal. Capponi in Florenz) zu dem Velasquez; der Vene- a
zianer *Tib. Tinelli* zu dem des Van Dyck. (Uffizien: Porträt eines geistvollen Bonvivants mit einem Lorbeerzweig; Pal. Pitti: ein ältlicher b
Nobile; Akademie von Venedig: das Bild des Malers?) – Am ehesten c
wird man bei den ersten Bolognesen eine eigene Auffassung finden;
Bildnisse *Domenichinos* (Uffizien; Pal. Spada zu Rom) und *Guercinos* d
(Gal. von Modena) haben eine freie, historische Würde. – Die soge- e
nannte Zenzi, vorgeblich von *Guido*, im Pal. Barberini, ist immer ein
hübsches, durch das Geheimnisvolle reizendes Köpfchen. – Ein Jüng-
lingsbildnis von *Carlo Dolci* (Pal. Pitti) gehört zu seinen besten Arbei- f
ten; – ebenso bei *Sacchi* das Priesterporträt in der Gal. Borghese. – Das g
edle, wahrhaft historische Porträt *Poussins* (Kasino Rospigliosi) möchte h
indes all diesen letztgenannten vorzuziehen sein.

Die großen Spanier, deren Kolorit und Auffassung ebenso von Tizian berührt wurden, wie dies bei den Flamländern der Fall war (aber
weniger von Paolo als diese), sind in Italien nur durch einzelne zerstreute Werke repräsentiert. *Murillos Madonna* im Pal. Corsini zu Rom ist i
nicht nur höchst einfach liebenswürdig in den Charakteren der Mutter
und des Kindes, sondern (bei teilweise sehr großer Flüchtigkeit) ein
Wunder der Farbe. Die beiden Madonnen im Pal. Pitti erreichen diese k
Wonne des Tones nicht; die eine absichtlichere (das Kind mit dem Ro-
senkranz spielend) ist auch in der Malerei weniger lebendig. Von *Velas-* l
quez nur Porträts: in den Uffizien sein eigenes, fast etwas gesucht nobel,
und das gewaltige Reiterbild Philipps IV. samt Knappen und Allegorien, in offener Landschaft, mit unglaublicher Beherrschung des Tones
und der Farbe gemalt; – im Pal. Pitti: ein Herr von leidenschaftlichen m
Zügen, die lange aristokratische Hand am Degengefäß; – im Pal. Doria n
zu Rom: Innozenz X. sitzend; vielleicht das beste Papstporträt des
Jahrhunderts. (Den Murillos und Velasquez in der Gal. von Parma ist o
kaum zu trauen. – Eine Pietà von Sanchez Coello in S. Giorgio zu
Genua, erster Altar links vom Chor.)

In allen Aufgaben idealer Art ist diese moderne Malerei von den höchsten Zielen ausgeschlossen, weil sie zu *unmittelbar* darstellen und überzeugen will, während sie doch, als Kind einer späten Kulturepoche,
nicht mehr in der bloßen Unmittelbarkeit (Naivität) erhaben sein kann.
Ihr Naturalismus möchte alles Seiende und Geschehende als solches
handgreiflich machen; er betrachtet dies als Vorbedingung jeglicher
Wirkung, ohne auf den innern Sinn des Beschauers zu rechnen, welcher
Anregungen ganz andrer Art zu beachten gewohnt ist.

Schon die Wirklichkeit der Bewegung im Raum, wie man sie beim Correggio vorfand und adoptierte, machte die Kunst gleichgültig gegen alle höhere Anordnung, gegen das Einfach-Große im Bau und Gegensatz der Gruppen und Einzelgestalten. Am meisten Architektonisches hat vermöge seines Schönheitssinnes *Guido Reni* gerettet. Seine grandiose
a Madonna della *Pietà* (Pinacoteca von Bologna) verdankt dem symmetrischen Bau der untern wie der obern Gruppe ihre gewaltigste Wirkung; ähnlich verhält es sich (ebenda) mit dem Bilde des *Gekreuzigten* und seiner Angehörigen; die edle und großartige Behandlung, der schöne Ausdruck allein würden nicht genügen, um diesen Werken ihre ganz aus-
b nahmsweise Stellung zu sichern. (Ein andrer Crucifixus Guidos, ohne die Angehörigen, aber ebenfalls von erster Bedeutung, in der Gal. von
c Modena.) Die Assunta in München, die Dreieinigkeit auf dem Hochaltar von S. Trinità de' pellegrini in Rom geben hierzu weitere Belege;
d selbst das flüchtige Werk der maniera seconda: die Caritas (Pinacoteca
e von Bologna). – *Lodovico Carraccis* Transfiguration (ebenda) und Him-
f melfahrt Christi (Hochaltar von S. Cristina zu Bologna) werden nur durch dieses architektonische Element recht genießbar; *Annibales* Madonna in einer Nische, an deren Postament Johannes der Ev. und Katharina lehnen, verdankt ebendemselben (nebst der energischen Malerei) eine große Wirkung trotz der allgemeinen und wenig edlen Formen;
g denselben Lebensgehalt zeigt das ähnliche große Bild des *Guercino* im Pal. Brignole zu Genua. (Derselbe Guercino geht in einem schön ge-
h malten Bilde – S. Vincenzo zu Modena, zweite Kapelle rechts – an dem Richtigen vorbei.) Ja auch die in Bewegung geratene Symmetrie, das Prozessionelle, kurz alles, was das in dieser Schule so oft zu Konfusion führende Pathos dämpft, kann hier von höchst erwünschter Wirkung
i sein; hierher gehören die beiden Riesenbilder des *Lod. Caracci* in der Gal. von Parma (ehemals Seitenbilder einer Assunta), hauptsächlich die *Grabtragung* der Maria, wo der Ritus, beherrscht von dem meisterlich verkürzten Leichnam, das subjektive Pathos vollkommen zurückdrängt. Auch *Domenichino*, dessen Komposition so überaus ungleich ist,
k hat in seinem »*Tod der heiligen Cäcilia*« (S. Luigi in Rom, zweite Kapelle rechts) ein herrliches Beispiel strenger und doch schön aufgehobener Symmetrie geliefert. Von den beiden Bildern der *letzten Kommunion des*
l *heiligen Hieronymus* (Agostino Caracci: Pinacoteca von Bologna; –
m Domenichino: Gal. des Vatikans) hat dasjenige des Domenichino schon darin einen Hauptvorzug, daß die beiden Gruppen (die des Priesters und die des Heiligen) dem Totalwert nach wie auf der Goldwaage gegeneinander abgewogen sind, so daß Bewegung und Ruhe, Ornat und freie Gewandung, Geben und Empfangen usw. sich gegenseitig aufheben; außerdem ist die Gestalt des Heiligen in die Pietät und Andacht

der Seinigen wie gebettet und doch für den Anblick ganz freigehalten. Der größte Verehrer Domenichinos, Nic. Poussin, geht dann wieder zu weit, so daß seine Gruppen oft absichtlich konstruiert erscheinen. (Ruhe auf der Flucht, Akademie von Venedig.) – Bisweilen überra- a schen die *Mailänder*, so verwildert sonst ihre Komposition ist, durch eine groß gefühlte symmetrische Anordnung. Man sehe in der Brera b das große Bild des Cerano-Crespi (Madonna del rosario); im Pal. Brignole zu Genua den von Engeln gen Himmel getragenen S. Carlo, von c einem der Procaccini, ein ergreifendes Bild, so naturalistisch die Anstrengung der Engel gegeben sein mag. – *Sassoferrato* befolgte in seiner schönen *Madonna del rosario* (S. Sabina zu Rom, Kapelle rechts vom Chor) d mit vollem Bewußtsein die alte strenge Anordnung.

Weit die meisten erkennen die höhern Liniengesetze nur in beschränktem Maße an, die Naturalisten fast gar nicht. Selbst den besten Bolognesen ist eine prächtige Aktfigur (womöglich kunstreich verkürzt) im Vordergrunde bisweilen soviel wert als der ganze übrige Inhalt des Bildes; einige suchen dergleichen geflissentlich auf (*Schidones* S. Se- e bastian, dessen Wunden von Zigeunern beschaut werden, im Museum von Neapel); die Naturalisten begehren vollends nichts als den leidenschaftlichen Moment. *Caravaggios Grablegung* (Gal. des Vatikans), immer f eines der wichtigsten und gründlichsten Bilder der ganzen Richtung, ist der Einheit und Gewalt des Ausdruckes zuliebe als Gruppe ganz g einseitig gebaut. Wie roh aber Caravaggio komponieren (und empfinden) konnte, wenn ihm am Ausdruck nichts lag, zeigt die Bekehrung des Paulus (S. M. del popolo in Rom, erste Kapelle, links vom Chor) h wo das Pferd beinahe das Bild ausfüllt. *Spagnolettos* Hauptbild, die *Kreuzabnahme* im Tesoro von S. Martino zu Neapel, ist in den Linien unangenehm, was man allerdings über der Farbe und dem ergreifenden, obwohl auf keine Weise verklärten Schmerz übersehen kann.

Dieses Gebiet des Ausdruckes und Affektes, welchem die moderne Malerei so vieles opfert, müssen wir nun nach Inhalt und Grenzen zu durchforschen suchen. Wir beginnen mit den erzählenden Bildern heiligen (biblischen oder legendarischen) Inhaltes, ohne uns doch streng an irgendeine Einteilung halten zu dürfen. – Auch die Altarbilder gewinnen schon seit Tizian (II, S. 323) gerne einen erzählenden Inhalt; jetzt ist vollends alles willkommen, was auf irgendeine Weise ergreifen kann.

Man sieht in S. Bartolommeo a Porta ravegnana zu Bologna (vierter i Altar rechts) eines der prächtigsten Bilder des *Albani:* die *Verkündigung;* Gabriel, eine schöne Gestalt, fliegt der Jungfrau leidenschaftlich k zu. (Man vergleiche das kolossale Fresko des *Lod. Caracci* über dem Chor von S. Pietro in Bologna.) – Die Geburt Christi, das Presepio,

früher immer naiv dargestellt, war durch Correggios heilige Nacht zu
einem Gegenstand des aufs höchste gesteigerten Ausdruckes und des
Lichteffektes geworden. (Welchen letztern man z. B. in zweien der bes-
a sern Bilder des *Honthorst*, Uffizien, nach Kräften reproduziert findet.)
b Wie völlig mißverstand nun z. B. *Tiarini* in einem sonst trefflichen Bilde
(S. Salvatore zu Bologna, Querschiff links) den stillen, idyllischen Sinn
der Szene! Er malt sie höchst kolossal und läßt den Joseph ganz deklamatorisch auf die Maria hindeuten, damit der Beschauer aufmerksam werde. – Gleichgültiger werden insgemein behandelt die An-
c betungen der Hirten und der Könige unter anderm von *Cavedone* (S.
Paolo in Bologna, dritte Kapelle rechts), der bei aller Tüchtigkeit sehr
das Ordinäre herauszukehren pflegt. Eine Anbetung der Hirten von
d *Sassoferrato* (Museum von Neapel) gibt gerade das Gemütliche, das vorzugsweise sein Element ist; im Jahrhundert des Pathos eine vereinzelte
Erscheinung. – Von den Geschichten der heiligen Anverwandten werden jetzt vorzugsweise nur die pathetischen, besonders die Sterbebetten
e behandelt: der Tod der heiligen Anna (von *Sacchi*, in S. Carlo ai catinari
f zu Rom, Altar links), der Tod des heiligen Josephs (von *Lotti*, in der
g Annunziata zu Florenz, Kapelle Feroni, die zweite links; – von Franceschini, in Corpus Domini zu Bologna, erste Kapelle links). *Caravaggio*
dagegen, der oft mit Absicht das Heilige alltäglich darstellte, malt (in
h einem Bilde des Pal. Spada zu Rom) zwei häßliche Näherinnen, womit
die Erziehung der Jungfrau durch S. Anna gemeint ist. – Bei den Kind-
i betten (*Lod. Caracci:* Geburt des Johannes, Pinacoteca von Bologna,
spätes resolutes Hauptbild) mochte man, wenn auch unbewußt, den
Nachteil empfinden, in welchem man sich z. B. gegen die Zeit eines
Ghirlandajo befand; damals war die Grundauffassung ideal, das einzelne individuell, jetzt die Grundauffassung prosaisch, die Einzelform
allgemein. – (Besonders einflußreich müssen die nur unscheinbaren Bilder des *Agostino* und *Lodovico* in S. Bartolommeo di Reno zu Bologna,
erste Kapelle links, Anbetung der Hirten, Beschneidung und Darstellung, gewesen sein.) – Unter den *Jugendgeschichten Christi*, die nunmehr
in sentimentaler Absicht bedeutend ausgesponnen wurden, behauptet
die Ruhe auf der Flucht immer den ersten Rang, und hier gibt Correggios Madonna della scodella (II, S. 307, h) wesentlich den Ton an. Eine
k schöne kleine Skizze des *Annibale* im Pal. Pitti zeigt dies z. B. deutlich;
auch das betreffende unter *Bonones* trefflichen Freskobildern im Chor
von S. Maria in Vado zu Ferrara, u. a. m. Noch einmal trifft *Caravaggio*
den wahren idyllischen Inhalt, wenn auch in seiner barocken Art. (Bild
l im Pal. Doria zu Rom: Mutter und Kind schlummern, ein Engel spielt
Violine und Joseph hält das Notenblatt. Er hat auch eine »Entwöhnung
m des Bambino« in seiner derbsten Art dargestellt; Pal. Corsini.) Bei den

meisten aber wird die Szene zu einer großen Engelcour im Walde; so schon in dem oben (II, S. 352, h) erwähnten Prachtbilde des *Rutilio Ma-* a *netti;* vollends aber ist es ergötzlich zu sehen, was ein später Neapolitaner daraus gemacht hat. (Bild des *Giac. del Po*, im rechten Querschiff b von S. Teresa zu Neapel, oberhalb des Museums.) Die Szene ereignet sich auf einer Nilinsel; Joseph wacht auf, es ist eben himmlische Audienz; die Madonna spricht mit einem Engel, der einen Nachen anbietet, und überläßt inzwischen das Kind der Bewunderung und Anbetung zahlreicher Engel verschiedenen Ranges; die ältern darunter meistern die jüngern usw. – In andern Szenen des Jugendlebens Christi ist *Sasso-* c *ferrato* allein fast immer naiv samt seiner Sentimentalität; eine heilige Familie im Pal. Doria zu Rom; Josephs Tischlerwerkstatt, wo der Christusknabe die Späne kehrt, im Museum von Neapel. Bei den Bolognesen d wird bisweilen auf eine nicht ganz gesunde Weise die Handlung des Christus auf das Christuskind übertragen, wie z. B. in einem Bilde des *Cignani* (S. Lucia zu Bologna, dritter Altar links), wo der Bambino vor e den Knien der Mutter stehend den Johannes und die heilige Teresa mit Kränzen belohnt. Bei *Albani* (Madonna di Galliera zu Bologna, f zweiter Altar links) ist eine Vorahnung der Passion so ausgedrückt, daß das Christuskind affektvoll emporblickt nach den mit den Marterinstrumenten (wie mit Spielzeug) herumschwebenden Putten; unterhalb der Stufen Maria und Joseph, ganz oben Gottvater, bekümmert und gefaßt. – Von den zahllosen Josephsbildern ein gutes von *Guercino* (S. g Giov. in monte zu Bologna, dritte Kapelle rechts); das Kind hält dem Pflegevater eine Rose zum Riechen hin.

Eine Szene wie Christus unter den Schriftgelehrten (II, S. 265, Anm.) muß bei der naturalistischen Auffassung noch viel bedenklicher werden, als sie schon an sich ist. *Salvator Rosa* (Museum von Neapel) malt h um den hilflosen Knaben herum das brutalste Volk. – Einzelne Bilder der Taufe und der Versuchung werden unten genannt werden. Die Wunder Christi werden fast ganz verdrängt durch die Wunder der Heiligen; an der Hochzeit von Kana wird gerade das Wunder am wenigsten hervorgehoben (angenehmes großes Genrebild dieses Inhaltes, von i *Bonone*, Ateneo zu Ferrara.) – Die Vertreibung der Käufer und Verkäufer aus dem Tempel hat z. B. *Guercino* in einem gleichgültigen Bilde k geschildert (Pal. Brignole zu Genua); lehrreicher ist es, in der großen Freskodarstellung dieser Szene, welche *Luca Giordano* a' Gerolomini (S. l Filippo) zu Neapel über dem Portal gemalt hat, zu sehen, mit welchem Wohlgefallen die Neapolitaner eine solche Exekution darstellt. – Von den Auferweckungen des Lazarus ist die des Caravaggio (Pal. Brignole m zu Genua) immer eine der bedeutendsten Leistungen des gemeinern Naturalismus. – Das Abendmahl fällt gleich unwürdig aus, ob es als

Genrebild oder als Affektszene behandelt werde. Ersteres ist z. B. der
a. Fall in dem großen Bilde des *Aless. Allori* (Akademie zu Florenz), welches eine ganz schön gemalte, lebendige »Szene nach Tische« heißen
b kann. Bei *Domenico Piola* (S. Stefano in Genua, Anbau links) fehlt es
nicht an Pathos aller Art, allein das »unus vestrum« geht unter in einem
gesuchten Lichteffekt und in den Zutaten (Bettler, Aufwärter, Kinder,
auch ein niederschwebender Reigen von Putten). – Im Chor von S. Martino zu Neapel sind außer der großen Geburt Christi von Guido vier
c kolossale Bilder dieser Gattung zu finden, deren zum Teil berühmte Urheber doch hier nicht auf ihrer rechten Höhe erscheinen: *Ribera*, die
Kommunion der Apostel; – *Caracciolo*, die Fußwaschung; – *Stanzioni*,
figurenreiches Abendmahl; – *Erben des Paolo Veronese*, Einsetzung der
Eucharistie. (So Galanti, dem ich beim Erlöschen meiner Erinnerungen
folgen muß.) – Von den Passionsszenen (abgesehen von einzelnen Figuren, wie das Eccehomo, der Crucifixus) ist es hauptsächlich der Moment des Affektes im vorzugsweisen Sinne, welcher nun tausendmal
dargestellt wird: die Pietà, der vom Kreuz abgenommene Leichnam,
umgeben von Maria, Johannes, Magdalena u. a. Die Vorbilder Tizians
und Correggios berechtigten und reizten hier zur höchsten Steigerung
des Ausdruckes. Wie bei der Szene unter dem Kreuze, so wird nun auch
hier, dem Wirklichkeitsprinzip gemäß, die Madonna fast immer ohnmächtig, d. h. der sittliche Inhalt muß mit einem pathologischen teilen. Wo dieser Zug ausgeschlossen ist, wie z. B. in den Bildern, welche
d nur die Madonna mit dem Leichnam auf den Knien darstellen (*Lod.*
e *Caracci:* im Pal. Corsini zu Rom; *Annibale:* im Pal. Doria und im Mu-
f seum von Neapel), da ist auch der Eindruck viel reiner. – Die bedeutendste jener vollständigern Darstellungen ist wohl die schon wegen
g ihrer Anordnung (II, S. 365) erwähnte *Madonna della Pietà* des *Guido* (Pinacoteca von Bologna); leider hatte er den Mut nicht, diese Szene,
wie Raffael seine Transfiguration in einen bestimmten obern, auf einen
zweiten Augenpunkt berechneten Raum zu versetzen (etwa auf einen
Hügel), sondern brachte sie als auf einer über den knienden Heiligen
hängenden Tapete gemalt, als Bild im Bilde an, bloß um raumwirklich
h zu bleiben. – Herrlich ist dann (noch in ihrem Ruin) die Pietà des *Stanzioni* über dem Portal von S. Martino zu Neapel; den seelenvollsten
Bildern des Van Dyck gleichzuachten; auch in der edlen Haltung und
Verkürzung des Leichnams alle Neapolitaner, zumal den Spagnoletto
i (II, S. 366) übertreffend. – *Luca Giordano* (Bild im Museum), der sich
hier bemüht, innig zu sein, umgibt wenigstens die Leiche nicht mit
caravaggesken Zigeunern, sondern mit gutmütigen alten Marinari. –
Von den Grabtragungen wurde die des Caravaggio schon erwähnt; ein
k Bild des *Annibale* in der Galerie zu Parma ist aus der Zeit, da er dem

Correggio völlig zu eigen gehörte. – Von den Szenen nach der Auferstehung hat z. B. *Guercino* den Thomas gemalt, welcher nicht bloß a
Christi Wunden berührt, sondern ein paar Finger hineinschiebt (Gal.
des Vatikans). Man fragt sich, wer die Beschauer sein mochten, die an
einer so rohen Verdeutlichung und an so unedeln Charakteren Gefallen
finden. Allein man kann noch viel gemeiner sein. Der *Capuccino* geno- b
vese hat dasselbe Faktum (Pal. Brignole) so aufgefaßt, als würde über
eine Wette entschieden. – Die Himmelfahrt Christi wird fast ganz durch
diejenige der Maria ersetzt, wovon unten.

Aus dem Leben der Heiligen wird zunächst das Affektreiche und
Bewegte nach Kräften hervorgehoben[1]. Ein Hauptbild dieserArt ist c
die Belebung eines Knaben durch S. Dominikus, von *Tiarini* (Kapelle
des Heiligen, in S. Domenico zu Bologna, rechts); dasselbe ist angefüllt
mit allen Graden der Verehrung und Anbetung. Gegenüber links das
Hauptwerk des *Lionello Spada:* S. Dominikus, der die ketzerischen Bü- d
cher verbrennt, ein äußerlich leidenschaftliches Tun, dessen Entwicklung in Gruppen und Farben das Beste ist, was einem so entschlossenen
Naturalisten gelingen mag. Allein geschichtliche Szenen dieser Art
nehmen nur einen geringen Raum ein neben den beiden Hauptgegen-
ständen dieser Zeit, welche oft genug auf einem Bilde vereinigt sind:
den Martyrien und den *himmlischen Glorien.*

Für die Martyrien, welche zur Manieristenzeit (II, S. 343, c) sich von
neuem entschieden in der Kunst festgesetzt hatten, besaß man ein grel-
les Präzedens von Correggio (II, S. 308, d). Alle Maler wetteifern nun,
nachdrücklich zu sein im Gräßlichen. Der einzige *Guido* hat in seinem
bethlehemitischen Kindermord (Pinacoteca von Bologna) Maß zu halten ge- e
wußt, das eigentliche Abschlachten nicht dargestellt, in den Henkern
Härte, aber keine bestialische Wildheit personifiziert, die Grimasse des
Schreiens gedämpft, ja durch eine schöne wahrhaft architektonische Anordnung und durch edel gebildete Formen das Gräßliche zum Tragischen erhoben; er hat diese Wirkung hervorgebracht ohne Zutat einer
himmlischen Glorie, ohne den verdächtigen Kontrast des ekstatischen
Schmachtens zu den Greueln; sein Werk ist denn auch wohl die vollkommenste pathetische Komposition des Jahrhunderts. (Die Kreuzigung Petri, in der vatikanischen Galerie, scheint unfreiwillig gemalt.) – f
Aber schon der sonst mild und schön gesinnte *Domenichino*, welch ein
Schlächter je nach Umständen! Anzufangen von seinem frühen Fresko
der Marter des heiligen Andreas (in der mittlern der drei Kapellen g

---

[1] Eine Quelle solcher Inspirationen für die ganze Schule waren hauptsächlich jene jetzt erloschenen Fresken bei S. Micchele in Bosco, II, S. 357, h.

neben S. Gregorio in Rom); war es Wahl, oder glücklicher Zufall, daß
sein Mitschüler Guido (gegenüber) den Gang zum Richtplatz darstellen und jenen herrlichen Moment treffen durfte, da der Heilige von
fern das Kreuz erblickt und mitten im Zuge niederkniet? – Domenichino dagegen malt die eigentliche Marterbank und bedarf, um diese und
ähnliche Szenen genießbar zu machen, jener Zuschauer, zumal Frauen
und Kinder, welche ihre Herkunft aus Raffaels Heliodor, Messe von
Bolsena, Schenkung Roms, Tod des Ananias, Opfer zu Lystra usw.
(II, S. 287) nur wenig verleugnen; von Domenichino aus verbreiten sich
diese Motive dann über die meisten Werke der Nachfolger. In seiner
a Marter S. Sebastians (Chor von S. M. degli angeli zu Rom, rechts) läßt
er sogar Reiter gegen diese Zuschauer einsprengen und zersplittert damit das ganze Interesse. Vom Widrigsten, überdies unangenehm ge-
b malt, sind seine Marterbilder in der Pinacoteca zu Bologna; in der Marter der heiligen Agnes stimmt die Erdolchung auf dem Holzstoß samt
Zutaten unsäglich roh zu all dem Geigen, Blasen und Harfnen der
Engelgruppe oben; – die Marter des S. Pietro martire ist nur eine neue
Redaktion der tizianischen; – die Stiftung des Rosenkranzes gestehe ich
gar nicht verstanden zu haben; unter den weiblichen Charakteren und
Engeln macht sich hier das nette, soubrettenhafte Köpfchen mit dem
roten Näschen, welches dem Domenichino eigen ist, ganz besonders
geltend. – Solche Beispiele mußten schon in Bologna selbst Nachfolger
c finden. Von *Canuti*, einem sehr tüchtigen Schüler Guidos, ist in S. Cristina (vierter Altar rechts) die Mißhandlung der Heiligen durch ihren
Vater – man sehe wie – gemalt. Auch *Maratta*, sonst Guidos treuer Verehrer, holt sich in solchen Fällen doch lieber seine Inspiration aus Do-
d menichinos S. Sebastian (Marter des heiligen Blasius in S. M. di Carignano zu Genua, erster Altar rechts). – *Guercin* ist in Martyrien erträg-
e licher, als man erwarten sollte. (Gal. von Modena: Marter des heiligen
f Petrus, Hauptbild; – Dom von Ferrara, Querschiff rechts: Marter des
heiligen Laurentius, sehr der Restauration würdig.) – Von dem Floren-
g tiner *Cigoli* sieht man in den Uffizien eine mit großer Virtuosität gemalte Marter des heiligen Stephanus, der bereits mit Steinen geworfen
und mit Fußtritten mißhandelt wird, in Gegenwart pharisäisch ruhiger
h Zuschauer. – *Carlo Dolcis* heilige Apollonia (Pal. Corsini in Rom) begnügt sich damit, uns die Zange mit einem der ausgerissenen Zähne auf
das niedlichste zu präsentieren.
   Wahrhaft abscheulich sind in solchen Fällen die eigentlichen Naturalisten. *Caravaggio* selber zeigt uns in einem einzigen Kopfe schon die
ganze falsche Rechnung des Naturalismus; es ist seine Medusa in den
i Uffizien gemeint. Stets begierig nach einem Ausdruck des Augenblickes
und schon deshalb gleichgültig gegen den tiefern immanenten Aus-

druck (den er in der Grablegung gar wohl erreicht), malt er einen weiblichen Kopf im Moment der Enthauptung; könnte derselbe aber z. B.
beim Ausreißen eines Zahnes nicht ebenso aussehen? – Notwendiger-
weise erregt das Gräßliche, wie diese Schule es auffaßt, mehr Ekel als
tiefes Bangen.

Er selber sucht in einem seiner bestgemalten Bilder, dem Begräbnis
des heiligen Stephanus (bei Camuccini in Rom), durch naturwahre Dar- a
stellung des unterlaufenen Blutes Grauen zu erregen; seine Marter des
heiligen Matthäus (S. Luigi in Rom, letzte Kapelle links) wirkt durch b
die Zutaten fast lächerlich. Sein Schüler *Valentin* hat zuviel Geist, um
ihm auf diesen Bahnen zu folgen; in seiner Enthauptung ̇des Täufers
(Pal. Sciarra zu Rom) tritt ein physiognomisches Interesse an die Stelle c
des Gräßlichen. (Dieselbe Szene, das beste Bild des *Honthorst* in S. M. d
della scala zu Rom, rechts, läßt·doch ziemlich gleichgültig.) Andre dagegen malen so krud als möglich. Sujets wie der Mord Abels (von e
Spada, im Museum von Neapel), das Opfer Isaaks (von *Honthorst*, im f
Pal. Sciarra zu Rom) werden jetzt ganz henkermäßig behandelt, vorzüglich aber die Heldentat der Judith, wofür eine gewisse *Artemisia
Gentileschi* eine Art Privilegium besaß.(Uffizien; Pal. Pitti; Pal. Sciarra); g
auch der Cavaliero *Calabrese* leistete das Mögliche (Museum von Nea- h
pel).Andre legendarische Marterszenen übergehen wir. Durch einen
sonderbaren Zufall war gerade die erste große römische Bestellung,
welche *Nic. Poussin* erhielt, die *Marter des heiligen Erasmus*, welchem die i
Därme aus dem Leib gewunden werden. (Für S. Peter gemalt, jetzt in
der Gal. des Vatikans.) Er brachte ein Werk zustande, welches in· betreff des Kunstgehaltes zu den trefflichsten des Jahrhunderts gehört.
(Kleine eigenhändige Wiederholung im Pal. Sciarra.)   k

Während nun um der vermeintlich ergreifenden Wirklichkeit willen
nach dieser Seite hin alle Schranken übersprungen werden, zeigen sich
dieselben Maler (die ja zum Teil Cavaliere hießen!) bemüht, in heilige
Vorgänge den guten Ton und die bemessenen Formen der damaligen
Gesellschaft hineinzubringen. (Vgl. Parmegianino, II, S. 311, c – 312, b.)
Namentlich werden jetzt die Engel dazu erzogen, eine noble Dienerschaft
vorzustellen, den Hof der heiligen Personen zu bilden. Im Refektorium
der Badia bei Fiesole wird man nicht ohne Heiterkeit betrachten, wie l
Christus nach der Versuchung von den Engeln bedient wird; doch sieht
dergleichen bei *Giov. da S. Giovanni*, der das Fresko malte, immer naiv
aus. Schon viel wohlerzogener sind die Engel in der großen Taufe
Christi von *Albani* (Pinacoteca von Bologna); man erinnert sich bei m
ihrer Dienstfertigkeit unwillkürlich, wie auf mittelalterlichen Bildern
die kleiderhaltenden Engel noch Zeit und Stimmung zur Anbetung

übrighaben. Putten als Lakaien außerhalb der Szene wartend sieht man
a auf einer »Vermählung der heiligen Katharina« von *Tiarini* (ebenda);
außer der genannten Heiligen wohnen auch S. Margaretha und S. Barbara der Zeremonie bei; der gute Joseph schwatzt inzwischen draußen
im Vordergrunde mit den drei kleinen Dienstboten, welche das Rad
der Katharina, den Drachen der Margareta und das Türmchen der Barbara zu hüten haben. – Ein gewisses Zeremoniell war schon in den venezianischen Empfehlungsbildern (II, S. 336) üblich. Jetzt kommen aber
b Dinge vor, wie z. B. ein Kondolenzbesuch sämtlicher Apostel bei der
trauernden Madonna; Petrus als Wortführer kniet und wischt sich mit
dem Schnupftuch die Tränen ab (gemalt von *Lod. Caracci* als Deckenbild der Sakristei von S. Pietro zu Bologna). Oder S. Dominikus stellt
c den heiligen Franz dem heiligen Karmeliter Thomas vor, wobei ganz
die höfliche Neugier herrscht, die in solchen Fällen am Platze ist (*Lod.
Caracci*, in der Pinacoteca). Wie ganz andes gibt das 15. Jahrhundert
ein solches Zusammentreffen von Heiligen! (II, S. 8, a – e.) In *Aless. Alloris*
d Krönung Mariä (agli Angeli, Kamaldulenser, in Florenz, Hochaltar)
küßt Maria dem Sohne ganz ergeben die rechte Hand. – Auch S. Antonius von Padua bekommt das Kind gar nicht immer auf die Arme,
e sondern es wird ihm nur zum Handkuß hingereicht (Bild des *Lod. Caracci*, Pinacoteca von Bologna).

Wir wenden uns nun zu denjenigen Bildern, in welchen der *Seelenausdruck* vor dem erzählenden Element den Vorrang hat, um dann zur
Behandlungsweise des Überirdischen überzugehen.

Der Ausdruck sehnsüchtiger Inbrunst, ekstatischer Andacht, des
Verlorenseins in Wonne und Hingebung war von den großen Meistern
der goldenen Zeit auf wenige, seltene Gelegenheiten verspart worden.
Zwar macht bereits Perugino recht eigentlich Geschäfte damit, allein
Raffael malte nur einen Christus wie der in der Transfiguration, nur
eine heilige Cäcilia; Tizian nur eine Assunta wie die in der Akademie
von Venedig. Jetzt dagegen wird dieser Ausdruck ein Hauptbestand-
teil desjenigen Affektes, ohne welchen die Malerei überhaupt nicht mehr
glaubt bestehen zu können.

Zu einer endlosen Masse vermehren sich nunmehr jene einzelnen
Halbfiguren, welche von den frühern Schulen in verschiedener Absicht,
z. B. in Venedig als schöne Daseinsbilder waren gemalt worden. Jetzt
liegt ihr Hauptwert darin, daß man jenen gesteigerten Ausdruck ohne
weitere Motivierung darin anbringen kann. Die Sehnsuchtshalbfigur
bildet fortan eine stehende Gattung. (Ein früheres vereinzeltes Beispiel
bei gewissen Nachfolgern Lionardos II, S. 238, unten.) Zunächst wird jetzt
statt eines schlichten Christuskopfes durchgängig der Dornengekrönte,

das *Eccehomo* gemalt. (Pal. Corsini in Rom, von *Guido, Guercino* und a
C. Dolci; – Pinacoteca in Bologna, die vortreffliche Kreidezeichnung
Guidos.) Das Motiv, wie man es gab, stammt wesentlich von Correggio,
allein die Reproduktion ist biweilen frei, erhaben und tiefsinnig zu nennen. Unter den Madonnen werden die Bilder der *Mater dolorosa* zahlreicher. Die vielen Halbfiguren von *Sibyllen,* deren trefflichste von *Guercino, Domenichino* in und außerhalb Italien zerstreut sind, haben meist den
Ausdruck des Emporsehnens (II, S. 238, unten). Für *Propheten* und *Heilige*
aller Art gab es eigene Werkstätten; in sehr verschiedener Weise und
doch der Absicht nach eng verwandt arbeiteten besonders *Spagnoletto*
und *Carlo Dolci* dergleichen. Den erstern möge man in den Galerien
von Parma und Neapel verfolgen, den letztern im Pal. Pitti, in den Uffi- b
zien, und besonders im Pal. Corsini zu Florenz, wo man auch seinen c
Nachahmer *Orazio Marinari* kennenlernt. Über Dolcis Süßlichkeit, sei- d
ner konventionellen Andacht mit Kopfhängen und Augenverdrehen,
seinen schwarzen Schatten und geleckten Lichtpartien, der übereligan-
ten Haltung der Hände usw. darf man doch einen bedeutenden an-
geborenen Schönheitssinn nicht vergessen, auch den Fleiß der Ausführung nicht. – Von den Neapolitanern hat *Andrea Vaccaro* (Museum e
von Neapel) in solchen Bildern am meisten Ernst und Würde, wie er
sich denn selbst in seinem Kindermord (ebenda) zu mäßigen weiß. (Sein
bestes Bild sonst der Gekreuzigte mit Angehörigen, in Trinità de' Pel- f
legrini.)
    Ob heilige oder profane Personen dargestellt werden, ändert im gan-
zen nicht viel. Die Lukretien, Kleopatren, auch die Judith wo sie ekstatisch aufwärts schaut (*Guercino,* im Pal. Spada zu Rom), der siegreiche g
David in ähnlichem Moment *(Gennari,* Pal. Pitti), ja selbst der sich er- h
stechende Cato *(Guercino,* Pal. Brignole in Genua), u. dgl. m. zeigen i
nur andere Nuancen desselben Ausdruckes.
    Auch *ganze* oder fast ganze Figuren in Einzeldarstellung werden sehr
häufig, eben diesem Ausdruck zuliebe. An ihrer Spitze steht S. Sebastian; die besten Bilder glaube ich (II, S. 358, d) schon genannt zu haben
(wozu noch der *Guercino,* Pal. Pitti, zu rechnen sein mag). Dann be- k
tende Heilige in Überfluß, der reuige Petrus (man vgl. *Guercino,* im l
Museum von Neapel – hier mit dem Schnupftuch! – *Guido* und *C. Dolci,* m
beide im Pal. Pitti; *Pierfranc. Mola* im Pal. Corsini zu Rom) auf allen n
Stufen des Jammers; – büßende Magdalenen aller Art, von der heftigsten Beteuerung bis zur ruhigen Beschaulichkeit (*Cristofano Allori,* im o
Pal. Pitti; *Domenico Feti,* in der Akademie von Venedig; *Guercino,* in p
der vatikanischen Galerie, motiviert die Rührung der Maria dadurch,
daß zwei Engel ihr die Nägel vom Kreuz vorweisen müssen): – S. Franz
im Gebet (besonders niedrigen Charakters bei *Cigoli,* Pal. Pitti und q

Uffizien). – Bei Darstellung der Mönchsandacht hat der Kartäuserorden einen ganz merkwürdigen Vorzug einfacherer Innigkeit (II, S. 97, d). Was in Le Sueurs Geschichten des heiligen Bruno (Louvre) am meisten ergreift, findet sich auch in italienischen Kartäuserbildern wieder. Die Ereignisse sind nicht günstiger noch ungünstiger für die malerische Behandlung als diejenigen anderer Orden; es ist dieselbe Art von Visionen, Kasteiungen, Tätigkeiten (besonders Schreiben), Gebeten, Wunderwirkungen durch Gebärde, bis auf den Tod auf dem harten Lager oder unter Mörderhänden. Allein die tiefe und stille Seelenandacht, mag sie den Blick nach oben wenden oder demütig sinnend auf die Brust senken, vergißt hier die Welt und den Beschauer mehr als irgendwo. Man wird in allen Certosen Italiens dieses Gefühl haben; am schön-

a sten vielleicht bei *Stanzioni* (zu S. Martino in Neapel, Capella di S. Bru-
b none, die zweite links, mit Geschichten und Apotheose des Heiligen; womit seine »Fürbitte des S. Emidio« in Trinità de' Pellegrini, sowie
c das Bild seines Schülers *Finoglia* im Museum zu vergleichen ist: S. Bruno,
d der die Ordensregel empfängt). Auch *Guercinos* Madonna mit den beiden betenden Kartäusern (Pinacoteca von Bologna) ist eines seiner liebenswürdigsten Werke. Die vollkommene Weltentsagung gibt dem Orden in der Tat einen ganz eigenen Typus. Übrigens mögen auch die weißen Gewänder dieser Ordensleute eine ruhige, feierliche Haltung fast gebieterisch verlangt haben. Mehrere zusammen, in heftiger Bewegung, gäben gar kein Bild mehr. Deshalb verhält sich auch S. Ro-
e muald mit seinen Kamaldulensern auf dem schönen Bilde des *Sacchi* (Gal. des Vatikans) ganz ebenso ruhig.

Neben dieser immer schönen und gemäßigten Andacht entsteht aber eine eigentliche Ekstasenmalerei; eine Glorie oben, unten der oder die Heilige, der Ohnmacht nahe, ringsum Engel als Helfer und Zuschauer. Die Legende des heiligen Franz enthält einen in der Kunst berechtigten, deshalb auch von jeher dargestellten Moment, welcher die höchste ekstatische Aufregung voraussetzt: den Empfang der Wundmale. Schmerz und Entzücken und Hingebung so in eins fließen zu lassen,
f dazu war die Malerei des 17. Jahrhunderts vorzüglich fähig. (Bild *Guercinos*, alle Stimmate zu Ferrara, Hauptaltar.) Allein daß man auch bei andern Heiligen nicht mehr mit der guten und wahren Andacht zufrieden war, bei der Darstellung der Verzücktheit aber keinen höheren Moment mehr kannte als das Ohnmächtigwerden (II, S. 369), – das mußte zur widrigen Lüge führen. Ein sehr gut gemaltes Bild dieser Art mag statt aller genannt werden: die Ohnmacht des S. Stanislas, im
g Gesù zu Ferrara, zweiter Altar rechts, von dem späten Bologneser *Giuseppe Crespi*. – Nur eins fehlt, um die Entweihung zu vollenden: ein

lüsterner Ausdruck in den Engeln; *Lanfranco*, der gemalte Bernini (II, S. 105, b – d), sorgt auch dafür. (Ekstase der S. Margherita da Cortona, a Pal. Pitti.) Das Jahrhundert war in diesen Sachen ganz verblendet. Ein schönes Bild des *Cavedone* (in der Pinacoteca von Bologna). Madonna b auf Wolken, das Kind den unten knienden Heiligen zeigend, enthält zweierlei Ausdruck: in dem heiligen Schmied (S. Eligius?) die konventionelle Inbrunst, in S. Petronius aber, mit seinen drei Chorknaben, eine ruhige rituelle Andacht; wie ungleich ergreifender die letztere auf uns wirkt – ahnte es der Meister oder nicht?

Auch die *Madonna* wird jetzt dann mit der größten Vorliebe dargestellt, wenn sie nicht mehr bloß Objekt der Anbetung ist, sondern selber die überirdische Sehnsucht, den heiligen Schmerz empfindet. Jener schöne Kopf des *Van Dyck* (II, S. 362, g) beweist es allein schon; die Assunten und Schmerzensmütter repräsentieren fast durchgängig ein höheres Wesen als die bloße Mutter des Bambino, welche eben doch dem Naturalismus anheimfällt, ohne dabei immer naiv zu sein, wie in jenen herrlichen Bildern Murillos. Es gibt gute, in Correggios Art gemeinte Mütter und heilige Familien von den Caracci, zumal *Annibale*. c *Guido* ist sehr ungleich; eine vorzügliche Madonna mit dem schlafenden Kinde soll im Quirinal sein; eine gute frühe heilige Familie im Pal. Spinola, Str. nuova zu Genua; aber eine seiner wichtigsten Ma- d donnen, die er als besonderes Bild (Brera zu Mailand, eine Nachahmung e von *Elis. Sirano* im Pal. Corsini zu Rom) und dann als Bestandteil des f großen Bildes vom Pestgelübde (Pinacoteca zu Bologna) behandelt hat, g sieht unleidlich prätentiös aus, als ließe sie das Kind für Geld sehen. Überhaupt wird die Mutter in dieser Epoche nur zu oft eine mißmutige Kustodin des Kindes (Ovalbild des *Maratta* im Pal. Corsini zu Rom); h sie hat oft etwas zu schelten, so daß Musikputten u. dgl. Dienerschaft nur ganz schüchtern mit einer abgemessenen Ergebenheit ihre Befehle empfangen und der kleine Johannes sich kaum recht herbeiwagt. Das vornehme, zurückhaltende Wesen, das hier den heiligen Personen zugetraut wird (II, S. 372, f), findet seine Parallele in damaligen Ansichten über den geistlichen Stand (Ranke, Päpste, III, 120). – Nicht umsonst fühlt man sich immer wieder von *Sassoferrato* gefesselt, dessen milde, schöne, gewissenhaft gemalte Madonnen ohne Ausnahme ein Mutterherz haben, worüber man den Mangel an Großartigkeit und an höherm Leben vergißt. (Beispiele a. m. O., besonders Pal. Borghese in Rom; i Brera zu Mailand; Pal. Manfrin in Venedig; in S. Sabina zu Rom, Ka- k pelle rechts vom Chor, das einzige größere Altarbild: Madonna del l rosario, von trefflichster Ausführung; – in den Uffizien und im Pal. m Doria zu Rom betende Madonnen ohne Kind, demütig abwärts schauend, ohne die Verhimmelung, durch welche sich z. B. Carlo Dolci von

Sassoferrato gründlich unterscheidet.) – Unter den Madonnen der Naturalisten wird eines der oben (II, S. 354, a) erwähnten Bilder des *Pellegro
Piola* zum Besten und Liebenswürdigsten gehören; *Caravaggio* dagegen
überträgt auch diese einfache Aufgabe in seine beliebte Zigeunerwelt
a (große heilige Familie im Pal. Borghese). Ähnlich *Schidone* (Pal. Palla-
b vicini zu Genua). *Marattas* Madonnen sind wiederum der Nachhall des
Guido.

Die *Santa conversazione* (Madonna mit Heiligen) muß sich nun, wie
schon bei den spätern Venezianern, irgendeinem Affekt und Moment
bequemen, indem Madonna und das Kind zu einem der Heiligen in
eine besondere Beziehung treten, wobei sich dann auch die übrigen
irgendwie beteiligen. Unzählige Male geschah dies z. B. unter Correggios Ägide mit dem bedenklichen Sujet der Vermählung der heiligen
Katharina. Aber noch häufiger wird Mutter und Kind aus der Erden-
räumlichkeit hinaus in die Wolken versetzt und mit Engeln umgeben;
es beginnt das Zeitalter der *Glorien* und *Visionen*, ohne welche zuletzt
kaum mehr ein Altarbild zustande kommt. Das Vorbild ist dabei nicht
eine Madonna von Foligno, sondern direkt oder indirekt die Domkuppel von Parma mit der illusionären Untensicht, der Wolkenwirklich-
keit, den Engelscharen. Dieser Art sind mehrere Hauptbilder der Pina-
c coteca von Bologna, wie z. B. *Guidos* schon erwähntes Bild des Pest-
gelübdes, in dessen unterer Hälfte sieben Heilige knien, zum Teil von
dem bedeutendsten Ausdruck, der ihm zu Gebote steht; – *Guercinos*
d Einkleidung des S. Wilhelm von Aquitanien teilt mit seinem »Begräb-
e nis der heiligen Petronilla« (Gal. des Kapitols) den Übelstand, daß die
himmlische Gruppe außer Verbindung mit der irdischen bleibt und
doch zu nahe auf dieselbe drückt, aber auch die breite, meisterlich energische Behandlung ist in beiden Bildern dieselbe. (Auch wieder ein Beleg für die Vertauschung der Santa conversazione gegen ein momen-
tanes Geschehen; eigentlich mußten nur der heilige Bischof Felix, S.
Wilhelm, S. Philipp und S. Jakob mit der Madonna auf einem Bilde
vereinigt werden.) – *Luca Giordano* ist bei einem solchen Anlaß von seinem unzerstörbaren Temperament richtig geführt worden; seine Ma-
f donna del rosario (Museum von Neapel) schwebt unter einem von
Engeln getragenen Baldachin auf Wolken einher, während vorn S. Dominikus, S. Chiara und andre Andächtige verehrend ihrer harren; diese
Übertragung der Glorie in eine himmlische Prozession war echt volks-
tümlich neapolitanisch und das einzelne ist auch danach gegeben. (Ein
g andres großes Bild von Luca in der Brera zu Mailand.) – Ins Maßlose
h geht z. B. die Doppelvision des *Ercole Gennari* (Pinacoteca von Bologna); Madonna erscheint auf Wolken dem ebenfalls auf Wolken über

stürmischem Meer schwebenden S. Niccolò von Bari. Auch der Kontrast der Glorien mit Martyrien (s. oben), so poetisch er sich anläßt, hat etwas künstlerisch Unechtes.

Aber das Überirdische kommt selbst in die einsame Klosterzelle, in das Dasein eines einzelnen heiligen Menschen hereingeschwebt. Hier, in geschlossenen Räumen, ist die örtliche Wirklichmachung in der Regel sehr störend. Es würde wie Spott klingen, wenn wir selbst die besten derartigen Bilder von dieser Seite prüfen und namentlich das Benehmen der hier ganz ungenierten Engel näher schildern wollten. (Pinacoteca a von Bologna: S. Anton von Padua, dem Bambino den Fuß küssend, b von *Elisabetta Sirani;* – S. Giacomo maggiore zu Bologna, vierter Altar rechts: Christus erscheint dem Johannes a S. Facundo, von *Cavedone.*) Wenn ein herberer Naturalist wie z. B. *Spagnoletto* das Visionäre ganz wegläßt, so kommt wenigstens ein harmloses Genrebild zustande; sein Stanislaus Kostka (Pal. Borghese) ist ein einfacher junger Seminarist, c dem man ein Kind auf den Arm gelegt hat, und der nun ganz gutmütig aufmerkt, wie es ihn am Kragen faßt.

Die auf Wolken schwebende Madonna ist in dieser Zeit kaum mehr zu unterscheiden von der Assunta, der gen Himmel fahrenden Maria. (Wie deutlich hatte noch Tizian die Assunta als solche bezeichnet!) Auch jetzt werden übrigens gewisse Bilder ausdrücklich als Himmelfahrten gemalt. So das kolossale Bild *Guidos* in S. Ambrogio zu Genua d (Hauptaltar rechts), eines derjenigen Meisterwerke, welche kalt lassen. Von den Assunten des *Agostino* und *Annibale Caracci* in der Pinacoteca e zu Bologna ist die erstere, bedeutendere wieder ein rechtes Beispiel der räumlichen Verwirklichung des Übersinnlichen; das »Aufwärts« ist durch schiefes Liegen auf einer schönen Engelgruppe veranschaulicht; glücklicherweise gibt auch noch der Kopf den schönen Eindruck der sich in Wonne auflösenden Sehnsucht. – Die unten am Grabe versammelten Apostel erheben sich selten zu irgendeiner reinern Begeisterung.

Einzelne Altarbilder sind auch ganz mit der Glorie angefüllt. In S. f Paolo zu Bologna (zweite Kapelle rechts) sieht man eines der trefflich gemalten Bilder des *Lod. Caracci,* »il paradiso«, merkwürdig als vollständiges Spezimen jener Engelkonzerte, durch welchen die Schule sich von ihrem Ahn Correggio wider Willen unterscheidet. *Seine* Engel haben selten Zeit zum Musizieren. – Ein eigentümliches Glorienbild des *Bonone* steht in S. Benedetto zu Ferrara auf dem dritten Altar links; g der Auferstandene wird von neun auf Wolken um ihn gruppierten benediktinischen Heiligen verehrt, geküßt, angebetet, bestaunt; die santa conversazione wird zur gemeinschaftlichen ekstatischen Verklärung (Parallele: Fiesoles Fresko in S. Marco, II, S. 172, c).

Vor allem aber sind die Glorien der Hauptgegenstand für die *Kuppel-*
und Gewölbemalereien (I, S. 319ff.). Correggios gefährliches und unerreich-
bares Vorbild wird anfangs ernst genommen. Es ist unmöglich, einer
a Arbeit die Achtung zu versagen wie z. B. den Fresken des *Lodovico Ca-*
racci an dem Bogen vor der Chornische des Domes von Piacenza; diese
jubelnden Engel, welche Bücher halten und Blumen streuen, haben ein
grandioses Leben und einen fast ganz echten monumentalen Stil.*Dome-*
b *nichinos* vier Evangelisten an den Pendentifs der Kuppel von S. Andrea
della Valle zu Rom sind zum Teil großartiger als irgendeine Pendentif-
c gestalt in Parma; und wenn er mit den allegorischen, noch sehr schön
gezeichneten Figuren der Pendentifs von S. Carlo a' catinari gleich-
d gültig läßt, wenn er in den auffallend geringern Pendentifs des Tesoro
im Dom von Neapel Allegorisches, Historisches und Überweltliches auf
anstößige Weise mischt, so geben wir dort der Allegorie als solcher,
hier der gedrückten Stimmung des arg mißhandelten Meisters die
e Schuld. – *Guido* bringt in seinem (sehr übermalten) Engelkonzert bei
S. Gregorio in Rom (von den drei Kapellen daneben diejenige rechts)
wenigstens einen ganz naiven und heitern Eindruck hervor durch die
schönen jugendlichen Gestalten ohne Pathos. In der Glorie des heiligen
f Dominikus (Halbkuppel der Kapelle des Heiligen in S. Domenico zu
Bologna) richten zwar die musizierenden Engel einen konventionellen
Blick nach oben, Christus und Maria sind im Ausdruck des Empfan-
gens ganz unbedeutend, allein höchst grandios schwebt der Heilige, dessen schwarzer Mantel von Putten ausgespannt wird. – Zu diesen frühen,
mit höherer Anstrengung gemalten Glorien gehört auch *Bonones* schöne
g Halbkuppel in S. Maria in vado zu Ferrara, anbetende Patriarchen und
Propheten. – Unter den Neapolitanern ist *Stanzioni* der gewissenhafteste;
h an der Flachkuppel der Kapelle des heiligen Bruno zu S. Martino in
Neapel (die zweite links) ist trotz der allzu gründlich gehandhabten
Untensicht das anbetende Aufwärtsschweben des Heiligen, die Wolke
von Putten, das Konzert der erwachsenen Engel ungemein schön und
stilvoll gegeben; – an der Flachkuppel der zweiten Kapelle rechts dagegen hat Stanzioni der Auffassung seiner Schule seinen vollen Zoll
entrichtet in einem Gegenstande, der über den Horizont derselben ging:
Christus in der Vorhölle. – Außerdem ist hier ein Maler zu beachten,
bei welchem man sonst nicht gewohnt ist, Besseres in dieser Gattung
i zu suchen: der *Calabrese*. Im Querschiff von S. Pietro a Majella hat er
in flachen Deckenbildern die Geschichten Papst Cölestins V. und der
heiligen Katharina von Alexandrien gemalt, diesmal nicht bloß mit
äußerlicher Energie, sondern mit Geist und Besonnenheit; beinahe
würdevoll wird sein Naturalismus in dem Bilde, wo die Leiche der

Katharina von fackeltragenden, blumenstreuenden, singenden Engeln auf Wolken nach dem Sinaï gebracht wird.

Allein nur zu bald gestaltet sich die Gewölbemalerei zum Tummelplatz aller Gewissenlosigkeit. In Erwägung, daß selten jemand die physischen Kräfte habe, ein Deckenbild genau und lange zu prüfen, und daß man doch nur für den Gesamteffekt einigen Dank ernte, reduzierte man sich auf denjenigen Stil, von welchem bei Anlaß des Pietro da Cortona (II, S. 359) die Rede gewesen ist. Den Übergang macht der gewissenlose *Lanfranco*, zunächst indem er den Domenichino bestahl (Pen- a dentifs der Kuppel im Gesù nuovo zu Neapel, auch die in SS. Apostoli b daselbst, wo auch all die gleichgültigen, unwahren Malereien der Decke und der bessere »Teich von Bethesda« über dem Portal von Lanfranco sind), dann durch zuerst schüchterneres, bald frecheres Improvisieren c (Gewölbe und Wandlünetten in S. Martino daselbst; Kuppel in S. An- d drea della Valle zu Rom). Wie er sonst das Übersinnliche anzupacken e gewohnt war, zeigt z. B. sein S. Hieronymus mit dem Engel (Museum von Neapel). Die Nachfolger bekamen nun nicht bloß Kuppeln, sondern Kirchengewölbe aller Art mit Glorien, Paradiesen, Assunten, Visionen zu füllen; außer den schwebenden, in allen Graden der Untensicht gegebenen Gruppen und Gestalten setzt sich am Rande ringsum ein Volk von andern Gruppen an, welches auf Balustraden, Absätzen usw. steht; für diese schuf *Pozzo* (I, S. 320) jene neue Räumlichkeit in Gestalt prächtiger perspektivischer Hallen. Wo bleibt nun das wahrhaft Überirdische? Mit einer unglaublichen Oberflächlichkeit sieht man dem Correggio das Äußerlichste seiner Schwebeexistenz, seiner Leidenschaft, seiner Ekstasen, namentlich seine Wolken und Verkürzungen ab und kombiniert daraus jene Tausende von brillanten Schein- und Schaumszenen, deren illusionäre Wirkung dann noch durch die oben (I, S. 321, f) geschilderten kümmerlichen Hilfsmittel gesteigert und gesichert werden soll. Wer möchte in diesem Himmel wohnen? Wer glaubt an diese Seligkeit? Wem gibt sie eine höhere Stimmung? Welche dieser Gestalten ist auch nur so ausgeführt, daß wir ein Interesse an ihrem Himmelsdasein haben könnten? Wie lungern die meisten auf ihren Wolken herum, wie lässig lehnen sie davon herab.

Außer den bei obigem Anlaß angeführten Arbeiten des Pozzo u. a. sind noch am ehesten folgende zu nennen. *Gauli:* das große Fresko im f Hauptschiff des Gesù in Rom, mit besonders flink gehandhabten Farben und Verkürzungen; der Maler will mit allen Mitteln glauben machen, daß seine Heerscharen aus dem Empyreum durch den Rahmen g herabschwebten gegen den Hochaltar hin. (Ölskizze im Pal. Spada.) – In Genua die brillantesten: *Gio. Batt. Carlone* (Fresken von S. Siro usw.), und *Carlo Baratta* (S. M. della Pace, Querschiff rechts, Assumption der h

heiligen Anna). – In Venedig: der hellfarbige *Gio. Batt. Tiepolo*, der die Untensicht vielleicht am weitesten treibt, so daß Fußsohlen und Nasen-
a löcher die charakteristischen Teile seiner Gestalten sind. (Assunta, an der Decke von S. M. della pietà, an der Riva; Glorie des heiligen Dominikus in SS. Giov. e Paolo, letzte Kapelle rechts.) Wie zuerst *Mengs* mit seinem einsamen Protest dieser wuchernden Ausartung gegenüberstand, ist oben (II, S. 356) erwähnt worden. Die vollständige Reaktion von seiten eines neuklassischen Stiles, den wir nicht mehr zu schildern unter-
b nehmen, tritt ein mit *Andrea Appiani*. (Fresken in S. Maria presso S. Celso in Mailand.)

Die *profane Malerei* ist in Zeiten eines allverbreiteten Naturalismus von der heiligen kaum zu scheiden. Vollends die Geschichten des Alten Testamentes, z. B. in den vielen Bildern von halben und ganzen Figuren, welche aus *Guercinos* Werkstatt hervorgingen, werden von den profanen Historien im Stil nicht abweichen. Es gibt z. B. gerade von Guer-
c cino außer den gleichgültigen Historien (z. B. Ahasver und Esther, bei Camuccini) auch einige vortreffliche wie die oben (II, S. 355) genannten,
d oder wie sein »Salomo mit der Königin von Saba« (S. Croce in Piacenza, Querschiff rechts). – Geschichten wie die der Susanna, oder der
e Frau des Potiphar mit Joseph (große Bilder des *Biliverti* im Pal. Barberini zu Rom und in den Uffizien), – oder des Loth und seiner Töchter, Situationen wie die der Judith nehmen von der Bibel nicht mehr als
f den Vorwand her. (Die Susanna des *Capuccino* im Pal. Spinola, Str.
g nuova, zu Genua.) Die schönste Judith ist ohne allen Zweifel die des
h *Cristofano Allori* (Pal. Pitti, kleines Exemplar im Pal. Corsini zu Flo-
i renz, sehr ruiniertes Exemplar im Pal. Connestabile zu Perugia); freilich eine Buhlerin, bei welcher es zweifelhaft bleibt, ob sie irgendeiner Leidenschaft des Herzes fähig ist, mit schwimmenden Augenlidern, schwellenden Lippen und einem bestimmten Fett, wozu der prächtige
k Aufputz vorzüglich gut stimmt. Edler ist wohl bisweilen *Guidos* Judith (z. B. im Pal. Adorno zu Genua); auch die des Guercin (II, S. 374); bei beiden hier und da mit dem Ausdruck sehnsüchtigen Dankes. – Auch die Tochter des Herodes ist als Gegenstand am besten hier zu nennen.
l (Kalt und pomphaft von *Guido*, Pal. Corsini in Rom.) Bei *Domenichino* sind alttestamentliche Historien im ganzen das Allerschwächste. Vier
m Ovale al fresco, in S. Silvestro a monte cavallo zu Rom, linkes Querschiff (im rechten Querschiff sieht man das fleißige Hauptbild eines sei-
n ner wenigen Schüler, *Ant. Barbalunga*, Gottvater in einer Glorie, unten
o zwei Heilige); – im Kasino Rospigliosi: das Paradies, und der Triumph
p Davids (?); – Pal. Barberini: der Sündenfall, aus lauter Reminiszenzen bestehend. – David mit Goliaths Haupt, das Gegenstück zur Judith,

unzählige Male, am gemeinsten von *Domenico Feti,* der ihn auf dem a Haupte sitzen läßt (Pal. Manfrin in Venedig).

Die *Parabeln* des Neuen Testamentes, welche durch edle Behandlung gar wohl einen biblischen Typus erhalten können, ermangeln in dieser Zeit durchgängig einer solchen Weihe, ohne doch durch genrehaften Reiz (wie z. B. bei Teniers) oder durch Miniaturpracht (wie z. B. *Elz-heimers* »Verlorener Sohn« im Pal. Sciarra) zu entschädigen. Dem *Ca-* b *labrese,* als er die Rückkehr des verlornen Sohnes malte (Museum von c Neapel), erschienen offenbar die Präzedentien seiner Hauptperson als etwas sehr Verzeihliches. »Es hat eben sein müssen.« – *Domenico Feti* (mehrere kleine Parabelbilder im Pal. Pitti und den Uffizien) ist hier einer d der Bessern.

Die eigentlich profane Malerei, mythologischer, allegorischer und historischer Art, wozu besonders noch eine Menge Szenen aus Tasso kommen, kann hier nur kurz berührt werden. Die *Caracci* gaben mit ihrem Hauptwerk im Pal. Farnese im ganzen den Ton an. Wie sie hier e die idealen Formen bildeten, ohne reine Größe und ohne rechtes hin-reißendes Leben (II, S. 357), aber tüchtig und konsequent, so komponier-ten sie auch die Liebesszenen der Götter. Was sie in Bologna von römi-scher Geschichte u. dgl. in die Friese von Sälen gemalt haben (Pal. f Magnani, Pal. Fava), ist daneben kaum des Aufsuchens wert. (Bedeu- g tend sollen *Lod. Caraccis* Fresken im Pal. del Giardino zu Parma sein.) Von den Kaminbildern der Schule werden leider die besten ausgesägt, wie ich denn eine schöne improvisierte Figur dieser Art von Guido in einem Magazin käuflich gefunden habe. – Bei Camuccini in Rom drei h Bilder aus Tasso, von pastoral-heroischer Auffassung, in leuchtend schö-nen Landschaften, als Werke des *Agostino, Lodovico* und *Francesco Caracci* geltend. – Das Beste und Schönste verdankt man *Domenichino.* Das Bild der schießenden und badenden Nymphen (Pal. Borghese in Rom) zeigt i zwar weder ganz reine Formen noch venezianische Lebensfülle, allein herrliche Motive und jenen echten idyllischen Charakter, welcher hier wie bei den Venezianern (II, S. 325) die glücklichste Eigenschaft mytho-logischer Bilder ist. Die abgenommenen Fresken aus der Villa Aldo-brandini bei Frascati (jetzt ebenda) behaupten diesen selben Charakter durch ihre Anordnung in großartiger Landschaft. Die Deckenfresken im Hauptsaal des Pal. Costaguti in Rom enthalten zwar eine unglück- k liche Allegorie (der Gott der Zeit hilft der Wahrheit, sich zum Sonnen-gott zu erheben), aber die Formen sind schöner und gewissenhafter als bei den andern Malern, die in diesem Palast gemalt haben (Guercino, Albani, Lanfranco usw.). Zwei kleine, sehr hübsche mythologische Bildchen im Pal. Pitti. – Der nächste, welcher in der Behandlung l des Mythologischen von Domenichino lernte, war *Albani,* dessen vier

a Rundbilder der Elemente (Pal. Borghese) die koketteste Lieblichkeit er-
b reichen, deren ein Bologneser fähig war: ein paar hübsche kleine Bilder
c in den Uffizien; hübsche Putten am Gewölbe der Chornische in S. M.
della Pace zu Rom. Den tiefsten Eindruck muß aber Domenichino auch
d hier auf *Nic. Poussin* gemacht haben. Sein Triumph des Ovid (Pal. Cor-
e sini in Rom), sein Einzug der Flora (Gal. des Kapitols), sein Zeitgott,
der den Horen zum Tanze aufspielt (Akademie von Venedig) mit ihren
erloschenen Farben und etwas allgemeinen Formen reizen den Blick
nicht; wer aber die Kunst geschichtlich betrachtet, wird dieses Streben, in der Zeit der falschen Prätensionen rein und wahr zu bleiben,
nur mit Rührung verfolgen können. Und einmal ist er auch ganz naiv
f und schön, in der Hirtenszene oder Novellenszene des Pal. Colonna;
einem Bilde, welches sich gar wohl dem berühmten »Et in Arcadia
ego« (Louvre) gleichstellen darf. – *Guercino* hat außer jenen Fresken der
g Villa Ludovisi (II, S. 358, h) eine Anzahl meist gleichgültiger Historien-
bilder gemalt (Mutius Scævola, im Pal. Pallavicini zu Genua), unter
welchen nur die genannte Dido auf dem Scheiterhaufen (im Pal. Spada
zu Rom) durch Schönheit des Ausdruckes und durch ungemeine Kraft
der Farbe sich auszeichnet. – Von einem sonst wenig bekannten *Gia-*
h *cinto Geminiani* ist in den Uffizien (erster Gang) eine »Auffindung der
Leiche Leanders«, welche die besten Inspirationen eines Guercino und
Poussin in hohem Grade zu vereinigen scheint. – *Guido* läßt mit solchen
i Szenen in der Regel sehr kalt. Seine Nausikaa (Museum von Neapel)
hält mit großer Seelenruhe Hof zwischen ihren Mägden. Seine Ent-
k führung der Helena (Pal. Spada) geschieht wie ein andrer Ausgang am
hellen Tage. Das treffliche Bild einer Nymphe und eines Helden, in
den Uffizien. – Von der *Elis. Sirani*, welche Guidos maniera seconda
zu reproduzieren nicht müde wird, findet man eine Caritas mit drei
Kindern im Pal. Sciarra.

Die Naturalisten malten lieber das Heilige profan als das Profane ideal;
l sie entschädigten sich durch das Genre. *Salvator*, der ihnen entrann, um
sich in allen möglichen Gattungen zu versuchen, gab in seinem schon
m erwähnten Catilina (Pal. Pitti) eine ausgesuchte Gesellschaft bösartig
n gemeinen, vornehm kostümierten Gesindels. *Carlo Saraceni* malt z. B.
(Pal. Doria in Rom) die Juno, welche dem enthaupteten Argus die
Augen mit eigenem Finger ausgräbt, um sie auf ihren Pfau überzutragen;
der Charakter der Göttin ist dieser Aktion gemäß.

Mit *Pietro da Cortona*, bei den Neapolitanern mit *Luca Giordano*, beginnt auch für die mythologische und allegorische Freskomalerei das
Zeitalter der reinen Dekoration. Pietros ungeheures Deckenfresko, welches den Ruhm des Hauses Barberini verherrlicht, und seine Decken-

malereien im Pal. Pitti wurden schon angeführt; um zu erraten, was er
eigentlich meint, bedarf es einer beträchtlichen Kenntnis der barberi-
nischen und mediceischen Hausgeschichte. Der Plafond *Lucas* in der
Galerie des Pal. Riccardi in Florenz zeigt, wie Kardinal Leopold, Prinz a
Cosimo (III.) u. a. als Lichtgottheiten auf den Wolken daher geritten
kommen; ringsum ist der ganze Olymp verteilt. Wie gerne geht man
von da zu *Giov. da S. Giovanni*, dessen Allegorien (im großen untern b
Saal des Pal. Pitti) noch absurder ersonnen, aber doch noch mit Liebe,
Schönheitssinn und Farbenglanz ausgeführt sind. – Die Cortonisten
und Nachfolger Lucas noch einmal zu nennen, wie sie sich durch die
Paläste von ganz Italien verbreiteten, verbietet uns der Raum. Wer sich
von ihrer Stilkomplizität einen Begriff machen will, braucht z. B. nur
dem beliebten Thema vom Raub der Sabinerinnen nachzugehen und
aufzumerken, was an diesem Moment durchgängig und ausschließlich
hervorgehoben wurde. Luca selber hat in kleinern Bildern, wie z. B.
die Galatea in den Uffizien, bisweilen eine Naivität in Rubens' Art. – c
Im 18. Jahrhundert sind dann die oben (II, S. 356, c) genannten römischen
Maler auch in der profanen Gattung bemüht, regelrechte und fleißige
Bilder ohne alle Notwendigkeit zustande zu bringen; in den Plafonds
fürstlicher Säle dagegen läßt man sich schon eher auf Cortonas Manier
gehen, sowohl im allegorischen Inhalt als im Malwerk. (*Pal. Colonna:* d
in der Galeria die zu Ehren des Marcantonio Colonna allegorisch ver-
klärte Schlacht von Lepanto; ein andrer Plafond, von *Luti*, zu Ehren
Papst Martins V.)

Auch mit der *Genremalerei*, welche besonders bei den eigentlichen
Naturalisten gedieh, dürfen wir uns nicht aufhalten. *Caravaggio*, der
Schöpfer der neuen Gattung, wählt sich zum Gefäß derselben das
lebensgroße venezianische Halbfigurenbild und gibt demselben einen
unheimlich witzigen oder schrecklichen dramatischen Inhalt auf schlichtem dunklen Grunde. (Seine Spieler Pal. Sciarra in Rom), seine lüsterne e
Wahrsagerin (Gal. des Kapitols), seine beiden Trinker (Gal. von Mo- f
dena) sind weltbekannt; im Grunde gehören sein »Zinsgroschen« und
»Christus unter den Schriftgelehrten« auch hierher. Diese Gattung, bald
mehr zur Geschichte, bald mehr zum Familienporträt sich hinneigend,
fand rasch durch ganz Italien Anklang, trotz ihrer Armut und Einseitigkeit. Die Schüler Guercins malten manches der Art. Der ganze *Hont-*
horst geht vorzugsweise darin auf, nur mehr nach der burlesken Seite g
hin. (Pal. Doria in Rom, Uffizien in Florenz, wo unter anderm sein h
Bestes, ein Souper von zweideutiger Gesellschaft; anderes in allen größern Sammlungen.) Andere Nachahmer: *Manfreddi, Manetti, Giov. da* i
S. Giovanni (alle im Pal. Pitti), *Lionello Spada* (große Zigeunerszene in k

der Gal. von Modena); – einiges recht Gute in der Akademie von Ve-
a nedig, ein Lautenspieler mit Weib und Knabe, eine Gruppe von drei
Spielern (etwa von *Carlo Saraceni?* welchem die treffliche Figur eines
b Lautenspielers im Pal. Spinola zu Genua angehört). Andre gehen ins
harmlose Existenzbild zurück; der *Capuccino* und *Luca Giordano* malen
c Köchinnen mit Geflügel (Pal. Brignole in Genua; Pal. Doria in Rom);
d der *Calabrese* aber, vielleicht wie die letztgenannten von Niederländern
e inspiriert, schuf ein großes stattliches Konzert in ganzen Figuren (Pal.
f Doria. – Eine gute, wirklich niederländische »Musik bei Tische« im
g Pal. Borghese). – *Salvators* halbe und ganze Figuren sind insgemein
bloße renommistische Möblierbilder. (Pal. Pitti: un poeta; un guerriero.)
Neben diesem caravaggesken Genre gab es seit Anfang des 17. Jahrhunderts in Rom ein anderes im eigentlich niederländischen Sinn. Der
Holländer Peter van Laar, genannt *Bamboccio, Michelangelo Cerquozzi,*
Jan Miel und mehrere andere nordische und italienische Maler haben in
dieser Gattung die wahren Gesetze und Bedingungen erkannt und danach manches Vortreffliche geschaffen. (Der Verfasser kennt sie nur
h fragmentarisch. Hauptsammlung hierfür: Pal. Corsini in Florenz; von
Cerquozzi vielleicht das Beste im Ausland; ein gutes kleines Bild des
Jan Miel: der Dornauszieher, in den Uffizien.) Was von *Jacques Callot*
gemalt ist, hat bei weitem nicht den Reiz seiner Radierungen; manches
ist auch nicht sicher benannt (Les malheurs de la guerre, Reihe von
i Bildchen im Pal. Corsini zu Rom; figurenreiche Stadtansichten und
noch eine Reihe kleinerer Bildchen, die letztern wohl geringern Teils
k von ihm, in der Akademie von Venedig.) – Dieses alles wird nun weit
überboten durch jene Anzahl von Kleinodien der eigentlichen *hollän-*
l *dischen* und *Antwerpner* Schule in den Uffizien, deren Besprechung wir
uns versagen müssen. Keine Sammlung Italiens und nicht eben viele
des Nordens können sich an Kabinettsbildern dieser Art mit der ge-
m nannten messen. In Venedig hat die Akademie fast nur zweifelhaft Be-
nanntes; im Pal. Manfrin: *Jan Steens* Alchimist, noch im Ruin ein Juwel; Gerard Dows Arzt wohl nur eine Kopie. – Die damalige offizielle
Ästhetik der Italiener verabscheute im ganzen das Genre, soweit es nicht,
wie ihre übrige Malerei, im Affekt aufgehen wollte. Daher der Vorzug
jener Halbfigurenbilder ohne räumliche Umgebung und ohne Zutaten.
In den kleinern Nebengattungen repräsentiert *Castiglione* das Tier-
stück, ohne recht zu wissen, was er wollte, in zum Teil lebensgroßen
n Möblierbildern (Pal. Colonna in Rom; Uffizien); *Mario de' Fiori* aber
o eine nur dekorativ gemeinte Blumenmalerei (Spiegelkabinett im Pal.
Borghese). Man vergleiche damit die unendliche Naturliebe einer *Rahel*
p *Ruysch* und die zwar schon mehr konventionelle, aber noch höchst ele-
gante Palette eines *Huysum* (Pal. Pitti).

Eine eigentümliche Gattung der damaligen italienischen Kunst war ihre *Schlachtenmalerei;* d. h. die Darstellung des Gewühles als solchen, wesentlich nach Farben und Lichtmassen angeordnet. Außer Cerquozzi hat *Salvator Rosa* hierin den Ton angegeben, in welchen sich jedoch ein kenntliches Echo aus der Amazonenschlacht des Rubens zu mischen scheint. Von ihm und seinen neapolitanischen Nachahmern *Aniello Fal-* a *cone* und *Micco Spadaro* Schlachten und Aufruhrsbilder im Museum von Neapel; von ihm eine größere und eine kleinere Schlacht im Pal. Pitti, ei- b niges auch im Pal. Corsini zu Florenz. Von dem farbenreichern *Bourguig-* c *non*, in welchem Cerquozzi und Rosa zusammentreffen, gelten als echt unter anderm zwei Schlachten im Pal. Borghese, eine große im Pal. Pitti, d zwei große (wahrscheinlich Abbildungen bestimmter Ereignisse) und e zwei kleinere in den Uffizien, zwei im Pal. Capponi zu Florenz, und f mehrere im Pal. Corsini ebenda, wo man auch die ganze Schule kennen- lernt, die sich an diese Künstler anschloß. Gegenüber dem ganz geistes- leer gewordenen, einst von der Konstantinsschlacht abgeleiteten Schlachtbilde der Manieristen (z. B. bei Tempesta) muß diese neue Be- handlungsweise ein großer Fortschritt heißen. Allein neben prächtig hervortretenden Episoden (die sich dann zu wiederholen pflegen) läuft auch ganz gedankenloses Flickwerk mit. In einigen Jahrzehnten hatte man sich, wie es scheint, an der Gattung so völlig satt gesehen, daß sie einschlief. Oder das unkriegerische Italien überließ sie den Fran- zosen (Van der Meulen) und den Deutschen, bei welchen Rugendas sie neu und eigentümlich belebte.

Eine der schönsten Äußerungen des europäischen Kunstgeistes die- ser Periode ist die Landschaftmalerei. Ihre wichtigsten Entwicklungen gehen auf italienischem Boden, in Rom, aber größtenteils durch Nicht- italiener vonstatten.

Angeregt durch flandrische Bilder hatte sie im 15. Jahrhundert die ersten naturgemäßen Hintergründe geliefert, nicht um für sich etwas zu bedeuten, sondern um nach Kräften die Stimmung des Beschauers beim Anblick heiliger Szenen (II, S. 180–216) und liebevoll gemalter Bild- nisse (II, S. 231) zu erhöhen. Dann hatte *Raffael* sie zu einer höhern, ge- setzmäßigen Mitwirkung herbeigezogen, als er in möglichst wenigem das Leben der Patriarchen zu schildern hatte (II, S. 369). (Von *Polidoro* g und *Maturino* zwei Freskolandschaften in S. Silvestro a Montecavallo zu Rom, in einer Kapelle links.) Zu gleicher Zeit erkannte *Tizian* ihre hohe Unentbehrlichkeit für die Existenzmalerei und legte bei den ent- scheidenden Anlässen (II, S. 320, unten; 323, a) den poetischen Ausdruck wesentlich mit in die landschaftliche Umgebung. Er zuerst hat diesen

Teil der Welt in malerischer Beziehung vollkommen entdeckt und die enge Verbindung von landschaftlichen und Seelenstimmungen künstlerisch benutzt. Tintoretto und die Bassano gingen ihm nach, so weit sie konnten (II, S. 332, f). Dosso Dossi kam, vielleicht selbständig, fast soweit als Tizian (II, S. 298 u. f.).

Seit dem Ende des 16. Jahrhunderts ist in Italien schon ein allgemeines Bedürfnis nach landschaftlicher Anregung vorhanden, dem aber die noch regierenden Manieristen, wie es scheint aus Hochmut, zu genügen verschmähten. Da ließ man sich ganze Schiffsladungen von Gemälden aus der großen Antwerpener Fabrik der *Breughel* kommen. Jede italienische Galerie enthält ein paar, oft viele von diesen grünen, bunten, überladenen, miniaturartig ausgeführten Bildern, welche mit allen möglichen heiligen und profanen Geschichten staffiert sind. Vier von den
a allerfleißigsten, ohne Zweifel von Jan, dem sogenannten Sammetbreu-
b ghel (1568–1625), in der Ambrosiana zu Mailand; – ein ganz kleines im Pal. Doria zu Rom vereinigt z. B. folgende Staffage: Walfischfang, Austerfang, Eberjagd und eine der Visionen des Johannes auf Pat-
c mos. Dieselbe Galerie, eine der wichtigsten für die ganze Landschaftsmalerei, enthält auch Landschaften der Bassano, u. a. eines sonst nicht genannten Apolloni da Bassano, eine große von Gio. Batt. Dossi, staffiert mit einer fürstlichen Begrüßungsszene und – beiläufig gesagt – auch einen Orpheus in der Unterwelt und eine Versuchung des heiligen Antonius, von dem seltenern Höllenbreughel. Die Antwerpener Bilder sind freilich meist durch ihre Buntheit und durch das Mikroskopische ihrer Ausführung stimmungsloser als die der Bassaniden, welche prächtige scharfe Lichter und duftige Schatten über ihre Felsgebirge mit steilen Städten dahinschweben lassen.

Außer den Gemälden kamen auch Maler aus den Niederlanden, so
d *Matthäus Bril*, der z. B. im Vatikan (Sala ducale, Biblioteca) Veduten und freie Kompositionen, beide gleich stimmungslos, al fresco malte.
e (Ein Bild im Pal. Colonna.) Dann sein jüngerer Bruder *Paul Bril* (1554 bis 1626), der wichtige Mittelsmann für die Verbindung der nieder-
f ländischen und der italienischen Landschaft. Seine frühen Bilder sind
g noch bunt (Pal. Sciarra), erst allmählich wird der Poet zum Künstler und lernt sein Naturgefühl großartig aussprechen. Ob er dem Annibale Caracci oder dieser ihm mehr verdanke, mag dahingestellt bleiben; jedenfalls ist er der erste Niederländer, in welchem ein höheres Linien-
h gefühl erwacht. (Bilder aus allen seinen Perioden in den Uffizien; zwei
i aus der mittlern Zeit im Pal. Pitti. Freskolandschaften im Anbau rechts
k bei S. Cecilia in Rom.) Parallel mit ihm entwickelt *Adam Elzheimer* von Frankfurt (1574–1620) eine nicht geringere künstlerische Macht in sei-
l nen köstlichen Miniaturen. (Uffizien: Hagar im Walde, Szene aus der

Geschichte der Psyche, Hirte mit der Syrinx.) Seine Eichen, seine herrlichen Fernen, seine Felsabhänge sind naturpoetisch in ganz schönen
Linien. Was von Vinckeboms, von Jodocus Momper und andern Malern dieser Generation in Italien ist, kann Verfasser dieses nicht gehörig
sondern; so oft ihn aber das Glück nach Florenz führt, gehören die bei- a
den Landschaften des *Rubens* (Pal. Pitti) zu seinen größten Genüssen.
Die »Heuernte bei Mecheln«, in den bescheidensten landschaftlichen
Formen, gibt eine ganz wonnevolle Mitempfindung des Luft- und Licht-
momentes, während die »Nausikaa« mit ihrer reichen Fels- und See-
landschaft und ihrer phantastischen Beleuchtung uns in den Mitgenuß
eines fabelhaften Daseins erhebt. (Nicht als Pendants gemalt, wie die
ungleiche Größe zu allem Überfluß zeigt.) Was von Ruysdael, Back-
huyzen und andern Holländern in Italien ist, kommt neben den Schätzen nordischer Sammlungen kaum in Betracht; das »Schlößchen im
Weiher« von *Andr. Stalbent* (Uffizien) und die mürrische Landschaft b
Rembrandts (ebenda) möchten es reichlich aufwiegen.   c

Von Tizian stammt wahrscheinlich die Anregung her, welche inzwischen die *Bolognesen* zu ihrer landschaftlichen Auffassung begeistert hatte.
Es ist das Gesetz der Linien, welches sie der niederländischen Regellosigkeit gegenüberstellen, die Ökonomie und edle Bildung der Gegenstände, die Konsequenz der Farbe. Sie lassen der Landschaft einstweilen nur selten das alleinige Recht; *Annibale* hat offenbar eine gemischte
Gattung erstrebt, in welcher Landschaft und Historie einen gemeinsamen Eindruck hervorbringen sollten. (Mehrere Halbrundbilder mit d
Geschichten der Jungfrau, Pal. Doria; eine kleine Magdalena, ebenda; e
eine andre im Pal. Pallavicini zu Genua; – von den übrigen Caracci die f
oben, II, S. 382, h genannten Bilder bei Camuccini; von *Agostino* eine Fels- g
landschaft mit Badenden in Gouachefarben, Pal. Pitti.) Von *Grimaldi*,
dem Hauptlandschafter der Schule, wird man in Italien wenig zu Gesichte bekommen, leider auch von *Domenichino*. (Schöne Landschaft h
mit Badenden im Pal. Torigiani zu Florenz; zwei stark geschwärzte in i
den Uffizien; Fresken im Kasino der Villa Ludovisi.) Von *Franc. Mola* k
kommt mehrfach ein S. Bruno in schöner Gebirgsgegend vor (unter l
anderm Pal. Doria).

Salvator Rosa, ein halber Autodidakt in der Landschaft, ist hier wahrer
und mächtiger inspiriert als in allen übrigen Gattungen; den Werken
der Bologneser und der bald zu nennenden Franzosen verdankt er wohl
nur seine höhere Ausbildung. Abendliche, oft zornig beleuchtete Fels-
gegenden und schroffe Meeresbuchten (Pal. Colonna in Rom), unheim- m
lich staffiert, sind anfangs sein Hauptgegenstand; dann erhebt er sich
zu einer ruhig grandiosen, durch bedeutende Formen und Ströme von
Licht überwältigenden Art. (La selva de' filosofi, d. h. die Geschichte n

des Diogenes, im Pal. Pitti; – die Predigt Johannis, und die Taufe
a Christi, im Pal. Guadagni zu Florenz, Hauptbilder; anderes in den Pal.
b Corsini und Capponi sowie in den Uffizien ebenda.) Dazwischen oder
c später malte er auch frechere Bravourbilder (la pace, im Pal. Pitti) und
kalte, sorgfältige, große, überfüllte Marinen (ebenda). Aus welcher Zeit
die phantastische Landschaft mit der gespenstischen Leiche des heiligen
d Paulus Eremita sein mag, wage ich nicht zu entscheiden (Brera in
e Mailand). – Bilder seines Schülers Bart. Torregiani im Pal. Doria zu
Rom.

Der bewußteste von allen aber, der definitive Schöpfer der landschaftlichen Gesetze ist *Nic. Poussin*. Seine wichtigern Landschaften
f sind fast alle in Paris, doch findet man im Pal. Sciarra jene einfach herrliche Flußlandschaft, in welcher S. Matthäus mit dem Engel zwischen
Ruinen sitzt. Sein Schüler und Verwandter war *Caspar Dughet*, genannt
Gaspero Poussin oder *Pussino* (1613–1675). Bei ihm redet die Natur die
gewaltige Sprache, welche noch jetzt aus den Gebirgen, Eichenwäldern
und Ruinen der Umgegend Roms hervortönt; oft erhöht sich dieser Ton
durch Sturmwind und Gewitter, welche dann das ganze Bild durch-
beben; in den Formen herrscht durchaus das Hochbedeutende, namentlich sind die Mittelgründe mit einem Ernst behandelt, wie bei keinem
g andern. In beiden Seitenschiffen von S. Martino a' monti zu Rom eine
Anzahl von meist sehr entstellten Freskolandschaften mit den Geschichten des heiligen Elias; im Pal. Colonna 13 Landschaften in Wasser-
h farbe, – beide Reihen bestehen die große Probe, ob eine Landschaft
bloß durch Linien und Hauptformen, ohne den Reiz leuchtender Far-
i ben und Details existieren könne. – Im Pal. Corsini zu Rom: unter
mehrern kaum minder trefflichen: der Sturm, und: der Wasserfall, letzteres Bild durch unglückliches Nachdunkeln, zumal des Grünen, sehr
k benachteiligt, wie noch viele andre Bilder Gasperos. – In der Acade-
l mia di S. Luca: mehrere treffliche Bilder. – Im Pal. Pitti: vier köstliche
kleine Bilder, welche vorherrschend klar geblieben sind; – in den Uffizien: eine kleine Waldlandschaft.

Derjenige Typus, welchen Annibale vorgebildet, die beiden Poussin
ausgebildet hatten, blieb nun lange Zeit in der Malerei der herrschende,
so daß die Holländer mit ihrer mehr realistischen Landschaft im ganzen
eine (allerdings glorreiche!) Minorität bildeten. Er stellt eine unbenutzte
Natur dar, in welcher die Spuren der Menschenhand nur als Bauwerke,
hauptsächlich als Ruinen der Vorwelt, auch als einfache Hütten zum
Vorschein kommen. Das Menschengeschlecht, das wir darin voraussetzen oder auch wohl dargestellt finden, gehört entweder der alten
Fabelwelt oder der heiligen Geschichte oder dem Hirtenleben an: der
Eindruck im ganzen ist daher ein heroisch-pastoraler.

Seine höchste Verklärung erhielt dieser Typus durch den Zeitgenossen der Poussin, *Claude Gelée*, genannt *Lorrain* (1600–1682). Er war längere Zeit der Gehilfe des Agostino Tassi, eines Mitstrebenden des Paul Bril a (Werke Tassis im Pal. Corsini zu Rom, in den Uffizien und im Pal. Pitti); b seine Höhe erreichte er nach einer höchst prüfungsvollen Jugendzeit in Rom. Seine Landschaften sind im Bau weniger gewaltig als diejenigen des Gaspero, allein es liegt auf denselben ein unaussprechlicher Zauber. Claude, als reingestimmte Seele, vernimmt in der Natur diejenige Stimme, welche vorzugsweise den Menschen zu trösten bestimmt ist, und spricht ihre Worte nach. Wer sich in seine Werke vertieft – schon ihre gleichmäßige schöne Vollendung macht dies zu einer dankbaren Arbeit – für den ist kein weiteres Wort vonnöten. – Im Pal. Doria c zu Rom: il molino (frühes Bild); der Tempel Apolls (Hauptwerk); Ruhe auf der Flucht. (Im Pal. Rospigliosi, unsichtbar: unter anderm d der Tempel der Venus.) – Im Pal. Sciarra: Reiter an einem Hafen; die e Flucht nach Ägypten, beides kleine Juwelen. – Im Pal. Barberini: eine f kleine Landschaft. – Bei Camuccini: ein Seehafen. – Im Museum von g Neapel: ein Sonnenuntergang am Meere; die Grotte der Egeria (fast zu kühl für Claude?). – In den Uffizien: Abendlandschaft mit Brücke, h Strom und Gebirg; abendliche Marine mit Palästen.

Von seinen Nachfolgern ist nichts in Italien, das ihm irgend nahekäme. Die Bilder von *Swanevelt* (im Pal. Doria zu Rom und im Pal. i Pitti), von *Joh. Both* (ebenda), von *Tempesta-Molyn* (Pal. Manfrin in Ve- k nedig), bis zu den Improvisationen des *Orizzonte* (wovon ein oberer l Saal in der Villa Borghese ganz voll ist) und zu den oft sehr fleißigen m Architekturbildern eines *Pannini* (Pal. Corsini in Rom) geben immer n nur einzelne Strahlen des Lichtes, das sich in Gaspero und Claude so mächtig gesammelt hatte.

Wer diesen beiden Meistern außerhalb Italiens wiederbegegnet, dem werden sie vielleicht viel stärker als die glänzendsten modernen Veduten das Heimweh rege machen, welches nur zeitweise schlummert, nie stirbt, nach dem unvergeßlichen Rom. Der dieses schreibt, hat die Erfahrung gemacht. Er wünscht denen, die ihn lesen, billigen und zum Begleiter über die Alpen mitnehmen, das ruhige Glück der Seele, welches er in Rom genossen hat, und dessen Erinnerung ihm selbst aus den schwachen Nachbildungen jener hohen Meisterwerke so übermächtig entgegenkommt.

REGISTER

ORTSREGISTER

Santa Croce. I 120, I 120d, I 139a,
I 139g, I 147b, I 148c, I 150e,
I 194e u. l, I 195c, I 196d, I 216f,
I 264b, I 474a, II 9a, II 10 unten,
II 11a u. k, II 12c, II 13f u. h,
II 17e, II 19d, II 23a, II 82e u. g,
II 86f, II 139ff, II 147c, II 150a,
II 160*, II 162b u. c, II 227a u. f.

S. Domenico. II 69c.

S. Felice. I 151f, I 216h.

S. Felicità. I 151g, I 287i, II 22l,
II 80a, II 141c.

S. Francesco al Monte. I 158b, II 227g.

S. Frediano. I 287d, I 329d.

S. Giovannino. I 274a, I 286g.

S. Girolamo. I 151b, II 11c. II 191b.

S. Giuseppe. I 263c.

Innocenti (Findelhaus), s. Findelhaus
auf Piazza dell' Annunziata.

S. Jacopo (im Borgo S. Jacopo). I 93f.

Kamaldulenserkloster. I 149 A. 1.,
I 286f, I 287e.

S. Lorenzo. I 146c, I 149, I 194b,
I 195d u. g, I 197f, I 216c, I 228c,
I 272c ff., I 287b, I 318b, II 14c,
h u. ff., II 16a, II 19e, II 52f, II 75a,
II 82a, II 181i, II 227g.

S. Lucia de' Magnoli. II b, II 181h,

S. Marco. I 150f, I 198h, I 240e,
I 286i, II 172c.

S. Maria Maddalena de' Pazzi. I 155b,
I 217b, I 218, I 318e.

S. Maria Maggiore. I 120b, II 101b.

S. Maria Novella. I 111e, I 119f,
I 123c, I 139d, I 145b, I 151d,
I 152g, I 196 A. 1., I 197g, I 216i,
I 230c, I 263f, I 264a, I 478a, II 5e,
II 11h, II 12b, II 22n, II 23b, II 82f,
II 135d, II 140, II 155a, II 157c,
II 158a u. e ff., II 171f, II 227e.

S. Maria la nuova. I 286l, II 8 A. 1,
II 144i.

S. Martino. II 180d.

S. Micchele e Gaetano. I 217d, II 86b.

S. Miniato al Monte. I 72, I 86 A 1,
I 93, I 94b, I 103c, I 164 A. 1, I 190,
I 195a, I 216a, I 263e, II 9d, II 19a,
II 137, II 141b, II 152a.

Misericordia. II 23a.

Monte Oliveto. I 152g.

Ognissanti. I 151e, I 286o, II 10a,
II 141d.

S. Onofrio. II 11e.

Orsanmicchele. I 121b, I 122a, I 134,
I 194g, I 478g, II 6a, II 8d, II 13i,
II 14d, II 17d, II 24a, II 52e, II 84f,
II 141k.

S. Pancrazio. I 153b.

S. Pierino. II 10h.

S. Pietro martire. I 151a.

S. Remigio. I 120c.

S. Spirito. I 147a, I 158a, I 217e,
I 263e, I 286e, II 48b, II 86k,
II 181f, II 227f.

SS. Stefano e Cecilia. I 315*, II 87a.

S. Trinità. I 116b, I 196g, II 174.

Akademie. II 10i, II 11i, II 76e,
II 147b, II 150 Mitte, II 160,
II 161a, II 172a, II 179c, II 181c ff.

Badia. I 112 A. 1, I 150h, I 194k,
I 196a, I 197c, I 216g, I 218d,
II 19c, II 22d.

Biblioteca Laurenziana. I 217 A. 1,
I 218c, I 239e, I 273b.

Bigallo. I 122c, I 217g, I 478f,
II 141g.

Campanile. I 121a, I 475e, I 477a,
I 478c, II 7 A. 1, II 13k, II 155b.

Dreieinigkeitsbrücke. I 286h, II 86c.

Findelhaus auf Piazza dell' Annunziata.
I 117l, I 149, I 240d, II 8a, II 10e.

Garten Boboli. I 331g, II 74a, II 84a,
II 85g, II 87h, II 88a, II 98.

Garten von Pratolino. I 332a, II 84e.

Gendarmerie. I 151f.

Haus Borgo S. Jacopo. II 11b.

Haus auf Piazza S. Maria Novella.
I 148a, II 8a.

Haus an der Dogana. I 148b.

Häuserfassaden. I 243ff, I 287h.

Hof des Arcivescovado. I 264b.

Kirche Montalvo a Ripoli. II 10f.

Landhaus Strozzi. I 263b .

Loggia de' Lanzi. I 129f, I 152f,
I 197i, I 478h, II 14a, II 52a,
II 84b.

Lo Scalzo. I 150b, I 231c.

Mercato nuovo. I 264c.

Pal. Antinori. I 156a.

Pal. Bacciochi. I 263g.

Pal. Conte Bardi. I 133c, I 143a.

S. Micchele. I 329 A. 1.
S. Nazaro. II 42 A. 2.
S. Sebastiano. I 288a.
S. Simpliciano. I 128d, I 168f.
S. Vittore. I 290 A. 1.
Collegio de' nobili. I 288d.
Brera. I 145e, II 58d, II 191d, II 194c, II 207d.
Hof der Brera. I 324a.
Kaiserthermen, s. S. Lorenzo.
Kastell. I 136e.
Ospedale maggiore. I 129c, I 166d, I 325h.
Ospedale militare. I 168c.
Palast des Erzbischofs. I 288b.
Pal. Marini. I 290a.
Seminar. I 288c.

Mantua.
Dom. I 256f, I 258c.
S. Andrea. I 152e.
S. Barbara. I 258d.
S. Benedetto. I 258c.
Bauten des Baldassare Peruzzi. I 258ff.
Castello di corte. II 193b.
Pal. ducale. I 258a.
Pal. del Tè. I 238f, I 257f.

Modena.
Dom. I 89*, I 102f, I 208g, I 223e, I 466, II 23 A. 2, II 44c, II 55a.
S. Bartolommeo. I 321.
S. Domenico. II 54e.
S. Francesco. I 126b, II 53b.
S. Giovanni decollato. II 44.
S. Maria Pomposa. II 53b.
S. Pietro. I 171c, II 54a ff.
Pal. Coccapane. I 171e.
Pal. Ducale. I 296a, II 81a.
Pal. Rangoni. I 171e.

Mola di Gaeta, s. Gaeta.
Monreale.
Dom. I 75c, II 130.

Montefiascone.
Dom. I 72c, I 267a.
S. Flaviano. I 104k.

Monte Oliveto (bei Siena).
Kloster. II 187c.

Monte Pulciano.
Madonna. I 156d.
Pal. del Monte. I 156e.

Monte Sansovino.
Pal. Santa Prassede. I 156a.

Monza.
Dom. I 128.
S. Maria in Strata. I 128b.
Park. I 387c.

Murano (bei Venedig).
Dom. (S. Donato). I 100b.
S. Pietro e Paolo. I 182a.

Narni.
Römische Brücke. I 34.
Dom. I 65, I 72f, I 160d, I 201f.
S. M. della Pensola. I 65, I 72f.

Neapel.
Dom. (S. Gennaro). I 106d, I 115c, I 138c, I 203m, I 221f, I 485f, II 45i, II 138d.
S. Angelo a Nilo. I 205b, I 205l, II 15e, II 170e.
S. Annunziata. I 205l, I 221g.
S. Antonio Abbate. II 170d.
S. Arpino. I 205l, I 221e.
S. Caterina a Formello. I 164k.
S. Chiara. I 106e, I 140a, I 165b, I 204a, I 322c, I 485b, II 145f.
S. Domenico Maggiore. I 106b, I 204e, I 205e, I 485d u. f., II 67d, II 68f, II 91a, II 170a.
S. Francesco (Gerolomini). I 312a.
S. Francesco di Paolo. I 19.
S. Gennaro de' Poveri. II 121e.
Gesù nuovo. I 205k, I 307h, I 320b.
S. Giacomo degli Spagnuoli. II 68b.
S. Giovanni a Carbonara. I 140a, I 204c, I 205c, II 67a, II 68a, II 168f.
S. Giovanni Maggiore. I 106e, I 486a.
Incoronata. II 145e, II 152c.
S. Lorenzo. I 106a, I 165c, I 204d, I 205g, I 485c, II 170b.
S. Lucia. I 205i.
S. Maria delle Grazie. I 164m, II 68e.
S. Maria la Nuova. I 184l, I 205d.
S. Maria del Parto. II 79c.
S. Martino. I 275d, I 318d, I 319c.
Monte Oliveto. I 164a u. b, I 204b, I 205a u. h, I 221d u. e, II 19b, II 44a, II 45, II 68g.
S. Paolo. I 22a.

S. Crisogono. I 65b, I 221a, I 71m,
I 82.

S. Croce in Gerusalemme. I 45a,
I 310b.

S. Croce beim Pantheon. I 309b.

SS. Domenico e Sisto. I 307d.

S. Eusebio. I 210e.

S. Francesco a Ripa. II 98a.

S. Francesca Romana. I 306, II 88f,
II 128d.

Il Gesù. I 284e, I 307b, I 318a, I 323c,
II 100a.

S. Giacomo degli Incurabili. I 307e.

S. Giacomo degli Spagnuoli. I 161*,
I 202b.

S. Giorgio in Velabro. I 66h, I 68a,
I 70f, I 83b.

S. Giovanni de' Genovesi. I 162l.

S. Giovanni de' Fiorentini. I 309f.

S. Giovanni in Laterano. I 76a, I 84c,
I 123d, I 138b, II 29a ù. d, II 91a,
II 94b, II 99c, II 103c, II 108a,
II 125d, II 127b, II 128a, II 137e,
II 163c.

SS. Giovanni e Paolo. I 66h, I 73a,
I 82, I 317b.

S. Giovanni a Porta Latina. I 70h.

S. Girolamo degli Schiavoni. I 307c,
I 329c.

S. Gregorio. I 66i, I 82, I 203b,
I 307g, I 317b, II 28e, II 29m,
II 77h.

S. Ignazio. I 308a, I 314c, I 321,
I 323c, I 329a, II 96h.

S. Lorenzo in Borgo vecchio. I 71a.

S. Lorenzo in Damaso. I 251e.

S. Lorenzo fuori le mura. I 13, I 65b,
I 66i, I 68a, I 68 A. 1, I 70d, I 72a,
I 82c, I 83c, I 83h, I 221b, I 230k,
II 29d, II 126i, II 132a.

S. Lorenzo in Lucina. I 66i.

S. Luca. I 309b.

S. Luigi de' Francesi. I 307b.

S. Marcello. I 309b, I 269a,

S. Marco. I 71c, I 161a, I 162e,
I 202a, I 220 unten, II 123a, II 128d.

S. Maria degli Angeli (Diocletians-
thermen). I 16, I 37, I 43, I 43A. 1,
I 49 A. 1, I 275b, II 97d.

S. Maria dell' Anima. I 162m, II 51d,
II 89a, II 92a, II 228*.

S. Maria in Ara Celi. I 24, I 70k,
I 83d, I 123f, I 139f, I 203c, I 221a,
II 28h u. k, II 49c, II 49*.

S. Maria in Campitelli. I 307a, I 308b,
I 316b.

S. Maria in Cosmedin. I 16, I 70i,
I 73a, I 82a, I 83e, I 138a.

S. Maria di Loreto. II 97c.

S. Maria Maggiore. I 28, I 67, I 69b,
I 80, I 82a, I 139h, I 163, I 220f,
I 276f, I 310a, I 311a, I 313a,
I 322b, I 329b, I 475c, II 29f, II 88e,
II 125b, II 130a, II 137e, II 138c.

S. Maria sopra Minerva. I 123c,
I 139i, I 202d, I 203d, I 230d,
I 241e, I 475c, II 21d, II 22g, II 28e,
II 290, II 74, II 80d, II 82d, II 88d,
II 91a, II 99b, II 174.

S. Maria di Monserrato. I 203g,
I 261c, II 28f, II 29i, II 29l u. q,
II 91b.

S. Maria a' Monti. I 240h, I 313c.

S. Maria della Navicella. I 71d,
I 256d, II 128b.

S. Maria dell' Orto. I 257e, I 230a.

S. Maria della Pace. I 162g, I 202e,
I 203h, I 251d, I 310d, II 291, II 87e.

S. Maria del Popolo. I 161c, I 202g
u. k, I 230e, I 236e, I 240g, I 256e,
I 319a, II 28a ff., II 29b u. h, II 48a,
II 49d, II 96e, II 228c, II 290.

S. Maria Rotonda (Pantheon). I 9,
I 16ff., I 41, I 43 II 50a.

S. Maria in Trastevere. I 12, I 15, I 65,
I 71l, I 82b, I 221a, II 21e, II 27h,
II 49*, II 132c.

S. Maria in Via lata. I 306a, I 310c.

S. Maria della Vittoria. II 105d.

S. Martino ai Monti. I 71e, I 221a.

SS. Nereo ed Achilleo. I 71b, I 83f,
II 128a.

S. Niccolò in Carcere. I 24 A. 1,
I 71h.

S. Niccolò a' Cesarini. I 24c.

S. Pancrazio. I 83g.

S. Paolo fuori. I 67a, I 69a, I 84c,
I 137c, I 474f, II 125e, II 127*,
II 132f.

S. Pietro in Montorio. I 162a, I 203g,
I 254c, II 29g, II 83a.

S. Pietro in Vaticano. I 69, I 140 b,
I 194 i, I 195 e, I 220 e, I 241 a, I 254,
I 276 ff., I 308 A. 1, I 317 c, I 319 b,
II 16 b, II 18 b u. c, II 21 b, II 22 h,
II 29 e, II 29 k, II 69 e, II 73 a, II 92 b,
II 93 e, II 95 b, II 96 f u. k, II 99 a,
II 102 a, II 105 e, II 107 d ff., II 145 a.
S. Pietro in Vincoli. I 14, I 70 b,
I 162 c, I 163, II 18 d, II 73 b, II 127 e.
S. Prassede. I 66 b, I 71 g, I 82, I 94 b,
I 138 h, II 28 h, II 128 ff.
S. Prisca. I 70 c.
S. Pudenziana. I 41 a, II 88 b, II 126 g,
SS. Quattro Coronati. I 64, I 66 i,
I 70 g, II 132 b.
S. Saba. I 66 k, I 71 f, I 83 g, I 162 e.
S. Sabina. I 25, I 70 a, I 83 h, I 468 a.
S. Salvatore in Lauro. I 161 **.
S. Sebastiano. II 98 b.
S. Silvestro in Capite. I 202 e.
La Sapienza. I 276 e, I 311 c, II 315 c.
S. Spirito. I 73 b, I 162 f, I 261 b.
S. Stefano rotondo. I 79 e, II 127 d.
S. Susanna. I 307 e.
S. Teodoro. II 126 h.
S. Trinità de' Monti. II 246 c.
S. Urbano. I 27 a, II 131 b.
SS. Vincenzo ed Anastasio alle tre
fontane. I 72 b, I 83 h, I 308 c.
Brunnen:
Fontana Barberina (Triton Berni-
nis). II 93 b.
Barcaccia. I 328 d.
Acqua Paolina. I 328 c.
Fontana von S. Peter. I 328 e.
Fontana di Piazza Navona. II 93 a,
II 98 e.
Font. delle Tartarughe. II 86 d.
Font. di Trevi. I 328 c.
Casa Crivelli. I 260 o.
Collegio Romano. I 286 c.
Engelsbrücke. II 50 b.
Haus des Crescentius. (Casa di Pilato)
I 81 a.
Haus an der Via della Maschera.
I 243 a.
Haus des Turinus. I 253 a.
Orti Farnesiani. I 282 b.
Pal. Altemps. I 260 a.
Pal. Barberini. I 325 b, I 325 c, 35.
Pal. Borghese. I 325 e.

Pal. Braschi. I 330 c.
Palazzi de' Cesari. I 49 d.
Pal. Cicciaporci. I 257 c.
Pal. della Consulta. I 326 a.
Pal. Colonna. I 25, I 44, I 230 i,
I 327 d, I 331 e, II 207 d.
Pal. Corsini. I 326 e, I 335 l.
Pal. Costaguti. I 327 a.
Pal. Doria. I 327 d, II 194 d.
Pal. Farnese. I 16, I 38, I 221 c, I 261 d,
I 274 d, I 320 d, I 327 b, II 80 d.
Pal. del Governo Vecchio. I 162 i.
Pal. der Konservatoren. I 241 b,
II 77 d, II 94 a.
Palast des Laterans. I 13, I 221 a,
I 241 e, I 276 h, I 309 g, I 313 b,
I 315 *, I 325 d.
Pal. Maccarani. I 257 d.
Pal. Mattei. I 325 f.
Pal. di Monte Citorio. I 326 c.
Pal. di Monte Giordano. I 328 e.
Pal. d. Museo Capitolino. I 38.
Pal. Niccolini. I 269 b.
Palast auf Piazza Scossacavalli. I 252 b.
Palast des Quirinals. I 325 c, I 325 g,
I 334 d.
Pal. Ricci. I 243 b.
Pal. Rondanini. II 77 a.
Pal. Rospigliosi. I 44.
Pal. Ruspoli. I 286 d.
Pal. Sacchetti. I 261.
Pal. Sciarra. I 325 a.
Pal. Sforza-Cesarini. I 162 k.
Pal. Sora. I 253 b.
Pal. Spada. I 260 a, I 270 h, I 326 b.
Pal. Strozzi. I 163.
Pal. Vaticano. I 253 c.
Appartamento Borgia. I 230 f, I 236 c.
Belvedere. I 253 d, I 254 a.
Biblioteca Vaticana. I 241 d.
Braccio nuovo. I 330 b.
Camera della Segnatura. I 231 a,
I 236 d.
Capella Nicolaus V. II 173 b.
Capella Paolina. II 244 a.
Capella Sistina. I 162 b, I 191 a,
I 202 c, II 188 ff., II 240 ff.
Cortile di S. Damaso. I 34 c, I 53 e.
Galleria Geografica. I 241 d u. f.
Giardino della Pigna. I 16 d, I 47
A. 1, I 253 f.

REGISTER DER KÜNSTLER
UND ANONYMEN KUNSTWERKE

A = Architekt, B = Bildhauer, Goldschmied, Erzgießer, D = Dekorateur
in Stuck u. a., M = Maler.